国家社科基金
GUOJIA SHEKE JIJIN HOUQI ZIZHU XIANGMU
后期资助项目

国家与心性

——牟宗三政治哲学批判

陈迎年　著

社会科学文献出版社
SOCIAL SCIENCES ACADEMIC PRESS (CHINA)

图书在版编目（CIP）数据

国家与心性：牟宗三政治哲学批判／陈迎年著．

北京：社会科学文献出版社，2024.12. --ISBN 978-7
-5228-3997-4

Ⅰ.B261.5

中国国家版本馆 CIP 数据核字第 2024HQ6504 号

国家社科基金后期资助项目

国家与心性
——牟宗三政治哲学批判

著　　者／陈迎年

出 版 人／冀祥德
责任编辑／罗卫平
责任印制／王京美

出　　版／社会科学文献出版社·人文分社（010）59367215
　　　　　地址：北京市北三环中路甲 29 号院华龙大厦　邮编：100029
　　　　　网址：www.ssap.com.cn
发　　行／社会科学文献出版社（010）59367028
印　　装／天津千鹤文化传播有限公司

规　　格／开本：787mm×1092mm　1/16
　　　　　印张：46.25　字数：731 千字
版　　次／2024 年 12 月第 1 版　2024 年 12 月第 1 次印刷
书　　号／ISBN 978-7-5228-3997-4
定　　价／168.00 元

读者服务电话：4008918866

国家社科基金后期资助项目
出版说明

后期资助项目是国家社科基金设立的一类重要项目，旨在鼓励广大社科研究者潜心治学，支持基础研究多出优秀成果。它是经过严格评审，从接近完成的科研成果中遴选立项的。为扩大后期资助项目的影响，更好地推动学术发展，促进成果转化，全国哲学社会科学工作办公室按照"统一设计、统一标识、统一版式、形成系列"的总体要求，组织出版国家社科基金后期资助项目成果。

全国哲学社会科学工作办公室

谨以此书纪念我的父亲，陈民

题　记

需要把精神凝聚起来，从内在深处发出来的力量才是。马克思在英国图书馆里闷上了多少年，他所发出来的一套思想，力量多大！讲学问须和生活接触，须发于独。

——牟宗三《人文讲习录》

历史向世界历史的转变，不是"自我意识"、世界精神或者某个形而上学幽灵的某种纯粹的抽象行动，而是完全物质的、可以通过经验证明的行动，每一个过着实际生活的、需要吃、喝、穿的个人都可以证明这种行动。

——马克思、恩格斯《德意志意识形态》

目 录

引论　叩其两端而竭焉

心不使焉，则白黑在前而目不见，雷鼓在侧而耳不闻，况于使者乎！

——《荀子·解蔽》

吾虑不清，则未可定然否也。

——《荀子·解蔽》

一

今天，国家越来越是一件技术品，治理国家越来越是个技术活。"推进国家治理体系和治理能力现代化"，跟古老"儒学"之间，能有什么关系呢？

众所周知，作为"修齐治平"之道，儒学在几千年来的中国广为流布，对公私生活产生了广泛而深入的影响，而为人们提示着政治共同体与道德心性之间的那种千丝万缕的关联。毋庸讳言，那时国家并非技术品，而更多的是英雄豪杰的艺术品，却又被要求是灌注了道德生气的艺术品。不过，随着中国社会"数千年来未有之变局"的出现，"儒学"与"生活"间的这种"自明性关联"渐渐受到了质疑，道德心性与现代国家的关系问题不断被提了出来，日益引起广泛的关注和讨论。① 参与讨论者多身处问题之中，各自的情感体验、利害得失等有着巨大的差别，因此很难达成一致。结果，形成一种两极对立的局面。人们或者倾向于认为，道德心性与现代国家的关系就是"中体西用"的关系，后者无论如何千变万化，都跳不出前者藩篱，正如孙猴子跳不出如来佛的手掌心一样。与之对立的人们则愿意相信，如果不"打倒孔家店"，转而稳步

---

① 现代世界的一个重要成果就是形成了"政治科学"的概念，主张在国家与心性之间划出清晰的界线，以防范太多的道德伦理要求借国家治理的强力而造成灾难性的后果。但这绝不意味着问题终止了。国家是否负有道德使命，正如儒家的心性概念是否必定要伸展入国家概念一样，反而更加成了引起争论的话题。

谋求经济、技术等的发展进步，那么中国就还不能成为现代中国，中国人就还不能过上真正的现代生活。这两种观点的对立可能是历时的，有一个时间上的前后承接在里面，也可能是共时的，在深广的范围内一较长短轻重。

毋庸置疑，今天身处共和国实践之中的我们依然处于这个问题之中，仍为之争论不休。不过至少在理论上，工作的重心已经不能再是单纯的破坏与清理，或假设与信仰了。今天的工作，就是要从古今中西的两极对立中超拔出来，平心静气，提供一种融通的架构，在经济-技术的经验"上升"与道德-伦理的理性"下贯"的循环中成"路"，在"物纬"与"心经"的交织中成"文"，以有利于建设善的生活方式和美好的生活，让天下能够从"这个世界会好吗"的迷茫中走出来，实现永久和平。

如此说来，国家与心性的关系问题既是一个十分重大的现实问题，也是一个非常有趣的理论问题。国家是被建造出来的，但心性是从哪里来的？心性也可以被建造出来吗？就国家与心性的关系而言，究竟是一种国家制度成就了人们的道德心性，还是人们的道德心性引发了好的国家制度的建立？"我生不辰，遭兹多难"，"坏"的国家里的人们一定普遍丧失道德心性吗？"替天行道，纲维人己"，有道德心性之美名的国家一定是好的国家吗？如此等等，这些问题不仅事关中国人民建国创制的宏图伟业，而且关涉人类幸福生活的方向路径乃至整个天下文明的未来可能性。

回答这些问题注定是难的。无论自觉或不自觉，必须先对古今中西本身，比如"现代国家"与"传统心性"等，有一概括和提炼，描画其特征，澄清其前提，划定各自的疆域和彼此之间的界限，然后才可能有所融通。而且，融通的架构不能仅仅只是理论的、学院的或学者的。如果只是言说者托之空言而无法见诸行事，也就无所谓融通之道了。在此，言说者的形上思考、理性建构、逻辑推演等，必然会遭遇到蜂拥而来的偶然性的冲击和考验，是否拥有运气也就成为非常重要的事情了。比如，言说者是否有运气天马行空地依纯理本身去致思，是否有运气夺席谈经、折角五鹿，是否有运气与中国本土的现代性相激相荡，等等。

拥有运气，实际上是对一个非常关键的前提性假设的回应。这一前提性假设是：如果儒学与共和国在事实上根本无法融通，就像金之不能溶于水一样，那么一切所谓的融通架构或融通之道等，不都是滑天下之大稽么？不难看出，随着世界历史的日益迫近，传统与现代的冲撞已经成为一个全球性问题，绝非只有儒学会碰到。因此，上述假设虽然有其意义却是不成立的，而不能成立的证明，无他，最终只能通过融通的事实本身来反显。在此，想要证明的、用来证明的以及证明过程等混杂在一起，让理论分析既建基于事实，又必须对事实有所决断，而不能以牵枝引叶为满足。

二

本书是笔者在《感应与心物——牟宗三哲学批判》《智的直觉与审美直觉——牟宗三美学批判》两书之后，进一步以牟宗三为例来讨论中国文化现代化的作品。

牟宗三致力于清理儒学与现代文明之间复杂而微妙的关系，开辟出了新的研究视野，研究成果确实值得认真学习和借鉴。不过，牟宗三的研究固然极有特色，却也不乏同调，而仍可以被归于现代新儒家。至少熊十力学派的另外两人唐君毅和徐复观，以及前后的梁漱溟、冯友兰等人，都跟牟宗三有着天然的"星丛"亲和性。而且，若再跳出现代新儒家这个范围看，对儒学与现代生活的关系这一论题有所讨论和做出重大贡献者，更是为数不少，比如2021年去世的余英时、李泽厚以及今天依然活跃的杜维明等人，真可谓众星闪耀。那么，为什么一而再再而三地要以牟宗三为例来讨论文明与现代化问题呢？更何况，牟宗三研究已经"热"了几十年了，现在似乎已经"冷"下来了，"过气"了。[①] 牟宗三已经走下了"神坛"，再以他为中心来讨论国家与心性、传统道德与现代生活的关系，还合适吗？

事实上，在两书之后，笔者另有《能定能应，夫是之谓成人——荀子的美学精神》一书，对荀子思想进行了现代追寻。这一追寻有意与牟宗三拉开距离。但客观上，三本书又构成了一个系列。

在第一本书中，有"护教的牟宗三"与"对话的牟宗三"的

---

① 参阅杨泽波、杨少涵《"七七、七八现象"与我的哲学研究之路——复旦大学哲学学院杨泽波教授访谈录》，《哲学分析》2017年第5期。该文后作为附录，收入杨泽波《走下神坛的牟宗三》（北京：中国人民大学出版社，2018年）。

"对立":

> 牟宗三一方面让佛性独立于般若之外以合判教之需，另一方面又不得不认识到存在与作用之不可须离也。前者执着于天台之圆和儒学之尊，后者无执无欲面对事情本身。前者采取隶属之局（subordination）而成非理性的自由的知识学，后者采取对列之局（coordination）定为"清明的理性"。前者正是"护教的牟宗三"，后者即为"对话的牟宗三"。①

在第二本书中，有对牟宗三"甘"与"苦"的"体验"：

> 所谓"甘"，是说《感应与心物——牟宗三哲学批判》更多地看到了牟子智的直觉"上窥青天，下潜黄泉，挥斥八极，神气不变"的那个爽；而所谓"苦"，是说《智的直觉与审美直觉——牟宗三美学批判》更多地体会到了牟子奋木铎时"怅然有恸目之志"的那种无奈。②

在第三本书中，有"内容的牟宗三"与"形式的牟宗三"的"区分"：

> 有必要区分内容的牟宗三与形式的牟宗三。就其形式而言，牟宗三以儒学为圆善，睥睨古今中西，而有良知坎陷之大德神通，故居圣人位，世所难敌，蒋庆先生也不能步其后尘。就其内容而言，牟宗三则同样认识到中国的现代化是中国文化现代化的条件，而强调经济现代化、政治现代化之于文化现代化的基础性意义，而可与李泽厚、陈来以至把孔子视为"丧家狗"的李零等人，引为同调。前一牟宗三无疑是为大众所识的牟宗三、护教的牟宗三、保守的牟宗三、江湖人物牟宗三、良知坎陷的牟宗三、中体西用的牟宗三，

---

① 参见陈迎年《感应与心物——牟宗三哲学批判》，上海：上海三联书店，2005 年，第 460 页。

② 参见陈迎年《智的直觉与审美直觉——牟宗三美学批判》，上海：上海人民出版社，2012 年，第 380 页。

后一牟宗三则是为人所不识的牟宗三、批判的牟宗三、激进的牟宗三、学者牟宗三、沉潜含玩的牟宗三、西体中用的牟宗三。如果能够透过形式的牟宗三而洞见内容的牟宗三，则法病可除。不过，良知坎陷的牟宗三太著名、太深入人心了，已经成了且正在成为一面光辉灿烂的大旗，而妨碍到人们对牟宗三哲学的内容的了解。牟宗三先生自己是要为此负一些责任的。①

所谓系列，是说从"对立"到"区分"这种理解上的转变。转变并不是有意识安排设计的结果，而是从今天往前反观的所得。最初的"对立"，是说两者之间无法达成共识，必有一真一假、一错一对，而可指示出某种致思不深、理解不清或心有所执的浮浅。而最先理解到的"对立"，却是牟宗三所引起的"对立"：爱之尊之者强调牟宗三最富原创性，是儒学现代化过程中不能绕开的一环，代表了中国传统哲学在现代发展的新水平，具有世界性的影响力；轻之侮之者强调牟宗三以大教主自居，但一则不能有变化气质之功，二则误用康德、黑格尔等人的概念，是傲慢而狂热的独断论者，实不入流，却把儒学引向托之空言的哲学绝路。这一"对立"，甚至表现于牟门弟子本身。比如林安梧教授就认为牟先生的学问非常高，也非常圆满，但是面临实际的问题，是挂空的，轻忽了一些东西，因此需要从"护教的新儒学"走向"批判的新儒学"，从而引发了李明辉教授的反对。②

笔者到现在依然认为，牟宗三之后的这种"对立"，牟先生自己是要负一些责任的，因为细究下来，在牟宗三本人那里已经存在着类似的"对立"。但是，如何理解牟宗三本人的"对立"呢？对于这个问题，笔者的观点是有变化的。第一本书完成之后，笔者一直在问自己：牟宗三之后的"对立"容易理解，那是不同的诠释者在对牟宗三的理解上存在着巨大差异，以至于两派之间无法对话，无法达成共识，而牟宗三本人的"对立"，同样意味着牟宗三的分裂与夹缠不清吗？到了第三本书，

---

① 参见陈迎年《能定能应，夫是之谓成人——荀子的美学精神》，上海：上海三联书店，2013 年，第 12-13 页。

② 王英铭主编《台湾之哲学革命》，台北：台北书乡文化事业有限公司，1987 年，第 83-94 页。

笔者倾向于相信，牟宗三只有一个，牟宗三本人处的"对立"似乎又是可以消除的。消除了"对立"，我们说牟宗三的"区分"。

　　从第一本书的"对立"，经由第二本书的"甘苦"，再到第三本书的"区分"，实际上为笔者自己提出了对牟宗三 60 年学思的判教问题。区分不同的牟宗三或者说牟宗三的不同面相，讨论它们之间的轻重缓急、隐显明暗关系，分析其中的缘由与因果，并给出一个相对恰当而合理的解释和安排，将有助于理解儒学与现代生活的融通的复杂性。也就是说，对牟宗三本人的判教，直接关乎牟宗三中西判教、儒释道判教等的是非功过，直接关乎对牟宗三"道德的形上学"中"心性"与"国家"的配比和结构的理解，从而为人们提供一个深入理解"现代生活"与"传统文化"的关系问题的绝好个案。中心问题在于，牟宗三的"坎陷"是否"自觉"容纳了"经验主义"的"上升之路"？① 其"彻底的唯心论"②是不是"心经"与"物纬"的交织成"文"？

---

① 这一问题似乎非常不合时宜，在挑战人们的"常识"。例如杨泽波《贡献与终结——牟宗三儒学思想研究》第一卷《坎陷论》对牟宗三的坎陷概念做出了迄今为止最为详尽的梳理，他就不会给出肯定的答案。该书重大关节有二。一是说牟宗三的坎陷概念"有两种不同含义"，即"解决内圣如何开出外王问题"的坎陷和"说明两层存有论"的坎陷，两者"在时间上明显分为两块"且"问题意识并不相同"，前者"更偏重于黑格尔"，后者却把"注意力集中到了康德身上"。更进一步，杨泽波强调"两者原本并没有直接的关联"，"不可相互替代"，但第一种坎陷更为"重要"，更具"独立性"，第二种坎陷则是"例外"，因而放在了第三卷《存有论》中"适当加以说明"。作者又说："希望这种安排不要造成读者的印象，好像牟宗三的坎陷概论只涉及开出科学民主，除此之外再无其他含义似的。"但通观《坎陷论》与《存有论》，两种坎陷概念可以说被区分得非常清楚，但"具有相对的独立性"的坎陷与"例外"的坎陷是否仍为同一个坎陷以及如何为同一个坎陷等问题则付之阙如。二是说牟宗三坎陷概念的基本要素有"让开一步"、"下降凝聚"与"摄智归仁"这三项，中心意思"一方面是向下坎陷，一方面是往上提撕，二者缺一不可"。需要注意的是，如果说牟宗三的坎陷概念"一方面是向下坎陷，一方面是往上提撕"，那么"坎陷"在这里就既单指"向下"，又复指"向下"与"往上"的综合体，只有后者才是牟宗三坎陷概念的实指。不过，尽管有"上"有"下"，但这里的上下却都跟"经验主义"无涉，而依然不过是在说"先验主义"的"仁"自上而下的"收放自如"罢了。如此说来，本书的立论当面临重重困难，需要更多强有力的依据。参见氏著《坎陷论》，《贡献与终结——牟宗三儒学思想研究》第一卷，上海：上海人民出版社，2014 年，第 3、34-35、44、64 页。

② 牟宗三强调，只有中国的心性之学才是"真正的唯心论""绝大的唯心论""彻底的唯心论"等，它同时也是"真正的实在论""绝对的实在论""彻底的实在论"。这与牟宗三对西方 idealism，包括对黑格尔"绝对唯心论"（absolute idealism）以及相应的马克思主义唯物论等的判教有绝大关系。

　　由前三本书而有这第四本书，最多只能说明笔者个人为什么选择牟宗三政治哲学为个案，来进行儒学现代化的研究。而上述的中心问题，特别是"彻底的唯心论"的成就及其高调门，却已经让牟宗三处于儒学与马克思主义融通事业的风暴眼中了。这不再是哪个人的个人喜好或兴趣等问题了，而是有着事情本身的必然性："彻底的唯心论"的儒学与"唯物论"的马克思主义可以融会贯通吗？

　　这个问题对于理解儒学与马克思主义双方都是至关重要的。双方构成了一种绝佳的镜像，可以从对方身上很好地看到并认清自己。对于儒学而言，道德心性是"独断论"地确立起来的呢还是有其"奠基"处？其"心性"是被建造出来的，是在族群求食谋生的历史实践长河中慢慢碰撞以生成的，还是亘古亘今，而不受任何物质、经验牵绊的，先天即有的？"阐旧邦以辅新命"，是直接复古，重新过先民的生活，一劳永逸地"解决"（取消）贪欲、科技、不安等夹杂在一起所形成的现代病，还是说有"现代心性"与"传统心性"等区别，儒家"心性"必然直面现代生活、现代国家，思考和应对当今世界的"现实问题"？对于马克思主义来说，"一种自然史的过程"中是否仍给道德心性留余地呢？其"唯物论"与其共产主义的"理想"、"信仰"和"追求"之间有着怎样的关联？从意识的起源和本质上言说的物质对意识的决定作用，与意识对物质的反作用，在"当下"这一点上，是如何相互作用的呢？生产力决定生产关系，但在生产力中，有没有意识的因素呢？等等。

　　惜乎当时笔者只是初步提出了问题，并未进行系统的判教和深入的思考，而学界似乎也尚缺乏这方面的专题研究。

三

　　一般而论，牟宗三被误解多矣。误解的原因，可以归之于读者的不审，可以归之于时代的交错，但也可以归之于牟宗三本人的策略，或者归之于事情本身难探、真面目难显等。现在，研究已经有了相当的基础，也似乎遭遇到瓶颈，加之大陆和港台的社会已发生了很大的改变等，是拨开重重迷雾观看事情的实际的时候了。

　　上述问题可以就牟宗三之论现象与物自身来展开。最开始的时候，笔者惊叹于牟宗三概念的繁富、判法的斩钉截铁，及其要把中国哲学从中国传统中"剥离"（befreien）出来的职志，并认定这种剥离同时即是一种"演绎"（deduktion），是想指明并论证如此这般的中国传统的权利。在那里，重点究心于牟宗三的"一几二用"：

> 理之限是积极的，由之以成吾人之德，是积极地使吾人成仁取义。气之分是消极的，由之以节吾人之欲，是消极地使吾人不行险侥幸，不投机取巧，不妄冀非分。无论是由理之分而成限，或是由气之限而成分，皆是所以成就一义理之当然。理之分所成之当然，是性体自律之当然，气之限所成之当然是由"顺受其正"而不妄为而反显。此当然之完成亦可以说是一几二用。能尽理之分即能安于气之限，不能尽理之分亦不能安于气之限。一几是发动于性之尽，二用是在命之有分属。一几处不真切，二用处必糊涂。理之分与气之限是"命之分属"之存有，一几处（性之尽）之真切是所以彰著此"命之分属"之存有（二用）而完成一义理之当然者。①

理气关系是个古老的问题。牟宗三"一几二用"说的关键，便是在社会快速工业化、世俗化的背景下来讲这个理气关系。他一方面承认大机器、大工业、资本生产等对于人的自由的促进和保障，承认人的欲望满足的重要性（气之分）；另一方面又斥之以无体、无理、无力，而要以成仁取义来提升和完成它（理之限）。因此，"一几二用"也就沿着熊十力所开辟的"体用不二"的道路，表征了牟宗三对儒学与现代生活的融通。据此，笔者讲感应与心物，强调心是主人，而物不为奴隶，两者一气流通，出于感应之几而又复归于感应之几。

笔者那时承认牟宗三的这种努力方向，但又认定他有"量的过度"和"质的失误"两病，即一方面过度强调"一"而对"二"的作用有所忽视，另一方面把"一"理解为现成心体性体的呈现而不能自觉到"一"之所由来的问题。最终，"剥离"之志落空，"演绎"工作旋即被埋葬，也就有了"对话的牟宗三"与"护教的牟宗三"的"对立"。据

---

① 牟宗三：《心体与性体》（二），《牟宗三先生全集》第6册，台北：联经出版事业股份有限公司，2003年，第105页。

此，笔者对牟宗三进行了严厉的批评。

后来，笔者以智的直觉与审美直觉的相切处为基点，来进一步论证牟宗三的对立，思考走出对立的途径。在那里，"美学"因其歧义性而被当成了牟宗三道德形而上学大厦的拱顶石和试金石，美与善的关系问题变得十分突出。一方面，美的自觉的亲和力（随波逐浪）和美学强调的闲适原则（无相原则）让儒家所宣扬的道德必有其所由来，必本于天下古今细民之情，这不自觉地表达了牟宗三历史性地追问道德而为心性、性体、道体、实体等概念奠立根基的可能性。另一方面，牟宗三又特别强调，美只是气化之光彩而对知识与道德言为多余，美学只是方便名词而无关乎建体立极之学，从而在自觉层面坚决地堵塞了康德式的以审美判断来沟通"自然"与"自由"两界的办法。据此笔者认定，在是否需要追问"善"之所由来问题上的这种自觉与不自觉的明暗转化，反映了牟宗三在儒家道德心性的自由本性（体—主体、实体、物自身—乾统御坤）与社会生活的强制性法则（用—结构、流行、现象—乾坤互含）关系问题上所持的复杂态度，也透露了牟宗三"处此苦难时代，家国多故之秋"而不辍讲学时的种种限制和无奈。

这时笔者已经有了更多同情的理解，在"对话的牟宗三"与"护教的牟宗三"的"对立"或"不可得兼"的立场上有所松动，而欲以"自觉的牟宗三"与"不自觉的牟宗三"的明暗转化来消解通畅之。但笔者同时又认定，既然牟宗三是不自觉的，那么所谓"剥离"和"演绎"，或者说所谓为儒家道德心性奠基等，就只能是我们所逼显出来的，而非牟宗三自己所可以达到的。据此，笔者仍对牟宗三进行了整体性批评，但心有未安。

之所以心有未安，是因为与此同时，笔者还在反复阅读荀子，发现荀子的一与万、类与杂、伪与性、道与知、义与利、群与分、人与天、君与民、王与霸、善与美等极具张力，似乎要把荀子撕裂，似乎同样也可以形成两个不同荀子的"对立"。这时笔者就在考虑：如果说有人据此而对荀子展开批评，甚至要把荀子驱逐出儒家的门墙，那实在是出于对能定能应、义利两有的荀子的深深误解，那么类似的事情是否也发生在了牟宗三的身上？而且，当我们以放松、陶醉和沉潜含玩等"美学精神"来容纳荀子的诸多张力、消弭世人所谓荀子的种种矛盾的时候，固然可以建构起荀子的张力性平衡结构，但因为审美的无功利性，因为美的让开一步，这一结构反而软化了荀子的力量，让真与善都成为"悬而未决的问题"（open question）。"悬而未决"并不是没有决断分明，而是说即使理论上已经讲清楚了，但理论也走到了自己的边界线，而需在社会实践、世俗生活中展开和实现。于是仿佛就有了别种形式的"呈现"或"坎陷"，差别只在于我们用"审美直觉"置换了牟宗三的"智的直觉"。这让笔者心生警觉：有不自觉的牟宗三吗？假若一几二用，"两个"牟宗三均是牟宗三有意为之，牟宗三既在"道德化"（体：道德）又在"去道德化"（用：存在），则该当如何？第一本书后记中的"是故本书在言之凿凿中，每每疑其或非"句，复萦绕于心。

对"两个"牟宗三的关系问题，笔者现在愿意承认两者都是"自觉"的牟宗三。牟宗三了解康德"剥离"和"演绎"工作的重要性，承认康德划界分治思想的前提性地位，洞察道德本体的界限，也明确意识到了海德格尔存在论的意义，认识到要实现儒学的现代化就必须为道德心性奠基（唯物论），却仍然以近乎傲慢、狂热、独断论的姿态（唯心论）来讲儒学，这是自觉为之，有其考虑和思量在其中。

承认"两个"牟宗三都是"自觉"的牟宗三，这点非常关键。否则就无所谓对牟宗三的判教了，有的将只是"不入流的牟宗三"或"混乱的牟宗三"。

由发现牟宗三的"错误"到对牟宗三进行"判教"，这一转进对于笔者而言并不轻松。除了上述的不断摸索之外，还有一些近缘。众所周知，2018 年是唐君毅、牟宗三、徐复观、张君劢四人发表《为中国文化敬告世界人士宣言》的 60 周年，紧接着 2019 年又是五四运动爆发 100 周年。在这些重要的时间节点，我们不能不有所思考和回应。至于具体的机缘也是不少。

机缘之一便是杨泽波老师积 30 年之学力，出版了计 5 卷、2444 页、242 万字的作品《贡献与终结——牟宗三儒学思想研究》，笔者在第一时间反复阅读了杨老师的这部作品，收获很大，很受震动。特别是该书第一卷第四章列出并讨论了对于牟宗三坎陷论的九种不同观点，其中第二种便是以"内圣外王俱失论"来概括笔者的看法。这逼迫着笔者去反思自己的学术立场，而不断地叩问：就文明与现代化而言，中国是否面临着同样的困境？是否需要坚持同一方向？

机缘之二是 2016 年 10 月，林宏星老师与笔者在山东兰陵共居一室，共话荀牟。那是参加一个关于荀子的会议，为期 3 天，到地方才知道我俩被安排住到了一起，很是高兴。地方有些偏，景色却不错。出门便是一个曲曲折折的湖，墙白树绿，天蓝水静，倒影如画。没别的事情，正好论学。除了向林老师汇报自己"牟宗三政治哲学批判"的研究计划外，我们谈到了牟宗三研究现状、牟宗三 20 世纪 50 年代从纯粹政治哲学的角度对儒学的反省及 60 年代以后何以积蓄全力研究中国传统的心性之学等问题，认定可为之处颇多，让人奋发。

机缘之三是 2016 年 11 月，山东邹城举行了"心性儒学与政治儒学"研讨会。会上提出"自由儒学"的问题，引发共鸣和争论。会后，围绕林安梧所说的"牟先生早期关注过的问题，在他后来的著作中完全看不到"这个话题，笔者与中国人民大学国学院的梁涛教授多有讨论。这个问题之前也与林宏星老师谈到过，但梁涛教授把它专门点出来，就显得更为特别了。梁涛、林安梧等人感觉到，从新外王到道德的形上学，牟宗三前后期理论有着明显不同。笔者认同这种感觉。但林安梧提出这个话题的初衷是批评牟宗三后来只讲心性而不谈政治，远离了生活，有成为理论光景之失，其所谓呈现也就只是理论脉络义下所说的呈现而非生活脉络义的呈现。而梁涛的问题意识则与其不同，他是想通过牟宗三的前后变化这个案例，探讨儒家心性儒学与政治儒学的关系问题，追问从儒家自身的逻辑来建立内圣与外王必然联系体的可能性。梁涛与林安梧的这种同与不同再一次提醒笔者，是时候对牟宗三进行判教了。①

四

要对牟宗三进行判教，不能不注意到牟宗三所受到的批评。

牟宗三所受到的批评，大端有三。一是说傲慢、独断如同一位大教主，意欲高出侪辈，来领导一切，这既不科学也不民主。二是说只有心

---

① 众多师友同道的点化与帮助，在此仅能言及一二，而无法一一列举。我郑重而衷心地感谢他们，包括多名拙稿的匿名评审专家！他们尖锐中肯的意见和建议，有很多已经被吸收入文稿，为本书增色颇多，有的则限于时间和精力等难以及时消化，只好留待来日弥补了。

性之学，以心性之学为中国文化神髓所在的特殊观点并不合于儒学实际，以致割裂了儒学内圣外王连续体的传统，自我限制，空有道德心性的形上论说而远离了人伦日用，对于社会并不能产生实际影响。三是说不但背离了儒学传统，而且沦落为西方民主与法治拉拉队中的一员。

这三说并不构成一个整体，也不一定见于一人一时，甚至还有相互矛盾的地方，不断上演"三国演义"的戏码。一、二说结成同盟，批评牟宗三的"圣贤有分"与"哲学形上论说"这两个面相互为因果，共振叠加，变儒学为自说自话，于世道人心无补。二、三说逻辑自洽，批评牟宗三的哲学建构借用了过多的西方概念，是向西方世俗社会的投降，悖逆了儒家贤人政治的传统，不能导人类生活入正途。两类批评者虽然在对儒家外王学的理解上有着不小的差距，但在把牟宗三的学问定位为心性之学这一点上，却是非常一致的。

要对牟宗三进行判教，还不能不注意到牟宗三所受到的赞扬。

牟宗三所受到的赞扬，大端也有三。一是说内圣学平章儒、释、道三教义理系统，成专书通论，是古今第一人。二是说外王学贯彻顾、黄、王三大儒心愿遗志，能开新途径，当不作第二人想。三是说以学问为生命，一生唯求融和会通中西，古今无两。

这三说对牟宗三的"学思历程"和"学思性质"等有着总体判定，以两个"定论"塑造出"牟宗三印象"。第一个"定论"，牟宗三从一开始就在十分"哲学化"地思考问题，因此基本上是一个注重心性思辨的形而上学哲学家。第二个"定论"，牟宗三20世纪50年代也曾十分注重社会政治经济等形而下的问题，但这不过是"特殊遭遇"对他"哲学"思考的一度中断。这样，一切形而下的问题只能本中国形而上的内圣之学来解决，"摄事归心""以理生气"，自上而下地显出"中国心性之学的意义与价值"便成了"牟宗三印象"。

这种"牟宗三印象"不但无力回应批评，毋宁说反而加强了上述批评的合理性。按蔡仁厚撰写的《牟宗三先生学思年谱》中的划分，牟宗三对外王问题的讨论属于其学思历程六阶段中的"第三个阶段：客观的悲情与具体的解悟"。"先生根据客观精神之所感，转而为'具体的解悟'，以疏导华族文化生命的本性、发展，与缺点，以及今日'所当是'的形态，以解决民族生命的途径。这是由'大的情感'之凝敛转为'大的理解'之发用；其结果，便是《历史哲学》、《道德理想主义》、《政道与治道》三书之写成。这三部书有一个共同的基本用心，是即：本于中国的内圣之学以解决外王问题。"① 按这种理解，牟宗三不是以现代国家为传统心性论奠基，而只能是相反。于是，犹如黑格尔的"精神现象学"，牟宗三的内圣"开出"新外王就是以形而上绝对自足的"理"生形而下变动相待的"气"，一泻千里，滔滔汨汨，势不可当。而相反的意见正好可以据此批评说，牟宗三念念不忘新外王问题，一方面变儒学为自说自话的高头讲章和魔术游戏，另一方面邯郸学步，失其故步。于是批评与赞扬在此合流了，双方拥有了同一个"牟宗三印象"，只不过"价值判断"不同而已。

　　这里有一个重要的问题：既然是"特殊遭遇"，那么牟宗三哲学是否可以"除去"外王学而仍旧挺立？按照蔡仁厚的讲法，"唯此所谓阶段，乃依先生某一时期学思之着重点，而作一概略之划分。实则，前一阶段之问题，常延续于后一阶段；后一阶段之思想，亦常引发蕴蓄于前一阶段。故仍当通贯前后，乃能得其问题之线索、思想之脉络，与系统之开展"。② 这似乎意味着"特殊遭遇说"乃就总体的比较而言，其实牟宗三对儒家的政治哲学在各个时期都有不同程度的思考，只不过是以 20世纪 50 年代最为集中而已。但若如此，则可见"政治意识之方向究亦为儒家本质之一面，此与个人之能不能得、能作不能作，并无关"③，"特殊遭遇说"便只能是表面上的，在深层上无法成立。换言之，现代国家对于牟宗三而言并非可有可无者，传统心性论因此才获得了它在今日"所当是"的存在论基础？

　　在此，"心性儒学"与"政治儒学"的"分"与"合"突出地成为问题。如若能够"悬置"上述"牟宗三印象"而再观察、再思考、再出

---

①　蔡仁厚：《牟宗三先生学思年谱》，《牟宗三先生全集》第 32 册，台北：联经出版事业股份有限公司，2003 年，第 125-126 页。按蔡仁厚的叙述，年谱原始诸篇"皆经牟师过目"，"得谱主亲加审订"。或许正是因为这个原因，它得以收入《牟宗三先生全集》，其中观点值得特别关注。

②　蔡仁厚：《牟宗三先生学思年谱》，《牟宗三先生全集》第 32 册，台北：联经出版事业股份有限公司，2003 年，第 99 页。

③　牟宗三：《心体与性体》（一），《牟宗三先生全集》第 5 册，台北：联经出版事业股份有限公司，2003 年，第 7 页。

发，那么就能发现：在牟宗三那里存在着"国家"与"心性"的交互奠基，牟宗三让"上"与"下"在回环圆舞中彼此限定对方，同时获致它们自身的规定性。

众所周知，牟宗三本人明确把自己50岁以后的学问命名为心性之学。① 此心性之学，牟宗三又称性理之学、内圣之学等，明确与属于政治哲学与历史哲学的事理之学、外王之学区分开来。"内圣之学即儒家之'心性之学'。"② "此'心性之学'亦曰'内圣之学'。'内圣'者，内而在于个人自己，则自觉地作圣贤工夫（作道德实践）以发展完成其德性人格之谓也。"③ 而且，在很多地方，牟宗三也用这种区分开来的心性之学来标示中国哲学本身，而把一般所谓的"圣贤之学""生命的学问"等都称为"心性之学"。④ 但是，是否可以由此证明，牟宗三眼中的心性之学，与"牟宗三印象"中的心性之学，是同一个心性之学呢？

回答这个问题，需要关注牟宗三的四个环节。

第一个环节，坚持内圣外王本末一贯传统，心性之事与国家之事直接是一事。牟宗三认定，"内圣外王"一语虽然出自《庄子》，却最恰当地表象了儒家的心愿。这在现代化或反西方的现代化之前，大体能够作为共识存在。牟宗三说：

> 中国以往二千余年之历史，以儒家思想为其文化之骨干。儒家思想不同于耶，不同于佛。其所以不同者，即在其高深之思想与形上之原则，不徒为一思想，不徒为一原则，且可表现为政治社会之组织。六艺之教，亦即组织社会之法典也。是以儒者之学，自孔孟始，即以历史文化为其立言之根据。故其所思所言，亦必反而皆有历史文化之义用。本末一贯内圣外王，胥由此而见其切

---

① 牟宗三：《历史哲学》，《牟宗三先生全集》第9册，台北：联经出版事业股份有限公司，2003年，增订版自序第16页。

② 牟宗三：《政道与治道》，《牟宗三先生全集》第10册，台北：联经出版事业股份有限公司，2003年，序第38页。

③ 牟宗三：《心体与性体》（一），《牟宗三先生全集》第5册，台北：联经出版事业股份有限公司，2003年，第6页。

④ 牟宗三：《道德的理想主义》，《牟宗三先生全集》第9册，台北：联经出版事业股份有限公司，2003年，第268页；《中国哲学的特质》，《牟宗三先生全集》第28册，台北：联经出版事业股份有限公司，2003年，第87页。

实之意义。①

　　生命的学问，可以从两方面讲：一是个人主观方面的，一是客观的集团方面的。前者是个人修养之事，个人精神生活升进之事，如一切宗教之所讲。后者是一切人文世界的事，如国家、政治、法律、经济等方面的事，此也是生命上的事，生命之客观表现方面的事。如照儒家"明明德"的学问讲，这两方面是沟通而为一的。个人主观方面的修养，即个人之成德，而个人之成德是离不开国家天下的。②

这是总纲，牟宗三用"心性之实学"称之，谓其"取自熊先生"。③在那里，熊十力把"六经"与"心性之学""实学"等牵系一处，强调"六经广大，无所不赅。而言其根极，必归之心性。自汉以后，此意久绝。宋学确能续此血脉。何忍轻毁，又何可轻毁？心性之学，所以明天人之故，究造化之原，彰道德之广崇，通治乱之条贯者也"，而谓"实学一词，约言以二：一、指经世有用之学言。二、心性之学，为人极之所由立，尤为实学之大者。为此学而不实者，是其人之不实，而伪托于此学耳"。④一般而言，这是没有问题。⑤有问题的是，现代共和国究竟如何秉承这一传统？

　　第二个环节，对儒家外王学的反省，指出家天下的国家对于心性的斫丧。时移世易，家国多变，天翻地覆，牟宗三并没有一味保守传统，

---

①　牟宗三：《道德的理想主义》，《牟宗三先生全集》第 9 册，台北：联经出版事业股份有限公司，2003 年，第 1 页。

②　牟宗三：《生命的学问》，桂林：广西师范大学出版社，2005 年，第 33-34 页。

③　牟宗三：《政道与治道》，《牟宗三先生全集》第 10 册，台北：联经出版事业股份有限公司，2003 年，序第 38 页。

④　熊十力：《读经示要》，《熊十力全集》第 3 卷，武汉：湖北教育出版社，2001 年，第 820、849 页。由此也可见，"心性之实学"是一种矛盾修辞，其中隐含着"孔、孟心性之学"与"宋儒心性之学"的分别等。

⑤　具体而论，内圣外王本末一贯的"生命的学问"显然有别于作为内圣之学的"生命的学问"，国家政治显然有别于个人修养，经世有用的实学与立人极的实学显然也有重要的不同，等等。均是"生命的学问"，为什么内涵可以如此迁变？这涉及叙述的层序以及牟宗三的策略等，本书第五、六两章将有进一步的讨论。这里需要强调的是，正是在内圣外王本末一贯的意义上，牟宗三坚持儒学不能仅仅被理解为个人的思想理论，而可以成为一个"文制"，是"经"。参见氏著《祀孔与读经》，《中国日报》1952 年 9 月 28 日孔子诞辰纪念特刊。

而是相信，必须对儒家内圣外王本末一贯传统有所反省，能够从中走出来，方才有可能了解此时代，救治此时代。牟宗三说：

> 自念身处此境，现实一切，皆无从说起。惟有静下心去，从事中国文化生命之反省，庶可得其原委而不惑。①
>
> 唐先生书多重在正面疏通中国文化之精神与价值，使人对于中国文化有恰当之理解，纠正五四以来之否定主义；而我此期间之三书则重在批抉中国文化之症结，以期荡涤腥秽，开出中国文化健康发展之途径。此两方面互相配合，遂有《中国文化宣言》（为中国文化敬告世界人士）之作。②

这是 20 世纪 50 年代的事情。"三书"即"外王三书"，研究者已经很熟悉了。值得注意的是，此时牟宗三一则有明确的反省意识，要"否定"儒家，要找出儒家在政治思维方面存在的问题，也即"批抉中国文化之症结，以期荡涤腥秽"。它明显取自熊十力儒学绝于秦汉而社会政治环境对于人的心性有"无可否认"的影响等论说。③ 这是牟宗三政治哲学的出发点，是源，事关重大，但没能受到足够的重视。二则牟宗三的"否定"并非"否定主义"，而是要"配合"正面的疏通，"解决外王问题"。④ 此"正面疏通"在当时表现为唐君毅的工作，在 20 世纪 60 年代之后则特别表现为牟宗三自己以"心性之学""全部展露之"⑤，这点研究者大多已经注意到了。

---

① 牟宗三：《道德的理想主义》，《牟宗三先生全集》第 9 册，台北：联经出版事业股份有限公司，2003 年，序第 5 页。
② 牟宗三：《道德的理想主义》，《牟宗三先生全集》第 9 册，台北：联经出版事业股份有限公司，2003 年，修订版序第 3-4 页。
③ 熊十力：《读经示要》，《熊十力全集》第 3 卷，武汉：湖北教育出版社，2001 年，第 761 页。熊十力指出："二千余年来，帝者以其私意，笼制天下士大夫，使其思想无或逾越于君上之意向。因郡县之世，民智蔽塞，而帝者益乘之以易售其奸。故自汉代迄于清世，天下学术，号为一出于儒，而实则上下相习，皆以尊孔之名，而行诬孔之实。以穷经之力，而蹈侮圣言之罪。儒学之亡也久矣哉！"
④ 牟宗三：《历史哲学》，《牟宗三先生全集》第 9 册，台北：联经出版事业股份有限公司，2003 年，增订版自序第 16 页。
⑤ 牟宗三：《道德的理想主义》，《牟宗三先生全集》第 9 册，台北：联经出版事业股份有限公司，2003 年，序第 9 页。

第三个环节，对儒家内圣学的剥离，把心性的独立的意义讲清楚。这一环节紧接上一环节而来，重客观的梳理，而对儒家的不足并不特别涉及。不过，此时牟宗三的反省意识并没有消退，而是变了一个方向，恰恰是要与政治保持距离，把儒学从"官学"中解放出来。牟宗三说：

> 本来即此一面（指心性之学、内圣之学——引者）亦可使儒家自足独立。与政治划开，如普通宗教然，亦未尝不可。此或更可使儒家不与政治纠缠于一起，不随时代为浮沉，而只以个人之成德为人类开光明之门，以保持其永恒独立之意义。①

牟宗三非常自觉地意识到，内圣外王本末一贯，确实不能截然分开；但是，正如第二环节的反省所见，打天下的治乱循环问题、圣君贤相无限担负与可遇不可求的问题、个体人民只受广被不起作用的问题等，都在侵蚀着儒家的内圣外王本末一贯，而致其沦落，让"圣王"观念唯余"颂圣"之用，儒学本身也直接随着政治喜好的不同而上下沉浮了。② 如此的儒学成就了一个实实在在的伪字，饰伪不公义，个人的成德永不可言。因此，牟宗三在反省了儒家政治思维的不足之后，便立志要做减法，要把心性之学从此内圣外王本末一贯中"剥离"出来，以免于政治的纠缠，而获得"自足独立"。在此，心性之学便既不表现为"指内圣言"的"道统"，也不表现为"指外王言"的"政统"，而表现为"内圣外王之学"的"学统"：牟宗三要以"知性形态"的"学统"把"直觉形态"的"道统"和"政统"贞定住，然后人们"始可以为理想而奋

---

① 牟宗三：《心体与性体》（一），《牟宗三先生全集》第 5 册，台北：联经出版事业股份有限公司，2003 年，第 7 页。

② 徐复观曾对此有一"同情"的描述："从历史上看，学术思想若与现实的政治处于分离状态，则其影响力常系于局部的，慢缓的。若与现实政治处于对立状态，复无有力之社会力量加以支持，以改变当时之现实政治，则现实政治之影响于学术思想者，将远过于学术思想之影响于现实政治。若在本质上系与现实政治相对立，而在形势上又须有某种程度之合作时，则现实政治对学术思想之歪曲，常大过于学术思想对现实政治之修正。学术思想的力量，是通过时间的浸润而表现；现实政治的力量，则在空间的扩张中表现；所以学术思想常无法在某一空间内与政治争胜。"徐复观：《中国思想史论集》，台北：台湾学生书局，1975 年，第 7-8 页。

斗，不至于一意孤行，随盲目的权力而颠倒也"。① 这是一个"讲道理"的过程，是把道理讲清楚的"辩说"，是澄清前提、划定界限的"批判"，是一种理性的"模拟"与"推演"。牟宗三强调，没有这一步的工作，儒学将自此沉沦以终，而无法跃然以起，所以不可不有彻底省悟。

第四个环节，重建内圣外王本末一贯传统，在经验中呈现国家与心性的统一。经过了两步反省，儒学变得比过去任何时候都"薄"了，似乎也就坐实了上述三大批评。不过牟宗三相信，恰恰只有正视传统儒学的症结，剥离出与政治划开界限的心性之学，才能建构出具有现代意义的合理而周全的内圣外王范式，道统才能重新延续。这似乎是一个悖论，牟宗三视之为儒学现代化过程中必然出现的"吊诡"、"诡谲"、"辩证"或"坎陷"（self-negation）。牟宗三指出：

> 中国所讲的心性之学才是真正的唯心论，但同时也是真正的实在论。②

毋庸讳言，《心体与性体》之后，心性之学、内圣之学、成德之教，或者说道德的形上学等已经可以作为牟宗三的标签了，以致有人言之凿凿指责牟宗三只是心性儒学而缺乏政治儒学。但若衡之以这里的"悖论"，就四个环节的关联来看，牟宗三又不能不有政治儒学，而同时是教化之学，是一种新外王的政治哲学。传统道德与现代生活重新统一了，技术国家也因此获得了其心性根据。

但问题是，如何理解"坎陷"？四个环节是构成一种共时性结构，还是表示一种历时性展开？或者两者兼而有之？为什么经过反省和剥离，在让儒学变"薄"的同时，就能够确保这是在重建"厚"的儒学，而把"内圣之学"与"外王之学"贯通起来呢？为什么"直通"不行"曲通"反而行？这是"道理"不够"神仙"来凑，是"耍魔术"，是"现代巫术"，变儒学为"高头讲章"？抑或，牟宗三另有隐情和所指？

---

① 牟宗三：《道德的理想主义》，《牟宗三先生全集》第 9 册，台北：联经出版事业股份有限公司，2003 年，第 335－337 页。
② 牟宗三：《哲学研究的途径》，《牟宗三先生全集》第 27 册，台北：联经出版事业股份有限公司，2003 年，第 359 页。

五

本书是对牟宗三政治哲学的批判。上述系列问题，构成了批判的背景。

具体说来，本书的任务有三。

一是重新梳理牟宗三对传统政治的反省。这部分内容包括：彰显牟宗三的问题意识和出发点，分析牟宗三重新去完成儒家的内圣外王合一之教的基本概念和逻辑架构，重点揭示牟宗三政治哲学与儒家传统内圣外王之学的差异，并据此检讨牟宗三政治哲学的成就及可能存在的问题，思考在得到"有力之社会力量加以支持"的情况下如何建构更为有效和合理的现代儒家政治哲学。这是本书的总的任务，是否能够很好地完成这一总任务，将依以下两个分任务的完成情况而定。

二是针对"自上而下"的"牟宗三印象"，确立一种"自下而上"的研究视角，证明牟宗三哲学同时存在着"自上而下"与"自下而上"两条致思路线，双线往复循环结构是牟宗三政治哲学的基本结构。对于牟宗三的政治哲学，特别是最著名的良知坎陷说，无论是持肯定还是否定意见，研究者大多依"从上面说下来"的思路来看，强调"道德"对于"存在"的挥洒自如，也即作为"道德实体"和"形上实体"的"自由无限心"自上而下地发展出科学与民主等。这种研究视角的确能够从牟宗三本人那里找到依据，甚至在《心体与性体》之后越来越明显地成了牟宗三的主要致思路线。不过，如果我们不是用这种流行的理解模式来框范牟宗三政治哲学，而是看到内圣与外王的独立性及其缠绕关系，甚或把牟宗三对传统儒家政治思想的反省作为其"心性之学"的源头和出发点，那么对牟宗三政治哲学的判法将为之一变，"上"与"下"的矛盾将得到重新思考。"自下而上"的研究视角重在分析牟宗三如何"从下面说上去"，如何由存在通达道德，强调牟宗三有自觉地以政治国家等来"建设"道德心性的上行路线和方法。本书将证明，牟宗三本人内在而本质地拥有这种"经验主义"的"自下而上"的眼光，有"从下面说上去"而为心性奠定存在论根基的自觉。这是本书的研究重点和难点。

三是内在地提出一个问题：牟宗三为什么会给人留下一个从"新外

王"到"道德的形上学"嬗变的印象？这个问题是在追问，当牟宗三明确了儒家内圣外王传统的症结和腥秽之后，为什么仍然坚持内圣外王架构，甚至把内圣外王的本末一贯发展到极致，以心性之学、道德的形上学、彻底的唯心论等来命名自己的儒学建构？牟宗三在明确了现代国家治理是个技术活之后，为什么还要聚焦道德心性？弄清楚这些问题，对于证明牟宗三政治哲学"自上而下"与"自下而上"两条致思路线的双线往复循环结构，至关重要。而之所以是"内在地"，是因为这个问题是儒学现代转化必须背负的沉重十字架。

　　当然，由于本书重在批判牟宗三的政治哲学，只能算是在"外王之学"的范围内初步提出了"心性之学"的某些问题，对于心性之学"本身"的探讨尚不能完全展开，以俟来日吧。①

六

　　批判无疑可以是否定性的批评，而与肯定性的赞扬相对立。但是，"牟宗三政治哲学批判"却并不等于说，本书意在指出牟宗三哲学的问题和不足，揭示其所犯错误的深层根源，然后一方面纠正错误，导牟宗三于正确的哲学之途，另一方面超越牟宗三，防止人们再在同一个地方跌倒。毋宁说，本书首先把"牟宗三政治哲学"当作一个"事实"来加以区分、比较、分析、检讨、评判等，以澄清它的前提，划出它的各条

---

① 今后的牟宗三研究，或许将呈现"上下其讲"的两个方向，"上讲"更"高圆"，"下讲"更"低平"。上讲可究心德福一致的圆善、合一说的美、天台圆教、存在之为存在等，近来徐波对牟宗三圆教思想的研判、盛珂对牟宗三的存在论阐释等，即其中杰出代表。下讲则须集中讨论唯物史观、财产、法权人格等。上讲，侧重讨论牟宗三合一论、存有论，意在通过玄学的方法与形而上学的建构，阐发积极的价值观念。下讲，注重分析牟宗三的知识论、政治哲学等，强调安顿科学世界与世俗世界，证明儒家传统依然是活的思想资源。两者一体两面，共同指向儒学现代转化所极目的内圣外王一体的同一个世界，但在"辩以相示"的意义上还是可以清晰地区分开来的。换言之，"上讲"的意义世界与"下讲"的凡俗世界尽可以拉开距离，让"上者愈上、下者愈下"，因此反建立起一种有效的支撑，或者说相反相成，那么就是好事情。在此，"下讲"同样可以是"形而上学"，正如"上讲"同样可以是"形而下学"一样。"牟宗三政治哲学"或可因此别开生面。但也正因为如此，本书特别容易招致一种批评：作为"牟宗三政治哲学批判"，本应以"外王三书"等为重头内容，但遗憾的是作者现在却一反常态，对真正的"国家"政治哲学讲得太少，反而对心性、生命与先验哲学等讲得过多。这非常有警示意义，提醒本书应该把"国家"与"心性"之间的张力与平衡讲得更清楚。

边界线，描绘它的全貌。这个意义上的批判显然既可以是否定性的批评，也可以是肯定性的赞扬，却不以批评或赞扬本身为满足，而在于通过批判来接近真相。

"横看成岭侧成峰，远近高低各不同。"真相不可能只有一个面相，正如地图上绝少规则的几何图形一样。要对各个面相都有一个恰当的安排，要如实地画出地形图，就必须深入其中，去感触、体会和重走，否则道听途说，就难免失真，此所谓"眼处心生句自神，暗中摸索总非真。画图临出秦川景，亲到长安有几人"。就此而言，批判不能预设前提，一任己之好恶来剪裁对象。但同时，并不是亲到长安就能得其真，"不识庐山真面目，只缘身在此山中"，批判恰恰又必须出乎其外，去鸟瞰、远观和衡定，此所谓"界线"永远既"包围"某个确定的场所但又在它的"外面"，即界线永远以既给出一个空间又超出这个空间为"前提条件"①。就此而言，批判又不能无原则，一任对象纷至沓来纷然杂陈。

把自己的目光投射在界线之内的东西同界线之外的东西的关系上，入乎其内又出乎其外，这样的"批判"同时也就是对牟宗三的"判教"。它的无原则的原则是：秉承传统，直面现代人的生存，给出有哲学意义的洞见或设想。它的环节有三：一是区分不同的牟宗三，澄清前提，划定界限，分清层序，指出隐显，标明起承转合；二是比较牟宗三"自下而上"与"自上而下"的圆环路线与儒家内圣外王本末一贯传统的关系；三是从理论到实践，由解释世界而改变世界，反思牟宗三及其批评者在儒学融入当代生活的道路选择上的优劣。

这些环节当然是理论的。从理论上把道理讲清楚，是再怎么强调也不为过的重要事情。这也是本书为自己确定"牟宗三政治哲学批判"这一工作的原因。当然，理论必然有其存在论的涉指格，因而这里并非为理论而理论，把自己限定在纯粹理论游戏的范围内。如果说，传统社会里的心性概念有其无法左右的国家存在论前提，即所谓打天下，因此它虽然可以通过个人的为官等而对国家发生作用，但主要还应当限定在个人的道德修养范围内，是一种宗教性的心性，而无力对国家产生决定性

---

① 康德：《任何一种能够作为科学出现的未来形而上学导论》，庞景仁译，北京：商务印书馆，1982 年，第 141 页；康德：《未来形而上学导论》，李秋零译，《康德著作全集》第 4 卷，北京：中国人民大学出版社，2005 年，第 357 页。

的影响，那么，共和国的建立则打破了这种存在论前提，为心性的涅槃重生提供了可能，道德心性才可能成为国家治理的一个真正的因素，而与技术因素进行角力。就此而言，牟宗三政治哲学必定有其"开始"处，彻底的唯心论必然有其"殊特"义。在这个地方，国家与心性、实践与理论、现象与物自身、用与体、行与知、西与中、今与古、道与儒、天与人等才可能打成一片。或者说，在这个地方，心性概念才可能从传统走到现代，才可能跟现代生活有全方位的关联。

若一定要说实践，那么正如人的自由全面发展是有条件的一样，中国传统心性的涅槃重生也将成为一种条件，而能够为实现大同理想与永久和平等，贡献出自己的一份力量。

七

本书从路线、财产、自由、生命、讲法及文化这六个"问题"出发，紧扣经验主义的"自下而上"（"从下面说上去"）路线与理性主义的"自上而下"（"从上面说下来"）路线的往复循环，分八章，展示牟宗三政治哲学在"国家"与"心性"之间的"上下求索"。

第一章分别就知识论与工夫论，先行确立牟宗三政治哲学的两条致思路线及其双线往复循环结构。一条致思路线是工夫论上"自上而下"的"良知坎陷"和知识论上"从上面说下来"的"转识成智"，这就是为众人所熟知的内圣"开出"民主与科学之新外王。另一条致思路线是知识论上通过感性知性的敞开"从下面说上去"的"穷智见德"，和工夫论上经由财产权的确立等"自下而上"地建立起民主政治和道德心性的"良知坎陷"。前者是"君子路线"，诚敬为要，先立乎其大，突出道德心性的至高和至纯，强调身体力行的有定向及其对大众的示范教化功能。后者是"庶民路线"，训练为务，其小者弗能夺，突出社会历史的经验性和战斗性，强调人们只能在练习游泳中学会游泳及其对精英的培育作用。前者以文化人，由道德推论存在，由心性规定国家，乾元首出，强调先在的优秀文化对于建国创制的范导意义。后者由自然达人文，由存在推论道德，由国家塑造心性，乾坤互含，突出具体的国家制度等对于人类道德心性的内在建构作用。前者强调人格及人类社会的"同一性"，后者承认个体及族群社会的"差异性"。两者缺一不可，在天人循环往复中共同指向人类"非社会的社会性"。在此可以说在"下"的"物质国家"与在"上"的"精神心性"。但若就两者的合一看，那么"国家"的确负有伦理的使命或责任，自身又可以二重化为"物质国家"与"精神国家"。即是说，无论"国家"还是"心性"，本身都既可能"自下而上"地确立，又可能"自上而下"地确立。于是乎在双线往复循环中如何确保各自的限度与界限就变得非常非常重要了。

第二章和第三章以财产问题为纽结，证明牟宗三政治哲学的重点并不能限定在"外王三书"，证明牟宗三政治哲学并非道德心性向政治生活的单向下贯，证明牟宗三政治哲学中政治科学与政治神话的功能区分和相互支撑。就政治神话而言，财产无足轻重，"新外王"主要是作为"以理生气"的"道德的形上学"的一个"结果"而出现；但从经验实践方面看，财产是基础，牟宗三政治哲学又表现为在可经验的历史中经过长期的战斗（特别是近代以来知识与意见、普遍性的法权法则与个体性的行为准则等的战斗）来渐渐养成道德心性、培养文化人格的过程。因此，政治神话与政治科学在牟宗三哲学中构成了一个圆环：前者认为自由意志彼此之间的相互承认（仁）是人类社会成其为社会的人性根据（德），存在的意义不是占有而是奉献；后者则坚持没有财产（利）人就不能成其为人（福），不谈利益分配或掩盖利益分配的"义"是虚幻的普遍性，因此而成虚幻的共同体，会抹杀个性和造成人的物化奴役处境。① 在此，康德、黑格尔论占有和法权，以及马克思主义的唯物史观等，都可以被吸收入"成德之教"中而成为其本质的一环。鉴于财产问题对于儒学现代转化的重要性以及牟宗三研究中相关讨论的困乏境况，这种讨论成为全书的重中之重，因此篇幅也较其他章节为长。鉴于章节分布的均衡，以及牟宗三政治哲学中内在含蕴的法权思想的重要性等，这里分为了两章，但若要究两章的逻辑关联，

---

① 自然意义上的人是不能成其为人的。人成其为人，是文化意义上的人，是处于一定关系中的人。传统在此说"彝伦攸教"或"彝伦攸叙"。随着人类历史的展开，至黑格尔，在理论与历史的二重化中，特别要求从"抽象法"开始确定这种关系："惟有人格才能给予对物的权利，所以人格权本质上就是物权。"参见氏著《法哲学原理》，范扬、张企泰译，北京：商务印书馆，1961年，第48页。

则完全可以把第三章视为第二章的第三节，而原来的第三节顺次为第四节。①

　　第四章依借自由主义、民主主义、社会主义等的互镜，在国家与个体的关系中，勾勒描画了牟宗三的自由观，并通过牟宗三的自由谱系，讨论了儒家心性传统的当代实现路径问题。简言之，三极并建以"仁"言的自由，是同一性的自由，证明传统的道德心性可以接榫现代的自由人联合体，夯实现代国家的统一性，保障共和国的强制力神圣不可侵犯。开放社会以"任性"言的自由，是差异性的自由，指出儒家心性传统在尊重人格权和财产权、发展生产力等方面的不足，及其当代发展生成的可能性和必然性。两相印证，一石三鸟：其一，证明重视心性的儒家传统与唯物论的马克思主义传统的融通的势在必行，证明"彻底的唯心论"的"唯"是"殊特义"而非"唯独义"；其二，根据牟宗三本人对唯物史观的重视及对发展生产、盘活经济、建立财产权等问题的论述和研究，重塑牟宗三自由观的研究范式；其三，反批评，证明批评牟宗三因"空"而成"泛道德主义"的"父权压迫"等的研究者的视觉盲区。

　　第五章结合牟宗三践履工夫与思辨工夫的区分及时代的"旁观者"而非"参与者"的自我定位，观察牟宗三的生命，同时将其作为一个"案例"，来回应儒者"缺席"民主建国历史的"尴尬"，思考儒学的时代问题和儒者的前进方向。一方面，牟宗三强调中国心性之学纳非存在的解悟入存在的证悟、彻悟，是对"存在的生命个体"的肯定，即所谓"生命的学问"，它立体纵贯，即是政治实践之学，在存在的践履中即道德即知识、即主观即客观、即个人即国家、即经济即政治即文化，是个

----

①　牟宗三对财产问题的讨论与现代法权思想有共鸣处，是其政治哲学的本质之一环，但也需要承认：1. 在传统法权资源的继承方面，牟宗三并没有具体讨论很多；2. 这或许是由于在牟宗三看来传统法律与现代法律有本质的区分，由"独立人格"而有的"契约"与随"法在王下"而来的"契约"差异巨大；3. 这里有牟宗三的古今之辨，而不专限于中国传统，却就中国传统而为言；4. 就文化"必须配合现实上经济、政治等往现代化的路子走"而言，牟宗三希望以"事"上的现代法权、现代国家等为"开头"，来为传统心性打开新局面；5. "事"有偶然性，有运气的因素在里面，但不做此事，却永远会陷入空谈，因此发心做成现代法权之事就对现代国家意义重大，反过来对于现代心性同样意义重大；6. 因此从传统资源的继承方面去对牟宗三可能的法权思想进行专题性的揭示，本书并没有更多的讨论，留待来日吧。

人的生命跟天下国家的一体展开的"通而为一"和"圆满为一"。另一方面，牟宗三本人的政治实践却是"无实践"，既不能干政治，又不能做生意，抗战时期也没有汗马功劳，并不是一个"时代的参与者"，而只是"时代的旁观者"，自觉地把自己的身份确定为读书、写书和教书，以学问为生命。牟宗三"参与者"与"旁观者"、"生命的学问"与"学问的生命"之间的这种"反差"，既体现了人的生命的有限性，是自由问题的直接延伸，又反过来给牟宗三政治哲学的双线往复循环结构做了一个注脚。即是说，自由的生命需是"大开大合"的生命。一方面，"生命的学问"是牟宗三的"精神现象学"，强调一切生命活动都须发于自由、呈现自由，是从"彻底的唯心论"说下来，而非只是一单纯的"物质生命"，个体性的"做学问"是这样，群体性的建国创制同样如此。另一方面，"学问的生命"则是牟宗三的"生命现象学"，强调每一生命自有其强弱、机缘等限定，自己是从研究学问这个起点，耐住厌烦，依"由下往上有入路有论题的方式"一步步走上去，直至支撑起了自己生命的自由。如此说来，"儒者"虽然不能人人都去建国创制，似乎无法避免"缺席"的"尴尬"，但其学术思考和写作等却并非只能是"委曲求全"或"甘为学术替补"，而必定私奉潜修，把自己和儒学双双"安顿"在中国现代转轨的历史"洪流"之中。对于当代儒学中人而言，这无疑具有警醒作用。

　　第六章证明牟宗三讲学的方法论自觉，其自上而下、从上面说下来的哲学面相有强烈的策略意味，并不能代表牟宗三道德的形上学的全貌，更不能说明牟宗三政治哲学的实质。牟宗三确定，儒家立教在成圣成贤，此为亘古不变的目标，但具体到某个时代，如何实现这一目标，则不能不因依"运会"而考虑策略。因此，牟宗三面临儒学"双重现代化"的重任，不仅要求直面科学与民主等时代课题，实现儒学内容的现代化，而且要求直面此时代接引群众的方式方法问题，实现儒学讲法的现代化。儒门淡泊，收拾不住的局面早已有之，再加上家国巨变与中西碰撞等，若此时仍然了无"神通"而仅仅只是些"家常便饭"，儒学就更没有希望了。"家常便饭"在此有两指，一是说儒家的"常道"，二是说时代的"科学与民主"，都卑之无甚高论，既没有什么特别的颜色，也不是特殊的理论、学说等，只需要在经验中摸爬滚打训练以保任之即可。

"神通"则是海底涌红轮,觉悟实体,同时呈现良知与物自身,遂使物随心转,德福一致,道德秩序即是宇宙秩序,牟宗三以此"向上一机"来"接引群众"。牟宗三讲法上的这种策略是如此成功和耀眼,以至于研究者轻松就可以把"神通"当作牟宗三哲学的全部了。但策略毕竟只是策略,接引群众毕竟只是事情的一小部分,牟宗三在目标与策略间的阴阳、刚柔、高下等"辩证",让其政治哲学既非投科学与民主"家常便饭"的机,又非迎合奉承贤人政治"神通"的胃口,而是苦心孤诣地在"家常便饭"与"神通"一来一往的双的路上左冲右突,补苴罅漏。

　　第七章讨论了牟宗三究竟是文化保守主义者还是文化激进主义者的问题。一般而论,大陆的研究者自始至终都把牟宗三定位为唯心论的文化保守主义者而加以批评。[①] 人们当然有充分的理由判定牟宗三为文化保守主义者,但根据以上六章的证据,却无法把这种文化保守主义定位为无关"历史"的"高头讲章"。这是因为,有了"从下面说上去"的知识论与"自下而上"的工夫论,有了双线循环结构中的上下往返,牟宗三的"良知坎陷"将是"超时间"的"道德本体"与"时间性"的"历史现象"的同时呈现,从而可以把自己跟一切"非历史""无时间"的政治浪漫主义或道德浪漫主义区别开来。这种世界历史意义的良知坎陷固然可能是极其缓慢的,但一定既保守又激进,一切坚固的东西只有经过它的洗礼,才会知道自己是否依然坚固耐用,还是将要烟消云散。可以说,牟宗三既没有把维持中国文化的主位性跟坚持中国历史文化的发展对立起来,也没有否定儒学的现代价值,而是在由经济这一"物质基础"自下而上地向政治、文化"升迁"与由道德这一"文化动原"自

---

① 　这里仅举两例。如郑家栋认为,"由于缺乏历史的、社会的、客观的眼光,由于习惯从儒家心性之学(道统)的角度审视历史的发展和文化的演变,现代新儒家不可能真正认识到民主精神的培养和科学水平的提高将使中国文化产生历史性的变革,更不可能指出发展民主与科学的客观途径"。参见氏著《文化·民族·现代化——现代新儒家文化思想论略》,《天津社会科学》1990年第4期。另李强"以对牟宗三研究的反思为切入点",同样认为现代新儒家"试图以理性主义哲学来解释社会历史现象,必然地陷入历史唯心主义的泥潭。离开社会的经济基础,而一味地用人的良心或者善良意志建构的政治理论或方案,势必不能推动社会历史的发展"。参见氏著《近代中国文化保守主义政治哲学传统新探》,《武汉大学学报》(哲学社会科学版)2019年第6期。

上而下地向政治、经济"下贯"二者所构成的"圆圈"中惨淡经营，从而超越了所谓文化激进主义和文化保守主义间非此即彼的对峙。

以上七章，前四章是关键性的"实质"问题，后三章是关键性的"态度"问题。仅有态度是不行的，但若没有在自我生命定位、中国文化的时代讲法、儒学的返本开新等问题上的抉择与自觉，牟宗三便无法深入心性、财产、国家等概念的现代内涵之中，无法形成"仁"与"自由"相互规定的永恒轮回。反过来，正是"实质"让"态度"不再只有抽象、纯粹的主观性。因此，后三章既是路线、财产及自由诸问题的延伸，反过来又给前四章做一注脚，再次加强了论证的力量，从而最终证明牟宗三政治哲学的双线往复循环结构。

第八章则跳开一步，通过与钱穆、熊十力等的一些极具体而又简明扼要的对比性探讨，试图描画出牟宗三政治哲学的"周围世界"。所谓"周围世界"，是指无论在现代新儒家谱系之"内"，还是在现代新儒家谱系之"外"，当时一流的知识人都领悟到了古今之变，而坚定地认为只能在古今之辨中重新梳理中国传统的天人之辨，否则中国悠久的天人合一传统便无法焕发新的生命活力。由此，牟宗三政治哲学把国家与心性视为"合一"的"共性"得到了某种揭示，但"个性"也因此显得更加分明了。

八

把道理说清楚，颇有可玩处。"实际"有实际的道理，"应该"有应该的道理，"国家"有国家的道理，"心性"有心性的道理，众多的道理就在那里相互冲撞着表现自己。因此，把道理说清楚，既需要有丰富的人情世故的经验阅历，甚至对于"运气"有特别敏锐的天赋感觉，也需要一些满腹文章后的自知之明的呆，能够毅然决然，作出判断，全之尽之。

每念及此，便莫名生出一丝丝的惶恐。道理说清楚了吗？抑或还是让牟宗三政治哲学变得更加模糊不清？尤有甚者，当此之时，仍然无法抵挡住讲道理的诱惑，没能严格在实际的国家之内安家落户，或许正是一种迂阔或不合时宜吧？

不过，惶恐归惶恐，无论这个讲道理的过程是多么的粗糙和不成熟，还是必须一试。毕竟，对于生命与国家，我们无法一事不做，完全袖手旁观。因为，那是我们自己的生命和国家，且"我们"并非如椅子或桌子等那样是被规定死了的存在。正如马克思所指出的那样，"人就是人的世界，就是国家，社会"①。

① 马克思：《〈黑格尔法哲学批判〉导言》，《马克思恩格斯文集》第 1 卷，北京：人民出版社，2009 年，第 3 页。

第一章　知识与工夫：路线问题

> 看历史须透过历史之文字记载，如踊身千载上，而自己生活于历史之中。吾人自己之生活，乃一向往理想，而实践理想之自上而下、自内而外之历程。于是吾生活于历史中，即将见历史之发展，亦为人之向往理想而实践之自上而下、自内而外之历程。由是而吾人之看历史之态度，即不复如一般历史家，止于一居今述古，循流以考源之态度，而为直下在人之精神理想之泉源处立根，以顺流而下观之态度。此即哲学之态度。由是而见历史之步步进展，即人之精神理想之步步生发，步步为人所实践之历程。
>
> ——唐君毅《中国历史之哲学的省察——读牟宗三先生〈历史哲学〉书后》

> 一切现实问题的解决，都要靠经验：凡经验都要因时、因地而制其宜，要随时加以修正改革，不能绝对化，一绝对化便会造成灾害。
>
> ——牟宗三《中国文化大动脉中的现实关心问题》

> 良好的国家体制并不能期待于道德，倒是相反地一个民族良好道德的形成首先就要期待于良好的国家体制。
>
> ——康德《论永久和平》

本章所谓"路线问题"，既指说人们对于牟宗三知识论的致思路线的纷争，又强调人们在理解牟宗三工夫论的致思路线上的分歧。

本章先行确定牟宗三政治哲学的出发点，然后分别具体讨论牟宗三知识论、工夫论①中的致思路线问题，以此证明：牟宗三"经验上升"

---

① 至于为什么恰恰选取了知识与工夫，而不是知识与道德、知识与信仰或者其他有类"现象与物自身"的"对子"来讨论牟宗三的"致思路线"问题，本章当有一个完整的回答。这里需要先有个简单说明。众所周知，牟宗三知识论中存在"转向"，即《现象与物自身》一书序言中所明言的"从下面说上去"与"从上面说下来"的分别。因此，讨论牟宗三知识论的致思路线问题，当是顺理成章的事情。（转下页注）

的致思路线与"理性下贯"的致思路线并不是时间上前后非此即彼的迁转，而确实构成了一种"争执"，共同拱卫了一个相同者永恒轮回的圆圈。本章强调，若没有这种饱满的争执，牟宗三政治哲学将立即陷入荒谬之中。

若就概念而言，牟宗三"良知坎陷"本身就具有"内圣←→外王"的复调结构，内在地涵蕴着两条致思路线。一条路线是自上而下的理性下贯之路，由内圣到外王，由形上到形下，重视道德的天心、良知等"大实体"对于整个社会国家的提携、整合之功。另一条路线是自下而上的经验上升之路，由外王到内圣，由形下到形上，重视感性知性及"个体"间的财产对立、法权限制等对于道德理性的贞定、奠基意义。前者要求终结现代社会不断散文化、平庸化的堕落下坠趋势，后者则强调现代国家的建立为儒家古典仁学现代转化提供了可能性和现实性。两者在"争执"中形成了一个"圆圈"，让牟宗三政治哲学特别表现为一种双线往复循环结构。

若就时间以 1960 年为界前后比较而言，牟宗三"内圣外王之学"表现为前后期"政统←→道统"的功能性分工。前期重在"认识政统"，主要侧重自下而上的上升路线，以纯理自己①以及个体自由、私有财产、

（接上页注①）至于为什么以"工夫"与"知识"相对来讨论致思路线，简单说来理由有四。一是因为按照传统的理解，工夫与道德、信仰等直接相关，对工夫的讨论在普泛意义上也就是对道德实践、宗教信仰等的讨论。二是因为牟宗三有本质工夫、非本质工夫等区分，传统工夫论之外的新的"工夫"，如一般所谓科学、民主等因此被带入，于是必然就有了究竟何种工夫为"上"何种工夫为"下"的"判教"问题。三是因为牟宗三强调"生命的学问"，这里面一定包含"工夫"，不仅看如何"说"，而且需察怎么"做"，不仅是每个人"自身的"，而且是所有人"公共的"。四是因为牟宗三坚信，赛先生（知识论）没有德先生（工夫论）的形式条件，也就不成其为先生了，而失之为贼，德先生（工夫论）没有赛先生（知识论）的内容条件，同样也就不成其为先生了，而变身为魔。

① "纯理自己"的提出，先是一个逻辑、数学问题，由罗素和怀特海的《数学原理》的"还原公理"而来，后成为牟宗三"改造"康德的方向。虽然再后来牟宗三承认自己那时的理解有误，不应该把逻辑与存在分开，但"纯理自己"的"用心"却一直保持了下来。"'纯理自己'一词之提出，一方保住了逻辑之自足独立性，不依靠任何外在的形上学，一方保住了逻辑的必然性与超越性。"不难看出，由此自足独立性（先验性）、必然性与超越性，国家的客观性、真实性与真理性等也一并保住了。参阅牟宗三《五十自述》，《牟宗三先生全集》第 32 册，台北：联经出版事业股份有限公司，2003 年，第 62-63 页。

民主政治等现实问题为讨论焦点，而表现为"从下面说上去"的知识论和"自下而上"的工夫论的并肩同行，总名"外王之学"。后期聚焦"继续道统"，自觉表彰"自上而下"的下贯路线，先立其大，注目智的直觉、良知呈现、美善合一等建体立极的"逆觉工夫"，然后"从上面说下来"，终成"两层存有论"也即知识论与工夫论合一的"圆善论"。①唯其如此，前期的"新外王"（"自下而上"的工夫论和"从下面说上去"的知识论）与后期的"形上学"（"自上而下"的工夫论和"从上面说下来"的知识论）之间的差异也就构成了一种相互支撑，心性儒学与政治儒学打成一片，道德的形上学得到了奠基。亦唯其如此，方可谓"开出学统"。

若就形式而言，牟宗三还表现出另外一种自觉的分别，那就是他的专业著述及系列授课记录，与独立的访谈、演讲、报刊文章等的不同。前者似乎根本不关心现实问题，即使关心也只是"哲学地""抽象地"关心，而只究心于根深体通，故反复申说逻辑、理则、纯理、精神、表现、律则等"形式的有"，以及智的直觉、真善美的合一与四无化境等"圆而神"的玄德玄思玄语，仿佛人世间的一切冲突、苦难、罪恶、耻

---

① 若依牟宗三自己所言50岁之后遂究心于心性之学，我们可以说《逻辑典范》《理则学》《认识心之批判》等是"从下面说上去"的知识论，《道德的理想主义》《政道与治道》《历史哲学》等突出"自下而上"的工夫论，两者共同构成了牟宗三的外王之学，而《才性与玄理》《智的直觉与中国哲学》《心体与性体》《佛性与般若》《圆善论》等则是"从上面说下来"的内圣之学、心性之学。但对于《现象与物自身》则有一些纠结。一方面，牟宗三明确将其与《认识心之批判》一同归属于知识论，也即量论、外王之学；另一方面，牟宗三又强调《现象与物自身》的知识论不同于《认识心之批判》的地方恰恰在于"不是从下面说上去，乃是从上面说下来"，这样的话这种外王之学首先也就是内圣之学了。如果再联系到牟宗三认定《智的直觉与中国哲学》是它的前奏，《圆善论》是它的完成，那么牟宗三自己所区分开来的内圣之学与外王之学等概念也就似乎失去了它们各自的意义。这种纠结，一方面证明了牟宗三使用概念时的层叠与回环，国家与心性、经验与先验等总被他打并为一；另一方面则要求在理解牟宗三"内圣之学"与"外王之学"的区分时，不仅能看到道德心性问题与科学民主问题的不同侧重，而且须着眼于思想路线的差异。换句话说，以"外王三书"为牟宗三"外王之学"的标志且又强调其"本于中国的内圣之学以解决外王问题"，也即认定其在解决科学民主问题的同时根本无法抛开道德心性问题，只不过没有以后者为焦点罢了，这并无不可，但也必须看到，牟宗三心性之学在解决道德心性问题的同时同样根本无法抛开科学民主问题。因此，把牟宗三政治哲学限定在"外王三书"而以之为重头内容，当然是可以的，但也必须承认，这只是狭义的牟宗三政治哲学，而不是牟宗三政治哲学的全部。

辱等"土堆"都可在这些"平地"上"默逆于心，相视而笑"，而化散无形。后者则与时代同呼吸共感受，肯定自由，肯定民主，谈世运、论时局、立教化、整风俗、创政体、开国体，似乎又无时无刻不在注目着现实问题。前者似乎是在证明"以学术支配政治，以政治支配经济"的"文化→政治→经济"的暴力下贯之路的可行性，后者则相信只能由经济现代化着手进至政治现代化，然后才可以要求文化现代化，走的是"经济→政治→文化"的柔顺上升之路①。

若就方法而言，牟宗三有"分别说"与"非分别说"的区分，以兼收上升下贯两路。"分别说"与"非分别说"的区分看似在讲佛法，实际上却是牟宗三方法论的自觉，其为"共法"②，与"内圣←→外王"的复调结构直接呼应。在政治哲学上，"分别说"与"非分别说"的区分表现为"个体"（Person 而非 Mensch）与"国家"（Der Staat）共生，要求纯粹理性与实践理性、知识与信仰、存在者与存在等的"两义兼备"③。

虽然就概念、时间、形式、方法诸方面而言，人们很容易发现牟宗三"上"与"下"的"圆圈"，但是由于"本于中国的内圣之学以解决外王问题""内圣开出新外王""自我坎陷""自觉坎陷""良知坎陷""一心开二门"等诸多已经变成流行的说法，人们往往无视牟宗三政治哲学的经验上升之路，无视现实国家对于道德心性的塑造之功，很容易就把道德的形上学仅仅理解为理性的下贯，而有"耍魔术"的"外王之

①　当然，这种分别是一种整体上的态势，并不意味着整齐划一。事实上，某篇文章到底属于学术论著还是针对现实问题的评论，是自上而下的还是自下而上的等，有时确实很难分清楚。即以《牟宗三先生全集》为例，编校者把牟宗三"评论现实问题的文章、演讲记录及访谈记录"归为第 23 册《时代与感受》和第 24 册《时代与感受续编》，以与"讨论学术问题之论文、访谈记录及演讲记录"的第 27 册《牟宗三先生晚期文集》区分开来。但实际上第 27 册的第 36 篇《客观的了解与中国文化之再造》、第 37 篇《中国人的安身立命》及第 38 篇《鹅湖之会——中国文化发展中的大综和与中西传统的融会》等文，也完全可以说是在评论现实问题。而且更为尴尬的是，第 27 册的首篇《介绍〈中国文化之精神价值〉》与第 24 册的《略论对于中国文化了解之过程》实在是同一篇东西。

②　参阅陈迎年《牟宗三先生"分别说与非分别说"再议》，《人文杂志》2005 年第 4 期。文中指出此"共法"不但为儒、释、道所共有，也为中、西所共有。唯因当时只是顺俗理解"坎陷"，而不能看见"非分别说"本身对"上"与"下"的"两义兼备"。

③　牟宗三：《圆善论》，《牟宗三先生全集》第 22 册，台北：联经出版事业股份有限公司，2003 年，序第 15 页。

学"等严厉批评，并最终断定牟宗三"神秘主义""独断论"的"内圣之学"也是对儒家原始精神的搅乱和背离。

这样，要整体而准确地把握牟宗三政治哲学，就必须先行领会如下问题：如何看待和理解两条路线的"争执"？从"开出学统"（纯理自己）到"认识政统"（新外王）再到"继续道统"（道德的形上学），牟宗三哲学是整体一贯，还是思路发生了重大转折？牟宗三"心性哲学"与"政治哲学"之间是否存在裂隙？"从下面说上去"的"穷智见德"与"从上面说下来"的"转识成智"究竟只是一种策略性的不同，还是有根本性的差异，抑或两者兼而有之？"自下而上"的"顺取工夫"与"自上而下"的"逆觉工夫"根本是路线之争，标志着某种"晚年定论"的优胜，还是构成了"从散到一"与"从一到散"的两来往，彼此回环支撑？这种"上"与"下"的争执究竟是贯穿牟宗三政治哲学的始终，是本质性的关键环节和基本结构，抑或只是某种细节、局部、临时性的东西？在牟宗三看来，经验现实中的"国家"，能够对超绝千古的"心性"产生影响，甚至是决定性的影响吗？

第一节　出发点

一　问题的提出

1992 年 12 月，在第二届"当代新儒学国际学术会议"召开的前夕，牟宗三发表了《鹅湖之会——中国文化发展中的大综和与中西传统的融会》一文，对自己的思想学术生涯与中国文化的未来发展有一个简明扼要的交代：

> 念兹在兹，思考一个问题。思考什么问题呢？就是中国文化的历史发展的方向，如何从内圣开外王。如何从内圣开外王，就是沈有鼎所说的那个大综和。[①]
> 现在我们要求一个大综和，就是吸收西方的科学传统、自由民

[①] 牟宗三：《鹅湖之会——中国文化发展中的大综和与中西传统的融会》，《牟宗三先生全集》第 27 册，台北：联经出版事业股份有限公司，2003 年，第 451 页。

主传统……我们要求一个大综和，是根据自己的文化生命的命脉来一个大综和，是要跟西方希腊传统所开出的科学、哲学，以及西方由各种因缘而开出的民主政治来一个大结合。①

在此之前，在1990年12月第一届"当代新儒学国际研讨会"上，牟宗三以《客观的了解与中国文化之再造》为题发表了主题讲演，也说"从中国文化开出科学、民主"的问题。牟宗三指出，熊十力感受到了中西碰撞交融的时代气息，洞见自己的学问除了传统的形而上学部分外，还应该有新的知识论的方面，那样才能算完整。牟宗三自觉接受了这一洞见的启发，要传承老师的学问：

> 我老师熊先生念兹在兹想接着现有的《新唯识论》写出"量论"部份，也写不出来。本来依熊先生的计划，《新唯识论》应有两部：上部"境论"，讲形上学；下部"量论"，讲知识论。但"量论"一直写不出来，其实就是因为学力不够。②
>
> 我曾写信给他，说："老师的学问传不下来，您要靠我去传您，否则您是传不下来的。"后来我写成《认识心之批判》及《现象与物自身》，大体可以稍补熊先生之缺憾——"量论"方面之缺憾。③

两篇文字虽稍有侧重，但都强调了"内圣开外王"问题的重要性，以及自己对此问题的"一心开二门""两层存有论"等模型解答。

然而我们知道，1960年之后，牟宗三的重点已经转到了心性之学，故多说道德的形上学、彻底的唯心论等，而所谓开出新外王、外王之学，似乎主要是"外王三书"时期的任务，那时给出的解释模型并不是"一心开二门"与"两层存有论"，而是"良知坎陷"。

"心性之学"与"外王之学"、"一心开二门"与"良知坎陷"等无

---

① 牟宗三：《鹅湖之会——中国文化发展中的大综和与中西传统的融会》，《牟宗三先生全集》第27册，台北：联经出版事业股份有限公司，2003年，第453页。

② 牟宗三：《客观的了解与中国文化之再造》，《牟宗三先生全集》第27册，台北：联经出版事业股份有限公司，2003年，第428-429页。

③ 牟宗三：《客观的了解与中国文化之再造》，《牟宗三先生全集》第27册，台北：联经出版事业股份有限公司，2003年，第433页。

疑是相通的。① 但问题在于，是以"一心开二门"为标准来回头看"良知坎陷"，还是从"良知坎陷"往前去理解和建设"一心开二门"？

此处的牟宗三并没有直接讲到坎陷、曲通等，似乎只能是依后来的"道德的形上学"而讲前面的"新外王"。同样地，无论是批评还是推赞，牟宗三的研究者也大多是以"一心开二门"为框架来回头看"良知坎陷"。②

不过，上述问题似乎是多余的。因为，无论是彻底的唯心论之"内圣"开科学、民主之"新外王"，还是"良知坎陷"而成科学与民主，人们的直接反应似乎就是两点疑问：一是既然中国文化内圣外王本末一贯，那么为什么中国没有最早发展出科学与民主？二是既然你讲内圣开出新外王，那么现在你开出来了没有？由此两点，良知的傲慢、独断论、现代巫术等众多批评声音也就显得顺理成章了。

二　天崩地坼，断港绝潢

牟宗三了解上述疑问和批评，但并不接受，而反过来说人们误解了他。

牟宗三认为自己的"开出""坎陷"等概念恰恰是经验的、从善如流的和谦卑的，而人们之所以产生误解，就是因为选择了一个错误的出

① 可参阅白晓欲《"良知坎陷"：牟宗三的思想脉络与理论开展》，《现代哲学》2007年第4期；卢兴《牟宗三"良知坎陷说"的发展历程》，《中国哲学史》2008年第2期。前者区分了良知坎陷的"三义"，后者强调它的发展历程有"四个阶段"。但也有例外。杨泽波明确区分了两种坎陷（一是开出科学和民主的坎陷，二是借用一心开二门概念建构两层存有论的坎陷），并强调前者"具有相对的独立性"："单就开出科学和民主这一点而言，它与其后撰写的作品在内容上并没有直接的联系，由此形成一个相对独立的系统（在两层存有论意义上讲坎陷是例外）。读者完全可以将这一部分作为一个独立的内容来学习和研究，不必过多关注牟宗三思想的其他部分。"参阅杨泽波《坎陷论》，《贡献与终结——牟宗三儒学思想研究》第一卷，上海：上海人民出版社，2014年，第3页。

② 即便强调坎陷论的"独立性"和两层存有论意义的坎陷是"例外"的杨泽波，实际上也是以后观前。杨老师把坎陷的内涵概括为"让开一步"、"下降凝聚"和"摄智归仁"这三个基本要素，强调"牟宗三提出坎陷论的根本目的，是在坚持儒家政治传统优势的前提下开出民主"。杨老师不会同意，牟宗三坎陷论的"前提"恰恰不是"坚持"儒家政治传统的"优势"，而是"反省"儒家传统政治思想的"劣势"。参阅杨泽波《坎陷论》，《贡献与终结——牟宗三儒学思想研究》第一卷，上海：上海人民出版社，2014年，第3、175页。

发点和致思路线。良知坎陷的出发点，并不如人们所熟知的那样，是从一个独断论的、超验的、高高在上的、形上的道德实体或良心本心出发，然后降落凡尘，来指点江山激扬文字，而只能是对中国问题的反省：

> 试思自三十八年以来，至今已十年矣。回想当时之心境，乃直天崩地坼，断潢绝港之时。吾尚有何顾虑而不敢直对华族文化生命负其责以用其诚乎？中华民族之有今日，岂惟政场中人之罪过？时风学风，知识分子，亦皆与有责焉。人人皆当有一彻底之反省，以自赎其罪戾。①

> 对于祖宗决不能怨尤，对于中国文化之缺点与昔贤用心之所限亦决不能忽视，然亦不能即因而对于中国文化与往圣前贤作过激刻薄之抹杀。天地间决无便宜事，亦无现成事。弟书中所凸现之问题乃来自黑格尔之刺激。远在二十年前，弟读黑格尔《历史哲学》论及中国方面无"主观自由"，无"个体性之自觉"，即悚然而惊。②

> 本书力振孔孟之学脉，以见"内圣外王"之教之规模，且承之而进一步，以解答中国文化中政道、事功与科学之问题。公其心，平其情，乃见其为不可移。未有污习不除，丧失其本，而可以立国者。为国族立大信，为文化生命开途径，是区区之所深愿也。③

"外王三书"讲得十分明白，而且不断重复：传统中国政治已经全面陷落却又笼制天下，社会已经全面落后了，文化已经全面僵死了，直可谓天崩地坼，断港绝潢；处身此时此地，必须有一惊醒，有彻底反省的意识，以期批抉症结，移除污习，荡涤腥秽，自赎其罪，而后可能生希望心，走出绝境。

从反省出发，良知坎陷甚至后来的一心开二门等，都不再是"正面疏通"，而定是"识病"或"治病"的工作，是一种"否定"和"自

---

① 牟宗三：《道德的理想主义》，《牟宗三先生全集》第9册，台北：联经出版事业股份有限公司，2003年，序第10页。

② 牟宗三：《历史哲学》，《牟宗三先生全集》第9册，台北：联经出版事业股份有限公司，2003年，第457页。

③ 牟宗三：《政道与治道》，《牟宗三先生全集》第10册，台北：联经出版事业股份有限公司，2003年，序第39页。

救"。即是说，中国文化等虽有好的开端，却亡之久也，因此不能总是老子天下第一，要有伤痛之感，要惊醒了，要直面中国的问题，老老实实反省造成这种局面的思想文化上的根源，老老实实承认传统政治的缺点及其对思想文化等的影响，老老实实地根据实际的需要在经验中不断学习，以便练习着改掉缺点，盈科而后进。在 1980 年 9 月《鹅湖月刊》刊发的《访韩答问录》中，牟宗三甚至强调，"现代化不可免……假定肯定现代化而自己开不出来，则学习人家也很好"①。在牟宗三看来，这才是真正的生命的学问，经验与理性合一，知行合一，而不仅仅是对于中国的"情感的拥护"。

在情感上拥护自己的文化，热爱自己的文化，并为自己的文化辩护，这是自然而然的事情，也是天经地义的事情，是孝子慈孙之用心。但是，如果一味只在情感层面上赞美中国、维护中国文化，而既不愿正视中国的问题，也不能对中国的问题有所反省，更不能开发出中国文化生命的新通道，那么中国必将"受到赞扬并饥寒而死"。牟宗三说：

> 情感的拥护与情感的反对是同一层次上的对立，而且也必然都落在以"列举的方式"说文化，以"外在的东西"之观点看文化。这便失掉我们今日讨论反省文化问题的意义。以列举的方式、外在的观点，说好说坏，都是于事无补的。若是明白了文化是此心此理的表现，则亦根本不是好坏问题，乃是发展的问题。②
>
> 作文言文者，即以其所爱之文言文而维护中国文化；善画画者，即以其所欣赏之文房四宝而维护中国文化；玩古董者，即以其所玩之古董而维护中国文化；贪官污吏，武夫悍将，居权位而恐人作乱，亦讲道德仁义而维护中国文化。此皆情识之维护，此维护中国文化者之所以惹人生厌，驯致遂以言中国文化为忌讳也。而狂悖之徒即愈逞其凶悍，而肆无忌惮矣。故今而言中国文化，一不可落于三家村气，二不可落于文人气，三不可落于清客幕僚气。直下对孔孟之

---

① 牟宗三：《时代与感受》，《牟宗三先生全集》第 23 册，台北：联经出版事业股份有限公司，2003 年，第 223 页。

② 牟宗三：《道德的理想主义》，《牟宗三先生全集》第 9 册，台北：联经出版事业股份有限公司，2003 年，第 335 页。

文化生命负责，对创制建国负责，不回护，无禁忌，有认其有，无认其无，坦然明白，争取主动，反反以制狂悖。孟子曰："药不瞑眩，其疾不瘳。"此超拔于"情识"之道也。①

"文化……乃是发展的问题"，所以察"症结"不能不是本质的一环。牟宗三当时应该是有感而发。令人百感交集的是，这么多年过去了，对于当下的中国而言，这些文字似乎依然鲜活能指。

三　事后诸葛亮

从"反省今日时代之症结"这一角度出发，"开出""坎陷"等就绝不是什么"魔术师的口袋，民主、科学、人权、自由……什么都能从那里面轻易地推导出来"②，"就象小孩玩积木一样地轻巧"③，更不可能"并未清楚地区分'理论的次序'、'发生的次序'与'学习的次序'之异同"④。在这里，首先不是理论，而是学习；不是傲慢，而是谦卑；不是先验主义的规定，而是经验主义的承认。牟宗三说：

> 我们今天说宋明儒虽亦照顾到外王而不够，这个"不够"，是我们在这个时代"事后诸葛亮"的说法。在当时，理学家那个时代背景下，他们是否一定觉得不够呢？这就很难说。固然理学家特别重视内圣的一面，然他们特别重视于此，总有其道理；在他们那个时代中，或许他们亦不以为这种偏重是不够的。外王方面，在那种社会状况、政治形态下，也只好如此，不能再过份的要求。我们得反省一下，外王方面开不出来，是否属于理学家的责任呢？政权是皇帝打来的，这个地方是不能动的，等到昏庸的皇帝把国家弄亡了，却把这个责任推给朱夫子，朱夫子那能承受得起呢？去埋怨王阳明，

① 牟宗三：《生命的学问》，桂林：广西师范大学出版社，2005年，第59-60页。
② 包遵信：《儒家思想和现代化——新儒家商兑》，《北京社会科学》1986年第3期。
③ 包遵信：《儒家的现代化和新儒家的理论困境——新儒家商兑之二》，《学术界》1986年第1期。
④ 林安梧：《解开"道的错置"——兼及于"良知的自我坎陷"的一些思考》，《孔子研究》1999年第1期。

王阳明那能担当得起呢？[1]

这里的"事后诸葛亮"是否已经表明，牟宗三往往朝上追溯而通极于道德理性，然后反过来再以此强加给历史和社会？回答是否定的。牟宗三明白自己是"事后诸葛亮"，明白求全责备的界限和理性的限度，因而恰恰是紧扣着历史的、社会的经验因素而现象地思考，即承认"政权是皇帝打来的，这个地方是不能动的"这一社会历史现实，认识到"在那种社会状况、政治形态下"的必然性，然后才结合着"我们的时代"而有一个反省和学习的要求。

一种批评意见认为，既然是"事后诸葛亮"，那么正如黑格尔"密纳发的猫头鹰要等黄昏到来，才会起飞"[2]一样，牟宗三对"我们的时代"的反省也总是来得太晚，只有解释世界之功，而无改变世界之果。但实际上，牟宗三的"开出""坎陷"恰恰把改变世界放在了第一位，所有的反省和思考都是在改变着的世界的基础上进行的，并指向对世界的进一步改变。否则，也就无所谓"开出"或"坎陷"了。

一个先在的问题是：当牟宗三既不是在"事前"也不是在"事后"，而是处身世界"之中"的时候，这个事/世界是什么？牟宗三对此有一个判定：

> 三统之说立：一、道统之肯定，此即肯定道德宗教之价值，护住孔孟所开辟之人生宇宙之本源。二、学统之开出，此即转出"知性主体"以融纳希腊传统，开出学术之独立性。三、政统之继续，此即由认识政体之发展而肯定民主政治为必然。[3]

必须注意，"开出""转出""开辟""继续""肯定"等是在同一层次上用的，既是对于"已有"的道德宗教的"肯定"，也是对"缺乏"

---

[1]　牟宗三：《政道与治道》，《牟宗三先生全集》第 10 册，台北：联经出版事业股份有限公司，2003 年，新版序第 13 页。

[2]　黑格尔：《法哲学原理》，范扬、张企泰译，北京：商务印书馆，1961 年，序言第 14 页。

[3]　牟宗三：《道德的理想主义》，《牟宗三先生全集》第 9 册，台北：联经出版事业股份有限公司，2003 年，序第 9 页。

的民主政治、知性形态的"肯定";既是政统的"继续",也是道统的"继续"。① 对于已有的道德宗教的"继续"还好讲,但我们怎能"继续"一个我们所没有的东西呢?

无中生有,继续一个我们所没有的东西,在理论上是自相矛盾的,但在人类社会历史实践中却是家常便饭。先认识到它的好,再实践以求之,这是学习的态度和过程,是发生的次序。文明的碰撞、文化的交流,或者说人类日益频繁密切的日常交往等,完全可以产生出一个全新的东西,这就是今日的世界,就是时代的事件(Ereignis),就是我们的生活甚至于我们自己。如此说来的"开出""坎陷"等也就既不是"中体西用"也非"西体中用",而是非中非西、即中即西,是在荡涤腥秽的过程中建设一个新世界,是脱胎换骨。

经验世界的"脱胎换骨"中常有不可思议事发生。能够思议的,是既能从了解儒家的阴暗面出发,又有脱胎换骨之志,这一定是学习的态度、发生的次序。用牟宗三的话来说,它走出了抽象的思辨,而进入了一个"开放的社会"。②

四　开放的社会

进入开放的社会的第一个条件,是历史的机缘,或者说历史的运会。牟宗三指出:

　　　中国,自鸦片战争后,才直接地、感痛痒地觉到西方另一套文化之厉害。中间的封闭线揭开了,双方直接照面。西方也敞开了,摆在我们的眼前。此后就是双方互相较量、互相了解的问题。③

---

① 牟宗三:《道德的理想主义》,《牟宗三先生全集》第 9 册,台北:联经出版事业股份有限公司,2003 年,第 335-336 页。此处谓"道统必须继续""学统必须开出""政统必须认识"。

② 或曰:牟宗三正是认为"可以把西方最好的工具理性和东方最好的价值理性都挑出来,作一个新的综合"。一般而论,把最美的东西都挑出来作一个新的综合,以达美美与共之境,本身并没有错。错在于是否可行,在于究竟怎样挑,是"非常简单地分开"地挑呢,还是在经验世界中"直接地、感痛痒地"挑?

③ 牟宗三:《道德的理想主义》,《牟宗三先生全集》第 9 册,台北:联经出版事业股份有限公司,2003 年,第 323 页。

这里的"互相较量、互相了解"与佛教东来时的情景有异，是西方用武力先把腐败无能的清政府打败，继而把中华民族打败，然后才出现的事情。应对佛教东来的那种雍容没有了。一方面，"外人所能打的只是外在的有形的东西，一定形态的物质力量。两种物质力量相交绥，冲突便是打，谁强谁打败谁。把你的一定形态的物质力量打倒就算完，此外他管不着"①。另一方面，继之而来的是我们因着那两个失败而在文化上也自丧信心、自丧灵魂，跟着起来自己否定自己，于是我们的文化也就被打败了。

如果说文化是不会被别人打败的，除非自我放弃，那么在古今中西的碰撞中进行文化创新，就成为中国文化的天命。但是，既然一定形态的物质的东西已经被打倒了，那么中国文化的创新或发展就必须展示它的弹性，一方面适应新的物质形态，另一方面避免现成照搬，让其落地生根，从而在转型中获得孳乳壮大。牟宗三把这种综合创新理解为进入开放的社会的第二个条件，而特别把中国"王道""藏天下于天下"等老说法解释为"开放的社会""民主政治"等新名词：

> 中国文化的现代意义，亦即其本身的现代化，首先即是要求新外王。王道有其具体的内容，而不只是笼统地说仁义道德。黄梨洲曾云："三代以上，藏天下于天下；三代以下，藏天下于筐箧。"这是一句原则性的话，不是笼统浮泛地说的，而且相当的深刻，且有真切感。这句话在今天看来，仍然是意义，而且意义更为显明。"三代以上，藏天下于天下"，以今天的话说，即是个"开放的社会"（open society）。"三代以下，藏天下于筐箧"，即是家天下，以天下为个人的私产。②

牟宗三承辛亥革命变专制为民主共和的余绪，把新外王的重点放在了民主政治架子的生根、充实问题上。民主政治被理解为新外王的"第

---

① 牟宗三：《道德的理想主义》，《牟宗三先生全集》第9册，台北：联经出版事业股份有限公司，2003年，第326页。

② 牟宗三：《政道与治道》，《牟宗三先生全集》第10册，台北：联经出版事业股份有限公司，2003年，新版序第23页。

一义"，也就是其"形式意义"或"形式条件"，科学甚至中国文化本身都需要安置在这个架子里：

> 科学知识是新外王中的一个材质条件，但是必得套在民主政治下，这个新外王中的材质条件才能充分实现。否则，缺乏民主政治的形式条件而孤离地讲中性的科学，亦不足称为真正的现代化。一般人只从科技的层面去了解现代化，殊不知现代化之所以为现代化的关键不在科学，而是在民主政治；民主政治所涵摄的自由、平等、人权运动，才是现代化的本质意义之所在。①

如此说来，中国文化综合创新的本质和关键，就是"认识"到这个"第一义"（认识政统）。这样，内圣开出新外王、三统并建、良知坎陷等，实际上都首先是对中国政治的"反省"，是要在"知性形态"上把中国的古老传统（道统）之所以能够与民主政治（政统）相贴合的"道理"（学统）讲清楚。

既然已经讲清楚了"没有民主政治，文化上的综合创新、科学知识的安家落户等，都是无法充分实现"的"道理"，那么，这种对贵族政治、君主专制、一治一乱等的"反省"就必须指向当下的民主政治"活动"：

> 政统必须认识。此相应上列三套"民主政治"一套而言。政统即政治形态之统绪。在反省地了解此统绪中，必须了解在商质周文的发展中，如何成为贵族政治，又如何在春秋战国的转变中，形成君主专制一形态。在君主专制一形态中，君、士、民的地位及特性如何？民主政治如何是更高级的政治形态？中国政治以往何以一治一乱？学人用心何以只注意治道而不措意政道，直至今日而不变？民主政治中诸主要概念，如自由、权利、义务等，是何意义？凡此俱必须透彻了解，而后可以信之笃，行之坚，成为政治家式的思想

---

① 牟宗三：《政道与治道》，《牟宗三先生全集》第 10 册，台北：联经出版事业股份有限公司，2003 年，新版序第 19 页。

家，或思想家式的政治家。然后从事政治活动者，始可以为理想而奋斗，不至于一意孤行，随盲目的权力而颠倒也。[1]

在实际的民主政治活动中能够对自由、权利、义务等政治概念信之笃、行之坚，以对列格局、絜矩之道来实现王道，平天下，这是进入开放的社会的第三个条件。这第三个条件从缘起和概念上来讲，是被动的和在先的，与中西之间的战争相伴随，而从其实现和完成上来看，却又是主动的和后起的，需要中国人自己在战争之后漫长和平岁月的世俗生活中，用民主政治的形式对盲目的权力、一意孤行的特权等加以限制，以朝向王道理想。

对于如何理解王道、民主政治等，其间或许有争论。但无论如何，由"历史"（第一个条件）而"知性"（第二个条件）而"实践"（第三个条件），牟宗三显然持学习的态度，是在发生次序的基础上的顺成。在这一点上，牟宗三把自己同一切中国文化的"情感拥护者"区别了开来。

五　坎陷至极，觉悟乃切

如上所述，所谓良知坎陷、内圣开出新外王等，并不是说中国传统文化能够自上而下、自理论而实践地产生出科学与民主，或者克服西方科学与民主的重重弊端以救其于将毙之时，而是说传统中国已经步步下降，日趋堕落，无复人趣了，因此必须借助那初步显示的民主政治的架子和形式，自下而上地追求自由，唤醒天下传统，经验遥远的王道理想。

这是为儒学奠基的工作。人类从农耕文明走向工业文明，儒学相应地也就需要现代转型，需要重新奠定根基，否则便只能是游魂。也即是说，一方面，礼崩乐坏，瓦釜雷鸣，旧有的传统已经不能再维系中国人的生活了，中国陷入沉沦之中，这当然是很悲惨的事情；但另一方面，这种沉沦正以它的虚无和崩坏开挖出一方地基，打开重建传统的可能性。

---

[1]　牟宗三：《道德的理想主义》，《牟宗三先生全集》第9册，台北：联经出版事业股份有限公司，2003年，第336—337页。

牟宗三称此为"精神之辩证的发展",或者说"坎陷于'实然'中而实
事求是"。①

因此,牟宗三特别以"混乱堕落"之"因缘"及对它的"自救"说
坎陷、开出:

> 经过魏晋南北朝之混乱时期,此道便隐。隋唐再造,其根本动
> 力亦不本于儒学。唐之精神当别论。宋继承无复人味之五代而兴,
> 此为此道之第二步彰著时期。此其彰著之因缘乃在五代之混乱,故
> 宋学之精神首在重人伦、立人极。亦惟因残唐五代太不成话,重人
> 伦、立人极之心重,故宋学之彰显此道乃为纯反省的。②

> 明亡,满清以异族入主中国,儒学之根本精神完全丧失。故自
> 清末以至今日,问题愈演愈繁,愈趋愈难。混乱堕落可谓达于
> 顶点。③

今日儒学与宋学的相同点,在于都要面对深度广度的混乱堕落,即
所谓斫丧人道、太不成话的时代因缘,而有再造之功。其不同之处则在
于,今日的坎陷、开出不再只是"纯反省的",而是要"变为可实践
者"④。在此,儒家的仁或理性,黑格尔的精神、自由等,被牟宗三结合
了起来,强调王道理想、民主政治的重要性,而寄希望于自由在具体历
史中的呈露过程:

> 儒家称尧舜是理想主义之言辞,亦即"立象"之义也,未必是
> 历史之真实。此亦正反显当时之史实不可得而确解也。当时之氏族
> 统治,或许尚未成为定形。当时之氏族社会,或许尚未进入父系家

---

① 牟宗三:《道德的理想主义》,《牟宗三先生全集》第9册,台北:联经出版事业股份
  有限公司,2003年,第121页。
② 牟宗三:《道德的理想主义》,《牟宗三先生全集》第9册,台北:联经出版事业股份
  有限公司,2003年,第13页。
③ 牟宗三:《道德的理想主义》,《牟宗三先生全集》第9册,台北:联经出版事业股份
  有限公司,2003年,第14页。
④ 牟宗三:《道德的理想主义》,《牟宗三先生全集》第9册,台北:联经出版事业股份
  有限公司,2003年,第15页。

长制。儒家以"立象"之义称之，是将政治形态之高远理想置于历史之开端。是将有待于历史之发展努力以实现之者置于开端以为准则。①

这里或许有形而上学、目的论、准宗教的理念，但不是武断的预设，而是实事求是，在经验世界中摸爬滚打以实现自由的理想。② 理想与现实、保守与激进、跃起与陷落等诸多"上""下"因素由此摸爬滚打而交织在一起。换言之，坎陷既是一种限定和不足，也是必要的步伐和环

---

① 牟宗三：《政道与治道》，《牟宗三先生全集》第 10 册，台北：联经出版事业股份有限公司，2003 年，第 3 页。或许我们可以把"尧舜"称为儒家的"源始契约"。在谈到共同体的立法时，康德指出，源始契约"作为一个民族中每个特殊的和私己的意志联合成为一个共同的和公共的意志（为了一种纯然法权上的立法的目的），绝对不可以被预设为一个做成之事（甚至根本不可能是这样一种做成之事）；就好像首先必须从历史中事先证明，我们作为后代继承了其法权和责任的人民，曾经实际上完成过这样一个行动"。牟宗三跟康德一样，都是在强调某种作为"先导"的"道"必要性，以及"道行之而成"的必然性。参阅康德《论俗语：这在理论上可能是正确的，但不适用于实践》，李秋零译，《康德著作全集》第 8 卷，北京：中国人民大学出版社，2010 年，第 300 页。

② 邓晓芒的观点很有代表性。他发表了一系列文章，批评牟宗三"内圣"开出"新外王"的设想：牟宗三"自上而下"的良知坎陷要么是假的，是"权变或权宜之计"，是"自我搔痒"或"自我撒娇"；要么是真的，是"打着红旗反红旗"，势必"滑入技术主义和物质崇拜"。换言之，要么不坎陷，要么一往而不返（蒋庆所谓"儒学丧失其自性而变为'西学'而告终"），牟宗三良知坎陷并不能真正沟通内圣与外王两个方面。邓晓芒因此评论牟宗三说："他一厢情愿地认为中国道德本体和西方科学理性可以无冲突地结合在一起，以形成'上达开下，通而为一'的'真实圆满之教'，而没有考虑到，这其实是两大异质文化中最基本的形上原则，它们的结合或融合决不是一次性地一劳永逸的，而只能是一个此消彼长的长期历史过程。在这一过程中，真正的自我坎陷、自我否定不可能只是自上而下地容忍一些异己的因素，而必须放下架子，在相当长的一段时期内让异己的科学理性精神作主，建立理性的法庭，用它来反思和改造中国的道德模式。要做到这一步，康德的批判哲学和批判精神是一个绕不过去的门槛。我们首先要对中国传统道德进行反思：中国传统道德的可能性条件何在？其次要对一般道德的前提进行反思：一般道德何以可能？"这里的关节点是：牟宗三是否"只是自上而下地容忍一些异己的因素"？假若牟宗三仅仅是"自上而下"地开出"新外王"，那么邓晓芒无疑说出了牟宗三哲学的真理。假若牟宗三还有"自下而上"的面相，那么邓晓芒的批评就全部落空了，问题将不在牟宗三，而恰恰是邓晓芒自己错失了牟宗三哲学里的那个"此消彼长的长期历史过程"。参阅邓晓芒《牟宗三对康德之误读举要（之四）——关于自我及"心"》，《山东大学学报》（哲学社会科学版）2006 年第 5 期；蒋庆《政治儒学——当代儒学的转向、特质与发展》，北京：生活·读书·新知三联书店，2003 年，第 91 页；陈迎年《智的直觉与审美直觉——牟宗三美学批判》，上海：上海人民出版社，2012 年，第 359 页。

节；既是心怀理想地反省过去，也是实事求是地建设未来；既是混乱堕落的顶点，也是上进有序的起点。总之，心物感应，辩证生焉，康德的"否定"知识以为信仰留余地及马克思以"批判"和"革命"为本质的辩证法等，都入于牟宗三的"坎陷"之中了。以下两节，将分别从知识论和工夫论两方面对此做出展示或者说证明。

第二节 "从下面说上去"与"从上面说下来"的 知识论

一 作为知识论的《现象与物自身》

1972 年秋，牟宗三在香港中文大学讲授"知识论"课程，而有《现象与物自身》一书。牟宗三明言："我现在这部书不是从下面说上去，乃是从上面说下来。"①

所谓"从上面说下来"，"意即先由吾人的道德意识显露一自由的无限心，由此说智的直觉。自由的无限心既是道德的实体，由此开道德界，又是形而上的实体，由此开存在界"。"自由无限心既朗现，我们进而即由自由无限心开'知性'。这一步开显名曰知性之辩证的开显。知性，认知主体，是由自由无限心之自我坎陷而成，它本身本质上是一种'执'。"② 由此而有两层存有论，以成就有定准的、有封限的、简易而非支离的知识论。而所谓"从下面说上去"，则主要是依康德的知识论，从经验事实出发，从无颜色的存在说上去，从我们的感性知性说上去，抽象思考，步步分解建立，最后逼迫出道德的天心。

1988 年春，牟宗三在《周易的自然哲学与道德函义》一书的"重印志言"中反思说："于《易经》，吾当时所能理解而感兴趣的就是通过卦爻象数以观气化这种中国式的自然哲学（生成哲学）。至于就经文而正视《易传》，把《易传》视作孔门义理，以形成儒家的道德形上学，这是吾后来

① 牟宗三：《现象与物自身》，《牟宗三先生全集》第 21 册，台北：联经出版事业股份有限公司，2003 年，序第 6 页。
② 牟宗三：《现象与物自身》，《牟宗三先生全集》第 21 册，台北：联经出版事业股份有限公司，2003 年，序第 8、9 页。

的工作，此并非吾当时所能了解，且亦根本不解，故亦无兴趣。就《易经》之卦爻象数而讲成自然哲学是往下讲，虽讲至本书第V部《易理和之絜合》，亦是往下讲。但就作为孔门义理的《易传》而讲儒家的道德形上学，则是往上讲，此真所谓'絜静精微易教也'。"① 这里"往下讲"（气化自然哲学）与"往上讲"（道德形上学）的分别，同样尤为重要。

其实，这种"往上"与"往下"的分别意识牟宗三很早就有了。早在1949年完稿的《认识心之批判》一书中，他就已经强调了"自上而下"与"自下而上"的区分，认为"自上而下是形式之陈述，仍为逻辑之构造"，而"自下而上是工夫之逼进，远离戏论，故属直觉构造"。②

一般而论，研究者看到了牟宗三的这个重要分别，却很难说抓住了它。

毋庸讳言，关于牟宗三的争论可谓多矣。但争论最多的，不是牟宗三的"知识论"，而是牟宗三的"政治哲学"。在牟宗三政治哲学的研究中，一个颇为有趣的现象是，研究者无论是持肯定意见还是否定意见，却大多选取了"从上面说下来"的思路，把"新外王"放置于"道德的形上学"的框架内，强调"道德"自上而下地发展出"存在"，视"坎陷""开出"为"精神实体"的单向下贯。由此引发一系列的批评性意见。或谓牟宗三缺少了政治儒学的层面，只是心性儒学。或谓"新外王"别子为宗，让牟宗三的整个思想体系蒙羞，只有把它拆分出去，才能真正实现"道德的形上学"的大宗地位。或谓牟宗三过于注重形而上学，纳外王入内圣，其抽象玄远的"超越理论"与社会组织和制度等"内在实际"无法共存，无法对广大的中国人和中国社会起丝毫作用或影响。相应的辩护性意见则强调牟宗三哲学是"内圣外王"本末一贯的有机整体，并据此有一些针锋相对的认定。或谓政治儒学与心性儒学的区分是假的，牟宗三哲学的特点正在于把心性与政治合起来讨论。或谓"新外王"是一个相对独立的系统，实为牟宗三儒学第三期建构的大宗。或谓牟宗三

---

① 牟宗三：《周易的自然哲学与道德函义》，《牟宗三先生全集》第1册，台北：联经出版事业股份有限公司，2003年，重印志言第6-7页。

② 牟宗三：《认识心之批判》（下），《牟宗三先生全集》第19册，台北：联经出版事业股份有限公司，2003年，第703页。与《现象与物自身》相对照，这里有同有不同。把认识论与工夫论联系在一起说，是其同。至于工夫究竟是"自上而下"的还是"自下而上"的，则见其不同。其间的重大问题，下节有专论，此不赘。

"既超越而又内在"的体系抓住了中国社会走上现代化的根本,为中国政治哲学的现代转换做出了重要贡献,在思想史上具有不容忽视的地位。

由于争论双方遵守了共同的"从上面说下来"的思路,再加之50岁之后牟宗三确实主要埋头理论体系建构,致力于以直觉本体(兼"道德的实体"与"形而上的实体")为中心,建构一个兼容儒释道、综合中西、通贯现象与物自身的"道德的形上学",之前关注过的"新外王"问题似乎都退居其次,隐而不见了,因此辩护的一方总体上显得多少有些力不从心,以致批评性的意见有成为主流的趋势,很多人在争相言说着如何"超越牟宗三"。

在此,一个关键的问题是:牟宗三明确区分了"从下面说上去"与"从上面说下来"的不同,可"牟宗三政治哲学"的研究者为什么都习惯了"从上面说下来"?

这里有"科学"与"民主"的本质性关联问题,而需要直接就牟宗三的"知识论"而为言:作为"知识论"的《现象与物自身》等,与同样作为"知识论"的《认识心之批判》等,它们之间究竟有着怎样的联系?

研究者看到牟宗三的"知识论"中有知识论与本体论、逻辑构造与直觉构造、知识与道德等的冲撞,似乎是"双"①的,但又不约而同地

---

① 王兴国认为,牟宗三一方面是逻辑思辨的,"由逻辑与数学的思考,经过认识论体系的建构,'自下而上'地发展到了形而上学",另一方面是直觉构造的,"本于中国哲学的传统而建立'智的直觉'的概念,肯定'人虽有限而可无限',厘清与确定了以道德实践为进路而接近与上达形上学即道德的形上学的路向",从而"实现了'自下而上'与'自上而下'之两往来的统一","在不同于康德的意义上把逻辑学、认识论与形上学三位一体地统一起来"。由此王兴国高度评价了牟宗三的这种"双"的思想进路"对中国哲学现代化的贡献与意义":"他为哲学缔建了两个家园:语言与实践,从而就把哲学变成了一个两栖的理性生命。刘爱军也认为,牟宗三"主要是采取了两个途径来安排形而上学与知识论的,它们均体现出了一种因本体论与知识论未曾加以严格区分而产生的杂糅状态。一是自下而上的途径,即所谓的'下学而上达',也就是由知识论的探讨进而寻求知识论的最终形而上学根据,然后将形而上学建立在道德的基础上,从而建立道德的形而上学。一是自上而下的途径,即所谓的'上达而下开',也就是从道德主体出发,由此开出道德界,再由道德界开存在界,从而建立道德的形而上学,然后由本体性之道德主体的自我否定来开出知性主体与现象世界,并基于此来谈论知识论。在牟宗三所采取的两种途径当中,都十分明显地体现出来将本体论与知识论放在一起来加以讨论的倾向"。参阅王兴国《牟宗三哲学思想研究——从逻辑思辨到哲学架构》,北京:人民出版社,2007年,第608、701、723、727页;刘爱军《"识知"与"智知"——牟宗三知识论思想研究》,北京:人民出版社,2008年,第25页。

将其确定为"单"① 的，或者干脆直接顺牟宗三的词句，把《认识心之批判》完全收纳入《现象与物自身》而视前者为"存有论的知识论"的一个"不成熟的阶段"②。

于是问题转变为：当牟宗三"从上面说下来"时，他是否已经抛弃

---

①　刘爱军判定，牟宗三"始终是将道德主体高高地悬置在认知主体之上，以作为其根据"，"并最终表现出一种将知识论归于道德形而上学领域的极端做法"。"牟宗三此处所陷入的最大一个理论误区便是：以本体论来涵盖和统摄知识论，以道德形而上的实体即本心仁体这一无限心来驾御有限的认识心。这种做法的一个必然结局即是，将知识论归于本体论，以前者为次、为末，以后者为主、为体。从而，以本体论来统摄的知识论也便失去了其本有的特质，其间所体现的认识活动也会最终得到破产，而不能够真正获得经验知识。"而且，刘爱军还将这样的"单向下贯"归因为儒家的知识论的本己性缺陷："牟宗三强调德性之知，强调由内圣开出新外王，这是一种儒家的知识论立场，它无疑暴露了儒家思想本身的独断与制限。"王兴国也认定，牟宗三"措思本体的双轨"构成了"一条系统完备的从逻辑思辨到哲学架构的思维之路"。即逻辑构造的"终点"就是直觉构造的"起点"，"双轨"前后相随而终为"一"："牟宗三哲学的逻辑进路就更弦更辙，改道为道德实践的进路了"；"逻辑的进路完结与隐遁，出现与接上来的就是道德的进路、实践的进路"；"他对传统形上学的最大扭转就是把本体论的思辨证明变成了实践的亲证"。由"双轨"的"归一"，王兴国批评牟宗三"倡导东方神秘体验，而不重视'合理化思维'或逻辑思维"，致使中国哲学"面临被消解的危险"。两人都注意到了牟宗三的"知识论转向"，但同时也都不以问题视之，而自然而然地认定两者前后相代、非此即彼。参阅刘爱军《"识知"与"智知"——牟宗三知识论思想研究》，北京：人民出版社，2008 年，第 25、269—270、363 页；王兴国《牟宗三哲学思想研究——从逻辑思辨到哲学架构》，北京：人民出版社，2007 年，第 608、701、703、727、738、744 页。

②　王兴国、刘爱军对牟宗三研究中的"知识论缺位"现象提出了批评：研究主要局限于牟宗三 50 岁以后的著作，即其晚期著作，而对早中期著作无甚了解，或了解不够深入，甚至有严重的误解，缺乏对其逻辑思想、知识论思想的研究。因此两人对《认识心之批判》等多有关注，而考虑到了知识论的"常轨"问题。更多的研究者则取消了《认识心之批判》等的独立性，单纯在"自上而下"的"良知坎陷"框架中"复述"牟宗三，看不到或不愿承认前者的重大意义。比如吴汝钧，他以牟宗三、唐君毅为授业师，认定牟宗三的知识论"可分为两个阶段。前一个阶段是讲知性的逻辑的使用，这展示于他的早期著作《认识心之批判》中。后一阶段是讲知性的存有论的决定，这展示于他的较后期著作中：《智的直觉与中国哲学》、《现象与物自身》、《中西哲学之会通十四讲》和《西方哲学演讲录》"。但吴汝钧根本认为没有必要注意两阶段的关系问题，而是自然而然地以"后期为主"，把牟宗三的知识论直接等同于"存有论的知识论"：其思路是我们的知体明觉自我坎陷而成为识心，识心则由感性、知性与想象构成，感性与知性在知现象时，把知体明觉的感应作用中的东西推出去，挑约起来，而成为现象。顺此而下，研究者倾向于表彰牟宗三智的直觉思想的知识论维度：不仅在一定程度上克服了中国传统思维的模糊性，扭转了中国哲学轻忽"见闻之知"的传统，而且拓展了西方传统知识论的研究视域，以及知识的表达方式。参阅吴汝钧《当代中国哲学的知识论》，台北：台大出版中心，2013 年，第 331、348—349 页。

了"从下面说上去"？两者一对一错，非此即彼？

二 牟宗三的知识论转向

牟宗三"我现在这部书不是从下面说上去，乃是从上面说下来"的这步"转向"，直接承续了1969年成书的《智的直觉与中国哲学》的工作，而可上溯至1963年先发表的《心体与性体》"综论"部，并最终与完稿于1949年的《认识心之批判》联系了起来。

牟宗三承认，康德知识论是自下而上的，有向形上学方面伸展的内容，但自己在《认识心之批判》中只看到了知性的逻辑的涉指格，只顺着感性知性说起，把这部分内容当成既成的事实和独立的一套，因而实在论的意味很重。至《智的直觉与中国哲学》始专注把康德知识论的"消极面"转成为"积极面"，即"不是割截而下委，辗转纠缠于时间范围内，以讲那虚名无实的存有论"，而是顺康德的"物自身"并依中国传统来建立"智的直觉"，以"调适上遂"地"疏导"出"道德的形上学"。①

即是说，知性的逻辑的涉指格已经是"上"和"满"了，而有"纯理自己"，但还不够，智的直觉才足够"上"和"满"。不过，尽管《智的直觉与中国哲学》提到了"智的直觉"并要求开出"道德的形上学"，但其"调适上遂"仍然更多的是"从下面说上去"。这是因为，此时感性知性仍然是"敞开"的，牟宗三还没有将其"封限"。这就还停留在《心体与性体》综论部的层次。在那里，牟宗三已经指出："康德并未把他所讲的自由自主自律而绝对善的意志连同着它的道德法则无上命令视为人之'性'，但儒家却可以这样看。"② 以自由为性，虽未明言，实际上已经承认人有"智的直觉"。不过，此时的以自由为性仍然要解决的是自由世界与必然世界"如何能结合"的问题。即是说，此时牟宗三虽然强调"道德意识所贯注的原始而通透的直悟"这一"绝大的原始智慧"，并据此批评康德"技巧的凑泊""工巧的凑泊""强探力索、曲折

---

① 牟宗三：《智的直觉与中国哲学》，《牟宗三先生全集》第20册，台北：联经出版事业股份有限公司，2003年，序第5、7页。

② 牟宗三：《心体与性体》（一），《牟宗三先生全集》第5册，台北：联经出版事业股份有限公司，2003年，第133页。

建构"等，在"源"而非"迹"、"圣人"而非"一般人"的层面视两个世界的结合为"结论"而非"问题"，而要求"自然而然"的贯通（"实理之直贯"），但在承认"道德底当然"与"自然底实然"是"两个自性绝然不同的概念"这一点上却还是与康德相一致的，即两人都承认"积极的知识"与"消极的知识"的区分。① 在此，牟宗三盛言"上下其讲"：

> 道德感、道德情感可以上下其讲。下讲，则落于实然层面，自不能由之建立道德法则，但亦可以上提而至超越的层面，使之成为道德法则、道德理性之表现上最为本质的一环。②
>
> "心"可以上下其讲。上提而为超越的本心，则是断然"理义悦心，心亦悦理义"。但是下落而为私欲之心、私欲之情，则理义不必悦心，而心亦不必悦理，不但不悦，而且十分讨厌它，如是心与理义成了两隔。③

如果仅从逻辑上看，"上下其讲"已经内在地包含了"从上面说下来"与"从下面说上去"这两种可能性。但在《心体与性体》却主要是由康德"知识问题"的感性之"下"来引出宋明新儒学"实践问题"的智的直觉之"上"，牟宗三名之曰"解悟"向"证悟"的"趋归"："他只有停在步步分解建构的强探力索之境了。可是他这步步分解建构强探力索地前进却正是向儒家这个智慧形态而趋的。我看他的系统之最后圆熟的归宿当该是圣人的具体清澈精诚恻怛的圆而神之境。他的分解工作之功绩是不可泯灭的。"④

---

① 牟宗三：《心体与性体》（一），《牟宗三先生全集》第5册，台北：联经出版事业股份有限公司，2003年，第119-120、180-181页。

② 牟宗三：《心体与性体》（一），《牟宗三先生全集》第5册，台北：联经出版事业股份有限公司，2003年，第131页。

③ 牟宗三：《心体与性体》（一），《牟宗三先生全集》第5册，台北：联经出版事业股份有限公司，2003年，第169页。

④ 牟宗三：《心体与性体》（一），《牟宗三先生全集》第5册，台北：联经出版事业股份有限公司，2003年，第144页。

三　敞开的感性知性：穷智见德

从一开始，牟宗三便把知识论与道德实践紧紧相系，而不能认同康德知识论的剥离工作，但其间也有着重大的差别。大体言之，60 岁之前，牟宗三"在路向方面，完全是康德的"①，"思路的方式是属于康德式的"②；60 岁之后，牟宗三在路向和内容方面都逐步加强了"中国的传统"的分量，至《现象与物自身》后方充其极。在此有几点需要注意。第一，所谓康德的路向也就是分解的路向，"从下面说上去"的路向，步步建立的"渐教"路向。第二，中国的传统路向则是综合的路向，"从上面说下来"的路向，一悟全悟的"顿教"路向。第三，牟宗三的"渐"与"顿"之间有"渐"以成"顿"的顺成，也有"顿"而后"渐"的开辟道路，两者之间有持续的冲撞。第四，《心体与性体》虽然没有特别地注目于知识论，但构成了牟宗三"知识论转向"的关捩点。第五，感性知性的敞开与否，成了关键。

在《现象与物自身》之前，感性知性是敞开的，"从下面说上去"的路是通的。我们知道，康德知识论的一个重大洞见，就是直观与思维的分工与合作。"吾人之知识，发自心之二种根本源流。"③ 这两种根本源流，一是心之感受性，即心感应时接受表象的能力，名为感性，它保证有对象授予我们；二是心之自发性，即心从其自身产生统合的能力，名为知性，它保证对象为我们所思维。"故直观及概念，乃构成吾人知识之要素，无直观与之相应之概念，或无概念之直观，皆不能产生知识。"④ 也就是说，在知识论领域，心的这两种能力不能相互派生，不能互换其机能，也不能进一步还原，界限严明，但必须通力合作，才能产生知识。因此，在康德看来认识必然表现为心的这两种能力的无限缠绕游斗的过程。牟宗三认同康德的这个洞见，把心之感受性命名为"坎陷"（"曲心""曲屈心"等），把心之自发性命名为"跃出"（"直心"

---

① 牟宗三：《我了解康德的经过》，《牟宗三先生全集》第 27 册，台北：联经出版事业股份有限公司，2003 年，第 43 页。
② 牟宗三：《时代与感受续编》，《牟宗三先生全集》第 24 册，台北：联经出版事业股份有限公司，2003 年，第 446 页。
③ 康德：《纯粹理性批判》，蓝公武译，北京：商务印书馆，1960 年，第 72 页。
④ 康德：《纯粹理性批判》，蓝公武译，北京：商务印书馆，1960 年，第 72 页。

"寂照心""寂静之心""寂静之照心"等），强调"坎陷之辨解与跃起之寂照俱是认识心"①、"坎陷与跃出是认识之心之二相，亦即是其全相"②，强调知识的获得有一个步步扩大、步步消融谐和、无限制无封域的"通观辩证"的"辩证历程"：

> 认识之心在坎陷中步步扩大其分证之知识，同时亦在跃出中步步扩大其满证之知识。然所谓扩大在坎陷中可以说，在跃出中可说而不可说。可说者自外面言之也。若自直觉照射而得绝对满足时之自身言，则无所谓扩大不扩大，因而即不可说矣。自此不可说处言，则认识之心在跃出中（亦唯在跃出中）步步满证，步步绝对，步步满足。③

"扩大"是就对象授与吾人说的，"满证"是就对象能为吾人所思维说的。这进一步说明，此时的"坎陷"还只是指感性直观，而"跃出"为知性概念，"坎陷-跃出"就是"直观-思维"。换言之，这里的"坎陷"还不是"辩证"，"坎陷-跃出"才是"辩证"。牟宗三与康德的这一点联系，论者鲜有论及。但由此出发，牟宗三的很多说法才是有实指的。牟宗三重述的重点正是康德演绎的重点：既然是永恒的辩证历程，是"'坎陷，跃出'之不息的历程"④，则所谓"满证""绝对"等都是暂时的，是虚说，表明知识有界限但又非常缓慢而持续地在打破界限。这就是"划界"，"界线"既在区域之"内"又在区域之"外"⑤，"理性"只是总比"知性"大那么一点点。因此牟宗三强调寂

---

① 牟宗三：《认识心之批判》（下），《牟宗三先生全集》第19册，台北：联经出版事业股份有限公司，2003年，第612页。

② 牟宗三：《认识心之批判》（下），《牟宗三先生全集》第19册，台北：联经出版事业股份有限公司，2003年，第642页。

③ 牟宗三：《认识心之批判》（下），《牟宗三先生全集》第19册，台北：联经出版事业股份有限公司，2003年，第646页。

④ 牟宗三：《认识心之批判》（下），《牟宗三先生全集》第19册，台北：联经出版事业股份有限公司，2003年，第661页。

⑤ 康德：《任何一种能够作为科学出现的未来形而上学导论》，庞景仁译，北京：商务印书馆，1982年，第138-159页。亦可参阅 Karl Popper, *The Logic of Scientific Discovery*, Harper Torchbooks, New York and Evanston: Harper and Row, 1968, p. 34, etc。

静之照心的"跃出"不能漫然泛照，必以曲屈心"坎陷"所凸出的端倪为根：

> 跃进必以坎陷为根，照必以根为凭，实境必以凸出之端绪为据。①
>
> 寂照心之振举全面实不能增益吾人之知识。它不过使坎陷中之不能全体平铺者，今则得而平铺之。它因此得到一暂时之满足。其图案俱在坎陷中拟就，它只能限于此图案润色而圆成之。②

"以坎陷为根"表明知识有其客观性，心可以控实，为物立法，甚至在实践中创造出新物，但不能取消物。"我们之外的物的存在"同"我们的存在"一起，构成了知识论的一个基础性的前提（the given）。这意味着，现代知识之所以不同于我们的祖先的知识，重要的一点就在于它发现了自己的无知，愿意承认自己的无知。"暂时之满足"则表明知识有其主观性，知识不足以成为人生的全部，知识论必然要超出自身，而表现人类存在的精神。"知识"，正是坎陷与跃出、直观与思维、感性与知性、客观与主观、物与心的伟大斗争，而不能不与"实践"挂钩。

正因为如此，除过知识论的辩证历程外，牟宗三认为还有另一种"超越形上学中之辩证，乃顺承本心之呈露及习气执着之破除而表现，此为道德实践中之辩证"，它虽不属于《认识心之批判》的讨论范围，"然其意义与表现，与通观辩证同"。③ 这直接点明，"坎陷"与"跃出"不仅仅是知识论的，"物"的认知与"人"的发现有亲密的关联［自然的人（Mensch）只可直观对象而文化的人（Person）能思维对象：通过确知物究竟是"我的"还是"你的"而拥有"人格中的人性"（die Menschheit in der Person）］。由此牟宗三强调，"对于认知心有充分认识矣，自能进而正

---

① 牟宗三：《认识心之批判》（下），《牟宗三先生全集》第 19 册，台北：联经出版事业股份有限公司，2003 年，第 653 页。
② 牟宗三：《认识心之批判》（下），《牟宗三先生全集》第 19 册，台北：联经出版事业股份有限公司，2003 年，第 653 页。
③ 牟宗三：《认识心之批判》（下），《牟宗三先生全集》第 19 册，台北：联经出版事业股份有限公司，2003 年，第 612 页。

视道德心"①，道德必奠基于知识，此所谓"穷智见德"：

　　　　盖康德者，即由对智性之理论思考之逼迫而见其穷也。②

　　　　能尽其智者必能知智之穷。知智之穷，则必迫其自觉而见德性之主体。彼于智之事、仁之事，初无意、必、固、我之见，只本其智之活动，循理以求之。理之必然送彼至何处，彼之心量即认可至何处。能循理之必然以见各领域之本质与界限，以及其本末间之转折与贯通，此亦是智之事。能如此尽智，亦足见智之穷。此种智之活动，当即康德所谓批判的活动。批判活动厘清各领域之本质与界限……批判活动之尽智，或构造活动之尽智，皆必能尽其智而见智之穷，而决不流于抹杀之狂悖。③

　　　　经过其活动之全部，而认识其本性、范围与限度，始逼迫出一个道德形上学之范围，即迫使吾人由"认识心"（即智性）而转至"道德的天心"也。即智性之认识心并不能穷尽心德之全体。然吾人此种活动，还是由理论思考之逼迫而使然，由如理地暴露智性之全幅历程而见超乎智性者。④

　　　　吾兹于认识心之全体大用，全幅予以展现。穷尽其全幅历程而见其穷，则道德主体朗然而现矣。友人劳思光君所谓"穷智见德"者是也。认识心，智也；道德主体即道德的天心，仁也。学问之事，仁与智尽之矣。⑤

　　　　此是一刀两面之看法。这一面纯是识，否定识便是智。⑥

---

①　牟宗三：《认识心之批判》（上），《牟宗三先生全集》第 18 册，台北：联经出版事业股份有限公司，2003 年，重印志言第 6 页。
②　牟宗三：《我了解康德的经过》，《牟宗三先生全集》第 27 册，台北：联经出版事业股份有限公司，2003 年，第 48 页。
③　牟宗三：《答劳思光先生》，《牟宗三先生全集》第 27 册，台北：联经出版事业股份有限公司，2003 年，第 57-58 页。
④　牟宗三：《我了解康德的经过》，《牟宗三先生全集》第 27 册，台北：联经出版事业股份有限公司，2003 年，第 47 页。
⑤　牟宗三：《认识心之批判》（上），《牟宗三先生全集》第 18 册，台北：联经出版事业股份有限公司，2003 年，序言第 13 页。
⑥　牟宗三：《认识心之批判》（下），《牟宗三先生全集》第 19 册，台北：联经出版事业股份有限公司，2003 年，第 654 页。

穷智见德，建立主体，莫如康德。①

"由对智性之理论思考之逼迫而见其穷""否定识便是智"等，实在
是康德《纯粹理性批判》第二版前言之名句"我发见其为信仰留余地，
则必须否定知识"② 的改写版。康德的这个"否定"被牟宗三特别地表
达为"坎陷-跃出"，突出了实践理性的道德自由与思辨理性的自然规律
之间的张力，让知识的有限与人类生存的无限间的冲突问题跃然纸上，
既从总体上限制知识的疆域，又让知识具体地无所封限。而这之所以可
能，就在于对康德而言，知识是从经验中剥离（解除，befreit）③ 出来
的：剥离出来的东西必须有其界限，否则无以称"剥离"。剥离出来的
是确定性的"理论知识"，它深深地扎根于存在论的"实践理性"之中。
这便是知识与道德的二重性，或者说现象与物自身的划界。就此而言，
牟宗三十分清楚，"穷智见德"为中西之所同，"仁智双彰"乃时代之必
然，今天的道德必是理性限度内的道德，必须接受知识的批判。在这种
意义上，"坎陷"已经不再被理解为"坎陷-跃出"结构中的一方，而是
用来指代"坎陷-跃出"整全，也即从"感受性"与"自发性"而来的

① 牟宗三：《人文讲习录》，《牟宗三先生全集》第 28 册，台北：联经出版事业股份有限
　　公司，2003 年，第 198 页。
② 康德：《纯粹理性批判》，蓝公武译，北京：商务印书馆，1960 年，第 21 页。这句话，
　　李秋零译为"我不得不扬弃知识，以便为信念腾出地盘"。参阅康德《纯粹理性批判》
　　（第 2 版），李秋零译，《康德著作全集》第 3 卷，北京：中国人民大学出版社，2004
　　年，第 18 页。这里的"否定""扬弃"，译自 aufheben，也有抬高、排除、限制、挪
　　开、逮捕、保存等义。
③ 参阅陈迎年《感应与心物——牟宗三哲学批判》，上海：上海三联书店，2005 年，第
　　92-103 页。牟宗三称之为"解剖""打开"（broken up）（牟宗三：《知觉底因果说与
　　知觉底可能说》，《牟宗三先生全集》第 25 册，台北：联经出版事业股份有限公司，
　　2003 年，第 331 页）。需要再一次强调的是，谢遐龄教授在其博士学位论文中以"康
　　德怎样剥离出纯粹自我意识，从而为建立理性本体论清扫了基地"的角度，讨论了康
　　德《纯粹理性批判》在整个西方哲学史中——特别是强调它相对于马克思的自然唯物
　　主义和历史唯物主义之区分、商品的二因素之区分以及劳动的二重性之区分——的重
　　要地位。文章认为，"康德所剥离出来的纯我，其基本意义是'小我'（指纯粹统觉），
　　甚至仅是'小我'的自发性"，而这一剥离却以"实现了的语言、逻辑、文化、历史
　　是唯一的，因而是唯一可能的"（大我）为基点，所以应该区分小我——属于主体、
　　作为纯粹统觉的我思和大我——属于语言、作为纯粹思维形式的我思，以后者之探
　　讨为康德哲学的主要倾向。参阅谢遐龄《康德对本体论的扬弃——从宇宙本体论到理
　　性本体论的转折》，长沙：湖南教育出版社，1982 年，第 6、141、145、143 页。

"辩证"或"否定"。下一节将看到，在《认识心之批判》中已经有了这种兼具"向下"与"向上"双重意义的"坎陷"，即所谓"形上的心之坎陷"，但只是作为"预定"出现，与后来取得盛名的"直觉构造"的"良知坎陷"还是有明确分别的。

最后需要指出，早在1941年出版的《逻辑典范》一书中，牟宗三就已经把这种"穷智见德"的路线说清楚了。在那里，牟宗三明确表示，"纯理自己"有两个方向的"义用"：

> 一是向外，在此，逻辑之理表现而为知识或思维所以可能之纪纲；一是向内或向上，在此，逻辑之理可为主宰性或自动性之引得，由此而直接体证一个形上的实体。此实体不能因理解而辨识，只能因体证而证得。此元学实体可以指示一实现之理。在向外方面，逻辑之理之纪纲性可以指示出任何现象必有一纪纲之理。纪纲之理是现界，实现之理是体界。前者是多，后者是一。多者各以类从，一者妙用无穷。前者使自然界（现界）可能，后者使元学或道德学（体界）可能。前者为内在，后者为外在（超越）。然如无纪纲性，则无主宰性，亦无自动性；反之，如无自动性，则无主宰性，亦无纪纲性，如是外在即内在。是谓显微无间，体用合一。①

这里可注意的地方颇多。除了这时已经有了"内在超越"之说外，最值得注意的是牟宗三紧扣"自由"来言说"理性"，纯粹理性、实践理性被牟宗三表达为纪纲之理、实现之理，以与现象界（自然：知性的自发性）、本体界（自由：德性的自发性）的贯通相应。而康德原来自然与自由的"两相凑泊"，被牟宗三改造成了"显微无间，体用合一"。而且，牟宗三明确强调由自然到自由是"向上"关系，即经由知识问题自然而然就能自下而上地发展出道德现象，两者"一体而转，非有层级之别"。牟宗三强调：

---

① 牟宗三：《逻辑典范》，《牟宗三先生全集》第11册，台北：联经出版事业股份有限公司，2003年，序第8页。

　　由理性之纪纲性，证得主宰性、自动性，这便是道德之基础，
元学可能之根据。①

　　这跟《周易的自然哲学与道德函义》一书同一思路，但自下而上、
一体而化的意味更加清晰、明确。

四　感性知性的封限：转识成智

　　既然仁智体用合一，显微无间，牟宗三为什么还要"转向"？为什
么还一定要"封限"感性知性？

　　所谓"封限"，涉及形而上学的绝对总体性，要求一个"无条件的
完整"②。

　　在牟宗三看来，纯粹理性可以把形而上学的绝对总体性当作"全
体"而"思议"，"到此这个世界就封住了。好像对于宇宙画一圆圈把它
圆整起来"③。不过，既然只是"思议"，那么康德式"从下面说上去"
的"转识成智"最多只能"逻辑地推证"或者说"凑搭"出一种智的
概念的"全体"，但无法"证实"它，"如是人们只在这敞开的、事实
的感性知性之范围内胶着纠缠。在这里愈纠缠愈支离。如是，触途成
滞，漫无定准"④，因此"康德的系统内部的各种主张亦永远在争辩中而
不易使人信服"⑤。据此牟宗三认为，必须"剥掉"这种"从下面说上
去"的路子，转向"从上面说下来"，先依中国传统肯定"人虽有限
而可无限"及"人可有智的直觉"这两义，真正"悟入"形而上的天
心，证实了"无条件的完整"，才可"把我们的感性与知性加以封限，
把它们一封封住，不只是把它们视为事实之定然，而且须予以价值上

①　牟宗三：《逻辑典范》，《牟宗三先生全集》第 11 册，台北：联经出版事业股份有限公
　　司，2003 年，序第 10 页。
②　参阅陈迎年《追问形而上学——从康德到海德格尔》，《陕西师范大学学报》（哲学社
　　会科学版）2000 年第 1 期。
③　牟宗三：《阴阳家与科学》，《牟宗三先生全集》第 25 册，台北：联经出版事业股份有
　　限公司，2003 年，第 368 页。
④　牟宗三：《现象与物自身》，《牟宗三先生全集》第 21 册，台北：联经出版事业股份有
　　限公司，2003 年，序第 7 页。
⑤　牟宗三：《现象与物自身》，《牟宗三先生全集》第 21 册，台北：联经出版事业股份有
　　限公司，2003 年，序第 4 页。

的决定"①。如是，感性与知性被封限在了现象界，被严格限定在形上天心之"辩证地开显"的范围内，"有限的知识"与"全体的知识"两两相对，两两清楚。在此牟宗三反复强调："如果吾人顺吾人之知性与感性说出去，吾人并不能充分证成这种区分，即现象与物自身两不稳定。"②

这里的"支离""漫无定准""两不稳定"等，如何理解？在传统的意义上，我们首先想到了"易简工夫终久大，支离事业竟浮沉"，陆子反对朱子的理由，正是"支离"。现在，若结合着康德"我发见其为信仰留余地，则必须否定知识"这句话来理解，"封限"感性知性，就是"否定"通过知识自下而上建立道德的可能性；"否定"通过知识自下而上建立道德的可能性，就是"否定"理在心外；"否定"理在心外，就是自上而下地呈现"心即理"的信仰；心即理，则心与理均得定准，两相稳定。在牟宗三看来，这才是对康德"为信仰留余地，则必须否定知识"的"极成"。

在这个地方，牟宗三与康德彻底地划清了界限。

牟宗三明确地知道："康德从知识起，而又只承认一种知识，是则知识不能被封住，而是敞开的。"③ "顺这事实的感性与知性说出去，我们只能说我们所知的有限，或隐隐约约的，而不能说我们所知的只是现象而不是物自身。有限是多少底问题，隐隐约约是程度底问题，而不是质的本质问题。"④ 因此，从感性知性到理性，从知识到道德，从下到上，总仿佛有一个"可以求接近之而总不能接近之"⑤ 的永恒过程。也正因为如此，三大批判都需要"演绎"，都有"辩证论"⑥，而康德强调，"现代尤为批判之时代，一切事物皆须受批判"，神圣的宗教、威严的法律，

① 牟宗三：《现象与物自身》，《牟宗三先生全集》第21册，台北：联经出版事业股份有限公司，2003年，第17页。

② 牟宗三：《现象与物自身》，《牟宗三先生全集》第21册，台北：联经出版事业股份有限公司，2003年，第109–110页。

③ 牟宗三：《现象与物自身》，《牟宗三先生全集》第21册，台北：联经出版事业股份有限公司，2003年，第182页。

④ 牟宗三：《现象与物自身》，《牟宗三先生全集》第21册，台北：联经出版事业股份有限公司，2003年，第12页。

⑤ 牟宗三：《现象与物自身》，《牟宗三先生全集》第21册，台北：联经出版事业股份有限公司，2003年，第7页。

⑥ 对这一点的较为详细的讨论，请参见下节。

亦无例外,"盖理性惟对于能经受自由及公开之检讨者,始能与以诚实之尊敬"。① 这个意义上的"否定知识",也便是"抬高知识"。

可见牟宗三与康德是"相知"的。他的"转向",他对康德的"误解",并非由不得其门而入、不理解等原因所致,乃是"故意"为之,是一种"判教"。"西方文化,无者不能有,则上帝为虚设;有者不能无,则人欲不可遏。故消化康德而归于儒圣也。"② 前者属"夷夏之辨",是说走在自下而上的路上,通过一长串工夫历程所逼显出来的物自身、自由、道德心等,若无顿悟以实之,则总是不能稳定得住,本体自由道德心的"限制作用(与现象相对反的作用)即因而被减杀,可有可无,而人们可以不理"③。也就是说,良知不呈现,不直觉到自由,不能在上面先肯定一自由无限心,则包括上帝在内的一切都是"望梅止渴,画饼充饥,骗小孩子的也"④。后者是"人禽之辨"套着"义利之辨",是说在自下而上的路上,个人的感性知性、欲望情感等有其本己的必然性和正当性,对物质、财富、权利等的争夺处处时时皆有,不能根绝,但易陷溺于私利性和势利性,"如是向下向外,而专倾注于自然与物质,则其精神即为自然与物质所吸住,而凝结粘着于自然物质上而丧失自己"⑤,从而导致"道不行""学不传""无善治"等,伊川谓之"无真儒,则天下贸贸焉莫知所之,人欲肆而天理灭矣"⑥。这个意义上的"否定知识",则是"限制知识""逮捕知识"。

牟宗三如此判教,是因为他强调在两条战线上同时作战,一方面否

---

① 康德:《纯粹理性批判》,蓝公武译,北京:商务印书馆,1960年,第4页。同时请参阅李秋零主编《纯粹理性批判》(第2版),李秋零译,《康德著作全集》第3卷,北京:中国人民大学出版社,2004年,第7页。

② 牟宗三:《现象与物自身》,《牟宗三先生全集》第21册,台北:联经出版事业股份有限公司,2003年,第185页。

③ 牟宗三:《现象与物自身》,《牟宗三先生全集》第21册,台北:联经出版事业股份有限公司,2003年,第11页。

④ 牟宗三:《寂寞中之独体》,《牟宗三先生全集》第25册,台北:联经出版事业股份有限公司,2003年,第578页。唯需注意的是,此文发表于1944年5月,其时牟宗三虽批评康德无法极成"穷智见德",但还没有"封限"感性知性。

⑤ 牟宗三:《道德的理想主义》,《牟宗三先生全集》第9册,台北:联经出版事业股份有限公司,2003年,第242页。

⑥ 牟宗三:《心体与性体》(一),《牟宗三先生全集》第5册,台北:联经出版事业股份有限公司,2003年,第269页。

决"由纯否定而投映的虚幻普遍性"，另一方面反省"由纯肯定而投映的虚幻普遍性"。

反省"由纯肯定而投映的虚幻普遍性"，即反省中国文化生命中的本质性问题，以期批抉症结，荡涤腥秽。这是说，中国传统文化的中心是"生命的学问"，特重"主体性"与"内在道德性"，境界本高，本自完满自足，全是满坑满谷的正能量，但常令两千年来儒家所痛心疾首、焦苦思虑而难以畅通的，则是其落实问题。面对落实问题，无论是"理性之运用的表现""理性之内容的表现"还是"综和的尽气之精神""综和的尽理之精神"等，都是不足的，其对道德主体性的"纯肯定"恰恰容易走向自己的反面，成为"虚幻普遍性"，而陷入极权专制、漆黑虚无。

牟宗三认定，这种说一套做一套的阴阳脸现象"最深微的理由就是概念机能之'实'用而又为非经验的：在实层的使用上，立理以限事"①。这是说，中国文化不缺乏高一层的概念，常常喜欢讲心性道德、天下国家、仁人君子、成圣成贤、圣王王道等，非常有吸引力，概念的魔术性非常大。而要知行合一，要发挥概念的"实用性"，就要把这些概念统统"在实层上使用"，但历史上却往往缺乏或者说有意无意地避免任何"经验的"使用，而只是某些特定的人群的利用性使用，是从高一层、想当然，甚至异常扭曲的"理"出发去限定、宰割"事"，因此往往坏事，走向了那些非常美好的概念的反面。如此也就有了"其兴也勃焉，其亡也忽焉"的"兴亡周期率"，历朝历代统治者都高举"替天行道"的大旗，以"各得其所、各适其性、各遂其生、各正性命"的"王道神治"始，而以"穷奢极欲、民不聊生、伏尸百万、流血漂橹"的"残酷战争"终。更加可怕的是，若对高一层的概念魔术性非常认真，又凭借武力坚忍而持续地推行之，再辅之以现代非常精察、理智的技术性概念，上下相配，那就会生出希特勒法西斯式的政治神话，陷民族于万劫不复的黑暗魔窟中。

牟宗三给出的解决办法并无甚高论："只有顺经验，'即事以穷理'，不能先天的硬来，'立理以限事'。"② 于此，牟宗三重视生活世界的经

_____

① 牟宗三：《政道与治道》，《牟宗三先生全集》第10册，台北：联经出版事业股份有限公司，2003年，第94页。

② 牟宗三：《政道与治道》，《牟宗三先生全集》第10册，台北：联经出版事业股份有限公司，2003年，第99页。

验，重视人的食色天性，重视财产问题及物质欲望等的满足，重视"从下面说上去"的知识论，重视客观精神、客观自由，重视自下而上地建立共和国，强调"道不空悬，必须实现。不实现，不足以为道。实现必通过家庭国家之客观存在以及历史文化之曲折婉转而实现"，强调"须知民主政体，在人类历史中，不是从天上掉下来的，不是现成取得的。乃是要人的自觉与奋斗而创造出的"，① 等等。

至于否决"由纯否定而投映的虚幻普遍性"，则是指否决现代社会的散文化倾向，以期划分界限，引导人们向上生长。牟宗三指出，感触的、直觉的、经验的、物质的生活并不算是坏，本有其普遍性，但假若社会上弥漫着山林气、清谈风，政治形态上又表现为极权专制等，那么这种软性和硬性的放纵恣肆与物性生活相叠加，就是对物质欲望和权利的过度追求，人的欲望就脱离了其既定的（the given）限度，而无法接近生命的普遍性，而蜕变为种种"恶"。"'恶'的最基本的意义就是人心之陷于物欲，亦就是'顺躯壳起念'（阳明语）。'躯壳'，用现在的话说，就是生理的机体。人的心思，若顺此机体而被诱惑而追逐下去，无穷的罪恶皆从此出，一切皆不能说有价值，有理想。"② 而且退一步说，即便没有硬性的放纵恣肆或政治权力的推波助澜，但假若"从下面说上去"的知识论和"自下而上"的民主政治超过它们各自的界限，成为人类社会的唯一规定性，那么同样，人类生活方面的习气的、一层的、平面的现实主义、功利主义、自然主义等还是会变得流行，精神还是会被否定，人还是会有如禽兽，唯知动物层的功利或快乐。因此牟宗三强调，必须有道德的自觉，护持住生命的纵贯线，"一方简别理智主义而非理想主义的逻辑理性，一方简别只讲生命冲动不讲实践理性的直觉主义、浪漫的理想主义"③，以成就真正的道德的理想主义，反抗世道人心的日益下坠。

如此说来，牟宗三对感性知性的"封限"、对道德理性的"极成"表面看来是对康德知识论的超越和对西方民主政治的提撕，但实际上他

---

① 牟宗三：《道德的理想主义》，《牟宗三先生全集》第 9 册，台北：联经出版事业股份有限公司，2003 年，第 7、187 页。

② 牟宗三：《道德的理想主义》，《牟宗三先生全集》第 9 册，台北：联经出版事业股份有限公司，2003 年，第 20 页。

③ 牟宗三：《道德的理想主义》，《牟宗三先生全集》第 9 册，台北：联经出版事业股份有限公司，2003 年，第 22 页。

的焦点和重心并没有放在批评西方上，而是考虑如何在这块生我养我的土地上合双美为一美①，既容纳知识、民主政治、工业化等现代内容而让国人能够过上"幸福生活"，同时又真正呈现"心即理"的传统而让国人能够"配享幸福"。

这已经不是在讲"知识论"，而是涉及"实践理性"，是在说"工夫论"了。就"知识论"而言，"穷智见德"，以纯粹理论始，以实践理性终；就"工夫论"而言，"转识成智"，以智的直觉始，以感触直觉终。在这里，康德成为问题的焦点，他实质上已经初步地提出了"工夫论"，牟宗三顺之向前推进一步，充分地证成（fully justify）了"工夫论"：

> 对西方哲学家来说，这个"识"怎么能"转"呢？我们生而有的"识"就是 sensibility，understanding，reason 这些，这些是属于人类的特殊构造的，人的特殊构造就是如此而已，并不会由之而产生"转识成智"的问题。康德的《实践理性批判》后面有讲 methodology 的部分，那个 methodology 就是他的工夫论了。那是很简单、初步的，说的当然不错、也很真切。②

"转识成智"并不是要改变人的特殊构造，那是事实，是人存在的前提或"所与"（the given），是无法改变的。"转识成智"首在"发心"，以解决人类实践的最后动力问题。换言之，人为什么要求知识？人为什么要有道德？人为什么要活着？这些问题是"知识论"所无法最终完成的，因而康德会有一些设定。现在牟宗三就是要把这类"消极知识"转化为"积极知识"，把"设定"当成"相信"：

> 依此天命、天道之自身处不是寡头之生命、赤裸之气化，吾人

---

① "封限"而"极成"现象与物自身的区分，是否意味着牟宗三比康德更加强化了"两个世界"？康德自由与自然两界的"合一"已经很成问题了，"封限"而"极成"的"两个世界"又怎样"合双美为一美"呢？这一问题在牟宗三"执"的知识论范围内无法回答。

② 牟宗三：《时代与感受》，《牟宗三先生全集》第 23 册，台北：联经出版事业股份有限公司，2003 年，第 185 页。

终信心觉法力不可思议，终足以顺适而润泽其生命。此佛氏言"转识成智"之必成，儒者亦必言天心仁体润遍万物也。此是充极至尽，自"究竟了义"而言之。若就实现过程而言，则众生根器不一（此还是生命限定事），其心觉透露有种种次第，在过程中，固事实上有不可克服之悲剧。①

因此，当牟宗三说"我有识，但也可以转识成智，如此识与智二种知识两相对翻（contra-opposed）的对立性才能建立，两两相对，且两面都清楚"、识智"来去自在"、"佛教讲转识成智，就是要将识的执着化去而成智，因此，执与科学知识是可取消的。但若佛自觉地要求科学知识的执着，则亦可由智的地位自我坎陷而落为识"② 等话头的时候，他都不是在强调"知识论"上的神通或耍魔术，而只是在讲"工夫论"。③工夫论就是"相信"人类明天会更加美好，然后身体力行之，如行云流水，行所当行（不以任何客观知识，包括自然因果、法律限定等为借口，停止向善的行程），止所当止（不以任何主观目的，包括成圣成贤等为号召，强迫他人向善，转而以每个人自己实实在在的节目、次第等来拆穿一切光景，楷定善恶），永不停息。在这个地方，牟宗三说"四常"：

此所以悲心常润（生生不息，肯定成全一切人文价值），法轮常转（不可思议，无穷无尽），罪恶常现（总有溢出，非心所润），悲剧常存也。④

———

① 牟宗三：《五十自述》，《牟宗三先生全集》第32册，台北：联经出版事业股份有限公司，2003年，第149页。
② 牟宗三：《中国哲学十九讲》，《牟宗三先生全集》第29册，台北：联经出版事业股份有限公司，2003年，第278-280页。
③ 必须注意的是，牟宗三也在知识论意义上讲到"转识成智"。这种知识论意义的"转识成智"实不过强调了"穷智见德"的"德"。因此一般说来，在牟宗三那里，作为"工夫论"的"转识成智"与作为"知识论"的"穷智见德"的区分是明显的。
④ 牟宗三：《五十自述》，《牟宗三先生全集》第32册，台北：联经出版事业股份有限公司，2003年，第150页。

第三节　"自下而上"与"自上而下"的工夫论

"工夫者，主观地通过心之自觉明用以体现天道诚体之谓也。"① 这个"主观"，可以是知识方面的，也可以是行动方面的；可以是道德践履的，也可以是民族国家的。

依主观的心之用，在逻辑学、数学、自然科学、国家学、政治学、法律学等"学问"或"知识"处用功，也可以说"工夫"。这似乎有些奇怪，但也并非不可以。其中的关键，就在"当下呈现"。

按照通常的讲法，工夫的重点不能在知识方面，也不能在一般的行动方面，而只能紧扣道德行动、道德践履说，也就是所谓自觉作圣贤工夫。可是，正如孝并不能脱离温清定省等许多"节目"而寡头地存在一样，离开知识、离开一般的行动，孤独独的圣贤工夫也是不可理解的。如此一来，根据主观的心能不能必然地体现客观的天道诚体，及主客圆用之境是偶然凑泊得来还是本质地挺立起来等区别，工夫也就有了不同的层级。

牟宗三指出："西方人逻辑、数学、科学这三门学问的中心都落在知性（understanding）。讲逻辑、数学本身就要看知性的超越使用，形式方面的使用，讲自然科学是经验的使用，这三门学问成功知识。逻辑、数学、科学，这是从知识方面讲，从行动方面，实践方面讲呢？我们现在要求现代化，现代化不单是科学。行动方面、实践方面也是三种：国家、政治、法律。这个政治指政治制度讲，是宪法的政治，不是运用的政治，最要紧的是宪法，有皇帝不要紧，最重要的是立宪。"② 牟宗三的这类言说比比皆是，一个涉及学统，一个涉及政统，两方面是平行的，根底处是一个精神，都是客观化的精神，都是在证明我们之外的物的存在（包括他者的存在，牟宗三把他者的存在专门提了出来，而突出为万民的存

---

①　牟宗三：《心体与性体》（一），《牟宗三先生全集》第 5 册，台北：联经出版事业股份有限公司，2003 年，第 356 页。牟宗三有时用"工夫"，有时用"功夫"。除直接引文外，本书统一用"工夫"。

②　牟宗三：《四因说演讲录》，《牟宗三先生全集》第 31 册，台北：联经出版事业股份有限公司，2003 年，第 197-198 页。

在），当然都重要了。

重要归重要，但就"必然性"来说，学统或政统的工夫仍然最多只能归之于洒扫应对的小学工夫之一类，而非作圣贤的修养工夫。圣贤工夫与其他工夫的区分，在讨论到明道的《定性书》时，牟宗三曾有如下分疏：

> 心之自觉活动是可以上下其讲的，心也可以是形而上的，也可以是形而下的。①

> 此处自须有一工夫，消极地说，使吾人之心自感性中超拔解放，不梏于见闻，不为耳目之官所蔽，而回归于其自作主宰、自发命令、自定方向之本心，积极地说，使此本心当体呈现，无一毫之隐曲。张横渠所说是消极工夫上的问题，是就心之为感性所制约而说的。明道之答覆是积极的工夫上的问题，是就本心性体之自身而说。②

> 当然即使已透至自积极工夫言，消极工夫之磨练亦仍不可废。③

> 逼限于内，或推置于外，静亦不安，或动亦有病，此皆从习心着眼作消极工夫时所有之曲折与跌宕，而自本心性体上作积极的工夫者，则并无如许波涛也。④

> 一言修，便落习心，便是渐教。从习心上渐磨，纵肯定有形而上的本心，亦永远凑泊不上，总是习心上的事，故就本心性体而言大定，而此大定如真可能，必须顿悟。顿悟即无修之可言，顿悟即是积极的工夫。（当然从习心上渐磨亦有其助缘促成之作用，但本质地言之，只是顿悟。）但有一本质的关键，此即是"逆觉的体证"。⑤

> 修能使习心凝聚，不容易落下来。但本质地言之，由修到逆觉

---

① 牟宗三：《心体与性体》（二），《牟宗三先生全集》第 6 册，台北：联经出版事业股份有限公司，2003 年，第 249 页。

② 牟宗三：《心体与性体》（二），《牟宗三先生全集》第 6 册，台北：联经出版事业股份有限公司，2003 年，第 250 页。

③ 牟宗三：《心体与性体》（二），《牟宗三先生全集》第 6 册，台北：联经出版事业股份有限公司，2003 年，第 251-252 页。

④ 牟宗三：《心体与性体》（二），《牟宗三先生全集》第 6 册，台北：联经出版事业股份有限公司，2003 年，第 253 页。

⑤ 牟宗三：《心体与性体》（二），《牟宗三先生全集》第 6 册，台北：联经出版事业股份有限公司，2003 年，第 253 页。

是异质的跳跃，是突变，由逆觉到顿悟朗现亦是异质的跳跃，是突变。①

　　"直下使"云云即是顿悟也。普通所谓"该行则行"，即是顿行，此中并无任何回护、曲折与顾虑。②

　　牟宗三在此说了很多，原文也加粗加黑了很多，表明他的强调和重视。其基本意思是：高一级的积极工夫是"识"仁，"求"放心，"顿悟"本心性体，当下呈现形而上的心；低一级的消极工夫是一长串洒扫应对的事上磨练，当下呈现形而下的心。前者的"当下呈现"无隐曲，后者的"当下呈现"有种种"考虑"之"曲折"。前后之间有"断裂"，因此必然性的获得之关键还在"顿悟"以获得"全体"。

　　因此，牟宗三才大讲20世纪30年代熊十力与冯友兰有一良知之争："一日熊先生与冯友兰氏谈，冯氏谓王阳明所讲的良知是一个假设，熊先生听之，即大为惊讶说：'良知是呈现，你怎么说是假设！'"③ 在他处牟宗三对此所述更加详细，并谈及听后之感："良知是真实，是呈现，这在当时，是从所未闻的。这霹雳一声，直是振聋发聩，把人的觉悟提升到宋明儒者的层次。"④ 对于这样的讲法，人们或质疑康德并没有讲良知是假设，或强调冯友兰一系并没有谈及此事，但都承认"当下呈现"对牟宗三的极端重要性。

　　这霹雳一声的"当下呈现"作为学问来说，就是玄学，就是形而上学，是最高的智慧之所在。其定名虽晚，也有种种不同侧重的别名，但核心意思一直未变，就是强调自由是呈现，是真实，而不是一个假设、设准。牟宗三强调，这是儒释道的"共法"，今天特别需要从这里出发

---

① 牟宗三：《心体与性体》（二），《牟宗三先生全集》第6册，台北：联经出版事业股份有限公司，2003年，第253页。
② 牟宗三：《心体与性体》（二），《牟宗三先生全集》第6册，台北：联经出版事业股份有限公司，2003年，第254页。
③ 牟宗三：《心体与性体》（一），《牟宗三先生全集》第5册，台北：联经出版事业股份有限公司，2003年，第184页。
④ 牟宗三：《五十自述》，《牟宗三先生全集》第32册，台北：联经出版事业股份有限公司，2003年，第78页；《生命的学问》，桂林：广西师范大学出版社，2005年，第108页。

讲出一套智慧学:"智慧完全是'当下'的,当下呈现,并没有一定的轨道,智慧是'运用之妙,存乎一心',智慧属于当下,完全从作用上讲。能客观化,才能成一套学问,成为公共的,可以传达、交通。"①

如此说来,两种高下不同的工夫也就清楚地区分开来了:或者是根本无修之可言的"积极工夫",超凡入圣直达果位,实际上也就无所谓工夫不工夫了,但从教化万民的角度却需要客观化,而顺带出公共的学问;或者是渐修的"消极工夫",借助客观化的逻辑、数学、科学与国家、政治、法律等公共学问来逼迫出当下的智慧,其虽"不可废"且有"助缘促进"之功,但无关乎本质。

不过,在区分清楚明白之后,接下来人们自然而然地就想知道:积极工夫与消极工夫可以共用同一个"工夫""当下呈现"等概念吗?这霹雳一声的"当下呈现"又怎么可能"证明"万物的存在和万民的存在呢?再进一步,"良知呈现"是要"呈现自由"。自由既是道德生活的自由,自为圣贤,实现道德宗教自由(道统、仁心);也是学术生活的自由,自为学究,实现思想文化自由(学统、学心);还是政治生活的自由,自为公民,实现客观法权自由(政统、公心)。② 因此"呈现"必然会有一个在时间中步步展开的过程,又怎么可能在"霹雳一声"中"当下呈现"呢?"积极工夫"之"顿悟时间"中,已经完全容纳了"消极工夫"之长串"渐修时间"吗?

积极工夫"即本体便是工夫"(性之),自上而下自然安然而行。消极工夫"即工夫便是本体"(反之),自下而上择善而固执之。本节将证明,透过重重迷雾,牟宗三工夫论的实质只能是"自上而下"与"自下

---

① 牟宗三:《中国哲学十九讲》,《牟宗三先生全集》第29册,台北:联经出版事业股份有限公司,2003年,第147页。这是《心体与性体》之后的讲法,从上面说下来。即先直觉本体,然后由形上的心坎陷出认识心,楷定知识论。按一般的理解,牟宗三这是在变魔术,良知坎陷清晰地表现了牟宗三哲学的独断论性质。下文将指出,如若能够看到牟宗三本体、天心的"纯粹所与"面相,就会承认牟宗三平等地综合道德心与认知心的一贯努力,而发现上述一般理解的局限。

② 所谓政统,既包括政权更替的轨道,是打天下还是和平建国,也包括政治运行方式的统绪,是以法治国还是以德治国等。研究者一般多在"政道与治道"的对列中注意牟宗三对于中国如何转出政道问题的讨论,即所谓的民主建国。若能建国创制泽被天下,那当然是工夫。但做个守法的公民,是否也是工夫呢?关此,本书第三章第一节讨论法权论时将专门论及。

而上"的回环往复。康德的先验演绎、海德格尔的存在论奠基、牟宗三的中西会通等的"最高而又最根源的洞见"，都在这里。它异常曲折，而为人所难道。这里分四步申言之。

一　所与：当下呈现

第一步，牟宗三一直强调有两种"当下呈现"，"感触直觉"的"当下呈现"与"智的直觉"的"当下呈现"，人类存在的"所与"（the given，gegeben）成为基础性"事件"（Ereignis）。

1. "形下的呈现原则"与"形上的实现原则"

《认识心之批判》一起首，牟宗三由心物感应的一体呈现说起，区分了"形下的呈现原则"与"形上的实现原则"①。

在这里，牟宗三把心物之两相感触、一体交感、当下呈现设为既定前提。心的一方，假名自我，是聚生理事，亦曰主体事。物的一方，是聚物理事，虚说外物。实则无所谓物，也无所谓我，物我不过是言说上方便区分罢了。牟宗三先立其大：

> 吾人永远须自当下之现实呈现作起点。自经验认识言，将生理自我说为一聚生理事，将彼桌子说为一聚物理事，乃为对此当下呈现而虚说。实说者，此两聚，总持言之，皆当下也。②
> 主体事与物理事以及特定之当下呈现皆是所与。③

"所与"者，天造地设之谓也，强调人类存在有着被给定的前结构和状况，强调心物之所以能够感应一体的前规定或事实："一事起处，即是全体与之俱起也。一现一切现，固皆为当下，固皆为所与。"④ 这是牟宗三

---

① 牟宗三：《认识心之批判》（上），《牟宗三先生全集》第18册，台北：联经出版事业股份有限公司，2003年，第3、6页。

② 牟宗三：《认识心之批判》（上），《牟宗三先生全集》第18册，台北：联经出版事业股份有限公司，2003年，第4页。

③ 牟宗三：《认识心之批判》（上），《牟宗三先生全集》第18册，台北：联经出版事业股份有限公司，2003年，第5页。

④ 牟宗三：《认识心之批判》（上），《牟宗三先生全集》第18册，台北：联经出版事业股份有限公司，2003年，第5页。

的一个"设准",也是"认识论之前提",颇有些康德先验演绎以见出纯粹统觉的意思,也有乃师熊十力乾坤互含的味道。牟宗三还以声音为例,来说明这个"当下呈现"的"直而无曲":

> 声音固为实指之当下呈现,然听者吾耳也,声音者某物之声音也。耳与某物皆属条件制约,因声音而彰著,即与声音同时俱起也。此同时俱起者即为一全体之呈现,此即吾人经验知识之全幅对象。此与声音同时俱起者,无论牵连如何广如何深,然皆属此全体呈现之范围。①
>
> 譬如听一声,即如其为一声而觉之;见一色,即如其为一色而见之。②

听一声见一色,与恶恶臭好好色等,在直接性上是一致的。因此,这里感应交摄的"当下呈现",与后来牟宗三所盛言的神感神应、智的直觉的"当下呈现"在词句上并无分别,都是在强调心物交感的"内在关系"。"此呈现与此生理事为内在关系,与彼物理事亦为内在关系。凡自事言,事与事之关系皆内在关系。"③ 即此内在关系,牟宗三视感觉、知觉、心觉三者"异名而同实。细微分别,无关大体",且把认识心的知觉、想象及理解这三级俱综言曰"统觉",皆以"直而无曲"说之。④

直而无曲的一感之交摄,即所谓"直觉"。因此,所谓直觉便不能仅仅归之于心,不是心的一种功能或属性,而是联系着心与物而同时为言的。在《觉知底因果说与知识底可能说》一文中,牟宗三就已经把此心物不可再进一步还原的规定明确表达了出来:"从别方面看,一切可以

---

① 牟宗三:《认识心之批判》(上),《牟宗三先生全集》第 18 册,台北:联经出版事业股份有限公司,2003 年,第 5 页。

② 牟宗三:《认识心之批判》(上),《牟宗三先生全集》第 18 册,台北:联经出版事业股份有限公司,2003 年,第 9 页。

③ 牟宗三:《认识心之批判》(上),《牟宗三先生全集》第 18 册,台北:联经出版事业股份有限公司,2003 年,第 4 页。

④ 牟宗三:《认识心之批判》(上),《牟宗三先生全集》第 18 册,台北:联经出版事业股份有限公司,2003 年,第 9 页。

无心，但从知识上看不能离心。从别方面看，一切可以心化，但从知识方面看不能无物。"①

不过，既然同为直而无曲的当下呈现，那么感触直觉与智的直觉又如何区别呢？这里有牟宗三的理论规定。牟宗三需要从当下呈现这个出发点走出去，去说明知识、道德、审美等。

先来看知识。在把心物交感当下呈现设为"所与"的同时，牟宗三又区分了"纯粹所与"与"现显所与"：

> 感觉物相就是"现显所与"，发生此感觉物相的那些事素即是"纯粹所与"。②

> 影或下层是现显所与，形或上（原文为"下"，疑系手民误植，据上下文改——引者）层是纯粹所与。③

简言之，纯粹所与是形式地说，就是心物感应本身，浑然一体，难分彼此，现显所与则是具体地说，是指纯粹所与有定型地呈现出来的样子。前者是因，后者为果，两者是上下层的关系，就如形与影一样。

既然已经定型，那么"现显所与"虽然还是"所与"，心与物却已经拉开了一定的距离，而成为外在的对待关系。即是说，现显所与的心物关系是一种由"内在关系"而来而定型的"外在关系"，刹那事、刹那觉之经验统觉也就与纯粹所与之先验统觉拉开了距离，所对待的外物与能对待的纯理自己也就两两相对，在此言认识心。

再看道德。牟宗三毫不讳言，这是他的"预定"：

> 认识心之静处而与物对，因而具有外在关系，吾人将溯其根源于形上的心之坎陷。吾在此预定：形上的心乃实现万有者，主宰贯彻万有者，此与其所实现之万有为内在关系，以彼影响万有故，万

---

① 牟宗三：《觉知底因果说与知识底可能说》，《牟宗三先生全集》第 25 册，台北：联经出版事业股份有限公司，2003 年，第 302 页。

② 牟宗三：《觉知底因果说与知识底可能说》，《牟宗三先生全集》第 25 册，台北：联经出版事业股份有限公司，2003 年，第 308 页。

③ 牟宗三：《觉知底因果说与知识底可能说》，《牟宗三先生全集》第 25 册，台北：联经出版事业股份有限公司，2003 年，第 309 页。

有离之便为非有故。①

　　认识的心不是实现原则……生理感中心之交摄亦只是形下的呈现原则，而非形上的实现原则。在形上的实现原则未能建立以前，认识范围内之存在之所以成其为实现之问题无法得解答。②

　　一为理性生活，一为生物理生活，而其生活之实践则一也。两者为本末事，为体用事。③

　　这个"预定"，也就是康德意义的"设准""假设""假定"等。牟宗三在这里区分了认识心之"形下的呈现原则"与道德心之"形上的实现原则"，并认为前者心与物对而为"外在关系"，后者心包万物而为"内在关系"，外在关系由内在关系"坎陷"而成。理论层次似乎分明了。但实际上，若衡之以上述"纯粹所与"与"现显所与"的上下层关系，就能够清楚地看出，"实现"与"呈现"并不是两件事，而只不过是心物感应一体的同一事件的两个面相罢了，前者是此事件的"本体论的证明"，而后者为其"认识论的证明"。正如"理性生活"与"生物理生活"并不是两种不同的生活，它们是同一个"生活之实践"，其出发点都是心物感应之一体呈现，然后才有价值上的分别。"吾所肯定之越乎此生活之生活，亦必为生活，而非涅槃生活之非生活，即亦为动之实践之生活。此动之实践之生活，自其为越乎生物理之生活而言之，自为超越之生活。然自其为动之实践之生活而言之，则虽超越而又不弃其所越之生物理之生活，此即言仍含此生物理之生活而为其主，或云：虽超越而亦仍宿于生物理生活中而主宰之、润泽之。"④

　　研究者在此往往只注意到了价值的异层，而没有重视那原始的同一。牟宗三之所以要区分形上的实现原则与形下的呈现原则、内在关系的内在关系与内在关系的外在关系、上层的形与下层的影、本与末、体与用、纯粹或理论的理性与道德或实践的理性等，其意并不在区隔之以成彼此之两截，而不过是说，由当下呈现、纯粹所与而来的先验统觉、纯理自己等"型"，"只为思考中逻辑推演之必然"①，并不是最终的，知识的最终根据和保证只能溯源到纯粹所与的心物一体之感应。不过，在纯粹所与之一体感应中，一切都是敞开的，都是旋生旋灭的。就人类的生成史来讲，这种旋生旋灭的刹那事、刹那觉最初同于其他动物，无法定型，特别是语言还没有形成，人们还无法言说之时。其后，在漫长的岁月中，随着人类的历史实践，语言产生了，无穷无尽的刹那事、刹那觉渐渐积淀为种种定型或者说形式，才有了先验统觉、纯理自己、实践理性等种种分别。就个人来说，处于特定的历史文化中，当其一出生，也就注定其必然要重演先人的积淀，而把自己当下呈现的"直觉确定性"与整个类的"逻辑必然性""理性必然性"结合起来。②

即此而言，牟宗三预定的道德实践的形上天心"实现"万有、"坎陷"形下认识心并不如通常人们所理解的那样，是要先建立一个高高在上的、独断论的、不食人间烟火的所谓心，然后由此出发，"自上而下"地来给出一切、实现一切、成就一切。依这种通常的理解，良知坎陷、两层存有论、智的直觉、绝对的唯心论、彻底的唯心论、圆善论、道德的形上学等，都不过是牟宗三所臆造的天心本体的自由落体运动罢了。实际上，牟宗三不过是在重述康德的先验演绎，不过是在剥离出认识心，不过是要把认识心安放于稳固的地基之上。而所谓地基，所谓天心或本体③等，牟宗三清楚地知道，除过永恒的人类历史实践过程外，不可能另有他指。这

---

① 牟宗三：《认识心之批判》（上），《牟宗三先生全集》第 18 册，台北：联经出版事业股份有限公司，2003 年，第 33 页。

② 牟宗三：《认识心之批判》（上），《牟宗三先生全集》第 18 册，台北：联经出版事业股份有限公司，2003 年，第 24、38 页。

③ 天心与本体严格说来是不同的。本体重事物的原样和整全，客观的意味强。天心重动与能，主观的味道多。因此可以讲"天心直继本体"。但同时，本体本身又是灵明能动的，因此本体又可据其精神性的一面而名形上的心，或道德的心。在此，天心与本体又是一而无二。下文将看到，天心与本体的这种相同与不同，是因为牟宗三除了在知识论中讲本体（知识论中的体性学／本体论，天心与本体不一），还在工夫论中讲本体（实践理性的体性学，属行的本体论，天心即本体）。后文特别是第八章将论及，这又可以追溯至熊十力的实体的"乾坤互含"与"乾统御坤"两义。

是一种命名活动，纯粹所与获得了本体之名，在此言道德心。牟宗三说：

> 在本体中不能区别其体性与其有（存在）。此两者为同一。它
> 为纯理，同时亦即为纯有。而且其有亦就是其自己。[①]

牟宗三自案曰："此条是关键。"本体之不能区分，是单一的、必然的、无限的，不能有组成的部分，正如纯粹所与之不能区分而为一体。强为之名，名曰道德天心、本体等。因其是单一必然和无限的，所以是最后的根据。其为最后的根据，即是人类历史实践之为最后的根据。牟宗三说，这是于变中守不变，于不变中见变。[②]

如此理解天心本体，则牟宗三哲学就不是只有自上而下的致思路径，它同时也是自下而上的。这里的自上而下，还只是逻辑的逼显或预定，是剥离出自我，是安放人类历史实践不断向上的可能性，是树立道德的理想主义以鼓舞人引导人。[③] 这里的自下而上，是工夫的逼进，是回归生活，是永不停息的心物感应本身，是在社会生活中一步一步呈现生命实现人性的具体创造过程。自下而上，心物敞开，是纵贯线。自上而下，实践理性优先，是横截面。[④] 纵贯线中不能无停顿、无定型，因此需要

---

① 牟宗三：《认识心之批判》（下），《牟宗三先生全集》第 19 册，台北：联经出版事业股份有限公司，2003 年，第 671 页。必须注意的是，在《认识心之批判》中，牟宗三作为"纯粹所与"的"本体"有不同的显现。在知识论中，本体是纯理纯型，而可以替代康德的范畴，以为知识确定性的根据（"我以为只此逻辑性格即足够，并以为此一系统足以代替康德的那一套。"第 21 册，序第 4 页）。在工夫论中，本体是形上的心，而可以超越康德的知性存有论，建立起道德存有论，也就是后来的无执的存有论。两个本体当然是同一个本体，但因牟宗三此时所走的是"穷智见德"的路，且仅言"逻辑构造"，因而能与后来的两层存有论区别开来。

② 牟宗三：《认识心之批判》（上），《牟宗三先生全集》第 18 册，台北：联经出版事业股份有限公司，2003 年，第 40 页。

③ 这里的"自上而下"是"辩以相示"的"自上而下"，是自下而上地"穷智"之后的一种"预定和谐"或"形式陈述"，还不是后来"圣人怀之"的"自上而下"。《庄子·齐物论》有云："圣人怀之，众人辩之以相示也。""圣人怀之"的"自上而下"恰是工夫事，又以自上而下的辩知为前提，或者说知行合一，怀之（辩知）即是行之、行之即是怀之（工夫）。

④ 牟宗三一般在道德处说纵贯而在知识处说横截，因此这里似乎反转了。但需注意，纵贯的道德不是辩示的，而是默以行之的。对默行而言，辩示的知识和道德都只是横截面，是"形式陈述"的"先立乎其大"。这里的众多麻烦，都源于牟宗三需要"说工夫"，劝说众多甚至不再相信儒学的人自己要求去成圣成贤。

突出主客对列的认识心。横截面则只在彰著人性，因此预定实现万有的
形上的心。两相结合，道德心离不开认识心的奠基，牟宗三的哲学就是
"自上而下"的逻辑构造与"自下而上"的直觉构造的循环往复。牟宗
三对此有明确的意识：

> 本体之彰著于人性，由之而开为天心与识心，天心直继本体，
> 识心则天心之坎陷而摄取命题。由此自上而下之一串可以彰著人性。
> 由彰著人性而尊人性。尊人性即尊天道。尽心知性知天，因此可以
> 逆自上而下之程序返而实现"本体之直觉构造"。此步实现名曰自
> 下而上，所谓逆而反之也。自上而下是形式之陈述，仍为逻辑之构
> 造，此属于此第四域之正文。自下而上是工夫之逼进，远离戏论，
> 故属直觉构造。此两来往皆不属于本书范围者。①

最后简言审美。如果我们将纯粹所与视为天心本体，那么认识、道
德都不过是旋生旋灭的心物感应的某种停顿，或者说"曲折"②。因此停
顿或曲折，认识"表示本体之赋与存在以规律"，而道德"表示本体赋
予存在以意义"③。审美则无任何停顿，直是"天心之呈现"④，或者说是

---

① 牟宗三：《认识心之批判》（下），《牟宗三先生全集》第 19 册，台北：联经出版事业股
　份有限公司，2003 年，第 702-703 页。依这段话，《认识心之批判》既不涉及自上而下，
　亦不论自下而上，"此两来往皆不属于本书范围者"。依照后来《现象与物自身》的意
　思，《认识心之批判》实在论的意味很重，"只从感性知性说起，顺这既成的事实说出
　去"，只是"从下面说上去"，直到《现象与物自身》承认智的直觉之后，才在"从上
　面说下来"中完成了自上而下与自下而上的"两来往"。"从上面说下来"当然是自上而
　下的，但此时已经不再适合说"形式之陈述，逻辑之构造"，就其承认智的直觉而言，
　当属于"直觉构造"。但是，《认识心之批判》明确认为，尽心知性知天，实现本体的直
　觉构造，是逆而反之的自下而上的实现。就此而言，《现象与物自身》从上面说下来的
　知识论恰恰又是《认识心之批判》所谓自下而上的工夫论。换句话说，《认识心之批判》
　"认识"到了本体与工夫合一，《现象与物自身》"直觉"到了本体与工夫的合一。需要
　注意的是，这里的工夫恰恰强调的是"自下而上"，对于理解牟宗三后来作为本质工夫
　的"逆觉体证"有特别的意义，后者常常被人们理解为只是"自上而下"的。
② 牟宗三：《认识心之批判》（下），《牟宗三先生全集》第 19 册，台北：联经出版事业
　股份有限公司，2003 年，第 722 页。
③ 牟宗三：《认识心之批判》（下），《牟宗三先生全集》第 19 册，台北：联经出版事业
　股份有限公司，2003 年，第 720 页。
④ 牟宗三：《认识心之批判》（下），《牟宗三先生全集》第 19 册，台北：联经出版事业
　股份有限公司，2003 年，第 728 页。

"如如地寂照"天心本体①。这显然还是康德那种沟通自然与自由两界而为一的审美。

综上所述，在《认识心之批判》中，牟宗三的主要问题是如何重述康德，剥离、建立纯理自己以为变动不居的世界提供知识论的确定性，因而认识心成了重心，道德心存而不论，作为一种预定存在。但预定的道德天心却是中心，作为本体，它解释了生理我与理性我的两头相通，命名了旋生旋灭的纯粹所与，提供了认识何以可能的最后根据，让定型的认识心能够复归于心物感应的一体洪流而得其保任。这个时候，牟宗三的知识论是敞开的，却也是有其界限的；道德天心是预定的中心，但仍然建基于无任何停顿的审美的"如如地寂照"。质言之，牟宗三已经严格区分了认识心之形下的呈现原则与道德心之形上的实现原则，却同时认定两者有着共同的地基，即心物一体感应的当下呈现。

2. "因感触直觉而呈现" 与 "因践履而呈现"

在《心体与性体》中，牟宗三就康德"那被预定的'无条件必然的东西'本身何以是绝对地必然的"这个问题，区分了"因感触直觉而呈现"与"因践履而呈现"。②

被预定的无条件必然的东西，即熊、冯良知是呈现还是假设之争中的"良知"，也即《认识心之批判》中所"预定"的"形上的心"，牟宗三在这里依康德讲为"自由"。牟宗三认为，康德以"自由为假设，不是一呈现"③，因而不能理解无条件必然的东西本身，无法作成一个"道德的形上学"。牟宗三批评、疏导说：

> 这不能理解，一、因它不是一可规定的对象，可还原到一更高之法则，因为它已被预定为最后的，无条件的。二、尤其重要的，是因我们对它并没有一直觉或感觉，即不在经验中。是以不能理解

---

① 牟宗三：《认识心之批判》（下），《牟宗三先生全集》第 19 册，台北：联经出版事业股份有限公司，2003 年，第 738 页。

② 牟宗三：《心体与性体》（一），《牟宗三先生全集》第 5 册，台北：联经出版事业股份有限公司，2003 年，第 179-180 页。

③ 牟宗三：《心体与性体》（一），《牟宗三先生全集》第 5 册，台北：联经出版事业股份有限公司，2003 年，第 179 页。

它的"绝对必然性如何可能"就等于说它的真实性不能因感触直觉而成为呈现的……这是不恰当的岔出去的不相干的思考。它的绝对必然之可理解与不可理解，可呈现与不可呈现，不是可因有"感触直觉"否而决定的，乃是单在是否能在践履中与它"觌面相当"。是以除因感触直觉而呈现外，还有一种因践履而呈现。可理解否亦如此。[1]

牟宗三在这里已经不再满足于重述康德，《认识心之批判》的那种从感知性说起层层逼显出道德心的路数已经完成了其使命，取而代之的是对形上的心、良知、自由等如何有"积极知识"的努力。

跟《认识心之批判》"形下的呈现原则"与"形上的实现原则"的区分相比，这里"因感触直觉而呈现"与"因践履而呈现"的区分有两点不同。一是没有再区别"呈现"与"实现"，"呈现"本身的"纯粹所与"面相得到了强调，既可表示旋生旋灭的心物感应本身，又指示了旋生旋灭的心物感应的总体，即所谓不在经验中的对象。二是不再说"预定"，而说"在实践的体证中的一个呈现"，且将之归于中国传统，称其"是自孔子起直到今日的熊先生止，凡真以生命渗透此学者所共契，并无一人能有异辞"[2]。

由于这两点变化，《心体与性体》的"呈现"就主要是工夫论意义的呈现了。如果说，《认识心之批判》是在认识论中说工夫，那么《心体与性体》就是在工夫论中说认识，主题发生了变化。不过，这种主题的变化并不意味着改弦更张，而是前后承继。即《心体与性体》是在完成《认识心之批判》所"预定"的"两来往"的工作，特别是依中国传统来讲明"本体的直觉构造"。

从工夫论的视域看，天地人三才，人生天地间，能做什么、应该做什么？若顺着这个问题向下探寻，或许会对牟宗三哲学做出一种"儒家式"的理解。即就两书所共同注目的天心、本体、心性、性体、实体等

---

① 牟宗三：《心体与性体》（一），《牟宗三先生全集》第 5 册，台北：联经出版事业股份有限公司，2003 年，第 180 页。

② 牟宗三：《心体与性体》（一），《牟宗三先生全集》第 5 册，台北：联经出版事业股份有限公司，2003 年，第 184 页。

表示"旋生旋灭的心物感应之总体"（形而上学绝对总体性）的概念来说，牟宗三的种种"神化"和"神话"也就因此变得平常起来。《认识心之批判》中有一句"逻辑地而言之"的话：

> 天心是全部自然界的基体。①

《心体与性体》用了很大的篇幅"直觉地而言之"：

> 性体心体在个人的道德实践方面的起用，首先消极地便是消化生命中一切非理性的成分，不让感性的力量支配我们；其次便是积极地生色践行、睟面盎背，四肢百体全为性体所润，自然生命底光彩收敛而为圣贤底气象；再其次，更积极地便是圣神功化，仁不可胜用，义不可胜用，表现而为圣贤底德业；最后，则与天地合德，与日月合明，与四时合序，与鬼神合吉凶，性体遍润一切而一遗。②
>
> 在体证中如此呈现如此起作用之性体自始即不限于人类而单为人类之性体，或甚至亦不限于康德所说一切理性的存在，而顿时即通"天地之性"，"天地之中"，而为宇宙万物之性体，因而亦就是宇宙万物底本体、实体，此是绝对地普遍的，亦是道德实践上绝对地必然的……而总之曰：性即是道，性外无道；心即是理，心外无理。性、道（亦曰性、天）是道德的亦是宇宙性的性、道，心、理是道德的亦是宇宙性的心、理；而性、道与心、理其极也是一，故吾人亦总性体心体连称。此道德的而又是宇宙的性体心体通过"寂感真几"一概念即转而为本体宇宙论的生化之理、实现之理。这生化之理是由实践的体证而呈现，它自必"显诸仁，藏诸用，鼓万物而不与圣人同忧，盛德大业至矣哉！"它自然非直贯下来不可。依是，它虽是超越的，而却不是

---

① 牟宗三：《认识心之批判》（下），《牟宗三先生全集》第19册，台北：联经出版事业股份有限公司，2003年，第728页。
② 牟宗三：《心体与性体》（一），《牟宗三先生全集》第5册，台北：联经出版事业股份有限公司，2003年，第185页。

隔绝的。①

上面这些话如果只是传统地说，并没有问题。但牟宗三是传统缩合着现代说，寂感真几关联着纯粹所与说，人类生存实践的总体下贯到个体的生活世界的当下说，工夫论（境论）混着知识论（量论）说，因此容易让不明分际者起浓浓的反感。如若能够分辨哪些是知识论的话语，哪些是工夫论的话语，哪些又是从工夫论中剥离出知识论的话语等，则对牟宗三的误解大体可除。②

3. "呈现"与"实现"

在《智的直觉与中国哲学》一书中，牟宗三一方面坚持了"呈现"与"实现"的不同："直觉，就概念的思想说，它是具体化原则（principle of concretion）；就事物之存在说，如果它是感触的直觉，则它是认知的呈现原则（principle of cognitive presentation），（此时它是接受的，不是创造的，亦须有思想之统一，而统一须假乎概念）如果它是智的直觉，则它是存有论的（创造的）实现原则（principle of ontological or creative actualization）"；另一方面，牟宗三又强调"实现"同时就是"呈现"："智的直觉不但为认知的呈现原则，且同时亦即创造的实现原则。"③

4. "存有论地呈现之即实现之"与"认知地呈现之而不实现之"

在《现象与物自身》一书中，牟宗三立两层存有论，而有智的直觉"存有论地呈现之即实现之"与感触直觉"认知地呈现之而不实现之"

---

① 牟宗三：《心体与性体》（一），《牟宗三先生全集》第 5 册，台北：联经出版事业股份有限公司，2003 年，第 186 页。

② 当然人们可以问一问：牟宗三为什么总要如此缴绕？他为什么总是对康德的"划界"工作进行"混界"？为什么总把康德的两个世界"割裂"之后又重新"打并为一"？牟宗三的保守主义特质因此而显。但更深层的问题在于，牟宗三无论是"逻辑地而言之"还是"直觉地而言之"，他都让自己背负了难以背负的十字架："知识"可以说，"工夫"则不在"说"而在"行"，因此无论怎么"说工夫"，都是"辩以相示"而已经与那"寂感真几"的真工夫隔了重重山河。这是儒学现代化所必然要遭遇到的难题，不容回避。

③ 牟宗三：《智的直觉与中国哲学》，《牟宗三先生全集》第 20 册，台北：联经出版事业股份有限公司，2003 年，第 237 页。

的区分，两层之间的关系则是"无风起浪，平地起土堆"。①

"无风起浪，平地起土堆"是不可思议的。牟宗三因此喜就科学知识之有无问题而言中西判教：

> 依西方传统，上帝是上帝，人是人，两不相属。就科学知识言，上帝无而不能有，人有而不能无。依中国传统，人可是圣，圣亦是人。就其为人而言，他有科学知识，而科学知识亦必要；就其为圣而言，他越过科学知识而不滞于科学知识，科学知识亦不必要，此即有而能无，无而能有。②
>
> 西方文化，无者不能有，则上帝为虚设；有者不能无，则人欲不可遏。故消化康德而归于儒圣也。此亦是"明流统之所宗"，为此时代所应有之"判教"也。③

论者往往在这里批评牟宗三狭隘独断的高头讲章，是在变魔术。实则牟宗三所谓"越过科学知识"只是在现代条件下讲说工夫论：当滔滔者天下皆是，自然环境、社会氛围、政治体制等合力营造了某种铁的必然性（科学的必然性、人欲的必然性、因果链条等），人仿佛无选择余地无任何自由可言的时候，他依然可能仅仅凭借自己一心之感应震动，跳出因果链条的包围圈，逃离一切圆形监狱，飞越疯人院。也只有从自我做主、学为圣贤的工夫论出发，而非在认知客观必然性的知识论的意义上看，牟宗三如下的众多言说才不至于荒诞无稽：

> 知体明觉所起现而著见者是实事实理，亦是实物：感应中之物是实物（如一色一香无非中道），感应中之行事是实事（如抬头举目事亲从兄等皆是知体之著见），感应中之天理贯注是"良知之天

---

① 牟宗三：《现象与物自身》，《牟宗三先生全集》第 21 册，台北：联经出版事业股份有限公司，2003 年，第 134、130 页。

② 牟宗三：《现象与物自身》，《牟宗三先生全集》第 21 册，台北：联经出版事业股份有限公司，2003 年，第 125 页。

③ 牟宗三：《现象与物自身》，《牟宗三先生全集》第 21 册，台北：联经出版事业股份有限公司，2003 年，第 185-186 页。

理”这实理。①

质言之，牟宗三所谓自由（良知）是呈现、自由（良知）是真实、直觉自由、呈现本心等，都是在说修养工夫，而且是与知识论一滚混着说。这是牟宗三比宋明儒为新的地方，但也是牟宗三的麻烦之所在。

接下来的问题就是：牟宗三为什么要如此麻烦？他为什么不一而无二，或依康德或依传统而单独地说？这便涉及儒学的现代境遇，而需要讲到下面几步。

二　物相：外物的存在的证明

第二步，在感触直觉的“当下呈现”处，证明“外物的存在”。

如上所述，在《认识心之批判》的一开首处，牟宗三就指出“我”（主体事、生理事、聚生理事）与“物”（物理事、聚物理事）都是“虚说”，心物感应一体的“当下呈现”“直接呈现”“交感关系”才是“实说”。在这里，牟宗三同康德的先验演绎一样，把“我”与“在我以外而与我之存在相联结之某某事物”的“共同存在”设为前提了。② 设为前提固然是为了“能证明世界条理”（纯理自己），但首先是“能证明外界”。③ 这里有一个前后相随的关系，先有外界，才有条理，“讲知识

---

① 牟宗三：《现象与物自身》，《牟宗三先生全集》第 21 册，台北：联经出版事业股份有限公司，2003 年，第 132 页。

② 康德：《纯粹理性批判》，蓝公武译，北京：商务印书馆，1960 年，第 25-26 页。同时参阅牟宗三译注《康德〈纯粹理性之批判〉》（上），《牟宗三先生全集》第 13 册，台北：联经出版事业股份有限公司，2003 年，第 44-45 页。康德指出，观念论若基于“信仰”才“假设”了在我们以外的事物的存在，不能证明外物存在，则是“哲学上及人类理性上之污点”，也即可耻之事、不光彩之事、丑闻。而康德的证明，正为“纯粹所与”：“使外物与吾人之内感联结而不可分者，乃经验而非空想，乃感官而非想像力”；“若普泛所谓经验而成为可能，则外感之实在性必与内感相联结，易言之，我意识‘在我以外与我感官相关之事物’，其确实正与我意识我自身之存在一如在时间中所规定者相同”。

③ 牟宗三：《觉知底因果说与知识底可能说》，《牟宗三先生全集》第 25 册，台北：联经出版事业股份有限公司，2003 年，第 311 页。

必须承认外界，随之也必须承认外界的条理"①。如若外物根本不存在，那么所谓条理也就是无稽之谈了。所以牟宗三后来承认知性在"逻辑的性格"之外，也必定有"存有论的性格"，两者都需要"充分证成"。②

质言之，在《认识心之批判》中，牟宗三虽然以剥离出"纯理自己"（本体）为目标，但并没有走到怀疑外物存在甚或纯视之为信仰上的假设的地步。本来，纯粹所与即是心物感应当下呈现而预设了外物的存在，现在，在剥离出来"纯理自己"的同时，牟宗三还强调必须承认一个不能追问其来源的概念，即"物质的气"：

> 物质而具之以力，吾人即名曰"物质的气"。此为不能化归者，亦不能由本体之神理神气而演化出。盖本体既为纯理纯型，而神理神智神意神气是一事，自不能由非物质者而演出物质者。故"物质的气"必须承认其为一"所与"也。③

---

① 牟宗三：《觉知底因果说与知识底可能说》，《牟宗三先生全集》第 25 册，台北：联经出版事业股份有限公司，2003 年，第 296 页。

② 实际上，在《认识心之批判》之前，牟宗三已经顺康德而注意到了知性的存有论性格。其突出的表现，便是看到康德的知识论与形而上学是一个："C. 252 康德的根本主张本来就是不分开这两方面的。他的全部哲学的精义即是：知识可能的条件即是知识对象可能的条件。C. 253 它虽然说格式是主观的、先验的，但这不过是解剖上的指证，而最后结果上却是不分内外的。内的格式也即是外的条理，外的条理也即是内的格式。他根本就没有这种分别；他的问题不是内界的主观格式如何影响外界，外界如何因而不被知其原样的问题。他的问题乃是知识如何可能，对象如何可能，随之也就是世界如何可能的问题。他的不可知并不是受了格式的影响才不可知，乃只是划分知识界与非知识界的一个极限概念。这样我们可说，他的物自说原是不可知并不是因受影响而不可知。所以他的物自相只是一个消极的极限概念，并不是实际存在的一个东西。C. 254 这样，他的现象世界即是我们的现实世界；他的对象如何可能的问题即是现象或现实世界如何可能的问题。这样一来，知识论不就完全成元学了吗？"（第 25 册，第 319 页）只是因为过分强烈的纯理自己情结及穷智见德的理路，牟宗三后来才讲他自己没有发见知性的存有论性格。如若果真没有见到知性的存有论性格，则所谓"纯粹所与""物质的气"等直不可解。质言之，牟宗三前后皆承认知性的存有论性格，所差别者只在"充分证成"的路有"从上面说下来"与"从下面说上去"之不同。顺着这个思路看，发表于 1944 年 6 月《文史杂志》第 3 卷的《纯粹理性与实践理性》一文中所区分的"实践理性的体性学"（"属行的体性学"）与"知识论中的体性学"（"属智的体性学"），已经可以视其为两层存有论的原始形态了（第 25 册，第 378-387 页）。

③ 牟宗三：《认识心之批判》（下），《牟宗三先生全集》第 19 册，台北：联经出版事业股份有限公司，2003 年，第 704 页。

"由非物质者而演出物质者"，正是经验而非先验的观念论者的"信仰"。牟宗三之所以从聚生理事、聚物理事的当下呈现走出来，逻辑地剥离出纯理纯型的本体的同时，还要承认一个不能化归的物质的气，正是要通过命名来驳斥经验观念论的信仰。易言之，所与具有复杂性，非单纯性，物质的气是"所与"的一维，本体仍是"所与"的一维，两者都不过是对"纯粹所与"的逻辑解析和概念言说，缺失它们中的任何一方，纯粹所与都不成其为纯粹所与。正是由于纯粹所与的一体感应交摄，牟宗三才一方面坚持聚物理事之不可化除，外物存在，"本体为解析上最后之理由，非可直接由之以生出万物也。是以物质的气必须承认"；另一方面坚持聚生理事之不可小觑，本体存在，"而可以指导、鼓舞、扭转、善继物气"。①

本体与物质均是"所与"，均需承认。但是，随之而来的一个重大问题是，牟宗三为什么没有把两者等量齐观，正如聚物理事与聚生理事的等量齐观呢？为什么可以承认"神心本体"，却不强调"物质本体"？②其实，在康德那里物自身与本体的关联本就复杂。其中的关键，只在人类生活的事实。在发表于1937年9月《哲学评论》第6卷的《觉知底因果说与知识底可能说》一文中，牟宗三对此有一个说明，大致概括如下。

1. 生活是根本的，生活过程是根本的，一切人为的区分，包括感觉、思维、知识、道德等，都是生活过程中所有事。事实上，生活本身是纯然一整体，但这并不意味着我们不可以区分不同的生活。逻辑地说，有赤裸的生活（bare life），也就是如动物本能反应那样直接呈现的生活。这种生活只是流转的过程，一切旋生旋灭，即所有"感得"（feeling）或"摄受"（prehension）都是客观真实、具体现实的，但也是迁转流变、没有积淀的。

2. 随着旋生旋灭之赤裸生活的不断演化，直接呈现变得多样化，出现不同的"呈现焦点"。这个时候，也就有了参互错综繁难疑问，有了

---

① 牟宗三：《认识心之批判》（下），《牟宗三先生全集》第19册，台北：联经出版事业股份有限公司，2003年，第705页。

② 牟宗三：《纯粹理性与实践理性》，《牟宗三先生全集》第25册，台北：联经出版事业股份有限公司，2003年，第374页。在熊十力那里，这个问题表现为"乾坤互含"与"乾统御坤"的区别，究竟是乾元实体还是乾坤实体。

初步的文化积累和主观态度，人的生活成为可能。① 这个初步的主观态度，也就是"抵回"，成为赤裸的动物生活与有意义的人的生活的分水岭。"抵回"就是有止有定。由"抵回"而发展到剥离或者说打断了的纯理自己，就是知识的生活。由"抵回"而发展到本体、天心等概念且以之为据而改造现实，就是道德的生活。由"抵回"而发展到鉴赏或观照，万物静观皆自得，就是审美的生活。因此，人类也就有了真善美与假恶丑的区别。

3. 就知识的生活而言，呈现焦点被打断，不再旋生旋灭，也就有了"呈现的样子"，即所谓"物相"。物相是杂多，对杂多的打断或者说整理，即是"知觉物相"。知觉物相获得了知识的意义，而为纯理自己之所对，则有"科学物相"，纯粹数学、纯粹自然科学成为可能。

4. 知识、道德、审美这三种有意义的生活并不是平行并列不相连属的。知觉物相是一切有意义的生活的基础部分，从而知识论也就具有了形而上学的意义，或者说形而上学如何可能必须经由科学的狭窄之阈始可能，道德生活、审美生活离不开知识生活所揭示的种种"永相"。②

综上所述，"证明外物的存在"这件事情本身已经说明，人早就摆脱了赤裸裸的生活而追求有意义的生活，主观态度之"抵回"成为区分不同生活的唯一标准。因此，在知识论中，作为知识可能的条件的抵回（纯理自己、范畴）即是知识对象可能的条件；在工夫论中，作为道德理想的抵回（形上的心、天心、仁体等）即是道德行为可能的条件。这并不是说，"属我"的抵回自己就能给出外物的存在，而是说，正是基于外物的存在和赤裸裸的生活这一无法逾越的前提，正是由于人的这种本己的有限性，纯理自己、形上的天心等才是第一位的。这犹如轻捷之鸽正因空气的抗阻才能翱翔空中。③ 假若我们为自己已经证明的理性能力所鼓舞，自我陶醉而不知限制，悬想一种"唯我的生活"，其情正同真空中的鸽子。在这个意义上，"物质本体"可以说为物自身而不强调

---

① 牟宗三在此并没有讲劳动创造了人等等类似的理论，他只是逻辑地抽绎和建构。但两者并非一定对反，正所谓历史与逻辑的统一。

② 参阅牟宗三《知觉底因果说与知识底可能说》，《牟宗三先生全集》第25册，台北：联经出版事业股份有限公司，2003年，第295—343页。

③ 康德：《纯粹理性批判》，蓝公武译，北京：商务印书馆，1960年，第34页。

其为本体，但神心之所以能够成为本体，却恰恰在于它已经预先承认外物的存在了。

三　善相：万民的存在的证明

第三步，在智的直觉的"当下呈现"处，证明"万民的存在"。

"六合之外，圣人存而不论"，儒家传统并没有专门提出证明"外物的存在"的问题，而是在"万物一体"的观念中内在地涵括了对外物存在的承认。至于万民的存在问题就更加复杂了。一方面，万民只是潜存，是在圣王自上而下的广被中被照亮的存在，其生活的大端已被设置，犹如父母关照下的孩子，是一种永远长不大的存在。另一方面，万民是实存，是万民自己自下而上各正性命的存在，他们特立独行，既追求治权的民主又渴望政权的民主，是一种导致治乱循环的存在。对这两种存在无法有理性的安排，于是就出现了"超稳定结构""历史周期率"等概念。这些概念的提出，表明"传统的民"的问题已经被"现代的民"的问题所取代，而可视为正式提出了"万民的存在"的证明问题。相比于康德"哲学上及人类理性上之污点"说，人们似乎也可以说，过去中国文化总是无法证明万民的存在（难以走出中世纪、难以改变马上打天下的游戏规则等），这是旧中国文化上的污点。

牟宗三与同时代的很多人一起，正视和重视中国文化的现代转化问题。实际上，当牟宗三以"所与"来证明"外物的存在"，并顺康德"从下面说上去"以证成"纯理自己"，而把科学与民主绾合于"上冲之知性"[①] 的时候，就必然对应着以"自下而上"的工夫逼进来证明"万民的存在"这一环节，"新外王""良知坎陷"等的真义实为"大开大合"，即万民通过"自下而上"地建立政治良序来保障知识上"从下面说上去"的权利，从而形成两者相互激荡叠加的局面，以保任道德，拱卫有意义的人生。

要真正理解牟宗三对于万民的存在的证明，还得从"所与"说起。

---

① 牟宗三：《历史哲学》，《牟宗三先生全集》第 9 册，台北：联经出版事业股份有限公司，2003 年，第 79、92 页。

前文已经指出，物理世界、赤裸的生活本身可以当作一个"所与（given）"①，这是牟宗三与康德的共识。但按康德的知识论，"自由不是我们所有的'给予'（given），不是我们可以由之以开始说话的'与料'（data）"②。牟宗三的问题则是进一步追问，如果能够承认"物质的气"是"所与"而得"物相"，那么是否可以承认自由、智的直觉、良知、本心、自性清净心等也是"所与"而得"善相"？牟宗三的回答当然是肯定的：

> 依照中国哲学，肯定人有智的直觉，不论是良知或自性清净心都是个"给予"（given），而且是可以当下呈现的，如此人人才能成圣成佛。否则，若良知、本心或自性清净心不能当下呈现，则永远无法成圣成佛，只能把成圣成佛当作一个理想；因为现实上是没有佛的，我们只能向佛凑合，却永远达不到。这不是佛家所能许可的，亦非儒家所能许可。③

这段话出现在《中国哲学十九讲》的第十四讲，属于晚年之作，并不能不加简别地与《认识心之批判》直接连属。这里分四层来看。

1. "心产生概念的自发性"与"心向善的自发性"

前文指出，康德知识论承认源出于心的两种能力，一是心对于印象的感受性，二是心产生概念的自发性。两者都是"所与"，由前者肯定物质的气，由后者而有纯理自己。牟宗三的思路是，既然能够把心产生概念的自发性当作"所与"，抽绎出纯理自己以为物理世界的范型，为什么不可以把心向善的自发性当作"所与"，标举出形上的心以为有意义的生活的开始处？牟宗三同意康德的观点，纯粹的物质世界若无范畴、纯理自己等的整理，对于人类来说就不过只是毫无关联的杂多而已，纷

---

① 牟宗三：《中国哲学十九讲》，《牟宗三先生全集》第 29 册，台北：联经出版事业股份有限公司，2003 年，第 4 页。

② 牟宗三：《中国哲学十九讲》，《牟宗三先生全集》第 29 册，台北：联经出版事业股份有限公司，2003 年，第 306 页。"给予""所与"的不同译法，可以帮助人们理解 given 的实指，因此本书在引用原文时一如其旧，并不刻意去统一译名。

③ 牟宗三：《中国哲学十九讲》，《牟宗三先生全集》第 29 册，台北：联经出版事业股份有限公司，2003 年，第 307-308 页。

至沓来，旋生旋灭，毫无意义。而后，他跳出康德的藩篱，从工夫论的角度，强调形上的心对于物质生活的意义：

> 照《中庸》讲就是诚体之呈现，诚体永远在那里，但你不觉悟，诚体则不显，当下觉悟，当下呈现，就有好开始。照佛教讲就是发菩提心，当下发菩提心，当下那些成佛的修行统统出来。尽管天地宇宙早就有，那不算什么。那里有光明透露，那里才有开始。没有光明，这个宇宙早就存在也不管用，漆黑一团的宇宙，存在也没有用。[①]

宇宙早就存在，人类摆脱了赤裸的生活，因纯理自己的抵回而窥破天机，得以计算和追求着自己利益的最大化。这里有着绝大的进步，但若无复他求，则真可谓"易之失贼"，虽不再是赤裸的生活，反更陷入和强化了赤裸的生活，他人如一物甚或即是地狱，遂使宇宙复返漆黑一团。如何打断这种因果链条，而有一个"好开始"，或者说"这个世界会好"？牟宗三说，那就要求把形上的心当成一个"所与"，直下肯定之呈现之，才有开始，才能透露光明，才有未来，否则人类万劫不复，永陷赤裸生活的轮回之中而不得超拔。

在这个地方，牟宗三不满意康德对于道德法则的永恒逐渐接近过程，批评其无体、无力：

> 中国哲学，如王阳明所说的良知，本身即是一种呈现。又如孟子所说之"四端之心"，它也是当下即可呈现的，所以王学中的王龙溪喜欢说"当下良知"。如果良知只是一种设准、一种假定，而不能当下呈现，那么讲一大套道德法则，根本就毫无影响力可言。所以中国人讲道德实践，一定从"性即理"讲到"心即理"，如儒家从孟子到陆象山、王阳明，均强调"良知"、"本心"；而佛教则必定从阿赖耶识讲到自性清净心，依儒、释、道三教的看法，我们

---

① 牟宗三：《四因说演讲录》，《牟宗三先生全集》第31册，台北：联经出版事业股份有限公司，2003年，第25页。

人是有智的直觉的，因此，我们的良知、本心或如来藏自性清净心，都是当下可以呈现的。（智的直觉即是良知、本心、自性清净心底妙用。此妙用用于良知等本身，良知等即呈现，用于照物即见物自身。）如果这些理念只是个假定，永远无法呈现，那么道德实践的力量是非常微弱的，而一大套的道德理论不等于落空了吗？①

2. 康德的"凑搭题"与牟宗三的"凑搭题"

牟宗三如此讲来倒是十分显豁，有体有理有力，却引发了另一严重的问题。我们知道，康德从心的感受性与自发性出发，不但逻辑地逼显出纯粹理性，以时空、范畴等来整理物理世界，而且同样逻辑地逼显出实践理性，以自由、道德法则等来整理生活世界。"这样一来，不是由实践理性来认识来把握形上实体，而倒是实践理性为纯粹理性服务，纯粹理性所以提供而规定这个理念也是为实践理性服务，这叫做凑搭题。"②现在，牟宗三不满意康德的凑搭题，打破康德自由与道德法则互为条件（性即理）却不即是一个（心即理）③的逻辑构造，而给出了直贯的直觉构造。但人们会问：你不认同康德的系统而另起系统，自然消除了康德系统内部的凑搭问题，然而你与康德的两个系统之间是否又产生了一个

---

① 牟宗三：《中国哲学十九讲》，《牟宗三先生全集》第29册，台北：联经出版事业股份有限公司，2003年，第306-307页。

② 牟宗三：《纯粹理性与实践理性》，《牟宗三先生全集》第25册，台北：联经出版事业股份有限公司，2003年，第387页。

③ 在《实践理性批判》的序言里，康德一起首便把自由概念视为自己整个理性体系大厦的拱顶石，但随后即有一重要的注释："当我现在把自由称为道德法则的条件，而在随后的著作里面又声称道德法则是我们能够最初意识到自由所凭借的条件时，为了使人们不误以为在这里遇到了前后不一贯，我只想提醒一点：自由诚然是道德法则的存在理由，道德法则却是自由的认识理由。因为如果道德法则不是预先在我们的理性中被明白地思想到，那么我们就决不会认为我们有正当理由去认定某种像自由一样的东西（尽管并不矛盾）。但是，假使没有自由，那么道德法则就不会在我们内心找到。"康德：《实践理性批判》，韩水法译，北京：商务印书馆，1999年，第2页。同时参阅《牟宗三先生全集》第15册，第139-140页。康德的这种安排，确是类乎朱子的心统性情。"有知觉谓之心"，朱子由此"心"出发，言"心兼性情"和"心主性情"，"心"是"已发"还是"未发"的问题凸显。康德的自由与道德法则有隙，意味着自由是一种面对不同境况做出抉择的能力和呈现，有善恶两头通的可能性。参阅《牟宗三先生全集》第7册，第528页；陈来《朱熹哲学的"心统性情"说》，《浙江学刊》1986年第6期；林乐昌《张载"心统性情"说的基本意涵和历史定位——在张载工夫论演变背景下的考察》，《哲学研究》2003年第12期；等等。

新的凑搭题呢？或者你牟宗三为什么不干脆抛开康德而直述自己的系统？

牟宗三的贡献恰恰在于会通、消化康德。康德的不能被抛开，就是康德凑搭题真理性的证明。而牟宗三的"百尺竿头更进一步"也就不是从知识论上对于康德的不满，而是对于康德的中国式顺成，"于以见概念之分解、逻辑之建构，与历史地'诵数以贯之，思索以通之'（荀子语），两者间之绝异者可趋一自然之谐和（中间须随时有评判与抉择，以得每一概念之正位）"①。概念、逻辑可无古今中西之别，永远在那里，但历史地表现之，正如历史地觉悟诚体，则不能不有分别。前者是能够讲清楚的知识论，后者则需要工夫论，所以牟宗三的新凑搭题就是工夫论与知识论这两个"绝异者"如何谐和的问题。这时，《认识心之批判》中作为"预定"的"坎陷"隐退，"外王三书"及"两层存有论"中的"坎陷"渐渐走上前台。

虽然牟宗三不以凑搭题视之，而称其为天心的自然下贯，但问题实质上还是存在的，这便是著名的良知坎陷问题。对于牟宗三的良知坎陷理论，论者虽然有广泛的争论，却也可以区分出两种意义的坎陷论，一是如何开出科学和民主，二是如何建构两层存有论。确实，这两种坎陷论存在明显的差异，反映了牟宗三前后期的思想变化，大家都能感觉到。但是，能否再进一步认定，开出科学和民主意义的坎陷论"与其后撰写的作品在内容上并没有直接的联系，由此形成一个相对独立的系统（在两层存有论意义上讲的坎陷是例外）"②？这事关重大，涉及如何理解牟宗三的道德的形上学与政治哲学的关系，也即如何理解道德的形上学本身的问题。道德的形上学与新外王是两个，一为内圣之学，一为外王之学？抑或只是一个，道德的形上学内在地包含了新外王之学？

详细地回答这个问题，讲清前因后果，是整本书的任务。在当下的论域中需要指出的是，两者只是一个，且无论是前期还是后期，牟宗三都是在工夫论与知识论的绾合中讲坎陷的。

前期，牟宗三为了获得最后的"满证"，有"将知识摄入致良知教

---

① 牟宗三：《圆善论》，《牟宗三先生全集》第 22 册，台北：联经出版事业股份有限公司，2003 年，序第 15–16 页。

② 杨泽波：《坎陷论》，《贡献与终结——牟宗三儒学思想研究》第一卷，上海：上海人民出版社，2014 年，第 3 页。

义中""在行为宇宙中成就了知识宇宙，而复统摄了知识宇宙"的"入
虎穴得虎子"说：

> 吾心之良知决定此行为之当否，在实现此行为中，固须一面致
> 此良知，但即在致字上，吾心之良知亦须决定自己转而为了别。此
> 种转化是良知自己决定坎陷其自己：此亦是其天理中之一环。坎陷
> 是其自己而为了别以从物。从物始能知物，知物始能宰物。及其可
> 以宰也，它复自坎陷中涌出其自己而复会物以归己，成为自己之所
> 统与所摄。如是它无不自足，它自足而欣悦其自己。此入虎穴得虎
> 子之本领也。此方是融摄知识之真实义。在行为宇宙中成就了知识
> 宇宙，而复统摄了知识宇宙。在知识宇宙中，物暂为外，而心因其
> 是识心，是良知自己决定之坎陷，故亦暂时与物而为二。然及其会
> 归于行为宇宙而为行为宇宙之一员，则即随行为宇宙之统摄于良知
> 之天心天理而亦带进来。①

上节已经指出，牟宗三早在《认识心之批判》中就把"坎陷"当作
了重要概念。那时是在知识论的内部说，而且属于逻辑构造。如果说这
里的"致此良知""行为宇宙""从物""知物""宰物"等属于直觉构
造，是在说工夫，那么这个工夫论却不是传统的工夫论，而是"现代工
夫"，需要回答传统的心性如何与现代的生活接榫的问题。现代生活当然
不是赤裸的生活，它的一大特点就是知识、算计，而能够善恶两头通。
牟宗三要求把此知识、算计纳入大易生生不息之中，以彻底告别禽兽式
赤裸生活，而成其为人的生活。唯其是"直觉构造"，需要人人在行为
中去实现，在生活中成其生活，而无法逻辑地推演，因此牟宗三只能笨
拙地形容之，"坎陷""入虎穴得虎子"等都不过是"立象以尽意"。除
此之外，牟宗三只能近乎"独断地"直言："在致良知而成就'事亲'
这件行为物中必有一套致良知而成就'知亲'这件事（亦是一行为物）

---

① 牟宗三：《从陆象山到刘蕺山》，《牟宗三先生全集》第 8 册，台北：联经出版事业股
　份有限公司，2003 年，第 206-207 页。《致知疑难》原为《王阳明致良知教》一书的
　第三章，写于 1947 年前后，后作为 1979 年出版的《从陆象山到刘蕺山》一书第三章
　的附录，能够反映牟宗三前后的一致处。

为其副套"，"是以每一致良知行为自身有一双重性：一是天心天理所决定断制之行为系统，一是天心自己决定坎陷其自己所转化之了别心所成之知识系统。此两者在每一致良知之行为中是凝一的"。①

由于牟宗三是在"说工夫"，因此虽然他讲了很多，但在那些没有"工夫"的人看来，则当然毫无逻辑必然性，甚至根本就是不讲道理，愈说愈错。因此，当牟宗三受到"神秘主义""咒术"等批评时，他也在指责对方变魔术。"为什么我说'从中国文化开出民主、科学'，就有莫名其妙的人反问我说'你开出来了没有？'难道我是如来佛，要魔术，我说开出来就有了？如果我说开出就马上出现，那还要你做什么？天下事那有如此解决的？"牟宗三设想的是每个人由"正解"而来的"正行"。"科学、民主也没什么了不起，努力去学、去做就行，骂孔子反而于事无补。""科学、民主都是做出来的，所谓'道行之而成'，不是去崇拜的。"②

在这里可以看出，秤不离砣、砣不离秤，为什么牟宗三总是把科学与民主绾合着说。进一步，如果说《认识心之批判》"预定"（"本体之逻辑构造"）的形上的心至《心体与性体》始得到"呈现"（"本体之直觉构造"），那么可以看出，两者的差别并不影响这里的"工夫"是同一种工夫。而"外王三书"居于两者之间，照此看来，无论它是否"良知呈现"，其工夫论的重点都只能是自下而上的学行工夫，而不是什么逆觉体证的工夫。

后期，牟宗三不再由知识论说工夫论，而直接就工夫论讲两层存有论：

两层存有论是在成圣、成佛、成真人底实践中带出来的。就宗

---

①　牟宗三：《从陆象山到刘蕺山》，《牟宗三先生全集》第 8 册，台北：联经出版事业股份有限公司，2003 年，第 207-208 页。

②　牟宗三：《客观的了解与中国文化之再造》，《牟宗三先生全集》第 27 册，台北：联经出版事业股份有限公司，2003 年，第 436 页。这也能够部分回答，为什么牟宗三既不满意康德的系统又一定要绾合着康德来言说。万理俱在，无古无今，无中无西，但其表现却有古今中西，而隐含了历史的偶然性。因此，学习康德只是学习人类理性中应有的内容，并非什么崇洋媚外。也即是说，中国人的历史性存在让中国文化的现代转化成了迫切的课题。

极言，是成圣、成佛、成真人：人虽有限而可无限。就哲学言，是两层存有论，亦曰实践的形上学。此是哲学之基型（或原型）。①

在事亲之行为中，我们注意亲之为存在物是认知地注意之，这样注意之，以为实现事亲这一孝行提供一经验的条件，即，提供一材质因，而此是副属的。在此副属层上，我们有一现象界，有一认知的活动，有一执的存有论。而就事亲这一层说，当事亲这一孝行实现而系属于知体明觉，在知体明觉中一体而化时，我们即有一无执的存有论。此时，我的事亲之行与亲之为存在物俱是"在其自己"者。因此，我们有一本体界全部朗现，而认知活动亦转为明觉之朗照，即所谓智的直觉是。至此，我们不再说意之所在为物，而只说明觉之感应处为物。②

既然是直觉构造，那就无法讨论"逻辑的必然性"，而只能言说"历史的必然性"，期乎各人自悟自证，以形成历史的合力。这是"教"，而非单纯的"学"了。或者反过来，若认为它是学，则一定是成人之教、教化之学，是哲学的原型，而非单纯的知识之学。教重在行，而且牟宗三已经说了很多，因此在这里只是指出三点。一是前后期有着明显的一致和顺承处，如融摄知识、副套副属等。二是前期从下面说上去，从知识论逼显到工夫论，穷"物相"以见"善相"，后期从上面说下来，以工夫论贯通知识论，举"善相"统率"物相"，前后期有着明显的差异。三是同一着的差异恰恰构成了一个回环，形成了一个整体，是接着讲，没有例外。

3. 牟宗三的"抽烟"与康德的"自椅起立"

唯有从各人自悟自证"善相"以形成历史合力的角度，牟宗三的很多"非常异议可怪之论"也就变得能够理解了。比如牟宗三曾经举抽烟为例，来说明人能够经验物自身：

---

① 牟宗三：《现象与物自身》，《牟宗三先生全集》第 21 册，台北：联经出版事业股份有限公司，2003 年，序第 17 页。

② 牟宗三：《现象与物自身》，《牟宗三先生全集》第 21 册，台北：联经出版事业股份有限公司，2003 年，第 457 页。

如果眼前我要抽烟，抽烟这个行动当然是属于感触界的现象，然而抽烟这个行动有没有"物自身"的意义呢？这个问题康德并未加以说明。严格地说，既然有"现象"，相对地就当该有"物自身"，现象与物自身只是一物的两面，只是两种不同的呈现而已。所以我们的行动，有时是现象，有时亦可以是物自身。①

事实上，行为本身既是个"物"（thing），则理当有其为"物自身"（thing-in-itself）的身分。假定，针对抽烟这个行动，你意识到抽烟本身不只是个现象，同时也有物自身的意义，则佛教所说的"一心开二门"的格局在此便可被开出来。②

"抽烟"这个"行动"怎么是"物自身"呢？熟悉康德概念的人，或当惊叹于此"非常异议可怪之论"，直谓牟宗三是典型的玄学怪人，不知所云。如何理解牟宗三这里的意旨？

牟宗三清晰地知道，在康德的逻辑构造中，"自然法则的因果性"（causality according to the laws of nature）是一条铁律，不容违背，否则世界不可理解。但是，假设自由意志为可能，则意味着其能够重新引发一个因果链条，康德称之为"特种因果性"（special causality）或者"自由因果性"（causality of freedom）。由此，便有纯粹理性的第三种二律背反：两方面的主张都有自己的有效根据和逻辑自洽性，"既不能希望其为经验所证实，亦不惧为经验所否定"③，因而彼此相互冲突起来。冲突的结果，是康德把自由意志这个理性无法认识的"设准"当作"原因"而归属于"智思界"（intelligible world），把抽烟等行动视为自由意志的"结果"而归属于需要服从自然因果性的"感触界"（sensible world），因而作为结果的行动本身就只有现象的意义，而没有物自身的意义，此所谓"一心开一门"。

---

① 牟宗三：《中国哲学十九讲》，《牟宗三先生全集》第 29 册，台北：联经出版事业股份有限公司，2003 年，第 303 页。

② 牟宗三：《中国哲学十九讲》，《牟宗三先生全集》第 29 册，台北：联经出版事业股份有限公司，2003 年，第 304 页。

③ 康德：《纯粹理性批判》，蓝公武译，北京：商务印书馆，1960 年，第 330 页。同时参阅牟宗三译注《康德〈纯粹理性之批判〉》（下），《牟宗三先生全集》第 14 册，台北：联经出版事业股份有限公司，2003 年，第 710 页。

　　牟宗三认为，康德的这种安排让自由可思而不可即，非常不稳定，道德极易落空。而他采取的"稳定"策略不同于康德的以结果说原因，而是以原因说结果，即以作为原因的"自由意志"不在自然的因果链条之中来论说作为结果的"行动"本身同时也有物自身的意义，此所谓"一心开二门"。由此，牟宗三说"抽烟"这个"行动"有"物自身"与"现象"的双重意义。

　　问题在于，既然明明白白地知道康德二律背反是正反题相对的、辩证的，怎么还可以把"抽烟"这个"行为物"当作"物自身"呢？

　　提到"行为物"，人们首先想到的可能就是《王阳明致良知教》中由"每一行为实是行为宇宙与知识宇宙两者之融一"而来的"良知自己决定坎陷其自己"的那种"行为物"①。在那里，牟宗三将王阳明的"知行合一"予以现代化，既想保有致良知教，又要融纳严格意义的知识问题。这种综合创新的致思理路在宽泛的意义上讲是不错的。它不过是说，无论道德、知识抑或其他，都是我们生活中所牵连出来的，都是"心"之所发："既是生活相或生活行为，自必系于吾之心意。吾之每一生活、每一行为，吾自必对之负全部责任。吾既对之负全责，自必统于吾之心意。"② 具体说来，物自身自当涉及人心感应之万事万变，而必须一一来过，牟宗三喻之曰"入虎穴得虎子之本领"。

　　由"系于心意"再到"统于心意"，"入虎穴得虎子"之说彰著出"心"本身绝对的起始自发以为最后之根据和标准的特性，这无疑有助于确定自由意志。不过，由于《王阳明致良知教》"客观而绝对之唯心论"必然系属着知识系统，而强调即感应事变（王阳明所谓"温清定省"等"节目时变"）的呈现，因此这种"确定"在很大程度上依然可能只是一种"设准"，"行为物"的"物自身"意义更是无从谈起。

　　到这里，牟宗三要把康德的那个作为思辨理性的"设准"的"自由"加以"稳定"的工作还在路上。一般说来，牟宗三"抽烟"的"物自身"面相当是在承认人除了拥有感触直觉之外还有智的直觉，而可以

①　牟宗三：《从陆象山到刘蕺山》，《牟宗三先生全集》第 8 册，台北：联经出版事业股份有限公司，2003 年，第 206–207 页。

②　牟宗三：《从陆象山到刘蕺山》，《牟宗三先生全集》第 8 册，台北：联经出版事业股份有限公司，2003 年，第 201 页。

"一心开二门"之后，才完成其建构的。现在如此解说当然也不能算根本性的错失，却是以所建构的义理反过来回溯所举的例子，而不是举例来论证义理。于是，例子与义理双方都变得更加难以接近了，隐匿在双重性的迷雾之中。

实际上，牟宗三这个"抽烟"的例子是有出处的。在纯粹理性第三种二律背反对正题的注释中，康德也曾举例说明。这是一个"自椅起立"的例子。牟宗三的译本如下：

> 如果我在此时从我的椅子上立起，依完全的自由而立起而并没有更为自然的原因之影响所决定，则一个新的系列，连同着一切它的自然的后果（无限的自然后果），即在此事中［即：我从椅子上立起之事中］有它的绝对开始，虽然就时间说，此立起之事只是一先行的系列之连续。因为此一决心［即：从椅子上立起这一决心］以及我的立起之动作并不形成诸纯粹自然结果底相续之部分，而且亦并不是此诸自然结果底一纯然的连续。就此决心之发生而言，自然的原因对于它并不表现什么有决定作用的影响力。它实跟随着那些自然的原因接踵而来，但却不是由那些自然的原因而生出；依此，在关涉于因果性中（虽不是在关涉于时间中），它必须被名曰现象系列底一个绝对第一开始。①

对比牟宗三的"抽烟"与康德的"自椅起立"，可以看出一些细微而重要的东西。

第一，两者都是"中性"的，只强调人活着是否"自由"，是否能够站立行走抽烟吃饭，而非如王阳明"事亲"那样直接关乎道德实践。但实际上，两者同样有着道德实践的内涵。这种内涵，表现于康德，是如何由思辨理性或然的自由概念来理解和确定实践理性通过事实证明了的德性自由的实在性，是科学为实践的智慧学奠基："科学是导向智慧学的狭窄之阃。"② 表现于牟宗三，是由康德再往前推进一步，以工夫实践

---

① 牟宗三译注《康德〈纯粹理性之批判〉》（下），《牟宗三先生全集》第14册，台北：联经出版事业股份有限公司，2003年，第742页。
② 康德：《实践理性批判》，韩水法译，北京：商务印书馆，1999年，第179页。

来收摄知识，成功一种全新的"自由知识学"："由此'设准'一词，即可看出其并未能从心性上，经由功夫实践以全幅呈露、印证或实现此真实世界也。这就表示西方学术中缺乏了一种工夫实践上的心性之学。"①

第二，在康德那里，自由的"决心"（Entschließung, resolution）与自由的"行动"（Tat, act）是连在一起的，方有自由的"事件"（Ereignis, event）。② 牟宗三虽然只以"行动""行为"说"抽烟"，但由于他因此强调"一心"，那么"抽烟"与"自椅起立"一样，当都是一个事件，都有"决心及行动"的结构。在这个意义上，两个例子是相通的，甚至可以说是无差别的。

第三，牟宗三与康德不同的地方，却恰恰正是把"决心及行动"分开来说。这里有一个翻译的问题。上述引文中的"就此决心之发生而言"，康德原文为"in Ansehung dieser Ereignis"，Norman Kemp Smith 译为"In respect of its happening"，J. M. D. Meiklejohn 译为"in reference to this event"，显然都是直指"自椅起立"这一整全的事件而言，既包括"从椅子上立起这一决心"，也包括"立起之动作"。③ 即是说，康德非常清楚地把"自椅起立"的决心与"自椅起立"的行动视为不可分割的"事件"。牟宗三对此亦有所知，因此才特别加了一个"我从椅子上立起之事"的补句。但是随后，牟宗三却有意无意地抽出一个"决心"来指译 Ereignis，并顺之而下，强调"决心"而非包括"决心及行动"的"事件"本身，"必须被名曰现象系列底一个绝对第一开始"。

第四，既然牟宗三的"决心"就是康德的"事件"，"决心"本身已经拥有了康德那里"决心及行动"的结构，那么，康德那里因"决心"与"行动"的贯通而来的二律背反便被消解了，人可以"直觉"到自己

---

① 牟宗三：《生命的学问》，桂林：广西师范大学出版社，2005年，第20页。

② Entschließung，蓝公武译为"决意"，韦卓民、邓晓芒和李秋零译为"决定"，牟宗三译为"决心"。对此 Entschließung und Tat（resolution and act）的翻译，参阅康德《纯粹理性批判》，蓝公武译，北京：商务印书馆，1960年，第348页；韦卓民译，武汉：华中师范大学出版社，1999年，第440页；邓晓芒译，杨祖陶校，北京：人民出版社，2004年，第349页；李秋零主编《康德著作全集》第3卷《纯粹理性批判》（第2版），北京：中国人民大学出版社，2003年，第305页。

③ 蓝公武、邓晓芒、李秋零等的中译本均指"事件"而言，而韦卓民跟牟宗三一样，也指"决心"言。但是，韦下句的起首马上接译作"这种动作"，而不是如牟宗三那样承前用了个"它"。

的"自由"（决心的自我振动），"自由"不再是一个"设准"，"抽烟"也就有了"物自身"的意义。如果再联系到海德格尔的"事件"（Ereignis）①，则"抽烟"的"物自身"意义就更加明确了。

最后还剩下一个问题：如何解释在"抽烟"这个例子中，牟宗三只说"行为""行动"，而没有提及"决心"？这是因为，"决心"的物自身意义，康德并不会反对，牟宗三之所以要把"行动"收摄入"决心"之内，正是要借"决心"的物自身意义来带出"行动"的物自身意义。换句话说，牟宗三让"决心"等于"行动"等于"事件"，那么"抽烟"的"行动"就是"抽烟"的"决心"，而之所以只讲"行动"，正是为了扭转康德，"呈现"自由，成就"自由知识学"。

这样，牟宗三借康德充实了王阳明的"一念发动处，便即是行了"：无论外在条件（自然因果、社会政治状况等）如何，每一个自由"决心"都能够自足地引发一连串的自由"行动"，以自悟自证"善相"，形成历史进步的永恒动力。

4. 万民的"潜存"与"实存"

既然"我要抽烟""我在此时从我的椅子上立起"等是基础，那么普通民众的自由行动就是重点，传统的圣王、大实体、忠君爱国等概念也就必须得到新的理解，奠基于万民自由成就的众多善相之上。在此，牟宗三坚持中国文化的主位性，却并不唯古是从，反而从文明发展、文化损益的角度，对中国过往缺乏个体自由、平等意识及知性精神的状况进行了深刻的省察：

> 这个基本问题即是：中国只有普遍性原则，而无个体性原则。普遍精神，若没有通过个体之自觉而现为主体自由，则主体精神与绝对精神间之"对反"不能彰著。此而不能，则"大实体"所代表之"统一"亦不能有机地谐和起来，即通过各个体之独立性而重新

① 中文讨论非常之多，可重点参阅王庆节《也谈海德格尔"Ereignis"的中文翻译和理解》，《世界哲学》2003年第4期；邓晓芒《论作为"成己"的Ereignis》，《世界哲学》2008年第4期；张祥龙《海德格尔后期著作中"Ereignis"的含义》，《世界哲学》2008年第3期；倪梁康《论海德格尔中期哲学的本体论与方法论——关于〈哲学论稿〉核心概念的中译及其思考》，《南京大学学报》（哲学·人文科学·社会科学）2014年第3期；等等。

组织起来。此而不能,则国家、法律所代表之客观精神亦不能真实地表现出。①

王者之尽王道（尽制）所表现之文制系统不能有"主体的自由",万民是在潜存状态中。所以大实体虽允许有治权之民主,而政权之民主（此是民主之本义）则始终不出现。这其间含有中西文化之最基本不同而相对反处。②

中国以往的法律只是君相自上而下偏面地定出来,并没有通过人民的回应。又,其内容亦只是维持五伦教化的工具,赏罚的媒介。又,对德治言,只是偶然的寄存物,其自身并无客观独立的价值。③

儒家的政治社会的实践,在以往的形态下,是治民安民爱民,视民如赤子。尚未进至兴发民,使其成为一"公民",积极地与政治生关系。这就是儒家的理想主义之实践尚未进至充实的境地。我常说,儒家在以往,对于君与民这两端是无积极的办法的。④

治道就字面讲,就是治理天下之道,或处理人间共同事务之道。其本质就是"自上而下"的。无政道的治道,尤其顺治道的本质而一往上递,故言治道惟是自"在上者"言。⑤

其所表说之礼义之统以成组织,又只为自上而下之道德形式,尚未进至近代化之国家形式,此本为中国文化在以往发展中,于此方面所表现之共同形式。⑥

以前的内圣外王是从上面下来的,是圣君贤相一二人尽伦尽制之广被下来,而个体不起作用,而现在则根本要个体起作用,才能

① 牟宗三:《历史哲学》,《牟宗三先生全集》第9册,台北:联经出版事业股份有限公司,2003年,第78页。
② 牟宗三:《历史哲学》,《牟宗三先生全集》第9册,台北:联经出版事业股份有限公司,2003年,第79页。
③ 牟宗三:《中国文化之特质》,《牟宗三先生全集》第27册,台北:联经出版事业股份有限公司,2003年,第92页。
④ 牟宗三:《道德的理想主义》,《牟宗三先生全集》第9册,台北:联经出版事业股份有限公司,2003年,第62页。
⑤ 牟宗三:《政道与治道》,《牟宗三先生全集》第10册,台北:联经出版事业股份有限公司,2003年,第29-30页。
⑥ 牟宗三:《名家与荀子》,《牟宗三先生全集》第2册,台北:联经出版事业股份有限公司,2003年,第182页。

成就客观实践。①

　　人间究竟不是天国，治人间究竟不能以神的方式治。若只有这个透彻而达于神境的治道，而政道转不出，则治道即停在主观状态中，即只停于君相的一心中，而不能客观化。治道不能通过政道而客观化，则治道永远系于君相一心中而为自上而下的广被作用。总之是一句话："君子之德风，小人之德草。"②

　　以往儒者的用心就是这一个弯转不过，只顺"自上而下"的治道方面想，是以论事每至此而穷。③

　　牟宗三此类言说卑之无甚高论，却持之以恒和一以贯之，贯穿他整个学术研究的始终，从前期的"外王学"到后期的"道德的形上学"，可以说有着极强的针对性。牟宗三所强调的，是中国传统的道德仁心、良心天心等固然在境界上很高，但在社会上往往"硬固而僵化，虚浮而挂空"，被弄成为某种"固定而抽象的东西"，因此现在唯有自下而上，经由各个分子的自悟自证，由"经验的限制"与"主客的对立"等"事件"而磨练出国家政治法律一面的主体自由，方能获得重新组织起来的统一。

　　这已经不是"大实体在先验主义和主体主义的基础上自上而下地进行坎陷，以开出科学和民主，同时保证科学和民主不走偏方向"等说所能概括完全的了。牟宗三的问题恰恰是：万民如何才是"道德的存在"？当万民不能成为一个"经济的存在""政治的存在""知识的存在"的时候，万民还是"道德的存在"吗？"民主并不只是一个观念、一个思想、一个制度，而是以特殊的经济要求为基础的。人们没有自己的经济基础，便谈不上维护自己的权利。而一旦具有了自己的经济基础之后，为了维护自己的权利，一定会提出自己的政治要求。如果这种要求与其他集团的要求发生了矛盾，就会产生斗争。这种斗争或通过协调解决，或通过

---

① 牟宗三：《时代与感受续编》，《牟宗三先生全集》第 24 册，台北：联经出版事业股份有限公司，2003 年，第 44 页。
② 牟宗三：《中国文化之特质》，《牟宗三先生全集》第 27 册，台北：联经出版事业股份有限公司，2003 年，第 88 页。
③ 牟宗三：《中国文化之特质》，《牟宗三先生全集》第 27 册，台北：联经出版事业股份有限公司，2003 年，第 91 页。

革命解决。"① 这个道理牟宗三明白。万民"自下而上"的"工夫逼进"
正是各个人经由自由的觉醒甚至任性，相互限制，对立磨练，成立一个
一个的"善相"，以充实大实体，夯实道德仁心、良心天心、认知心等
的先验主义和主体主义基础。唯此时已经不再只是思想、观念的事情了，
而进入了实践、生活的层面，空说无益，行之而成。牟宗三的期许是，
经由那些如同"我要抽烟""我在此时从我的椅子上立起"一样稀松平
常的众多"自由事件"，以聚集"善相"②，形成善的循环："政制既创，
国家既建，然后政治之现代化可期。政治之现代化可期，而后社会经济
方面可充实而生动，而风俗文化亦可与其根本之文化相应和而为本末一
贯之表现。"③

四　形而上学：良知溯源

第四步，以"当下呈现"为中国传统的良知概念奠立存在论的
根基。

经过以上三步分析，"所与"（the given，gegeben）这一基础性"事
件"（Ereignis）的两个面相，即"物相"和"善相"，被特别地逼显出
来了。在"物相"处，既证明了外物的存在，也解析了知性为自然立
法，但同时也一定划定了知识的界限，把不可知的"物自身"留给了思
辨理性而要求其不能越雷池一步，以标示出现实世界的必然性和确定性，
给出生活世界的横截面。在"善相"处，生活世界成为一条纵贯的河
流，每个人证明着自己的存在，它既炸开一切自由的反对者（当因果必

---

① 杨泽波：《坎陷论》，《贡献与终结：牟宗三儒学思想研究》第一卷，上海：上海人民
出版社，2014 年，第 154 页。

② 抽烟有害健康，是否能以"善相"说之？对于一名抽烟者，明知抽烟有害健康，为什
么还要抽烟？对于一名非抽烟者，是否要忍受二手烟的危害？当非抽烟者要求抽烟者
停止抽烟时，是否影响到抽烟者的自由？对于此类问题，这里难以一一具体作答。可
参阅理查德·克莱恩《香烟：一个人类痼习的文化研究》，乐晓飞译，北京：社会科
学出版社，1999 年。从原则上讲，这些问题一是体现了人的有限性以及因之而来的人
类社会的复杂性，矛盾张力无处不在，自由抉择无时不有，分与群、个体性与普遍性、
主观自由与客观精神、公民与国家等都只能在跷跷板式的此起彼伏中成就自己；二是
证明了"所与"、"事件"的基础性，无论是"用气为性"还是"用理为性"，都需要
由此说开来，才可能成就真善美，否则就会名至而实不归。

③ 牟宗三：《道德的理想主义》，《牟宗三先生全集》第 9 册，台北：联经出版事业股份
有限公司，2003 年，第 3 页。

然性、法律尊严性等成为自由的反对者时，也一并炸毁之），又把人之为人的严格确定性强加在自己头上，以在生活世界的漫漫长河中成就一个一个被命名为"人"的存在者以及与"此人"的自由息息相关的因果必然性、法律尊严性等。纵横相交，"善相"既把"物相"炸开了，又在新的台阶上成就了一切"物相"，从而为中国传统的良知概念奠立存在论的根基。

具体说来，"为中国传统的良知概念奠立存在论的根基"可以有"上""下"不同的说法。

上说，即依康德，自下而上，以知识论为形而上学奠基，以《纯粹理性批判》为"任何一种能够作为科学出现的未来形而上学导论"，强调其"研究纯粹理论理性的综合应用的整个领域，从而也研究人们一般称作形而上学的东西"①。对这一点，牟宗三是有明确认识的。他指出，康德"全部知识论即是元学论"："他的现象世界即是我们的现实世界；他的对象如何可能的问题即是现象或现实世界如何可能的问题。这样一来，知识论不就完全变成元学了吗？"②康德的这种自下而上的奠基，即是理性批判、能力审查或者说划定界限，是以对思辨理性的"消极限制"来实现实践理性的"积极运用"③，因为"界线永远以存在于某一个确定的场所以外并包含这个场所的一个空间为前提"④。换言之，形而上学必然要研究良知，但康德却明确反对妄自尊大，不进行任何考察研究而只是省事地直接求救于良知的做法。康德强调说："良知是必须用事实，通过慎思熟虑、合乎理性的思想和言论去表现的，而不是在说不出什么道理以自圆其说时用来象祈求神谕那样去求救的。……认真看起来，向良知求救就是请求群盲来判断，群盲的捧场是哲学家为之脸红，而走江湖的假药骗子却感到光荣而自以为了不起

---

① 康德：《实践理性批判》，韩水法译，北京：商务印书馆，1999年，第56页。

② 牟宗三：《知觉底因果说与知识底可能说》，《牟宗三先生全集》第25册，台北：联经出版事业股份有限公司，2003年，第318、319页。

③ 康德：《纯粹理性批判》，蓝公武译，北京：商务印书馆，1997年，第18页；牟宗三译注：《康德〈纯粹理性之批判〉》（上），《牟宗三先生全集》第13册，台北：联经出版事业股份有限公司，2003年，第29—30页。

④ 康德：《任何一种能够作为科学出现的未来形而上学导论》，庞景仁译，北京：商务印书馆，1982年，第141页。

的事情。"①

下说，即依牟宗三，要补齐"量论"，要发展出中国形上学的形下部分，特别是知识论。这是对康德知识论的一种引进和消化。

不过，因为牟宗三明确要求直觉自由，把物自身的知识变成积极知识，有论者仍然疑惑，牟宗三的"为中国传统的良知概念奠立存在论的根基"，难道不就是康德所批评的，在说不出什么道理以自圆其说时就直接向良知求救、祈求神谕吗？由此而来，人们多批评牟宗三哲学的父权压迫、耍魔术、神秘主义等。

但实际上，上述批评误解了牟宗三，为表面牟宗三所欺骗。揭掉面纱，牟宗三的"补齐""发展"只能被理解为对于良知的存在论奠基，而不应被理解为良知自上而下的单纯流射，或者用高喊空洞口号的办法来实现对康德自下而上形而上学奠基的胜利等。康德说，若要研究形而上学，则"要么就采纳我的意见，要么就彻底反对它，用另外一种来代替它（因为要回避它是不可能的）"②。有理由相信，牟宗三恰恰是用"善相"代替了康德的"物自身"，从而在不同于海德格尔的道路上同样完成了一种奠基性的形而上学。这里分三点做出简要陈述。

1. 是"道德之相"还是"物自身"？

把"善相"理解为"物自身"，并且认其是对中国传统的良知概念奠立存在论的根基，首先需要认真面对杨泽波的观点。这里先列出其系列言说，然后再进行讨论。

　　　牟宗三所说的价值意味的物自身其实并不是什么物自身，仍然是一种现相，当然不是一般的现相，是一种特殊的现相，而这种特殊的现相我称之为"善相"。③

① 康德：《任何一种能够作为科学出现的未来形而上学导论》，庞景仁译，北京：商务印书馆，1982年，第8-9页。李秋零的翻译显出了庞译"良知"在"普遍的知性"/"群众的判断"与"健康的知性"之间的那种游移不定。参阅康德《未来形而上学导论》，李秋零译，《康德著作全集》第4卷，北京：中国人民大学出版社，2005年，第260页。
② 康德：《任何一种能够作为科学出现的未来形而上学导论》，庞景仁译，北京：商务印书馆，1982年，第15页。
③ 杨泽波：《存有论》，《贡献与终结——牟宗三儒学思想研究》第三卷，上海：上海人民出版社，2014年，第318页。

一言以蔽之，所谓"善相"就是道德之相，或者说就是道德之心所创生的那个特殊的存有之相。①

绝不能将道德之心创生的那个对象划入物自身的范畴，绝不能将"善相"称为物自身，绝不能将两层存有说成是物自身的存有和现相的存有，这是我与牟宗三两层存有论的原则性区别。②

既然人是分为不同层面的，那么人所创生的存有也包含着不同的层面。与道德层面相应的是道德之心，它可以创生道德的存有，即前面所说的"善相"的存有。与智识层面相应的是认知之心，它可以创生认知的存有，即前面所说的"识相"的存有。一个是道德的存有即"善相"的存有，一个是认知的存有即"识相"的存有，牟宗三两层存有论说到底不过是这两层而已。③

认知之心之外无"识相"，道德之心之外无"善相"。一切都是人心的创造，一切都在人心的朗照润泽之下，说到底无非是一个人心无外，无非是一个心外无物。④

不属于感性直觉未必就是（康德意义的）智的直觉，还可以大致相近于"胡塞尔现相学意向性的直接性"；不属于认识意义的现相未必就属于物自身，完全可以属于"善相"；不执于认识意义的现相未必就属于无执，也可能执于"善相"。⑤

杨泽波的核心观点是："善相"仍然是现象，而不能同时即是物自身；现象与善相都是人心之所造，区分只在相应的是人的认知之心还是道德之心。杨泽波的理据，涉及本体、对象一般、先验对象＝X等概念，但主要可以集中于一点，即在不在某种关系之中。关于这一点，牟宗三

① 杨泽波：《存有论》，《贡献与终结——牟宗三儒学思想研究》第三卷，上海：上海人民出版社，2014年，第320页。

② 杨泽波：《存有论》，《贡献与终结——牟宗三儒学思想研究》第三卷，上海：上海人民出版社，2014年，第334页。

③ 杨泽波：《存有论》，《贡献与终结——牟宗三儒学思想研究》第三卷，上海：上海人民出版社，2014年，第335页。

④ 杨泽波：《存有论》，《贡献与终结——牟宗三儒学思想研究》第三卷，上海：上海人民出版社，2014年，第336页。

⑤ 杨泽波：《存有论》，《贡献与终结——牟宗三儒学思想研究》第三卷，上海：上海人民出版社，2014年，第368页。

曾指出：

> 对象在"一定关系"中名曰现象，所谓"一定关系"即是在感性模式下而与感性主体发生关系，即显现到感性主体上来。不在此种关系中，而回归其自己，即名曰物自身，物之在其自己，或对象在其自己。此即是作为物自体的理智物，而非在一定关系中作为现象的感触物。我们可以这样去思对象，即依在或不在一定关系中之方式而思之；在一定关系中，名曰现象；不在一定关系中，即名曰物自体，对象在其自己。我们这样便形成"物自身"之概念（形成一对象在其自身之表象）。这样思之而形成"物自身"一概念是并无过患的。①

> Thing in itself 一般译做"物自身"，那是简单化了。严格讲，当该译做"物之在其自己"。康德第一批判首先提出现象与物自身的区别，先是认识论的分别。现象都是在关系中，在对待中。"物之在其自己"不在关系中，跟任何东西不发生关系。至少跟我们人不发生关系，所以，我们不能知道它。物不在与一个主体认知之关系中，这就是"物之在其自己"的意思。②

杨泽波多次引用以上材料，强调其非常重要，很是鲜明地表达了牟宗三的相关思想，但也非常清楚地表露出牟宗三思想的内在矛盾。杨泽波反问道："我们知道，道德之心创生存有，本质是道德之心赋予外部对象以价值和意义，是对外部对象进行一种道德性的说明。既然如此，这种对象就已经受到了道德之心的影响，这种受到道德之心的影响就是道德之心与对象发生了一定的关系，使对象处在'一定关系'中了，而不可能是什么'回归于其自己'。换言之，道德之心创生的对象，已经具有了道德的价值和意义，从此失去了其自身的身份，已经成为了一种'相'，如何还能称为物之在其自己之存在呢？"③

---

① 牟宗三：《智的直觉与中国哲学》，《牟宗三先生全集》第 20 册，台北：联经出版事业股份有限公司，2003 年，第 150-151 页。

② 牟宗三：《康德第三批判讲演录（十一）》，《鹅湖月刊》（台北）2001 年第 27 卷第 1 期。

③ 杨泽波：《存有论》，《贡献与终结——牟宗三儒学思想研究》第三卷，上海：上海人民出版社，2014 年，第 321-322 页。

　　杨泽波的思考中包含了深刻的洞见，能够帮助我们厘清一些似是而非的重要概念。具体说来，当我们将"善相"归属于现象时，"善相"就不能是物自身了吗？这里有几层意思需要认真对待。

　　第一层，杨泽波归属于特殊现象的"善相"解决了什么问题？

　　杨泽波承认，在康德那里，"人不仅属于现相，而且属于物自身（本体），物自身（本体）不受时间条件的限制，因而人是自由的"①。杨泽波看到，牟宗三对康德物自身的改造，就是从物自身与本体的混同中开始的，即混同"质料之源的物自身""真如之相的物自身"（本体）与"先验理念的物自身"（本体）这三种不同含义的物自身，然后再把"先验理念的物自身"（本体）作为唯一的物自身，从而证成了康德的物自身是一个价值意味的概念。② 杨泽波认为，牟宗三对康德这种理解有欠准确，其思想缺陷对学界的负面影响很大，造成了一定的混乱，而从"善相"出发，"两层存有论的问题就变得不再模糊不清了"③。

　　如何理解归属于特殊现象的"善相"解决的这个"模糊不清"的问题？杨泽波认为，一方面，"善相"/道德之心、"识相"/认知之心的新讲法既不用违背和改造康德，又把牟宗三的两层存有论拉开了，让其变得平实和容易理解；另一方面，"善相"仍然是"现象"④，仍然在关系之中，牟宗三存有论/形上学中的"道德"（仁心无外）、"超越"（天人合一）及"无执"（道德之心创生存有是直接进行的，是直接的赋予，直接的创生）等众多要素⑤同样也能够得到强调和重视，但解除了牟宗三道德的形上学之"神秘"。

　　第二层，杨泽波归属于特殊现象的"善相"留下了什么问题？

　　前文指出，牟宗三"抽烟"的例子、康德"自椅起立"的例子都涉及"决心"和"行动"两个方面，牟宗三借之来说明"善相"可以归属

①　杨泽波：《存有论》，《贡献与终结——牟宗三儒学思想研究》第三卷，上海：上海人民出版社，2014 年，第 296 页。
②　杨泽波：《存有论》，《贡献与终结——牟宗三儒学思想研究》第三卷，上海：上海人民出版社，2014 年，第 275-287 页。
③　杨泽波：《存有论》，《贡献与终结——牟宗三儒学思想研究》第三卷，上海：上海人民出版社，2014 年，第 334 页。
④　杨泽波特别使用了"现相"以代替"现象"，这里除了直接引文外，一般作"现象"。
⑤　杨泽波：《存有论》，《贡献与终结——牟宗三儒学思想研究》第三卷，上海：上海人民出版社，2014 年，第 353-356 页。

于物自身，其中很重要的一个用意即在说明物自身意义的善相能够同时自我坎陷以通达现象，也就是处理康德那里自由与自然的沟通问题。换言之，牟宗三的两层存有论不但要分开"善相"与现象，同时还要贯通"善相"与现象。而现在，杨泽波的"识相"和"善相"都属于狭义的现象，都是人心之"执"，而不能归入物自身，那么分是分开了，但自由与自然、决心与行动的贯通等问题却因此需要另起炉灶来解决，甚至可以说是彻底遗失了。①

遗失的原因在于，这里的"道德之心"根本上仍是一个未经演绎的概念，它无时间、无根基、未经奠基而又担负过重。②

但是，人们不是同样也批评说，牟宗三道德良知的自我坎陷是一个无法说明的问题，其道德的形上学实无异于宗教情感的表达，没有哲学论证、事实描述的成分可言，只有一个混乱中西的"大心"的专制型、咒术型的转出吗？③

第三层，牟宗三将"善相"归属于物自身的意义何在？

牟宗三的那个能够自我坎陷的"大心"同样是一个未经演绎的概念，它无时间、无根基、未经奠基而又担负过重么？

最初的时候，笔者即是从上述疑问出发而严厉地批评说，牟宗三道德的形上学不过是"一个呓语者的梦"。随之笔者一直思索，如何能补

---

① 这便有"多重三分方法"。杨老师强调，按照"多重三分方法"，只有"道德"这一层得到了保证，"体欲"和"智识"两层才能有一个正确的前进方向。但这里有个两难问题是：既然"善相"不过是与"识相"一般的"执"，两者都属于"现象"，那么"善相"之"执"是如何保证"识相"之执的？如果说"道德之心"同时就包括"仁的部分"和"智的部分"，那么"认知之心"又当该如何自处呢？

② 但是也必须看到，当杨老师以"生长倾向"和"伦理心境"来解说良心的时候，他实际上已经引入了时间，是在追问道德之心的来源而欲为其奠基了。其间涉及问题甚广甚细，限于论题，此处不能展开论述。

③ 例如白彤东认为："第一，为了开出民主与科学（以及法治），牟宗三创造出了像'良知的自我坎陷'这样生涩的概念，并试图打通儒家与康德哲学。但是，这样被大肆揉捏过的儒家，还在何种程度上保持了儒家特色，很值得怀疑。第二，即使儒家可以被揉捏成这样，我们为什么还要关心儒家？我们大可以只读康德就可以了。也就是说，在最好的情况下，儒家只不过是民主与法治的啦啦队而已，没有自己独特的贡献。第三，新儒家所关心的形而上学，如何面对当代社会多元的事实？新儒家可以编出一套'为天地立心、为生民立命'的故事，但是这种故事，如果不通过暴力压制，恐怕永远只是少数人的信仰，而无法被多数人自愿接受。"参阅白彤东《儒家、形而上学、政治哲学与法律》，《人大法律评论》2015 年卷第 1 辑。

其不足，如何能为"大心"奠基而又不失儒之为儒呢？后来慢慢才清晰地发现，这是今天的儒学研究者背负的最沉重的木铎，牟宗三对之有着明确的意识，但采取了策略性的回应，因此才容易遭受上述批评。

众所周知，人类不过是浩瀚宇宙中的某种很偶然的存在，宇宙的存在与否跟人类有没有道德似乎是八竿子打不着的两件事情，那么，牟宗三为什么要违背常识，提出人类所处身的宇宙竟然要在人类的道德实践中才能存在呢？为什么要混淆自然与自由，大声宣称"性体无外，宇宙秩序即是道德秩序，道德秩序即是宇宙秩序"① 呢？为什么要改造康德，呈现"物自身"呢？

如果我们同牟宗三一道，看到万物也罢人类也罢都不是现成的存在者，而不过是"所与"（the given）这一基础性"事件"（Ereignis）所带出来的，由之才形成种种对待关系，那么牟宗三强调以"善相"来呈现物自身，其实更应该反过来理解，即在那种本源性的"所与"中，超越一切现成的既定关系，去成就人之为人的自由。即是说，不是从现成性的道德良知出发去规定物自身，而是以物自身来打开人的自由存在的可能性。这当然是一种形而上学，兼天地人三才的形而上学，天地人也只有在呈现物自身层面上才有意义。在这个意义上，牟宗三发展了中国传统的道德良知学说，挺立了"道德主体"的概念，但此"道德主体"却非彼自明地作为最后根据的道德主体，而只能是归属于"物自身"的"道德主体"。

由此生成一个"开放之环"："道德主体"（乾坤互含之乾）是未确定的，只能行之而成，在行之而成的过程中，自由、智的直觉、良知、本心、自性清净心（乾统御坤之乾）等才离"所与"而得其"善相"，故"善相"即是万民积极地对自己的实现和证实，于此方得确定的"道德主体"。无疑，这是一个"物自身之环"。牟宗三说：

> 依庄子，凡在依待中，在比较中，皆不逍遥、不自在、不圆满
> 自足。然则逍遥者即超越、拆穿，或化除此依待关系所显示之境界。

---

① 牟宗三：《心体与性体》（一），《牟宗三先生全集》第 5 册，台北：联经出版事业股份有限公司，2003 年，第 40 页。

逍遥即函自在、自然（不是他然）、圆满自足，此亦即"物自身"也。此虽自人生之修养境界上说，不自认识对象上说，然其义实相通也。惟庄子只从此化除依待关系上而消极地显示此义，此纯是一境界，此可曰境界上的"物自身"，即消极表示的"物自身"。但康德却还有积极的表示。当其由意志之自律自由以说"物自身"时，便是积极的表示。此是从实体上说的（意志之自律自由，即是一个实体，即活动即存有之实体）。意志之自律自由使人为一睿智体，不是一感觉界之现象，同时亦即使人可以为一个"物自身"，即使人为一自在、自主、自足之独立体。故康德实以意志自由来把握并证实此"物自身"一观念者。①

在这里，牟宗三并没有如他在反思历史文化时那样，顺庄子而下对中国过往缺乏个体自由、平等意识及知性精神等状况进行省察，那些状况正是导致众多"不逍遥、不自在、不圆满自足"（也即"不道德"）的经验性原因，反而是从形而上学的层面强调了"儒家智慧"对于康德的极成，肯定"道德的形上学"能够积极化除众多不道德的依待关系而成就物自身，"在自觉中成立道德界，在超自觉中成立存在界。道德秩序与宇宙秩序完全同一，唯是一创生实体之直贯"②，这似乎就有了唱高调、放空炮、耍魔术及自相矛盾等弊病。其实不然。"把握和证实物自身"并不是直接肯定"儒家智慧"就是历史的真实，而一定是朝向未来的，牟宗三不过是要借物自身撕开一切历史和现实的羁绊，在"所与"中"大开大合"，以证成万民的存在，夯实道德的根基，重建中国传统。这是"理想主义之言辞，亦即'立象'之义也"，"是将政治形态之高远理想置于历史之开端。是将有待于历史之发展努力以实现之者置于开端以为准则"。③

也只有在这种"大开大合"的奠基活动中，作为"物自身"的"善

① 牟宗三：《心体与性体》（二），《牟宗三先生全集》第6册，台北：联经出版事业股份有限公司，2003年，第551页。
② 牟宗三：《心体与性体》（二），《牟宗三先生全集》第6册，台北：联经出版事业股份有限公司，2003年，第554页。
③ 牟宗三：《政道与治道》，《牟宗三先生全集》第10册，台北：联经出版事业股份有限公司，2003年，第3页。

相"才是可通达的，而非现代巫术或耍魔术等。这是实践的形而上学，是工夫论。牟宗三明言："此两层存有论是在成圣、成佛、成真人底实践中带出来的。就宗极言，是成圣、成佛、成真人：人虽有限而可无限。就哲学言，是两层存有论，亦曰实践的形上学。"① 若用平实的话来说，即，今天的人们若要成圣、成佛、成真人，则必须先成为一个"经济的存在""政治的存在"，"经济的存在"等仿佛正与"道德的存在"拉开距离而为高下凡圣之"两极"，但唯有如此"大开"，才能得"善相"的"大合"。

2. 如此言说牟宗三的存在论奠基，与海德格尔的存在论奠基何以别？

毋庸讳言，提起存在论奠基，人们首先想到的就是海德格尔。牟宗三与海德格尔有很多相同之处。

他们都很重视诠释康德，都把康德视为某种"唯一"。对于海德格尔来说，"曾经向时间性这一度探索了一程的第一个人与唯一的人，或者说，曾经让自己被现象本身所迫而走到这条道路上的第一个人与唯一的人，是康德"②。对于牟宗三来说，"我们现在讲儒家的学问，若要与西方哲学发生关系，只有和康德哲学可以接头"③。"只有康德可以，他可以和中国文化生命之方向相配合。"④ "西方哲学中能和儒家学问相协调、相配合的，最好的例子只有康德。康德的哲学可以作一个桥梁，把中国的学问撑起来，即用康德哲学之概念架构把儒学之义理撑架开，进而充实、光大儒学。同时反过来看，中国之儒、释、道的智慧也可以消化康德，即容纳并笼罩它，如此就能消化它。"⑤

他们都对康德的半途而废扼腕长叹，而要重置康德的"主体"。在海德格尔看来，"尽管康德已经把时间现象划归到主体方面"，"尽管康德在

① 牟宗三：《现象与物自身》，《牟宗三先生全集》第 21 册，台北：联经出版事业股份有限公司，2003 年，序第 17 页。
② 海德格尔：《存在与时间》，陈嘉映、王庆节合译，熊伟校，北京：生活·读书·新知三联书店，1987 年，第 29 页。
③ 牟宗三：《中国哲学十九讲》，《牟宗三先生全集》第 29 册，台北：联经出版事业股份有限公司，2003 年，第 436-437 页。
④ 牟宗三：《时代与感受续编》，《牟宗三先生全集》第 24 册，台北：联经出版事业股份有限公司，2003 年，第 405 页。
⑤ 牟宗三：《时代与感受》，《牟宗三先生全集》第 23 册，台北：联经出版事业股份有限公司，2003 年，第 232 页。

某些本质方面"推进了"主体之为主体"的研究,但因为他"继承了笛卡尔的存在论立场"而"耽搁了一件本质性的大事:耽搁了此在的存在论",这就使康德毕竟没能把"主体""在其自身的结构与功能中清理出来"。① 在牟宗三看来,"反省经验,而主体之门不能开,只停在理智一层上,则外在形上学亦难站得住,如是或取销形上学,或只限于智识论,这是现代西方学术的趋势。惟一能开主体之门的,是康德",他"能切实认识理智主体,而且又能透至道德主体",② 但由于他"又认为我们人类只有感触直觉,而智的直觉属于上帝,于是将二个主体错开",因此那个逼显透至的道德主体最多只是消极的,无法"充分地证成(fully justify)"。③

　　他们都倾向于把康德的《纯粹理性批判》阐释成形而上学的一次奠基活动。海德格尔野心勃勃,要通过康德摆脱对中世纪经院哲学的"依赖"而直接与希腊人打交道,"重提存在的意义问题","重新肯定'形而上学'",④ 以抵制"摧毁一切世界上的精神创造物并将之宣布为骗局"的那种"毁灭性的灭顶之灾的恶魔冲动",把人从"无差别性平均状态的盛行"中拯救出来,重新唤醒精神的本质规定:"精神是向着在的本质的、原始地定调了的、有所知的决断。"⑤ 牟宗三雄心勃勃,欲贯通古今中西:"我由康德的批判工作接上中国哲学,并开出建立'基本存有论'之门,并藉此衡定海德格建立存有论之路之不通透以及其对于形上学层面之误置,则我此书所代表之方向即于当代哲学界亦非无足以借镜处。"⑥

　　在这些相同之中,两人的重大差异也显露出来了:海德格尔认为,

---

①　海德格尔:《存在与时间》,陈嘉映、王庆节合译,熊伟校,北京:生活·读书·新知三联书店,1987年,第30页。

②　牟宗三:《道德的理想主义》,《牟宗三先生全集》第9册,台北:联经出版事业股份有限公司,2003年,第206页。

③　牟宗三:《中国哲学十九讲》,《牟宗三先生全集》第29册,台北:联经出版事业股份有限公司,2003年,第278页。

④　海德格尔:《存在与时间》,陈嘉映、王庆节合译,熊伟校,北京:生活·读书·新知三联书店,1987年,第3、4、33页;海德格尔:《形而上学导论》,熊伟、王庆节译,北京:商务印书馆,1996年,第9页。

⑤　海德格尔:《形而上学导论》,熊伟、王庆节译,北京:商务印书馆,1996年,第46-49页。

⑥　牟宗三:《智的直觉与中国哲学》,《牟宗三先生全集》第20册,台北:联经出版事业股份有限公司,2003年,序第6页。

"物自身不是某种现象外的东西"，但牟宗三却相信，"它是内生的自在相，而不是对象相"①。

先来看牟宗三对海德格尔的断语：

> 我读他的《康德与形上学问题》一书，我见出他是把他所谓的"基本存有论"放在康德所谓"内在形上学"（immanent metaphysics）范围内来讲的，因此，我始知他何以名其大著曰《实有与时间》而特别重视时间之故。但依康德的意向，真正的形上学仍在他所谓"超绝形上学"（transcendent metaphysics）之范围。今海德格舍弃他的自由意志与物自身等而不讲，割截了这个领域，而把存有论置于时间所笼罩的范围内，这就叫做形上学之误置。我此书仍归于康德，顺他的"超绝形上学"之领域以开"道德的形上学"，完成其所向往而未能充分建立起者。能否充分建立起底关键是在"智的直觉"之有无。故吾此书特重智的直觉与物自身等之疏导。这是调适上遂的疏导，不是割截而下委，辗转纠缠于时间范围内，以讲那虚名无实的存有论，如海德格之所为。存在的入路是可取的，但现象学的方法则不相应。②

海德格尔当然可以不认可这种指控，康德的形上学究竟应该如何理解的问题当然可以继续讨论。但是，牟宗三的意图是明显的，即海德格尔的"主体"仍然不成为主体，海德格尔的"精神"仍然是无精神的气机鼓荡，海德格尔的"形上学"最多只是气论。不过非常有意味的是，海德格尔《康德与形上学问题》一书第 5 节的内容，牟宗三大段征引，其中涉及康德《遗稿》的部分，翻译如下：

> 如果在《纯理批判》中人的有限性成为有关于存有论底奠基的一切问题之基础，这是真的，则纯理批判必须特别重视有限知识与无限知识的差别。这就是康德为什么说纯理批判是诏告："对象是以

---

① 牟宗三：《现象与物自身》，《牟宗三先生全集》第 21 册，台北：联经出版事业股份有限公司，2003 年，第 133 页。

② 牟宗三：《智的直觉与中国哲学》，《牟宗三先生全集》第 20 册，台北：联经出版事业股份有限公司，2003 年，序第 7 页。

双重意义而观之，而作为现象与作为物自身"（Bxxvii）。在此词（物自身）之严格意义中，一个人决不可说"对象"，因为对绝对知识言，没有对象能被给予。在"Opus Postumum"（《遗稿》）中，康德说物自身不是某种现象外的东西："物自身之概念与现象之概念间的区别不是客观的，但只是主观的。物自身不是另一个对象，但只是关于同一对象的表象之另一面相。"①

随后，牟宗三评论说：

　　其所说者全对。"物自身"一词是如海德格之所理解。……吾平常亦说物自身与现象之分是批判方法上的观念，可以到处应用，任何东西（只要是实法，不是虚法）皆可以此两观点观之，即上帝，意志，灵魂亦可如此观之，故康德将一切对象分为现象与物自体。关此，下面再论。此是《纯理批判》之基本概念，必须时时先记于心中，方好说其他。海德格了解的极恰当，吾故用之以代吾之说明。②

海德格尔显然是把康德的"主体"回溯到那个具有时间性的此在的基点，让一切存在都属于时间，因而属于有限性的维度，也即把物自身下拉为现象（"他是把他所谓的'基本存有论'放在康德所谓'内在形上学'范围内来讲的"），牟宗三却要把"主体"归位于无时间或者说

① 牟宗三：《智的直觉与中国哲学》，《牟宗三先生全集》第 20 册，台北：联经出版事业股份有限公司，2003 年，第 47—48 页。同时参阅 Martin Heidegger, *Kant and the Problem of Metaphysics*, translated by Richard Taft, Indiana University Press, 1990, pp. 21—22。其英译如下：If in fact the finitude of human beings is the basis for the problem of laying the ground for ontology in the *Critique of Pure Reason*, then the "critique" of this difference between finite and infinite knowledge must carry special weight. Thus Kant says of the *Critique of Pure Reason* that "the Object is to be taken in *a twofold sense*, namely, as appearance and as thing in itself." Strictly speaking, one should not speak of "Object," ["Objekt"], because for absolute knowledge there can be no objects [*es keine Gegen-stände geben*] [in the sense of things which stand against it]. In the *Opus Postumum* Kant says that the thing in itself is not a being different from the appearance, i. e., "the difference between the concept of a thing in itself and the appearance is not objective but merely subjective. The thing in itself is not another Object, but is rather another aspect (respectus) of the representation of the Object."

② 牟宗三：《智的直觉与中国哲学》，《牟宗三先生全集》第 20 册，台北：联经出版事业股份有限公司，2003 年，第 50—51 页。

总体时间、圆顿时间的智的直觉，以展露人的自由无限性，也即把现象上提为物自身，那么牟宗三怎么可以讲海德格尔"所说者全对""了解的极恰当"呢？

毫无疑问，牟宗三与海德格尔一样自觉地对康德"使用暴力"①。两人虽有"调适上遂"与"割截下委"的差别，却正好两极相通：他们都坚持某种"一元论"，都以各自的方式把康德现象与物自身的区分抹平，康德的"同一个主体"② 被转变成了各自的"唯一主体"，即海德格尔的"此在"和牟宗三的"智的直觉"。在此"上""下"入于同一"环"中的意义上，牟宗三与海德格尔之间的距离并没有他自己所声称的那样遥远。没有道德意识、只有英雄气的美学情调的海德格尔固然表示了对伦理学的轻视和从事了臭名昭著的"坏的"政治活动，但也提出了一种位于此在实存形而上学"之后"的"原初伦理学"③。学以成圣、主张生命的学问的牟宗三固然建立了"道德的形上学"，却又自觉地以学问为生命，远离政治，而"被戏称为'宋明学理，魏晋人物'，即其为人并不是循规蹈矩、中和温厚的理学先生，而毋宁更近于任性独行的魏晋人物"④。两人的形而上学都在追问存在者的存在，都在呼唤人这种存在者能够如人那样存在，从而能够相互支撑，从不同的方向共同拱卫了心与物"当下呈现"的"所与"。

3. 如此言说牟宗三道德的形上学，与康德的形上学何以别？

前文已经指出，康德自下而上，以知识论为形而上学奠基。其重大成果即是划界，严格区别"存在者自身的实存"与"在现象之中的物的实存"："纯粹思辨理性批判所完成的时间（以及空间）与物自身的实存的分离，就具有这样巨大的重要性。"⑤ 康德在此要求的是实践理性"精确并且自发地与理论理性批判丝丝入扣，仿佛每一步都是经过审慎仔细

---

① Martin Heidegger, *Kant and the Problem of Metaphysics*, translated by Richard Taft, Indiana University Press, 1990, p. 138.
② 康德：《实践理性批判》，韩水法译，北京：商务印书馆，1999 年，第 106 页。
③ 参阅韩潮《海德格尔与伦理学问题》，上海：同济大学出版社，2007 年；王宏健《伦理之隐匿——海德格尔的伦理学问题探析》，《道德与文明》2017 年第 5 期。
④ 李泽厚：《己卯五说》，北京：中国电影出版社，1999 年，第 11 页。
⑤ 康德：《实践理性批判》，韩水法译，北京：商务印书馆，1999 年，第 111-112 页。

的考虑而单单为理论理性批判求得证明的。"① 康德曾斩钉截铁地说，任何人如果在此"敢于一跃"，那么他就必然要"舍去那给予我们的一切，荡入一个任何东西都未给予我们的境地"。②

"给予我们的一切"和"任何东西都未给予我们"的对照，再一次特别标明了言说的前提或基础（the given, gegeben），康德形而上学的保守性质在此已经展露无遗了。相比较而言，无论是海德格尔向死而生的尼采式决断，还是牟宗三的成圣、成佛、成真人等，他们两人都具有了浓重的激进色彩。即就牟宗三而言，他一方面要求学习和引入康德的知性精神，坚持自下而上的路，另一方面又不满意康德两相凑搭的不究极和磨磨蹭蹭，而要求自上而下地一通百通和一泻千里。一个关键性的改变是，牟宗三要深入康德的"设准"之中点爆它，以便让"主体"既完全停留在"我们自身之内"，又完全"超出我们自身"。

深入"设准"之中，即是承认康德知识之于成德的限定性意义，承认规定生命的诸多条件的强大，忧患于生命的虚无缥缈，而希望通过敬德、明德、修德等行动以表示并决定天命、天道的意义。换句话说，德性生命、精神生命并不外在于自然生命，要成德必须认知生命敬畏生命。生命如航行大海，谓之有天命亦可，它的因果又何在呢？何处可行何处可停？何处当行何处当停？这个时候，就需要确定性，需要知识的照亮。但怎样才能够获得知识的亮光呢？在康德的划界工作中，"所与、范畴与设准，这是组织知识的三个独立的不可还原的因子"③，概念是结果，由范畴设准组织所与而成，而其中的所与就如航行大海这件事本身，范畴代表航海知识，"设准就好像航海的指南、船上的把舵者"④。在牟宗三的意义上，"设准"可以点爆，"假设"得到"呈现"，但"所与"却独立不改，这是敬畏客观性。

点爆设准，即是把康德那里作为原则可能性的"超出我们自身"的东西上提而为牟宗三所谓的"性"，让人从生命虚无缥缈的深渊中的跃

① 康德：《实践理性批判》，韩水法译，北京：商务印书馆，1999年，第116页。
② 康德：《实践理性批判》，韩水法译，北京：商务印书馆，1999年，第115页。
③ 牟宗三：《知觉底因果说与知识底可能说》，《牟宗三先生全集》第25册，台北：联经出版事业股份有限公司，2003年，第343页。
④ 牟宗三：《知觉底因果说与知识底可能说》，《牟宗三先生全集》第25册，台北：联经出版事业股份有限公司，2003年，第337页。

起成其为必然。这当然是对康德的暴力，但并非无故。因为在康德的演绎中，设准之所以成其为设准，一方面"所设的东西在以前曾经爆炸了，在将来的新概念上不一定爆炸"，即对于新概念而言它不能立刻爆炸，否则新概念便失去了稳固的基础；另一方面既然新旧相对，新旧之间的交替在原则上没有停止之时，爆炸就只是早晚问题，长江后浪推前浪，"新概念之实现与爆炸即是旧概念的扩大，旧概念没入新系统中"①。因此，牟宗三一定要扭转康德意义上的"定性众生"，判定康德"三个设准一定要合而为一，主观地说的心体、性体、知体和客观地说的道体是一，智的直觉则含于其中"②。牟宗三强调："在这里，理性主义与神秘主义不能分成两截，它们是相通的。但是若照康德的看法，理性主义就上不去，而被封住了。这造成很大的毛病，因为这样一来，中国人从前所说的'悟道'、'成圣'、'成佛'、'成真人'都成了神话。但这些并不是神话，而是真实的可能。可是照康德的看法，这些都是神秘主义，都是夸大，这样就把'实理'限制住了"。③ 在牟宗三的意义上，这是重建主体之为主体的主体性。

　　牟宗三明白，概念之真妄在于设准所设的是否能爆炸，那么形而上学的系统似乎也该当如此。正如黑格尔所指出的，"全部哲学史这样就成了一个战场，堆满着死人的骨骼。它是一个死人的王国，这王国不仅充满着肉体死亡了的个人，而且充满着已经推翻了的和精神上死亡了的系统，在这里面，每一个杀死了另一个，并且埋葬了另一个"④。因此人们也就能够反问，牟宗三自己的"智的直觉"是否也是一个"设准"，以便由此宣布康德、海德格尔等的哲学的死亡呢？若如此，则爆炸无穷尽，客观的研究几不可能。所以，爆炸必有一个最后的爆炸，也即人之为人的存在自身的爆炸。立足这个"最后的爆炸"，也即康德的

① 牟宗三：《知觉底因果说与知识底可能说》，《牟宗三先生全集》第 25 册，台北：联经出版事业股份有限公司，2003 年，第 342 页。
② 牟宗三：《中国哲学十九讲》，《牟宗三先生全集》第 29 册，台北：联经出版事业股份有限公司，2003 年，第 442 页。
③ 牟宗三：《中国哲学十九讲》，《牟宗三先生全集》第 29 册，台北：联经出版事业股份有限公司，2003 年，第 445 页。
④ 黑格尔：《哲学史演讲录》（第 1 卷），贺麟、王太庆译，北京：商务印书馆，1996 年，第 21—22 页。

"形而上学的形而上学"①，牟宗三强调"判教"的重要性。"'判教'之'判'乃分判之意，不是'批判'之判，因为是佛所说的，我们怎能批判呢？所以'判'乃'分判'之意，使之有一个恰到好处的安排"，也即"把各系统其相互关联而又不相同的关节解释出来"②。在这个地方，我们重视康德、海德格尔与牟宗三所承认的那种"共法"③，判定牟宗三是以"当下呈现"为中国传统的良知概念奠立存在论的根基。

第四节　下与上

对于康德而言，居于第一位的只能是"我能知道什么"的问题。处身在一个已经联系紧密，且其趋势无法逆转的世界之中，"世界历史"早就提到人类的议事日程之上了。但是，康德又深知人与人的分歧之大，因此他只能希望通过理性（历史的合规律性）来获得个人的自由和公共的福利（历史的合目的性）。

这里有康德的两个原则，一是知识，二是普遍的福利和尊严。康德都把它们大声宣布了出来。前者，是在《答复这个问题："什么是启蒙运动？"》一文的开头，康德鼓励人们"要敢于认识"："启蒙运动就是人类脱离自己所加之于自己的不成熟状态。不成熟状态就是不经别人的引导，就对运用自己的理智无能为力。当其原因不在于缺乏理智，而在于不经别人的引导就缺乏勇气与决心去加以运用时，那么这种不成熟状态就是自己所加之于自己的了。Sapere sude！要有勇气运用你自己的理智！这就是启蒙运动的口号。"④ 后者，是在《纯粹理性批判》第二版的题词里，康德引用了培根《伟大的复兴》序言，希望人们致力于"人类

---

① Martin Heidegger, *Kant and the Problem of Metaphysics*, translated by Richard Taft, Indiana University Press, 1990, p. 157.

② 牟宗三：《讲南北朝隋唐佛学之缘起》，《牟宗三先生全集》第 27 册，台北：联经出版事业股份有限公司，2003 年，第 286 页。康德意义上的"批判"当然也非"大批判"之"批判"。

③ 较为具体的分析，参阅陈迎年《追问形而上学——从康德到海德格尔》，《陕西师范大学学报》（哲学社会科学版）2000 年第 1 期；《牟宗三与海德格尔》，《孔子研究》2013 年第 1 期。

④ 康德：《历史理性批判文集》，何兆武译，北京：商务印书馆，1996 年，第 22 页。

的事业"："我们不谈我们自己。但关于这里讨论的事情，我们却希望人们考虑到它不是意见，而是事业；而且确信我们不是在为某个学派或者观点，而是在为人类的福利和威望奠定基础。其次，希望正直的人们在方便的时候——为公共事务考虑——参与此事。此外，就像大家都殷切期望的那样，不要把我们的复兴想象成某种无限的、超越人间的事情，要诚心诚意地接受它；因为它确实是无限谬误的终结和正当的界限。"①

因此，康德犹如走在浓雾中。脚下的路崎岖不平，难以尽览，有时还暗藏杀机，一不小心就可能坠入无限谬误的深渊。是知识的光照亮他前行的路，让他能够缓慢前行，有时甚至要返回来重新摸索，但最终能够化险为夷，避免全盘失败的危机。于是，康德的路看似早就走到了尽头，却总能向前伸展出去，就如同一个人在追逐着地平线。沿着这条路，自由和尊严、平等和正义、不可剥夺的和不可转让的天赋人权等种子被撒落在泥土里，慢慢生根发芽，环绕营造出一个"资产阶级的理想化的王国"②。

对于牟宗三而言，居于第一位的不是知识问题③，而是工夫问题。人应该成圣成贤，是牟宗三的第一个断语，也是儒学的传统。牟宗三继承了这个传统，相信人必须要寻得一个安身立命处，否则价值世界崩塌了，整个人生也就毫无意义，如同草木瓦砾一般无别了。但是，接下来的问题就是，人为什么要成圣成贤和如何能够成圣成贤？以圣贤自命，便是圣贤了吗？这便牵涉古今之变，就必须讨论知识问题。面对古典和

---

①　康德：《纯粹理性批判》（第2版），李秋零译，《康德著作全集》第3卷，北京：中国人民大学出版社，2004年，第4页。牟宗三的译本中并没有翻译这个题词。

②　康德：《历史理性批判文集》，何兆武译，北京：商务印书馆，1996年，译者序言第3页。

③　这里有不同的意见。王兴国就认为，"牟宗三哲学是配合康德哲学的思考完成的。就牟宗三哲学与康德哲学的关系说，牟宗三哲学是比照和批判地改造康德的批判哲学的产物。因此，可以说，康德哲学的问题就是牟宗三哲学的问题"。作者解释说："由牟宗三哲学思想的演进来看，康德的第（1）个问题，也是牟宗三的第一个问题。对人类的知性认识能力来说，这一问题构成了认识论问题……如果以《现象与物自身》（1973）一书的完成为标志，那么在一定的意义上说，这一问题形成了牟宗三哲学的一条主轴，直到他的哲学思想走向成熟，大体定型，规模俱备为止。"参见王兴国《牟宗三哲学思想研究——从逻辑思辨到哲学架构》，北京：人民出版社，2007年，第1-3页。

谐一体状态①已经被打破的局面，牟宗三不得不思考：如何通过知识途径来处理公共事务，达成公共福利，为人类的福利和威望奠定基础？

这就是牟宗三的处境，哲学特别显现为政治哲学。它不允许牟宗三原样照搬古典和谐一体状态的种种"自然和顺"的直通关系，又把这种传统本质性地安放在了牟宗三的心底，因而牟宗三只能寻求一种"转折上的突变"②，以把儒家传统安放在时代精神的地基之上。于是，也就有了"内圣"与"外王"的"曲通"、"上"与"下"循环往复所构画出来的"圆圈"③。

一　一条路

把牟宗三"从内圣到外王"的"曲通"解释为一个"圆圈"，并以

---

①　这里可以引用两个美国人的观点来说明。这两个美国人都注目儒家古典和谐一体的特征，但对它的态度却有不同。赫伯特·芬格莱特愿意把孔子的世界描绘成"如同神圣礼仪一般的人类社群"。在他看来，人是一个礼仪性的存在，而孔子恰恰"用神奇魅力的眼光看待人类，洞察人类具有神奇非凡的力量"，从而赋予礼仪以神圣性，并将神圣礼仪"作为所有真正的人的存在的一个维度"，也即"一个具体的人通过礼仪、姿态和咒语，获得不可思议的力量，自然无为地直接实现他的意志"。在这里只有一条笔直的金光大道，没有十字路口，因而无所谓选择或责任，一切都是如此"自然"和"和顺"。"这样的人过一种具有人格尊严和精神圆满的生活，并与他人互相尊重，和谐共处，同时也允许他人过上这样的美好生活。"狄百瑞也把儒家的君子理解为"生活的艺术家"，他们替百姓和上天代言，设计了一套全面安排人间秩序的思想体系，要求人们在众多的生活矛盾和生命冲突中实现审美的圆融，成为"唯美主义者"。但是，由于君子既没有设计出可通行的道路以得到百姓的有效托付，也没有从上天那里获得超越性支撑的合法性，因而总是不可避免地被家长制的王"盗用"，还手无力。参阅赫伯特·芬格莱特《孔子：即凡而圣》，彭国翔、张华译，南京：江苏人民出版社，2002年，第一、二章；狄百瑞《儒家的困境》，黄水婴译，北京：北京大学出版社，2009年。

②　牟宗三：《政道与治道》，《牟宗三先生全集》第10册，台北：联经出版事业股份有限公司，2003年，第62页。

③　对此圆圈可以有多重解释。这里特别关注借助文化传统的"从上"道路与依靠劳动、生产的根基的"从下"道路之间的区分。"我们可以把'来自下面的'合理化同'来自上面的'合理化加以区分。""来自上面的合理化强制，同来自下面的合理化压力是一致的。"只有在区分的基础上，"圆圈"才是可能的和有意义的，中国的现代化与中国文化的现代化才是真实可期的。这里有"自由"与"对必然的认识"、"生产劳动"与"文化传统"、"知识"与"道德"等的交战，中国传统文化与马克思主义的结合成了一个必然。这是本书的基调之一。参阅哈贝马斯《作为"意识形态"的技术与科学》，李黎、郭官义译，上海：学林出版社，1999年，第51-57页；黑格尔《小逻辑》，贺麟译，北京：商务印书馆，1997年，第305-310页；恩格斯《反杜林论》，《马克思恩格斯文集》第9卷，中共中央马克思恩格斯列宁斯大林著作编译局编译，北京：人民出版社，2009年，第120-121页；等等。

此来审视道德的形上学，显然与时贤所理解的牟宗三有很大的差距。①

在这里，《现象与物自身》对"从下面说上去"与"从上面说下来"的区分是标志性事件。要把"从下面说上去"与"从上面说下来"组成一个"圆圈"，还需要更多的证据。早在 1940 年 10 月 11 日发表的《哲学的下降与上升》一文中，牟宗三就指出现代哲学界患上了贫血症，其特征是哲学的下降与堕落，随科学走，依附科学来发挥道理，因此哲学似乎成为多余，哲学破产、哲学死亡之说盛行。而要挽救哲学，则必须由科学而上悟，"上悟至道，见体立极"。不过，上悟的进路可以区分为两条。"一是认识论进路，一是道德的进路。我们将见这两条路子并不是平列的，乃是一条路的两个阶段。道德的进路只是这一条路子的最高峰。如是，我们可以先从认识论入手。"② 而且，牟宗三还强调，这里的"先"并不是偶然的虚应差事或本质上的可有可无，而是一种必然。"惟有从认识论里，才能显主体的特殊性能。由此上悟，才能达到成己成物，各正性命的一真法界。"③

---

① 十多年前，牟宗三研究已经要求有一个总结提高，因而出现了一批高质量的综合性、整体性研究。如关于良知坎陷，就有白欲晓从横的方面、卢兴从纵的方面的审视。白欲晓总结了牟宗三良知坎陷的认识论、历史文化论和存有论"三义"，认为牟宗三有"以本体论-认识论建构解决历史文化问题的理论错置"，也即"藉思想以解决历史文化问题"的倾向，因而我们仍可进一步质疑和批判其"彻底的唯心论"的"一元论价值导引的目的性、唯道德意志的独断性，以及'知性辩证开显'中的良知傲慢"。卢兴总结了牟宗三良知坎陷理论发展的"四个阶段"，并认为这四个阶段表现出"一个逐步内在化、形上化的发展趋势"，因此"其中的问题与矛盾也更加突出"。这类研究都很有启发性，特别是白欲晓的文章提及要"重新思考其所坚持的'实践的唯心论'以及对于'坎陷'所作的实践规定"，已经透露出了自下而上的味道。但十年后，牟宗三研究徘徊往复，突破性进展仍然不多。研究者似乎都把牟宗三的良知坎陷/道德的形上学只看作自上而下的，而判定自下而上的实践之路一定处于牟宗三哲学视野之外。如周浩翔博士再一次确认："牟宗三过分强调无限智心之觉润与创生的作用，过分凸显圆圣理境，把道德实践之途推至其极，而少了日用常行之用。"周博士接着还批评说，牟宗三"纯思辨式的伦理终归只是少数知识分子间的事，而极难在社会实践中发生大的效用"。参阅白欲晓《"良知坎陷"：牟宗三的思想脉络与是谁开展》，《现代哲学》2007 年第 4 期；卢兴《牟宗三"良知坎陷说"的发展历史》，《中国哲学史》2008 年第 2 期；周浩翔《以德摄福：牟宗三对康德圆善论的儒学诠释》，《道德与文明》2018 年第 1 期。

② 牟宗三：《哲学的下降与上升》，《牟宗三先生全集》第 25 册，台北：联经出版事业股份有限公司，2003 年，第 555 页。

③ 牟宗三：《哲学的下降与上升》，《牟宗三先生全集》第 25 册，台北：联经出版事业股份有限公司，2003 年，第 556 页。

　　如何理解这"一条路"？它与康德的那条路何以别？又为什么只能从认识论开始？

　　对于第一个问题，牟宗三在这里并没有详谈，而只是透露出两点讯息。首先是说康德走在同一条路上，其次是说康德并不能极成这条路。而之所以不能极成，是因为康德"成立了意志律与存在律的对反"的"不调和的两橛论"，即康德"没有把握住纪纲性的逻辑之理"，"将思想范畴作了构造存在的格式，作了组织经验界的条件"，因此"范畴一落于尘埃"，便再无法超越存在的限制而与意志相沟通，更无法谈到两者的如一。①

　　牟宗三这里的逻辑似乎是说，康德没有把知性的"逻辑性格"从"存有论的性格"中剥离出来，因此会发生逻辑与存在打架的情况。依照后来反省，牟宗三认为，自己当时认为《认识心之批判》所阐明的"纯理自己"即足以取代康德那一套，但因为仍然顺着康德走，所以有误，"实在论的意味重"，而改进之法，就是要把康德"混而为一，说得太紧煞"的逻辑与存在"松动一下，分开说"。②

　　不过我们仍然可以追问：为什么混而为一的无法沟通如一，松动拉开后反倒能沟通如一？就这一点而论，牟宗三其实比他所批判的康德有更多的两相"凑泊"。因为牟宗三发现，假若只是顺知识论往前走，依附于科学而发挥道理，那最多只是"了物"，人最终亦被当作一物而了之，这便有了上文所说的人性的堕落和哲学界的贫血症，以及后来的"封限"感知性，"把它们一封封住"等说法③，以"否定/限定知识"。但是，牟宗三确定地知道，也不能只顺着道德的需要来走，"若只限于此一条线的进入，则此观念亦不过只是一种需要或推度，其真实的实在性仍不易获得"④。换言之，"否定/限定知识"并不是"取消知识"，于是

①　牟宗三：《哲学的下降与上升》，《牟宗三先生全集》第25册，台北：联经出版事业股份有限公司，2003年，第559页。

②　牟宗三：《智的直觉与中国哲学》，《牟宗三先生全集》第20册，台北：联经出版事业股份有限公司，2003年，序第9页；《现象与物自身》，《牟宗三先生全集》第21册，台北：联经出版事业股份有限公司，2003年，序第3-4页。

③　牟宗三：《现象与物自身》，《牟宗三先生全集》第21册，台北：联经出版事业股份有限公司，2003年，序第7页、第17页。

④　牟宗三：《哲学的下降与上升》，《牟宗三先生全集》第25册，台北：联经出版事业股份有限公司，2003年，第558页。

牟宗三要求把知识与工夫"凑泊"到一起：

> 我们必须回转到前面认识论的进路。我们必须回到显于理解而归于理解、且为理解所以可能之纪纲的理则性或主宰性。这个理性的理则性、主宰性及纪纲性是性体的直接呈露。在此，性体的观念有了真实的实在性。我们可说性体的观念即在此有了妥当的建立。性体既有了真实的实在性，有了妥当的建立，则道德律即有了安全的处所。此时，性体的观念，望道德律言，便不只是一种需要，也决不是一种推度，乃是一个安全而妥当的保障。我们达到了这个最高峰，我们便到了意志律即是存在律的境界。①

牟宗三在这里讲得十分清楚，性体的真实呈露并非要"藉思想文化以解决问题"（林毓生），性体之所以能够走出"需要""推度"等而真实呈露，得到"一个安全而妥当的保障"，恰恰只能通过"回转"认识论的进路。

这就回答了第二个问题：若没有存在、认识等的"纪纲"，道德就是最虚无缥缈的。牟宗三先立乎其大，从道德方面承认一个既超越而又内在、即活动即存有、即道德秩序即宇宙秩序的道体、性体、心体、实体等，然后就将其全体放下，而求以认识论的进路建立之。"道德的进路只是认识论的进路之最高级，我们把它们打成一片。我们由这条路前进，翻山越岭，我们达到了人性的宝库。这须要我们大费周折去钻仰的。我们由此建立了哲学，脱离了科学的束缚。这种工作将随着人类的生生而永远兴奋着，新鲜着。"②

这种以认识论的进路来妥当建立性体的路与我们前文所揭示的"物相"与"善相"、"外物的存在"的证明和"万民的存在"的证明等相印证，表明牟宗三各正性命的路并非通常所理解的那样，是"泛道德主义"。毫无疑问，传统意义的工夫重道德意义，而牟宗三给它加上了时代

---

① 牟宗三：《哲学的下降与上升》，《牟宗三先生全集》第25册，台北：联经出版事业股份有限公司，2003年，第558–559页。

② 牟宗三：《哲学的下降与上升》，《牟宗三先生全集》第25册，台北：联经出版事业股份有限公司，2003年，第559页。

的印记，融入了知识的因素：各个人秉承了其本性，在天地间"依凭知识"来相互搏击，翻山越岭，仰观俯察，以达到自由和尊严等人性的宝库。如此说来，牟宗三的道德进路为虚，认识论进路为实，以实的知识来保障虚的道德。如此说来，牟宗三的知识"自然不是普通意义的知识"，牟宗三的道德"自然不是普通意义的道德"，它们是在人的具体的、当下的生活实践中所奋斗出来的知识与道德之一次又一次的"如一"。时代意义的知识与传统意义的道德被牟宗三"一体两观"了："从知识方面说，这知是实践意义的体证；从性体心体本身方面说，这种体证亦就是它的真实性之实践的呈现。"①

这又回到了第一个问题。将知识理解为"实践意义的体证"及对于性体心体的"真实性之实践的呈现"，意味着牟宗三取消了康德"自然"（理论的、知解的）与"自由"（实践的、道德的）间的限制，把康德那里区分清楚的"技术地实践"与"道德地实践"② 一体视之了。按照这种创新了的实践观和工夫观，牟宗三强调：

> 宋、明儒所讲的性体心体，乃至康德所讲的自由自律的意志，依宋、明儒看来，其真实性（不只是一个理念）自始就是要在践仁尽性的真实实践的工夫中步步呈现的：步步呈现其真实性，即是步步呈现其绝对的必然性；而步步呈现其绝对的必然性，亦就是步步与之觌面相当而彻尽其内蕴，此就是实践意义的理解，因而亦就是实践的德性之知，此当是宋、明儒所说的证悟、彻悟，乃至所谓体会、体认这较一般的词语之确定的意义。③

一般研究者囿于传统的工夫观，把牟宗三这里的"实践意义的理解"即"实践的德性之知"等轻轻放过，殊不知前一个"理解"恰恰是绾合着康德的"自然""知解"说的，从而已经给宋明儒的"德性之知"

① 牟宗三：《心体与性体》（一），《牟宗三先生全集》第 5 册，台北：联经出版事业股份有限公司，2003 年，第 175 页。
② 牟宗三译注：《康德〈判断力之批判〉》，《牟宗三先生全集》第 16 册，台北：联经出版事业股份有限公司，2003 年，第 99 页。
③ 牟宗三：《心体与性体》（一），《牟宗三先生全集》第 5 册，台北：联经出版事业股份有限公司，2003 年，第 175 页。

注入了新的因素。

另外，由于绾合了中国传统，康德也不再是原来的康德，康德作为奠基石的知识论调过头来复需要中国工夫的重新奠基。牟宗三特别指明，康德在回答"自由本身之客观存在上的绝对必然性如何可能"的问题的时候没能弄明白，这个问题其实"是不可以经验知识底尺度来衡量的，这是一个实践问题，不是一个知识问题"，"这种理解是不要通过'感性'的"。①

不通过"感性"的"理解"还是康德的理论的、知解的"理解"吗？"不可以经验知识底尺度来衡量"的"实践"还是康德意义的"实践"吗？"不是感触经验的""无一特定的经验对象为其内容"②的"步步呈现""实践工夫"，又该如何理解呢？牟宗三接下来用"满证"与"分证"、"成色"与"分量"、"普遍"与"特殊"、"道"与"器"、"直觉主义"与"理性主义"等的圆融论证之，中心意思亦不外乎"存在与时间"，即以一种"圆顿时间"或"绝对总体性时间"③来收束康德意义的时间（空间）。当然，只是"收束"，而绝不是"取消"，否则也就没有了"一条路的两个阶段"之说。

与此相应，从认识论进路到道德的进路的一线演进，就其必须"大费周折去钻仰"而言，它当即是从下面的感知性无封限地进行上去，最终妥当地建立德性。但若就其"脱离了科学的束缚"而言，则又当该是对感性和知性加以封限而予以价值上的决定的"从上面说下来"。若依此来理解，"从下面说上去"与"从上面说下来"同样是"一条路的两个阶段"。其间的差别仅仅在于：在没有"封限"之前，牟宗三重在说中西"共法"；"封限"之后，则聚焦中国文化的"特质"。

总而言之，虽有侧重，亦不乏"缴绕"及"七翻八翻"之病，牟宗

---

① 牟宗三：《心体与性体》（一），《牟宗三先生全集》第 5 册，台北：联经出版事业股份有限公司，2003 年，第 174 页。

② 牟宗三：《心体与性体》（一），《牟宗三先生全集》第 5 册，台北：联经出版事业股份有限公司，2003 年，第 175 页。

③ 参阅陈迎年《智的直觉与审美直觉——牟宗三美学批判》，上海：上海人民出版社，2012 年，"圆顿时间与审美直觉"（第 301–306 页）、"情感与时间"（第 322–329 页）等小节。唯当时仍然重在以"自上而下"的路线看牟宗三，因而对于牟宗三的很多判法过重了。

三的思路其实还是前后一贯的。他坚信，若要保证道德的形上学不只是一种"需要或推度"，而获得其"真实的实在性"，则不但需要道德体悟，同时也必须科学认知。知识与道德、"从下面说上去"与"从上面说下来"、"共法"与"特质"、康德与儒学等，在牟宗三那里虽有争执，但都不构成实质性的对反，而是形成了一个相辅相成、相互奠基的相同者永恒轮回的圆圈。

如此理解，前期的"新外王"与后期的"道德的形上学"之间的差异当不如表面上看起来那样巨大，心性儒学与政治儒学打成一片，道德的形上学得到了奠基，而可回应良知的傲慢、变魔术、巫术、独断论、悬空高蹈不与实际生活发生影响等众多批评。

但是如此理解也带来了很多问题："封限"工作是否让儒学更加封闭为一种纯粹的境界形态（"虚以控实"的"虚"），而把"实以证虚"的"实"也即人之经验存在形态排除在了儒学之外？或者正相反，牟宗三与其批评的康德之间似乎不再泾渭分明了？牟宗三晚期对道德的形上学的直悟本质的重重强调是否有虚张声势的味道？"自下而上"的"良知坎陷"是否已经宣告了儒学之于当下中国生活的非急迫性和第二性？牟宗三是不是在赔本赚吆喝？等等。

二　"否定"知识

1948 年 8 月 13 日，牟宗三、唐君毅会乃师熊十力于西湖，熊十力言及文字风格问题，称自己"老来精力短，不耐看缴绕万分之文字"，而批评两学生说："君毅文字，好铺排，缴绕复缴绕，看了不知有何意味。汝亦好七翻八翻，多不必要，吾老眼不花也。"牟宗三对之有一个回应：

> 文字乃表达之工具，与时代有关。思想概念有出乎以往思路之外者，其表达之文字即不能为前此之方式所限也。试观以往说理之文，晚周诸子为一格，魏晋又为一格，宋明语录又为一格。吾人在此格套中，其意境及道理总不出乎古人之所说与所显。纵稍有开扩或引申，而不能越乎其型范。况以往诸格皆造其极而成典型。吾人若处其中，不觉仰望而学之。仰望而学之，尤难出乎其所说与所显。佛学东来，别成一体。然习乎其中者，亦不能越其所说与所显。以

往格调，尽乎数者。然道理无穷，意境无穷，概念之结构多端，审辨之方式亦极不一。西人之思路与意念，有迥非昔人所能具备者，故辞而出之，会而通之，亦有非以往之诸格所能奏效者。余等行文，自不善巧。然其所以碍眼者，固非只文字本身之技巧一事也。其中道理与思考方式亦有非与于其中者所能习知也。先生老矣，不暇俯看。试卒读一篇，当不至全无意味也。或亦不至只见其表现文字之缴绕铺排矣。①

　　牟宗三强调文字风格与内容息息相关，特别是当此中西会通之时，新的思路与意念超出了旧有的框范，自必引起文字表达方面的笨拙和困惑。此说自有其道理。应该看到，牟宗三并不是唯一一个因文笔而受到批评的人。康德也曾因为文笔的问题而不得不专门为自己辩护。康德说，《纯粹理性批判》受到了不恰当的评断，"大家之所以不理解它，是因为，大家尽管肯把书翻阅一遍，却不愿从头到尾对它反复加以思考；而大家之所以不愿费那么大气力，是因为这个著作干燥、晦涩、不合乎现有的一切概念，尤其是过于冗长。虽然如此，我承认我却没有想到会从一位哲学家的嘴里听到这样的一些抱怨，说它缺乏通俗性、乏味、不流畅"②。而康德自我辩护的理由，同样是古今之变：

　　　　古老的、陈旧的知识，当人们从它们原来的联系中把它们提出来，给它们穿上一套式样新奇的服装并且冠上一个新名称时，它们就转化成为新的知识。这是人们长久以来就司空见惯了的事。大部分读者所期待于上述《批判》的也不是别的。不过本《导论》将使他们看出它完全是一门新的科学，关于这门科学，以前任何人甚至连想都没有想过，就连它的概念都是前所未闻的。③

　　康德同样强调新的思路与概念超出了旧有的框范，因此需要更多的

---

①　牟宗三：《信札集〈湖上一夕谈〉》，转引自杨祖汉教授在 2005 年 9 月"第七届当代新儒学国际学术会议"上的发言《时代与学问——熊先生与牟先生的一次论辩》。

②　康德：《未来形而上学导论》，庞景仁译，北京：商务印书馆，1997 年，第 11 页。

③　康德：《未来形而上学导论》，庞景仁译，北京：商务印书馆，1997 年，第 11-12 页。

耐心。康德甚至要剥夺一些人研究哲学的权利，认为谁如果还对《未来形而上学导论》觉得晦涩而"派头十足地夸夸其谈，大言不惭地妄加评论"的话，"那就请他考虑到并不是每人都非研究形而上学不可"。① 考虑到哲学家都喜欢说类似的话，比如黑格尔也讨论了"制成一双鞋子"的条件②，我们似乎也就不能拿它们太当真。不过，康德在《纯粹理性批判》第二版序言中有一句名言"Ich mußte also das Wissen aufheben, um zum Glauben Platz zu bekommen"，对"知识"与"信仰"的关系确实做了令人困惑的表达。

这句话，蓝公武译为："故我发见其为信仰留余地，则必须否定知识。"③ 韦卓民译为："我因此就得扬弃知识，以便为信念留有余地。"④ 李秋零译为："因此，我不得不扬弃知识，以便为信念腾出地盘。"⑤ 邓晓芒翻作："因此我不得不悬置知识，以便给信仰腾出位置。"⑥ 牟宗三的译文最缭绕："因此，我已见到：要想为信仰（faith, Glauben）留余地，'去否决知识'这乃是必要的。[依康德原文直译：'因此，我要想为信仰留余地，我必须扬弃知识'。]"⑦

英译本也是五花八门。马克斯·缪勒译为：I had therefore to remove knowledge, in order to make room for belief。⑧ 诺曼·康蒲·斯密（N. K. Smith）译为：I have therefore found it necessary to deny knowledge, in order to make room for faith。麦克林乔（J. M. D. Meiklejohn）译为：I must, therefore, abolish knowledge, to make room for belief。保尔·格耶

---

① 康德：《未来形而上学导论》，庞景仁译，北京：商务印书馆，1997 年，第 14—15 页。
② 黑格尔说："常有人将哲学这一门学问看得太轻易，他们虽从未致力于哲学，然而他们可以高谈哲学，好象非常内行的样子……人人承认要想制成一双鞋子，必须有鞋匠的技术，虽说每人都有他自己的脚做模型，而且也都有学习制鞋的天赋能力，然而他未经学习，就不敢妄事制作。唯有对于哲学，大家都觉得似乎没有研究、学习和费力从事的必要。"黑格尔：《小逻辑》，北京：商务印书馆，1980 年，第 42 页。
③ 康德：《纯粹理性批判》，蓝公武译，北京：商务印书馆，1960 年，第 21 页。
④ 康德：《纯粹理性批判》，韦卓民译，武汉：华中师范大学出版社，1999 年，第 25 页。
⑤ 康德：《纯粹理性批判》（第 2 版），李秋零译，《康德著作全集》第 3 卷，北京：中国人民大学出版社，2004 年，第 18 页。
⑥ 康德：《纯粹理性批判》，邓晓芒译，杨祖陶校，北京：人民出版社，2004 年，序第 22 页。
⑦ 牟宗三译注：《康德〈纯粹理性之批判〉》（上），《牟宗三先生全集》第 13 册，台北：联经出版事业股份有限公司，2003 年，第 34 页。
⑧ Immanuel Kant, *Critique of Pure Reason*. Trans. Friedrich Max Müller, New York：Macmillan, 1922, p. 403.

（Paul. Guyer）和艾林·伍德（Allen W. Wood）译为：Thus I had to deny knowledge in order to make room for faith。[①]

不论 Glauben 译为"信仰"（faith）还是"信念"（belief）的分歧，aufheben 这个德语词中国人很是熟悉，它有一组看起来相互矛盾的意思，包括"抬高"（lift up）、"拾起"（pick up）、"保存"（preserve）、"保持"（keep）、"悬置"（suspend）、"排除"（remove）、"废除"（abolish）、"取消"（cancel）、"否定"（deny）、"终止"（terminate）、"逮捕"（arrest）、"超越"（transcend）、"扬弃"（sublate）等。

在黑格尔和马克思、恩格斯那里，人们习惯译之为"扬弃"。这源于黑格尔那种巨大的历史感，时间因素被特别地突出了。正是由于时间的永恒绵延（绵延时间）以及我们似乎有能力总览这一绵延（总体时间、圆顿时间），人们才说，"扬弃"揭示了 aufheben 的"辩证意义"。在康德那里，aufheben 也应该译为"扬弃"吗？为什么英译者不用 sublate 来对译 aufheben？

我们知道，"为信仰留余地，则必须否定知识"是接着上帝存在、意志自由及灵魂不灭这三个"设准"或"假定"说的，以强调"对象应以'视为现象及视为物自身'之二重意义解释之"[②]。这也是一句著名的话。牟宗三译为："对象是依两层意义而被理解，即被理解为现象以及被理解为物自身［物之在其自己］。"[③] 照此说来，康德划分了现象与物自身之间的"界限"（物自身不可知），却也偷偷留下了"越界"（本体的客观实在性）的口子，正因为有这个口子，物自身才可能如远方地平线上可望而不可即的灯塔般存在，以引导现象的范围随着人类实践的历程而缓慢却坚定地扩大，否则就无所谓"知识"与"信仰"的"辩证关系"了。即是说，"知识"一定是"在时间中"的，这里没有信仰，只有自然必然性法则的因果性；唯有"否定知识"，承认有"不受时间决定的此在"或者说处于时间的"无穷系列"锁链之外的此在，信仰才是

---

① 参阅俞吾金《〈纯粹理性批判〉翻译与研究中的若干问题》，《复旦学报》（社会科学版）2014 年第 4 期。

② 康德：《纯粹理性批判》，蓝公武译，北京：商务印书馆，1960 年，第 19 页。

③ 牟宗三译注《康德〈纯粹理性之批判〉》（上），《牟宗三先生全集》第 13 册，台北：联经出版事业股份有限公司，2003 年，第 31 页。

可能的，否则上帝存在、意志自由及灵魂不灭等"就必定会作为一个虚无和不可能的概念被屏弃"。①

照此说来，虽然康德把辩证法描述为某种消极的、应当竭力避免的"失误"，但康德同一个主体的两面观及其叙述的众多二律背反等，都把人类存在的有限性及其本质性的无限可能性这一"辩证法"率先发现并突出地表现了出来。顺此，李泽厚对康德与马克思的联结才是可理解的，对工具本体与情感本体的区分才并非荒腔走板。就此而言，康德用 aufheben 来处理知识与信仰的"可通达"却又"不可通达"的复杂关系，当有深意，而并非偶然的无心之作。

事实上，牟宗三"从下面说上去"与"从上面说下来"的区分恰恰以极端的方式揭示了康德思想的丰富含义和内在张力：一方面，在"理论知识"中"被否定"的，在"实践知识"中却可能"受肯定"，"在思辨里面否定各种范畴超感性应用时的客观实在性，而鉴于纯粹实践理性的客体却又承认这种实在性"，"实践的知识资源"总要比"理论的［知解的］知识资源"大那么一圈，而需要"某种更多的东西"；另一方面，"同一个主体"，在经验意识中"只可承认是现象"，但又将物自身置为自己的基础，而肯定自己是"自由的主体，使自己成为本体"。② 康德对于"知识"的这种"既肯定又否定"态度，表明他既要保留数学知识、自然科学知识等所揭示的那种"自然的机械作用"，又要克服包括纯粹理性批判、自然科学的形而上学、道德形而上学等在内的形而上学知识将这种"自然的机械作用"当作唯一的原则。于是，在回答"人面对自然的机械作用时是否还能够保持自由"这一问题时，康德虽然没有同牟宗三一样让我们可以直接呈现自由，将自由当作我们的人性，但他同样给出了肯定的答案。康德认为，"经验也证实了"这一点：

---

① 康德：《实践理性批判》，韩水法译，北京：商务印书馆，1999 年，第 103、126 等页。
② 康德：《实践理性批判》，韩水法译，北京：商务印书馆，1999 年，第 3—5 页；康德：《纯粹理性批判》，牟宗三译注，《牟宗三先生全集》第 13 册，台北：联经出版事业股份有限公司，2003 年，第 31 页。牟宗三的译文"理论的［知解的］知识资源"与"实践的知识资源"，蓝公武对应译为"知识之理论的源流"与"知识之实践的源流"（第 19 页），李秋零译为"理论的知识来源"与"实践的知识来源"（第 16 页），邓晓芒译为"理论知识的来源"与"实践知识的来源"（第二版序第 20 页）。

假定有一个人，他伪称自己有淫欲的禀好，如果有可爱的对象和行淫的机会出现在他面前，这种淫欲就是他完全不能克制的：如果在他遇到这种机会的那所房屋的门前树起一座绞架，以作在他宣泄了淫欲之后将他吊在上面之用，这样他是否还不能抑制他的禀好？人们毋需费时猜测他将如何作答。但是，倘若问他说，如果他的君主以立刻将他处死相威胁，要他提出伪证以控告一位这个君主想以堂皇的口实处死的正人君子，那么在这种情形下他是否认为有可能克服他的贪生之念，而不论这个念头是多么强烈呢？或许他不敢肯定，他会这样做还是不会这样做；但是他必定毫不犹豫地承认，这对于他原是可能的。①

"禀好"之说似乎意味着，人类是身不由己的，要受其本性的控制，人类在生死欲海中煎熬翻转，就仿佛只有"单纯的机械作用"。但是，人毕竟是有生命的，生命之为生命的本性又何在呢？康德的"辩证"在于，他没有宣称我们已经明了"我们全部的本性"，而只是透过微弱的认知之光展望说：一方面，自然如母亲，则禀好"总是第一个开口的"，人们首先"会在幸福的名义之下追求它们最大可能的和最经久的满足"，由道德法则而来的自由"随后才发言"，而不得不与禀好斗争，积蓄力量来抵抗禀好，且"在这场斗争中几经失败之后"才可能养成和证明自己（这意味着在人类认识能力与人类实践决定的明慧比配中，思辨理性占据了"自然"的优先地位，人生就仿佛一场从头到尾的算计）；另一方面，自然如继母，只供给我们达到我们的目的所必需的能力而不直接满足我们的需要，则当我们要把纯粹思辨理性与纯粹实践理性联结成一个认识时，就同样不可以让两者"并列（协调）"，而必须有另外一种倒转过来的"隶属次序"，"实践理性就占据了优先地位"。②

康德总让人置身于思辨理性与实践理性这"两条路"相交的十字路口，因而"辩证"无可避免，人"必须在这双重路数中认他自己与想他

① 康德：《实践理性批判》，韩水法译，北京：商务印书馆，1999年，第30-31页。
② 康德：《实践理性批判》，韩水法译，北京：商务印书馆，1999年，第159-161、131-133页。

自己"。① 关键的问题在于，康德一方面让实践理性优先，要求人时刻准备着运用他的自由，另一方面依思辨理性来划定实践哲学的"界限"或"极限"，实际上又让思辨理性优先，把人的自然当成了另一条最高原理。因此，康德实践理性与思辨理性的"隶属次序"是虚而不实的，纯粹实践理性的动力最终来源于那种"对道德法则的敬重情感"，实质是"道德法则的意识"而非任何"特殊情感"，但它之所以又被称为"道德情感"，只是因为它一方面"否定"（不悦）自爱、自负等偏向禀好的情感，另一方面又依据法则排除抵抗、清除障碍，而等同于"肯定"（悦）自由的情感。②

康德的这种安排，让"禀好如何纳入与它们相当的范围之内"的问题成为本质性的，"权利的科学"特别是"法的形而上学原理"变得突出了，如数学一样精准地区分"我的与你的"等也就不再是一件微不足道的事情了。这一点，牟宗三无法反对。

牟宗三不满康德的地方，在于后者当然可以设置思辨理性的界限，但不必否定自由可以同禀好一样成为我们的人性。"自由自主自律的意志连同它自给的普遍法则本非经验知识所能及，亦本非一经验知识之对象，即本不在经验的事件串中，它们本非一事件，因此我们即不必以经验知识之标准去判决它对于我们人类完全不可理解、不可说明，（这太严重的措辞方式，它可以使人想到道德完全被摈于人类理性能力以外），只要说明它非经验知识所能及就够了。"③ 牟宗三甚至更加严厉地判定，"以经验知识、思辨理性底界限误移作实践理性底极限，妨碍了对于实践理性底领域之真实地开辟，使道德全落于空悬之境地中"④。据此，牟宗三认为，"康德是西方哲学家中正式开始认识道德真理之本性的人，然而亦只

　① 牟宗三译注：《康德的道德哲学》，《牟宗三先生全集》第 15 册，台北：联经出版事业股份有限公司，2003 年，第 117、120 页。
　② 康德：《实践理性批判》，韩水法译，北京：商务印书馆，1999 年，第 81 页。
　③ 牟宗三：《心体与性体》（一），《牟宗三先生全集》第 5 册，台北：联经出版事业股份有限公司，2003 年，第 157-158 页。
　④ 牟宗三：《心体与性体》（一），《牟宗三先生全集》第 5 册，台北：联经出版事业股份有限公司，2003 年，第 159 页。

是初步"，此所谓"一间未达，一层未透"。①

对于牟宗三而言，当其突破康德的界限，以自由为性时，他是否能够防范"道德狂热和过度自负"？就工夫论而言，这是在问：牟宗三如何正视和保证每个人对那种能够纳入与禀好相当的范围之内的自爱的追求？怎样通过如数学一样精准地区分"我的与你的"来成就禀好的正当性？

三 古今之变

牟宗三之所以用一生通过康德来会通中西，是因为他非常清楚地知道，"通古今之隔"而后方有可能"招彼浪子之游魂"②。这里有"数千年来未有之变局"。如何理解这个"大变局"？又如何"破局"？

先讲西方。按牟宗三的理解，17、18世纪是西方伟大系统的建设时期，光明、健康而有成就，其最高峰即是康德、黑格尔哲学。但是从时代精神上看，高峰就是下降的关键。达尔文的进化论把人与动物拉平，只以一大堆细胞视人，了无可贵。爱因斯坦的相对论改变了人们对时空的观念。叔本华、尼采出，再加上存在主义、逻辑实证主义等，古典的健康精神渐渐失去了，哲学变得纤细、纤巧，不能透出理想，变得无体、无理而又无力。于是，社会风气沉溺于科学一层论、理智一元论者，抹杀价值，摧毁理想。

中国的学问则一直重视正德、利用和厚生。正德是道德的，利用、厚生是政治的。这就开启后来儒家所谓"内圣外王"之学。因此，正德、利用、厚生即是王道，即是德福一致，即是仁智合一。这本来是"极高明而道中庸"的境界。但是，因为不能"两头双彰"，到了近现代，"中国文化生命里高明中之憾事"就变得明显了：知性领域的荒凉，影响到超知性境也因此暗淡下来。要落实、计算清楚的东西不能落实不能计算清楚，万物一体、天下大同等境遂成"虚幻的共同体"，"对于被支配的阶级来说，它不仅是完全虚幻的集体，而且是新的桎梏"。③ 中国

---

① 牟宗三：《心体与性体》（一），《牟宗三先生全集》第5册，台北：联经出版事业股份有限公司，2003年，第166、187页。

② 牟宗三：《〈历史与文化〉旨趣答问》，《牟宗三先生全集》第26册，台北：联经出版事业股份有限公司，2003年，第1003页。

③ 马克思、恩格斯：《德意志意识形态》，《马克思恩格斯全集》第3卷，北京：人民出版社，1956年，第38、84页。

文化生命迤逦下来一切毛病与苦难，都从这里得其了解，遂一方面盛行怀疑主义、否定主义、虚无主义，另一方面必有民主建国的困难。

牟宗三认为，中西双重叠加，制造出一种僵局：一方面把一切都看成物而尽量运用之，人的生命也被视为物质生命、生物生命而包括在此计算运用之列；另一方面有与此"物化"相应的时风学风下的知识分子的"僵化"，即成为寡头的理智主义，在理智运用、生活实践等方面都是平面的、一层的，成习惯的、习气的，总之归于现实主义、功利主义、自然主义，而成为精神之否定。若要破局，则需要大家发扬精神，走出虚化世界，结束虚幻的共同体，真真切切地投身到各自的社会实践之中。而发扬精神的前提，则是让这种精神放光，即把这种精神内在地阐发出来。这就需要哲学。"凡打开僵局，恢复其创造之生机，以开变化之源的，便是哲学的。"① 在此，牟宗三要求古今中西的大开大合，而有"破局"的哲学，或者说"自我否定"的哲学、"辩证"的哲学。

1. 文化的特殊性和普遍性

从具体历史看，科学与民主确实最早出现在西方。因此，很多人一提到科学与民主，就认为它们是西方的，但给出的"药方"却针锋相对：一是说中国若要发展进步，必须抛弃自身的传统文化，因为这种文化是不利于发展的，是与科学和民主不相融的；二是说中国若要发展进步，必须坚决抵制西方文明，走自己的路，绝不能沦落为西方的拉拉队。

牟宗三反驳这两种中西不相融论时说："假定认为儒家根本与科学、民主相冲突、相违反，那么就变成了定命论；而我们如果走中国传统的路，那么就永远达不到民主科学，这是定命的不能到达。"② 不"定命"，则文化恰恰就如一条流动的河。即就西方自身而言，其近代的文明也并不是恒久现成存在的，而是从"中世纪"的束缚中解脱发展而来的。这当然有一个过程。一方面，即就科学-知识的解放而言，很是不容易，甚至死了很多人，才慢慢贞定了科学-知识的永恒性、普遍性，让其成为一个真理（truth），否则如果它不是真理的话，倏忽即过，我们今天也无须

① 牟宗三：《简论哲学与科学》，《牟宗三先生全集》第 27 册，台北：联经出版事业股份有限公司，2003 年，第 10 页。

② 牟宗三：《时代与感受续编》，《牟宗三先生全集》第 24 册，台北：联经出版事业股份有限公司，2003 年，第 341-342 页。

如此重视；另一方面，西方的启蒙运动、人权运动、民族国家也不过是近二三百年间的事情，他们在以前也不清楚，发展起来更是困难重重，死了更多的人，才有今天的成就。这是行动的事情，是实践。

若就理论上分析思想文化自身的逻辑，则必须注意到文化的特殊性与普遍性。牟宗三明言："文化有特殊性，有会通性。特殊性无尽，会通性亦无尽。止于特殊性，则成僵滞。空言会通性（世界性），则不落实。"① 文化为什么同时具备此普遍性与特殊性？牟宗三认为，所有的文化都表现理想，求真爱美向善，人同此心，心同此理，大体皆然。在此心此理处，我们讲文化的普遍性。同时，此心此理虽同，但表现却不能不有分殊，不同的文化其实就是对"作为创造文化之本源"的那个"心、理之自己"的不同表现。于是便有民族气质的限制，而在特定时空中缓慢演成，便凸显出文化的特殊性。假若把某一特定文化比作一片灯光的话，那么不同的文化之间必有其交光之处。"光光相交，契合为一，此即为文化系统之世界性。每一文化系统皆有其世界性，从其气质之表现方面言，则是其特殊性。特殊性不能泯，其共通性亦必然有。文化就是这样在各尽其诚之自我表现中而向共通以前进。"②

"光光相交""各尽其诚"都是在讲文明的碰撞。也只有在文明的碰撞中，文化的特殊性与普遍性问题才彰显出来。其中不可能只有和风细雨。"中国，自鸦片战争后，才直接地、感痛痒地觉到西方另一套文化之厉害。中间的封闭线揭开了，双方直接照面。西方也敞开了，摆在我们的眼前。此后就是双方互相较量、互相了解的问题。"③ 面对这样的历史性事件，当然需要学理上的梳理和应对。划疆分治，既不可能，于理亦有未安。但假若只是笼统地讲中西合作，则如同正确的废话，意义也不大。理论要对这种中西交融碰撞的历史性事件有所助益，就必须见出它的势和理，见出普遍性。具体说来，中国当下的古今之变，正德、利用与厚生，或者说道德、科学与民主即表现出文化的普遍性。因此，就应

---

① 牟宗三：《道德的理想主义》，《牟宗三先生全集》第 9 册，台北：联经出版事业股份有限公司，2003 年，第 291 页。

② 牟宗三：《道德的理想主义》，《牟宗三先生全集》第 9 册，台北：联经出版事业股份有限公司，2003 年，第 322 页。

③ 牟宗三：《道德的理想主义》，《牟宗三先生全集》第 9 册，台北：联经出版事业股份有限公司，2003 年，第 323 页。

该把我们固有的内圣之学与西方较先表现出的外王之学提而出之，顺其自然之势而利贞之。这个时候，不用怕失去自我。"有个我在，即有个本在。殊不必特指出以何为本也，亦不必争论宜中宜西也"，融会贯通下来，势必造出个富有生机的新我来，"将不复知其为西也，亦不复知其为中也"。① 这也就是所谓面对古今中西的种种"隔"，"不可作平等观，又不可作隔岸观。如作平等观，则无所适从矣。如作隔岸观，则莫知其非矣。不作平等观，则必求其主与本；不作隔岸观，则必反而归诸己"②。

2. 中国文化的缺憾处

"殊不必特指出以何为本"，则这里所说的缺憾，并不是现成固定的缺憾，或者说本质性的缺憾，而是文化之河流淌过程中所表现的某种不足。比如说中国秦汉大一统后的君主制，一方面自比周的贵族政治高级而为进步，另一方面皇帝是一个无限制的超越体而限制了人民致其不能成为有个性的个体，绵延以至辛亥革命，终于失去了它的合理性，而为共和政体所取代。如此说来，在以往二千多年里中国终未出现民主制，当是一种缺憾，有其文化方面的原因，是因为以道德价值观念作领导而涌现出之尽心、心性、尽伦、尽制之"综和的尽理之精神"，但这并不意味着中国文化与民主政治不能共存。科学亦然。

即是说，所谓"中国文化的缺憾处"是就"现代化"而为言的。这里有时间概念，但不全是时间问题。一般而论，现代化的内容有三项：民族国家的独立（national state）、人权运动（movement of human rights）和科学–知识的解放。牟宗三在此有两个重要断言：一是说"真正现代化的本义或是原义是在民主政治这上面"；二是说"'现代化'不能超，也不能越"。③

既然现代化是不能跨过的，而显示一切文化皆有其缺憾，那么怎么办？牟宗三认为，没有什么大不了的，既然它是理性自身要求的事情，那么承认缺憾、学习赶上就行了嘛。

① 牟宗三：《论文化之合作与分治》，《牟宗三先生全集》第 25 册，台北：联经出版事业股份有限公司，2003 年，第 506 页。

② 牟宗三：《〈历史与文化〉旨趣答问》，《牟宗三先生全集》第 26 册，台北：联经出版事业股份有限公司，2003 年，第 1004 页。

③ 牟宗三：《时代与感受续编》，《牟宗三先生全集》第 24 册，台北：联经出版事业股份有限公司，2003 年，第 256、259 页。

3. 中国文化的优胜处

这主要是说以道德价值观念作领导的那种"仁文化"。道德不是一个充分条件，却是必要条件。因此，中国过去太注重道德，本身并没有什么问题。你不能因为宋明理学家没有重视知识问题，或者在现代化过程中还有人重视中国文化的德性这一面，就批评这些人。现代化不能只有科学与民主，道德过去要讲，现在要讲，将来还要讲，要随时讲。这就好比大家都想有饭吃、生活富裕，因此就必须搞经济建设。而经济要走上现代化，又必须有高度发展的科技。但同时，"仓廪实而后知礼节，衣食足而后知荣辱"，还需要教化，需要文化建设。否则，不讲文化，人道没有了，人的生活就没有了，美好生活就更谈不上了。在这个意义上，牟宗三强调道德是一个永恒常在的问题，而非现代化的问题："道德是一个普遍的问题，是个永恒的问题，是个基本条件；舍却道德什么事都做不成，科学也罢，民主政治也罢，都没意义了。"①

4. 大开大合

无论是文化的特殊性与普遍性还是中国文化的缺憾处与优胜处等，都一定是通着历史才可以得到规定的。因此，所谓"大开大合"必须有一个较长的时间段，而非一个短的时期所能急切完成的。当然，只是时间长还不足以成为大开大合。"大"之所以为"大"，还需要有特别的新内容，或者说异质的东西的加入，这也就是在所谓"歧出"、"转大弯"（转得很远）、"自我否定"等"大开"之后，才有所谓"大合"。在文明的碰撞中被"否定"并不是一件令人愉悦的事情，人们当然是不愿意被别人征服的。但是没有人愿意以不再长大为代价免除成长的烦恼，历史的演进有它铁的规律，有其势，定要逼迫如此，没有别的选择。因此理性做法是把这种"否定""歧出""转大弯"变成自我成长的手段，"消化""吸收"异质的东西以长成自己的身体。②

有没有一种可能，不通过"歧出""转大弯"便能够长久地保持一种文化呢？我们知道，中国历史上很早就有了"同姓不婚"的传统，除

---

① 牟宗三：《时代与感受续编》，《牟宗三先生全集》第24册，台北：联经出版事业股份有限公司，2003年，第253页。

② 牟宗三：《讲南北朝隋唐佛学之缘起》，《牟宗三先生全集》第27册，台北：联经出版事业股份有限公司，2003年，第268页。

政治的、伦理的诸多原因外，经验和后来遗传学知识等都证明了这一传统的正当性。人类的繁衍是这样，文化的传承同样是这样。众所周知，文化是生活的样法，一定会涉及工夫的路径和修行的教路。在这种情况下，一味"守住自己"恰恰就可能变成"消灭自己"，因为文化不是雌雄同体生物，它一旦封闭成了习惯，就会顽固、排他，顽固、排他之后只能"近亲繁殖"了，而"近亲繁殖"的结果只能是"其生不蕃"。在这种情况下，牟宗三所谓"大开大合"便是以"教下名理"来守住自己，以"哲学名理"来开放自己，从而实现"开"与"合"的辩证运动。①

这种大开大合，牟宗三又名之曰"内圣开出新外王""良知坎陷"，亦名之曰"三统并建"（道统之肯定、学统之开出与政统之继续）等，而特别强调今天的中国文化必须有一种自觉意识，从"天人合一""仁智合一"的那种"绝对形态"中"解放"出来："认识形态既须从圣贤人格的独体形态中解放，又须从政治实践中解放，而为一有其自身之独立性与客观性的独立形态。其从圣贤人格的独体形态中解放，是一个本末的转出关系；其从政治实践中解放，是一个并列的对立关系。这两步解放，名曰道之客观表现上之'大开'。有此大开，则在整个社会文化上，即有其'大合'。"② 非如此，则道德的形上学不成。

四　泰然任之

所谓泰然任之，有道家的洒脱、自在、无待、逍遥等意味，而能从主观上讲出一套"境界形态的形而上学"；也有儒家的一切都是尽其在我、自尽其性、成就真正人格的意味，而能从存在上讲出一套"实有形态的形而上学"。

就"境界形态的形而上学"而言的泰然任之，是一种自信。从否定方面看，文明冲撞、文化融合中当然会有成败利钝、上下沉浮等问题，但文化不可以被打败。"文化是自己努力的事，是有弹性的，是随时滋长

---

① 牟宗三：《天台宗在中国佛教中的地位》，《牟宗三先生全集》第 27 册，台北：联经出版事业股份有限公司，2003 年，第 294 页。

② 牟宗三：《道德的理想主义》，《牟宗三先生全集》第 9 册，台北：联经出版事业股份有限公司，2003 年，第 146 页。

壮大或转形的。"① 因此，只要不自失信心、自丧灵魂，即所谓"自败"，那么文化上的成败利钝、上下沉浮等都是暂时的，都不能算一败涂地，都还有复兴的时刻。从肯定方面看，人之所以为人、人类之所以为人类，必然不只有作为工具手段被利用的价值，必然还有其自在的目的和意义。"大家总要承认每一件事每一种生活，都有其内在的价值。总要从自性上看天下事。"② 从自性、内在价值看文化，则只要其人不尽数败灭，那么增加一些或减少一些东西，中国文化依然是中国文化。

就"实有形态的形而上学"而言的泰然任之，是学问和工夫的合一。既然文化有其自性和内在价值，而我们对于我们的文化也有绝对的自信，那么余下的就只是低头拉车、认真做事了。在牟宗三看来，一切认真做事均是知行合一，既是学问也是工夫，既是文化也是文明，但可依"顺"与"逆"的不同而区分为"科学"与"哲学"两大类。"科学、哲学皆直接之学。面对事实，一直追去，此科学之本性也。逆而溯其本，反而会其通，验之心身，当下取证，此哲学之所为。古人云：'顺之则成天成地，逆之则成圣成贤。'科学是顺其顺而察其末，哲学是取其逆而造其本。"③

泰然任之至知行合一处，实已经说尽，虽有所谓本末，但就其唯可期乎各人以自成而言，则"殊不必特指出以何为本"。因为期乎各人自成，那么科学与哲学、顺守与逆取、知识与德性等势必寂天寞地打并为一，即践履以成。但若就思辨来说，则又势必引发一问："其范围与方向俱有不同"④ 的逆、顺两学，是如何合一的呢？假若"逆者或是彻底反

---

① 牟宗三：《道德的理想主义》，《牟宗三先生全集》第9册，台北：联经出版事业股份有限公司，2003年，第326页。

② 牟宗三：《大难后的反省——一个骨干，〈历史与文化〉代发刊词》，《牟宗三先生全集》第26册，台北：联经出版事业股份有限公司，2003年，第1000页。

③ 牟宗三：《〈历史与文化〉旨趣答问》，《牟宗三先生全集》第26册，台北：联经出版事业股份有限公司，2003年，第1008页。这里的"科学"已经包摄学统与政统了。在这里，科学与民主是独立的系统，但相对于道统而言都是形下的，一体而又不可以区分出不同的关系。就内容条件而言，科学知识与民主政治都需要知性精神，科学精神首出。就形式条件而言，缺乏民主政治这一条件，科学知识的事业无法健康发展。因此，牟宗三有时候是科学包着科学民主说，有时候却是民主包着科学民主说。

④ 牟宗三：《简论哲学与科学》，《牟宗三先生全集》第27册，台北：联经出版事业股份有限公司，2003年，第9页。

这些东西，如墨家之法夏绌周；或根本忽视这些东西，如道家之返朴归真"①，那么逆、顺形同水火，又怎能合一呢？

这就又回到了这一章的主题。即是说，牟宗三所谓良知坎陷、内圣开出新外王、自我否定等，在践履上绝不是道德自上而下地"彻底反对"或"根本忽视"知识，在思辨上也当有"自上而下"与"自下而上"的辩证与循环。这又必就作为古今会通之桥梁的康德而为言，它是牟宗三的一贯之论。

1954 年，牟宗三在总结自己了解康德的经过时说："对于认识心全部领域之考察，一方充分展露出认识心自身之系统与成就，一方亦显示出一部道德形上学之必须。这界线以及转折处，十分清楚。康德已尽了大部分责任，然犹未十分透也。康德有三大批判。吾人承之而发展，则不必再如此，只须一部《认识心之批判》与一部道德形上学，即足矣。"② 认识心的系统，对应政统及学统，属于外王之学、知识之学，背后的精神却都是科学。道德形上学，对应道统，是内圣之学、德性之学或成人之教，也可称为哲学。牟宗三先顺康德，区分了顺守的科学与逆取的哲学，而承认康德在两者之间设立的"界线以及转折处"。但同时，牟宗三又要打破这"界线以及转折处"，变康德的"设准"为"设准"和"定然呈现"的两属："从思辨上，可以说为设准，这是理论地证明其必然，即有此设准；但是从践履的工夫上（儒者所谓圣贤工夫），则不是设准，而是'定然'，这是由践履上证实其彻底呈现。"③

这至少意味着两点。其一，后来《现象与物自身》的"两层存有论"是再也自然不过的事情，是《认识心之批判》的一种顺成。其二，两层存有论不能只理解为"从上面说下来"，而实有一"从下面说上去"作背景，正如黑格尔的"辩证的综合"在后而实以康德的"超越的分解"为背景。

当然也必须承认，以牟宗三 60 岁的《心体与性体》为界，他后来确

---

① 牟宗三：《墨子》，《牟宗三先生全集》第 27 册，台北：联经出版事业股份有限公司，2003 年，第 30 页。

② 牟宗三：《我了解康德的经过》，《牟宗三先生全集》第 27 册，台北：联经出版事业股份有限公司，2003 年，第 45 页。

③ 牟宗三：《道德的理想主义》，《牟宗三先生全集》第 9 册，台北：联经出版事业股份有限公司，2003 年，第 143-144 页。

实增强了"从上面说下来"的分量，而对"从下面说上去"这方面讲得不多，尤其是在其专著中。无论是《智的直觉与中国哲学》《现象与物自身》《佛性与般若》还是《圆善论》等，"从上面说下来"的味道都很浓，都在念念不忘变康德的"设准"为"呈现"。其实，关于这方面的情况，牟宗三在1977年有一个说明，承认自己后来确实讲得不多：

> 虽是讲得不多，亦是以这个纲领为背景而重新地收敛回来，对各个阶段的学术做一内在的了解。当我们对各个阶段的学术做内在的了解的时候，其精神是要收敛回来的，这是要下功夫的。当我们说以上所说的那些道理的时候，由于那是属于历史文化的问题，所以精神是发扬的，但总不能永远发扬，因此必须要把精神收敛回来。①

牟宗三在此论说得十分清楚：自下而上地追求科学与民主"属于历史文化的问题"，这个工夫意义的"泰然任之"是一切"从上面说下来"的"道德的形上学"的"背景"，后者之所以要收敛精神而做内在的了解，只是为了照亮这个"背景"。

这种少与多、发扬与收敛、历史文化与学术研究的辩证法，是走出牟宗三政治哲学迷宫的唯一路标。

---

① 牟宗三：《讲南北朝隋唐佛学之缘起》，《牟宗三先生全集》第27册，台北：联经出版事业股份有限公司，2003年，第277页。

第二章 幸福生活与配享幸福：
财产问题（上）

> 万能的上帝啊！我的内心完全暴露出来了，和你亲自看到的完全一样，请你把那无数的众生叫到我跟前来！让他们听听我的忏悔，让他们为我的种种堕落而叹息，让他们为我的种种恶行而羞愧。然后，让他们每一个人在您的宝座前面，同样真诚地披露自己的心灵，看看有谁敢于对您说："我比这个人要好！"
>
> ——卢梭《忏悔录》

> 政治本来就是凡夫俗子所作的事情，非凡人物想在这里出花样、出精彩、出噱头，老百姓一定遭殃！
>
> ——牟宗三《汉、宋知识分子之规格与现时代知识分子立身处世之道》

本章所谓"财产问题"，是要讨论作为道德的形上学家的牟宗三是否在强调配享幸福的同时也承认"没有形而上学高度"的财产的基础性地位，其政治哲学是否也关注幸福并将财产神圣不可侵犯作为本质之一环。

上一章已经证明，"从上面说下来"的牟宗三同样特别重视知识、思辨等，总有"从下面说上去"的背景，而绝非凭借悦来一悟，"日夜闭目合睛，妄托冥契以蹈空"者，其"自上而下"的工夫只有在开启了"自下而上"的工夫的时候才能够远离一切虚妄。接下来这两章承接上文先行刻画的牟宗三政治哲学的复调结构，在"上"的"心性"与"下"的"国家"的循环往复和永恒轮回中，揭示并强调：对知识、思辨的重视，落实在工夫上，必有通过在"下"的"财产"来实现在"上"的"自由"这一环。

正视财产，原是哲学的本义，更是牟宗三政治哲学无法回避的。

1985 年 7 月，牟宗三出版了《圆善论》一书。在序言中，牟宗三随康德追溯了哲学的定义，认为哲学依西方古义为"圆善论"，依中国传统就是所谓"教"，它"一方固是'爱智慧'（哲学一词之原义），一方亦是'爱学问'，'爱一切思辨的理性知识'。'爱学问'就是使'爱智慧'成为一门学问，有规范有法度的义理系统，这就是所谓'智慧学'"。① 这里的关键问题在于，若哲学之为实践的智慧论或圆善论，则哲学不但要有洞悉"圆善"并衷心对之感兴趣的智慧，而且要有追求"圆善"的知识、学问和具体路径。因此，爱智慧必涵着爱学问，爱学问必涵着爱一切思辨性的理性知识，要求能够如数学般精确地去追求和实现圆善。因此，虽然牟宗三在这里强调"圆教"与"圆善"的内在关联，突出王龙溪的"四无"及生命的感应、悟道的端绪、感触的大小等，并不采取层层分解强探力索的方式讲，却又借熊先生来强调真正可走的道路只有下学上达："为学进德勿轻忽知识，勿低视思辨。知识不足，则无资以运转；思辨不足，则浮泛而笼统。空谈修养，空说立志，虚馁迂陋，终立不起，亦无所修，亦无所养。纵有颖悟，亦是浮明；纵有性情，亦浸灌不深，枯菱以死。知识思辨之外，又谓必有感触而后可以为人。……知识、思辨、感触三者备而实智开，此正合希腊人视哲学为爱智慧爱学问之古义，亦合一切圣教之实义。熊先生非无空灵造极之大智者，而犹谆谆于下学！"② 因此，《圆善论》以《孟子·告子篇上》的"生之谓性"和康德的"基本恶"开篇，亦可谓"谆谆于下学"矣。

说知识、思辨相对于成德是"下学"而归于哲学，尚易理解。把以"生之谓性"与"基本恶"开篇同样理解为"谆谆于下学"，则需要稍加说明。按哲学的古义，知识、思辨、感触均对生命而发，不是空言浮泛只有一边的"德福之诡谲的相即"，而恰恰是要处理如何在承认"个人幸福"的同时又能达至"德福一致"的问题。"假如我们只取道德义，这是一边的，不是圆满的。圆满的善一定是在道德以外，还有另一成份，这就是幸福。圆满的善必须是'德''福'两成份合起来，成一完整的善。这才可称为圆满。"③ 如此说来，以"生之谓性"与"基本恶"开

---

① 牟宗三：《圆善论》，《牟宗三先生全集》第 22 册，台北：联经出版事业股份有限公司，2003 年，序第 7 页。

② 牟宗三：《圆善论》，《牟宗三先生全集》第 22 册，台北：联经出版事业股份有限公司，2003 年，序第 16 页。

③ 牟宗三：《圆善论》，《牟宗三先生全集》第 22 册，台北：联经出版事业股份有限公司，2003 年，第 331 页。

篇，正是注重居下的"气性"或者说"气质之性"，而要求对人的 Self-love（自私自利、自我爱重）有一个认知和安排，方能成就"德性"。这当然是"分别说"的"下学"了。

正视幸福，认知、思辨以求之，科学、民主以求之，则必须讨论财产。

1983年12月，牟宗三发表《中国文化大动脉中的终极关心问题》一文，针对近代知识分子误解儒家的"大同"与"天下为公"理想而总把私有财产与自私联结在一起都说成是罪恶这一情况，特别指出："私有财产与自私是不一样的。自私是罪恶，私有财产是人格尊严的一道防线。"[1] 1989年7月，牟宗三在《论世运、论时局》一文中，对于这方面的内容也有两点重要论述。一是说儒家传统并不以个人幸福、私有财产为旨归，而必结穴于个人成德、社会福利，但也一定承认私有财产，所以有上下两层。"一是形而上的，一是形而下的。儒家讲道德意识，讲人品，第一步先从道德讲起，建立主体，道德主体是形而上的，但这并不表示否定现实上财产的价值，只不过财产是末，而本在道德。儒家说王道，孟子所谓'内无怨女，外无旷夫。'大家都有饭吃，'老者安之，少者怀之。'儒家并不是要天下人作圣人……所以我们现在一定要肯定私有财产。尽管中国过去没有私有财产神圣不可侵犯的观念，但也是承认私有财产的。"[2] 二是说这上下两层的关系在理论上是实践理性优先，建立形而上的道德主体是第一位的，但在工夫实践上却一定是自下而上的，第一步先得重视经济问题、财产问题，唯其如此，哲学才是实的。"我们生活在现实世界中，第一步是经济，第二步是科学，第三步是道德宗教。哲学是对此三层作反省，哲学是空的。哲学不是第一序（basic order），经济、科学、宗教才是实的……要生活在第一层的人才能作中流砥柱，例如老百姓（农民）拿农产作农业社会的砥柱；商人拿货物在互易有无的世界中作砥柱；知识分子以理性的、定常的信念作生活的砥柱，这才是落实的人。"[3]

① 牟宗三：《时代与感受》，《牟宗三先生全集》第23册，台北：联经出版事业股份有限公司，2003年，第434页。
② 牟宗三：《时代与感受续编》，《牟宗三先生全集》第24册，台北：联经出版事业股份有限公司，2003年，第397页。
③ 牟宗三：《时代与感受续编》，《牟宗三先生全集》第24册，台北：联经出版事业股份有限公司，2003年，第398页。

迄今为止，学界对于牟宗三政治哲学的研究主要是沿着"自上而下"的道路进行的①，因而绝少关注财产问题②，间或有提及者也是批判

①　李明辉在《儒家与康德》一书中收入的第五篇论文《从康德的"幸福"概念论儒家的义利之辨》与这里讨论的问题关系紧密。不过李先生同样是沿着"从上面说下来"的路子前行，他甚至比牟宗三本人还要强调"无限智心"的至上地位，强调"义"与"利"的那种"原则性区分"。先生的基本观点是："既然公利与私利之划分并无绝对的标准，则说孟子所轻之'利'只是私利，便无多大的意义了。""义利之辨是基本的、原则性的区分，公利与私利之分至多是由此衍生出来的区分，两者并不在一个序列上。"先生的目的是把"义"与"利"拉开，以区分"道德"与"幸福"的间隔层次："如果我们不承认'义'有独立于'利'以外的标准，则纵然我们坚持以公利为标准，亦无法使个人底福祉与权利免受侵犯。因为只要我们将一切都看成'利'底问题，统治者便可在集体利益之名义下要求个人牺牲其利益与权利。义利之辨是防止极权主义的最后防线；这道防线一旦撤除，统治者便可凭任何藉口将其私欲合理化。"对比李明辉"义利之辨是防止极权主义的最后防线"与牟宗三"私有财产是人格尊严的一道防线"两说，能够清晰地看到一些共同的关切，但两者在方向上却恰恰是相反的。后者让每个人为自己负责，前者让"义"独立于"利"，固然能够防止"集体利益"对于"义"的冒名顶替，却无法防范统治者直接以"义"的名义要求个人牺牲其利益与权利。就此而言，牟宗三的理论更加中肯一些。当然，李明辉也并非对"从下面说上去"的道路全无所觉，在文章倒数第二段的最后，李先生也带了一句："孟子要求齐宣王将私利普遍化，扩展到他人身上，使之成为公利。这与康德对自身幸福与他人幸福底关系的看法何其相似！"参阅氏著《儒家与康德》，台北：联经出版事业股份有限公司，1990 年，第 154、155、151、194 页。

②　一个非常有趣的现象是，争论的双方都把牟宗三视为单纯的"从上面说下来"者，因而一般不会看见牟宗三对财产问题的讨论。例如，汤忠钢在他关于牟宗三政治哲学的专著中宣称牟宗三政治哲学已经出局了，因为牟宗三只是单纯"从上面说下来"："道德理性的优先和中心地位实质上并不可能给政治理性和政治科学以真正的独立存在空间，道德中心论下的政治哲学最终只会是'良知'所表演的圆周游戏。良知权能的一再扩大，价值理性的过分高扬，最终必会严重抑制知性精神和工具理性的充分展开，从而使科学民主的独立性在其哲学系统中很难得到真正的落实。"汤忠钢接着批评说："牟宗三和其他新儒家一样不可说服地固执着这样一个基本点：只有那些通过道德实践而亲体实证了本体和心体的人士才能作为文化和政治生活中绝对的权威和指导者。这显然是一种与现代'去精英主义'的世俗化大潮流不相适合的。超凡入圣毕竟是难得，为数很少而且也不可确切检验，这就不免容易滑入贤人政治和一元论的独断主义。"安靖如（Stephen C. Angle）不同意余英时、墨子刻、王大德、汤忠钢等人的"自我坎陷在牟宗三的整个理论中出局了，没有任何实际的意义"的判断，而要为之辩护，但同样认为牟宗三只是单纯"从上面说下来"："牟宗三并未对自我坎陷的具体含义予以充分说明。这些具体含义（比如宪法、特定的法律与权利等等）如何从自我坎陷的普遍要求中产生出来，他也没有告诉人们任何细节。"安靖如相信，"自下而上"的良知坎陷"远远超出了牟宗三所表述过的"，那是自己一本书的主题。王堃则敏锐地指出，安靖如借牟宗三的"自我坎陷"之名来实行自己的"坎陷自我"之实，实际上是以一种外部的"反向坎陷"来增稠牟宗三的"自我坎陷"。参阅汤忠钢《德性与政治：牟宗三新儒家政治哲学研究》，北京：中国言实出版社，（转下页注）

牟宗三在这方面有所不足[①]。于是，为了回应良知的傲慢、变魔术、现代巫术、独断论、悬空高蹈不与实际生活发生影响等众多批评，在牟宗三之外以"外王→内圣""反向坎陷"来超越牟宗三的"后新儒学"[②]，似乎也就成了必然的选项。本章从财产问题的角度考察牟宗三的相关论说，以证明牟宗三并不只有所谓高蹈不实的"心性儒学"，其新儒学蕴涵丰厚，视角多维。事实上，牟宗三新儒学注定就是政治哲学，而不能不在国家对私有财产的态度（以及在此基础上的诸多法权）与个体心性的养成之循环冲撞中行进。马克思的"物质国家"与牟宗三的"心性国家"在这里相遇了。这中间有着一种古今之辨，是那个时候的共识，而应当为今天的中国学人所秉承和发扬。

（接上页注②）2007 年，摘要第 5 页；安靖如《牟宗三论自我坎陷：诠释与辩护》，载王中江、李存山主编《中国儒学》（第七辑），北京：中国社会科学出版社，2012 年，第 484 页；安靖如《当代儒家政治哲学：进步儒学发凡》，韩华译，南昌：江西人民出版社，2015 年；王堃《反向坎陷：当代儒家政治哲学的一种方法——评安靖如的"进步儒学"》，《烟台大学学报》（哲学社会科学版）2014 年第 1 期。在这里，同林安梧所谓"道的错置"一样，大家都把牟宗三视为单纯的"从上面说下来"者，而要求从"外部"补入"自下而上"的部分。

① 例如，杨泽波在批评牟宗三坎陷论"从上面说下来"的"方法缺陷"时就指出："仅仅以道德理性的优先性说明坎陷，只能说明要开出科学和民主必须大力发展理论理性，但这种讲法对于科学是可以的，对于民主就不完全适应了。发展民主不仅要有理论理性，更要关注经济利益，注意恶的问题。只有这样人们才能增强权利意识，发展法权观念，成为独立的政治存在，为开出民主打下坚实的基础。"其实，重视文献的杨老师已经注意到牟宗三坎陷论"自下而上"的经验上升面相，却认为"这些讲法主要是在一些讲演中提到的，虽然可以视为对'外王三书'的一个补充，但大多不够系统，也很难谈得上深刻"，并引用李荣添（"只有发展经济，促进生产力才有着这个基础的条件，而辩证的综合之真正曲折性就在这里"）、颜炳罡（"经济的分析为他［指牟宗三——引者注］有意避开了"）、张灏（"外王思想的局限是与内圣思想的偏颇有密切的关联"）等人的观点，强调要依据三分法，"必须首先保证人有独立的经济地位"，"向下发展认知一层，更要发展最下面的体欲一层"。参阅氏著《坎陷论》，《贡献与终结——牟宗三儒学思想研究》第一卷，上海：上海人民出版社，2014 年，第 244、154–160 页。

② 林安梧：《从"外王"到"内圣"：以"社会公义"论为核心的儒学——后新儒学的新思考》，《西南民族学院学报》（哲学社会科学版）2001 年第 2 期；林安梧：《"内圣"、"外王"之辩：一个"后新儒学"的反思》，《天府新论》2013 年第 4 期。

第一节　农村问题

牟宗三不是一个书呆子。他有着强烈的现实关怀，洞察事实，建构理论。这合乎哲学的本义。牟宗三 20 世纪 30 年代对农村问题的研究，固然有着时代的印记，与当时的社会现实息息相关，但同时也是牟宗三政治哲学"内在的"重要环节。

然而可惜的是，牟宗三有关中国农村问题的研究几乎没能进入研究者的视野。值得注意的是，彭国翔 2006 年即有长文考察牟宗三对中国农村问题的研究，可谓开了先河，但他把这种研究归于"哲学之外"[1]。就一般的哲学定义而言，这是有道理的。可能正是因为如此，后来的牟宗三研究者仍然没能足够重视这个问题。这里从确保私有财产的角度对牟宗三的农村问题研究进行重新审视，一方面强调它同样是"哲学的"，另一方面证明它是"良知坎陷"的本质一环。

一　占有土地

如何才能占有一块土地？牟宗三认为，这需要考虑五个原则，这五个原则是认识中国（尤其是华北）的农村经验的关键。

第一个原则："家庭单纯的对于土地发生关系"。

牟宗三认为，"组织社会的基本团体是家庭"，家庭"是经济关系中的组织细胞"。这是就历史而为言。在一定意义上，最初所有的人都是共同占有地球上的土地，而地球足够大，足够大家去占有，即便是在氏族分裂为众多的家庭的情况下，很长时间内也是如此。在这个地方，牟宗三讲"家庭单纯的对于土地发生关系"：

> 在经济关系不复杂、生产力生产方法不扩张的时候，这些组织细胞间的经济关系常是十分外在的、表面的。他们只与自然的土地

① 彭国翔：《牟宗三早年对中国农村问题的研究》，台湾《清华学报》2006 年第 36 卷第 1 期。作者强调："考察牟宗三 1930 年代对于中国农村问题的研究，既可以使我们了解牟宗三思想历程的一个重要环节，从而认识牟宗三在哲学之外其他方面的关怀和成就，还可以扩展我们对于三〇年代中国农村研究及其相关问题的认识。"

发生密切的关系，以期达到生产收获的目的。目的一达，他们便可以掩柴扉，不出头，各扫门前雪，老死不相往来。这是简单的农业社会必有的现象。①

第二个原则："土地的自然分配"。

这是第一个原则的直接延伸，再次确认原始先民以家庭为单位，只要通过劳动，就能够独立占有一席之地，然后传承下去：

　　　　土地的供给，于人们是公的、无偏向的；只是经过了各家庭的祖先的占有开垦的劳动的施与，它才成了私的、特属的。各家庭的祖先将其由劳动所变成的、私的、特属的土地，按其子孙之多少，均匀的分配之。劳动力大的祖先，耕种力广的祖先，其所属的土地将也比较的多。但是，人们的劳动力有限度的并且是相若的，其耕种力也是有限度的并且是相若的。超过了他的劳动力，超过了他的耕种力，那土地便成为无用的。因此在原始土地的占有将是不差上下的。以此不差上下的土地均匀地分给他的子孙，将也是不差上下的。这叫做自然的分配。②

第三个原则："土地的盛衰分配"。

以上两个原则指出了对土地的田园诗式的占有，均匀、和谐，因而是否私有也意义不大。从第三个原则开始，就有了财产多寡的差异，土地出现流转：

　　　　只是在有些子孙只消费不生产的时候，才有悬殊的情形发生。只消费不生产的子孙，虽有地租的供给，也会坐吃山空的。穷了，把祖宗的遗产转卖给另一部分人。另一部分人富了，其子孙也会给他坐吃山空的消解了，而另转卖他人。这种转来转去的分配法便叫

①　牟宗三：《中国土地分配与人口分配之原则》，《牟宗三先生全集》第 26 册，台北：联经出版事业股份有限公司，2003 年，第 777 页。

②　牟宗三：《中国土地分配与人口分配之原则》，《牟宗三先生全集》第 26 册，台北：联经出版事业股份有限公司，2003 年，第 778 页。

做盛衰的分配法。①

第四个原则："社会力的分配"。

牟宗三的前两个原则并不是严格地描述历史事实，而只是分析占有土地的某种可能性或者说影响到土地分配的某种因素，因而也就不会有美化历史的嫌疑，否则便只是一则马克思所批评的"经济学中关于原罪的故事"②。第三个原则也有类似境况。事实上，盛衰的分配已经涉及家庭的能力或者说个人的才性，宽泛意义上的"恶"的问题也就出现了。换句话说，道德上的善恶与土地占有的大小、财产的多寡等有着本原性的内在关联，并且善恶的层级也随其大小多寡的数量而发生变化。在社会力的分配处，善恶对立更加显豁。牟宗三借武仙卿的《魏晋时期社会经济的转变》一文来指明这种与善恶相随的土地集中、阶级分化和贫富差距：

　　这时大集团的形成，有三种原因：一是因为税役烦重，自由农民离村避役，离村以后成为流民，流民或自相屯聚而成部落，或投靠豪强以作佃客。二是奴隶欲得身体的解放，脱逃主人而为流民，再依庇于豪强保护之下。三是因为社会的纷乱，弱小的地主，自己不能防御暴乱以保护自己的财产，不得不依大族与有力团体的庇护，同时无地可耕的贫民，也愿向大土地所有者要求土地耕种，有力者之得到贫弱的依附，遂形成大集团组织的形式。这集团的组织，造出贫弱对富强的附属关系，在身分一方面成为部曲或佃客，在生产一方面，小土地归于大地主支配之下。依附的人民由自由的地位沦为半自由的农奴，被依附的豪强就变成了封建领主。所谓大集团的形成，不外四种形式：（一）流民之相聚，（二）宗族之相聚，（三）部曲之招引，（四）贫弱之依附。③

---

① 牟宗三：《中国土地分配与人口分配之原则》，《牟宗三先生全集》第 26 册，台北：联经出版事业股份有限公司，2003 年，第 778 页。

② 马克思：《资本论》第 1 卷，《马克思恩格斯文集》第 5 卷，北京：人民出版社，2009 年，第 820 页。

③ 牟宗三：《中国土地分配与人口分配之原则》，《牟宗三先生全集》第 26 册，台北：联经出版事业股份有限公司，2003 年，第 778-779 页。

第五个原则："政治力的分配"。

这是政治对于土地占有的直接影响，牟宗三认为也可以区分出四种形式："（一）帝子神孙的皇庄，（二）官僚的食田，（三）宗教的寺院（譬如佛）与祭田（譬如孔），（四）行军时的屯田。"① 牟宗三对这四种形式分别进行了说明，并且特别针对当时的一些具体事例，强调"开明的国家当把这些东西根本除消"：

> 戴院长修庙念佛，这至少于寺院的除消上有很大的障碍；近来的尊孔，于圣裔的祭田又给了法律上的保障与维持。刘珍年治胶东时，拉了不少的寺院，和尚道士一度恐慌；至韩复榘手里，和尚们又重新双手合十了。②

以上五个原则作为支配中国土地分配的原则，其种种形式不必整齐地都在现代发生，但是或多或少地能影响到土地占有的现状。牟宗三总结其后果说：

> （1）家庭单纯的对于土地的关系：因此关系，不易有其他经济上的条件使穷富过于悬殊，使土地分配超于极端。
>
> （2）土地的自然分配原则：按此原则，无穷富之悬殊。
>
> （3）土地的盛衰分配原则：按此原则，有穷富之悬殊。
>
> （4）土地的社会力的分配原则：按此原则，易造成私人地主与庄园。
>
> （5）土地的政治力的分配原则：按此原则，不但能造成私人地主或庄园，而且也容易造成特殊式的公有地主或庄园。③

牟宗三讨论的重心是随着土地占有多少而来的贫富差距和阶级分野。

---

① 牟宗三：《中国土地分配与人口分配之原则》，《牟宗三先生全集》第26册，台北：联经出版事业股份有限公司，2003年，第779页。

② 牟宗三：《中国土地分配与人口分配之原则》，《牟宗三先生全集》第26册，台北：联经出版事业股份有限公司，2003年，第779页。

③ 牟宗三：《中国土地分配与人口分配之原则》，《牟宗三先生全集》第26册，台北：联经出版事业股份有限公司，2003年，第783页。

因此，在讨论了土地分配的五个原则后，牟宗三紧接着关注家庭、人口随土地占有大小多寡而发生的变化。牟宗三注意到了家庭的自然的分化、伦理的分化等，但更加强调"变态的人为之力"对于阶级分化的直接作用。这种变态之力就是前述的支配土地分配的社会力与政治力，它们让人们日益分裂为穷与富两个极端的阶级。或许，这才是道德上的善恶的最初来源。牟宗三设想，开明国家、善治也就是要对付这种"变态的人为之力"。但或许是因为这篇文章的重点只是分析问题而并不在于给出解决方案，牟宗三以陈述句而非问句的形式提出了善治"应当怎样"的问题：

> 社会政策就是如何对付这两极端的阶级而使之消灭，并发展安定那按常规走的一般自耕农。开明国家应当怎样安定社会的秩序，并措施合理的政治举动，以期消灭社会力与政治力所造成的悬殊分配。①

关于究竟应该怎么办的问题，下文再论。这里要强调的是，围绕占有土地问题，除过这五个原则之外，牟宗三还讨论了生产方式、生产关系、社会形态等方面的内容。关于生产方式，牟宗三有如下论说：

> 生产方式就是如何去生产的问题。此又与制度稍微不同。制度可以是知识阶级的理想，可以是政府的策划，可以是关于地权分配的整顿、分配的形式，而不关于生产问题，尤其不关于生产方式问题。如是，生产方式只限于生产方面的如何生产，其范围稍侧狭而具体。如是，在历史上，耦耕的藉田制，换土易居的爰田制，一亩三圳的代田制，可以表示出一种生产的方式来，而井田制（或有或无，都无须论），董仲舒的限田制，王莽的王田制，西晋的占田制，后魏的世业口分的均田制，以至宋之不能行均田藉均税以均田，直至王安石的方田之均田制，至最近等等制度，都是关于私有下的土

---

① 牟宗三：《中国土地分配与人口分配之原则》，《牟宗三先生全集》第26册，台北：联经出版事业股份有限公司，2003年，第782页。

地分配问题的，都不能看出一种生产方式来。它们是土地制度而不是生产方式。土地制度可以愈行而愈远，名目百出，而生产方式则常握在实际耕种的农民手里，它总是顽固的为能力为时代所支配，急也急不得，快也快不得的。土地制度纵然当其生效时能影响了生产方式，但其对于地权的分配，人与人的关系有直接的影响，而对于生产方式却无直接的影响；即是说，有时土地制度改变了，而生产方式却并不能随之而改变。同样，生产方式改变了，土地制度也不一定随之而变。①

在这里，牟宗三借"生产方式"来强调生产"能力"，而把这种"能力"与"制度"区分开来。"制度"不光是土地分配制度，还有其他，在此牟宗三又把"生产方式"与"生产关系"区分了开来：

> 生产关系是法律政治所表现的生产制度，如地权关系、雇佣关系等便是。而生产方式仍纯是经济上的范畴，它是凝固在活动的生产过程中的。②

当然，牟宗三并不是一味区分，也有综合研究，即对于"社会形态"的讨论。社会形态问题与马克思的唯物史观联系更加紧密，且等后文具体展开论说。这里要强调牟宗三对"两头"的看法。

一头，是土地如何由公有转为私有。牟宗三认为，"桃源式的典型公田制"有"（1）土地公有；（2）籍而不税；（3）自足经济"等三个特性，③ 必然随着社会力、政治力等的作用而发生改变。其中，鲁宣公十五年的"初税亩"是一个重要关节点：

> 税法的改变，在公田制上起了很大的变化，并因此而启示出公

---

① 牟宗三：《中国农村生产方式》，《牟宗三先生全集》第26册，台北：联经出版事业股份有限公司，2003年，第801页。

② 牟宗三：《中国农村生产方式》，《牟宗三先生全集》第26册，台北：联经出版事业股份有限公司，2003年，第802页。

③ 牟宗三：《从社会形态的发展方面改造现社会》，《牟宗三先生全集》第26册，台北：联经出版事业股份有限公司，2003年，第700页。

田制崩溃的征兆。私有财产，商品经济，税物的改变，将完全由此萌芽而长成。①

另一头，是按照这种情况继续走下去中国是否能够发展出资本主义。有一种观点认为"自鸦片战争而后，中国已入资本主义的初期，已成为资本主义的生产方法"。牟宗三则认为这种见解"甚属笼统"，"并不可靠"，中国并不可能从农业的生产方法上经由富农的经营与商品生产以进入资本主义社会：

> 富农虽然可以达到资本主义的生产方法，然而现在中国的富农却担负不起这个责任。换言之，资本主义虽可由富农经营得其朕兆，然而在现在的生产方法、生产工具至土地分配之下，却不容易达到。在这三个条件未改变之前，富农纵然有好多马匹、好多耕牛、好多佃农，也不能算是资本主义的生产者。在以前，骡马成群，呼奴唤仆的富农多着哩！为何不是资本家，到现在便是资本家呢？何况近来富农日形减少，他们的使用畜，由骡变成驴，由驴变成人工（原因是怕丘八的强占）；他们的佃农由多变少，由少变无（原因是大农场分为小农场）。这种事实，在许多农村调查里都表现着。所以富农即便有牲畜与人工，在现在状况之下，也不能变成资本主义的生产方法，而何况牲畜与人工日形减少？②

也就是说，私有财产即便不是日益减少，也是没有充分增加，因而从生产能力上来看，中国一时还难以向前发展。牟宗三在此有一个断语："中国之所以停滞不进，决不是由于反复，乃是由于专制主义之压抑及大陆地理之自然封建。在这种闭关自守的亚洲天下内，在这种无为而治的专制主义下，社会的经济生活是笨牛式的演化着。经过一次混乱，则即却步一次，岂止五胡乱华、辽金元之侵入而已哉？近数十年来，中国社

---

① 牟宗三：《从社会形态的发展方面改造现社会》，《牟宗三先生全集》第 26 册，台北：联经出版事业股份有限公司，2003 年，第 701 页。

② 牟宗三：《中国农村经济局面与社会形态》，《牟宗三先生全集》第 26 册，台北：联经出版事业股份有限公司，2003 年，第 821-822 页。

会并未见进步，混乱故耳。"① 在这里，牟宗三借"专制主义"批评中国社会的那种社会力、政治力：

> 专制主义的特性：（一）它是一人之下，万民平等；（二）有平权而无自由；（三）无为而治，安居乐业；（四）保守性大，进取性小，禁止的而非放任的；（五）在某种程度下，允许你的自由，但不能无限，自己不为，也不许人家为。必须认清这点，始明白中国为什么始终停滞不进。②

病因找到了，怎么办呢？这是下文要讨论的。这里先行点出一个原则，即牟宗三重视生产，却并没有因此走向"经济定命论"；重视制度，却也没有因此要求否定私有财产；他是以新的内容重新阐释了"先富后教"，要求即生产、制度等重重牵累以得自由：

> 今人不知于此千牵百累中尚有所谓自主之意在，遂以为实际生活无自由，自由必离群绝俗，此诚皮相之尤者矣！自由必于千牵百累中见；而于千牵百累中能明是非，审处舍，以期合于理合于义，此则自由意志之实现也。③

二　出路何在

土地占有不仅仅是农民的问题，农村问题对于中国的政治与经济影响巨大。大家都看到了问题，那么，到底出路何在呢？牟宗三把当时的主张分为四条路线：

> （一）革命的路线。此派以革命的行动夺取政权，主根本推翻

---

① 牟宗三：《从社会形态的发展方面改造现社会》，《牟宗三先生全集》第 26 册，台北：联经出版事业股份有限公司，2003 年，第 733 页。

② 牟宗三：《从社会形态的发展方面改造现社会》，《牟宗三先生全集》第 26 册，台北：联经出版事业股份有限公司，2003 年，第 734-735 页。

③ 牟宗三：《从社会形态的发展方面改造现社会》，《牟宗三先生全集》第 26 册，台北：联经出版事业股份有限公司，2003 年，第 797 页。

彻底改造，共产党即为此派之代表，当年之国民党亦走此路线。
（二）政党的路线。此派以欧美式的政党活动作选举上之竞争以参
加政权或夺取政权，此种路线比较是消极的，在现在的中国恐怕不
易发生很大的影响。（三）君子的路线。此派多为知识阶级或士大
夫阶级，他们多到乡村作实际的建设工作，作移风易俗的社会事业，
例如定县的平教会，邹平的乡村建设，以及风起云涌的合作社等都
是。（四）政府路线。这是自上而下的一种举动，年来甚嚣尘上的
统制经济就是这种路线的表示。①

　　第一，牟宗三批评了革命的路线。其依据有三。一是说中央军的力
量太过强大，革命难以成功。二是说帝国主义列强必然会支持国民政府。
由这两点来看，牟宗三显然对红军有所低估，也未曾料到以后时局的变
化。三是最重要的，被牟宗三摆在第一条，他认为中国历史上总是不断
地革命或循环革命，纯依武力，只是破坏而没有建设。牟宗三还分析了
这种循环革命论背后的社会心理，那就是揭竿而起替天行道、"皇帝轮流
做，明年到我家"：

　　　　揭竿而起的时候就是胡闹混战的时候，各人心目中都是天子，
都是替天行道，都以为非我不成，于是乱杀一气，杀到最后，剩下
了谁，谁就是天子。到了这时，筋疲力尽，于是与民休息的无为政
治便出现了。我常想中国这个民族从来没有有为过，有为的时候是
胡闹的时候，无为的时候是疲倦的时候。胡闹疲倦，倦醒了再胡闹，
这就是中国的政治史。这就是替天行道的表现史。一直到现在的革
命主义还是在作继续这个链子的梦……。②

　　牟宗三没有看到共产党领导的革命与历史上的农民革命的区别，这
是他的严重不足。但假若从历史周期率的角度并结合上文所论的土地占

---

① 牟宗三：《复兴农村的出路何在?》，《牟宗三先生全集》第 26 册，台北：联经出版事
　业股份有限公司，2003 年，第 741 页。

② 牟宗三：《复兴农村的出路何在?》，《牟宗三先生全集》第 26 册，台北：联经出版事
　业股份有限公司，2003 年，第 743 页。

有情况来看，牟宗三又道出了中国历史的实情。关于天才英雄替天行道的问题，本书第六章将结合君子问题专门讨论，这里不再多说。

第二，牟宗三明确不赞成欧美政党的路线，因为它不切实际，来得太早：

> 因为这种行动是有组织有基础的国家里面所有的现象。中国现在就根本不成为一个国家；既然不成为一个国家，则欧美式的政党只是以小人作君子，单成了粉饰太平的东西，于内部的组织与健康毫无补益；所以这种浮面的行动我们也不赞同。这种行动既不赞成，但是那种君子式的无所谓的行动，虽然入了内部作健康的补救，但我们也认为不能有什么积极的效果。[①]

在牟宗三看来，这种欧美政党的路线"到底是君子路线"，但在基础未建立起来的时候，只能是"以小人作君子"。这就同对君子路线的批评联系到一起了。[②] 不过非常有意思的是，牟宗三既不赞同革命，又不赞成君子，认为前者太暴力，后者太无力，前者太硬，后者太软，那么如何才能解决问题呢？显然，牟宗三是想通过理性、知识来找到一条居中的路线。这是后话，暂且不论。

第三，牟宗三不但认为政党的路线不切实际，而且认为政府路线同样不切实际。牟宗三批评说：

---

① 牟宗三：《复兴农村的出路何在？》，《牟宗三先生全集》第 26 册，台北：联经出版事业股份有限公司，2003 年，第 744 页。

② 彭国翔把上引的"那种君子式的无所谓的行动"至下页"到底是君子路线"一大段看成"牟宗三对于君子路线的总体批评"。此说有一定的道理，因为这一大段虽然紧接着政党的路线并且没有分段，但其中确实出现了"他们能实际到乡村作即建设即破坏的工作""乡村运动""教育救国论""君子路线"等字眼。这可能是因为牟宗三行文过于匆忙，忘记分段了。但也有一种可能，牟宗三只是对革命的路线坚决反对，而政党的路线、政府的路线相对于暴力革命的路线，仍然可以算作广义的君子的路线。牟宗三对于政党的路线、政府的路线、狭义的君子的路线等的态度是一致的，那就是批评三者共同的不切实际。但只要满足条件，则这三条路线就会为牟宗三所承认。这也就是所谓"超过的不能"，而非"不及的不能"。结合牟宗三对计划经济、民主政治、道德主体等的理解，这里认为后一种可能更加可取。彭国翔的具体论证，参阅氏著《牟宗三早年对中国农村问题的研究》，台湾《清华学报》2006 年第 36 卷第 1 期。

甚嚣尘上的统制经济之政府路线不过是东施效颦的出丑路线而已：（一）效法各国资本主义之所为；（二）权力欲之发达；（三）各省经济割据之形成；（四）局促短浅的眼前应付。这四种含义就是眼前统制经济的表现在各先进资本主义的国家，有物可统，起了恐慌，便来统制。中国根本无物可统，则所谓统制经济不是东施出丑而何？所以，所谓统制经济只是随波逐流，投投时好，于国家社会之根本改造没有什么关系的。[①]

按照牟宗三的思路，我们甚至可以说，这种政府思路恰恰最容易形成一种"坏的"社会力、政治力，又怎能为我们寻找到出路呢！不过牟宗三却没有走到这一步。他虽然没有明确指出但实际上已经暗示说，政府的"统制"是必须的，但一定要满足某些条件而后可，否则说到底仍"只是君子路线"。

第四，对君子的路线的批评，牟宗三主要是围绕主持定县平教会的晏阳初和主持邹平乡村建设的梁漱溟而展开的。晏阳初持教育救国论，认为农村问题的解决需要从教育入手，以养成新的观念和人格，从而能够合作生产。牟宗三批评说：

这种使命与"实验的改造民族生活的教育"的方法都是十足的君子气，其使命其方法是如此，那末其所谓联合当然也是向这种使命与方法去联合的。他们藉着什么东西来作联合的方法，来作分工合作的线索呢？据晏先生的意见是：1. 研究实验；2. 训练人才；3. 表证推广。这种联合的方法当然没有什么不可的地方。只是在这种使命与教育方法之下的农村工作的大联合，实在也只是联合而已，于国家社会必不能作一有力的推进。定县诸君十年如一日的吃苦挣扎，结果还是免不了定县农村的日趋破产。[②]

---

① 牟宗三：《复兴农村的出路何在?》，《牟宗三先生全集》第 26 册，台北：联经出版事业股份有限公司，2003 年，第 749-750 页。

② 牟宗三：《复兴农村的出路何在?》，《牟宗三先生全集》第 26 册，台北：联经出版事业股份有限公司，2003 年，第 745 页。

　　对于梁漱溟，牟宗三区分了他的理论和实际。梁漱溟曾在《民间半月刊》第1卷第11期发表《乡村建设几个当前的问题》一文，提出一些问题："乡村建设对于工业持何态度？还是想保持淳朴恬静的农业社会呢？还是引进现代的工业文明？若肯定要发达工业又走那条路呢？自由竞争吗？统制经济吗？抑或其他？不看清了路向，怎么举步呢？"牟宗三认为梁漱溟虽然没有具体作答，却"已含有一种政治制度与经济制度的追求与憧憬了"，即"乡村建设运动必须在政治制度与经济制度的追求下始能发生力量，乡村建设运动必须在一贯的政治制度与经济制度的确定下始能发生实际的有效的联络"。①

　　接着牟宗三批评说，梁漱溟在其乡村运动的实际中没有做到这一步：

　　　　定县始终如一还是以平民教育为出发点，而邹平则已有整个的实验县为其运用与支配，走他政教合一而最后仍归于平民教育的路，这即是他们的殊途同归，而为君子路线所必有的结果。在这种情形之下，梁先生的疑问若不作一个自觉的确定并将其确定作一有效的推动，则邹平非步定县的后尘不可。②

　　牟宗三最后总结说，梁漱溟的意思是对的，应该明确这个意思并执行落实它：

　　　　其实就是按照客观的事实决定一条有远大企图的唯一可能的路向。……这种"远大企图"就是积极政策的行动，就是有政治制度与经济行动。这种乡村运动就是政治运动化的乡村运动。我们很希望梁先生早早认定大企图的路向，并本这个路向作推广活动，作联络活动。我们现在认定政治运动化的乡村运动就是现在中国客观事实所隐然限定的唯一可能的路。③

---

① 牟宗三：《复兴农村的出路何在？》，《牟宗三先生全集》第26册，台北：联经出版事业股份有限公司，2003年，第746—747页。

② 牟宗三：《复兴农村的出路何在？》，《牟宗三先生全集》第26册，台北：联经出版事业股份有限公司，2003年，第747页。

③ 牟宗三：《复兴农村的出路何在？》，《牟宗三先生全集》第26册，台北：联经出版事业股份有限公司，2003年，第749页。

"政治运动化的乡村运动"既然集政治制度、经济行动与远大企图于一身，那么它难道不是政党路线、政府路线和君子路线的三合一吗？广义地似乎也可以这样讲。但是严格说来，只有按照客观的事实、遵照经济活动自身规律而运行的社会力、政治力，才有可能称为"政治运动化的乡村运动"，才是真正三合一的"唯一可能的路"。在这里，牟宗三给了经济而非政治以首要地位，经济组织成为其他各方面的托命线。

三　托命线

牟宗三并不是为批评而批评。在分析了占有土地的五个原则、批评了当时流行的解决中国农村问题的四条路线后，牟宗三自己的正面主张也就比较清楚明白了。

牟宗三将自己的正面主张表达为"即建设即破坏的农村运动"，其关键点是从经济出发去重铸整个民族国家：

即建设即破坏的农村运动，即是组织农民的运动。组织农民的资具，最具体而有效的莫若从经济方面着手。换言之，即是从经济关系来组织农民，联络农民，比较是有效的。经济组织是其他方面的托命线。从经济方面联结再扩展到文化方面的联结，如教育等，若只从教育文化方面的宣传来联络农民，则农民本身是不容易组织起来的。我们的目的是要藉着农民运动以组织农民而达到建国改造社会的企图，并不是传教式的来灌输知识宣布精神。你说中国人穷，但生计教育决不足以医治穷。你说中国人愚，但知识阶级的聪明却只能作坏不能作好，其实农民并不一定是愚，他心里是雪亮，只是没有力量来反抗，不会用文字来表达。你说中国人弱，其实农民的身体也够强壮的了，弱只是文人的现象并不是农民的现象。你说中国人私，然公的思想决不能在教育上可以养成的，我们读的书，受的教育，那一句话不是教我们作好，作圣贤，作伟人，作有道德的人，结果怎样？越受教育的人越是自私的人，然则以公的精神来教育农民是并不能去掉他们的私的。所以，穷、私、愚、弱是不能以教育能改正的。这种办法只是道学家的教训，听了这个教训，在当时未始不怦然心动，但时过境迁，仍是依然故我。所以我们认为现在的农村必须改个面目，

决不可只从教训式的教育方面来联络，我们当从经济关系方面来组织
他们。这是我们作农民运动者所当时时自觉的一点。我们记得这一点，
则出发点是可以很多的。从教育方面作下手的工具也可以，从经济方
面下手也可以，从政治方面也可以，出发点虽然很多，但必须都要作
到都足以使"建设国家改造社会成为可能"的坚强才行。作到这种坚
强组织的方法就是从经济的联结到文化的宣传，文化的宣传就是梁先
生所谓大计划大企图的认定，也就是我们所谓政治制度、经济制度的
认定。经济的联结就是实现我们的认定的工具。[①]

　　牟宗三这段话非常重要，也非常明白，所以就不厌其烦地全部归录
于此。如果要把这段话简单归结一下，至少应该有如下几点。一是说民
非水火不生活，经济的联结是其他一切联结的托命线。二是说穷、私、
愚、弱等当然也有观念上的原因，但要解决这些问题根子在发展经济。
三是说假若抛开经济事实来谈仁义道德教育等，那便只能成就一个伪坏。
四是说仁义道德当然也很重要，但一定要从经济的联结开始讲起。五是
说建国亦然，这里已经有一个由经济到政治再到文化的上升过程。这个
过程，牟宗三在 1983 年 12 月发表的《中国文化大动脉中的终极关心问
题》一文中，再次对它进行了确认，可以说是牟宗三的不易之论。

　　当然，牟宗三不光给出了一种主张，紧接上述引文还详细讨论了如
何从经济方面入手而结成坚固网络的四种方式："（一）藉金融的流通；
（二）藉商品的流通；（三）藉农业的生产；（四）藉手工业的生产。"

　　就第一种方式而言，牟宗三用了很长的篇幅，征引当时的报刊文章，
叙述了银行界救济农村的大概情形，强调"农村渴望血之灌输，而银行
亦欲找血之安放地，安放之方式"[②]。至于安放方式，牟宗三又援引马寅
初的文章，共计六种：自设机关、设立农民银行、办理跟单押汇、收买内
地期票、银行委托内地著名商铺代为收放贷款项、组织信用合作社等。前
五种只是银行方面的流通方式，第六种才能算是农民中的团体组织，又可

---

①　牟宗三：《复兴农村的出路何在?》，《牟宗三先生全集》第 26 册，台北：联经出版事
　　业股份有限公司，2003 年，第 750-751 页。

②　牟宗三：《复兴农村的出路何在?》，《牟宗三先生全集》第 26 册，台北：联经出版事
　　业股份有限公司，2003 年，第 759 页。

分为运销合作、农业仓库、信用合作、农民抵押贷款所、合办事业等五种。

就第二种方式而言，牟宗三强调了运销合作社的作用，也重点讨论了市场上的帮行制，并认为农村要合作运动，则应该充分发挥帮行这种自助组织的作用："即以之为合作组织之基础，改组之，运用之，支配之，以成为合理的一贯的组织。他们的公议会可以干涉市政，加以坚强的联络，独不可以改造社会建设国家吗？"[①]

就第三种方式而言，牟宗三一方面承认因为土地私有的问题，生产合作社在当时不多见，农业生产合作社为数更少；另一方面相信有了金融合作、运销合作，做好了这两种合作，不愁没有生产的合作。而且，牟宗三还以苏联的成功为例，认为可以发展集合农场。

第四种是"藉手工业的生产"以组织农民。牟宗三认为，手工业的生产合作是维持农村经济自给自足、减少农村破产的主要支持力量。它可以分为两步。"第一步的自救便是发展乡村手工业以维持自给自足。第二步便是作合作的组织以期达到集团的生产而成为机器化的工业。这便是即建设即破坏的过程中的蜕变政策。"[②]

综上所述，牟宗三"即建设即破坏的农村运动"就是从经济方面着手，通过金融、农业、手工业等全面的经济合作，发展商品经济，解决当时中国农村的问题，进而达到建国创制的目的。这当然有着浓厚的社会主义色彩，牟宗三也用了苏联建设社会主义的经验来证明其合理性和可行性。当然，牟宗三也不是全盘照抄苏联的经验，其所谓社会主义、计划经济等与苏联的情况也有着重大的差别。这样，牟宗三以农村问题开始，以如何建设真正的社会主义结束。

牟宗三对于社会主义的讨论非常重要，本书将在第三章用一节的篇幅专题讨论。这里最后只就此"托命线"强调有内在关联的两点：一是牟宗三对于经济建设、政治建设、文化建设的前后关系的排列问题；二是牟宗三所谓合作经济、计划经济与传统的社会力、政治力对于土地占有等的支配和影响有何区分的问题。

---

① 牟宗三：《复兴农村的出路何在？》，《牟宗三先生全集》第 26 册，台北：联经出版事业股份有限公司，2003 年，第 765 页。

② 牟宗三：《复兴农村的出路何在？》，《牟宗三先生全集》第 26 册，台北：联经出版事业股份有限公司，2003 年，第 767 页。

　　关于第一点，上引牟宗三的那一长段文字中已经有所说明，即"从经济的联结到文化的宣传"。但严格说来那实际上只是明确地排定了经济建设与文化建设的先后顺序。在讨论自己"即建设即破坏的农村运动"的路线碰到的疑问时，牟宗三又特别强调了经济建设和政治建设的先后顺序。牟宗三指出：

　　　　第一便是治安问题与政权问题。内地不安靖，国家不统一，合作的建设能作得稳吗？政权不到手，合作的建设能作得通吗？这固然是疑问。但我们既认为这是运动的策略，所以我们并不梦想这一运动就可以马上脱民众于苦海。我们的目的是在唤醒国人，是在使国人自觉，是在藉着运动找得建国的本钱。我们在这种目的之下，当然希望当局能修明政治，永息干戈。万一不能到此，我们也仍是埋头作下去，自然会有民众自觉地出来制裁他的那一天。所以统一更好，不统一我们也不必懊丧，我们自然有我们的一贯做法。至于政权问题，更不必介意，我们不能因为得不着政权就不作事。我们的目的是作事，是在远大的计划的实现，并不在一时的官欲的满足。若只想满足一时的官欲，则根本就说不上是一个运动。①

　　　　经济合作之联络一贯，如轮齿之契合，即是我们建国之本钱，即是计划经济实现之基础。②

　　牟宗三不否认国家统一、政权稳定对于发展经济的重要性，但更强调经济建设的基础性地位。在这个地方，可以再次见证上文所指出的那一点，即牟宗三对于政党路线、政府路线和君子路线等其实也是支持的，只不过这个支持是有条件的。换言之，牟宗三"即建设即破坏的农村运动"同样是一种君子路线，同样是"迂阔迟缓的百年大计"（"远大的计划的实现"），即希望通过自下而上的经济建设的缓慢而坚定的量变来达到最终各尽其性、天下大同的质变。这也就是由经济建设到政治建设

---

① 牟宗三：《复兴农村的出路何在？》，《牟宗三先生全集》第26册，台北：联经出版事业股份有限公司，2003年，第769页。

② 牟宗三：《复兴农村的出路何在？》，《牟宗三先生全集》第26册，台北：联经出版事业股份有限公司，2003年，第775页。

再到文化建设的上升之路。它是改良的，而非革命的，是保守的，而非激进的，应该被看成牟宗三的"一贯做法"。牟宗三认定，唯有这样，无论政治建设还是文化建设才可能是健康的和稳固的。这实际上也已经内在地、隐含地回答了第二点的问题。

对于第二点的明确说明，类似于"消极的自由"，涉及"境界形态的形而上学"之为"共法"的问题，也即所谓"道行之而成""不生之生"等，强调外在的社会力、政治力不必也不应因为自己的私利或者说无知而"无事忙"。这实际上就是"良知坎陷"，也即一切良知、理想、道德、心性等必须能够"让开一步"，否则一切所谓建设"不过是权力欲发达的无事忙而已，忙到结果也终会感觉法令滋繁、盗贼日多的毛病"①。也就是说，一切社会力、政治力作用的合理的出发点和归宿点，只能是保障人们拥有幸福生活的足够财产，特别是公正地分配土地等，然后才有所谓走君子路线、教化人民以成就君子。牟宗三主张：

> 不妨把所有权与使用权都赋予人民（在可以施行资本主义的范围之内），然而把布置的方式之有利与否，这种理智上的计划运用之权，归之于国家，宣之于民众。民众明利之所归，必乐此而兴起，这又是计划经济之特色。我想国家所能作所当作的只能止乎此，过此则为权力欲之滥用，结果无事忙白费力气。②

在这个地方，牟宗三强调"乡村中所要求的建设是农业现代化，增加生产，使农民脱于贫困的状态，这是需要人力、财力和专家知识的"，这些都是内在地顺着农民来的，而不能"教训农民""骚扰农民"，特别是不需要外在"说圣谕"的"教主"③。换言之，乡村建设只能是利用理

---

① 牟宗三：《复兴农村的出路何在？》，《牟宗三先生全集》第 26 册，台北：联经出版事业股份有限公司，2003 年，第 772 页。这也就是马克思所指出的，"就单个的官僚来说，国家的目的变成了他的个人目的，变成了他升官发财、飞黄腾达的手段"。参阅马克思《黑格尔法哲学批判》，《马克思恩格斯全集》第 1 卷，北京：人民出版社，1956 年，第 302 页。

② 牟宗三：《复兴农村的出路何在？》，《牟宗三先生全集》第 26 册，台北：联经出版事业股份有限公司，2003 年，第 775 页。

③ 牟宗三：《时代与感受》，《牟宗三先生全集》第 23 册，台北：联经出版事业股份有限公司，2003 年，第 268-269 页。

智、知识等，来帮助农民自己去算计、争取自己利益最大化。

但恰恰就在这个基础上，"国家"反而就与"心性"统一了起来，国家的经济性格经过"自我否定"而成为国家的人道性格，计划经济的"管一管"也就是道德理想的"管一管"：

> 社会主义就是来拘束的，社会主义就是来拘束资本主义放任之流弊的。这个时代就是拘束的时代，也就是一切都要人的理想来管一管的时代。①

牟宗三的这种"自下而上地建国"（"自然的合理主义"／"完成了的自然主义"）与"自上而下地管管"（"当然的合理主义"／"完成了的人道主义"）相结合的策略并不是空穴来风，自有其当时的社会思潮的影响在里面，这从牟宗三大量的引证材料即可以看出，无须多论。牟宗三的这种主张亦自有其问题，如自下而上的量变过程较长，而对革命这种激变、质变的作用认识不足、评价过低等，这也是明显的，亦无须多论。而如果把牟宗三的这些主张与后来的社会主义理论和实践结合起来看，则我们又不能不承认牟宗三的深邃的洞察力及其哲学的独特性。这种独特性，在今天的牟宗三研究中依然是没有获得应有的承认和注目的，因此也产生了一些理解上的误区。当然，这种独特性作为性格来说必然是一个整体，但其表现，则不仅仅在农村问题，牟宗三关于唯物史论的讨论也是其重要一环。

第二节　唯物史观

马克思主义与中国传统文化的关系，首先是一个实践问题，而随着这一实践的展开，它又成了一个理论问题。如果说，马克思主义传入中国构成了 20 世纪中国的最大历史事实，那么，无论是否自觉或是否明确谈及等，我们都已经处身在这个问题的内部，而难以完全"客观"地置身事外了。于是，对于两者关系的讨论也就多方变化、论点纷呈，甚至

---

① 牟宗三：《复兴农村的出路何在?》，《牟宗三先生全集》第 26 册，台北：联经出版事业股份有限公司，2003 年，第 774 页。

今天对于马克思主义与中国传统文化的融通性研究，也是如此。具体到牟宗三的相关论点，争论也就更加激烈了。其中比较流行的一种观点认为，重内圣心性之学而轻外王世功之学是封建传统文化的整体框架，牟宗三的政治哲学依然在此框架内打转，难以理解马克思主义唯物史观的意义，其泛道德主义的策略方针不仅无助于商品经济的发展、民主法制的建设、多元文化的繁荣等，甚至反而有害于中国人民的进步事业。我的《感应与心物——牟宗三哲学批判》一书中的观点也可以归入此类。另一种同样流行的观点则认为，牟宗三政治哲学恰恰背离了儒家传统，是向马克思主义、西方文明的投降。当然，还有一种流行的观点认为，牟宗三的政治哲学就是儒教宪政或儒家宪政，坚持马克思主义与中国传统文化的会通，正是牟宗三政治哲学的重要特征。

　　这些观点自有其切入点和观察的理路，这里无暇展开讨论。需要说明的是，迄今为止，无论观点多么分歧，众人似乎都是把牟宗三哲学视为"从上面说下来"的代表，进而才在此基础上来讨论和评价其与马克思主义的关系。与此相关的是，迄今为止，外部的讨论居多，以为自明的结论居多，拿现成的一方批评现成的另一方的居多，牟宗三与马克思主义的专题研究，似乎同样留有很多的空白。值得注意的同样是彭国翔，他2006年、2012年发表的两篇文章，同样可谓开了先河，但似乎还是把牟宗三的"政治社会关怀"或者说"外王"的很多内容置于"良知坎陷"的"外面"[①]。这

---

① 彭国翔：《牟宗三的共产主义批判——以〈全集〉未收之〈共产国际与中共批判〉为中心》，《新亚学术集刊》（香港），第19期，2006年10月，第451-494页，该文后又载于《中国文哲研究通讯》（台北），第19卷第3期，2009年9月，第27-64页；《牟宗三对唯物辩证法和唯物史观的批判》，《思想与文化》第十二辑，上海：华东师范大学出版社，2012年，第239-275页。第二篇文章探讨了牟宗三对唯物辩证法和唯物史观的批判，将其归属于牟宗三"外王"的一面。在第一篇文章中，彭国翔从揭示牟宗三"历史世界"或"现实关怀"的角度，特别强调："'良知坎陷'说的确是牟宗三外王思想的理论基础，对其哲学内涵的了解必须深入整个牟宗三思想甚至整个中国哲学的脉络，不是'对塔说相轮'的一些所谓批评便能够搔到痒处的。但问题的关键在于，牟宗三'外王'的一面或者说其政治社会关怀是否是'良知坎陷'、'三统并建'说所能概括的了？若其'外王'的一面或其政治社会关怀仅在于此，招致抽象之讥自然在所难免。然而，正如本文所述，牟宗三'外王'的一面其实并不限于其'良知坎陷'的理论和思辨。"也就是说，彭国翔正确地看到牟宗三不仅仅是"从上面说下来"，而且本质性地必然包括了"从下面说上去"，但又同样把"良知坎陷"仅仅视为"从上面说下来"。换言之，"良知坎陷"被认为仅属于"思想世界"中的"哲学"部分，"外王"则远远"大于""哲学"，既包括"思想世界"中自上而下的良知坎陷，也包括"历史世界"中自下而上的经验摸索。

里无法全面评价牟宗三与马克思之间的异同，仍只是从财产与道德关系的角度，对牟宗三的唯物史观研究进行重新审视。

一　历史的经济解析

毋庸讳言，牟宗三对马克思主义有很多情见乎辞的批评。但是，不能因此否定牟宗三对马克思的理论进行过扎实的研究，不能把牟宗三的批评仅仅理解为不同意识形态或立场之间的必然结果。牟宗三的批评，有其学理，这个学理，其他人完全可以不认同，同样可以在学理上予以严厉批评，却不应该视而不见。因此，必须对此学理有客观的了解。这里强调，牟宗三研究马克思，首要的着力点即在要正视我们经济现代化的客观要求，"关于此点，我们承认马克思的经济史观有他的贡献"[1]。具体说来，马克思吸引牟宗三的有两个方面。

第一个方面是时代趣味和哲学本身的因素。

毛泽东曾经指出："中国人找到马克思主义，是经过俄国人介绍的。在十月革命以前，中国人不但不知道列宁、斯大林，也不知道马克思、恩格斯。十月革命一声炮响，给我们送来了马克思列宁主义。十月革命帮助了全世界的也帮助了中国的先进分子，用无产阶级的宇宙观作为观察国家命运的工具，重新考虑自己的问题。走俄国人的路——这就是结论。"[2] 身处其中的牟宗三又怎能例外呢！牟宗三自己坦言："我们在二十几岁的时候，也是经过这些时代趣味上的翻转。这都是有感觉有理想的青年。我们那时不喜欢学法律政治的，以为是鄙俗。要学哲学，要谈主义。学经济，也得学马克思的。"[3] "我们在北平念书的时候，坊间的书店，满坑满谷都是左倾的书。北平在当时是最左倾的。从那个时候，共产党那一套 ideology 就征服了中国；知识份子普遍的意识是肯定社会主义为先天的真理，资本主义与自由经济是先天的罪恶；唯心论是先天的反革命，唯物论是先天的革命。"[4] 在这种氛围下，牟宗三认真阅读了大量马克思主

①　牟宗三：《道德的理想主义》，《牟宗三先生全集》第 9 册，台北：联经出版事业股份有限公司，2003 年，第 70 页。

②　毛泽东：《毛泽东选集》第 4 卷，北京：人民出版社，1991 年，第 1470-1471 页。

③　牟宗三：《生命的学问》，桂林：广西师范大学出版社，2005 年，第 170 页。

④　牟宗三：《时代与感受》，《牟宗三先生全集》第 23 册，台北：联经出版事业股份有限公司，2003 年，第 376 页。

义的东西，对马克思主义有了比较清楚的认识："照我个人讲，当我在学校读书时，左倾的思想满天下。那一套 ideology，我通通都读。我不是资本家，也不是地主，只是一个乡下人。到北平去读书，人地生疏，一个人也不认得。那个时候思想绝对自由，没有人管。我并没有特别的聪明，比我聪明的人多的是。可是这个时代就是聪明反被聪明误。那时候我把共产主义那一套东西通通都拿来读，它有一定的讲法，我也很清楚。"①

为什么马克思主义能够变得如此流行，以至于学哲学、学经济都要"学马克思的"，马克思成了当时中国的一种时代趣味？牟宗三给出了自己的解释：

> ideology 可以说都是哲学问题啊！所以社会上通通为这个所吸引，虽不是纯粹哲学，可是都与哲学关系。纯粹哲学大家没有兴趣，像康德哲学那种纯粹哲学，没有人懂，没有人有兴趣，但是唯心论、唯物论这些话骂来骂去，这种牵涉到哲学性的字眼，大家都有兴趣。②
>
> 因为经济是人之物质生活一面，最切于一身之利害的；又因为中国读书人传统的理想是在为生民请命，同情于农民。这两点都是人们所易有的直接意识。③

这又回到了哲学的古义或本义。即是说，哲学的智慧和实践必然要深入经济问题，即使像康德哲学那样的纯粹哲学虽然表面上是抽象的，不食人间烟火，但其根底上也无法不谈经济。这一点无须多论，想一想康德的《法的形而上学原理》与黑格尔的《法哲学原理》等就明白了，更何况中国人长期以来就有浓重的替天行道、天下为公、天下大同等想法。而马克思的哲学就把这一面的内容显像化了。这就涉及马克思吸引牟宗三的第二个方面。

这第二个方面正是贫富问题和唯物史观的因素。

---

①　牟宗三：《时代与感受》，《牟宗三先生全集》第 23 册，台北：联经出版事业股份有限公司，2003 年，第 158 页。

②　牟宗三：《时代与感受》，《牟宗三先生全集》第 23 册，台北：联经出版事业股份有限公司，2003 年，第 153 页。

③　牟宗三：《生命的学问》，桂林：广西师范大学出版社，2005 年，第 38 页。

　　上一节我们已经借农村问题透露了中国的衰败以及由此而来的贫富分化问题，它与全球资本主义的发展相叠加，再加之"经过马克思的一套理论化的转移，把这个问题转成是客观的，是解决政治、国家前途的问题"①，于是马克思主义想要不引起人们的关注都不可能。牟宗三承认马克思为穷人思考的意义：

　　　　他有个社会问题在，他正面接触到一个社会的劳动大众问题。他环顾以往的一切思想学术都未曾对此问题正面措思，因而都不能作为无产阶级实践的指导原则。如是，他想在一切系统以外，建立一个可以指导我们作社会实践的思想系统。他如此用心，自然对于人类有他的贡献。②

　　既然是指导无产阶级实践的原则，那么马克思的理论也就不仅仅是理论。牟宗三强调，从实践的角度、历史发展的角度、国家命运前途的角度看，马克思的最值得研究的理论就是"史底唯物论"，也即一般人所说的"唯物史观"：

　　　　马克思说："以往的哲学只是不同地解析了世界，现在我们要变更这世界。"他依唯物论变更这世界。解析是观论的事，而变更则非实践不可。所以变更世界的唯物论，就叫做实践的唯物论。③

　　因此，牟宗三总是把唯物论、辩证法等总括在唯物史观的概念下，而讨论了唯物史观的概念、公式等，并提出了一些自己的问题，给出了一些自己的理解。

---

① 牟宗三：《时代与感受》，《牟宗三先生全集》第23册，台北：联经出版事业股份有限公司，2003年，第155页。
② 牟宗三：《道德的理想主义》，《牟宗三先生全集》第9册，台北：联经出版事业股份有限公司，2003年，第27-28页。
③ 牟宗三：《道德的理想主义》，《牟宗三先生全集》第9册，台北：联经出版事业股份有限公司，2003年，第29页。

1. 唯物史观概念

"唯物史观"即是"经济史观"；换言之，即是"历史的经济观"或"历史的经济解析"。所以，他这个"物"即是"经济"，不是自然科学家所对付的物；他这个"史"是人类的社会史、社会进化史。所以，"唯物史观"也即是"社会进化史底经济解析"。说到"进化史"，则辩证观念即在内。所以，"唯物史观"也即是"社会进化史底经济的辩证之解析"。"唯物史观"即是以唯物论的见地与辩证的观念相结合而成的。这即是所谓颠倒黑格尔，深化了费尔巴哈而使唯物论与辩证法的结合者是。[1]

唯物史观、经济史观不过是从经济方面看社会发展。经济之为一物，而这个物又是人类的活动的一个本质规定，那么它又必须指示出一个过程的整体或者说目标，因而"总体时间"或者说"圆顿时间"不可或缺，人类社会的"最终目的"在此"总体时间"或者说"圆顿时间"中若隐若现。对于这样的唯物史观，牟宗三在结构上没有办法不同意，实际上他也曾亲口承认："马氏的观点是史的、动的、活的、全的、过程的、具体的。这是我五体投地的承认，并且也是近代各方面思潮中的一种共同趋向。"[2] 不过，也正因为有这种"圆顿时间"和"最终目的"的存在，牟宗三与马克思的距离又必然地被拉大了，俨然咫尺天涯。这是主体上的差异，即牟宗三所谓唯物史观不得不走向自己的反面，而成为"绝大的唯心论"[3]。这是后话，暂且不论。

2. 唯物史观公式

众所周知，马克思于1859年1月发表了《〈政治经济学批判〉序言》。在此之前，马克思已经对黑格尔法哲学进行了批判性的继承，并得出这样一种结果：法的关系、国家的形式等有其物质生活关系的根源，

---

[1] 牟宗三：《社会根本原则之确立》，《牟宗三先生全集》第26册，台北：联经出版事业股份有限公司，2003年，第638页。

[2] 牟宗三：《社会根本原则之确立》，《牟宗三先生全集》第26册，台北：联经出版事业股份有限公司，2003年，第642页。

[3] 牟宗三：《社会根本原则之确立》，《牟宗三先生全集》第26册，台北：联经出版事业股份有限公司，2003年，第641页。

其总和曾被概括为"市民社会"，而需要以政治经济学对其进一步进行剖析。《〈政治经济学批判〉序言》的一个重要任务，就是把研究工作的总的结果简要地表述出来。这个简要而经典的表述，又马上指导了马克思主义的研究工作，后来被日本学者河上肇命名为"唯物史观公式"，名噪一时。在《社会根本原则之确立》一文中，牟宗三对唯物史观的研究即由此开始，现将其抄列如下：

A.1 "人类在他们的生活之社会的生产上，容受一种一定的、必然的、离他们的意志而独立的关系，这关系即是适应于他们的物质生产力之一定的发展阶段的生产关系。

A.2 "这些生产关系的总和，形成那社会的经济结构，即是形成那法制的，政治的，这些上层建筑所依以树立，并一定的社会意识形态亦与之相应的那真实基础。

A.3 "物质生活之生产形式是决定那一般的社会的，政治的，以及精神的，这些生活过程的条件，不是人类意识规定它们的存在；反之，乃是人类之社会的存在规定他们的意识。

A.4 "社会的物质生产力发展到某一定的阶段，便与它从前活动于其中的那现存的生产关系，或仅是由法律上所表现的那一切所有的诸关系发生冲突。这些关系便由生产力的发展形态转化而为它的桎梏，于是社会革命的时代便到来。

A.5 "随着经济基础的变动，那一切庞大的上层建筑，都或缓或急的也就跟着变动起来。

A.6 "当观察这种变动之时，我们应该把两件事分别清楚：一是为自然科学所能严密证实的那在经济生产诸条件上所起的物质变动；一是为人类用以认识这冲突而且想去克服它的那法律上、政治上的、宗教上的、艺术上的、或哲学上的，质言之，即观念上的诸形态。

A.7 "这种变动的时代，不能依着时代的意识来判断，这恰如我们要判断某一个人决不能照着那一个人自己以为他是怎样就去判断他怎样一样。反之，时代的意识，倒是要从那物质生活的矛盾上，即从社会的生产力与生产关系之间所现存的那冲突上说明的。

A.8 "一个社会组织，当一切生产力，在其中尚有可以发展的余地以前，是决不会颠覆的；同时，那新的比较高级的生产关系，当其本身上的那物质条件，在旧社会胎里尚未成熟以前，也是决不会出现的。

A.9 "所以，人类只是提出那限于他自己所能解决的问题。为什么呢？因为更正确地观察起来，便会知道：问题自身，要等到解决这问题所必需的那物质条件已经存在，或至少亦必在生成过程中可以把握的时候，才能发生。

A.91 "大体说来，我们可以把亚细亚的、古代的、封建的以及近代布尔乔亚的生产形式，作为经济的社会组织的进步之阶段。

A.92 "布尔乔亚的生产关系是社会的生产过程之最后的敌对形态。这里所谓敌对，并不是个人的生存条件所生出的敌对之意；但正在布尔乔亚社会的母胎里所发达的生产力，同时，又形成解决那敌对的物质条件。于是，人类社会的前史，便以这个社会组织而告终。"①

在大段具列了马克思的原文之后，牟宗三又附上了河上肇的"唯物史观公式"图表，然后又设以 X 代表"经济结构"，以 α、β、γ 等代表其中的因子（如生产力），以 Y 与 Z 代表上层建筑中的"政治制度"和"意识形态"部分，再以 X′、Y′、Z′和 α′、β′、γ′等（甚至加两撇、三撇以至于无穷）代表演化过程中的相关相，从而画出了自己的图表。

3. 牟宗三的理解

牟宗三的图表是否能够准确表达马克思的意思？应该说，牟宗三对马克思的理解到此仍然可以说是客观描述。但这种客观描述并不表示牟宗三没有自己的理解。实际上，马克思在世的时候已经遭遇庸俗化的问题，牟宗三也指出了马克思主义传入中国后有所谓"坊间的流俗化"倾向，批评"近人不读《资本论》，而空谈辩证法、唯物史观，实早已滥

---

① 牟宗三：《社会根本原则之确立》，《牟宗三先生全集》第 26 册，台北：联经出版事业股份有限公司，2003 年，第 631—633 页。同时参阅马克思《〈政治经济学批判〉序言》，《马克思恩格斯文集》第 2 卷，北京：人民出版社，2009 年，第 591—592 页。

得不堪了"。① 而牟宗三自己的理解入路，正是马克思的《资本论》。

在《资本论》的第一卷中，马克思揭示了"商品的拜物教性质及其秘密"，并强调"货币拜物教的谜就是商品拜物教的谜，只不过变得明显了，耀眼了"。② 在《资本论》的第三卷中，马克思又指出："在生息资本的形式上，资本拜物教的观念完成了。"③ 换言之，对于马克思来说，商品拜物教、货币拜物教、资本拜物教实则为一，只不过其中那个"可感觉而又超感觉的社会的物"变得一个比一个耀眼罢了。

牟宗三先从货币拜物教（隐含资本拜物教）说起。货币固定地充当一般等价物，因而表现出客观性、外在性。但这不过是现象。货币的本质是人与人的关系参加劳动于自然物上而创造出来的，它不过是可感觉的使用物而已。这里也就存在一种异化。即是说：

> 原来只是劳动生产物的交换之人与人的关系，现在在眼前呈现着的倒是物与物的关系了。这物与物的关系即是现象形态。这个现象形态，即是虽为人制而现在则外在而制人了。它与人脱离关系而独立起来，与人相对立，人渴慕它储蓄它，藉着它收不劳而获的利润。于是，人便从其崇拜使用物变而为崇拜货币了。④

牟宗三称这种货币拜物教的异化为"标准形态"，而把商品拜物教的异化和宰制称为"相对形态"：

> 一切商品虽由人造，可是一入市场，它们便与人无关而施行其本身的社会运动了。人们不能制御这个运动，反而被它所制御了。⑤

---

① 牟宗三：《社会根本原则之确立》，《牟宗三先生全集》第 26 册，台北：联经出版事业股份有限公司，2003 年，第 662 页。

② 马克思：《资本论》第 1 卷，《马克思恩格斯文集》第 5 卷，北京：人民出版社，2009 年，第 88、113 页。

③ 马克思：《资本论》第 3 卷，《马克思恩格斯文集》第 7 卷，北京：人民出版社，2009 年，第 449 页。

④ 牟宗三：《社会根本原则之确立》，《牟宗三先生全集》第 26 册，台北：联经出版事业股份有限公司，2003 年，第 666 页。

⑤ 牟宗三：《社会根本原则之确立》，《牟宗三先生全集》第 26 册，台北：联经出版事业股份有限公司，2003 年，第 666 页。

牟宗三认定，以上这两种性质即是"产品的物神崇拜性"。马克思的伟大即在于发现并讲明了这一秘密，唯物史观也应就此得到理解：

> 历来没有发见其秘密，至马克司才豁然洞晓起来。所以我们在此总结一句，这种倒反的现象形态即是物神崇拜的说明；而这种由本质变而为现象以至于成为物神崇拜，也就是唯物史观的根据与根本意。唯物史观也就由此而集成。A段中所说的规定被规定基础与建筑，至此才完全具体化出来，才可以窥见其真相。①

牟宗三分析的关键词是"本质形态"和"现象形态"。② 货币或商品的"本质形态"对应商品的使用价值，强调一切商品都不过是可感觉的使用物，这种使用物是由于人的劳动加之于自然物之上而创造出来的，因而反映的本是生产过程中人与人的关系。货币或商品的"现象形态"对应商品的价值，强调一切使用物一旦进入交换场中，其超感觉的特性也就表现了出来，因而显得与本质形态相反，而表现为一种纯粹客观、外在的物与物的关系。牟宗三正是从类似的"二因素"出发来确定唯物史观的意义：

> 在存在上说，基础可以离上层建筑而存在；但上层建筑却不能离开经济基础而存在。在产生上说，基础可以产生上层建筑；但上层基础（当为"建筑"之误——引者注）却不能产生经济基础，至多你能说它影响基础。在变动上说，下层基础一变，上层建筑必随之或急或缓而变，即是说，上层之变是因下层之变而变的；但不能说下层因上层而变。在解析上说，上层建筑可以下层基础来解析、说明或判断；但下层基础却不能以上层建筑来解析、说明或判断。③

---

① 牟宗三：《社会根本原则之确立》，《牟宗三先生全集》第 26 册，台北：联经出版事业股份有限公司，2003 年，第 666 页。
② 牟宗三：《社会根本原则之确立》，《牟宗三先生全集》第 26 册，台北：联经出版事业股份有限公司，2003 年，第 665 页。
③ 牟宗三：《社会根本原则之确立》，《牟宗三先生全集》第 26 册，台北：联经出版事业股份有限公司，2003 年，第 636 页。

　　至此，牟宗三引马克思为同道。不过非常有意思的是，牟宗三把商品或货币的"本质形态""现象形态"与拜物教的"标准形态""相对形态"配合起来，以标准形态的货币崇拜是法律政治的产物，来说明相对形态的商品崇拜同样也是法律政治的产物，强调"我们若记得标准形态之特性，则便可见这种现象形态乃是法律政治之产物，并不是经济本身之产物。这是最清楚的一件事，于是，我们就不能认政治法律为上层建筑之一了。至于哲学宗教更是遥远"①。这便与马克思有所不同了。

　　小的不同在于，"资本论"究竟从货币开始，还是从商品开始？在马克思那里，只有商品拜物教能够作为标准形态，因为商品是分析起始的最原始细胞。而牟宗三作为标准形态的恰恰是货币拜物教，它比作为相对形态的商品拜物教更是政治法律的产物，更不用说资本拜物教这种更高级的形态了。今天的世界资本市场已经清楚地表明其更加受政治法律的影响。不过抛开细节，牟宗三与马克思仍然是一致的，无论是商品、货币还是资本，都跟政治法律密切相关。

　　大的不同在于，"货币之成立，犹如自然律之成立，由经验之普遍化而来"，抑或"货币成立之根本特性纯粹在乎人定"？② 在马克思那里，这两种讲法是合一的，拜物教既可是政治法律等人为的产物，同时政治法律之为上层建筑也可有它的规律性。而牟宗三却强调货币纯由人定而绝非由经验之发见，从而把政治法律与上层建筑区分开来，把货币的客观、普遍与公共跟上层建筑的规律性区分开来，认为前者"虽足影响人，但仍在社会的组织网中。它不能超然于社会之外而影响全社会，规定全社会"，后者则犹如自然律一样，超然于社会之外而规定全社会。③

　　众所周知，马克思《资本论》的最终目的"就是揭示现代社会的经济运动规律"："我的观点是把经济的社会形态的发展理解为一种自然史的过程。不管个人在主观上怎样超脱各种关系，他在社会意义上总是这些关系的产物。同其他任何观点比起来，我的观点是更不能要个人对这

① 牟宗三：《社会根本原则之确立》，《牟宗三先生全集》第26册，台北：联经出版事业股份有限公司，2003年，第667页。
② 牟宗三：《社会根本原则之确立》，《牟宗三先生全集》第26册，台北：联经出版事业股份有限公司，2003年，第665页。
③ 牟宗三：《社会根本原则之确立》，《牟宗三先生全集》第26册，台北：联经出版事业股份有限公司，2003年，第667页。

些关系负责的。"① 牟宗三明知马克思要揭示"资本主义生产的自然规律"，明知马克思要依这种"铁的必然性"来进行社会改造，那么，他因为什么有上述区分？或者说，在这种区分中，牟宗三提出了什么问题？

4. 牟宗三提出的问题

在牟宗三看来，马克思发现了一处秘密，即价值（现象形态）对于使用价值（本质形态）的掩盖、倒置和宰制，根据这一发现，马克思揭示了上层建筑（现象形态）对于经济基础（本质形态）的掩盖、倒置和宰制。牟宗三强调，"唯物史观的根据与根本意"即在于拆穿这种假象，还原、重建本质形态（物质生活之生产形式中人与人的关系）之于一切现象形态的优先地位。

而牟宗三所提出的问题，恰恰针对这个优先地位。牟宗三要求确定这种优先地位的具体含义——"不是人类意识规定它们的存在；反之，乃是人类之社会的存在规定他们的意识"之中的"规定"，究竟是什么意思呢？

马氏的"规定"之意义很模糊，走马观花也就过去了，如普通所谓环境影响个人然。但细想来，却有问题。他这个"规定"是"产生"（produce）之意呢？还即是"规定"（determine）之意？产生与规定不同，产生是从无至有，规定是从有而至有，即是说有"能规定"必有"被规定"，因被规定而变其形，不能说因被规定而以无至有。假若照着马氏彻头彻尾的唯物论看来，则当是"产生"之意；可是照着他的"存在规定思维"以及"社会的存在规定人类的意识"这两个"规定"看来，却又即是"规定"之意。假若是"规定"之意，则他的系统当是唯物论以至于物心二元（不是心物二元）论。假若是"物心"二元论，则可以说"规定"；假若不是，则"规定"这字，即不能说。单讲存在与思维，则是认识论或元学上的问题。假若马氏在认识论以及唯物史观上全是唯物论以至于物心二元论，则可以说"规定"；假若马氏以为认识论上的唯物论可

① 马克思：《资本论》第1卷，《马克思恩格斯文集》第5卷，北京：人民出版社，2009年，第10页。

以与唯物史观相通，则在认识论的唯物论上可说规定当然在唯物史观上也可以说。……假若马氏是纯粹唯物论者，则在唯物史观上的"规定"可说是产生；假若是物心二元论者，则所谓规定即是"规定"。在马氏的学说中，这两种成分都有。①

牟宗三显然不认同"产生"说，并因此提出了"认识论上的唯物论及元学上的唯物论以及所谓唯物史观上的唯物论"的区分，而强调"唯物论可以马虎地承认"，但"认识上的唯物论与唯物史观不能相通"，"马氏以为唯物论与唯物史观可以相通，这是错的；以为承认唯物论就当承认唯物史观，这又是错的；以为唯物论的见地可用之于唯物史观或 X 上，则更是错的"。② 再加之随后所强调的"'辩证法'在'唯物史观'上不可能"，③ 牟宗三得出了他的总体性判断：

　　唯物史观之不能成立，因犯了下列三种毛病：
　　（一）误用唯物论，即在经济结构上，不能用唯物论的见地。
　　（二）误用辩证法，即在具有时空的具体事实上，不能用不具时空的矛盾逻辑以解之。
　　（三）不能仅守其所宣表的观点，即动的、全的、发展的观点是。④

这个判法是很严厉的。而牟宗三自己也承认"其中的问题很复杂"⑤。因此，这里我们也就先将双方的具体观点和逻辑主线陈列出来，而不急于评判彼此的是非曲直。随后的讨论将证明，牟宗三与马克思的

---

① 牟宗三：《社会根本原则之确立》，《牟宗三先生全集》第 26 册，台北：联经出版事业股份有限公司，2003 年，第 636–637 页。
② 牟宗三：《社会根本原则之确立》，《牟宗三先生全集》第 26 册，台北：联经出版事业股份有限公司，2003 年，第 636、637、648 页。
③ 牟宗三：《社会根本原则之确立》，《牟宗三先生全集》第 26 册，台北：联经出版事业股份有限公司，2003 年，第 654 页。
④ 牟宗三：《社会根本原则之确立》，《牟宗三先生全集》第 26 册，台北：联经出版事业股份有限公司，2003 年，第 661 页。
⑤ 牟宗三：《社会根本原则之确立》，《牟宗三先生全集》第 26 册，台北：联经出版事业股份有限公司，2003 年，第 636 页。

差异，并不如他自己所认定的那么大，两人之间其实有着很高的融通性，这种差异着的同一恰恰构成了坊间流俗化的马克思主义的最好的清凉剂。

二　所与：求生存的刺激反应

假若只是外部地看，至此人们似乎可以很轻松地说，牟宗三对于马克思的批评，只能够表现出一个彻底的唯心论者的偏见，牟宗三与马克思之争，是唯心论与唯物论之争。如此一来，分辨对错似乎也就不成问题了。米粒之珠，吐光不大；蝇翅飞舞，去而不远，牟宗三又怎能与马克思相提并论呢！

不过，恩格斯也曾强调，唯物主义、唯心主义有极其严格的使用范围，如果超出了它们的界限而给唯物主义、唯心主义加上别的意义，那么就会造成很大的混乱。[①] 假若我们遵照马克思、恩格斯直面问题的轨迹，不把唯物论、唯心论当成对和错的代名词，而甘愿深入复杂事情的内部去冒险，那么我们将发现，牟宗三与马克思其实有着深刻的共同之处。

1. 前提和基础

众所周知，马克思之所以把经济活动、物质生产力放在第一位，正是因为要把人从"天国"拉到"地上"，正视人的吃喝住穿等感性欲望本身。这一点，在唯物史观公式提出来之前的 1845—1846 年，马克思、恩格斯就已经把它明确地表达出来了：

> 我们首先应当确定一切人类生存的第一个前提，也就是一切历史的第一个前提，这个前提是：人们为了能够"创造历史"，必须能够生活。但是为了生活，首先就需要吃喝住穿以及其他一些东西。因此第一个历史活动就是生产满足这些需要的资料，即生产物质生活本身，而且，这是人们从几千年前直到今天单是为了维持生活就必须每日每时从事的历史活动，是一切历史的基本条件。……因此任何历史观的第一件事情就是必须注意上述基本事实的全部意义和

---

① 恩格斯：《路德维希·费尔巴哈和德国古典哲学的终结》，《马克思恩格斯文集》第 4 卷，北京：人民出版社，2009 年，第 278 页。

全部范围，并给予应有的重视。①

　　这一点也为牟宗三所承认。牟宗三之所以把商品的使用价值称为"本质形态"，就是因为使用价值能够满足人的某种生存需要。实际上，牟宗三同样强调，一切社会团体、社会现象都可以还原至求生存的活动：

　　　　人类为欲保持其生存，继续其生存，改善其生存，而始加入一种一定的联络与关系而对付自然。社会团体是这种联络对付自然的表现，社会生产也是这种联络对付自然的表现；而这种联络对付自然之所以然，即在求生存。为了求生存的目的，而社会团体、社会现象便发生出来。②

　　唯物史观认为，人们从求生存出发，才构建出一整套的生产关系、上层建筑等。这个过程，牟宗三同样承认，强调它是人类对生存的刺激的反应而形成的"社会事素底过程"：

　　　　世界的一切事物都是一套一套的"刺激反应系"（stimulus-re-sponce system）。社会现象即是一部分自然动物与其余的一切自然所发生的相互关系而起的波动。换言之，也即是一部分自然与其他自然所发生的一种刺激反应系之显示。这个刺激反应系也即是一个发展的过程。这个发展过程其为波动起伏如自然事实同。所以，物理相皆可由那个根本的发展过程显示出，并可藉而解析之，而一切社会相亦可由那个过程而显示，并可藉而诠表之，那个自然过程我们叫它是自然事素底过程（the process of natural events），一切物理相互由其互相结构而昭示；那个社会过程，我们叫它是社会事素底过程（the process of social events），一切社会相皆由此根本的事素之过

①　马克思、恩格斯：《德意志意识形态》，《马克思恩格斯文集》第1卷，北京：人民出版社，2009年，第531页。同时可参阅《马克思恩格斯全集》第3卷，第31-32页。
②　牟宗三：《社会根本原则之确立》，《牟宗三先生全集》第26册，台北：联经出版事业股份有限公司，2003年，第645页。

程底互相结构而昭示。①

从以生存为基础、把一切社会相联系到求生存的刺激反应这两点看，牟宗三与马克思高度一致，两人都承认和高度重视同一个能够"给予我们一切"的东西，有着共同的"所与"。上章指出，"所与"者，天造地设之谓也，强调人类存在有着被给定的前结构和状况，强调心物之所以能够感应一体的前规定或事实。这里则强调，这个一体性，这个所有谈论的给定前提，并没有丝毫神秘的地方，恰恰是用纯粹经验的方法就可以确认的前提：

> 我们开始要谈的前提不是任意提出的，不是教条，而是一些只有在臆想中才能撇开的现实前提。这是一些现实的个人，是他们的活动和他们的物质生活条件，包括他们已有的和由他们自己的活动创造出来的物质生活条件。因此，这些前提可以用纯粹经验的方法来确认。②

2. 生存与生存欲

牟宗三与马克思都把求生存的刺激反应当成了前提。但就是在这个前提处，两人深刻的差异也显示了出来。

按照牟宗三的看法，既然是刺激反应系，那么所有的人和物都将是这个刺激反应系所构成的网上的一个纽节，它们与这个无所不包的网同生灭，一有全有、一无全无，因而事实上根本无法分开。牟宗三借马克思的经济基础与上层建筑等区分而为言说：

> 假设我们取动的、全的、具体的、发展的观点，则所谓 x，y，z 实是人类对付自然而经营的社会的生产、社会的生活过程之所呈显。我们一有这个社会的生产，这个社会的生活过程，则 x，y，z 亦随

---

① 牟宗三：《社会根本原则之确立》，《牟宗三先生全集》第 26 册，台北：联经出版事业股份有限公司，2003 年，第 671 页。

② 马克思、恩格斯：《德意志意识形态》，《马克思恩格斯文集》第 1 卷，北京：人民出版社，2009 年，第 516–519 页。同时可参阅《马克思恩格斯全集》第 3 卷，第 23 页。

之而同时都有了。①

政治、法律、经济在其后来的发展上，各有其题材与内容，在研究上也未始不可分开，然在事实上则是分不开的，我们作根本原则的探讨也不能把它分开。②

事实上的不可分，马克思也是承认和预设为前提的，劳动创造了人本身，其后才有研究上的种种区分甚至敌对。马克思曾以原始金属拜物教与现代货币拜物教的同一为例，指出：

> 从拜物教就可看出，理论之谜的解答在何种程度上是实践的任务并以实践为中介，真正的实践在何种程度上是现实的和实证的理论的条件。拜物教徒的感性意识不同于希腊人的感性意识，因为他的感性存在还不同于希腊人的感性存在。只要人对自然界的感觉，自然界的人的感觉，因而也是人的自然感觉还没有被人本身的劳动创造出来，那么感觉和精神之间的抽象的敌对就是必然的。③

"人的自然感觉"就是心物一体感应状态中的感觉。在马克思看来，人自身和对象世界一起，都是人自己的实践或者说劳动创造出来的。因而，这种创造是人的感性活动、对象性的活动，已经内在地包含了意识与存在，而不是原始金属拜物教或理性形而上学意义上的"意识"或"自我意识"的活动。换言之，原始金属拜物教或理性形而上学之所以造成"感觉与精神之间的抽象的敌对"，根底恰恰就是因为没有看到或者不承认这种事实上的不可分。在这个意义上，马克思区分了动物的"感性意识"与人的"感性意识"，区分了"现存实践的意识"与"意识"，强调物质劳动和精神劳动的分离使分工真正成为分工之时，"意识才能现实地想象：它是和现存实践的意识不同的某种东西；它不用想象

① 牟宗三：《社会根本原则之确立》，《牟宗三先生全集》第26册，台北：联经出版事业股份有限公司，2003年，第647页。
② 牟宗三：《社会根本原则之确立》，《牟宗三先生全集》第26册，台北：联经出版事业股份有限公司，2003年，第675页。
③ 马克思：《1844年经济学手稿》，《马克思恩格斯文集》第1卷，北京：人民出版社，2009年，第231页。

某种现实的东西就能现实地想象某种东西。从这时候起，意识才能摆脱世界而去构造'纯粹的'理论、神学、哲学、道德等等"①。

　　因此，唯物史观所谓"存在决定意识"绝不意味着"存在决定现存实践的意识"，因为存在、劳动或实践本身就是"对象性活动"，就是"现存实践的意识-现实的对象"的同一。唯物史观所谓"意识"是有特指的，指世界被二重化、异化之后那种自以为能够摆脱现实世界而构造出来的"纯粹的"理论、神学、哲学、道德等"意识"。那种"现存实践的意识-现实的对象"的同一，牟宗三也从他自己的角度给予了强调：

　　　　［经济结构 x］既不是天然而有，则即少不了脑筋的运用，即所谓"精神"或"意识"是也。既云社会的生产，则即不是孤独的生产；既不是孤独的生产，则于一团体间，联络或关系问题能缺少法律、政治等制度吗？能缺少道德意识吗？此处所谓"意识"，所谓"精神"，并不是什么神秘东西，所以特名之曰"脑筋运用"。②

　　牟宗三的结论是，既然生存-生产本身就是"对象性活动"，就已经内在地包含了精神-物质或者说心-物的交互感应，那么经济基础"x 即是人类为求生存而与自然夹攻而成的东西"③。牟宗三由此强调人的欲念：

　　　　为保持生存而联络而对付自然，这叫做"生存欲"或"趋生念"。这是一个根本的东西。④
　　　　劳动即是价值之实体，有用价值由能为人享乐而表现；故有用

---

①　马克思、恩格斯：《德意志意识形态》，《马克思恩格斯文集》第 1 卷，北京：人民出版社，2009 年，第 534 页。同时可参阅《马克思恩格斯全集》第 3 卷，第 35-36 页。
②　牟宗三：《社会根本原则之确立》，《牟宗三先生全集》第 26 册，台北：联经出版事业股份有限公司，2003 年，第 646 页。
③　牟宗三：《社会根本原则之确立》，《牟宗三先生全集》第 26 册，台北：联经出版事业股份有限公司，2003 年，第 646 页。
④　牟宗三：《社会根本原则之确立》，《牟宗三先生全集》第 26 册，台北：联经出版事业股份有限公司，2003 年，第 672 页。

价值之实体，我可以说，是人类之欲望。①

　　这个时候，牟宗三与马克思的差别变得明显起来了。即是说，假若我们把生存、对象性活动、生产视为"所与"，那么马克思强调的是"所与"中对象的、物的、客观的不以人的意志为转移的那一面，而牟宗三则强调的是"所与"中主体的、心的、主观的人的意志的那一面。前者可以假名为"生存"，后者可以假名为"生存欲念"。换言之，"生存"与"生存欲念"，恰恰是"对象性活动"的两端，而共同指向心-物的感应一体这个"所与"。

　　由于两人承认共同的"所与"，因而这个差别就不是本质性的相距遥遥，而可能形成了一种互摄、互构或者说相互扶持、相互支持的关系。因此，牟宗三称唯物史观中隐含了"物心二元论"，甚至可以发展为"绝大的唯心论"②。而马克思也以人的自由全面发展为指归，要求反对异化，恢复人之为人的对象性活动。人的自由全面发展的对象化活动当然也是物质生产活动，但更表现为人类"精神"或"兴趣"的自由："在共产主义社会里，任何人都没有特殊的活动范围，而是都可以在任何部门内发展，社会调节着整个生产，因而使我有可能随自己的兴趣今天干这事，明天干那事，上午打猎，下午捕鱼，傍晚从事畜牧，晚饭后从事批判，这样就不会使我老是一个猎人、渔夫、牧人或批判者。"③

　　因此，唯物史观绝对不是"无心"的。它之所以要特别强调"唯物""铁的必然性"等，恰恰是要把"心"从众多拜物教中拯救出来，恢复"脑筋运用"的人性和人的"脑筋运用"。人摆脱了异化、物化的宰制，"按照美的规律来构造"④，正见自由、幸福、物我合一的"感应之几"。"感觉在自己的实践中直接成为理论家。感觉为了物而

①　牟宗三：《社会根本原则之确立》，《牟宗三先生全集》第26册，台北：联经出版事业股份有限公司，2003年，第662页。

②　牟宗三：《社会根本原则之确立》，《牟宗三先生全集》第26册，台北：联经出版事业股份有限公司，2003年，第641页。

③　马克思、恩格斯：《德意志意识形态》，《马克思恩格斯文集》第1卷，北京：人民出版社，2009年，第537页。同时可参阅《马克思恩格斯全集》第3卷，第37页。

④　马克思：《1844年经济学手稿》，《马克思恩格斯文集》第1卷，北京：人民出版社，2009年，第163页。

同物发生关系，但物本身是对自身和对人的一种对象性的、人的关系，反过来也是这样。"① 所谓"共产主义社会"，不过是这种"美的状态"的一个标志而已。这一方面的内容，被后来的西方马克思主义所重视和发扬。

如此理解的人的生存，充满劳绩，但仍诗意地栖居在大地上。因此，我们便能够明白，为什么《德意志意识形态》手稿中，在"全部人类历史的第一个前提无疑是有生命的个人的存在"一句之后，会删去以下这句话："这些个人把自己和动物区别开来的第一个历史行动不在于他们有思想，而在于他们开始生产自己的生活资料。"② 质言之，人不可能无思想地生产自己的生活资料，人也不可能无物质地思想。

3. 概念上的劈分

接下来的问题是：既然"所与"事实是不可分的，牟宗三与马克思都以这种不可分的事实为前提而思想，那么为什么两人的观点会出现如此大的距离，而有"生存"与"生存欲念"之别呢？

首先需要明白，牟宗三站在"存在与思维是同一的"之立场，强调生存欲念之于生存的重要性，"并不是来与'存在规定思维'之主张针锋相对，乃只是提示自然现象与社会现象之不同"③。此不同，简单来说，即社会现象一定是有意识的人的活动的表现和结果。这一点，马克思也是承认的。其差别仅仅在于，牟宗三要从生存欲念出发来讲故事，马克思则要从生存出发来重建事实。两人的差别很大程度上是出发点的不同。牟宗三说：

> 抽象不要紧，我们离不了抽象；但不能以抽象为事实。马克司以 x 为基础，为呈显于外的集大成，为离意志而独立存在的东西，为任何小孩子都能晓得的事实，为他研究的出发点。它存在于外是事实，他以之为出发点也可以，因为我们不能不说话，说话就得要

---

① 马克思：《1844年经济学手稿》，《马克思恩格斯文集》第1卷，北京：人民出版社，2009年，第190页。
② 马克思、恩格斯：《德意志意识形态》，《马克思恩格斯文集》第1卷，北京：人民出版社，2009年，第519页。同时可参阅《马克思恩格斯全集》第3卷，第23页。
③ 牟宗三：《社会根本原则之确立》，《牟宗三先生全集》第26册，台北：联经出版事业股份有限公司，2003年，第675页。

有出发点；但是它之外在不是如自然现象之外在，不是从天上掉下来的外在。你以它为外在，是你为研究的出发点之方便对象，是你于发展过程中从中割断劈分而有的出发点，而有的暂时的抽象的方便对象。但你以之为出发点，还当不忘它是个"出发点"，而不是真正具体的事实；你以之为方便对象，但你还当把它浑融于发展的大流中才可，不能把它掷出去而使之永不复原。既发之而能收之，既分之而能合之，这才算是认识具体事实、解析具体事实之发展的良法，也才算不愧动的、全的、具体的、发展的这个好观点。①

牟宗三同意，概念上的劈分和抽象是没有办法的事情：话要一句一句说，思维要借概念来展开，而具体的事实则是心物一体感应的水涨船高、如影随形、水波一体②，所以要思维存在就必然遭遇概念的有限性与具体事实的无限性这一无法避免的矛盾。因此，出发点之不同并不一定意味着本质性的差异，只要其目的都是认识具体事实、解析具体事实，那么不同的出发点反可能异曲同工、殊途同归。

现在的问题是：马克思是否如牟宗三所论，只有概念上的劈分而没有具体事实的复原，分之而不能合之？这涉及辩证法之为"动的、全的、具体的、发展的这个好观点"。深入讨论这个问题，超出了本书设定的主题，因而只能在随后"辩证法之圆顿时间"一小节中简单论及一二。这里先要指出的一点是，牟宗三所批评的那些所谓马克思的基础、建筑之说，更多指涉坊间的流俗化的马克思，或者说指向马克思之前的旧唯物论。

与此相关的问题是：牟宗三本人提出了彻底的唯心论而将道德良心作为出发点，那么他本人是否也如同其批评者所论及的那样，只有概念上的劈分而没有具体事实的复原，分之而不能合之？

4. 心物絜合

上章通过分析"所与"，证明牟宗三并非如通常所批评的那样，无

---

① 牟宗三：《社会根本原则之确立》，《牟宗三先生全集》第 26 册，台北：联经出版事业股份有限公司，2003 年，第 647 页。

② 牟宗三：《社会根本原则之确立》，《牟宗三先生全集》第 26 册，台北：联经出版事业股份有限公司，2003 年，第 657 页。

视外物的存在和万民的存在而唯我独尊、师心自用。这里也已经初步显示，牟宗三对马克思的批评，并不意味着他不认同经济、生存欲念等之于道德良心的重要性。牟宗三对马克思的批评，恰恰是要"完成"马克思的"动的、全的、具体的、发展的这个好观点"。这个"好观点"按中国学者的描述就是阴阳波动起伏、对立互生、发展变化的世界①，既不"唯心"又不"唯物"，而是心物絜合，"即心即物"，生生不息。熊十力称其为"乾坤互含"。

牟宗三对此有着自觉的认识：

"经济生活""经济现象"、"政治生活""政治现象"、以及"精神生活""精神现象"，这三种过程乃是互相渗透，互相为命，互不可缺，谁缺谁就不成为一个整个的网状组织之整体。这个网状的整体由那个根本的社会事素之发展过程而结构出，而那三种生活过程即是那个根本的生活过程之分化之昭示之不同的宣表。同出一源而列为三支，然此三支必互相渗透而不可或缺。这三个支流不作任何偏面的规定，而互相结合被那个根本过程所决定或规定。这最是全的、过程的、动的、具体的看法。既不是马克司所谓建筑、基础之说，复不是唯心论者之以心为主之意。②

我们可以把政治法律看成是社会生产关系中的形式或法模因子，把经济看成是生产关系中的质料或内容因子。这两个因子都负担组织生产关系之责任，而同时都由前边所说的那个根本的社会事素所规定，而都由它那里发见出来；决不是经济规定法律政治，或法政规定经济。若永远执持这种一偏之见，则各有其理，循环无底止，永不得解决。③

这里的"唯心论者之以心为主"当指按恩格斯定义而言的那些承认

---

①　牟宗三：《社会根本原则之确立》，《牟宗三先生全集》第26册，台北：联经出版事业股份有限公司，2003年，第670页。

②　牟宗三：《社会根本原则之确立》，《牟宗三先生全集》第26册，台北：联经出版事业股份有限公司，2003年，第673-674页。

③　牟宗三：《社会根本原则之确立》，《牟宗三先生全集》第26册，台北：联经出版事业股份有限公司，2003年，第675-676页。

某种创世说的唯心主义的观点，而不能包括牟宗三自己的"彻底的唯心论"，因为后者并不承认任何创世说。牟宗三"彻底的唯心论"把政治法律（包括道德良心等）看成"形式或法模因子"，把经济理解为"质料或内容因子"，而强调两者的水波一体关系，它怎么可能是一般所谓的唯心论呢？按熊十力的讲法，"彻底的唯心论"的"唯"是殊特义，而非唯独义。

另外，众所周知，牟宗三"彻底的唯心论"主张"理性的原则"（principle of reason），或者说"以学术支配政治，以政治支配经济"①的原则、"以学术指导政治，以政治指导经济"②的原则，一般论者据此批评牟宗三"良知坎陷"的抽象化、形上化、空洞化、巫术化和泛道德化等，而要求以"反向坎陷"来补牟宗三的不足。但若联系这里的"决不是经济规定法律政治，或法政规定经济"，则应该明白此类批评的不确实，良知坎陷恰恰就是"既发之而能收之，既分之而能合之"，既经济生活而能上至精神生活，既道德理性而能下至生存欲望，以复原人生具体事实本身。

具体事实，就是因"所与"而来的人类求生存的活动，或者说心物感应一体、主观见之于客观的实践等。人既生活在此具体事实之中，又以自己的活动改变着这个具体事实，从而形成了一条无时不变的滚滚奔腾的河流，则概念上劈分出来的心和物实是一个东西如影随形，如水涨则船高。但人之说法、办事又不能不有一个出发点或者说起头处，此即踏入河流的地方。以经济为踏入点，单方面主张"经济规定法律政治"，可曰自下而上的"革命派"；以法政为踏入点，单方面强调"法政规定经济"，则是自上而下的"改良派"。牟宗三的良知坎陷绝不只是"从上面说下来"，自上而下的改良派并不足以涵括牟宗三，牟宗三是要把"革命派"与"改良派"絜合起来而做成一个"圆环"："前者着重必然的物理转变，后一种着重道德的改进。我既证明这两种都能变动社会，所以我也承认唯有这两者的絜合，始能有真正的进化的转变。"③ 这种精

---

① 牟宗三：《时代与感受》，《牟宗三先生全集》第23册，台北：联经出版事业股份有限公司，2003年，第364页。

② 牟宗三：《政道与治道》，《牟宗三先生全集》第10册，台北：联经出版事业股份有限公司，2003年，新版序第6页。

③ 牟宗三：《社会根本原则之确立》，《牟宗三先生全集》第26册，台北：联经出版事业股份有限公司，2003年，第677页。

神与物质的辩证法正应了马克思的那句话："你们不使哲学成为现实，就不能够消灭哲学。"①

牟宗三坚信，自己的"这个原则与《资本论》中之解剖亦絜合无间"②。

5. 辩证法之圆顿时间

假若把牟宗三道德的形上学理解为自上而下的"父权压迫""变魔术"，把"良知坎陷"理解为"铁头肉身"③、"木质的铁"④或"木制的铁器"⑤，那么牟宗三对唯物史观的一系列批评，就可以原封不动地倒转过来，加诸牟宗三自身。为什么？因为那样一来，牟宗三与马克思都不过是各执一偏，都只是立场问题，于是这一边对那一边的批评，都可以如镜子反光一般送回给对方。马克思的"辩证法"也就被理解为了"变戏法"。

何以走出一偏？唯有圆顿时间，或者说绝对总体性时间。

牟宗三准确地认识到，辩证法的特点是"站在全体的观点上以鸟瞰之"，因而辩证逻辑（矛盾逻辑）并不会与形式逻辑（普通逻辑）的矛盾律、同一律、排中律等相冲突：

> 普通逻辑取外范内容的界说而把这些概念看成一个相属的系统或层级；矛盾逻辑取着全体谐和的观点把那成系列式层级的概念融而为一，即成为"一粒沙中见世界"或"一摄一切，一切摄一"的性质。但若没有普通逻辑把那些概念规定出，你矛盾逻辑也没有法使之相联。所以普通逻辑是概念的展开，而矛盾逻辑是概念的融合。⑥

鸟瞰全体、全体谐和、融而为一等如何可能？关键就在圆顿时间。

---

① 马克思：《〈黑格尔法哲学批判〉导言》，《马克思恩格斯文集》第1卷，北京：人民出版社，2009年，第10页。

② 牟宗三：《社会根本原则之确立》，《牟宗三先生全集》第26册，台北：联经出版事业股份有限公司，2003年，第679页。

③ 马克思：《黑格尔法哲学批判》，《马克思恩格斯全集》第1卷，北京：人民出版社，1956年，第290页。

④ 马克思：《黑格尔法哲学批判》，《马克思恩格斯全集》第1卷，北京：人民出版社，1956年，第350页。

⑤ 海德格尔：《形而上学导论》，熊伟、王庆节译，北京：商务印书馆，1996年，第9页。

⑥ 牟宗三：《社会根本原则之确立》，《牟宗三先生全集》第26册，台北：联经出版事业股份有限公司，2003年，第652页。

牟宗三同样准确地认识到，辩证法必具"无限的劈分原则"和"无底止原则"① 这两原则，而同时一定要将此无限尽数收纳入自己的内部。其中最为典型的，就是黑格尔的本体论（ontology）的辩证法：

> 在此须知，他这辩证过程不是具体事实的变化过程，乃是逻辑概念的推演过程。因为它是概念的推演，所以结果并没有时间性与空间性，乃只是圆盘式的在那里丢圈子而未曾前进一步。……从凡有到绝对理念，其间因为辩证过程的施用，一切概念都引出了，但结果凡有与绝对理念总是一个，所以我们可说他乃一步也未走。他是静止，在那里以受这无限的劈分与无底止的矛盾的。这是辩证法的真意，也是典型辩证法的特色。这样的辩证法只是静的无限劈分，而不是动的时间演化。②

"结果并没有时间性与空间性"一句中的"时间"指一般所谓经验时间、绵延时间，而非圆顿时间。正因为已经拥有了全部时间或者说时间的总体，辩证法才能够穷尽无限劈分，才能够"圆盘式的在那里丢圈子而未曾前进一步"，而表现为一个无时间的、静止的、至大无外的整体或圆一，有死之人假此思维了整个世界。

对于这种元学上的、本体论的辩证法，牟宗三是承认的。但是，牟宗三不承认唯物辩证法。不承认唯物辩证法，即是不承认马克思对黑格尔的批判：

> 据说辩证法在黑格尔是脚朝上头朝下，所以马克司把它倒颠过来而成为唯物的。其实我们当注意：（Ⅰ）黑格尔辩证法与黑格尔系统拆不开；（Ⅱ）黑格尔辩证不能倒颠，它也无所谓脚朝上头朝下；（Ⅲ）辩证法无所谓倒颠，只是不同方面的应用；（Ⅳ）不同方

---

① 牟宗三：《逻辑与辩证逻辑》，《牟宗三先生全集》第 25 册，台北：联经出版事业股份有限公司，2003 年，第 115 页。
② 牟宗三：《逻辑与辩证逻辑》，《牟宗三先生全集》第 25 册，台北：联经出版事业股份有限公司，2003 年，第 117 页。

面的应用只是形式上的一个空壳，完全失掉了它本身的意义。①

严格说来，牟宗三的这四点是有矛盾的。首先，假若说辩证法有不同方面的应用，或应用于概念，或应用于经济，那么，人们依概念与经济的上下之不同，而称两者为"倒颠"关系，当也是可以的。其次，既然有不同的应用，那么不同的应用就都是辩证法的本来意义，而不能说应用于概念就是有意义的，应用于经济就是空壳。最后，依前两点，则辩证法与黑格尔的系统也就能够拆开了，而不能说辩证法只有黑格尔的辩证法。

不过，牟宗三的意思却是明确的。首先，他以概念与事实、精神与物质来区分黑格尔的辩证法与马克思的唯物辩证法：

> 唯物的辩证就是物质的辩证，换言之即是"具体事实的辩证"。②

然后，他以时间的有无来确定是否合于辩证法的本义，"完全在有无时空为关键"：

> 矛盾逻辑是概念的，不取有时空；而事实之生灭则取有"时空"。③
> 黑格尔的是逻辑概念内推演，而唯物辩证法却是物质或具体事实的演化。这样，黑格尔的世界观可以是矛盾的，而唯物辩证法的世界观则不是矛盾的。黑格尔的世界观是静的、圆圈的而未进一步，但唯物辩证法的世界观却是动的、时间的而永远变化的。④
> 黑格尔自己时常警告我们说：他的发展转变推演都不是时间地、空间地，而乃是逻辑地，难道黑氏自己的话还不可靠吗？因为他没

---

① 牟宗三：《辩证唯物论的制限》，《牟宗三先生全集》第 25 册，台北：联经出版事业股份有限公司，2003 年，第 144 页。

② 牟宗三：《辩证唯物论的制限》，《牟宗三先生全集》第 25 册，台北：联经出版事业股份有限公司，2003 年，第 141 页。

③ 牟宗三：《社会根本原则之确立》，《牟宗三先生全集》第 26 册，台北：联经出版事业股份有限公司，2003 年，第 656 页。

④ 牟宗三：《逻辑与辩证逻辑》，《牟宗三先生全集》第 25 册，台北：联经出版事业股份有限公司，2003 年，第 118 页。

有时间空间，所以他是辩证的，他能说否定之否定，他的奥伏赫变
才不是我们普通所谓的物理、化学上的变；而你们所谓的变是具体
事实的，是物质的，因而也就是有时空的，所以也就不是辩证的，
也就不能说否定之否定，而奥伏赫变也就是变。所以黑格尔之为辩
证法，现代辩证论者之不为辩证法，完全在有无时空为关键；而作
为其中之内容者，一为理念，一为物质。①

　　上文已经指出，黑格尔的辩证法之所以表现为无时间的、静止的，
恰恰是因为它预设了一个圆顿时间、绝对总体性时间，即绝对精神。因
此，黑格尔的辩证法是能够以概念的形式来重演具体事实在经验中的无
限演化过程的。换言之，辩证法本身是无时间的圆顿时间，是逻辑地展
开和收回，这并不影响辩证法在历史的具体时空中展开。历史与逻辑本
是一而二的。牟宗三看到辩证法的圆顿时间，这是正确的，但纠结于理
念还是物质以论时空之有无，则甚无谓。牟宗三自己也明白，说话总需
要有出发点和概念上的劈分，那么，理念与物质的不同，完全可能只不
过是概念上的劈分或说话的出发点之不同罢了，两者都可以承认圆顿时
间。而且，若视人的自由全面发展为绝对理念，则马克思的唯物辩证法
同样也可以看作理念的，物质与理念在此通而为一。
　　马克思辩证法与黑格尔的辩证法的不同，究其实并不在时空之有无
上，而在于自上而下抑或是自下而上。黑格尔的辩证法，从绝对理念、
绝对知识讲起，圆盘式地在那里兜圈子，而衍生出整个宇宙，绝对理念、
绝对知识是它的基础，概念运演、精神现象是它的形式，因此马克思讲
其头足倒置或本末倒置。头足倒置，就是自上而下。马克思将其颠倒过
来，从财产、经济、物质等讲起，就是自下而上。暂且不论黑格尔"倒
立着的"辩证法和马克思"把它倒过来"的辩证法之间的亲缘关系②，
这里要说的是，牟宗三其实兼具了黑格尔和马克思的某些东西，他对马
克思的批评，根底上是另有所指的。

---

① 牟宗三：《辩证唯物论的制限》，《牟宗三先生全集》第25册，台北：联经出版事业股
　　份有限公司，2003年，第149页。
② 马克思：《资本论》第1卷，《马克思恩格斯文集》第5卷，北京：人民出版社，2009
　　年，第22页。

三 经济的公道正义和天理

牟宗三在很多地方表扬或赞同过马克思，比如马克思为学问所下的笨工夫和苦工夫、对商品拜物教的揭示、对劳苦大众的注目等。那么，牟宗三与马克思的争论的关节点究竟何在呢？牟宗三曾指出，"在十九世纪，马氏能注意动的、全的、发展的观点，这也算了不得了。惜乎他为别的目的而建设一个与其观点不符的原则"。① 这个"别的目的"，究竟何指？

这应该指的是阶级斗争，即无产阶级通过暴力革命的方式，把自己从普遍拜物教的倒反和宰制中解放出来。在牟宗三看来，辩证法、唯物史观、阶级斗争等都是联结在一起的，马克思由辩证法见出商品拜物教的宰制和压迫，然后推出阶级斗争以反抗宰制和压迫，循环往复，从而演成"阶级斗争之社会进化观"②，即一般所谓唯物史观。牟宗三并不全盘否定阶级斗争的作用和意义，但坚决反对"以阶级斗争为目的"，认为"以阶级斗争为能事，以致阶级斗争为目的的，乃是自速于灭亡"③。而牟宗三的理由，主要有两点，一是彻底的虚无主义，二是彻底的相对主义。

1. 彻底的虚无主义

历史是人或一个民族的集团实践过程，如何能只是唯物的，即，只是经济的看法？就使只是经济的，而经济活动也是人的实践之所表现，也不能如外在的自然现象之为现成的，摆在人的实践以外。

但是马派的人却把它看成如"外在的自然"一样，完全是外于人的实践之物类，把它摆在那里，看其自身之发展，美其名曰客观。

依是，社会集团的活动完全没有"精神的提撕"在其后，完全不以发自道德良心的理想理性正义为其调节，为其指导。依是在生产关系中所分成的各集团完全是物类的概念。他们所谓"阶级"就是一个物类概念。阶级当然是人集成的。但是在他们所谓阶级中的

---

① 牟宗三：《社会根本原则之确立》，《牟宗三先生全集》第 26 册，台北：联经出版事业股份有限公司，2003 年，第 680 页。

② 牟宗三：《辩证法是真理吗?》，《牟宗三先生全集》第 25 册，台北：联经出版事业股份有限公司，2003 年，第 7 页。

③ 牟宗三：《辩证法是真理吗?》，《牟宗三先生全集》第 25 册，台北：联经出版事业股份有限公司，2003 年，第 7 页。

人之"人性"只是其阶级的私利性，各为其阶级的私利而保存而争取而改变。毫无所谓道德、理想、正义之可言。依是，人完全是一个自私自利、形而下的躯壳的人，聪明才智只成就一个坏，比其他动物还要坏。依是，虽有聪明才智，亦只是物类。

在这种物类的集团观，有时对立，有时不对立，其对立也，有时矛盾，有时不矛盾。其对立而矛盾是以"利害冲突"定。如是，当然可以说"矛盾"，矛盾只是利害的冲突，不能并立。但是物类概念的集团（阶级）何以必是辩证的发展，无穷的发展下去，是没有理由的。它可以有若干阶段的对立统一，颠倒下去，但不必能无穷地发展下去。一个物类的集团很可以堕落腐败，完全停滞下去，由停滞也可以全毁灭死亡。同时，一个阶级私利的集团，顺其仇恨的狠愎之心推至其极，很可以完全消灭对方，所谓斩尽杀绝。而凡此种完全消灭对方的狠愎之心自己亦必流入疯狂状态而毁灭自己。必流于全体毁灭而后已，这就是彻底的虚无主义。①

上述引文在牟宗三的文章中原本是一整段，今为了方便叙述，特将其分为四段。第一段针对唯物史观的经济的解析，事关物质与精神的关系问题，其中的是非曲直上文已经分析过了，在此不论。第二段强调"马派的人"，是说马克思本人对经济的解析当然负有责任，但等而下之，形形色色的、残缺的、冒牌的马克思主义更容易变本加厉，而成其为经济定命论，又美其名曰客观，那就问题丛生了。第三段揭示问题，即大家都为经济，都是"自私自利、形而下的躯壳的人"，为了保持、延续和扩大自己而斗智斗勇。最后一段立"彻底的虚无主义"之名，强调大家若只有私利，而又结为集团，如此打打杀杀无穷辩证发展下去，最终"必流于全体毁灭而后已"。

2. 彻底的相对主义

如果人性只是阶级性、私利性，如果阶级斗争只是争取阶级私

① 牟宗三：《道德的理想主义》，《牟宗三先生全集》第9册，台北：联经出版事业股份有限公司，2003年，第96~97页。

利，则被压迫阶级之起来争取利益与压迫阶级之维护其利益，同是一样自私。你没有理由责备压迫阶级之不应该，不合理，你也没有理由说自己是应该，是合理：私利就是应该，就是合理；私利与应该，与合理，成为同一的。这样便无所谓是非、善恶，只有有无。你有，我就眼红；我无，我就要抢。你有，就是"非"；我无而抢，就是"是"。反过来，也是一样。如是，应该、合理，成为不可能。你所争得的私利公利也不能站住其自己，也同样不可能。这样，阶级斗争完全失掉了意义，人类历史亦真成了漆黑一团了。这是马克斯抹杀了普遍的人性，而只承认阶级性，所必然要至的归结。他斩断了阶级斗争的正义性与理想性，也斩断了斗争所以可能的超越根据与理性根据。①

彻底的虚无主义必然是彻底的相对主义，反之亦然。这一大段已经把道理讲清楚了，这里不再赘述。由此，牟宗三提出自己的主张："1. 私利不能与应该、合理、是非、善恶，化为同一。2. 普遍的人性不能抹杀。3. 阶级斗争为的是正义、公道，为的是实现应该与天理。4. 斗争所以可能的超越根据、理性根据，乃在具有理想、正义、天理的道德心灵这普遍的人性。"②

至此，牟宗三在马克思的经济原则的旁边，立起了道德良心的原则：

> 人是一现实的存在，自然需要有物质的生存条件：人总想保持其自己的生存，而且想改进自己的生存。就"现实的存在"言，人要维持并改进其生物的存在，自亦不能无其私利的本能。而这种私利，因以阶级集团的方式去争取，所以也就是公利：是属于全阶级的、客观的，并不单属于个人、主观的。可是就是这争取公利就函着争取正义、公道、人权与自由。人间不能有不平，不能有被压迫被奴役的人：压迫、奴役、不平，是人间最大的不公道，不合天理。争取阶级的公利就是争取公道与天理。而公道与天理不能见之于物

---

① 牟宗三：《政道与治道》，《牟宗三先生全集》第 10 册，台北：联经出版事业股份有限公司，2003 年，第 161 页。

② 牟宗三：《政道与治道》，《牟宗三先生全集》第 10 册，台北：联经出版事业股份有限公司，2003 年，第 161–162 页。

质的生存条件，而是见之于另一个源泉：道德的心灵。①

必须注意的是，牟宗三并没有把道德原则与经济原则对立起来，而是说"争取阶级的公利就是争取公道与天理"。换言之，道德的心灵是一个源泉，物质的生存条件是一个源泉，只有同时兼具这两个原则，公道与天理才能在人间落地开花结果。牟宗三认为，正是这两个原则的"主客对立统一"才推动了人类社会无穷的辩证发展：

> 实践单是属于人的：既不属于上帝，亦不属于动物，自然现象更说不上。精神的提撕，发自道德良心的理想、理性、正义，因为人的动物性，虽是不纯，有夹杂（若是纯了，人间便是天国，但人的动物性不可免。），但它却是使社会发展向上的唯一动力。就因为这个动力，才说历史是精神表现的发展史，而其发展才是辩证的发展，而且是无穷地发展下去。何以是无穷地发展下去？因为道德良心就是"不容已"的"愿力"所在。人有此"愿力"，乃"自觉地"向上发展，向前引生，而不令其断灭。所以"无穷的发展"一主断之成立，必于形而下的物质生活以上有一个"超越的根据"可能。而此超越根据就是不容已的愿力自觉地要如此。这是最显明而不可移的道理。何以是辩证的发展？因为能发理想、理性、正义的道德良心就是集团实践中的"主体"，它的"客体"就是实践中随躯壳起念的私利。这个主客体的对立通过道德良心自觉而成立。谁腐败下去而只有私利性，谁就是客体，就是反。谁通过自觉而抒发理想理性与正义，谁就是主体，就是正。②

牟宗三要求据此开出人类历史向上的光明源泉。这没有问题。而且，"社会发展向上的唯一动力"却不在单纯"道德的心灵"，而一定夹杂有"物质的生存条件"的需要和满足。只这一点，就已经把牟宗三从高头讲章、不食人间烟火的"超越形象"中拯救出来了。有问题的倒是，那

---

① 牟宗三：《政道与治道》，《牟宗三先生全集》第 10 册，台北：联经出版事业股份有限公司，2003 年，第 160-161 页。
② 牟宗三：《道德的理想主义》，《牟宗三先生全集》第 9 册，台北：联经出版事业股份有限公司，2003 年，第 98 页。

个身处资本主义社会之中，既不属于无产阶级也不出身于无产阶级家庭，却能够基于对贫苦劳工大众的同情心，宣扬共产主义，要求无产阶级联合起来革命，以推翻资本主义，获得整个世界的马克思，真的"抹杀了普遍的人性，而只承认阶级性"，"斩断了阶级斗争的正义性与理想性，也斩断了斗争所以可能的超越根据与理性根据"？难道对贫苦劳工大众的同情心不正是"道德的心灵"的表现吗？如果马克思所给出的解放之路又恰恰是对道德的心灵的彻底否定，如果人的自由全面发展完全就是实践中随躯壳起念的私利，那么，难道它不构成一种巨大的历史讽刺吗？

回顾中华人民共和国的历史，不能不承认牟宗三有着极其敏锐的现实洞察力。但是，牟宗三批评马克思忘记了经济的公道正义和天理问题，则毫无疑问是彻底误解了马克思。且不论上文已经分析了马克思并非经济定命论，唯物史观也并非不承认精神是重要的和不可或缺的支柱，单单就阶级斗争来说，牟宗三这种误解与坊间流俗化的马克思主义不谈人道主义却是一致的，那就是没有分清楚马克思"人的解放"与"政治解放"的重要区别。无产阶级的"政治解放"必以"人的解放"为目的。在"人的解放"中，不能没有道德的心灵。

3. 政治解放

一提到政治解放人们很容易就会想到翻烙饼，"皇帝轮流做，明年到我家"。这是有一定道理的。对马克思而言，"政治解放一方面把人归结为市民社会的成员，归结为利己的、独立的个体，另一方面把人归结为公民，归结为法人"①。换言之，当时的政治解放既与市场经济、自私自利等因素难分，也必然有信仰自由、私有财产神圣不可侵犯、生而平等和享有安全等因素，马克思强调的正是这两种因素的混杂难分，因而其所谓的"公道正义"还远远不是什么"天理"，而很可能只是打着"替天行道"旗号的"意识形态"。马克思尖锐地指出，"自由这一人权的实际应用就是私有财产这一人权"，"私有财产这一人权是任意地、同他人无关地、不受社会影响地享用和处理自己的财产的权利；这一权利是自私自利的权利。这种个人自由和对这种自由的应用构成了市民社会的基

---

① 马克思：《论犹太人问题》，《马克思恩格斯文集》第 1 卷，北京：人民出版社，2009年，第 46 页。

础。这种自由使每个人不是把他人看做自己自由的实现,而是看做自己自由的限制"。① 这种意义的政治解放,有如下功能:一是破坏原有的政教合一,把国家从宗教中解放出来,也就是在政治权利上把人从宗教中解放出来,实现政教分离;二是破坏原有的人身依附性,把市民社会从国家中解放出来,在市民社会中确认和护持个人的自由权利,包括信仰自由、私人财产、平等和安全等,实现家国分离。就这两个功能而言,政治解放其实就是资产阶级追求自由、平等、博爱的过程。

把政治解放理解为资产阶级追求自由、平等、博爱的过程,其实就是说政治解放的虚无性和相对性。一方面,"任何解放都是使人的世界即各种关系回归于人自身"②。因而,资产阶级对于自由、平等、博爱的追求和获得,当然也是这种回归中的必要一步。因而,"政治解放当然是一大进步;尽管它不是普遍的人的解放的最后形式,但在迄今为止的世界制度内,它是人的解放的最后形式,不言而喻,我们这里指的是现实的、实际的解放"。③ 另一方面,"政治解放本身并不就是人的解放"④,政治解放毕竟还"不是普遍的人的解放的最后形式"。这意味着,资产阶级虽然革了地主阶级的命,实现了自身的权利,但又同时形成了对无产阶级的剥削、压迫、欺骗和奴役。在此不难理解,新中国成立后为什么一直要批评资产阶级民主政治的虚伪性:有了剥削阶级剥削劳动人民的自由,就没有劳动人民不受剥削的自由;有了资产阶级的民主,就没有无产阶级和劳动人民的民主;等等。在这个意义上,马克思提出人的解放的理论,甚至毛泽东还提出了无产阶级专政下继续革命的说法,就是要对抗政治解放的虚无性和相对性。

4. 人的解放

人的解放,不是某个阶级实现自己的翻烙饼,不是"皇帝轮流做,

① 马克思:《论犹太人问题》,《马克思恩格斯文集》第 1 卷,北京:人民出版社,2009 年,第 41 页。
② 马克思:《论犹太人问题》,《马克思恩格斯文集》第 1 卷,北京:人民出版社,2009 年,第 46 页。
③ 马克思:《论犹太人问题》,《马克思恩格斯文集》第 1 卷,北京:人民出版社,2009 年,第 32 页。
④ 马克思:《论犹太人问题》,《马克思恩格斯文集》第 1 卷,北京:人民出版社,2009 年,第 38 页。

明年到我家"，而是整个人类自身的解放。这当然是艰巨的，但在理论上并非不可能。马克思讲，"只有当现实的个人把抽象的公民复归于自身，并且作为个人，在自己的经验生活、自己的个体劳动、自己的个体关系中间，成为类存在物的时候，只有当人认识到自身'固有的力量'是社会力量，并把这种力量组织起来因而不再把社会力量以政治力量的形式同自身分离的时候，只有到了那个时候，人的解放才能完成"①。撇开具体环节不谈，不难理解，这里所讲的人的解放就是人从拜物教、资产阶级法权等等诸多异化中解放出来，"是人的一切感觉和特性的彻底解放"②，以实现最终的公道正义、自由和永久和平，破解历史之谜。

马克思的这种人的解放，就是牟宗三所谓的"通过自觉而抒发理想理性与正义"。牟宗三认为，儒家所雅言的成己成物、各正性命、万物一体等必须在个体和类、人和自然界等的和解中获得："一得救一切得救，一切得救始一得救。个人的尽性，民族的尽性，与参天地赞化育，是连属在一起的。这是儒圣的仁教所必然涵到的。"③ 这样的学问，也就是生命的学问，一方面是肯定道德的心灵的绝对性和必然性，另一方面是保持和改进生存条件的绝对性和必然性，始能立起并贞定我们的生命，以个人的生命开启民族的生命甚至全人类的生命，方为畅通饱满的生命。

5. "既不能跳过也不能用法令取消自然的发展阶段"④

既然唯物史观最终指向人的解放，同样自觉地抒发理想理性与正义，为什么牟宗三还要批评马派的人是彻底的虚无主义和彻底的相对主义？既然儒家一直高声强调着道德的心灵对于人类的意义，其大同理想早就把人的解放设为目的，为什么在新中国成立之前仍旧是一穷二白、积贫积弱、民生凋敝、满目疮痍，人们在水深火热之中备受煎熬呢？从马克思主义与人道主义之关系的理解中，能够透露出一点讯息。

毋庸讳言，有些自认为的马克思主义者曾大力批评人道主义，认为

---

① 马克思：《论犹太人问题》，《马克思恩格斯文集》第 1 卷，北京：人民出版社，2009 年，第 46 页。

② 马克思：《1844 年经济学手稿》，《马克思恩格斯文集》第 1 卷，北京：人民出版社，2009 年，第 190 页。

③ 牟宗三：《生命的学问》，桂林：广西师范大学出版社，2005 年，第 34 页。

④ 马克思：《资本论》第 1 卷，《马克思恩格斯文集》第 5 卷，北京：人民出版社，2009 年，第 10 页。

"人道主义"是资本主义的东西，是空泛的道德情感，是形而上学的、唯心主义的抽象人性论，因而马克思主义绝不能"人道主义化"。而牟宗三对唯物史观、阶级斗争等的批评恰恰又是说，马克思主义见物不见人，是毫无人性的科学，而必须"人道主义化"。两种观点看似针锋相对，但在把马克思与人道主义相割裂这一点上，却是高度一致的，都是对马克思的误解。

正确的理解并不深奥，甚至可以说十分浅显：政治解放是人的解放的基础，是人的解放的不可逾越的阶段，人的解放是政治解放的最终目标，这中间，经济的现代化是一个关键环节。换言之，经济的发展为人的解放提供了必要条件，要实现人的解放，不能不通过市民社会、市场经济，"现代社会的经济运动规律""还是既不能跳过也不能用法令取消自然的发展阶段"①。因此，必须全方位确认全体公民在人格、信仰、经济活动等方面的自由和平等，必须以宪法和法律的形式确认、护持公民的个人权利，特别是其中的私有财产权利。② 换言之，只抽象地谈论理想信念与理想信念的现实展开是有距离的。人的解放并非完全否决政治

---

① 马克思：《资本论》第 1 卷，《马克思恩格斯文集》第 5 卷，北京：人民出版社，2009年，第 10 页。

② 在政治解放与人的解放的关系问题上，马克思自身的思想演变和逻辑结构，现实政治对于马克思思想的需要等，都是不能绕过的话题。限于论题，这里不能展开，可参考聂锦芳的两段论述："根据世俗生活来观照人、理解民族是必要的，但仅仅局限于此又是不够的。因为人是一种矛盾性的存在物，在灵与肉之间、物质与精神之间、个体与共同体之间是摆脱不掉的困境，而由这些人所组成的民族、国家等共同体形式就更为复杂。我们既要理解、认同现实，更要批判、超越现实，人生之难、民族之艰，永远不可能一劳永逸地获得解决，我们只能在'坚守'与'变革'之间逐步前行。对于复杂的社会历史问题来说，不能固执于单一视角的观照而只能从多个维度予以透视，才能找到切实可行的解决之道。这样说来，马克思从青年黑格尔派的同道走向论敌，不是抛却他之前所有的积累和历练，而是在此基础上的扬弃和发展；《论犹太人问题》与《犹太人问题》之间在观点和思路上既是对立的、有差异的，更可以是互补的、融通的和超越的。""《论犹太人问题》较之于马克思以后的著述，也许算不上他最重要的作品，但它的意义在于，这一时期马克思的思想发展处于一个重要关节点，即他意识到只注意从精神、观念角度来思考问题所具有的片面性，从而开始从现实关系、物质利益出发寻求对世界的理解。然而，这是不是意味着马克思完全否定、抛却了前一种方式？马克思是从一个极端走向另一个极端、以一种片面性取代另一种片面性？'成熟时期'的马克思建立的是一种与青年黑格尔派截然相反的思想体系，还是在批判、扬弃其思维方式之上的超越形态？马克思的哲学变革是在所谓哲学路线、政治立场上站队，还是在不断寻求对复杂的社会历史问题客观、到位而深入的理解和解决？如此说来，长期以来，很多人对马克思苦心孤诣的探索和思考的理解是过于简单和肤浅了。"聂锦芳：《再论"犹太人问题"——马克思早期思想演变中的一桩"公案"》，《现代哲学》2013 年第 6 期。

解放，永恒的公道正义只能即具体制度法律规定的那些相对的公道正义而显。这意味着，过程总是不完美的，"权利永远不能超出社会的经济结构以及由经济结构所制约的社会的文化发展"①。正是基于这一点，马克思对拉萨尔主义进行了严厉而尖锐的批评，强调那种"完全超出资产阶级权利的狭隘眼界"的"各尽所能，按需分配"②在当下仍然只是一个代表永恒的公道正义的理念而已。"我们这里所说的是这样的共产主义社会，它不是在它自身基础上已经发展了的，恰好相反，是刚刚从资本主义社会中产生出来的，因此它在各方面，在经验、道德和精神方面都还带着它脱胎出来的那个旧社会的痕迹。……所以，在这里平等的权利按照原则仍然是资产阶级的权利，虽然原则和实践在这里已不再互相矛盾。"③马克思既高扬了一种人的解放的理念，又要求具体而非抽象地谈论这一过程，因此"坎陷"不可避免：既从道德的心灵的高度批评一切当下行动的不完美性，又充分肯定人的每一小步解放步伐，在现实的权利的肯定中具体推进人的解放事业。

因此，牟宗三强调不能只作德性的呼唤，只是抽象地尽道德的圣贤人格，而是要落下来，想着如何在具体时空中经验地推进德性的事业。他不能不承认，"民主政治之成立，有两个基本观念作条件：一是自外限制，或外在地对立而成之'个性'。……二是以阶级的或集团的对立方式争取公平正义，订定客观的制度法律以保障双方对自的权利与对他的义务"④。同样，我们也还是认识到了市场经济是不可逾越的发展阶段，而开创了社会主义市场经济，要求使市场在资源配置中起决定性作用。

牟宗三曾经讲到，自己对于马克思主义的反对并非由于家里吃了共产党的什么亏，也非个人与共产党有恩怨，而只是因为某些自认的"进步人士"背叛了民族生命与文化生命：

---

① 马克思：《哥达纲领批判》，《马克思恩格斯文集》第3卷，北京：人民出版社，2009年，第435页。

② 马克思：《哥达纲领批判》，《马克思恩格斯文集》第3卷，北京：人民出版社，2009年，第436页。

③ 马克思：《哥达纲领批判》，《马克思恩格斯文集》第3卷，北京：人民出版社，2009年，第434页。这里的"资产阶级权利"又被翻译为"资产阶级法权"，参阅《马克思恩格斯全集》第19卷，北京：人民出版社，1963年，第21、23页。

④ 牟宗三：《历史哲学》，《牟宗三先生全集》第9册，台北：联经出版事业股份有限公司，2003年，第198页。

他认为天下人都是经济决定的，私利决定的，没有客观的真理，没有独立的灵魂。我就是反对他这邪眼邪论。①

而通过上述分析发现，牟宗三所针对的无情感的马克思最多只是坊间流俗化的马克思，是拉萨尔主义等非马克思的东西。如果能够正确认识马克思主义与人道主义的关系，那么，牟宗三的道德的形上学与马克思的唯物史观就都是一种未来之学，牟宗三对圆善的向往与马克思对共产主义的追求也就可能交会成一条道路了。这条道路注定"道阻且长"，需要珍惜任何人的解放的一线可能光亮。这条道路注定"道阻且跻"，只有公道天理的最坚定、最勇敢的信仰者和呵护者才能一直走下去。

最后提及一点：无论是道德心灵的"实体"还是物质的"实体"，都绝不是独断无根的，只能是因"所与"而在社会生活实践、历史文化发展过程中顺之以成。这期间当然有跳跃，不同的实体性在此跳跃中生成。有此跳跃，就生出许多差异或不同。对马克思来说，由经济、财产等出发，到人的自由全面发展结束；对牟宗三来说，由良知呈现出发，到科学知识、自由民主、个性结束。不过，既然他们都承认某种因"所与"而来的圆顿时间，而圆顿时间总能把一切弭平，所以一切都凝聚在奇点（singularity）中，开始的地方也就是结束的地方，伟大的东西是不会蜕化变质的。于是，牟宗三与马克思便"诡谲的相即"了。

第三节　纬与经

当马克思声称，哲学远离了"喜欢幽静孤寂、闭关自守并醉心于淡漠的自我直观"的旧哲学，而成为"自己时代精神的精华""当代世界的哲学""现代的真正的哲学"的时候，② 他就已经让自己背负上了沉重的十字架，既要解释世界又要改变世界，既要合规律性又要合目的性，

① 牟宗三：《五十自述》，《牟宗三先生全集》第 32 册，台北：联经出版事业股份有限公司，2003 年，第 106 页。

② 马克思：《第 179 号"科伦日报"社论》，《马克思恩格斯全集》第 1 卷，北京：人民出版社，1956 年，第 120-122 页。

既要理论知识又要实践知识，既要法权又要人的自由发展，既要福又要德，既要利又要义，既要"消灭"工人又要"消灭"哲学。要完成这项工作，既需要勇气，又不能急于求成，而必须有世界历史的眼光和舞台。康德的永久和平思想、黑格尔的历史哲学等，都被新哲学批判地吸收了。

或许这才是哲学的"原义"和"古义"。当然，这个"古"要比"旧哲学"更为古雅。无论是黑格尔"真理是全体"[①] 的圆圈、"哲学是最高的、最自由的和最智慧的形态"[②] 的论述，还是康德作为"世界概念"的"哲学原型"[③]、作为"至善的学说"的"智慧学"[④] 等，都已经在向这种古义的哲学致敬了。按牟宗三的理解，这种古义的哲学是以"实现'最高善'，圆善意义的最高善"为目的的"人化"哲学[⑤]。在《圆善论》中，牟宗三对此有更加详细的讨论：

> 哲学一方固是"爱智慧"（哲学一词之原义），一方亦是"爱学问"，"爱一切思辨的理性知识"。"爱学问"就是使"爱智慧"成为一门学问，有规范有法度的义理系统，这就是所谓"智慧学"。既是一有规范有法度的义理系统，就需要有思辨性的理性知识，如孟子所谓"终始条理"（称孔子者），荀子所谓"知统类"。若是杂

---

① 黑格尔：《精神现象学》（上卷），贺麟、王玖兴译，北京：商务印书馆，1979年，第12页。
② 黑格尔：《历史哲学》，王造时译，上海：上海书店出版社，2001年，第52页。
③ 康德：《纯粹理性批判》，蓝公武译，北京：商务印书馆，1997年，第573-574页。
④ 康德：《实践理性批判》，韩水法译，北京：商务印书馆，1999年，第119-121页。
⑤ 牟宗三：《现象与物自身》，《牟宗三先生全集》第21册，台北：联经出版事业股份有限公司，2003年，第479-480页。"人化""世界"的"哲学"含义丰富。"人化哲学"中可以分析出马克思"人化自然"的意味，"圣人"与"哲学"的"化合"在马克思那里也有明确的对应物。在牟宗三那里，"圣人"带领众人实现理想和走向未来，这个角色定位在马克思那里被"无产阶级"取代。按马克思的讲法，"无产阶级"必须与"哲学""化合"，才能实现共产主义，完成人的解放："这个解放的头脑是哲学，它的心脏是无产阶级。哲学不消灭无产阶级，就不能成为现实；无产阶级不把哲学变成现实，就不可能消灭自己。"参阅马克思《〈黑格尔法哲学批判〉导言》，《马克思恩格斯全集》第1卷，北京：人民出版社，1956年，第467页。当然，两者也有重要不同，而构成了一种对反或循环：牟宗三的"圣人"与马克思的"哲学"是觉悟者和施教的头脑（存有），马克思的"无产阶级"与牟宗三的"哲学"则表示行动的身体和现实的世界（活动）。

乱无章，荀子所谓"杂而无统"，或只是"�@来一悟"，只是一些零碎的感觉，则不成学问，亦不能说"爱智慧"矣。爱智慧就函着爱学问，爱学问就函着爱一切思辨性的理性知识。这一切思辨性的理性知识当然是就最高善论而说的。这些理性知识在界定最高善之理念（概念）中以及在表明实践原则以决定我们的行为中都是对于理性有用的，即皆可服务于理性而有用于理性，即理性可藉这些思辨性的理性知识以展现其自己之目的与义用。故虽是思辨性的理性知识，却亦未歧离漫荡，往而不返，而丧失其主要目的，即"爱智慧"之目的；单为此目的之故，这些思辨性的理性知识始可叫做是实践的智慧论（智慧学），这就是哲学（智慧学）——最高善论之为一学问之恰当意义。①

牟宗三在这里主要是就两层存有论，或者说实践理性（爱智慧）与思辨理性（爱学问）的联合来讲圆善论的。这是有道理的。正是执的存有论、思辨理性、知识、世界等，让哲学跟"@来一悟""自我直观"等区别开来，而获得了"改变世界"的客观力量。也就是说，掌握"自然法则"，认清"自然秩序"，方能更好地表现"道德法则"，实现"道德秩序"。如果把实现"道德秩序"（"每一个个人的全面而自由的发展""各正性命"等）理解为无条件的至上的东西，那么认清了"自然秩序"，生产力发展了，物质财富极大丰富了，前者才是可能的和完整的。若着眼于法权论，这一点可以看得更清楚：贫穷不是社会主义，更不是共产主义，人的自由发展绝不是纯精神的，消灭私有制并不是要制造出普遍贫困和普遍特权，而恰恰是"自然而然""合乎自然法则"地消除每一个个人满足自己"自然需要"的法权障碍，让需要幸福也配得幸福的人都能够享受到幸福。

也就是说，自然法则、科学知识看似是中性的，实际上却直接关乎自由。在这个意义上，事关法权的"政治主体"（社会）与事关科学的"知性主体"（自然）处于同一层次上，都属于"爱学问"，都重在揭示"自然法则"，从而让人们能够以一种客观化、量化与外在化的方式来"爱智慧"。

① 牟宗三：《圆善论》，《牟宗三先生全集》第22册，台北：联经出版事业股份有限公司，2003年，序第7页。

这是牟宗三强调两层存有论，复以之处理德福一致问题的内在理路。

具体到财产问题，也可以如是观。从知性主体的角度看，财产问题就是如何大力发展科技、大力发展生产力，从而生产出尽可能丰富的物质资料的问题；从政治主体的角度看，财产问题则是法权问题，即如何能够如数学般精确地决定物质财富的归属，以配享其相应自由的问题。这些都是客观化、量化与外在化的问题。不过，就人类朝向自由全面发展的历史进程而言，生产是基础，有稳步提升的趋势，分配则容易受到人为因素的影响而有较大的波动起伏，直接影响到人的自由的实现，因而其重要性要大于生产。也正因为如此，牟宗三区分了新外王的"形式条件"（分配、民主）与"材质条件"（生产、科学），并强调前者更加重要，是更为本质的东西。

如果把这个作为"条件"的财产问题理解为"纬"，而把儒家的常道性格理解为"经"，那么现代新儒学一定是"十字打开"而又"纵横交织"的"浑无罅缝"之学。由此出发，牟宗三的许多"纯哲学"或"纯儒学"的讨论也就抖落掉了自身理论的迷障，而显现出浓重的烟火气、生活气。这对牟宗三非常重要。当牟宗三的"智的直觉"不再被理解为"喜欢幽静孤寂、闭关自守并醉心于淡漠的自我直观"的时候，对牟宗三哲学"矫揉造作""反理性主义"等批评的声音一定会大幅降低。

本节围绕道德之"经"与财产之"纬"，对牟宗三的相关概念稍加论述，以相互发明，见出主轴。一经一纬，也即一纵一横，中国社会的问题和希望都可即此而显。[①]

---

①　日本学者中根千枝1969年出版了《纵向社会的人际关系》一书，以"纵向""横向"概念分析日本现代社会。纵向关系是家庭中的"亲子"关系，象征组织中的上下级关系。横向关系是"兄弟姐妹"关系，象征同事关系。作者从社会人类学的角度指出，日本以家族为中心的人际关系即是"场所"（结构）对"身份"（主体）有重要意义的人际关系，它更强调"纵向"关系。作者认为让自己不胜喜悦的地方，就是所提出的"纵向""横向"的概念和考察方法，现在已经作为一般常识为多数人所使用。作者同时针对人们的不同意见，强调"作为组织结构的纵向关系"并不排斥横向联结关系，但集团内部的横向关系一定是次一级的，整个集团总体上只能是一种"纵向"组织。从时间上看，牟宗三的讨论在前。中根千枝的研究可视为牟宗三纵、横概念和纵横交织方法的一个注释。参阅中根千枝《纵向社会的人际关系》，陈成译，北京：商务印书馆，1994年，第36页。

一 "齐于物的横断面"

提到牟宗三，人们总能想起"中国文化的现代化"，想起"内圣开出新外王"。这是因为，牟宗三最早所讨论的就是这些问题，而有《认识心之批判》、"外王三书"等一系列文章和著作。除此之外，还因为，现代化问题、科学与民主问题仍然是我们的时代问题，人们首先想起它们也就顺理成章了。不过，就是在这个地方，已经埋下了争论的种子。

首要的问题是：我们要求中国文化的现代化，是否意味着以西方已经存在的那种现代化为标准，来框范和重塑中国文化？如果答案是肯定的，那么中国文化是否因此丧失主位性，而成为西方文化的"跟屁虫"或拉拉队？如果答案是否定的，那么新外王又从何而来，所谓"开出"难道不是一种"矫揉造作"或"装腔作势"吗？这似乎构成了一种两难。实际上，在牟宗三的研究中，这两种批评意见也确乎形成了一种壁垒，牟宗三两面树敌，里外不是人。

与此相应的另一个问题是："现代性"本身就有着复杂的谱系，而可以区分出"好的现代性"与"坏的现代性"，那么要求中国文化的现代化，到底是要求哪种现代化？"好的现代性"与"坏的现代性"当然是一种漫画式的表达，却是有效的。简单来说，是什么让牟宗三对"现代性"既可以说"不"，又可以说"是"呢？牟宗三难道不是在耍魔术，而陷自己于神秘主义的绝地吗？

回应此类批评，不能只有静态、纯思辨的眼光，而必须回归哲学的"原义"，在人类求生存（幸福）谋自由（德性）的世界历史进程中来看问题。

观世界历史进程，就是观古今之变。本书第一章的第四节已经讨论过这个古今之变。若以财产问题为视角，则我们可以说：中国的学问以"生命"为首出，儒家文化特重"道德"，以"德性"润泽生命，而要求"各正性命"，这是中国文化的"经"，无古无今；但是，这个"经"表现到什么程度，则跟财产方面的法权支撑和保障有绝大关系，这是中国文化的"纬"，古今异情。牟宗三有个讲法：

良知、道德的动机在本质上即要求知识作为传达的一种工具。

例如见人重病哀号，有好心救之，然却束手无策，空有存心何用？要有办法，就得有知识。①

也就是说，良知、道德之"好心"可以古今无异，但传统医学不发达，现代医学昌明，那么这个"好心"必然有不同的表现，原来的许多不治之症现在可以治好了。但这不能反过来，不能说过去之所以不能救治，是因为古人的道德水平低下，不存好心去救。

有没有办法治病是在讲知识，在法权方面更是这样。虽然儒家一直讲"各正性命"，但由于是皇权政治，还没有进入共和国，那么不但"各正性命"无法保证，而且反证成了特权和等级制度的合理性。面对这种历史境况，我们一方面不能说"各正性命"只是虚伪的意识形态，另一方面不能把皇权政治视为永恒而不愿进入共和国。正是针对法权方面的这种"束手无策"（事后诸葛亮），牟宗三才说中国文化在"完整性"方面的不足：

　　在学术方面，逻辑、数学、科学；在集团生命之组织方面，国家、政治、法律。此两系为同一层次者，而其背后之精神俱为"分解的尽理之精神"。而此精神之表现必依于"知性主体"之彰著、精神之"理解形态"之成立。此恰为中国之所缺，西方文化生命之所具。故在中国历史发展中，其精神之表现，国家、政治、法律一面之"主体自由"（此可简称曰"政治的主体自由"），亦终陷而不彰。黑格尔谓中国只有"合理的自由"，而无"主体的自由"，正谓此也。②
　　中国的文化生命，在其发展中，只在向上方面撑开了，即：只在向上方面大开大合而彰著了本源一形态，而未在向下方面撑开，即未在下方再转出一个大开大合而彰著出属于末的"知性形态"与国家、政治、法律方面的"客观实践形态"。（此亦属于末，此层下

---

① 牟宗三：《政道与治道》，《牟宗三先生全集》第10册，台北：联经出版事业股份有限公司，2003年，新版序第18页。
② 牟宗三：《历史哲学》，《牟宗三先生全集》第9册，台北：联经出版事业股份有限公司，2003年，自序第21-22页。

节再说。）中国文化生命迤逦下来，一切毛病与苦难，都从这里得其了解。了解了就好办。①

牟宗三之所以一方面讲中国文化的不足，另一方面把这种不足归为"末"，正是强调法权等"纬"是可以随时代发生改变的。即是说，了解到不足，就可能补足它，解释世界可以成为改变世界的先导。

"纬"可以有古今之变而"经"则无古无今，牟宗三因此断言不能以"考古"的态度来"寻找"中国文化②，而强调中国文化的"常道"性格：

> 儒家，从古至今，发展了几千年，它代表一个"常道"——恒常不变的道理。中国人常说"常道"，它有两层意思：一是恒常不变，这是纵贯地讲它的不变性；一是普遍于每一个人都能够适应的，这是横地、广扩地讲它的普遍性，即说明这个道理是普遍于全人类的。"常道"没有什么特别的颜色，就如同我们平常所说的"家常便饭"。③

这个常道，一是时间上无古今，二是空间上无东西，家常便饭，却淡淡常流。要做到这一点，当然只能是无条件的至上圆满的东西，即儒家"心性之学""成德之教"所突出的道德宗教方面的永恒价值。这样讲似乎把中国文化拔高了，实际上也突出了中国文化"虚"的方面。正因为它可以"虚"，只突出道德宗教方面的自由，而不论这个自由的实现程度，所以它才是至上圆满的。而且，从此至上圆满的永恒性出发，它恰恰是"经"，而可以"虚以控实"，对过去、现在、未来的一切具体法权之"纬"说"不"，既能够揭露封建主义法权的特权性质，又可以指出资本主义法权的虚伪性质。

---

① 牟宗三：《历史哲学》，《牟宗三先生全集》第 9 册，台北：联经出版事业股份有限公司，2003 年，第 207 页。

② 牟宗三：《政道与治道》，《牟宗三先生全集》第 10 册，台北：联经出版事业股份有限公司，2003 年，新版序第 21 页。

③ 牟宗三：《政道与治道》，《牟宗三先生全集》第 10 册，台北：联经出版事业股份有限公司，2003 年，新版序第 3 页。

从这个角度看，"中国文化的现代化"并不是一个"现成的中国文化"去符合另一个"现成的现代性"，不是两个"现成之物"的相加，就如同一个苹果加一台电脑那样。如果是后者，那就是马克思批评黑格尔的"二元论"，"中国文化的现代化"就成了"木质的铁""雅努斯的两面头"，或者说"布利丹的驴子"，无所适从。正因为是非现成之物，所以在时代中学习，发现自己的不足并补足它，正是中国文化内在的历史使命：

> 儒家与现代化并不冲突，儒家亦不只是消极地去"适应"、"凑合"现代化，它更要在此中积极地尽它的责任。我们说儒家这个学问能在现代化的过程中积极地负起它的责任，即是表明从儒家内部的生命中即积极地要求这个东西，而且能促进、实现这个东西，亦即从儒家的"内在目的"就要发出这个东西，要求这个东西，所以儒家之于现代化，不能看成是"适应"的问题，而应看成是"实现"的问题，只有如此，方能讲"使命"。①

牟宗三还曾以"空气"和"水"来譬喻文化的这种"虚以控实"的"使命"：

> 实际从事政治经济活动的人所作的只是一种"工作"（work），常为实际工作底功利心所限，他们不知道这些工作背后必须有一个"胎胞"、"氛围"（atmosphere）来保育它，涵濡它；这即是文化的胎胞，如鱼之必在水中生活，不管我们自觉不自觉，空气在我们之外，也在我们之内。这里所谓的空气和水就譬喻人生活动中的文化，庄子所谓"鱼相忘于江湖，人相忘于道术。"文化就是庄子所说的"道术"，它是看不见的，虚的一层。文化胎胞是永远超越于社会之上也永远内在于社会之中的，它随时对于社会对历史起作用。失去

---

① 牟宗三：《政道与治道》，《牟宗三先生全集》第 10 册，台北：联经出版事业股份有限公司，2003 年，新版序第 6 页。

了水，鱼就要相濡以沫；失去了文化胎胞，时代便有问题。①

这也就是著名的"内在超越说"。由此出发，牟宗三要求对"齐于物"的时代病进行救治：

> 须知时下人所说的自由民主，只是我们的纬。若只限于此，即是没有经的。没有经的纬织不起来。我们的经即是人性通神性之理性以及实现理性之历史文化民族国家，这是一条纵贯线。自由民主之为纬是横断面。若只止于此，则必落于齐于物的横断面下而不能逃。②

在牟宗三看来，经济的现代化，先富后富，足食足兵；政治的现代化，明分使群，各尽其能，各得其所，这两者是中国文化现代化进程中的必然步骤。但若因此以为问题就解决了，资本主义就是历史的终结，那就太浪漫、太浅薄了。"浪漫的理想主义，浅薄的理智主义，不流于庸俗，即归于恶道，皆不足以恢复自由主义之精神性。"③ 也即是说，以法权性质的"齐于物"来保证分配正义，取得生活上的舒服和方便，享受幸福及其自由，对实现德性"完整性"来说是不可或缺的，但若以为这就是生命的全部，就尽了人的至上圆满的永恒性，那就把人陷溺于形下的躯壳中，"物于物"而远离了自由。

至此似乎已经把"内圣开出外王""中国文化的现代化"等的"可能性"讲清楚了。但实际上，如此的"经纬交织""虚以控实"已经是"虚实相生"了，其"可能性"必须在具体的历史实践进程中去获得，中国文化的"经"和"纬"又因此涅槃重生，都呈现出新的色彩。换句话说，不能把牟宗三的内圣开出新外王仅仅理解为一种理论上的建构，如若那样，牟宗三必然陷于绝境，逻辑混乱、自相矛盾而又精神亢奋、癫狂呓语。实际上，由经而纬，是中国文化现代化的理论顺序；由纬而

---

① 牟宗三：《时代与感受续编》，《牟宗三先生全集》第 24 册，台北：联经出版事业股份有限公司，2003 年，第 364 页。
② 牟宗三：《生命的学问》，桂林：广西师范大学出版社，2005 年，第 174-175 页。
③ 牟宗三：《生命的学问》，桂林：广西师范大学出版社，2005 年，第 174 页。

经，是中国文化现代化的实践顺序；经纬交织、虚实相生，既解释世界又改变世界，方得内圣开出新外王之真。

这里有牟宗三的辩证法：没有经的纬织不起来，没有纬的经同样织不起来。从这个意义上讲，建立现代法权，保障私有财产，建立"齐于物的横断面"，既是末也是本。本末在此同一了。说它是末，是指在建立现代法权之前，中国文化已经存在了，不能因中国在近现代的落后就否定中国的整个历史；说它是本，是指若不能建立现代法权，则中国文化无由盈科而后进，获得自己的新生。在这里，牟宗三"道德的形上学"与李泽厚的"吃饭哲学"会合了。

经纬交织的世界，是德福兼顾的世界，是人的自然生命与文化生命相互支撑的世界，是确定性的法权与开放性的自由十字打开的世界，是历史与当下在激荡中贯通而生生不息的世界。这是理一分殊的世界，是天、地、神、人圆舞的世界。牟宗三因此要求中国文化真正的辩证发展，要求中西文化的会通。需要特别提及的是，站在这个立场上，牟宗三坚决反对台独，要求两岸的统一。①

二　"十字打开更无隐遁"

牟宗三的宋明理学研究看似是纯思想学术的，与法权概念无关。但实际上，如若理解了牟宗三对"齐于物的横断面"的辩证态度，则其"别子为宗"说当呈现不同的面相。

毋庸讳言，牟宗三自提出"别子为宗"说后，争议一直很大。李泽厚明确表示："我的看法与牟宗三的观点刚好相反。牟认为朱熹是'别子为宗'，但没有解释这个'别子'居然可以成为正宗数百年之久的现实原因。他是纯从思想本身来立论的。"② 杨泽波也指出："牟宗三写作《心体与性体》划分三系，一个重要目的是判定朱子为旁出。这种做法看似立场坚定，态度鲜明，其实只是以孟子为标准，不足为取。"③

这两种反对意见或针锋相对，要为荀子、朱子争正宗，或跳开一步，

① 牟宗三：《时代与感受续编》，《牟宗三先生全集》第 24 册，台北：联经出版事业股份有限公司，2003 年，第 367 页。
② 李泽厚：《中国古代思想史论》，合肥：安徽文艺出版社，1994 年，第 258 页。
③ 杨泽波：《〈心体与性体〉解读》，上海：上海人民出版社，2016 年，第 374 页。

认为真正的正宗既不是孟子、象山，也不是荀子、朱子，而只能有一个，那就是孔子。两者虽似有强反对与弱反对之分，但都立场坚定、态度鲜明。两人反对的理由，也是前后相通的。

按照杨泽波的看法，《心体与体性》（含《从陆象山到刘蕺山》）是牟宗三最为重要的作品，也是牟宗三写得最好的作品，其问题意识有三：一是如何解决朱子学理的内在困难，准确评价朱子的历史地位，而有活动论；二是如何克服心学的流弊，而有形著论；三是如何说明道德创生宇宙万物的存在，而有存有论。[①] 这三者都是根本性问题，因而《心体与性体》特别值得重视。但是，因为牟宗三儒学研究的范式依然是传统的，特别是"心体"和"性体"概念，都太过陈旧了，因此牟宗三并不能很好地回答自己的问题，已经走向了终结。具体说来，首先是对"心体"的看法，牟宗三"没有对良心究竟来自何处的问题进行理论的分析"，"对良心的起源没有一个合理的交代"[②]。其次是对"性体"的看法，"天既不是良心的真实的根源，也不是客观性的全权代表，不可能从根本上克治心学的流弊"[③]，因此牟宗三"不应该将克治心学流弊的重任压在性体之上，这一重任只有智性才能承担"[④]。

对良心的起源问题没有明确意识和交代，则牟宗三为独断论。以天来合独断论的人，则牟宗三的天人合一是神秘主义的，智性认识在其中不能发挥作用。这与李泽厚的看法是相合的。在李泽厚看来，牟宗三所直承的程颢、陆象山、谢上蔡、胡五峰等人都恰恰缺少了朱熹伦理学所附有的"认识论"，因而其天人合一都是"不加分析"的"直观式"混一。"这种未经细密的理论分析，也未真正足够重视其中冲突的'天人'、'理欲'的合一，实际上只是一种比较低级的混沌的原始的圆满或和谐。真正高级的和谐或'天人合一'是经由了严重的冲突斗争的悲剧

---

① 杨泽波：《〈心体与性体〉解读》，上海：上海人民出版社，2016年，第368页。杨泽波认为："在这三论中，活动论、形著论构成道德实践的主线，存有论构成道德存有的辅线。牢牢抓住这一主一辅两条线索，是读懂这部重要著作的必经之路。"（第369页）而其中的关键，则在区分了"道德实践"与"道德存有"（第15、359、366页，各章摘要第1页等）。
② 杨泽波：《〈心体与性体〉解读》，上海：上海人民出版社，2016年，第371页。
③ 杨泽波：《〈心体与性体〉解读》，上海：上海人民出版社，2016年，第372页。
④ 杨泽波：《〈心体与性体〉解读》，上海：上海人民出版社，2016年，各章摘要第13页。

之后的成果。尽管朱熹也并没有达到这种理论水平，但他毕竟重视了'理欲'等等的对立和冲突。"①

　　而且，李泽厚同样宣布了牟宗三的"终结"：不但"为牟宗三抬为正宗的王学，不管哪条道路（龙溪、泰州或蕺山）都没有发展前途，它或者走入自然人性论，或者走入宗教禁欲主义。它们两者倒又恰好是同一时代的不同反响"②，而且"牟自己的理论也将如此"③。由此出发，李泽厚还重点分析了牟宗三式神秘主义的在中国历史上的种种"恶果"：

　　　　如果儒学只有子思孟子，可能早已走入神秘主义的迷狂宗教，也就没有汉代以来中国意识形态的局面。同样，如果没有汉代以后不绝如缕的这根"外王"线索来制约宋明理学的"内圣"，也就没有近代以至今天的救国精神。尽管理学在发展纯哲学思辨和培育道德自觉的主体性上有巨大成就，但在现实社会发展和政治制度的改革中却无疑起了保守以至反动的作用。把政治化为道德的伦理主义的恶劣影响，至今仍灼然可见，尽管它可以披上某种新装。④

　　可能会有人说，李泽厚这是站在今天的立场上，讨论文化建设的应有意识和方向，是责贤者备，而并非苛求宋明儒，要求他们必须提出现代法权观念等。但是，李泽厚显然是在批评牟宗三，指责他太过传统，并且只继承了传统中"保守以至反动"的东西，而没有根据共和国的时代要求，有新的和好的理论创见。

　　李泽厚的批评如果真能站住脚，还需要补足几个环节。

　　首先，李泽厚反对牟宗三判朱子"别子为宗"，而强调荀子一系的积极意义，似乎在为朱熹争正宗。但实际上，牟宗三以及宋明理学的程朱陆王，都被李泽厚归入了"心性之学"，认为他们"大都不出这个总模式：高谈心性，极高明之致；一涉政务，便空疏之极"⑤。这意味着，

----

① 李泽厚：《中国古代思想史论》，合肥：安徽文艺出版社，1994年，第258页。
② 李泽厚：《中国古代思想史论》，合肥：安徽文艺出版社，1994年，第261页。
③ 李泽厚：《中国现代思想史论》，合肥：安徽文艺出版社，1994年，第308页。
④ 李泽厚：《中国古代思想史论》，合肥：安徽文艺出版社，1994年，第277页。
⑤ 李泽厚：《中国古代思想史论》，合肥：安徽文艺出版社，1994年，第273页。

是否承认或重视天人之间的冲突和对立，其实意义并不大，包括朱熹在内的整个宋明理学都是"某种准宗教性的道德的神学"，无法形成"自由传统"："由于他们没能获得近代社会因职业分化和经济自由所带来的人格独立性，中国士大夫知识分子只能拥挤在'学而优则仕'这条中国式政教合一的社会出路上，必需依附于皇权-官僚系统的政权结构，争权夺势，尔虞我诈。"① 这等于说，儒者跟封建王朝政治形成了一种共谋寄生的关系，在历史上起了"保守以至反动的作用"。这其实已经不是在反对牟宗三的"别子为宗"了，而是在否定整个儒学。

其次，李泽厚看到，"自北宋起，中国形成了权力空前高度集中的绝对君权，已没有任何力量能再制约它"②。因此理学家只好"正君心"，专谈些虚无缥缈的东西，以至于假道德、假道学风生水起，整个社会最终因极端虚伪而堕落腐烂。但既然如此，李泽厚批评的矛头应该是前者，至少需要对两者结合的实情及各自承担的责任有历史的评价。

最后，如果说牟宗三已经终结，儒学研究需要彻底改变基地、改弦更张，那么关键的问题在于：牟宗三是否真的既对良知的起源问题无合理的交代，又深陷把政治化为道德的传统伦理主义的窠臼而无法自拔？

一般说来，牟宗三确实对那些专讲求功利、外王学问的历史人物多有批评，认为他们已经落入第二、第三义等。但这并不能证明牟宗三排斥谈物质利益或反对建立法权等。且不论康德的实践理性优先并不排斥物质利益与法权，即便是把人的自由视为目的的马克思，不也同样可以把物质生活、科技进步、生产提高、经济发展等置于基础性地位吗？

具体说来，对传统伦理主义的"保守以至反动的作用"，牟宗三跟其他人一样，并不缺少反省意识。在本书第一章中已经证明，这种反省意识构成了牟宗三的"出发点"。这里无须多说，仅举牟宗三判"中西文化之最基本不同而相对反处"之一例：

> 一个自上而下的广被，一经稳定下来，必是"散文的理解"形态。可是，此种理解并不是"自下而上"，由经验之限制与主客对

① 李泽厚：《中国古代思想史论》，合肥：安徽文艺出版社，1994 年，第 283 页。
② 李泽厚：《中国古代思想史论》，合肥：安徽文艺出版社，1994 年，第 270 页。

立而磨练出的理解。此后者是创造的，有成果的（成科学），有通过自觉而成之"主体自由"的（故在社会政治上能有客观之立法），而自上而下之广被所凝结之理解，却只是一个"无为的理解"，非创造的，无成果的，非通过主体自由的。它只是那大实体所表现之文制之散开。凡是由上透而下来的理解都是稳定的，非创造的。①

把传统伦理主义理解为"非创造""无成果"的"大实体"，而要求在"对立"和"磨练"中"自下而上"地建立科学与法权，这实际上已经是给自己布置了时代的任务。这是经验中以成的事情。除了理性、信念，还要求有运气等。而且，这个时代任务已然是人们的共识了。徐复观也曾指出：

> 儒家思想为政治提供了道德的最高根据，而在观念上也已突破了专制政治。但如上所述，却又被专制政治压回了头，遂使儒家人格的人文主义没有完成客观的建构，以致仅能缓和专制政治而不能解决专制政治。这是留给我们今日所应努力的一大问题。②

也就是说，尊重知识，尊重法权，重新塑造中华民族的实体性生活，在启蒙中建立个体自由传统，是今人的问题。但这已经进入实践领域了，要求哲学的"心脏"和"世界"为哲学的"头脑"所涵蕴，却非哲学的"头脑"之所能必至。如果因为"头脑"与"心脏"还不能共生在同一个有机体中，而批评牟宗三无能、无力、无意义甚至空疏、保守、反动，那么不但儒者，甚至任何一位理论工作者，包括李泽厚本人，其实都逃不过同样的批评。再发展下去，不但理论无用，即一切文化都无用。

李泽厚当然不至于如此势利，否则他也不会提出情本体。如若从肯定的角度去看，李泽厚实际上是提出了传统"内圣"的奠基问题，也即杨泽波所说的"良知"的起源问题。牟宗三曾郑重指出，熊十力的学问并不能被视为非批判的玄谈光景，而要求"从宇宙说下来"与"从人生

---

① 牟宗三：《历史哲学》，《牟宗三先生全集》第 9 册，台北：联经出版事业股份有限公司，2003 年，第 79 页。
② 徐复观：《中国思想史论集》，上海：上海书店出版社，2004 年，第 296 页。

说上去"的来往相通，这表示牟宗三已经意识到了奠基或起源问题。至《心体与性体》，牟宗三提出"别子为宗"，正是要交代良知究竟来自何处的问题。牟宗三反复申明：

> 伊川、朱子之系统倒有一点"新"的意味，非随便妄言也。此步新开，虽对先秦旧义以及宋、明儒之大宗为不合，然并非无价值。朱子之系统亦自有其庄严弘伟处，如其本性而明澈之，亦当属可喜之事，非贬视也。此两系统一纵一横，一经一纬。经之纵亦须要纬之横来补充。此两系统，若对立地看，恰似西方之柏拉图传统与康德传统之异。前者，海德格（Heidegger）名之曰"本质伦理"；后者，海德格名之曰"方向伦理"。①
>
> 假定对于纵贯系统已透彻，则此横的静摄系统可为极有价值之补充。假定此在发展中被完成之纵横两度相融而为一完整之系统，则纵贯为本，横摄为末；纵贯为经，横摄为纬；纵贯为第一义，横摄为第二义。就个人之生长言，假定先把握横摄系统，则此只为初阶，而非究竟，必上升而融入纵贯系统中始可得其归宿而至于圆满。假定先把握纵贯系统，则必该摄横摄系统始可得其充实。假定两相对立，欲以横摄系统代替纵贯系统，以为只此横摄系统是正道，纵贯者为异端，非正道，则非是。假定两相对立，以为只此纵贯系统即已足（形式上是已足），斥横摄者为支离，为不见道（自究竟言是如此），而不能欣赏其补充之作用与充实上之价值，则亦非是。前者是朱子之过，后者是象山之过。总之，两者只能相即相融，而不能相斥相离。此非只心理上之宽容问题，乃是客观上之实理问题。②

这里的文字当然并非全无问题。如第一条，若"柏拉图传统"是"本质伦理"，大宗为"方向伦理"，则朱子、荀子当比之于"柏拉图传统"。但是，牟宗三还把朱子、荀子跟康德相比，强调他们都是重知之一

---

① 牟宗三：《心体与性体》（一），《牟宗三先生全集》第5册，台北：联经出版事业股份有限公司，2003年，第63页。

② 牟宗三：《心体与性体》（三），《牟宗三先生全集》第7册，台北：联经出版事业股份有限公司，2003年，第57页。

系。牟宗三赞扬朱子"是继往开来的大思想家，他在中国的地位，犹如康德在西洋的地位一样"①，也称"康德就是朱子的立场""康德跟朱子同一层次"② 等。即使在《心体与性体》中，牟宗三也是如此，认为"康德的境界，是类乎尊性卑心而贱情者"，从而把朱子跟康德的问题都归结为"一间未达"③。这样，朱子、荀子或跟柏拉图相系，或跟康德相系，本质伦理、方向伦理也就不好讲了。康德似乎成为一个很"骑墙"的存在，牟宗三自己也说："康德是朱子与孟子之间的一个形态，他比朱子进一步，但还没有达到孟子那个境地。"④ 类似这些表述，都可能让人无所适从。至于第二条，文字上的问题更大：既然是纵横交织、经纬成文，则当互为补充，互为第一、第二义，而有何理由认横摄系统为"初阶"而纵贯系统为"圆满"呢？

这些都不是小问题，源于置身其中的问题的复杂性，"横看成岭侧成峰"，而不能直接视其为逻辑矛盾。如果善会其意，抛开牟宗三设置的那些迷雾，分别而条贯论之，则此经纬成文中当可分析出多层意思。

首要的问题是，牟宗三为何要如此矛盾地表达，一方面强调经纬只能相即相融，而不能相斥相离，坚决反对两相对立，另一方面又主张经为第一义而纬为第二义，纬只能为经之补充？

简单说来，牟宗三既要打破传统格局，甚至彻底改变基地，另起炉灶，而表现出新的东西，同时又要求不能因为这种另起炉灶而不顾传统甚至完全抛弃传统，或者认为唯有反对传统才能有所创新。这不是一种爽利的态度，两不讨好，却是平实的态度，体现了生活本身的辩证逻辑。

如若从前一种要求看，牟宗三重视知识和保护私有财产等，以此为传统良知奠立现代根基，其判朱子别子为宗，也正是表彰他另开了一个

① 牟宗三：《周易的自然哲学与道德函义》，《牟宗三先生全集》第 1 册，台北：联经出版事业股份有限公司，2003 年，第 155 页。
② 牟宗三：《康德第三批判讲演录（七）》，《鹅湖月刊》（台北）2001 年第 26 卷第 9 期。
③ 牟宗三：《心体与性体》（一），《牟宗三先生全集》第 5 册，台北：联经出版事业股份有限公司，2003 年，第 187 页；《心体与性体》（三），《牟宗三先生全集》第 7 册，台北：联经出版事业股份有限公司，2003 年，第 513 页。
④ 牟宗三：《康德第三批判讲演录（七）》，《鹅湖月刊》（台北）2001 年第 26 卷第 9 期。

宗派，一个能够接引这种另起炉灶要求的宗派，因此"很伟大"①。换言之，"朱子传统"虽然不必完全与"孔子传统"相合，但这个"不相合"恰恰反映了时代和世界的要求，蕴含了新的东西。在这个意义上，牟宗三强调朱子能够正视从人的"气禀之限"所透出的那种"人生苍凉、悲壮、严肃"②，其"只存有而不活动"的道问学、下学而上达、格物穷理中隐藏了"纯知识面之真精神"：

> 在人生道德修养上，显示本体论的存有之理之超越而遍在，正视气质之独立机栝性，深致慨于人生之命限与无可奈何，亦见横摄系统之庄严与严肃。（此本儒者之共义，纵贯系统亦非不知此，然横摄系统则更能凸显此义。）③

也就是说，你要讲"道德"，就非要讲"自由"概念不可。但因为人并非纯精神，有气禀之限，这个"自由"就不能一直只停留于"揭然有所存，恻然有所感"的境地，而必须正视那些随生命而来的种种"自由"的障碍，并尽量想办法通过科技知识、法权制度等客观手段对治之。这个时候，朱子传统也就表现了它的意义。

不过，牟宗三又加了个括号，说这是儒者"共义"，仿佛纵贯系统中本有横摄因素了，而已经纵横交织、经纬成文了。如若真是这样，纵横经纬的区分也就失去意义了。但细究其实，这里有古今之变。所谓"共义"不过是说传统中也强调仁智双彰，也有心静理明、格物穷理等观念，朱子比较重视这一方面的内容，至于横摄系统的真正成熟阶段，或者说理想形态，则应该是人面对"自然"时的独立思想，也即今天的科学。换言之，"共义"的纵横交织、经纬成文还只是一种虚样子或潜存，真正成熟的纵横交织、经纬成文则是今日所应努力解决的大问题。就"共义"的虚样子来说，纵贯系统既然已经知晓横摄系统的庄严与严

---

① 牟宗三：《中国哲学十九讲》，《牟宗三先生全集》第 29 册，台北：联经出版事业股份有限公司，2003 年，第 417 页。

② 牟宗三：《心体与性体》（三），《牟宗三先生全集》第 7 册，台北：联经出版事业股份有限公司，2003 年，第 574 页。

③ 牟宗三：《心体与性体》（三），《牟宗三先生全集》第 7 册，台北：联经出版事业股份有限公司，2003 年，第 389 页。

肃而容纳之，那么它当然是正宗，是第一义。但若就今日的世界而言，成就科学与法权等反而才是最实在的，也只有完成了这一任务，补齐了这一环节，虚样子的"共义"方才成为真实的"共义"，潜存方才成为实存。

如果人们从虚样子的"共义"出发，不满意资本主义的科学与法权成就，认为正是因为科学与法权等太过强势，一脉独张，以致形成唯科学主义和私有财产神圣不可侵犯等现代偏执，引生了西方现代化社会的种种疑难杂症，所以正需要用中国传统来补救之，则这种理论"在客观历史上却恰恰成了阻碍中国前进的绊脚石，它具有某种民粹主义的性质和色彩"①。但正如本书第一章所指出的那样，牟宗三有尖锐揭示现代化病痛的一面，可其关注的焦点却并非西方社会，矛头所指的只能是中国问题。因此，牟宗三虽然有其保守性，却坚定地把自己跟民粹主义区别了开来。牟宗三清楚明白地指出，如果不能对传统有坚定而彻底的批判，不能有科学，不能建立现代法权，那么纵横交织、经纬成文的"共义"就仍然只能是虚样子，中国文化在今日也就还只是抽象的普遍性，飘浮在空中，无法落实，最终消散。因此，正如李泽厚的情本体的时代在未来，今日第二义的横摄反要取得正宗的地位。

就此而言，牟宗三判朱子别子为宗，正是对良心究竟来自何处的问题进行理论分析的结果。纵横交织、经纬成文的良心若不满足于只做一个虚样子，那么它一定要对人的物质利益发表观点。物质利益既是一个物欲问题，也是一个认知问题，还是一个法权问题，当然也是一个道德问题。良心成其为良心、道德成其为道德，必即物欲、认知、法权等而有，并没有一个孤零零的良心、道德现成地摆放在那里。正如纵贯成其为纵贯、经成其为经，必即横摄、纬等而有。因此，良心的起源只能在人的生活中，特别是在人们满足物质性生活需要的生产活动中去找寻。满足了人们幸福生活的需要，并对此幸福生活有一个普遍性的安排，那就是良心。不能满足需要，甚至妨碍满足本身，而只强调普遍性的安排，那就是虚样子的良心、作为意识形态的良心、必然走向自己反面的良心。就此而言，牟宗三判朱子别子为宗，就是要求今日以物欲、认知、法权

---

① 李泽厚：《中国现代思想史论》，合肥：安徽文艺出版社，1994年，第289页。

等问题为宗。而杨泽波在良心起源问题上坚持经验主义立场、李泽厚的"西体中用"等，也都是再正确不过的事情了。这是"客观上之实理问题"，跟个人的主观心理并无多大关系。因此，两人都没有意识到自己的自相矛盾，他们反对牟宗三别子为宗，其实就是在反对他们自己。

牟宗三判定朱子别子为宗，已经不只是宋明理学本身的学术思想分歧问题，而有了社会历史发展的视点。由此视点，牟宗三得以在"古"与"今"之间穿行，让古今往复，以成其自身。这个时候，牟宗三并非只是为孟子一系争长短，而是要回到"孔子"，唯"孔子"能代表纵横交织、经纬成文的"共义"：

> 于此见朱子之所以伟大以及其所以不足处。朱子之学不是能相应孔、孟之教的最高综和形态。最高综和形态是在以纵摄横，融横于纵。此方是"十字打开更无隐遁"，而又能相应于孔子之"浑无罅缝"而不失其完整也。①

牟宗三一方面孔、孟并称，批评"朱子之学不是能相应孔、孟之教的最高综和形态"，另一方面又独彰孔子"浑无罅缝"之整全，实际上孟、荀并称②。前者就虚、就古，后者就实、就今。但无论古今虚实，孟、荀或有争执，而孔子的代表地位则毫不动摇。

坚持孔子的代表地位而无古无今，也就是坚持"以自由为仁"而毫不动摇。这是一种理想。让我们极目远眺，在未来的中国社会，"心性"与"表现心性"、"自由"与"表现自由"等完美地合一了，人成为"仁且智的生命"。"好比一个莹明清澈的水晶体，从任何一个角度看去都可以窥其全豹，绝无隐曲于其中，绝无半点瑕疵。"③ 在此，牟宗三以智的直觉呈现物自身，也即呈现自由，"人"看似是"主体"，但究其实或许不过是"人"通过入于这物自身自由的水晶体而得成其为"人"罢

---

① 牟宗三：《心体与性体》（三），《牟宗三先生全集》第 7 册，台北：联经出版事业股份有限公司，2003 年，第 388 页。

② 在《名家与荀子》中，牟宗三更多地强调了孟、荀十字打开共同撑起了孔子仁学。在后来的作品中，牟宗三的这一观点或有隐退，但一直续存在。

③ 牟宗三：《中国哲学的特质》，《牟宗三先生全集》第 28 册，台北：联经出版事业股份有限公司，2003 年，第 28 页。

了。这是静态地讲。

坚持孔子的代表地位而有古有今，则是强调如何在时代条件下更好地"表现心性""表现自由"而毫不动摇。即是说，学术文化上不能有教条主义等先入为主的定见，也不应为民粹主义等私见所裹挟，而必须以开放、发展的眼光，想办法争取最大可能地表现自由，在时空中呈现具体的自由。而这个时代的办法，就是如何通过"计算"，包括科学技术、法权制度等，来增加生产、公正分配。这是动态地说，是对物自身自由的水晶体的隐曲、瑕疵的呈现，却不可避免。牟宗三强调："此乃为国谋、为学术文化谋者所必须应有的器识与容量。""此问题的关键在于人类本身，人类需要科学技术来提高物质生活，亦需要道德宗教来提高与安顿精神和心灵。谁也不能否定这点。……假如人类同时需要两种东西，它们性质形态不同，不能互相代替，那么，人类除了让它们以最合理的方式并行，是别无他法的。"①

当然，牟宗三有时并不具有这种明晰性，而常常表现出某种含混性甚至矛盾性。比如《朱子语类》卷十五大学二经下曾讲到朱子的一个比喻："某常说人有两个儿子，一个在家，一个在外去干家事，其父却说道在家底是自家儿子，在外底不是！"牟宗三引之并评论说：

> 此喻亦极美，然而在朱子之说统中，却并无"一个在家"者，行动之源，所谓内在的大本，并未开发出来。此喻倒能符合象山学之精神，所谓宇宙内事皆己分内事，则在家干、在外干，皆有本以统之，"在家底"固"是自家儿子"，"在外底"亦"是自家儿子"也。然而在朱子之说统中，却实是"从外讨得来"，却实是"不是自家儿子"也。②

这种意义的"别子为宗"显然不是表彰朱子的"伟大"，而是在无可辩驳地批评朱子的"渺小"。为什么"以知之源决定行之源"，即通过

---

① 牟宗三：《中国哲学的特质》，《牟宗三先生全集》第 28 册，台北：联经出版事业股份有限公司，2003 年，第 96 页。

② 牟宗三：《心体与性体》（三），《牟宗三先生全集》第 7 册，台北：联经出版事业股份有限公司，2003 年，第 448 页。

泛认知主义的格物来逼显、知道、规定自己的行为应该是道德的，就是"并无在家底儿子"或"在家底不是自家儿子"？这种"以知之源决定行之源"的横摄系统不正是"自下而上"，由"经验之限制"与"主客对立"而磨练出道德吗？难道今日不正需要这种"成科学""在社会政治上能有客观之立法"等限制和磨练来对治传统非创造的、无成果的"大实体"的"自上而下之广被"给中国造成的诸多苦难吗？这些都先暂且不论。按照这种思路，不但荀子、朱子等一切非孟子、象山、阳明一系者"大本不立"，即一切西方文化，包括"一间未达"的康德等也都是"大本不立"，其心都有"软点"，心、物之间都有"不能弥缝之罅隙"，都会生出种种病痛，而真需要"孔子传统"来拯救"西方现代化社会"。

如何面对牟宗三的这种讲法？首先，不排除"江湖人物"牟宗三的故意为之，这点放在本书第四章中讨论。其次，究其实际，上述推理恰恰是抓住一面反对另一面，从而背弃了牟宗三的纵横交织、经纬成文。比如牟宗三确实讲过，"你'富而无教'，所以索忍尼辛就骂你丧失道德勇气，精神堕落。这是个人类的问题，你不要以为我们靠你保护，你美国还要靠我们保护哩！"① 这听上去似乎真如李泽厚所讲的"具有某种民粹主义的性质和色彩"。但是，牟宗三在此之前已经从"我是一个现实的人，我有追求现实幸福的权利；我不能把我现实上的幸福都牺牲，把'我'牺牲给上帝。这就是叫'近代文明'，'人'的发现"的角度，批评索尔仁尼琴说："他对近代文明不能正视，不能有一相应的了解，一口咬定现在西方世界，尤其美国的这些毛病都是人本主义所造成的恶果。那怎么行！"② 从这个角度看，牟宗三恰恰是反对民粹主义的。不能只看到或抓住牟宗三的一个方面，而必须两方面结合起来，统一地看。

这里面有牟宗三的判教思想，既有所主，有自己的立场，又有明确的分际，承认他方的价值。若对此判教没有清楚的意识，或者不愿由此出发去理解牟宗三，那么很容易就可以判定牟宗三已入"穷途"而需要"终结"。牟宗三抱怨说，自己的"运会还没有转到……苏晓康、李泽厚

---

① 牟宗三：《时代与感受续编》，《牟宗三先生全集》第 24 册，台北：联经出版事业股份有限公司，2003 年，第 249 页。"索忍尼辛"现在一般译为"索尔仁尼琴"。

② 牟宗三：《时代与感受续编》，《牟宗三先生全集》第 24 册，台北：联经出版事业股份有限公司，2003 年，第 229 页。

都不懂这种学问，他们的头脑不相应，了解都不对的。几千年的老话没有人讲，都忘掉了。他们不能懂，很难跟他们谈话"①。

三　"动作运用全在纬线"

离开判教，无法理解牟宗三。在一定程度上甚至可以说，牟宗三哲学就是判教的哲学。中西判教、儒释道判教以及别子为宗、天台圆教等，都是判教。这里的"判"，不是"大批判"意义的判，乃是康德"批判哲学"的判，也即分析、了解、判别、整理之意，也即澄清前提并划定界限，以现代化的头脑，让"每一个概念各归其自身，每一个概念都有恰当的意义，分际清楚而不混滥，事理明白而不搅和，这就是'正名'的工作"②。要使这么多东西都有一个恰到好处的安排，当然不是很容易的事情，不是说想正名就能正名、想清楚就能清楚的。牟宗三强调："判教必须有广博的学识而且还要客观。"③

这里所说的"客观"，就是展示智慧的"普遍性"。这并不是说，"客观"只是因为"抽象"的"普遍性"才成其"客观"，仿佛正是"抽象"抽掉了一切"主观"因素一样。假若没有一个"坐标"，那么越是"客观"的"普遍性"反而越可能成为"主观"的"私见"。而牟宗三的"坐标"就是由"物质生活"的横轴与"精神和心灵"的纵轴组成。谁要是否定了这一点，那么也就失掉了讨论的空间。

如此说来，牟宗三的《佛性与般若》等也并不是那么"抽象"和"不食人间烟火"。这如何可能？

简略言之，牟宗三讲圆教也是经纬合一。首先是在"非分别"的共同前提下，区分了两种"无净"，即"般若之作用的圆实之为无净""观法上的圆实无净"与"无净之圆实教""存有论的圆实无净"等，认为前者是"共法"，为一切大小乘所共同遵守，属于"实相般若"问题，后者则属于"法之存在"问题，要求对于一切法即流转与还灭的一切法

---

① 牟宗三：《康德第三批判讲演录（十四）》，《鹅湖月刊》（台北）2001 年第 27 卷第 4 期。

② 牟宗三：《政道与治道》，《牟宗三先生全集》第 10 册，台北：联经出版事业股份有限公司，2003 年，新版序第 34 页。

③ 牟宗三：《讲南北朝隋唐佛学之缘起》，《牟宗三先生全集》第 27 册，台北：联经出版事业股份有限公司，2003 年，第 286 页。

作根源的说明，方能决定教乘之大小。① 然后，牟宗三以前者为纬，以后者为经，以纵横交织、经纬成文说圆教：

> 经者，纵线定常不移之谓。纬者，横线重重密织之谓。就定常不移之经线连续不断地密织之以纬线，乃成布匹。动作运用全在纬线。②
>
> 吾人可说：天台圆教是"以性具为经，以止观为纬，织成部帙，不与他同。"此则较简化而明确。以性具为经是客观性，以止观为纬是主观性。纳性具于止观，虽客观而亦主观，无孤立之存有论，即是实践之存有论。融止观于性具，虽主观亦客观，非只观法通式之三观，乃与性具为一之圆顿大止观也。以是实践之存有论，故境即是智，是非境之境而言为境。以是与性具为一之圆顿大止观，故智即是境，是非智之智而言为智。以智为准，境即是智（性具来融于止观），则智及知处皆名为般若。以境为准，智即是境（止观往融于性具），则处及处智皆名为所谛。说智及知处皆名为般若，则般若为一念三千之般若。说处及处智皆名为所谛，则所谛为般若化了的一念三千。两联合之，即实相般若。③
>
> 非纵非横，故为圆伊。④
>
> 以此圆教之无诤为经，织之以般若无诤为纬，则圆实佛成，此是佛之究竟了义。⑤
>
> 点空说法，结四句教（因缘所生法，我说即是空，亦为是假名，亦是中道义之四句），这也只是体法空之观智之作用的圆。但由《法华经》而开出的圆教，则是就法之存在而说的存有论的圆。此是竖说者，作用的圆是横说者。竖说者为经，横说者为纬。经纬合

---

① 牟宗三：《佛性与般若》（上），《牟宗三先生全集》第 3 册，台北：联经出版事业股份有限公司，2003 年，第 17–18 页。
② 牟宗三：《佛性与般若》（下），《牟宗三先生全集》第 4 册，台北：联经出版事业股份有限公司，2003 年，第 763 页。
③ 牟宗三：《佛性与般若》（下），《牟宗三先生全集》第 4 册，台北：联经出版事业股份有限公司，2003 年，第 764 页。
④ 牟宗三：《佛性与般若》（下），《牟宗三先生全集》第 4 册，台北：联经出版事业股份有限公司，2003 年，第 1217 页。
⑤ 牟宗三：《佛性与般若》（下），《牟宗三先生全集》第 4 册，台北：联经出版事业股份有限公司，2003 年，第 1219 页。

一方是最后的圆教，而以竖说之经为圆之所以为圆之主导也。以般若为共法故。①

且不论为什么只有天台性具善恶、"从无主本立一切法"才能对一切法作根源的说明。在这诸多言说中，除了经纬以成布匹还有点经验事物的印象之外，无论是"实践之存有论"与"圆顿大止观"、"性具来融于止观"与"止观往融于性具"，还是"作用的圆"与"存有论的圆"、"圆伊"三点等，牟宗三都是称理玄谈，称法妙谈，哪里有一点"物质生活"的影子？

"物质生活"的关键，在"动作运用全在纬线"一句。

按照牟宗三的讲法，虽然一纵一横、一经一纬，但圆教之所以为圆教，最终还是定在纵经上，而不定在横纬上。因此，牟宗三才不同意"观心为经，诸法为纬，织成部帙，不与他同"的讲法，认为荆溪"此种经纬无多大实义"②，故改为"以性具为经，以止观为纬，织成部帙，不与他同"。但问题正在于，若以织布为例，经线固然重要，不过既然经线已经定常不移地客观存在在那里了，剩下的当然只能是主观上的努力了，即连续不断地密织之以纬线，就此言"动作运用全在纬线""观心为经"都不为错。是什么原因让牟宗三强调"动作运用全在纬线"，却反对"观心为经"而判其"无多大实义"呢？

在牟宗三那里，"运用""作用""功能"多为同义词，因此"动作运用全在纬线"既可以理解为顺"无心为道"而来的"作用见性，当下即是"，亦即《般若经》的"不舍不着"③，又可以"在具体生活中牵连着'事'说，而理解为《易经》的"于变易中见不易"，或宋明儒者的"即用见体"④。前者即荆溪一般的般若无净义上的"观心为经"，

---

① 牟宗三：《圆善论》，《牟宗三先生全集》第 22 册，台北：联经出版事业股份有限公司，2003 年，第 271 页。

② 牟宗三：《佛性与般若》（下），《牟宗三先生全集》第 4 册，台北：联经出版事业股份有限公司，2003 年，第 764 页。

③ 牟宗三：《佛性与般若》（下），《牟宗三先生全集》第 4 册，台北：联经出版事业股份有限公司，2003 年，第 1083 页。

④ 牟宗三：《政道与治道》，《牟宗三先生全集》第 10 册，台北：联经出版事业股份有限公司，2003 年，第 52 页。

后者仍是般若无诤，但牟宗三特别名曰"以圆顿止观观心之观法为纬"。无论哪一种理解，都重在强调通过"主观"来表现"客观"，因而两者可以是一。但是，这中间也可能有重大的差别。以今视之，若"主观"必即"物质生活"而显，有知识、法权等种种"客观"因素的制约和保任，那么这种观法上的"作用的圆"就真能对肯定人生的幸福起作用。否则，观法上的"作用的圆"就成为一种"纯主观"，在所谓"变通以守道"的借口下，很方便就转变为不择手段的投机取巧。在这种意义上，牟宗三对般若无诤有"好""坏"两种评价：

> 这种表现说好是通达圆融、智慧高、境界高，说坏，则浑沌、拖泥带水，而且易于混假成真，落于情识而自以为妙道，违禽兽不远而自以为得性情之真。此所以象山云："这里是刀锯鼎镬的学问。"不经一番艰难工夫，难得至此。作用见性，还是叫我们见性作主。若这里不真切，一有差失便落于狂荡无忌惮。关此，本文不想多说。①

牟宗三"不想多说"，认为既然不立文字，不愿说示，而只弄出些棒打、口喝、推翻禅床、踢倒净瓶、斩蛇、杀猫等"奇诡的姿态"来簸弄精神，那么他也就不需要为它讲话了。不过，"坏"的"作用见性"应该不单指禅宗。"人们以为我辟佛。然而我亦曾严厉地批评过儒家与道家，这将如何说？'知我者谓我心忧，不知我者谓我何求？'"② 这里其实是在严厉批判中国道德的危险性：一旦稍稍忽视致良知，无知识、法权等"客观"的东西的"刀锯鼎镬"，道德就很容易转变为非道德，甚至假借道德之名反道德。

也正因为如此，牟宗三一定要求圆教，要求对一切法的存在有一个根源的说明，从而把般若无诤（主观方面的存心）跟存有论的圆实无诤（客观方面的呈现）必然地结合起来。也就是说，要真正防范观法上的狂荡无忌惮，就必须在坚持道德心性至上性的同时，要求圆满，即承认

---

① 牟宗三：《政道与治道》，《牟宗三先生全集》第 10 册，台北：联经出版事业股份有限公司，2003 年，第 52 页。

② 牟宗三：《佛性与般若》（上），《牟宗三先生全集》第 3 册，台北：联经出版事业股份有限公司，2003 年，序第 8 页。

人的自然属性，肯定人的幸福。"法的存在，即属于自然，而佛就属于自由"①，自由与自然合一，也就是人的"作用"远离一切狂荡无忌惮而实实在在地呈现自由，这才是"动作运用全在纬线"一句的所指。这是"最高"的道德生命在现实世界里即自然生命的"圆满"。牟宗三说：

> 幸福的观念是寄托在法的存在上，法的存在就是现实世界的存在，现实的自然生命要肯定得住才行。假如现实世界保不住，其存在无必然性，那么幸福要寄托在那里呢？因此，就判教说，权教（非圆教）不能保住法的存在，法的存在于此无必然性；既无必然性，则幸福的观念也没有寄托，也保不住；这样一来，我们如何能要求幸福呢？当然，依道德本身说，我们可以不要求幸福；但这样一来，也不能发展到最高善了。就判教说，权教不能保住法的存在，那就不圆满。所以，只有到了圆教，法的存在才有必然性；法的存在有必然性，那么问题就解决了。因此幸福是寄托于法的存在上，法的存在有必然性，幸福才有寄托。所谓"有必然性"，就是说非如此不可，非如此就不能成佛——否则，即使成佛也不算，因为所修的德行不尽。②

牟宗三在这里反复申说，虽不无啰唆，但拳拳之心清晰可见。过去，文人士大夫可以有钱有闲坐而论道，在自己"无功利"的"业余精神"中"与世无争"亦"无净"（列文森）。今天，知识分子并不一味反对"业余精神"，但他的无功利、不为稻粱谋、不计成败并能够从中得到快乐的事业之所指，却正是整个社会的功利、成败和稻粱等（萨义德）。也正是在这种古今之变的意义上，牟宗三对美学的"闲适原则"多有批评，认为那只能是"刀锯鼎镬"的剩余，而不可独立地作为主干。

不过这样一来也产生了新的问题：天台之所以能够对一切法作根源的说明，恰恰因为性具善恶、"从无主本立一切法"，于是似乎产生了一个悖论，能够保证法的存在"不道德"，最高的"道德"却不能保证一

---

① 牟宗三：《中国哲学十九讲》，《牟宗三先生全集》第 29 册，台北：联经出版事业股份有限公司，2003 年，第 365 页。

② 牟宗三：《中国哲学十九讲》，《牟宗三先生全集》第 29 册，台北：联经出版事业股份有限公司，2003 年，第 379 页。

切法的存在。严格说来，这是生活的悖论，牟宗三虽然可以依"圆教""圆佛"说"圆善"，避免康德在"德福"问题上的诸多纠结，却无法回避生活本身的矛盾。

天台圆教在这里成了一架过墙的梯子。首先，"动作运用全在纬线"，一切人类文明都是人运用自己的主观性去"人化自然"的表现。这个主观性，可以是知识，可以是道德，也可以是审美等其他的东西，本身虽有差别，但在"人化自然"这一点上是共同的，都是人类文化。既然是"人化自然"，既然文明是人动作运用的成果，那么"作用见性"也就是"纬"以成"经"，牟宗三据此把中西文化视为一个整体，认定一切人类文化都是"纵贯系统"。"西方哲学和儒家都是纵贯纵讲。纵贯纵讲近乎常情，所以比较容易了解。"①

但是，大家都是人化自然，都是人类文化，都是纵贯系统，经与纬也就没有判教的意义了。因此，牟宗三又根据"纬线"的"动作运用"的不同，而区分了"纵贯纵讲"与"纵贯横讲"。这是儒释道判教。这三家都属于纵贯系统，但纵贯的"恰当意义"在儒家。儒家纵贯纵讲，道家和佛家则是纵贯横讲。"'纵者横讲'者不言创生义而仍能说明一切法之存在或最后终能保住一切法之存在之谓也。"② 所谓"横讲"，是说两家的"动作运用"都仅仅是"境界形态"，而非"实有形态"，它们都没有儒家"生生不息"的讲法，都没有"创生义"，而或者讲"不生之生"，或者干脆就是"无生"。在道家，认为正是人的操纵、把持、虚伪、造作、不自然等让整个社会成了"封闭的死社会"（closed society），从而导致了人类文明的枯萎，因此它恰恰要求人放弃"动作运用"，即"放开一步"，不去骚扰天地万物，不塞其源，不禁其性，天地万物自然会生长，这叫作天地万物的"归根复命"。③ 在佛家，纵贯横讲更显明。道家至少还有"根"和"命"要归复，还要人"放开一步"，也即承认

① 牟宗三：《中国哲学十九讲》，《牟宗三先生全集》第29册，台北：联经出版事业股份有限公司，2003年，第430页。

② 牟宗三：《圆善论》，《牟宗三先生全集》第22册，台北：联经出版事业股份有限公司，2003年，第319页。

③ 牟宗三：《中国哲学十九讲》，《牟宗三先生全集》第29册，台北：联经出版事业股份有限公司，2003年，第278-280页；《四因说演讲录》，《牟宗三先生全集》第31册，台北：联经出版事业股份有限公司，2003年，第107页。

消极意义的"动作运用""无生之生"。佛教则先说万法无自性，如梦幻泡影，从而把万法都葬入虚无，根本一无存有，然后再就圆佛不离世间法、即善恶而成佛的般若妙智，把佛法身与万物"永远连在一起"，从而让万法之存在有了必然性。① 也就是说，"根本不讲存有"的佛教，反而成就了"佛教式的存有论"。或者说，根本不讲"动作运用"的佛教，也能投石入水，形成一种文化。

至此，圆教这架过墙梯也就完成了它的使命。牟宗三既能够"从无主本立一切法"，对于法的存在有根源的说明，保障幸福，保证善的圆满性，又可以为仁由己讲道德，坚持自由，保证善的至上性。然后，牟宗三再根据"动作运用"究竟是"知识的"还是"道德的"，来进行儒家内部的判教，同时套着儒释道判教、中西判教。

这里有牟宗三的古今之辨、虚实之辨。质言之，牟宗三所说的"横"有两种含义，一是"工夫的纬线上的横"，二是"知识、认知之横"。"工夫的纬线上的横"指其"动作运用"只是非"实有"的"境界形态"，只是退后让开，或为"无为无执"的玄智，或为"解心无染"的佛智，不能实在主动地去人化自然，不要求通过种种"客观"的办法去改变世界。"知识、认知之横"专指其"动作运用"是"知识的"，是认知系统。"工夫的纬线上的横"是虚说，主要谈古。"客观的、形式的了解是纲、是经、是纵线；对工夫的了解是维、是纬、是横线"②，大家都有工夫有客观、有经有纬、有纵有横，却单单讲佛、道是"纵贯横讲"，就是因为佛、道的"工夫""动作运用"跟儒家甚至西方的都不同，只是消极的"无生"或"不生之生"之"境界"，虚多于实而易于混假成真，"落于情识而自以为妙道，违禽兽不远而自以为得性情之真"。"知识、认知之横"则是实讲，主要论今。不但西方文化中的柏拉图系统"还有纵贯横讲的味道"，荀子、朱子也"大体类乎柏拉图传统的形态"③；不但道家寂照、

---

① 牟宗三：《中国哲学十九讲》，《牟宗三先生全集》第 29 册，台北：联经出版事业股份有限公司，2003 年，第 429 页；《四因说演讲录》，《牟宗三先生全集》第 31 册，台北：联经出版事业股份有限公司，2003 年，第 150 页。

② 牟宗三：《中国哲学十九讲》，《牟宗三先生全集》第 29 册，台北：联经出版事业股份有限公司，2003 年，第 111 页。

③ 牟宗三：《中国哲学十九讲》，《牟宗三先生全集》第 29 册，台北：联经出版事业股份有限公司，2003 年，第 436-439 页。

观照、无知而无不知的"动作运用""总有认知的横的意味"①，而且佛教工夫上"彻底的'识变论'"或者说"彻底的唯心论"也"可以使佛教开出知识论"②。就此"知识、认知之横"的"今"来说，判朱子"别子为宗"还真有接头康德、发展出中国的知识论的味道，因此"别子为宗"也就成了时代的最高礼赞。

必须承认，牟宗三在这里非常缠绕，中西判教套着儒释道判教再套着儒家内部的判教，同时用了三架过墙梯，转了三次大弯。第一架是天台圆教，第二架是康德，第三架是朱熹。

第一架梯子的问题是：圆教的确立到底在佛家天台，还是在儒家的"圣人体无"？牟宗三指出，"佛教只有判教，而没有最高善的观念；讲道德，才有最高善的观念。佛教讲到圆教就停止了，但儒家必须讨论什么是善"③。这其实是说，天台圆教对于一切法有根源的说明，却没有道德创生义，而有道德创生义的儒家，却恰恰缺乏对于一切法的根源的说明。因此，天台圆教这架梯子正是通过不讲"存有"的"佛教式存有论"，即那种圆佛不离世间法、即善恶而成佛的般若妙智，"从无住本立一切法"，来讲出"即存有即活动""即道德秩序即宇宙秩序"的儒家存有论。

第二架梯子的麻烦在于：康德提出了圆善问题并"正式解答之"却"并非是一圆满而真实之解决"，"孟子未视圆善为一问题而期解决之"但得到了"圆满而真实的解决"④。因此，康德这架梯子通过不讲"内圣工夫"的"道德的神学"，即那种以"科学"作为唯一道路因而只能把自由意志、上帝存在和灵魂不灭等当成"设准"的"智慧学"，来讲出"即主体即客体""即道德即知识"的儒家道德的形上学。

第一架梯子保住了三千世间法，承认了人的自然生命，正视了幸福问题，但从"无生之生"转到了"生生不息"，从作用义转到了创生义，

① 牟宗三：《中国哲学十九讲》，《牟宗三先生全集》第29册，台北：联经出版事业股份有限公司，2003年，第123页。

② 牟宗三：《四因说演讲录》，《牟宗三先生全集》第31册，台北：联经出版事业股份有限公司，2003年，第176–177页。

③ 牟宗三：《中国哲学十九讲》，《牟宗三先生全集》第29册，台北：联经出版事业股份有限公司，2003年，第385页。

④ 牟宗三：《圆善论》，《牟宗三先生全集》第22册，台北：联经出版事业股份有限公司，2003年，序第14页。

从性具善恶作用见性的佛性佛心转到了纯善无恶、坚住"光明本体"而"同时是标准同时是呈现"的儒家心体性体。第二架梯子保住了知识，重视"修其天爵而人爵从之"的现实性问题，强调通过知识、法权等经验斗争步骤来实现幸福的不可或缺性，但从"无法开出主体之门"的感触直觉往前推进一步，转到了作为"真正主体"的智的直觉。第三架过墙梯的问题上小节讲朱子的"别子为宗"时已经专论，它把前两架梯子的功能重演和加强了。

这样，"道德"早就不"现成"了，牟宗三其实是在追问和交代良心的起源问题。就如同世界上本没有人一样，世上本来也没有所谓良心，良心不过是人自己创造出来的自我规定性。它承认自己幸福生活的意义，但又让对于别人的幸福生活的共情成了最突出和最耀眼的价值，从而给出了整个人类之所以能够生生不息的理由。我们不可以仅从结果上看，说那些梯子最后都被抽走了，因而没有任何意义。实际上，梯子可以放置在角落中，毫不触目，但如果缺少架梯子的那些过程，良心便很容易虚而不真，甚至适以成恶。牟宗三的智的直觉概念，也应如是观。唯因经过此番刀锯鼎镬的艰难工夫，牟宗三才完成了融化西方文化的圆教系统，而能够让理性主义跟神秘主义"相通"，成就康德所不能的"德福一致"。

四　"信仰是可理解的"

《圆善论》一书有很多线索。从时间上来说，此书起念于讲天台圆教时，亦即1969年到1975年，至1978年牟宗三已经明确设想了《圆善论》的书名。就问题意识而言，它顺康德智慧学所设定的知、行界限和任务而来，要解决康德强探力索而不能真回答的圆善问题。从方式方法上来说，它是根据儒学传统，直接从《孟子》讲起，采取了经典疏解的方式。从最后的落脚处说，"圆教有待龙溪扬"，它以四无超化命限，超凡入圣，始乎为士，终乎神圣。

这些线索之间当然存在交叉，比如上文所讲到的三架梯子、三次转弯等。问题在于，人们是视其为矛盾、错误、迷乱呢，还是将其理解为对传统儒学的现代奠基？

牟宗三很清楚，康德通过区分 summum bonum 的"最高"和"最圆满"两种意义，就是在主张德与福两方面相配合。而传统儒家往往突出德，要求先立其大，把"最高"善当成经，对于德福采取分析的态度，认为有德就有福，"修其大爵而人爵从之"。这是德性第一，价值优先，鼓励人们向善。但这只是一关，需要被突破，在人文化成中实实在在地表现出来。遂至第二关，则突出纬，"最圆满"的善上升为第一位，对于德福采取综合的态度，要求两者之间有一个恰当的配称。这个时候，就不能只是传统的讲法了，而需要留意现代文明的办法，不能不讲到知识、法权等。这些办法并非十全十美，不能一劳永逸地解决问题，总有它们的局限性，而需要随时损益，却是人类社会积累下来的着实可行的办法。就此损益积累的总体而言，经纬交织，而有第三关，德福一致，人虽有限而可自由。

这也就是牟宗三所喜言的云门三句：截断众流、涵盖乾坤和随波逐浪。照牟宗三的看法，儒家不能只接触或停留在道德的第一义，而必须过此三关，三义彻底透出，方能使菩萨道与俗谛、道德与政治、自由与自然等"相契合"。"这是儒家言道德理性充其极而为最完整的一个圆融的整体，是康德所不能及的。"① 就此"充其极而为最完整的一个圆融的整体"，牟宗三喜讲"德福浑是一事是圆圣中德福之诡谲的相即"②，在"物随心转"中保证了"德福一致"：

在四无之境中，"体用显微只是一机，心意知物只是一事。"（《天泉证道记》）此方是真正的圆教。心、知是体是微，意、物是用是显。明觉之感应为神感、神应，就此神感、神应既可说无心之心，无知之知，同时亦可说无意之意，无物之物。盖体用显微只是一机，心意知物浑是一事，吾人之依心意知之自律天理而行即是德，而明觉之感应为物，物随心转，亦在天理中呈现，故物边顺心即是福，此时便是福德一致。简单的说，良知是德的根据，明觉（良知）感应为物，即德之所在便是福之所在，这是最高境界，是我们所能掌握的；这亦是可理解的。你可说这是理想或信仰，但这信仰

①　牟宗三：《心体与性体》（一），《牟宗三先生全集》第5册，台北：联经出版事业股份有限公司，2003年，第143页。
②　牟宗三：《圆善论》，《牟宗三先生全集》第22册，台北：联经出版事业股份有限公司，2003年，第316页。

是可理解的，这是东方的智慧。①

　　如果把"诡谲的相即""物随心转""德之所在便是福之所在"等当作纯理论看，牟宗三即使不被判定为自相矛盾、神秘主义等，至少也会被认为是同"斯多噶"一样，取消了福的独立意义。但是，如果把它们当作智慧学看，放在人类文明发展的时空中去理解，毋宁说牟宗三不过重新宣示了儒家的"大同理想"。牟宗三不再仅仅如传统那样，毫无办法而只能以尧、舜表现或寄托大同理想。不过这个办法也不是牟宗三一个人的办法，不是光讲说就可以成功的，而需要众人行之以成。② 在这

---

①　牟宗三：《圆善论》，《牟宗三先生全集》第 22 册，台北：联经出版事业股份有限公司，2003 年，第 345－346 页。

②　杨泽波敏锐地指出，幸福"绝不是一部伦理学的著作所能容纳得了的"，而必然同时"是政治学的问题，是如何建立一个公平社会的问题"。而且，"就算是将视野扩大到政治学的范围，建立起了一个公平的社会制度，但公平总是相对的，不可能是绝对的，所以人们能不能得到自己所希望的那些物质幸福仍然没有办法绝对保障，仍然要受偶然性的影响，还会存在诸如有德之人而短命，有德未有福的问题，仍然需要依靠伦理学来解决"。这意味着，圆善论必须跨越伦理学与政治学的界限，同时讨论物质幸福和精神幸福。不过，杨泽波的结论恰恰是两分的：广义的幸福观涉及政治学的问题，重点关注物质幸福；狭义的幸福观只包括伦理学的问题，只集中讨论精神幸福。其结论是："尽管在牟宗三那里'诡谲的即'显得非常学理化，但其实并不难理解，它就是历史上儒学孜孜以求的'孔颜乐处'。以'孔颜乐处'诠释'诡谲的即'是我研究牟宗三圆善思想过程中提出的一个重要观点。依据这种诠释，由'诡谲的即'所得到的幸福只能停留在精神领域，不可能跨越边界以达到物质领域。""狭义幸福观把视线只集中在伦理道德范围之内，讨论道德与幸福的关系，而不再涉及社会制度层面的问题。牟宗三尽管没有明确做出这种划分，但《圆善论》的视野明显不是广义的，而是狭义的，只集中讨论道德与幸福的关系，而没有将思想的重点放在什么社会制度才能保障人们得到的物质幸福方面。"而且，杨泽波相信，若不能"具体说明一下，牟宗三通过努力所得到的幸福中是如何包含物质内容的，是如何将道德幸福与物质幸福统一起来的"，那么对于自己的结论仍然有足够的信心。参阅杨泽波《圆善论》，《贡献与终结——牟宗三儒学思想研究》第四卷，上海：上海人民出版社，2014 年，第 187－188、196－197 页。把牟宗三"诡谲的即"理解为"历史上儒学孜孜以求的'孔颜乐处'"并限定在"精神领域"，再由此批评牟宗三圆善论无多大的实际意义，"纵贯纵讲"的"赋予说"不利于说明道德幸福的起源和性质，逻辑上虽然看似自洽，但至少意味着已经判定牟宗三晚年对其现代性追寻使命的退缩或自返。即使牟宗三在《圆善论》中确实没有直接涉及社会制度层面的问题，这种现代性追寻使命的退缩或自返也是无法接受的。且不论《圆善论》仍然通过康德的桥梁来言说，而康德批判哲学的划界最后都入于世界公民、启蒙、法权、永久和平等的讨论中而跨越此界，即就"纵讲"本身来说言，牟宗三"诡谲的即"也已经不再能够局限于精神领域了，而要求人类文明在未来的时与空中的发展或展开。在这个意义上，本书不过是尝试着进行某种"具体说明"。

个地方，牟宗三强调德福一致是理想或信仰，但"这信仰是可理解的"。可理解的信仰，是有知识与道德之双重力量的，能够在经验中实现自己的信仰。

如此解说《圆善论》，超越理想（神感神应）必即世俗生活（物感物应）以显，似乎降低了牟宗三道德的形上学的"形而上学高度"。但实际上，若恢复哲学的古义和生活的本义看，道理就是这么平实简单。人类社会发展到现在，群居生活，如何满足其物质性需要，同时又引领其精神性走向，始终是现代文明的难题。人类可以如泥委地，一无所立吗？能够道德一统，千篇一律吗？解决这一难题，既需要新办法，亦无须反对老信仰。谁说现代文明就一定要告别文化传统呢？而牟宗三的内圣开出新外王、德福一致等，就是强调现代文明与文化传统的恰当结合。正如俗语有言，"穷不丢书，富不丢猪"，在任何时候都应该把精神与物质、自由与自然、道德与幸福、信仰与知识等结合起来考虑。这既是古训，是生活的智慧，也是今鉴，是文化的传承。穷不丢书，则不妄自菲薄，任何时候都有希望；富不丢猪，则不忘生活实际，任何地方都能存活。穷不丢书，贫而有乐，是心经；富不丢猪，富而好礼，是物纬。心物感应，经纬交织，勒成部帙。

第三章　幸福生活与配享幸福：
财产问题（下）

> 实践理性的一个先天前提就是：把我的任性的每一个对象都当做客观上可能的"我的"或"你的"来看待和对待。
>
> ——康德《道德形而上学》

> 人为了作为理念而存在，必须给它的自由以外部的领域。……所有权所以合乎理性不在于满足需要，而在于扬弃人格的纯粹主观性。人唯有在所有权中才是作为理性而存在的。
>
> ——黑格尔《法哲学原理》

> 古代根本不懂主体权利，它的整个世界观实质上是抽象的、普遍的、实体性的，因此古代没有奴隶制就不可能存在。……人类今后不应该再通过强制即政治的手段，而应该通过利益即社会的手段联合起来。它以这个新原则为社会的运动奠定了基础。……人，如果正像他现在接近于要做的那样，要重新回到自身，那么通过金钱的统治而完成外在化，就是必由之路。
>
> ——恩格斯《英国状况 十八世纪》

本章与上章讨论同一个财产问题。所不同的是，上章重在梳理牟宗三本人对财产问题的相关讨论，本章则重在顺牟宗三言说的内在理路，探讨财产的法权性确立问题，包括法权强制力的来源、神圣程度等。其内在的隐忧是，历史表明，具有虚幻普遍性的道德恰恰是极其不道德的，因此才有以法律的形式如数学般精确地将道德的普遍性确定并落实下来的要求和努力；然而在什么情况下，具有不可侵犯的强制力的神圣法律，在保护私有财产的时候，又会适得其反，造成对人格尊严的践踏呢？

还是那个老问题：人为什么要有道德？是为了配享幸福？或者说，我的幸福生活本身能否独立自洽呢？对于我的幸福生活而言，以财产权为基础的现代法权有何意义和作用？

　　对于这个问题的回答，可以是分析的，也可以是综合的。前者会说，人要有道德的原因即在于道德本身，道德是现成自足的，它的基础只能是"道德"，而非现实的利益、确切的幸福感等诸多"好处"。甚至可能还会说，这个问题不能问，你一旦问为什么，那便不是人了。后者则倾向于相信，道德无论如何崇高、神圣却依然需要接受批判和进行论证，道德只能是被构建出来的，它的基础恰恰在"非道德"，即人类的物质生活世界本身——无论这种生活世界被命名为"共在世界""社会历史实践"或其他任何别的东西。

　　当我们发现牟宗三与马克思"相即"时，我们似乎已经走在了综合的道路上，而采取了人们所谓功能主义、建构主义或历史主义等姿态来看待牟宗三的心性概念，以及相应的国家概念。显然，这有别于人们对牟宗三道德概念的一般理解。按照那种理解，牟宗三的道德必定是现成自足的，其返本开新的政治哲学大抵循分析的思路，是孟子人禽之辨的强化版，从而在现代境域中营构出了一幅独断论的儒家心性逻辑图像：人有智的直觉，其一念良知之真诚恻怛，即可内圣外王，涵括和通透天下事物。在这里，如何海底涌红轮，彻底呈现普遍的精神实体，以有别于禽兽，成了本质性事件，其余天下国家等都是非本质的。有论者批评说，这建立了一种道德的暴政："人禽之辨所内涵的这种道德独断，经由政治化了以后，发展至宋明儒学，演绎出义利、理欲之辨，结果造成义对利的压抑，理对法的僭越，道德由调节功能一转而变成专政功能。"①批评的锋芒直指牟宗三混漫了个人修养与公共生活的界限，致使法律毫无用武之地："这种崇高的道德以其熠闪的外衣替代了法律的位置，掩藏了对民生的冷漠，即人之死于道德的名义，竟成无声的哀怨。"②

　　这种理解并非个案，似乎有其文献依据。如牟宗三曾依"色心不二"来讲"一心开二门"。他一方面承认"'色心不二'是个综和命题（synthetic proposition），不是个分析命题（analytic proposition），色心可以不二，但不是必然地不二，它们也可以二"，另一方面认定"如果圆教

---

　　①　东方朔：《评儒家道德独断论》，《时代与思潮》1998年第6辑。

　　②　东方朔：《评儒家道德独断论》，《时代与思潮》1998年第6辑。

成立，色心不二成立，则最高善中的两成分（德与福）便不必永是综和的关系，亦可是分析的关系：在权教下是综和的，在圆教下是分析的"，且"只有在圆教下，色心不二才是分析地必然的"。[①] 这里的"分析地必然"似乎已经很好地印证了上述"独断论的儒家心性逻辑图像"。

但是，牟宗三的"分析地必然"定然僭越、替代了"法律"吗？

要求法律的位置，以确立什么东西是"我的"，什么东西是"你的"，反映了批评者的现代诉求，这一点获得了较为普遍的认同，我自己原来也持大体相同的批评观点。不过，本章现在恰恰证明，此"分析"非彼"分析"，牟宗三同样具备这种现代诉求。

本章主要谈论"法律"，特别是一个文明社会如何用"如数学般精确"的法律来保护"你的"与"我的"，确立财产权，以让人重新回到自身。通过"法律"这个中介，我们将看到，对于牟宗三"僭越、替代了法律"的批评，并不是什么新鲜的东西。先不论"拒斥形而上学"的思潮，即就马克思来说，甚至包括他的前驱康德、黑格尔等，都曾面临大体相同的指控。对于类似境遇的揭示，当然不能证明牟宗三的"分析"同时容纳了"综合"。毋宁说，我们并不渴望这种证明。

本章虽然与上一章是一个整体，但是它重在通过与康德、黑格尔、马克思等的法权观的对照，提供一种参照，一个视角，来"观看牟宗三"，因而它对于牟宗三政治哲学来说似乎是外在的。不过，正是由于这种"拉开距离"，让我们有机会摆脱牟宗三研究中的某些根深蒂固的成见，以获得通达事实的"洞见"（insight）。今天的"财产权"无论对于"国家"还是"心性"来说都是基础性的，这一洞见是结构性的，是虚说，却可以虚以控实，影响对牟宗三具体论述的具体解读，从而导牟宗三政治哲学研究于自下而上的道路上来。因此，本章的内容仍可能是最内在的，是牟宗三政治哲学的一次尝试性"修复"。

第一节　共和国的强制力

按照"德性伦理学"与"功利主义伦理学"、"义务论"与"目的

[①]　牟宗三：《时代与感受》，《牟宗三先生全集》第 23 册，台北：联经出版事业股份有限公司，2003 年，第 193、195 页。

论"、"道义论"与"后果论"等区分，康德多被归属于前一个阵营。或许，中国学界因为受到牟宗三的影响，现在很多人认为儒家持一种康德主义的道义论。

一般而论，把康德和牟宗三都归入道义论，是有其坚强依据的。不过，事涉康德道德形而上学的总体性判断，以及顺牟宗三与康德的"融通"而来的两种文化之间的对话可能性建构时，任何判断都必然具有高度的概括性。因此，"康德主义的道义论"这一"卷标"又必然因高度的概括性而有其有效限度。超过了这个限度，"卷标"也就失去了它的意义，甚至会指示着某个错误的地方。

这无疑是个很大的课题。这里通过聚焦康德"道德形而上学"中的"法权论"来理解"康德主义的道义论"这一"卷标"的限度，以反观牟宗三政治哲学的处境。

具体说来，1797 年，康德出版了他的《道德形而上学》一书。它由上、下两卷组成，即上卷《法权论的形而上学初始根据》和下卷《德性论的形而上学初始根据》。对于其中涉及"法权论"跟"道德论"的关系，研究者展开了争论，而有"派生论"和"独立论"两种针锋相对的意见。前者认为，康德的法权论是从自由法则中派生出来的；后者则强调，康德的法权论独立于道德论，并不能从道德论中推导出法权论。当然，两派都从康德的论述中寻求依据，而让法律的地位变得可争议。本节围绕康德的国家强力观来反思上述争议，追问一个问题：是只有共和国的强制力①至高无上、不容置疑呢，还是随便什么国家的强制力都至高无上、不容置疑？换言之，法律是否可以被替代、僭越，道德与财产权的普遍实现之间，有什么样的关联？当然，通过这个问题，牟宗三看似至高无上、

---

① 先行的提示是，康德把自由与强制力视为一枚铜板的正反面，他一方面赋予了自由无与伦比的基础地位，认定个体的存在不是为了永久和平，实现自由才是永久和平的目的；另一方面又把共和国的强制力设为先验的前提，强调人们即使通过契约也无法来反抗它，甚至当人民觉得最高权力的滥用已经令人发指、不能忍受的时候，也有义务去忍受、遵守它。康德：《实用人类学》，李秋零译，《康德著作全集》第 7 卷，北京：中国人民大学出版社，2008 年，第 326 页；康德：《关于一种世界公民观点的普遍历史的理念》，李秋零译，《康德著作全集》第 8 卷，北京：中国人民大学出版社，2010 年，第 29 页；康德：《道德形而上学》，张荣、李秋零译，《康德著作全集》第 6 卷，北京：中国人民大学出版社，2007 年，第 331 页。

不容置疑的智的直觉，其实也就一道受到了批判。①

一　派生论

在"一般道德形而上学的划分"这一小节中，康德问："道德论
（道德）为什么通常（尤其被西塞罗）冠以义务论，而不也冠以法权论
的名称呢？"康德自己回答说："根据在于：我们惟有通过道德命令式才
知道我们自己的自由（一切道德法则，进而甚至一切权利和义务都是由
这种自由出发的），道德命令式是一个要求义务的命题，随后从这个命题
中可以展开使他人承担义务的能力，亦即法权的概念。"②"随后"一词
似乎已经在字面上明白地指示说，康德把法权论置于了派生的位置，由
义务派生出法权，以道德论为法权论奠基，而不能反过来。或者说，道
德论可以包含法权论，而关于外在自由的法权论却不能含摄道德论。这
种嵌套关系，同于理论哲学中的时空关系：空间只对应外部感觉，而时
间中则有外部感觉和内部感觉的一切对象，因此时间同时也就包含了时
间和空间。"同样地，无论是在任性的外在应用中，还是在其内在应用中
来考察自由，其法则作为一般自由任性的纯粹实践理性法则，都毕竟必

---

① 在对本书稿的评审意见中，有专家强调指出，"作为探讨牟氏政治哲学的课题，本应
以牟氏本人的政治、历史哲学文献如《政道与治道》、《历史哲学》等为重头内容"，
这是非常有道理的。以往的牟宗三政治哲学研究，也大多是这样的，取得了可观的成
绩。因此在修改过程中，本书特别注意吸收这方面的研究成果，以之为自己的研究基
础之一。在此再致衷心感谢！不过遗憾的是，本书并没能因此削减对"牟氏的心性哲
学与康德先验哲学"的讨论，两者并不构成矛盾。首先，以往"外王三书"研究的丰
硕成果同时也可能意味着，如果仍完全按照这种方法路径前进的话，已经很难取得突
破了。其次，在对"外王三书"的理解上，这种方法路径多是"从上面说下来"，而
本书强调还有"从下面说上去"的方法路径，一则拾遗补阙，重点分析讨论牟宗三政
治哲学"从下面说上去"的依据、经过和结果等，二则关注两种致思路线各自的界限
和双方的回环。当然，无论哪一种路线，都无法摆脱"经验主义"国家与"先验主
义"心性之间的纠缠。最后，康德的先验哲学与其"国家"政治哲学的关系，在本书
中特别表现为法权论的派生与独立问题。深入讨论康德既派生又独立的法权论，一则
表示牟宗三道德形上学中分析出包含现代法权论的政治哲学的可能性、可行性与必然
性，有意挑明和补上牟宗三政治哲学内含而却未曾明言的法权论思想，二则有助于理
解牟宗三"良知坎陷"等概念的模糊或含混性、丰富性，三则可以很好地观察牟宗三
政治哲学的目标定位与其所采取的策略之间的反差等。

② 康德：《道德形而上学》，张荣、李秋零译，《康德著作全集》第 6 卷，北京：中国人
民大学出版社，2007 年，第 249 页。

须同时是这任性的内在规定根据。"①

　　在其他地方，康德似乎还抱怨说，如果不承认这种派生论，就产生了日益流行的"哲学的丑闻"，"当它涉及某种道德事务（德性义务或法权义务）时，就造成极大的危害"。②

二　独立论

　　不过，如果根据以上文字便认定康德的法权论"只能"是派生的，那么我们就有可能犯下了严重的错误，还只是对哲学家说过的东西的"字面研究"，而"不能看到他们想说的东西"。③ 在"法权论导论"一节中，康德把"普遍的法权法则"定义为："如此外在地行动，使你的任性的自由应用能够与任何人根据一个普遍法则的自由共存"，并明确强调"理性把这说成是一个根本无法进一步证明的公设"，而要求在法权论中排除"应当"和"动机"，即"只要意图不是教人德性，而是仅仅阐明什么是正当的，那么，人们甚至不可能也不应当把那个法权法则表现为行动的动机"。其中的一个关节点便是，"法权与强制的权限是同一个意思"，而"强制"恰恰不能从"自由"中"派生"出来："人们可以把法权的概念直接设定在普遍的交互强制与每个人的自由相联结的可能性中。也就是说，就像一般的法权仅仅以行动中外在的东西为客体一样，严格的法权，即不掺杂任何伦理性因素的法权，就是除了外在的规定根据之外不要求任性的其他任何规定根据的法权；因为这样一来，它就是纯粹的、不掺杂任何德性的规定。所以，一种严格的（狭义的）法权，人们只能称之为完全外在的法权。"④

---

① 康德：《道德形而上学》，张荣、李秋零译，《康德著作全集》第 6 卷，北京：中国人民大学出版社，2007 年，第 221 页。

② 康德：《论俗语：这在理论上可能是正确的，但不适用于实践》，李秋零译，《康德著作全集》第 8 卷，北京：中国人民大学出版社，2010 年，第 279-280 页。

③ 康德：《论一个据说一切新的纯粹理性批判都由于一个更早的批判而变得多余的发现》，李秋零译，《康德著作全集》第 8 卷，北京：中国人民大学出版社，2010 年，第 254 页。

④ 康德：《道德形而上学》，张荣、李秋零译，《康德著作全集》第 6 卷，北京：中国人民大学出版社，2007 年，第 239-240 页。

三 道德与伦理

为什么会有这种争执呢？是因为康德混淆了道德与伦理的不同？例如，黑格尔就曾批评说："康德多半喜欢使用道德一词。其实在他的哲学中，各项实践原则完全限于道德这一概念，致使伦理的观点完全不能成立，并且甚至把它公然取消，加以凌辱。"① 黑格尔自身的理路我们下小节再论。不过照上文提到的时空关系来看，很难说康德取消了伦理，或者说混淆了道德与伦理。康德的道德与伦理是有交叉的："道德论"既包含"法权论"和"德性论"这两个组成部分，但"道德的"自由法则又同时能够区分出"法学的""合法性"和"伦理的""道德性"。这样，"道德"就可以自身回环，既是主观的"德性"，又是客观的"法权"，还是主客观统一的"道德"。其间的关键环节，正是法权：一方面，就自由而言，同时着眼于内在自由和外在自由的是伦理的（道德性），只涉及纯然外在自由的是法学的（合法性）；另一方面，就限制而言，同时考虑到外在立法和内在立法的是法学（法权论），只考虑内在立法的是伦理学（德性论）。也就是说，道德性的伦理与德性论的伦理有不同的所指，康德虽然在使用上有严格的区分，但由于它们只能被交叉使用，因而双方都无法获得"道德"或"伦理"的专名，只有到了黑格尔的意义上，前者才被称为伦理，后者则被称为道德。②

道德怎么能够同时是伦理和道德？这不是康德的混乱，反而是他的成绩。康德实际上改变了传统的自然法概念，在区分出法权论的同时又使法和伦理以道德作为它们的共同前提：法权是具有强制性的外在道德法则的总和，伦理是人肩负的一切内在道德义务的总和，而道德（常常也以伦理之名出现）则是把二者联系在一起的纽带，是它们的共同根基（自由）和最高概念（道德形而上学）。因为这种既区分又联合，所以就

---

① 黑格尔：《法哲学原理》，范扬、张企泰译，北京：商务印书馆，1961年，第42页。

② 因此，黑格尔对康德的批评在"字面上"是有道理的，因为康德毕竟将"法权论"和"德性论"归于"道德论"的名下，而非归于"伦理学"名下。从"道德形而上学"这个总名出发，我们甚至可以套用黑格尔的话来说：黑格尔多半喜欢使用伦理一词，各项实践原则完全限于伦理这一概念，致使道德完全是主观的，而公然取消和凌辱了道德。照此道德与伦理的不同爱好来看，黑格尔与康德对于道德、伦理的定义似乎可以说正好是互换了。

有了广义道德与狭义道德的不同，仿佛康德存在混淆，把道德与伦理当作同义词来使用，甚至公然取消了伦理。① 不过，康德这种"混淆"安排，恰好让法权论既是派生的，又是独立的，前者是法权论的法学，后者为合法性的法学。

四 法权论既是派生的又是独立的？

康德承认，这中间是有政治与道德的矛盾，却是无可奈何之事。康德为此再三宣说，提出了三个辩证法问题。

1. 康德的第一个辩证法问题：前面与后面

一个社会，究竟是要听命真理，还是唯权力是从？康德认定："国王们思考哲学，或者哲学家成为国王，这是无法指望的，也是不能期望的，因为权力的占有不可避免地败坏理性的自由判断。"这可以从两方面看。就国王这一方面而言，国家的强制力是实现法权自由的前提条件，国家的立法权威必须被认为"有最大的智慧"，它们不容任何置疑或挑战，以便有力量"抵御对法权之秤的一切外来影响"；但恰恰权力之剑又受到"极大的诱惑"去反噬法权，即直接把自己放在秤盘上让正义的天平在"不想下降时"却不能不下降，于是唯余权力，法权、道德等都无从谈起了。就哲学家那一方面而言，"普遍的（道德上立法的）人类理性"先在地内置于一切人类事务之中，当然也包括建国创制等，因此政治当然是道德所派生的，国王或国王般的人民需要倾听哲学家的声音；但哲学家的公开发言又只能诉诸理性本身，没有力量让国家把倾听哲学家的声音当作自己的完全义务，无法招致"国家必须承认哲学家的原理对于

---

① 康德知道实践哲学划分的传统，而自觉要求成为第一位哲学家，即第一位在自由的共同根据上建立起实践哲学之法权与伦理的必要区分和层序的哲学家。因此我们看到，法权论是一种外在的强制，德性论是中间环节，道德论才能拥有自律之名。若按照《中庸》的讲法，德性论是"自明诚"，虽然"依据自由"，有自我做主的可能性，但毕竟"同时包含着实践理性的一种专制"，因此只谓之教，而不能谓之自律；唯道德论才是实践理性的自律，它"完全是纯粹的"，是人的道德性的"最高阶段"，是"自诚明"（按照儒家的理解，法权论则不可谓之"礼"，而只能是"刑"，所以不论）。与《中庸》不同之处在于，康德并不认为人可以以"诚"为"性"，而仅视之为"理想"。牟宗三对于宋明三系中道德自律与他律的研判，或许也能够由此得到恰当的评价。参阅康德《道德形而上学》，张荣、李秋零译，《康德著作全集》第6卷，北京：中国人民大学出版社，2007年，第396页。

法学家（国家权力的代表）的裁决有优先权"这种结果。面对道德与政治间的这种两难局面，康德提出了他的第一个辩证法问题：哲学"这个婢女究竟是在她的仁慈的夫人们前面举着火炬，还是在她们后面提着托裙"？①

2. 康德的第二个辩证法问题：目的与形式

在同一篇文章稍后些的另一个地方，康德把上述问题表述为他的第二个辩证法问题："为了使实践哲学与自身一致，有必要首先裁定如下问题：在实践理性的课题中，是必须从其质料原则亦即目的（作为任性的对象）开始，还是从其形式原则开始？"②

康德马上回答说："毫无疑问，后一个原则必须先行；因为它作为法权原则，具有无条件的必然性。"所谓"无条件的必然性"是指，"人的法权必须被视为神圣的"，我们必须事先"假定""纯粹的法权原则具有客观实在性，也就是说，它们可以实现"。康德称此为"道德的政治家的原则"。"道德的政治家"视治国为"一个道德课题"，而且因为事先有"假定"，所以治国过程中需要解决问题的一切智慧"可说是自行发生的，对于每个人来说都是显而易见的"。这似乎在说，法权论不但是独立的，而且治国本己自足的就已经是道德的展开和实现了。在这里，康德的意思非常明确：我们必须"先天地，不是经验性地"服从一种公共法权，然后"从法权义务的纯粹概念出发"，从这个"治国智慧的最高的原则"出发，才能自上而下地建国创制。康德认为，唯有这样，让目的隶属于原理，把马套在车前，政治与道德的一致才是可能的。

第一个辩证法问题中的"哲学是神学的婢女"在这里就似乎有了双指。一是说法权论的"神圣性"有如"神学"的神圣性；二是强调理性虽然在政治的前面"举着火炬"却仍然是后者的"婢女"（马套在车前）。这就解释了为什么法权论是"独立的"却允许道德走在它的"前面"，但并不因此导致神圣的法权之"上"还可以有某种存在。在康德

---

① 康德：《论永久和平——一个哲学策划》，李秋零译，《康德著作全集》第8卷，北京：中国人民大学出版社，2010年，第374-375页。

② 康德：《论永久和平——一个哲学策划》，李秋零译，《康德著作全集》第8卷，北京：中国人民大学出版社，2010年，第382页。本小节以下讨论中引用同书第375-386页内容的，不再单独标出。

的话语体系中，此为无目的的合目的性："道德自身具有的独特之处，确切地说是公共法权的原理方面（因而与一种可先天地认识的政治相关），即它越少使行为取决于预定的目的，即预期的好处，不论它是自然的还是道德的，它就反而越多地大体上与这个目的相吻合。"

不过，辩证法的问题依然存在。康德非常清楚地知道，唯有"人们的非社会的社会性"即人们因禀赋而"在社会中的对立"才是人类历史进步的最终决定力量。① 因此"经验中的政治"绝不是什么"道德的政治"，而是"一帮堕落的存在者""相互歼灭"的永恒"游戏"。换言之，康德并不是一位不通世事只能放胆高言的学究，他承认第一个原则其实也是存在的，那便是"政治的道德家的原则"。按这一原则，治国是"一个技艺课题"，事关"治国术"问题。"要解决第一个问题，亦即治国术的问题，需要许多自然知识"，因为这里"一切发生的或者能够发生的事情都纯然是自然的机械作用"。在此，康德强调："不能指望法权状态的任何别的开端，除非是凭借暴力的开端，在暴力的强制之上，随后建立起公共法权。"这实在不是什么自上而下的理性下贯之路，实际的建国创制只能是历史发展中自下而上的对抗的结果。就此而言，道德是一种结果，它走在政治的后面。

但是，康德为什么又一定要从形式原则开始，要哲学在前面举着火炬呢？他主要有两点考虑。

首先是防范两种"绝望的跳跃"（"致命的跳跃"）的出现。康德指出，经验实践中并没有什么天赋人权，一切所谓法权不过是人们的任性相互对抗的暂时性结果罢了，就如同物理学上的作用与反作用、化学上的分解与化合等。在这里，人们依照明智规则行事，都是硬心肠，试用自己的暴力或诡计去相互碰撞，以求得自己的喜悦、欲望等的最大化。于是，只可能有因势均力敌而来的短暂平静，某一方的力量一旦足以吞并对方，那么就必然撕毁停战协议，因此战争便是永恒的，永久和平根本无法实现，就如同希望"通过归纳上升到普遍性的经验"② 那样只能

① 康德：《关于一种世界公民观点的普遍历史的理念》，李秋零译，《康德著作全集》第8卷，北京：中国人民大学出版社，2010年，第27页。
② 康德：《道德形而上学》，张荣、李秋零译，《康德著作全集》第6卷，北京：中国人民大学出版社，2007年，第222页。

是玄想，无法行得通。"谁一旦暴力在手，就不会让人民给他制定法律。一个国家一旦有能力不服从任何外在的法律，就不会让自己在针对别国寻求自己的法权的方式上依赖别国的裁判。"也就是说，从经验出发，通过"单个的人"自由来实现所有人"联合起来的意志之集体的统一"，这是一条自下而上的必由之路，在这条永远向上的路上，人们在暴力和秩序、众意和公意之间总是无法避免"绝望的跳跃（salto mortale［致命的跳跃］）"①。因此，康德在经验事件之外，还要求某种纯粹理性的先天原则，要求"假设"某种通过理性便直接使人敬重的东西。这也就是牟宗三一直批评的"一间未达，一层未透"。

但与此相应，如果某人，或者某个集团这个时候要把"设准"变成已经"做成之事"，把自己打扮成理性秩序的象征，那么民众中君权神授、文成武德、泽被苍生等"为知识提供根据的情感（神秘主义的情感）"②就势必出现，迷信、崇拜活动充斥；领导人自己"从概念到不可思议的东西的跳跃（salto mortale［致命的跳跃］）"③也势必出现，以救星自居，吊民伐罪，解民倒悬。这种现象不会中止，除非新的秩序凭借新的暴力重新建立，如此周而复始。此所谓"历史周期率"，亦所谓"其上申韩者，其下必佛老"。

其次是针对随权力对法权的规训（"马套在车后"）而来的曲学阿世、粉饰太平、为虎作伥等"提着拖裙"现象的层出不穷。康德发现，有一类饱学之士，他们善于玩弄权术，甘愿居下位以事上，"只考虑讨好当前的统治力量（以免错失其私利），借此出卖人民，可能的话出卖整个世界"。当然，既然是为了私利，私利最高，那么所谓"上"与"下"其实也不过是某种风标而已，而不可能被真正地建立起来。"对他们来说，任何现行的法律宪政都必定是最好的宪政，而当这种宪政被上面修正时，接下来的宪政就是最好的宪政。"质言之，指望这类"提着拖裙"的饱学之士的忠诚，在概念上是自相矛盾的，在实践中是自欺欺人的，

---

① 康德：《论俗语：这在理论上可能是正确的，但不适用于实践》，李秋零译，《康德著作全集》第8卷，北京：中国人民大学出版社，2010年，第310页。

② 康德：《论哲学中一种新近升高的口吻》，李秋零译，《康德著作全集》第8卷，北京：中国人民大学出版社，2010年，第410页。

③ 康德：《论哲学中一种新近升高的口吻》，李秋零译，《康德著作全集》第8卷，北京：中国人民大学出版社，2010年，第404页。

对国家而言是极其悲惨和不幸的。

3. 康德的第三个辩证法问题：自上而下与自下而上

第三个辩证法问题里有康德的一贯主张："智慧是从上面（通过灵感）灌注给人，还是从下面通过人的实践理性的内在力量向上攀登，这是问题所在。"①

如同上述两个辩证法问题所逼显出来的那样，正是因为权力对理性的腐败，康德坚决反对仅从人的"自私倾向"引发的"相互攻击"出发，"从每一个国家因遵循它们而可期待的繁荣和幸福出发"建立"政治原则"②，坚持认为"什么是法权，不可能是经验教导的"，"国家法权就是建立在先天原则之上的"③，从而给出了法权论的"一个公理"（"按照普遍的法律任何一个人的自由与每个人的自由协调一致"）、"一个公设"（"外部公共法律"）和"一个原理"（"代议制"）④。

如此的法权是神圣的，如此的法权论是独立的。只不过它不可被误解。它不能被理解为：法权是至高无上圆满自足的，无人可以对国家指手画脚，因此建国创制一定只能是天才自上而下地随意挥洒。相反，这个"正直的、切断一切由奸诈或者暴力来标出的邪门歪道"的神圣和独立不是对别的什么人，而恰恰是对统治者而言的，"是被理解为掌权者的责任，即不因对其他人的不满或者同情而否定或削弱任何人的法权"。⑤ 康德重申："人的法权必须被视为神圣的，不管统治权力会蒙受多大的牺牲。"⑥

康德强调，这里没有任何中间道路可供选择，不能骑墙。也就是说，独立的法权论建立起了客观性，限制了权力，同时打开了哲学家从理性

① 康德：《赖因霍尔德·伯恩哈德·雅赫曼的〈康德宗教哲学检验〉前言》，李秋零译，《康德著作全集》第 8 卷，北京：中国人民大学出版社，2010 年，第 454 页。
② 康德：《论永久和平——一个哲学策划》，李秋零译，《康德著作全集》第 8 卷，北京：中国人民大学出版社，2010 年，第 385 页。
③ 康德：《论俗语：这在理论上可能是正确的，但不适用于实践》，李秋零译，《康德著作全集》第 8 卷，北京：中国人民大学出版社，2010 年，第 310 页。
④ 康德：《论出自人类之爱而说谎的所谓法权》，李秋零译，《康德著作全集》第 8 卷，北京：中国人民大学出版社，2010 年，第 438 页。
⑤ 康德：《论永久和平——一个哲学策划》，李秋零译，《康德著作全集》第 8 卷，北京：中国人民大学出版社，2010 年，第 384 页。
⑥ 康德：《论永久和平——一个哲学策划》，李秋零译，《康德著作全集》第 8 卷，北京：中国人民大学出版社，2010 年，第 386 页。

出发讨论政治的可能性。但是，如果说前两个辩证法问题主要是防范"权力的滥用"，那么难道我们就无须防范"理性的滥用"吗？难道"哲学家成为国王"与"国王们思考哲学"不都一样，是"无法指望的"和"不能期望的"吗？是什么让哲学家觉得自己可能免除权力的腐败？

康德指出，作为智慧学的哲学"具有一种无条件的价值；因为它是关于人的理性的终极目的的学说，这个终极目的只能是一个惟一的终极目的，所有别的目的都必须次于它或者被置于它之下，而且完满的实践哲学家（一个理想）是在自己身上践履这个要求的人"，那么哲学家也受到极大的诱惑，似乎自己自然就可以把这种终极目的纳入怀中而与其"内在的"同一，"在甜美的享受状态中幸福地梦幻"。① 康德认为，这是一种伪哲学，它许诺了非常多的东西，企图一劳永逸地解决问题，却是自相矛盾的和不合情理的。随着这些哲学家超感性经验的可能性及其神秘主义而来的，等待他们的，似乎只有"叙拉古的失败之旅"和"君从叙拉古来"的讥讽。②

因此，康德一方面要在最高处安放自由、法则、共和国的强制力等纯粹的理性概念，另一方面要把这些概念的实在性源泉唯一地交给人类的经验性存在。由前者，康德说纯粹理性的因果性，说我们心中的纯粹意志，说纯然理念；由后者，康德说思辨理性的因果性，说任性的一切经验性条件，说人的感性存在。由前者，康德"发现法则像数学公设那样虽然不可证实但却无可置疑"，同时"无可争议地""最先表明"了自由的可能性③，从而先在地设定了个人的任性与共同体的强制力之间的那种形而上学的统一性，以作为人类社会的"源始的契约"④；由后者，康德放弃了一切神秘主义的东西，认定一切文明、文化的成果都只不过是人类自己

---

① 康德：《赖因霍尔德·伯恩哈德·雅赫曼的〈康德宗教哲学检验〉前言》，李秋零译，《康德著作全集》第 8 卷，北京：中国人民大学出版社，2010 年，第 454 页。

② 马克·里拉：《当知识分子遇到政治》，邓晓菁、王笑红译，北京：新星出版社，2010 年，第 146、143 页。这也从一个方面表明，"理性的滥用"如果不与"权力的滥用"相纠缠，其危害小到可以忽略不计。个体的任性思维或任性表达，即便错得离谱，那也是个体承担后果，社会无须担心或防范，相反，其"善果"要远远大于和多于其"恶果"。

③ 康德：《道德形而上学》，张荣、李秋零译，《康德著作全集》第 6 卷，北京：中国人民大学出版社，2007 年，第 233 页。

④ 康德：《论俗语：这在理论上可能是正确的，但不适用于实践》，李秋零译，《康德著作全集》第 8 卷，北京：中国人民大学出版社，2010 年，第 298 页。

的作品，同时拒绝任何个人或共同体胆敢声称自己"曾经实际上完成过"源始的契约而已经把自由、法则、共和国的强制力等完全据为己有（朕即自由或朕即法则、朕即国家）的那种僭妄，从而毫不动摇地认定源始的契约"绝对不可以被预设为一个做成之事（甚至根本不可能是这样一种做成之事）"①，而只能是世界历史趋之而行的地平线。由前者，康德承认天赋人权；由后者，康德相信任何权利都不过是人自己在斗争中争取来的。

可以说，为了防止权力的腐败，康德一方面自上而下地树立起自由的理念和政治的原则，另一方面认定人类只能自下而上地不断练习自由和总结政治的经验。下与上、经验的实在性与先验的观念性之间当然存在着间隙，那是知性与理性的区别，两者在一个循环往复的圆环或者说相同者的永恒轮回中成就着自身。"从下面说上去"，任性限制自己而朝向自由，"科学（经过批判的寻求和方法上的引导）是导向智慧学的窄门"②，智慧不是灵感灌注或天才亢奋；"从上面说下来"，强制力保障法权，自由区别于任性，但"它并不构成一种对我们而言可能的理论知识的任何对象，绝对不能被视为思辨理性的一个建构原则，而只能被视为范导原则，确切地说只是纯然否定的原则"③。

在这里，康德确是给出了人类的一种上升，但这种上升无论进行得如何久远，它始终停留在经验的范围之内，而非"真正的实在的上升，亦即上升到另一个类的存在者"④。后者给我们注入了一种直观着的知性，即理智直观，或者牟宗三所谓智的直觉，从而让人超凡入圣。因此，尽管康德甚至谈到了作为"自上而下的智慧"的"神意"，强调朝向更善的进步的秩序"不是通过事物自下而上的进程，而是通过事物自上而

①　康德：《论俗语：这在理论上可能是正确的，但不适用于实践》，李秋零译，《康德著作全集》第 8 卷，北京：中国人民大学出版社，2010 年，第 300 页。
②　康德：《实践理性批判》，李秋零译，《康德著作全集》第 5 卷，北京：中国人民大学出版社，2006 年，第 171 页。
③　康德：《道德形而上学》，张荣、李秋零译，《康德著作全集》第 6 卷，北京：中国人民大学出版社，2007 年，第 228 页。
④　康德：《论一个据说一切新的纯粹理性批判都由于一个更早的批判而变得多余的发现》，李秋零译，《康德著作全集》第 8 卷，北京：中国人民大学出版社，2010 年，第 218 页。

下的进程"，① 但仍然被牟宗三批评为"一间未达，一层未透"。

五　独立论与派生论争论的焦点：动力学

牟宗三不是康德的第一个批评者，当然也绝不会成为最后一个。200多年来，同康德哲学的其他方面所遭遇到的状况一样，围绕法权论而来的争论一直就没有停歇过，以至于形成了两种主流的康德法哲学阐释传统。第一种传统强调要严格按照批判哲学的结构来处理法哲学的问题，认为法哲学是康德道德哲学和批判哲学的一种应用，或者说是其自然而然的伸展，因此倾向于从普遍主义哲学一端出发来建构一种纯粹理性的法哲学。第二种传统强调要重视道德概念的法学起源问题，认为法哲学的特殊需要让康德引入和强调了经验概念，因此倾向于以现实主义的、获得的法权来夯实生而具有的法权，也即从实践的行动出发来塑造一种规范性的哲学观。显然，这两种传统都能够从康德那里获得支持，就如同独立论和派生论的法权论都从康德哲学中寻找到了依据一样。人们甚至还可以说，它们之间有着对应关系，第一种传统就是派生论的法权论传统，第二种传统则是独立论的法权论传统。

有一种观点认为，要想在对康德法哲学的批判中获得胜利，"要想使这些胜利成为决定性的胜利，这种批判就应该指向康德思想的基础。对康德政治哲学的批判必须成为对《纯粹理性批判》和《实践理性批判》的批判"②。这一观点强调的是，康德虽然没能成功地把自然与道德、必然与自由、外在与内在等矛盾完全统一起来，但康德法哲学的"某种不可磨灭的、由康德独创的、充分有效的东西"恰恰就蕴藏在这些矛盾之中。换言之，康德法哲学的两种主流阐释传统其实是在重提康德哲学中那个著名问题：康德如何在保持自然领域和道德领域的根本分离的同时，让两个领域之间有本质性的影响和交流？在这一视域下，问题的关键就不再是独立论与派生论谁更正确、更合乎康德的"原义"，而在于如何理解这种争执本身。比如说，具体政治现象领域中的那些非理性的、独

---

① 康德：《学科之争》，李秋零译，《康德著作全集》第7卷，北京：中国人民大学出版社，2008年，第90页。

② 列奥·施特劳斯、约瑟夫·克罗波西主编《政治哲学史》，李天然等译，石家庄：河北人民出版社，1998年，第712页。

断论的冲动,是否可以通过派生论的法权论而得到节制或驯化?马基雅维利和霍布斯的传统,一种现实主义的法哲学或独立论的法权论,在革除理性的虚妄,以见出现实生活的智慧方面,是否有其效用?①

"假如人类同时需要两种东西,它们性质形态不同,不能互相代替,那么,人类除了让它们以最合理的方式并行,是别无他法的。"② 这是牟宗三的观点。在"和实生物"这一点上,牟宗三与康德保持了一致。康德把这种多元论作为自己的原则,坚持认为只有通过"两种异质元素的结合"才能生产出新的东西,就如化学中的"两种不同类的、有形体的、密切地相互作用并追求统一的元素的交互作用",以及人类的"两性"关系等:"无论是在无生命的自然中还是在有生命的自然中,无论是在灵魂中还是在肉体中,各种力量的活动都是寄予不同类的东西的分离和联结……我们所了解的一切有机存在者,它们的物种惟有通过两性(人们称之为雄性和雌性)的结合才能繁衍。"③

通过这种方式,康德让个人与家庭、市民社会、国家甚至整个世界达成了和解。在中国传统中,这叫"和实生物,同则不继"。在康德这里,这叫"非社会的社会性"。就家庭而言,康德指出,夫妻并非由于某种相似性才结婚(物以类聚),"因为大自然在两性的本能上宁可是促进应当相爱的人们的不同,以便把它植入人们胚胎中的一切多样性都发展出来"④。就更大的集体而言,康德认为,"自然迫使人去解决的人类最大问题,就是达成一个普遍管理法权的公民社会",其中"自由"与"不可违抗的强制力"同样都不可或缺,"就像一片森林中的树木一样,正是因为每棵树都力图夺取别的树的空气和阳光,它们就互相迫使到自己的上方去寻求空

---

① 在本书的论域中,这同时意味着我们需要反思:牟宗三良知坎陷、智的直觉、内圣外王、圆善等概念之下,是否仍然有着独立论的法权论的空间?如果说,法权论是康德哲学的一个更大的演绎,伦理学概念的法学起源问题让人们再一次审视理性批判范式的证明和理性批判话语的实指,那么,"是否仍然有着独立论的法权论的空间"这一问题也就成为牟宗三哲学的试金石了。

② 牟宗三:《中国哲学的特质》,《牟宗三先生全集》第 28 册,台北:联经出版事业股份有限公司,2003 年,第 96 页。

③ 康德:《实用人类学》,李秋零译,《康德著作全集》第 7 卷,北京:中国人民大学出版社,2008 年,第 170 页。

④ 康德:《实用人类学》,李秋零译,《康德著作全集》第 7 卷,北京:中国人民大学出版社,2008 年,第 172 页。

气和阳光，并由此长得漂亮、挺拔；相反，那些自由地、相互隔离地、称心如意地伸展自己枝杈的树木，却长成了畸形，又歪斜，又弯曲"。①

"康德用多元论来对抗利己主义。"② 康德给我们人类绘出了一幅漫画：

> 人类，就集体（作为人类的一个整体）而言，是一个前后相继和同时并存的人群，这些人不能缺少和平共处，但尽管如此又同时不能避免相互不断憎恶；因而感到自己被大自然规定为通过在出自他们自身的法律之下的相互强制，结成一个不能受分裂威胁、但却普遍地向着一个世界公民社会（世界主义）进步的联合体。③

这是康德的"群居和一之道"（《荀子·荣辱》），似乎也有了"君子以为文，而百姓以为神"（《荀子·天论》）的神道设教色彩。基于此，康德对自己整个哲学的探讨作了一个总结：人类并不自然而然就是善的或恶的，"而是展示为有理性存在者的一个从恶到善不断进步、在阻力之下奋起向上的类；这样，它的意愿总的来说是善的，但实现却变得困难，因为目的的达到不是靠个人的自由协调，而是惟有通过不断进步地把地球公民组织进并且组织成作为一个世界主义地结合起来的体系的类，才能够有希望"④。

这是康德的天下大同。牟宗三当然不会反对此理想，但他最后的落脚点，似乎是要比康德哲学更为高迈的圆教和圆善。于是，牟宗三的动力学就与康德的动力学有所区分了。牟宗三的动力学是"一心之申展、

---

① 康德：《关于一种世界公民观点的普遍历史的理念》，李秋零译，《康德著作全集》第 8 卷，北京：中国人民大学出版社，2010 年，第 29 页。

② 阿尔森·古留加：《康德传》，贾泽林、侯鸿勋、王炳文译，北京：商务印书馆，1997 年，第 270 页。

③ 康德：《实用人类学》，李秋零译，《康德著作全集》第 7 卷，北京：中国人民大学出版社，2008 年，第 327 页。

④ 康德：《实用人类学》，李秋零译，《康德著作全集》第 7 卷，北京：中国人民大学出版社，2008 年，第 328-329 页。与荀子显著不同的是，康德一方面承认"通过宗教而来的纪律"对于促进人类社会统一性的正面意义，而寄希望于"天意"或"神意"；另一方面又明确反对宗教"成为信仰专制之下的国家强权（政治）的一个工具"，而要求道德"先行于宗教"。其关键点，仍然是"非社会的社会性"，即人类通过自己的任性而朝向永久和平，因而自由双向互通，既可以向上也可以向下，既就个体而言是恶的也在整个类上是善的。对此，牟宗三批评说："盖在康德，道德与宗教仍是两截未通气故，关键唯在人格神——一个个体的无限存在之肯定。"参阅牟宗三《圆善论》，《牟宗三先生全集》第 22 册，台北：联经出版事业股份有限公司，2003 年，第 323 页。

一心之涵盖、一心之遍润"①，是"一心之朗现""一心之沛然"②。这是十分可爱的。而康德的动力学却只能是因人们的"非社会的社会性"而来的"普遍对立"或"对抗"。这则让人非常难为情。康德承认："这种属性就自身而言并不可爱，但如果没有这种属性，在一种田园牧歌式的生活中，尽管有完全的和睦一致、心满意足和互相友爱，一切才能却会永远隐藏在其胚芽里面……为了难以共处，为了妒忌地进行竞争的虚荣，为了无法满足的占有欲甚或统治欲，还真得感谢自然才是！没有这些东西，人性中的一切优秀的自然禀赋将会永远沉睡，发展不出来。"③

两人的动力学虽然一个可爱一个可信，区别明显，但仍然并非针锋相对的。我们很难说，"一心之朗现"等就不能容纳普遍对立或对抗。这表现在，牟宗三的"良知呈现"同时也是"良知坎陷"，"一心之朗现"与"无风起浪，平地起土堆"④"吹绉一池春水"⑤等总是纠缠在一起，不能拆开。⑥

---

① 牟宗三：《心体与性体》（一），《牟宗三先生全集》第 5 册，台北：联经出版事业股份有限公司，2003 年，第 35 页。

② 牟宗三：《从陆象山到刘蕺山》，《牟宗三先生全集》第 8 册，台北：联经出版事业股份有限公司，2003 年，第 100 页。

③ 康德：《关于一种世界公民观点的普遍历史的理念》，李秋零译，《康德著作全集》第 8 卷，北京：中国人民大学出版社，2010 年，第 28 页。

④ 牟宗三：《现象与物自身》，《牟宗三先生全集》第 21 册，台北：联经出版事业股份有限公司，2003 年，第 130 页。

⑤ 牟宗三：《中西哲学之会通十四讲》，《牟宗三先生全集》第 30 册，台北：联经出版事业股份有限公司，2003 年，第 224 页。

⑥ 两者之间的区别尚没有引起研究者的充分重视。这将是下一小节的重要内容。一般说来，研究者往往把"呈现"和"坎陷"视为完全相同的概念，即无限智心自上而下毫无阻隔（"沛然莫之能御"）的伸展和遍润。果真如此，则牟宗三全是孟子学、阳明学，并没有什么可以为"新"的地方。实际上，牟宗三现代新儒学的意义恰恰在于注目外王问题以自下而上地为传统心学奠基。因此，不但科学事关公共生活的态度和方式，是在建构大同世界的议题下被关注的，并非纯粹的知识问题，而且政治更是直接决定了公共生活的形式，严重影响无限智心的呈现。牟宗三自下而上的良知坎陷需要被发现，并引起与其实际地位相匹配的尊重。在这个方面，牟宗三良知坎陷的批评者反倒是从否定的意义上指出了问题，如蒋庆"'良知'只可'呈现'而不可'坎陷'"说，邝芷人、颜炳罡、郑家栋、林安梧诸人的"坎陷或非必要"论，林毓生的"无法直接开出"论，等等，都标明了"呈现"与"坎陷"概念的区别。惜乎这类批评者又走向了另一个极端，把两者视为完全对立的概念，并据之或者指责牟宗三对中国传统的背叛，或者指责牟宗三对西方传统的拒斥。正如康德本人就能够容纳法权论中派生论与独立论的争论一样，牟宗三本人要求"呈现"与"坎陷"的"和而不同"。相关批评意见，参阅杨泽波《坎陷论》，《贡献与终结——牟宗三儒学思想研究》第一卷，上海：上海人民出版社，2014 年，第 191-215 页。

但两人的动力学有一点是针锋相对的，而且非常清晰和自觉，那就是可知与不可知的不同。牟宗三的动力学坚决拒绝康德的目的论，而要把康德的"天意""神意"转化肯定为"个体的无限存在"，从而也就消解了康德物自身的界限，无所不知。反观康德，不但坚持"政治三一体"（trias politica）①，而且在方法论上自觉要求必须是"三分法"（trichotomy）②，从而在"双重的认识方式"③的张力下预设了一种超出感官世界的知识，理性对它虽然是可思考的，却一无所知。可思而不可知，正是划分界限保持对抗。"因此，我们在实践关联中（如果谈的是义务）完全可以懂得什么是自由；但在理论方面，就自由的因果性（似乎是它的本性）而言，却连设想要弄懂它而不陷入自相矛盾也不可能。"④ 康德说，就像有机物质的生殖能力一样，没有人胆敢说自己已经完全"知道"了它，但这并不能阻止每一个"无知"之人做出两性之事——生殖能力对我们俨然是并将仍是一个神秘，但性生活并不神秘，每一个人对它都有无师自通的领悟。

康德承认，自己动力学上的这种"不可知"同"不可爱"一样，都让人难为情。"一个思想深刻的人，却不能完全弄清一个在他面前经常出现的思想，猜测这样的思想，是一件令人为难的事情"，它仿佛严重贬损了人性，但康德仍然严肃地强调，"这种研究完全超出人类理性的界限，除了神圣的创造者，我们对此也提不出更多的理由来"。⑤ 在这一点上，康德的法权论跟他的批判哲学保持了高度一致。人类知识的两大分支，知性（思维）和感性（直观），它们"共同的主干"或"同一个根"不可知。公民立法的两个枢纽——自由和法律，它们的"中介"或"联

---

① 康德：《道德形而上学》，张荣、李秋零译，《康德著作全集》第 6 卷，北京：中国人民大学出版社，2007 年，第 323 页。

② 康德：《判断力批判》，李秋零译，《康德著作全集》第 5 卷，北京：中国人民大学出版社，2006 年，第 207 页。

③ 康德：《纯粹理性批判》（第 2 版），李秋零译，《康德著作全集》第 3 卷，北京：中国人民大学出版社，2004 年，第 31 页。由此，康德提醒大家，哲学不仅仅是"学院概念"，同时更是"世界概念"，人们需注意"历史的知识"与"理性的知识"之不同等。参阅同书第 533、535 页。

④ 康德：《纯然理性限度内的宗教》，李秋零译，《康德著作全集》第 6 卷，北京：中国人民大学出版社，2007 年，第 148 页。

⑤ 康德：《康德书信百封》，李秋零编译，上海：上海人民出版社，1992 年，第 140-141 页。

结"即那个共同体的"强制力"同样不可知。^① 不可知即意味着它们只是思辨理性的设定（"自身无法达到的理念"，因此并非"建构性的原则"，而仅仅是"范导性的原则"）；但在引导人类向上生长方面，它们是不可或缺的。康德说：

> 这个自身无法达到的理念却不是一个建构性的原则（期待在人们最强烈的作用和反作用中间有一种和平的原则），而仅仅是一个范导性的原则，即并非毫无根据地去猜测对这个理念的一种自然趋势，努力地把这个理念作为人类的规定性来追求。^②

康德的这种"可望而不可即"的动力学让独立论与派生论的冲突成为辩证法，而可以构造出一个二论背反。正论：法权论是独立的，其至上原则是分析的，永久和平"当然是可以实现的"；反论：法权论是派生的，最高权力的起源在实践意图上是无法探究的，"永久和平当然是一个无法实现的理念"。^③

正论是说，"一般而言为自己设定某个目的的能力，是人类的显著特征（与兽类有别）"^④。源始的契约、原始的共联性、共和国的强制力等真正说来只不过是绝对总体性的理念，而并非历史事实，但因为借此为自己设定了目的而有了义务，从而可能引生新的历史。在这个地方，"我们所需要的是根据，而不是后果"^⑤。换言之，人类似乎天然有着形而上学的倾向，有了最后的根据，对人类来说才是心安的："如果有条件者被

---

① 康德：《实用人类学》，李秋零译，《康德著作全集》第7卷，北京：中国人民大学出版社，2008年，第170、326页。
② 康德：《实用人类学》，李秋零译，《康德著作全集》第7卷，北京：中国人民大学出版社，2004年，第327页。
③ 康德：《道德形而上学》，张荣、李秋零译，《康德著作全集》第6卷，北京：中国人民大学出版社，2007年，第362页。
④ 康德：《道德形而上学》，张荣、李秋零译，《康德著作全集》第6卷，北京：中国人民大学出版社，2007年，第404页。即，人可以给自己设定一种包含绝对命令式的命题，"使之成为（自由任性的概念的）解释原则并且成为普遍的区分标志（与 arbitrio bruto s. servo［动物的或者奴性的任性］相区分）"。参见同书第234页。
⑤ 康德：《纯粹理性批判》（第2版），李秋零译，《康德著作全集》第3卷，北京：中国人民大学出版社，2004年，第279页。

给予，则种种条件的整个总和，从而绝对无条件者也被给予，惟有通过后者，前者才是可能的。"①

　　反论则强调，理性本来并不产生任何概念，充其量只是让知性概念扩大那么一圈，但毕竟仍然不能彻底摆脱经验而在真空中飞行，因此作为"先天导线"的那些绝对总体性理念，诸如世界历史、永久和平、源始契约等，并不能"误解"成是康德用来"排斥对真正的、纯然经验性地撰写的历史的探讨"。② 在康德看来，"自然的历史从善开始，因为它是上帝的作品；自由的历史从恶开始，因为它是人的作品"③。绝对总体性理念并非上帝的作品，它有范导功能，但不是上帝式自上而下地发号施令或指手画脚，不是在谈"下降序列"，而是要求一个"上升序列"，要求人类通过归纳上升到普遍性的经验，因而不得不允许有无限多的例外。④

　　从这一冲突、辩证的动力学出发，才能正确理解康德的法权论。以时贤很有代表性的两种观点作为例子，可以很好地说明这一点。一种观点倾向于认为，康德追溯了"伦理学概念的法学起源"，"猜测"其由外而内、自下而上地用法为道德奠基（"转移"）。⑤ 另一种观点则强调，康德"完成了一个根本性的倒转""颠倒"，或者说进行了"哥白尼式的革命"："法或法则不是天赋的，也不是上帝颁布的，而是人的自由意志的无条件的命令。道德立足于法之上的传统结构被颠倒为法立足于道德之上的崭新结构了。"⑥ 不过，前者同时承认，"康德摧毁了传统的自然法学说，而把法权和德行全都建立在人的自由之上"，"法权毕竟要以道德为前提和评价标准"。后者也说康德"未能真正抛弃掉""西方人把道

① 康德：《纯粹理性批判》（第 2 版），李秋零译，《康德著作全集》第 3 卷，北京：中国人民大学出版社，2004 年，第 278 页。
② 康德：《关于一种世界公民观点的普遍历史的理念》，李秋零译，《康德著作全集》第 8 卷，北京：中国人民大学出版社，2010 年，第 38 页。
③ 康德：《人类历史阶段揣测的开端》，李秋零译，《康德著作全集》第 8 卷，北京：中国人民大学出版社，2010 年，第 118 页。
④ 康德：《纯粹理性批判》（第 2 版），李秋零译，《康德著作全集》第 3 卷，北京：中国人民大学出版社，2004 年，第 278 页。
⑤ 曼弗雷德·鲍姆：《康德实践哲学中的法和伦理》，邓晓芒译，《云南大学学报》（社会科学版）2009 年第 6 期。
⑥ 邓晓芒：《康德论道德与法的关系》，《江苏社会科学》2009 年第 4 期。

德建立在法之上"的"文化传统",并且在强调康德"对法的本质的颠倒而把法建立在道德之上"的同时,又不能不举法律"是促使公民意识到自己的道德的一种训练""好的法制是道德的先导"等作为论证的依据。前者自觉意识到"这是一个矛盾",后者则无丝毫违和感,反而认为自己"超出西方文化的视野",是在进行中西文化的比较。两种观点都承认康德动力学的辩证法,但前者以"矛盾"视之,归之于世界概念的复杂性,后者则视之为"革命的不彻底",仿佛从中可以见出康德的缺陷或不完满,而可以通过某种方式得以消除似的。实际上,矛盾并不都是错误,既然是随"所与"而来的人存在的辩证法,那就是本己的和不可消除的,是东南西北海圣人共同遵守的道揆。就此而言,虽然两种观点都看到了康德的"矛盾",但前一种观点才正确地理解了康德的法权论。

当然,要正确评价第二种观点,还必须涉及中西文化比较。持这一观点的作者在其文章的一开首,就引《论语》2·3章"道之以政,齐之以刑,民免而无耻;道之以德,齐之以礼,有耻且格",而展示了一个作为意识形态骗局的中国文化传统:"虽然统治者真正……崇拜的是赤裸裸的暴力和阴谋,但口头上仍然强调政治暴力只有出于'天理天道'才被承认为正当,或者说凡靠暴力成功夺权者都必定要给自己披上道德的面纱(替天行道),否则其权力是不稳固、不长久的。"① 这意味着,"有耻且格"是一种欺骗性理论,把法建立在道德的基础之上只是替残暴的统治者披上面纱而已。然而,在文章的第三部分,作者却借"有耻且格"来说明康德的"哥白尼式的革命",表彰康德把法建立在道德之上的崭新结构的重大意义。于是又产生了两个问题。

第一个问题:为什么孔子的"有耻且格"那里"刑政和道德仍然是互不相干的两张皮",而康德的"有耻且格"则强调"我们之所以需要法,是因为我们需要道德"?换言之,为什么同一个"有耻且格",在孔子那里就是意识形态骗局,而在康德那里则意味着思想的深刻?如果按照作者的思路合逻辑地推演下去,或许应该说是因为统治者的不同吧。

---

① 邓晓芒:《康德论道德与法的关系》,《江苏社会科学》2009 年第 4 期。《为政》在文章中被错注为《颜渊》,或为手民所误植。以下讨论中引用此文者,不再单独标出。

但作者显然并没有如此思考，孔子被判定为是与统治者狼狈为奸的那个人。

第二个问题，孔子这个主张"从理论上来看"是不是在说，法律"是促使公民意识到自己的道德的一种训练，只要是良法，就能够使公民从'民免而无耻'日益进到'有耻且格'。好的法制是道德的先导"？作者既然是引孔子以证康德，说两者之间"颇有点类似"，那么答案似乎就是肯定的。但作者紧接着就强调，"这正是孔子和儒家所从来没有想到过的"。

既然孔子和儒家从来都没有想到过"好的法制是道德的先导"，那么作者又怎么想到用孔子的主张来解说康德？这里又有两点需要注意。

第一点，孔子这段话确实没有"好的法制是道德的先导"的意思。无论古人还是今人，在这一点上是没有分歧的。仅举四例：

> 情有所耻而性有所本，得其性则本至，体其情则知耻。知耻则无刑而自齐，本至则无制而自正。①
>
> 愚谓政者，为治之具。刑者，辅治之法。德礼则所以出治之本，而德又礼之本也。此其相为终始，虽不可以偏废，然政刑能使民远罪而已，德礼之效，则有以使民日迁善而不自知。故治民者不可徒恃其末，又当深探其本也。②
>
> 孔门政治理想，主德化，主礼治。此章深发其趣。盖人道相处，义属平等，理贵相通。其主要枢机，在己之一心。教育政治，其道一贯，事非异趋。此亦孔门通义，虽古今异时，此道无可违。③
>
> 这仍然是用远古氏族习惯法规（"德""礼"）来比较当时的行政法规（"刑""政"），强调的仍然是心理悦服的重要。为什么"免而无耻"不好，因为只能管外在行为而不涉及内心世界。此离巫术礼仪要求身心同一，内外均"诚"远矣。④

---

① 何晏集解，皇侃义疏《论语集解义疏》，上海：商务印书馆，1937年，第14页。
② 朱熹：《四书章句集注》，北京：中华书局，1983年，第54页。
③ 钱穆：《论语新解》，《钱宾四先生全集》第3册，台北：联经出版事业股份有限公司，1998年，第33页。
④ 李泽厚：《论语今读》，合肥：安徽文艺出版社，1998年，第51页。

　　第一条是皇侃疏引郭象语，与第二条朱熹语都是以本末说德礼刑政，虽不至于废弃刑政，但毕竟有价值上的层级，与孟子"善政，不如善教之得民也"（《孟子·尽心上》）同一意指，显然有贬损法律的意味，也就是第四条李泽厚所说的"'免而无耻'不好"。第三条钱穆的"在己之一心"，更是拉大了与法律的距离，与第一条郭象的"情"及第四条李泽厚的"心理悦服""诚"是一个意思，后者借之说中国"政教合一"的"泛道德主义"特征，神秘的"宗教性道德"笼罩了一切，包括政治和法律等。这四条显然都见不出丝毫"好的法制是道德的先导"的意思，反倒是明白地强调，道德是法制的先导。

　　第二点，"好的法制是道德的先导"、法律"是促使公民意识到自己的道德的一种训练"等，究竟是在说"法立足于道德之上的崭新结构"，还是在说"道德立足于法之上的传统结构"？难道不是后者吗？作者为何偏偏要在讨论"崭新结构"时说到它们？① 非常明显的是，康德"法立足于道德之上的崭新结构"对于孔子和儒家来说却不是什么新的东西，而是"孔门通义"；"孔门通义"中缺乏的，恰恰是对于康德来说"老旧"的"道德立足于法之上的传统结构"。作者由前者说康德与孔子"颇有点类似"，由后者说"西方人把道德建立在法之上这种理解是康德也未能真正抛弃掉的一个文化传统，这种传统与中国人历来把法建立在道德之上是截然不同的"，"这正是孔子和儒家所从来没有想到过的"。换言之，恰恰是因为中国传统社会没有"好的法制"，没有公民社会的建构，没有用法为道德奠基，没能形成由外而内、自下而上的"道德立足于法之上的结构"与由内而外、自上而下的"法立足于道德之上的结构"的往复回环机制，道德才容易流落为意识形态骗局。

　　就此而言，首先，对孔子和儒家必须进行现代转化，但这一转化的

---

　　① 仔细考究文章的脉络，这里当有两步：第一步，由康德把法权和德性都建立在人的自由之上，说康德颠倒了传统模式而把法律建立于道德之上；第二步，由法律也建基于自由，说"康德把外在法律视为引向内在道德的一个桥梁，并借反思性判断力、想像力等概念，使自然法则成为道德法则的一个模型"等已经不再是传统的把道德建立于法律之上的模式。然而，"把法律建立于自由之上"并不等于"把法律建立于道德之上"，自由与道德还不是一回事情，否则也就不可能还需要什么桥梁、模型了，康德在《实践理性批判》最开头的那个著名注释中对自由与道德法则分别作为"存在根据"与"认识根据"的区分也就没有了意义。

方向与康德哥白尼式革命的方向是相反的。其次，康德哥白尼式革命的重点在法权和道德都以自由为基，这点当然已经很彻底了，若着眼于模式的倒转，则康德必然和必须"不彻底"，那不是康德的失误，而是他的深刻，康德不可能割裂他的传统，法权论一定既是独立的又是派生的，一方面法权为道德奠基，另一方面道德范导法权。因此，上述观点中存在双重扭曲。第一重扭曲是对孔子和儒家传统的扭曲，孔子被判定为总是与统治者狼狈为奸的那个人。第二重扭曲是对康德动力学的扭曲，康德被判定为是革命不彻底的那个人。双重扭曲相互叠加，必然遮挡看清楚事实的视线。

这提醒我们，在今天的文化比较中，心有横隔、视中国文化为现成物或完成品，是最大的障碍。而为了冲破这层横隔，对他方文化的审视又是一个重要的参照。或者说，原来确是没有的，但只要没有明确反对或排斥等，未尝不可以把它发展出来。如果把"耻"理解为"道德"，"格"至也、正也，达至一种格式、规格或标准（用钱穆"二义相通"说），则可以理解为"法权"，那么"有耻且格"的现代诠释就要落在两者的往复循环之"且"上："法权毕竟要以道德为前提和评价标准，而道德本身的评价标准则是从外部性向内部行动'转移'而来的，这是一个矛盾。"[1] 就康德的动力学来说，要强调的正是让矛盾成其为矛盾，纷争、对立、不和、对抗等"非社会"的禀赋恰恰是人类的"社会性"的题中应有之义。

在此，我们把康德的道德论、法权论、德性论合而观之，思及三个定言命令的关系：

道德论的最高原理就是：按照一个同时可以被视为普遍法则的准则行动。——任何不具备上述资格的准则，都是与道德相悖的。

普遍的法权法则："如此外在地行动，使你的任性的自由应用能够与任何人根据一个普遍法则的自由共存。"

德性论的至上原则是：你要按照一个目的准则行动，拥有这些

---

① 曼弗雷德·鲍姆：《康德实践哲学中的法和伦理》，邓晓芒译，《云南大学学报》（社会科学版）2009 年第 6 期。

目的对任何人而言都可以是一个普遍法则。①

　　道德论的最高原理是一个肯定自由的最一般的原理（康德的哥白尼式革命：为实践哲学奠定了新的基础，即自由，而不再是自然）。就肯定自由来说，普遍的法权法则当然是从道德论的最高原理中派生出来的。不过，因为法权论的派生过程是一个做减法的过程，即为了肯定自由，法权论需要"（以数学的精确性）知道每一个人被规定属于他自己的东西"②，即规定人们必须履行（与其他人格同时）的那些完全的义务、狭义的责任，所以它不能范围太广。于是，一种外在的限制是道德上可能的，法权论要求的只是外在自由的形式条件，即完全可以按照矛盾律（不矛盾原理）形式地推论出来的"外在的强制"，即"一种与按照普遍法则而协调一致的外在自由的障碍相对立的阻抗（外在自由的障碍的障碍）"③。换言之，法权原则精减到只要求清除外在自由的障碍即可，"法权和强制的权限是同一个意思"④，它是一个"分析命题"。于是，法权论长大了，获得了它的独立性。

　　德性论当然也是从道德论的最高原理中派生出来的，但这次是做加法。康德把法权和德性都建立在自由的基础上。但自由概念只是"纯然否定的原则"，或者说自由是我们的一种消极的属性，表示我们能够不受任何感性的规定根据的强制，而从中跃起，有所行动。至于跃起之后到达什么地方，则还是未确定的任性。道德论的最高原理要求给自由一个方向，要求根据自由的自我强制，但它仍然只是一个"否定的原则"，命令在其准则中不与一个一般的法则相矛盾。而德性论的至上原则所做的加法，正是把方向进一步确定下来，因此它"在一种自我强制的概念之上添加了一个目的的概念，这个目的不是我们具有的，而是我们应当

---

①　康德：《道德形而上学》，张荣、李秋零译，《康德著作全集》第 6 卷，北京：中国人民大学出版社，2007 年，第 233、239、408 页。

②　康德：《道德形而上学》，张荣、李秋零译，《康德著作全集》第 6 卷，北京：中国人民大学出版社，2007 年，第 241 页。

③　康德：《道德形而上学》，张荣、李秋零译，《康德著作全集》第 6 卷，北京：中国人民大学出版社，2007 年，第 408-409 页。

④　康德：《道德形而上学》，张荣、李秋零译，《康德著作全集》第 6 卷，北京：中国人民大学出版社，2007 年，第 240 页。

具有的，因而是纯粹实践理性自身具有的"，那就是既把自己也把任何他人设为自己的目的，因而人就具有了广义的责任和不完全的义务，即"自己的完善"和"他人的幸福"。① 在这个意义上，康德说德性论的至上原则是"综合的"。

通过这种加减法，法权论与德性论区分了开来，其既是派生的又是独立的，而自由也因此获得了它的概念。

六　牟宗三动力学与康德动力学之比较：假设与呈现

前文已经提及牟宗三与康德两人动力学的比较问题，这里正式讨论它。

康德《道德形而上学》与其《实践理性批判》甚至整个批判哲学的一致性是明显的。在《实践理性批判》的最开头，康德就通过自由与道德法则的互为条件，以及"存在根据"与"认识根据"的重要区别，让作为"纯粹理性的、甚至思辨理性的一个体系的整个大厦的拱顶石"的自由概念兼具二重性，即在思辨理性的或然性（"并非视其为不可思维的""看不透"）和在实践理性的实在性（"其实在性通过实践理性的一条无可置疑的法则得到证明""先天地知道其可能性"）。二重性的自由把感性与知性、现象与物自身、自然法则与道德法则、经验性的意识与纯粹的意识等之间的"绕圈子"这个"批判之谜"揭示了出来。② 换言之，自由的二重性即人的二重性，"批判之谜"之所以存在，康德之所以需要"绕这个圈子"，就是因为批判哲学有"作为本体的人"与"作为现象的人"这种基础性的区分，它又表现为物自身与现象的区分、自由与道德法则的区分、自由与自然的区分等。

而《道德形而上学》中派生论与独立论的争执，康德的动力学，显然还是在"绕这个圈子"。因此，牟宗三对康德动力学的质疑，首先看起来就是对康德整个批判哲学原则的颠覆。牟宗三要求"极成"这一区分，以便让道德实践的动力更加挺拔有力。其关键性的步骤有三：一是

① 康德：《道德形而上学》，张荣、李秋零译，《康德著作全集》第 6 卷，北京：中国人民大学出版社，2007 年，第 409-410 页。

② 康德：《实践理性批判》，李秋零译，《康德著作全集》第 5 卷，北京：中国人民大学出版社，2006 年，第 4-6 页。

视自由为人之"性"（自由意志）；二是说人可有智的直觉及人虽有限而可无限（灵魂不朽）；三是由人而神、神而人说两层存有论以收纳康德的知识论（上帝存在）。

在康德那里，由于是在"绕圈子"，因此自由只能是消极地逼迫出来，康德常常与"神圣的存在者""元始存在者""纯粹意志""源始的直观""理智直观""属神的意志"等对照着来说明它。在《心体与性体》综论部第三章，牟宗三反复申明这一点："他之批判地假定自由为一设准亦还只是理上逼迫着要如此的，而正因为这只是一假定、一设准，而不能讲到它的真实性是一'呈现'，所以我才说他所讲的'只是一套空理论'。'自由'既落了空，其他分析的讲法自亦全部都是空的，全部只是'理上当如此'而不能确定其是否是事实上可呈现的真实。"①在牟宗三看来，康德批判哲学的这种"强探力索""幽深曲折""曲折建构"来源于"西方哲学传统所表现的智思与强力自始即无那道德意识所贯注的原始而通透的直悟"，因而不能体悟"圣人""绝大的原始智慧"而把众多区分一齐"打通"②。这是中国传统通透的、具体的圆而神的智慧与西方传统间隔的、抽象分解的方以智的智慧之间的不同，因此康德的"问题"便是儒家的"结论"了，"康德并未把他所讲的自由自主自律而绝对善的意志连同着它的道德法则无上命令视为人之'性'，但儒家却可以这样看"③。在牟宗三看来，只要以自由为性，就能使之挺立起而有心体上的必然性，心悦理义、理义悦心，理定常、心定常、情亦定常，而没有了康德道德动机或动力的问题。牟宗三反问道："康德何不反身正视这自由自律的意志即是本心，即是兴趣之源，其自身就能实践，生效起作用，所谓沛然莫之能御？尚待何处去找兴发力呢？"④

①　牟宗三：《心体与性体》（一），《牟宗三先生全集》第 5 册，台北：联经出版事业股份有限公司，2003 年，第 139–140 页。

②　牟宗三：《心体与性体》（一），《牟宗三先生全集》第 5 册，台北：联经出版事业股份有限公司，2003 年，第 119–120 页。

③　牟宗三：《心体与性体》（一），《牟宗三先生全集》第 5 册，台北：联经出版事业股份有限公司，2003 年，第 133 页。

④　牟宗三：《心体与性体》（一），《牟宗三先生全集》第 5 册，台北：联经出版事业股份有限公司，2003 年，第 172 页。

以自由意志为性，再按康德的对照思下去，牟宗三说"吾人必须依中国的传统肯定'人虽有限而可无限'以及'人可有智的直觉'这两义"①。这两义是贯通的，承认人可有智的直觉也就承认了人的无限性，反之亦然。不过顺康德的对照来说，关键还在智的直觉之有无。因此牟宗三在《智的直觉与中国哲学》一书中，首先讨论了人可有智的直觉，"我现在就这方面真切言之，以显出康德积极面与消极面之原义，并进一步把其视为消极方面的亦转成为积极面的"②。在这部书中，牟宗三追问："那作为对象的灵魂如何感动而影响我们的认知心呢？"③他借助海德格尔的研究，指后者以时间是"纯粹的自我感应"〔自我影响（pure self-affection）〕，来解释康德的"心为其自己所影响"（心自己感应），是在把康德往人的有限性方面拉，割掉了康德物自身的层面，因而是对康德的"篡夺"④。牟宗三认为，"心为其自己所影响"（心自己感应）的正解，牵涉"自我"问题，"因为自我，大家皆意许为一真常纯一不变的我，是一真主体，亦即灵魂不灭的那个灵魂心体"⑤。牟宗三认为，这在康德是一个难题，在中国哲学则是家常便饭。"现在我说，我依中国哲学底传统，我承认人可有智的直觉，所以亦可有知'我在我自己'，扩大言之，知'物物之在其自己'，那种知识。"⑥余下的"'自我'之厘定""智的直觉如何可能？儒家'道德的形上学'之完成"等章节，都不过是在重述这个灵魂心体的主断而已。

至《现象与物自身》，牟宗三重申并总结说，康德之所以处处重视感触直觉与智的直觉的对照，"一在明本体界者如自由、不朽、以及上帝不可知，一在明现象与物之在其自己之分为'超越的区分'，而物之在

① 牟宗三：《现象与物自身》，《牟宗三先生全集》第 21 册，台北：联经出版事业股份有限公司，2003 年，序第 6 页。

② 牟宗三：《智的直觉与中国哲学》，《牟宗三先生全集》第 20 册，台北：联经出版事业股份有限公司，2003 年，序第 5 页。

③ 牟宗三：《智的直觉与中国哲学》，《牟宗三先生全集》第 20 册，台北：联经出版事业股份有限公司，2003 年，第 175 页。

④ 牟宗三：《智的直觉与中国哲学》，《牟宗三先生全集》第 20 册，台北：联经出版事业股份有限公司，2003 年，第 181 页。

⑤ 牟宗三：《智的直觉与中国哲学》，《牟宗三先生全集》第 20 册，台北：联经出版事业股份有限公司，2003 年，第 195 页。

⑥ 牟宗三：《智的直觉与中国哲学》，《牟宗三先生全集》第 20 册，台北：联经出版事业股份有限公司，2003 年，第 204 页。

其自己亦不可知。但是，如果智的直觉只属于上帝，则现象与物之在其自己之'超越的区分'亦不能被稳定，即不能充分被证成"①。要"充分证成"或者说"极成"康德现象与物自身区分这个"最高而又最根源的洞见"，首先就要根据中国圣人绝大的原始智慧，肯认"本心即性即理之本心即是一自由无限心，它既是主观的，亦是客观的，复是绝对的"，也即肯认"心体、性体、道体""三者是一"②。这其实已经百尺竿头更进一步，是既"证所"又"证能"的"三位一体"，人已经不需要上帝，他自己就是上帝，人而神、神而人了③。牟宗三相信，如此即能解决中国传统中所缺乏的知识论问题："依西方传统，上帝是上帝，人是人，两不相属。就科学知识言，上帝无而不能有，人有而不能无。依中国传统，人可是圣，圣亦是人。就其为人而言，他有科学知识，而科学知识亦必要；就其为圣而言，他越过科学知识而不滞于科学知识，科学知识亦不必要，此即有而能无，无而能有。"④

　　但是，依中国传统证明上帝存在（人而神、神而人）而有神心或种种神通，这却不是《现象与物自身》一书的终结处。牟宗三的重点有二。一是突出自由，自由首出，以"三位一体"说自由，而不再论灵魂和存在。"当吾人展露一唯一的本体无限心时，吾人即不复有自由、不朽以及上帝存在，这三者之并列。"⑤"自由既是无限心底必然属性，而无限心又可以朗现，则除'自由'外，不能再有并列的上帝与不朽，因为无限心不能有二故。只要一承认智的直觉，则不能有三个理念。"⑥ 这与康德让后两个概念都"依附"或者说"紧跟"自由概念是一致的，但这个时候，自由已经不再是"假设"而是"呈现"了。

---

① 牟宗三：《现象与物自身》，《牟宗三先生全集》第 21 册，台北：联经出版事业股份有限公司，2003 年，序第 5 页。

② 牟宗三：《现象与物自身》，《牟宗三先生全集》第 21 册，台北：联经出版事业股份有限公司，2003 年，序第 14 页。

③ 牟宗三：《中国哲学的特质》，《牟宗三先生全集》第 28 册，台北：联经出版事业股份有限公司，2003 年，第 52 页。

④ 牟宗三：《现象与物自身》，《牟宗三先生全集》第 21 册，台北：联经出版事业股份有限公司，2003 年，第 125 页。

⑤ 牟宗三：《现象与物自身》，《牟宗三先生全集》第 21 册，台北：联经出版事业股份有限公司，2003 年，第 47 页。

⑥ 牟宗三：《现象与物自身》，《牟宗三先生全集》第 21 册，台北：联经出版事业股份有限公司，2003 年，第 64 页。

二是强调自由的神心神通并不会损伤康德的知识论。"只要一承认智的直觉，则吾人虽客观地肯断了自由，然仍可说并未扩大了我们的观解知识，因为这只是在'识知'以外，开辟了'智知'，并未扩大'识知'。识知所知的仍只是现象。"①

这是很有意思的事情。牟宗三不满意于康德的绕圈子，认为那样会把道德弄成摇摆不定的、疲软无力的、形式虚悬的。现在，牟宗三直截了当地从"心理是一"出发，肯认一"神感神应自由自律之本心"，并相信唯有这样，道德始能贞定得住，是挺拔有力的，是可以具体实现的。显然这是没有问题的，康德动力学的无体、无理、无力的状况得到了颠覆，成圣、成佛、成真人等有了根本性的保证。但是，牟宗三在肯认人而神、神而人之后，又强调自由的神心神通并不会损伤康德的知识论，而欲在道德动力强劲的同时确保知性的独立地位，让"识与智二种知识两相对翻"（contra-opposed），这难道不是同样在绕圈子吗？所谓两层存有论、平地起土堆等，所谓充分证成、极成现象与物自身之区分等，都仍然是在"绕这个圈子"。牟宗三为什么不直而无曲，在神心神通"有而能无，无而能有"、来去自在的道路上一往而不返呢？

众所周知，牟宗三不满意康德同一个我的三个面相的安排，而花费很多笔墨区分出两层"三我"：

> 一、认知我；二、越绝的真我，此真我若以智的直觉遇，即为物自身的我；三、若以感触直觉遇，即为现象的假我，此即认知心所决定的我。②
>
> （1）知体明觉之真我，此由智的直觉以应之；（2）认知我，此由形式直觉以应之；（3）心理学意义的虚构我，此由感触直觉以应之。③

---

① 牟宗三：《现象与物自身》，《牟宗三先生全集》第21册，台北：联经出版事业股份有限公司，2003年，第64页。

② 牟宗三：《智的直觉与中国哲学》，《牟宗三先生全集》第20册，台北：联经出版事业股份有限公司，2003年，第221-222页。

③ 牟宗三：《现象与物自身》，《牟宗三先生全集》第21册，台北：联经出版事业股份有限公司，2003年，第170-171页。

　　这两种说法虽然有些出入，但大的方面是一致的，都是要突出道德主体，同时保住实在论意味很强的知性主体。突出道德主体，便是呈现自由而成圣、成佛、成真人。保住知性主体，就是明分使群、划分群己权限。因为这两层，人们似乎就不能说牟宗三的自由仅仅是虚的境界，理论虽然不错，却无法齐家治国平天下。不过，由于沟通两层的动力唯一地来源于神心神通"有而能无，无而能有"的"来去自在"，因此牟宗三这里似乎只是在谈论道德，其所谓"充分证成"或"极成"的对象只能是自由。如果对照康德依"三种人格"来分三层谈论"理论与实践的关系"，那么这一点就会变得更加清晰。康德的讲法如下：

　　　　1. 作为私人，但毕竟是业务人；2. 作为国家人；3. 作为世界人（或者一般的世界公民）……首先是在一般道德中（着眼于每个人的福祉），其次是在政治中（与国家的福祉相关），再次是在世界主义的观点中（着眼于人类整体的福祉，确切地说，就人类置身于在未来一切时代的繁衍系列里向这种福祉的进步之中而言）。①

　　即是说，修齐治平是一个整体，道德事务必然包括德性义务和法权义务，但毕竟还可以在概念上把道德与国家法权、国际法权区分开来。就此区分而言，牟宗三的《现象与物自身》并非如他自己所言是在讲"知识论"，他不过以康德的知识论为"中心"，来引出作为"标准"的道德论。

　　于是我们可以回答上述牟宗三为什么不直而无曲、一往而不返的问题了。这是因为，牟宗三清晰地知道，自己只是在谈论道德、呈现自由——这一自由既是中国传统的，也是现代的，因此它必须有新的基础。这个新基础绝不是"现成"存在的，而是需要在"识与智二种知识两相对翻"中"创造"出来的。这意味着，牟宗三可以避免绕康德的圈子，却不可能避开"绕圈子"本身。在呈现自由的同时，神心神通的"来去自在"或许实际上已经把康德"设为前提"了。这是"理性的诡谲"，

---

　　①　康德：《论俗语：这在理论上可能是正确的，但不适用于实践》，李秋零译，《康德著作全集》第 8 卷，北京：中国人民大学出版社，2010 年，第 280 页。

也即"辩证的吊诡"（dialectical paradox）。

牟宗三呈现了自由，以自由为性，实现了心性、性体与道体的三位一体。康德设定了认知的界限，视共和国的强制力为不可能从经验中获得的、不可违抗的至上原则。这样，两个人的法权论都是"分析的"和"形而上学的"。所不同的是，康德的法权论"预设"了德性论的"综合"，牟宗三则百尺竿头更进一步，让德性论也成为"分析的"。

康德"分析的"和"形而上学的"法权论已经给他招致了麻烦，而有纯形式主义、软弱无力等种种批评。现在，牟宗三取消或者说突破了康德的预设，直接呈现了自由，他还有权利继承康德法权论的遗产吗？

答案是肯定的，但同时也是有条件的。

肯定的原因在于，通过法权论与德性论关系的讨论，有一点已经先行明确了，那就是无论康德还是牟宗三的"分析"或"形而上学"，都不能隔绝经验、排除欲望，而最多是"否定"它们。"否定"是对"自由的障碍"的"障碍"，是马克思辩证法的"扬弃"，是海德格尔最高意义的"完成"。因此，牟宗三也不能不重视"德福一致"的"圆善"问题，而要求正视人间的幸福。换言之，牟宗三虽然突破了康德的"界线"而"呈现"了自由，但是在最一般的意义上，牟宗三也不能取消"障碍"、无视"障碍"。牟宗三可以对"辩证法"再来一个"辩证"，可以"海底涌红轮"而让德性论成为"分析的"，可以规定"物随心转即是福"，却不可以没有"否定"本身。"否定"生命"非理性"的"业力"，以调护生命、安顿生活、朗润生命，这就是牟宗三的工夫论。

有条件的原因则在于，如何理解牟宗三逆觉体证的工夫论？能否说，因为儒家传统工夫论已经很详备了，所以牟宗三在自己的哲学体系中并没有给工夫论留有多少空间，只是就其疏欠处随机约略言之，而把主要的精力和笔墨安放在了传统儒家相对欠缺的思辨领域？牟宗三的工夫论跟传统工夫论之间，是否有本质性的差别呢？如果是无差别的，那么牟宗三一不可能继承康德法权论的遗产，二不可能实现儒学的现代转化，开出新外王。

在接下来的两个小节中我们将指出牟宗三与康德的一个相互激发点：把牟宗三哲学仅仅看成"自上而下"的良知呈现、良知坎陷等是有重大偏差的，良知呈现、良知坎陷同时包括了新外王的工夫论，即以科学知识、民主政治等工夫"自下而上"地"呈现"良知本体的工夫论之一面。必须从"自上而下"与"自下而上"的循环往复出发来解释牟宗三的内圣开出新外王说、圆善论等，这种循环往复对牟宗三哲学而言是本质性的和生死攸关的，逼显出了"上"与"下"的交互奠基之环，它对正确理解康德的法权论也是大有裨益的。

七　康德的"练习"

严格划定经验的实在性与先验的观念性、建构原则与范导原则、外在自由与内在自由、道德法则与自由本身、法权论与德性论、现象与物自身等之间的界限，已经让康德成为"义利两有""正其谊而谋其利，明其道而计其功"论者。康德只能"两头凑搭"，做"凑搭题"。一头是"理性准许以一切对我们来说可能的方式谋求我们的利益"，"利益当然只能由经验教导给我们"，另一头是"理性规范的权威"却有另外的来源，理性规范绝不允许把自己的权威建立在利益或欲望的上面，因此"一个出自纯然概念的先天知识体系"也即某种"形而上学"就需要被"预设"。① 也正是因为这种"凑搭题"，康德并不把自由的能力和力量视为"呈现"，而是先"预设"它，然后再认其是"某种必须来获得的东西"，而断言需要"通过对我们心中的纯粹理性法则之尊严的深思，但同时也通过练习"来"获得"它。②

"练习"与"深思"正是对经验性的法权实践的"保存"与"提高"。"保存-提高"就是"法权论"的主轴。对于康德的"深思"／"提高"，人们耳熟能详。如道德形而上学一定要出自纯然概念的先天知识体系，要讲出道德法则的先天根据和必然性，要听从实践理性自身的自由法则。③因此康德一直坚决反对"仅仅"从经验中学习，知识论是这样，道德论也是这样。在后者这里，"如果人们会受到蛊惑，让来自经验源泉的某种东西成为道德原理，那么，人们就陷入最严重、最有害的错误的危险之

---

① 康德：《道德形而上学》，张荣、李秋零译，《康德著作全集》第 6 卷，北京：中国人民大学出版社，2007 年，第 223 页。
② 康德：《道德形而上学》，张荣、李秋零译，《康德著作全集》第 6 卷，北京：中国人民大学出版社，2007 年，第 410 页。
③ 即使这样，牟宗三仍然认为提得还不够高。牟宗三对康德的"改造"正是着眼于"提高"。对于康德的"保存"，牟宗三更多的则是认同和坚持。

中了"①。但必须指出的是，康德并不反对从经验中学习这件事情本身。所谓"练习"／"保存"就是在经验中摸爬滚打，在水里面学习游泳，而非只站在岸上学游泳。康德明确强调，"只有经验才能教导，什么会给我们带来喜悦"，在欲望、利益等事情上"一切表面上的先天玄想，说到底无非是通过归纳上升到普遍性的经验"罢了。②

　　然而，或许正是因为法权论过多的"练习"味道，人们对它普遍评价较低，甚或多有贬损。人们说，原创性和革命性的三大批判才是康德的代表作品，从那以后，有迹象表明康德已经垂垂老矣，失去了深思熟虑的能力，因此法权论绝不是一部成熟之作，并不值得严肃认真地去对待它。是以这部作品出版后的历史就是一部遗忘史。这种情况直到近四五十年才有所改变。尽管如此，学界对于其中的"练习"因素仍然重视和研究不够。

　　首先，关于法权论是独立的还是派生的争论，即源于对"练习-深思"一体关系的割裂。如果着眼于对经验性的法权实践的"保存-提高"，康德的法权论一定既是独立的又是派生的，前者侧重于人们对于权利的缓慢渐进的、技术性的诉求历史，后者则要求看到这种历史的必然性和合理性，给历史以理性的、逻辑的解释。从前者的角度来看，没有什么生而具有的法权，一切法权不过是在人类历史的演进过程中争取而来的，是用泪和血堆积出来的，于是人类也就渐渐地远离了野蛮状态而进入了文明社会。从后者的视角来看，法权的堆积过程就是自由的展开过程，就是纯粹意志的胜利，而不论堆积过程中的众多失败事件，包括权利的得而复失以及倒退至野蛮状态等。前者是法权的练习史，后者则为法权的深思史。

　　其次，法权的练习史与深思史的合一往大了说就是康德所一贯坚持的自然与自由的合一、《纯粹理性批判》与《实践理性批判》在《判断力批判》处的合一。当然，若再往大了说，法权的练习史与深思史的合一还可以看成"批判的康德"（The Critical Kant）与"后批判的康德"

---

① 康德：《道德形而上学》，张荣、李秋零译，《康德著作全集》第 6 卷，北京：中国人民大学出版社，2007 年，第 222 页。
② 康德：《道德形而上学》，张荣、李秋零译，《康德著作全集》第 6 卷，北京：中国人民大学出版社，2007 年，第 222 页。

（The Post-Critical Kant）的合一。批判的康德重在深思，清理出一块地基。后批判的康德重在练习，希望在这块地基上真正长出庄稼。

最后，若往小了说，着眼于法权论本身，康德的"练习"色彩更是非常鲜明。这一点可以通过以下四点约略说明。

1. "生而具有的法权"和"获得的法权"的轻重多少问题。康德明确指出，生而具有的法权只有一种，即对另一个人的强制任性保持独立性的自由，康德称之为"内在的'我的'和'你的'""生而具有的平等""人做自己主人的品质""正直人的品质"等，它实质上就是一个"生而具有的自由的原则"。这种唯一的法权不能因为它的数量少而认为它不重要，但也不能无视人权的历史演进而真以为"平等""自由""正直"等是由上天赋予的，是"天赋权利"。康德强调，之所以视其为"生而具有的法权"，那是有意图的，它的重要性就在于"一旦对获得的法权发生了争执，出现了问题"等，这个时候，人们就可以"援引"生而具有的自由法权来平息争执，加强论证。① 就此而言，康德的重点放在了"获得的法权"上，在争执中获得，在历史中获得，在练习中获得，这才是法权论的重点，"法权论的划分则只能与外在的'我的'和'你的'相关"②。

2. "自然法权"与"实证法权"的轻重多少问题。当把法权论的重点放在"获得的法权"上时，似乎"实证法权"就是重点。人们很容易就可以在"生而具有的法权"与"自然法权"、"获得的法权"与"实证法权"之间画上等号。但实际上，"生而具有的法权"和"获得的法权"都属于"自然法权"，因为两者都"建立在全然的先天原则之上"，虽然后者在先天原则之外还多了某种"法权行为"。③ 如此说来，康德的法权论中似乎根本不应该有实证法权的位置。不过非常有意味的是，康德自然法权的"最高划分"却不是"生而具有的法权"与"获得的法权"，不是"自然的法权"与"社会的法权"，而是"自然的法权"与

---

① 康德：《道德形而上学》，张荣、李秋零译，《康德著作全集》第 6 卷，北京：中国人民大学出版社，2007 年，第 247 页。

② 康德：《道德形而上学》，张荣、李秋零译，《康德著作全集》第 6 卷，北京：中国人民大学出版社，2007 年，第 248 页。

③ 康德：《道德形而上学》，张荣、李秋零译，《康德著作全集》第 6 卷，北京：中国人民大学出版社，2007 年，第 246 页。

"公民的法权"，也即"私人法权"与"公共法权"。① 也就是说，"自然法权"不仅包括了它自身，是"自然状态"的法权，而且囊括了它的对立面，是"公民状态"的法权。就形式逻辑的划分而言，这是一种错误。② 但康德的意思是明确的：人类从自然状态走出来进入文明状态的整个过程，即是人类"实然"（不自然）地"实证"和"获得""应然"（自然）的自由的过程，是人自己创造的作品。"人应当从自身出发来产生一切。其食物、衣物、外部安全和防卫的发明、一切能够使生活变得舒适起来的乐趣，甚至其洞识和聪明，乃至其意志的良善，完全应当是其自己的作品。"③

3. "私人法权"与"公共法权"的划分逻辑问题。就以上两点可以约略地说，康德法权论主要讨论如何获得自然法权。它与罗马法中自然法、市民法、万民法的区分，以及霍布斯、洛克自然状态与契约状态的区分等，当然不无关系。不过康德对此自然法权的"最高区分"却为自己赢得了特别的荣耀。它既区分了自然状态（私人法权：非法权状态）与法权状态（公共法权：公民状态）的根本不同，又把两种状态之间的过渡视为自然。

根本不同有两点，一是这种社会状态是否有"必然性"，是否有"分配正义"，是否有"共处的法权形式（宪政）"；二是人与人之间是否情意相通，是否形成并列、平等、合作的"伙伴"关系。④ 前一点是

① 康德：《道德形而上学》，张荣、李秋零译，《康德著作全集》第 6 卷，北京：中国人民大学出版社，2007 年，第 251 页。

② 首先，无论是批判哲学还是后批判学说，划分对于康德而言并不是一个可以忽略的、可有可无的小问题，因此康德非常重视划分，对于划分的完备性和稳定性等都有着明确的意识。其次，"自然"这个词乃是造成一切含混的原因，需要分辨它的不同含义，"自然"（physis）跟它的对立面"约定"（convention）或"法律"（nomos）等都可以归于"自然"。因此，这并不是一个形式逻辑的问题，而是人类历史过程中"发现自然"的辩证逻辑问题。在"私人法权"与"公共法权"的划分处，将对这个问题再稍加展开。参阅登特列夫《自然法：法律哲学导论》，李日章、梁捷、王利译，北京：新星出版社，2008 年，第 2 页；列奥·施特劳斯、约瑟夫·克罗波西主编《政治哲学史》，李天然等译，石家庄：河北人民出版社，1998 年，绪论。

③ 康德：《关于一种世界公民观点的普遍历史的理念》，李秋零译，《康德著作全集》第 8 卷，北京：中国人民大学出版社，2010 年，第 26 页。

④ 康德：《道德形而上学》，张荣、李秋零译，《康德著作全集》第 6 卷，北京：中国人民大学出版社，2007 年，第 318-319 页。

最重要的，后一点实际上可化归入它，因为"必然性"本身已经预设了"伙伴"关系，这样康德也就把自己的"法权状态"与霍布斯、洛克的"契约状态"区分开来了。一方面，康德的自然状态已然是霍布斯、洛克的契约状态了，这种契约状态仅仅是个人的同意，所谓个人的同意就是永无止境、至死方休的个人欲望的暂时性、技术性或策略性放弃，就是自我利益的不涉道德情感的明智算计和得失衡量。既然契约的目的是自我保存，那么为了自我保存而撕毁契约也是题中应有之义，"当他们感到自己在力量和计谋上超过他人时，就不重视他人法权的优势"①，因此统治者的权力可以是绝对的（霍布斯），人民也可以有权反抗暴政（洛克），所以这种契约状态恰恰可能并无必然性。另一方面，由于有人与人之间的情意相投和共处的法权形式即所谓宪政，康德的法权状态则要求排除一切"敌意"或"野蛮的暴力"，不但"形式上"合法，而且"内容上"也合法。② 这是一竿子插到底，表示康德的法权状态不同于霍布斯、洛克的契约状态的"国家"视域而必在"世界公民"的背景下展开，同时也意味着前者超越了后者的"同意"而视之为人自己的"义务"。换言之，契约状态可以基于"同意"也可以基于"义务"，仅仅基于"同意"的契约状态即"自然状态"，而同时以之为"义务"的契约状态则是"法权状态"，它让契约不可违抗的强制力具有了必然性。

既然"自然状态"与"法权状态"都是"契约状态"，"私人法权"与"公共法权"都是"自然法权"，那么从自然状态向法权状态的过渡就是"自然而然"的。康德明确表示，法权状态所包含的人的义务"并不多于或者不同于"在自然状态中所能想到的，"私人法权的质料在两种状态中是同一种质料"。③ 换言之，"在形式上，关于自然状态中的'我的'和'你的'的法律包含着公民状态中的法律所规定的同样的东西"④。

---

① 康德：《道德形而上学》，张荣、李秋零译，《康德著作全集》第6卷，北京：中国人民大学出版社，2007年，第320页。

② 康德：《道德形而上学》，张荣、李秋零译，《康德著作全集》第6卷，北京：中国人民大学出版社，2007年，第320页。

③ 康德：《道德形而上学》，张荣、李秋零译，《康德著作全集》第6卷，北京：中国人民大学出版社，2007年，第319页。

④ 康德：《道德形而上学》，张荣、李秋零译，《康德著作全集》第6卷，北京：中国人民大学出版社，2007年，第323页。

质言之，"私人法权"与"公共法权"划分逻辑并不是形式逻辑的，而是形而上学的，两者之间无须非此即彼的周延关系，而是一种递进包含关系。划分的依据是人性，或者说是人的自然，即人们的"非社会的社会性"。因此康德才特别反对把"自然法权"与"社会法权"、"自然状态"与"社会状态"等"相对立"①。对于康德而言，不仅大自然是自然的，人类社会也是自然的；不仅自然状态是自然的，法权状态也是自然的。甚至，公共法权比私人法权还要"更自然"。这就是康德的"自然辩证法"："自然迫使人去解决的人类最大问题，就是达成一个普遍管理法权的公民社会。……既然惟有在这种社会中，自然的最高意图，亦即发展其所有禀赋，才能够在人类中达成，自然也期望人类就像实现其规定性的所有目的那样来为自己实现这个目的，所以，一个在其中可见到外在的法律之下的自由在最大可能的程度上与不可违抗的强制力相结合的社会……对于人类来说必然是自然的最高任务，因为惟有凭借这个任务的解决和完成，自然才能以我们的类来达成它的其他意图。"②

这里需要特别指出的是，虽然两种状态之间的过渡是自然而然的，但由于它们之间存在根本的不同，因此不可以把这种"自然"视为平静甜美的田园牧歌。恰恰相反，"惨痛的经验"与"吃一堑长一智"③等是必要的，正如"每棵树都力图夺取别的树的空气和阳光"才能成就一片好的森林一样，世界大同的天下秩序也不可能不经练习就从天而降，而只能是"非社会性的果实"。④

4. 科学路线与形而上学路线的区分纠缠问题。就如同《任何一种能够作为科学出现的未来形而上学导论》这一书名所显示的那样，对于康德而言，形而上学就应当是科学，是科学的形而上学。因此，法权形而上学也就应当是法权科学。但是，科学的形而上学毕竟还是未来之学，

---

① 康德：《道德形而上学》，张荣、李秋零译，《康德著作全集》第6卷，北京：中国人民大学出版社，2007年，第251页。
② 康德：《关于一种世界公民观点的普遍历史的理念》，李秋零译，《康德著作全集》第8卷，北京：中国人民大学出版社，2010年，第29页。
③ 康德：《道德形而上学》，张荣、李秋零译，《康德著作全集》第6卷，北京：中国人民大学出版社，2007年，第320页。
④ 康德：《关于一种世界公民观点的普遍历史的理念》，李秋零译，《康德著作全集》第8卷，北京：中国人民大学出版社，2010年，第29页。

眼下"在任何地方都还不存在形而上学",形而上学还不是"现成的科学",① 因此,"法权形而上学""唯一恰当的表示就是法权论的形而上学初始根据"②。这种不同,让"经验性的法权实践"与"纯粹的法权概念"的间不容发关系凸显了出来,康德法权论也就表现出两条彼此纠缠的路线。

形而上学路线从"公民联合体的本性"③ 出发,即从联合体的物自身出发,从实践理性的绝对命令出发,从公共法权的最高权力理念出发,从神圣的、最高的、无可指摘的和不可违抗的联合体强制力④出发,自上而下地建立起一套法权体系。在这条自上而下的形而上学路线上,没有暴动的法权,更没有叛乱的法权,若实在需要做出改变,也只能是统治者自上而下地通过改革来完成,而不能由人民自下而上地通过革命来完成。这一路线的好处是稳定,以形而上学的绝对总体性来保证法权状态的必然性,给予了共和国强制力的合法性,而能够为人类刻画出一幅永久和平的和美景象。

科学路线则从人的"双重属性"⑤ 出发,从兼具"肉身"和"脑子"⑥ 的人出发,从"感性的占有"⑦ 出发,先讨论某个人在空间和时间中对某种外在的东西的现实的、暂时的、经验的、外在的占有("作为现象的占有"),在此基础上,再自下而上地逐步扩大范围,讨论某个共同体、某个种族国家乃至整个世界中的"我的"和"你的"问题

---

① 康德:《任何一种能够作为科学出现的未来形而上学导论》,李秋零译,《康德著作全集》第 4 卷,北京:中国人民大学出版社,2005 年,第 258、256 页。
② 康德:《道德形而上学》,张荣、李秋零译,《康德著作全集》第 6 卷,北京:中国人民大学出版社,2007 年,第 213 页。
③ 康德:《道德形而上学》,张荣、李秋零译,《康德著作全集》第 6 卷,北京:中国人民大学出版社,2007 年,第 329 页。
④ 康德:《道德形而上学》,张荣、李秋零译,《康德著作全集》第 6 卷,北京:中国人民大学出版社,2007 年,第 384 页。
⑤ 康德:《道德形而上学》,张荣、李秋零译,《康德著作全集》第 6 卷,北京:中国人民大学出版社,2007 年,第 250 页。
⑥ 康德:《道德形而上学》,张荣、李秋零译,《康德著作全集》第 6 卷,北京:中国人民大学出版社,2007 年,第 238 页。
⑦ 康德:《道德形而上学》,张荣、李秋零译,《康德著作全集》第 6 卷,北京:中国人民大学出版社,2007 年,第 252 页。

（"作为本体的占有"）。① 这一路线的好处是充分展示了经验性的法权实践的生动性和人类法权历史的残酷性，让法权状态具有了现实性，让法权论远离了学究们的高头讲章或放胆高论。

约略言之，形而上学路线给出了法权状态的理性根据，科学路线给出了法权状态的历史根据。② 由于两条路线的纠缠交叉，人们时时刻刻都在开启着市民社会，因此又不可能达到市民社会完成的时刻。康德既要求看到法权的"理上如此"，又重视法权的"事上磨练"。人们一般重视康德自上而下的形而上学路线，而对自下而上的科学路线却缺乏足够的意识。实际上，如果自下而上的科学路线并不比自上而下的形而上学路线更加重要的话，两者至少是同等重要的。这表现在，在整个体例上，康德先从最基础的物品法权、人身法权讲起，经过家庭社会法权、国家法权、国际法权，一直上升到世界公民法权；在篇幅上，不具必然性的私人法权是基础部分，要远多于公共法权的部分。而且，康德除了提到查理一世、路易十六等众多历史人物外，其行文实际上时刻都有人类从野蛮上升到文明的历史事件的影子。这个历史过程仿佛是无休止的，虽然时刻准备着，但圆顿时间似乎只有到了最后才会出现。"在这里始终令人惊讶的是：先前的世代似乎只是为了后来的世代而从事其艰辛的工作，也就是说，为了给他们准备一个阶段，让他们从这里出发把自然当做自己的意图的那幢建筑增高；然而，惟有最后的世代才应当有幸住在这座大厦中，而他们的一长列祖先为这座大厦工作过（固然是无意地），本身却不能分享自己所准备的幸福。"③

八　牟宗三的"工夫"

本书第一章第三节已经讨论了牟宗三的"工夫论"。那里的重点是要证明牟宗三的道德形而上学并不只是"主观"的，其逆觉体证、良知呈现并不等于心灵冥想、悦来一悟，其道德一定是"及物"的。这里的

①　康德：《道德形而上学》，张荣、李秋零译，《康德著作全集》第 6 卷，北京：中国人民大学出版社，2007 年，第 264-267、321 页。

②　康德：《道德形而上学》，张荣、李秋零译，《康德著作全集》第 6 卷，北京：中国人民大学出版社，2007 年，第 330 页。

③　康德：《关于一种世界公民观点的普遍历史的理念》，李秋零译，《康德著作全集》第 8 卷，北京：中国人民大学出版社，2010 年，第 27 页。

讨论则要突出牟宗三"工夫"的法权论意义。

首先，需要再次指出的是，牟宗三的工夫论也有"科学路线"与"形而上学路线"的不同，也即"即工夫便是本体"（反之）与"即本体便是工夫"（性之）的不同。后者人们比较熟悉，也多有讨论，包括良知呈现、逆觉体证、智的直觉、积极工夫、直接工夫等，其重点是给出道德实践"最后的"必然性、合法性。这当然是自上而下的，其对康德"一间未达"的批评就是认为康德的那个"最高点"或"拱顶石"还不够高，也不够稳固。所谓"儒家最核心的一点骨髓""海底涌红轮""辩证最后也要来个辩证"等，都应当从巩固和极成形而上学绝对总体性这一点上得到理解。应该看到，人们已经因为康德的"纯粹"而对其自下而上的科学路线缺乏足够的意识了，现在，牟宗三的"更高、更稳"则几乎完全遮蔽了他的自下而上的科学路线。实则这条路线可以隐而不显，但不可或缺，否则，牟宗三的道德形而上学就真是一种独断论了。

其次，牟宗三的工夫论让康德的"积极的自由"更加积极，"内在的自由"更加内在，因而引发很多争论，但两人的目的是一致的，即构成"外在的自由的障碍的障碍"。这是工夫的落实处，牟宗三所谓"使吾人之心自感性中超拔解放，不梏于见闻，不为耳目之官所蔽"[①]、"彻底从躯壳机括中解放出来"[②] 等，都是在强调这层意思。就此而论，单单形而上学层面的"即本体便是工夫"还只是一种"独体形态"或"范导原则"，还远远不够，还需要在法权形态中充分客观化。这个时候，"即工夫便是本体"，积极、消极就颠倒过来了，原来的积极工夫被高高举起轻轻放下，原来的消极工夫、间接工夫或者说经验性的法权实践工夫反成为本质性的"究极"或"胜义谛"。在此可以说牟宗三的"工夫坎陷"："逆觉体证只是一关，并非终极……既知此体证只是一关，故全部积极工夫只在'体现'，而体证则是消极工夫。体现而至纯熟，便是化境之平平。"[③]

---

①   牟宗三：《心体与性体》（二），《牟宗三先生全集》第 6 册，台北：联经出版事业股份有限公司，2003 年，第 250 页。

②   牟宗三：《道德的理想主义》，《牟宗三先生全集》第 9 册，台北：联经出版事业股份有限公司，2003 年，第 144 页。

③   牟宗三：《心体与性体》（三），《牟宗三先生全集》第 7 册，台北：联经出版事业股份有限公司，2003 年，第 374–375 页。

再次，在这个时候，就不宜再强调工夫、本体最后是一了，科学路线就凸显出来了。在这个地方，人类的整个生命乃至整个人类文明就是工夫中事，跌宕诡谲，无有穷尽。换言之，生命、文明皆因工夫而显，而非依本体而显。牟宗三强调说："在实践历程中，工夫与本体的分别一定要先承认的。""把'辩证'看成属于'工夫'之事而不属于'本体'之事，这是一个高度的智慧！"① 从这个角度看，本体唯因工夫而有，而非相反，牟宗三特别强调"圣贤学问与圣贤工夫是一"，即人们以"圣贤学问"唤起"共信"②，复以"圣贤工夫"证实此"共信"而使其远离"设准"（postulate）以成其"定然"③。它的重点，只能是经验性的法权实践工夫。不惟个人实践，"且须全民族承当，以促成国家之建立，政制之设置"④。因此，牟宗三的道德形而上学还不是"现成的科学"，同康德一样，牟宗三也高度重视"练习"。牟宗三说：

> 须知民主政体，在人类历史中，不是从天上掉下来的，不是现成取得的。乃是要人的自觉与奋斗而创造出的。天然权利、天然自由、人生而自由，这只是所预设的"自然状态"，抽象地说的"人之为人"。若在发展中看，在自觉奋斗中看，这些都要在已创造出的有效的民主政体下得其充分实现与客观而有效的（即法律的）保障。⑤

> 民主政治并不是从天上掉下来的，各种权利之获得也不是吃现成饭白送上门的。这是人的为理想正义而流血斗争才获得的。这很明显，自由必通着道德理性与人的自觉，这里并没有什么抽象玄虚，

---

① 牟宗三：《超越的分解与辩证的综和》，《牟宗三先生全集》第 27 册，台北：联经出版事业股份有限公司，2003 年，第 462 页。
② 牟宗三：《〈历史与文化〉旨趣答问》，《牟宗三先生全集》第 26 册，台北：联经出版事业股份有限公司，2003 年，第 1003 页。
③ 牟宗三：《道德的理想主义》，《牟宗三先生全集》第 9 册，台北：联经出版事业股份有限公司，2003 年，第 144 页。
④ 牟宗三：《〈历史与文化〉旨趣答问》，《牟宗三先生全集》第 26 册，台北：联经出版事业股份有限公司，2003 年，第 1009 页。
⑤ 牟宗三：《道德的理想主义》，《牟宗三先生全集》第 9 册，台北：联经出版事业股份有限公司，2003 年，第 187 页。

也没有什么易引起争辩的形而上学的理论。这是实践上的定然事实。①

你也不要只想吃现成饭，要古人什么都给你准备好才行。所以如果对事理有正解，就不会怨天尤人，心就会平。没科学、没民主，科学、民主也没有什么了不起，努力去学、去做就行。②

你新儒家究竟与现代化有什么关系呢？我不是政治家呀！我上哪里去经世致用呢？科学不是要魔术，不是我说要科学，科学就来了。这种问题是大家的问题、民族的问题、历史运会的问题。我们能从哲学上疏通其通路，这就是新儒家的贡献了。③

就此而言，牟宗三的道德形上学本身就是工夫论。④ 这种工夫论不仅强调"流血斗争"工夫，而且强调不为流血而流血、不为斗争而斗争，要弄明白流血斗争的目的，要有"尊理性"工夫："我知道民主自由之获得是需要流血斗争的，但是自己若不先具备这种架构表现的精神，则自己的生命即不算有途径，即胜利矣，亦必仍然一团糟。"⑤

---

① 牟宗三：《政道与治道》，《牟宗三先生全集》第 10 册，台北：联经出版事业股份有限公司，2003 年，第 66 页。
② 牟宗三：《客观的了解与中国文化之再造》，《牟宗三先生全集》第 27 册，台北：联经出版事业股份有限公司，2003 年，第 436 页。
③ 牟宗三：《鹅湖之会——中国文化发展中的大综和与中西传统的融会》，《牟宗三先生全集》第 27 册，台北：联经出版事业股份有限公司，2003 年，第 449 页。
④ 这里有牟宗三工夫论与传统工夫论的不同。传统工夫论当然与内圣外王思维方式关系紧密，要求知行合一，要求实践内涵，但常常因为其强烈的个体修养的意味，而被看作以主体或主体意识为本质特征。这反过来又影响对传统内圣外王思维方式本身的理解。面对这种质疑，牟宗三引入了群体视角、公民视角，要求把"工夫"放置在现代政治、法权实践等"形式"中。这样，工夫就不仅仅是个体私德修身养性之事，而且是群体公德法权政治之事。就此而言，陶悦的看法不能认同。她认为，牟宗三之所以"没有系统构建一整套的工夫理论"，是因为"牟宗三认为具体操作层面的工夫理论在先儒那里已经比较详尽完备了，所以他只需就先儒的欠缺疏阔处，或是于后人之疑惑误解处，做一梳理澄清的工夫，并随机阐发己见即可。因此工夫论思想在牟宗三的哲学体系中没有占据很大的比例，他把更多的精力和笔墨放在了先儒所不甚注重或不甚擅长的思辨领域"。参见陶悦《牟宗三的工夫论思想探析》，《哲学研究》2016 年第 12 期。不过，"不甚注重或不甚擅长的思辨领域"即是"学统"问题，"群体公德法权政治"即是"政统"问题，陶悦的观点也提醒了我们，牟宗三的"转化性创造"究竟何在，牟宗三为什么一定要把"科学"与"民主"拉在一起讨论。
⑤ 牟宗三：《生命的学问》，桂林：广西师范大学出版社，2005 年，第 49 页。

最后，若从这种"练习"的"道德的形上学"出发，就必须重新审视牟宗三研究中的一些流行认识，重估牟宗三的价值。

第一种流行认识可以郑家栋的意见为代表。郑家栋认为，牟宗三道德的形上学偏离了儒学传统，是对儒学的知识化、学院化和狭窄化，有"知"而无"行"，因此也就不能跟实际的、多元化的、活生生的"生活世界"发生关联：

> 儒家哲学在本质上乃是一种圣学，它是扣紧人的生命的整体存在和生命的自我实现来说，扣紧实践工夫来说。实践体证才是儒家哲学的真正基础和出发点，理论并不是刻意追求的东西，而只是在实践方面"深造自得"的体会。儒家哲学不是要依靠论理的周密和逻辑的谨严让人信服，而是指点"实践之下手处"让人去躬行践履，从此种意义上说，儒家哲学乃是一种广义的工夫论。而在当代新儒学后来的发展中，理论的铺陈、系统的展开和学理的圆融似乎越来越成为关注的重心所在，道德实践、良知呈现、道德意识能否通上去等等，在很大程度上都已成为学理之事，而非真正的实践之事、生命之事。尽管新儒家权力要使自己与某些学院派哲学划清界限，但此界限越来越多地是表现在学理上，而非个人的生命形态上。儒学之作为身心性命之学的真正危机，不是来自所遭遇到的外在攻击，而正是来自"知"与"行"的内在分离。知识化的儒学所关注的是本体而非工夫，是系统的整全而非实践的笃实，"工夫"反成为了可有可无的东西。①

按郑家栋的意见，正是因为缺乏"工夫"，牟宗三让本心、良知等脱离历史、脱离社会，变成了终极本体意义上的"孤明"。非常有意思的是，郑家栋用以批评牟宗三的恰恰是"实践体证"：有"实践体证"则"儒家哲学乃是一种广义的工夫论"，无"实践体证"则牟宗三只有"学理之事"。但是众所周知，牟宗三喜言逆觉体证、体证工夫、践履工夫、工夫实践、实践的工夫等。他批评冯友兰的那个著名的"良知是呈

---

① 郑家栋：《当代新儒学史论》，南宁：广西教育出版社，1997年，第6页。

现"公案，他对康德"一间未达，一层未透"的遗憾等，都是就"实践的体证"① 而为言的。如此一来，就会产生一个疑问：为什么牟宗三的"实践体证"就不是"实践体证"？如果说，"儒家哲学不是要依靠论理的周密和逻辑的谨严让人信服，而是指点'实践之下手处'让人去躬行践履"，那么牟宗三在"指点"的同时还有"论理的周密和逻辑的谨严让人信服"，就不能"让人去躬行践履"了吗？难道越是禁绝一切论理和逻辑就越能笃实实践吗？那么郑家栋本人为什么仍要从事"学理之事"呢？这实在只是"立场"的不同罢了，所谓现代社会的专业化分工等存在问题实际上并没有被认真考虑进来。郑家栋认为，只有"即哲学即宗教"，儒学才可能对生活世界产生影响。暂且不论儒家哲学传统是否"即哲学即宗教"，郑家栋实际上是要让"实践体证"有宗教的维度。暂且也不论哲学与宗教的先后问题，郑家栋这是要让"实践体证"再少些知识因素而再多些信念色彩。这实在是嫌弃牟宗三的"工夫"还不够"高"。

如果不以文害意，同情地理解郑家栋的上述批评，则似乎可以说，牟宗三重视理论思辨没有错，但这种理论思辨只是高头讲章，所以人们才批评他忽视了实践性，没有"工夫"。由此有第二种流行认识，批评牟宗三的"工夫"还不够"低"，可以杨泽波为代表。

杨泽波梳理了西方近代民主制度形成的历史，强调"民主并不只是一个观念、一个思想、一个制度，而是以特殊的经济要求为基础的。人们没有自己的经济基础，便谈不上维护自己的权利。而人一旦具有了自己的经济基础之后，为了维护自己的权利，一定会提出自己的政治要求。如果这种要求与其他集团的要求发生了矛盾，就会产生斗争"②。然后，据之批评牟宗三：

　　　　阅读"外王三书"很容易得到这样一个印象，牟宗三讲民主往往只是从思想、观念层面出发，似乎只要充分发展知性，发展理论理性，就可以开出民主了。这种做法无法对民主制度的形成予以合

---

① 牟宗三：《心体与性体》（一），《牟宗三先生全集》第 5 册，台北：联经出版事业股份有限公司，2003 年，第 184、186 页。
② 杨泽波：《坎陷论》，《贡献与终结——牟宗三儒学思想研究》第一卷，上海：上海人民出版社，2014 年，第 154 页。

理的说明。

> 牟宗三后来似乎觉察到了这个问题。20 世纪 80 年代初……牟宗三已不再像撰写"外王三书"时那样，将精力主要集中在文化方面了，已经注意到了经济问题的重要性。但这些讲法主要是在一些讲演中提到的，虽然可以视为对"外王三书"的一个补充，但大多不够系统，也很难谈得上深刻。[①]

这里的"往往只是从思想、观念层面出发""充分发展知性，发展理论理性"等可以与郑家栋"知识化的儒学"的断语相互支撑。所不同的是，这里是"往下"讲历史、经济，而非"往上"讲圣学、宗教，因此就代表了更多人的看法，更有群众基础，更需要认真对待。

如果承认牟宗三道德的形上学本身就是工夫论，那么"不够系统，也很难谈得上深刻"的评价就必须收回。但紧接着的问题是，在 20 世纪 80 年代之前，在"外王三书"时期，甚至再往前推，牟宗三是否就已经"注意到了经济问题的重要性"？如果牟宗三对经济问题的注意只是 80 年代之后的事情，则"牟宗三道德的形上学本身就是工夫论"的说法将不攻自破。但是，正如本章及本书所展示的那样，牟宗三对农村问题的研究，对唯物辩证法的关注，对于社会主义的讨论等，证明他至少从 30 年代起就已经注意到了因经济而来的流血斗争，并把这种"非社会性"理解为通向"社会性"的唯一通道。因此，"牟宗三讲民主往往只是从思想、观念层面出发，似乎只要充分发展知性，发展理论理性，就可以开出民主了"这样的印象，并不合乎实际。

但是，为什么牟宗三会给人们留下"没有工夫"或"没有工夫论"的印象？这当然与牟宗三本人有关系，正如康德的自由主义（非共和主义）、形式主义（非实质主义）、先验主义（非经验主义）等印象与康德本人有关一样。不过，这也跟研究的视角有关系。如果撇开流行已久的那种只是"自上而下"的"良知坎陷"或"内圣开出新外王"观念，那么在"外王三书"中就能够看到众多的"斗争"，"斗争"对于早期的牟

---

① 杨泽波：《坎陷论》，《贡献与终结——牟宗三儒学思想研究》第一卷，上海：上海人民出版社，2014 年，第 155-156 页。

宗三就已经不是偶然现象了。牟宗三是想"消化康德并使之百尺竿头更进一步",但他并不反对也无力反对经验性的工夫实践,正如尽管实现了"哥白尼式的革命",康德给出的仍然是"惟一的一条为感性所遮掩的道路"①。换言之,缺少了"自下而上"的视域,康德的"世界概念"哲学就会被错解为"学院概念"哲学,牟宗三的"哲学原型"也会被误看作"主观哲学"。

第三种流行认识是既嫌弃牟宗三的"工夫"还不够"高",又批评牟宗三的"工夫"还不够"低",可以李泽厚为代表。李泽厚认为,"超越"与"内在"不可并存,它的背后是西方"两个世界"的思路或模式,而牟宗三硬让两者并存,硬把西方"两个世界"的思路或模式加在"一个人生(世界)"的中国传统之上,于是就背离了儒学的基本精神:

> 企图重建某种知识/权力结构,来统摄人们,因之才有那个非常矫揉造作的所谓经良知"坎陷"由"内圣开外王"说。如果真能运作在现实层面,这将是一条走向反理性主义的危险之路。②

"非常矫揉造作"是从"低"处着眼,批评牟宗三哲学只是高头讲章、理论硬拗,根本无法落到实处。"反理性主义"则是就"高"处发言,嫌弃牟宗三哲学有哲学之名而无哲学之实,充满了独断论的狂热或者迷信,是在耍概念的神话与魔术,对正常的社会秩序来说非常危险。

非常有意味的是,康德曾表明自己无意魔术③,牟宗三也讲自己不是如来佛没有耍魔术④。而如何从魔术中脱身呢?唯有经验。康德的"超越"(transcendental)不代表"超验"(transcendent),牟宗三硬说人也有在康德那里只有上帝才有的"智的直觉",那么他的"超越"就是"超验"?恐怕不能这么说。牟宗三明确指出,若"概念机能之'实'用

---

① 康德:《纯粹理性批判》(第2版),李秋零译,《康德著作全集》第3卷,北京:中国人民大学出版社,2004年,第535页。
② 郑家栋:《当代新儒学论衡》,台北:桂冠图书出版公司,1995年,李泽厚序第3页。
③ 康德:《纯粹理性批判》(第1版),李秋零译,《康德著作全集》第4卷,北京:中国人民大学出版社,2005年,第8页。
④ 牟宗三:《客观的了解与中国文化之再造》,《牟宗三先生全集》第27册,台北:联经出版事业股份有限公司,2003年,第436页。

而又为非经验的"，那就真正是耍概念的神话与魔术："在实层的使用上，立理以限事。然而他的高一层的概念魔术性非常大，低一层的概念技术性又非常精。"① 即是说，只有光秃的虚幻的普遍而没有特殊，只有圣贤心肠道德理性而没有经验，那就会非常危险，即用魔术性的圣贤心肠、道德理性来严肃认真地去忽悠、限制、压迫人，把现实的人扭曲为非人，弄出很多怪胎来。

李泽厚之所以不承认牟宗三也有顺经验"即事以穷理"的一面，跟他所依据的材料有关。在《略论现代新儒家》一文中，李泽厚把牟跟熊、梁、冯合起来视为一个完整的正反合圆圈，其征引的文献，只有《心体与性体》②。单独看来，这并不是问题，有人尽可以见一叶而知深秋、窥一管而得全豹，有人海吃牛饮、生吞活剥却鲜能知味。关键问题在于李泽厚"中体西用"保守主义、"流血遍地"激进主义与"西体中用"自由主义的区分和他的自我定位。在他看来，牟宗三"无论在理论框架上、思辨深度上、创造水平上，都没有越出宋明理学多少，也没有真正突破的新解释，更根本谈不上任何社会影响。所以就整体说，它只是宋明理学在现代的某种回光返照，并不会有太好的前景。"③ 即是说，牟宗三仍然是"中体西用"保守主义者，谨守"生长在传统社会小生产经济基础上"的"传统的道德主义""道德至上的伦理主义"，因此不过是宋明理学的"隔世回响"，只能"原地踏步"，而已到穷途末路；而李泽厚自己则另辟蹊径，另起炉灶，"彻底改变基地"④，这便有了"工具本体""吃饭哲学"等。由此"中体西用"的"道德哲学"与"西体中用"的"吃饭哲学"的对立，李泽厚认为未来儒学至少需要注意两个

---

① 牟宗三：《政道与治道》，《牟宗三先生全集》第 10 册，台北：联经出版事业股份有限公司，2003 年，第 94 页。

② 李泽厚与郑家栋的相互影响现象，值得关注。李泽厚由《心体与性体》而形成对牟宗三"纯学院式的深玄妙理、高头讲章，至今未能跨出狭小学院门墙，与大众社会几无干系"的定见，无疑要早于郑家栋，郑家栋"知识化儒学"的提法与这个定见间的亲属关系是非常明显的。另外，郑家栋的相对较细微的研究又加深了李泽厚对自己定见的自信和肯定性，这一点在《说儒学四期》一文中表现得相当明显。

③ 李泽厚：《何谓"现代新儒学"——郑家栋〈牟宗三与当代新儒家〉序》，《世纪新梦》，合肥：安徽文艺出版社，1998 年，第 111 页。这里引用的文字，为台版序文所无。

④ 李泽厚：《中国现代思想史论》，合肥：安徽文艺出版社，1994 年，第 309 页。

问题：

　　　第一，"内圣"与"外王"的关系。"外王"，在今天看来，当
然不仅是政治，而是整个人类的物质生活和现实生存，它首先有科
技、生产、经济方面的问题；"内圣"也不仅是道德，它包括整个
文化心理结构，包括艺术、审美等等。因之，原始儒学和宋明理学
由"内圣"决定"外王"的格局便应打破，而另起炉灶。第二，现
代新儒家是站在儒学传统的立场上吸收外来的东西以新面貌，是否
可以反过来以外来的现代化的东西为动力和躯体，来创造性地转换
传统以耳目一新呢？[①]

　　这两点确实非常到位和关键，应该得到广泛的认同。问题只在于，
政治对于科技、生产、经济甚至日常生活方面都有广泛而决定性的影响，
越是传统社会，这点越是明显；另外，牟宗三就一定对这两点毫无意识
吗？牟宗三哲学中有无"以外来的现代化的东西为动力和躯体，来创造
性地转换传统以耳目一新"的面相呢？
　　答案是肯定的。牟宗三"自下而上"的思想路线标示的正是这一面
相，离开了这一面相，牟宗三哲学就真是"非常矫揉造作"，走在"反
理性主义的危险之路"上了。林毓生的"创造性的转换"后来也被李泽
厚说为"转化性的创造"，而有"经济发展→个人自由→社会正义→政
治民主"四顺序之说。[②] 若再结合他后来的"由工具本体到心理本体/情
本体"的提法，这不正是牟宗三"经济→政治→文化"的柔顺上升之
路吗？
　　人们当然可以批评牟宗三并没有如李泽厚那样明确提出和强调"工
具本体""吃饭哲学"等。但是，李泽厚提出了这些，李泽厚的"哲学"
就是"工具""吃饭"吗？显然不是。李泽厚仍然是论"思想"，而非从
事"科技"、"生产"、"经济"或者"政治"等。如果说，"哲学的功用

---

① 李泽厚：《中国现代思想史论》，合肥：安徽文艺出版社，1994 年，第 310 页。
② 李泽厚：《再说"西体中用"》，《世纪新梦》，合肥：安徽文艺出版社，1998 年，第
　 184 页。有意思的是，李泽厚分经济、政治、文化三方面谈"转化性的创造"，这个
　 "四顺序"恰恰被安放在政治方面。

也许就在于制造一些基本概论，以提供视角，探索道路，从而对人生根本问题进行理论性思维"①，那么，牟宗三哲学就已经有其功用了。换言之，李泽厚可以跟牟宗三不同，可以强调"工具""吃饭"等的重要性，却仍然面临同牟宗三一样的问题。对于李泽厚"工具本体"与"情本体"的关系的疑云，仍然还是曾经落在牟宗三头上的"内圣"与"外王"的关系的那片疑云。李泽厚想到了"彻底改变基地"，牟宗三早就已经在尝试了。李、牟的存在境域大体相同，都处在现代化的过程中而须对之有所呼应。所不同的是，牟宗三从传统出发重置基地，李泽厚则从康德-马克思出发。如果说"情本体"与"工具本体"并不是"非此即彼"，那么牟宗三的"道德哲学"与李泽厚的"吃饭哲学"的"对立"关系就同样构成了一种"支撑"关系。这种关系在可预见的未来仍会长期存在，因为正如马克思所指出的那样："理论的对立本身的解决，只有通过实践方式，只有借助于人的实践力量，才是可能的；因此，这种对立的解决绝对不只是认识的任务，而是现实生活的任务，而哲学未能解决这个任务，正是因为哲学把这仅仅看做理论的任务。"②

"现实生活的任务"没有完成，"哲学的任务"就不可能完成。这已经不仅仅是李泽厚、牟宗三或其他什么个人的问题了，而是标明了"观念"的意义和限度，要求所有人的"工夫"。这就是康德强调的通过人类"非社会的社会性"以建立"永久和平"的过程。③

第二节　"真正的哲学导向于神"

李泽厚对牟宗三批评，可以理解为黑格尔与康德之争的中国回响。牟宗三心目中的"国家"，更近乎黑格尔的神性国家，还是更接近康德的人的国家？这样的国家观对于牟宗三的"心性"又有什么样的影响？

---

① 李泽厚：《为儒学的未来把脉》，《世纪新梦》，合肥：安徽文艺出版社，1998 年，第129 页。

② 马克思：《1844 年经济学哲学手稿》，《马克思恩格斯文集》第 1 卷，北京：人民出版社，2009 年，第 192 页；同时参阅《马克思恩格斯全集》第 42 卷，北京：人民出版社，1979 年，第 127 页。

③ 康德：《实用人类学》，李秋零译，《康德著作全集》第 7 卷，北京：中国人民大学出版社，2004 年，第 327 页。

要真正理解这一问题，至少需要回答以下三个问题：1. 黑格尔在什么意义上对康德进行了批判和超越？2. 李泽厚的康德-马克思视野是否影响他对牟宗三的评价？3. 牟宗三究竟是"黑格尔式的"，还是"康德式的"？

这三个问题都是大问题，特别是第一个，有许多专文、专书论之，汗牛充栋。而康德-马克思的视野与黑格尔-马克思的视野之间的异同，则是中国的学者们所不能不激烈讨论的问题。特别是，黑格尔的神圣国家，是否仍给那保障"你的"和"我的"的法律留有关键位置？在这种前提下，牟宗三究竟是"黑格尔式的"还是"康德式的"就显得十分耐人寻味和意味深长。但是，这也规定了研究工作的难度。这里从一桩三重公案谈起。

一 一桩三重公案

1. 一重公案："良知是个假设，还是个呈现？"
按牟宗三的说法，1933 年[1]熊十力与冯友兰有过一次谈话：

> 有一次，冯友兰往访熊先生于二道桥。那时冯氏《中国哲学史》已出版。熊先生和他谈这谈那，并随时指点说："这当然是你所不赞同的。"最后又提到"你说良知是个假定。这怎么可以说是假定。良知是真真实实的，而且是个呈现，这须要直下自觉，直下肯定。"冯氏木然，不置可否。这表示：你只讲你的，我还是自有一套。良知是真实，是呈现，这在当时，是从所未闻的。这霹雳一声，直是振聋发聩，把人的觉悟提升到宋明儒者的层次。然而冯氏依旧聋依旧聩。这表示那些僵化了的教授的心思只停在经验层上、知识层上，只认经验的为真实，只认理智所能推比的为真实。这一层真实形成一个界线，过此以往，便是假定，便都是虚幻。人们只是在昏沉的习气中滚，是无法契悟良知的。心思在昏沉的习气中，以感觉经验来胶着他的昏沉，以理智推比来固定他的习气……滔滔者天下皆是，人们的心思不

---

① 冯友兰《中国哲学史（上）》1931 年 2 月由神州国光社出版，1934 年 9 月上、下两册又同时由商务印书馆出版。陈寅恪受清华大学出版委员会之托对上册进行审查，审查报告于 1931 年 3 月发表在《学衡》杂志第 74 期。按《牟宗三先生学思年谱》记载（第 32 册，第 4 页）推算，熊、冯两人对谈的时间当在上册出版之后的 1933 年。

复知有"向上一机"。由熊先生的霹雳一声，直复活了中国的学脉。①

这段记述，记载的是牟宗三在北大读书时的一次见闻和感受，最早收在 1961 年出版的《五十自述》的"客观的悲情"一章中，1970 年再以"我与熊十力先生"为题刊于《中国学人》创刊号，旋即又收入《生命的学问》一书中。除此之外，1968 年出版的《心体与性体》第一册中，牟宗三对此也有记载：

> 依原始儒家的开发及宋、明儒者之大宗的发展，性体心体乃至康德所说的自由、意志之因果性，自始即不是对于我们为不可理解的一个隔绝的预定，乃是在实践的体证中的一个呈现。这是自孔子起直到今日的熊先生止，凡真以生命渗透此学者所共契，并无一人能有异辞。是以三十年前，当吾在北大时，一日熊先生与冯友兰氏谈，冯氏谓王阳明所讲的良知是一个假设，熊先生听之，即大为惊讶说："良知是呈现，你怎么说是假设！"吾当时在旁边静听，知冯氏之语底根据是康德。（冯氏终生不解康德，亦只是这样学着说而已。至对于良知，则更茫然。）而闻熊先生言，则大为震动，耳目一新。吾当时虽不甚了了，然"良知是呈现"之义，则总牢记心中，从未忘也。今乃知其必然。②

前后两段都形容铺排了牟宗三的强烈震撼，以"良知是呈现"为儒家"学脉"或"向上一机"。所不同的是，前者批评冯友兰也如一般人那样落入"经验"的"界线"而无法自拔，后者则直指冯友兰"根据"康德而又"不解"康德，只是道听途说。这一断语对于冯友兰来说显然非常严厉，近乎斥责詈骂。然而耐人寻味的是，相较于牟宗三的浓墨重彩，冯友兰却对此毫无着墨。但这绝不意味着这一指控对冯友兰无足轻重。1986 年，在《略论现代新儒家》一文中，李泽厚引了上述公案，认

---

① 牟宗三：《五十自述》，《牟宗三先生全集》第 32 册，台北：联经出版事业股份有限公司，2003 年，第 78 页。

② 牟宗三：《心体与性体》（一），《牟宗三先生全集》第 5 册，台北：联经出版事业股份有限公司，2003 年，第 184 页。除此之外，牟宗三在《康德第三批判讲演录（十四）》[《鹅湖月刊》（台北）2001 年第 27 卷第 4 期] 中也简要提及过这一公案。

为"牟宗三恰好是冯友兰的对立面","他激烈否定冯,而回到熊",从
而与熊、梁、冯刚好构成了一个正反合的"整体行程"和"圆圈全
程"。① 粗看起来,李泽厚在此并没有为冯友兰辩护的意思,冯本人也被
归入了那个圆圈之中。加之李泽厚明确宣称自己"算不上冯先生的学
生","没能听他的课,也没能和他一起工作过",② 因此似乎不应该把李
泽厚这里的论述看成冯门的一种回应。

然而,李泽厚又确乎回应了。这表现在,李泽厚越来越重视牟宗三
的"对手"意义,良知是假设还是呈现的问题无法回避。③ 换句话说,
即便不是要为冯友兰"复仇",李泽厚也必须对牟宗三"良知是个假设,
还是个呈现?"的公案进行回应,因为它涉及康德阐释问题。

2. 二重公案:"牟宗三是理性主义,还是反理性主义?"

正如上文提及的那样,1995 年的李泽厚如是说:

> 牟先生沿此路数,想在现代中国建立一套"道德的形而上学"
> 并以之解释儒学传统,这比阳明已更跨越了一步,是企图重建某种
> 知识/权力结构,来统摄人们,因之才有那个非常矫揉造作的所谓经
> 良知"坎陷"由"内圣开外王"说。如果真能运作在现实层面,这
> 将是一条走向反理性主义的危险之路(如有可能,容后再论)。④

相比于冯友兰"根据"康德而又"不解"康德的"庸常"而言,对
牟宗三"非常矫揉造作"和"反理性主义"的指控更加严厉,也更加诛
心。这里的逻辑是:康德坚决反神秘经验,痛斥召灵术、占星术等迷信
或狂热,牟宗三则把康德提升一步,坚持人有智的直觉而可以呈现自由,
因此也就离开了"感觉经验"而进入"神秘经验"和"反理性主义"之

---

① 李泽厚:《中国现代思想史论》,合肥:安徽文艺出版社,1994 年,第 304-309 页。
② 李泽厚:《悼念冯友兰先生》,《孔子研究》1992 年第 3 期。
③ 参阅李泽厚、刘悦笛《哲学对谈——李泽厚、刘悦笛 2017 年对谈录》,《社会科学家》
　　2017 年第 7 期;李泽厚、刘悦笛《伦理学杂谈——李泽厚、刘悦笛 2018 年对谈录》,
　　《湖南师范大学社会科学学报》2018 年第 5 期。
④ 郑家栋:《当代新儒学论衡》,台北:桂冠图书出版公司,1995 年,李泽厚序第 2-3
　　页。与很多地方一样,李泽厚只是给出了一个结论,并没有"容后再论"。本文既是
　　一种李泽厚式的"再论",也是对此"再论"的牟宗三式回应。

中了。"神秘经验"是一种"知识/权力结构"，由它出发来说明"感觉经验"，当然"非常矫揉造作"。

在今天的牟宗三研究中，类似的看法比比皆是，李泽厚对牟宗三的评价影响了众多牟宗三研究者。[①] 从这种"一边倒"的情况来看，人们似乎已经有了确定的答案，因而第二重公案也就不构成公案了。但这只是表面现象，真相远远没能得到揭示。如果说，第一重公案提出了中国哲学研究如何援引康德的问题，要求坚持中国文化的主位性，那么第二重公案则进一步深化了这个问题，要求标注"故意曲解康德"的限度。问题的实质是，怎样的康德才是真康德，才是中国所需要的康德？在这里，对中国哲学传统的理解与对康德的理解绾合一处，难解难分。中国哲学究竟应该以哪种姿态登场呢？

3. 三重公案："要康德，还是要黑格尔？"

1981 年在北京召开的"纪念康德《纯粹理性批判》出版 200 周年和黑格尔逝世 150 周年学术讨论会"上，李泽厚提出了一个话头：

> 一般说来，我们既要康德，又要黑格尔。不过假如一定要我在两者之间选择一个的话，那我的回答就是：要康德，不要黑格尔。[②]

众所周知，康德与黑格尔的关系本就是西方学界的一个热门话题[③]，因为与马克思的重大关联，这一话题更是为中国学界所高度关注[④]，随

---

① 这里仅举两例。汤忠钢：《德性与政治：牟宗三新儒家政治哲学研究》，北京：中国言实出版社，2008 年，第 16 页；盛志德：《牟宗三与康德关于"智的直觉"问题的比较研究》，桂林：广西师范大学出版社，2010 年，第 12-13 页。退一步讲，即便这些人没有受到李泽厚的直接影响，但正如林安梧的"咒术"与李泽厚的"神秘经验"的家族相似一样，他们之间的逻辑一致性也是非常明显的。

② 许景行、顾伟铭：《纪念康德、黑格尔学术讨论会在北京召开》，《哲学研究》1981 年第 10 期。

③ 参阅张汝伦《从黑格尔的康德批判看黑格尔哲学》，《哲学动态》2016 年第 5 期。

④ 参阅张盾《黑格尔对康德哲学的批判和超越——从马克思哲学的视角看》，《哲学研究》2008 年第 6 期；张盾《康德与黑格尔：谁是马克思的精神源头？》，《哲学动态》2011 年第 2 期；汪行福《超越康德化马克思与黑格尔化马克思的对立》，《武汉大学学报》（哲学社会科学版）2018 年第 4 期；张琳《马克思哲学本体论的当代反思——评王南湜与吴晓明的"康德-黑格尔之争"》，《河北学刊》2019 年第 2 期；等等。

后产生了"既要康德，也要黑格尔"①、"既不要康德，更不要黑格尔"②、"多要点康德，少要点黑格尔"③ 等众多答案。

在可预见的未来，这种热闹的众说纷纭状态将持续下去。但是，这与牟宗三又有什么关系呢？乍看起来，良知是假设还是呈现的问题因康德而生，第一重公案并没有提及黑格尔，第二重公案同样没有提及黑格尔，那么这里的第三重公案似乎就跟前两者没有关系，而无法构成"三重公案"。不过，牟宗三同样也借用了黑格尔的资源④。甚至同谁是马克思的精神源头的争论一样，人们也在争论康德与黑格尔谁才是牟宗三的门梯，从而形成三派。

一派以李明辉为代表，认为牟宗三虽然也经常借用黑格尔的正反合来展开论证，但其根底只能在康德，而不在黑格尔：

　　说这种思考模式是"黑格尔式的"，则不甚谛当；与其说它是"黑格尔式的"，还不如说是"康德式的"。因为辩证法虽到黑格尔手中始得到充分发展，但决非其专利品。菲希特在其"知识学"中便已运用"自我坎陷"的辩证模式来说明理论知识与实践活动的基础。但更重要的是：牟先生借用"一心开二门"的间架，是为了说

---

① 邓晓芒：《重审"要康德，还是要黑格尔"问题》，《华中科技大学学报》（社会科学版）2016 年第 1 期。

② 胡静：《"既不要康德，更不要黑格尔"——许苏民谈德国古典哲学》，《社会科学文摘》2017 年第 12 期；胡静：《关于中西哲学比较研究和哲学创新的相关问题——许苏民教授访谈录》，《江汉论坛》2017 年第 9 期。

③ 王南湜：《重提一桩学术公案："要康德，还是要黑格尔？"》，《社会科学辑刊》2018 年第 5 期。

④ 参阅张晚林《"道德的形上学"的开显历程——牟宗三精神哲学研究》，北京：中国社会科学出版社，2014 年（此书在黑格尔精神现象学式的疏解中把握牟宗三哲学的"根本精神"，重点突出了牟宗三哲学与黑格尔哲学之间的关联，有补偏救弊的功用）；邝锦伦《牟宗三与黑格尔：客观精神的问题》，《鹅湖学志》1991 年第 7 期；等等。需要注意的是，两人都强调了黑格尔的重要性，但似乎又都将这种重要性限定在"外王"方面，其论题并不注目黑格尔在牟宗三整个哲学中的地位。换言之，如果把牟宗三哲学视为一个整体，那么康德与黑格尔在这个整体中的关系究竟如何，这一问题尚是未明的。因此，前书仅用 34 页的篇幅来讲绝对精神，相对于 101 页的客观精神、88 页的主观精神，与牟宗三哲学的分布不是很协调。后文更是把黑格尔与康德两属："牟先生一方面以康德的道德哲学接上儒家底心性之学，而另方面则于客观精神问题之论述中透过黑格尔的精神概念之开展以补此心性之学之不足。"

明康德底"现象"与"物自身"之区分，而黑格尔却是要化掉这项区分；化掉了这种区分，便不再有"二门"。然则，牟宗三的思考模式怎能说是"黑格尔式的"呢？①

一派以杨泽波为代表，认为牟宗三的致思路线前后有变化，因而既是康德式的，也是黑格尔式的：

> 牟宗三的坎陷论既不完全是"黑格尔式的"，也不完全是"康德式的"。以牟宗三早期讲黑格尔较多，而认定坎陷论即是"黑格尔式"的固然不对，但以牟宗三晚期讲康德较多，而认定坎陷论就是"康德式的"，与黑格尔没有关系，也有失准确。更不要说，即使是后来以康德讲"一心开二门"，牟宗三仍然没有放弃黑格尔的背景。正确的做法应该是抱有历史的态度，承认牟宗三前后期的致思路线有所变化，其思想重点也有所转换，早期偏重于黑格尔，后期侧重于康德，这样才更加合理，也更有说服力。②

以上两派，李明辉重"质"，从"现象"与"物自身"的区分的有无上立论，杨泽波重"量"，就"早期"与"后期"讲论的多少上着眼。

更多的研究者则既不重"质"也不重"量"，或者说对于"质"或"量"并无突出的意识，因此"随着"牟宗三的话题而表现出"一定的矛盾"。这一派可以颜炳罡为代表：

> 一方面，他不同意将坎陷与黑格尔联系在一起，认为"牟宗三的道德理性之自我坎陷出民主与科学，与黑格尔的'精神之内在有机发展'并不相同，与黑格尔的异化亦存有着重大的差异。道德理性之自我坎陷开出民主与科学并不像老母鸡下蛋一样，良知生出民主与科学，亦不是良知自我异化为理论理性，形成民主与科学。"另一方面，在分梳"辩证"的不同含义时，他又强调坎陷与黑格尔思

---

① 李明辉：《儒学与现代意识》，台北：文津出版社，1991年，第20页。
② 杨泽波：《坎陷论》，《贡献与终结——牟宗三儒学思想研究》第一卷，上海：上海人民出版社，2014年，第222页。

想有一定的关联性。"牟宗三先生认为,'知性之辩证的开显'之'辩证'不是康德意义的辩证,而是黑格尔意义的辩证……牟宗三先生使用了黑格尔的'辩证',而不使用康德意义的'辩证'。"①

照此说来,"三重公案"是成立的。从马克思主义中国化的视角看,马克思究竟"要"康德还是"要"黑格尔的问题留待下节再论。这里将在三重公案的叠加中讨论:牟宗三"要"了康德,就无法"要"黑格尔了吗?"良知呈现""良知坎陷"从康德、黑格尔那里分别"要"了什么和"不要"了什么?究竟是哪一个让牟宗三走向"反理性主义"?问题最后结穴为:从黑格尔对康德的批判及康德的可能回应出发,追问良知呈现在什么意义上是康德式的,在什么意义上又是黑格尔式的,并以此回应李泽厚的指控。这里将表明,牟宗三一方面同黑格尔一样取消了康德的物自身界限,呈现了良知,让国家成为文化物和神圣作品,从而超越了康德主观唯心论,建立了绝对唯心论;另一方面,牟宗三彻底的唯心论又"稳定"了现象与物自身的区分,认定只能在自下而上、由外而内的长串工夫中证实自由这一范导原则。就前一方面看,牟宗三由内而外、自上而下,是黑格尔式的,李泽厚对于牟宗三的指控也就是康德对于黑格尔的指控;就后一方面看,牟宗三由外而内、自下而上,又同李泽厚一样"要康德,不要黑格尔",李泽厚对牟宗三的指控也就显得无理了。牟宗三这两个方面的矛盾,就是李泽厚所讲的"从道德到伦理"与"从伦理到道德"的矛盾,也是李泽厚自己"双本体"的矛盾、"两德论""统合孟荀"等的"二"的矛盾。质言之,牟宗三并非只有从道德到伦理、自上而下、由内而外的致思路线,他以有别于李泽厚的另外一种独特方式,同李泽厚一样"经由 Hegel、Marx 理论过程之后回到

---

① 杨泽波:《坎陷论》,《贡献与终结——牟宗三儒学思想研究》第一卷,上海:上海人民出版社,2014 年,第 62 页。同时参阅颜炳罡《整合与重铸——当代大儒牟宗三先生思想研究》,台北:台湾学生书局,1995 年,第三章第三节"中国文化如何实现现代化"及第四章第二节"'道德的形上学'之完成"。当然这里可以争辩说并不一定有矛盾:首先,单就"辩证"而言,牟宗三确实更近黑格尔而非康德,康德的"辩证"另有其需要强调的内容;其次,使用了黑格尔的"辩证"并不意味着牟宗三与黑格尔没有重大差异。或许,这里的关键并不在于有无矛盾,而在于牟宗三如何把"质"与"量"结合起来一并考虑。

Kant"①，是"孔夫子加 Kant"②。

二　呈现物自身

牟宗三在讲到从熊十力处听良知呈现之后，紧接着就讲到了在唐君毅处听黑格尔③，真所谓"良师益友，助我实多"④。

按牟宗三的自述，若非熊十力提醒"你不要看不起他，他是你的知己"，自己是不会特别注意唐君毅的，因为唐君毅是"黑格尔式的"，而自己那时却"不懂黑格尔，而且有强烈的反感"。随着交往的深入，牟宗三最初接触的黑格尔是《历史哲学》中对东方的批评，后来则由译述《历史哲学》和《法哲学原理》（*Philosophy of Right*，牟译为《权限哲学》⑤）两部书的"绪论"而得窥黑格尔哲学大旨："吾一直并未正式去仔细读他，去一句一句研究他，乃是在师友提撕与启迪中渐渐未正式研究他而却能知道他，嗅到他。"⑥ 对于自己与黑格尔的这种"相契"，牟宗三是非常自信的："学问的层面与领域是一层一层逼出来的。只要逼到那一层面那一领域，理路是一样的。尤其在精神表现这一方面，或者全隔，或者全契，因为这不是技术的知解问题，所谓前圣后圣，其揆一也。"⑦

"逼迫"牟宗三的，究竟是什么呢？是牟宗三的康德诠释遇到了问题，因此才需要黑格尔。"良知呈现"公案之后马上接着讲黑格尔，并不只是时间上的偶然。

---

① 李泽厚：《回应桑德尔及其他》，北京：生活·读书·新知三联书店，2014 年，第 86 页。

② 李泽厚：《回应桑德尔及其他》，北京：生活·读书·新知三联书店，2014 年，第 119 页。

③ 牟宗三：《五十自述》，《牟宗三先生全集》第 32 册，台北：联经出版事业股份有限公司，2003 年，第 97-104 页。

④ 牟宗三：《认识心之批判》（上），《牟宗三先生全集》第 18 册，台北：联经出版事业股份有限公司，2003 年，序第 13 页。

⑤ 按《牟宗三先生学思年谱》记载，1956 年牟宗三译述《黑格尔的历史哲学》（绪论部分），又译《黑格尔的权限哲学引论》、《怀悌海论客体事与主体事》，讲于人文友会。查《人文讲习录》也确有讲到《权限哲学》。然其他两部均收入《牟宗三先生译述集》，唯《黑格尔的权限哲学引论》则阙如，不知何故。

⑥ 牟宗三：《五十自述》，《牟宗三先生全集》第 32 册，台北：联经出版事业股份有限公司，2003 年，第 103 页。

⑦ 牟宗三：《五十自述》，《牟宗三先生全集》第 32 册，台北：联经出版事业股份有限公司，2003 年，第 103 页。

众所周知，牟宗三很早就接触了康德，并且一生通过康德这个桥梁来会通中西。而 1933~1961 年，则是康德与黑格尔并重。其康德诠释的成果集中体现为《认识心之批判》一书。这部书本想通过重写康德的《纯粹理性批判》来"穷智见德"，即由"知性主体"逼显"道德主体"而"仁智双彰"①，最终成就一种"色心不二、心物是一"、一元论的"最伟大的观念论、最伟大的唯心论"②。但是，出于自身和康德两方面的原因，这个工作不能算很成功。

牟宗三自身的原因即在于当时"不能了解其知性之存有论的性格之主张"，"于知识论尚只是一般之实在论之态度，而非康德'经验的实在论'与'超越的观念论'之系统也"③。

康德的原因与此相系，即所谓"一间未达，一层未透"。康德本来已经看出，"经验意义的二元论（dualism in empirical sense）是可以讲的，但超越意义的二元论（dualism in transcendental sense）是不能讲的"，而有希望达到中国人所喜欢的心物感应之"一元论"；但是，由于他同时设定了现象与物自身的"双重身份"，知识就达不到 noumena（本体、智思物）、物自身，对于自由、上帝、灵魂不灭等 idea 就仅有"超越的观念"，所以他虽然逼显出了"实践理性的实在性"却不能最终极成，其"超越的观念论"还没有"积极意义"，"不是好的意思"。④

"积极而好的意义"就是绝对而彻底的唯心论，就是跨越康德设立的物自身红线，以自由为性。⑤ 这是"良知是个假设，还是个呈现"公案的关节点：康德之所以"一间未达，一层未透"，其本质的关键就是因为他视"自由为一隔绝之预定、设准，其本身之必然性不可理解"⑥；

---

① 牟宗三：《认识心之批判》（上），《牟宗三先生全集》第 18 册，台北：联经出版事业股份有限公司，2003 年，序第 13 页。

② 牟宗三：《中西哲学之会通十四讲》，《牟宗三先生全集》第 30 册，台北：联经出版事业股份有限公司，2003 年，第 52 页。

③ 牟宗三：《认识心之批判》（上），《牟宗三先生全集》第 18 册，台北：联经出版事业股份有限公司，2003 年，序第 6 页。

④ 牟宗三：《中西哲学之会通十四讲》，《牟宗三先生全集》第 30 册，台北：联经出版事业股份有限公司，2003 年，第四、五讲。

⑤ 参阅陈迎年《感应与心物——牟宗三哲学批判》，上海：上海三联书店，2005 年，第 176-199 页。第四章第一节"物自身：统一体的根基"。

⑥ 就此而言，也不能说冯友兰"终生不解康德"。冯不过是"学着说""照着讲"罢了，本身并没有错。

而若要"拨开这'一间'，打通那一层隔"，就需要"良知呈现"①。在这个意义上，"良知呈现"就是"物自身呈现"。后来的"把其视为消极方面的亦转成为积极面的"②"吾人必须依中国的传统肯定'人虽有限而可无限'以及'人可有智的直觉'这两义"③ 等，表达的也都是同样的意思。

研究者往往据此批评牟宗三有意或无意地曲解、误解了康德。实际上，牟宗三清清楚楚地明白康德"批判学的要义"④ 就是总要保留消极意义的物自身以为限制，但他还是总要"海底涌红轮""转识成智""有而能无，无而能有"，悲如能所"同证"地打破了这个限制。牟宗三是明知山有虎，偏向虎山行。这与黑格尔的康德批判恰恰是一致的。黑格尔同样认定康德"一间未达，一层未透"，而既高度肯定了康德，又严厉批评了康德：

> 康德哲学的主要作用在于曾经唤醒了理性的意识，或思想的绝对内在性。虽说过于抽象，既未能使这种内在性得到充分的规定，也不能从其中推演出一些或关于知识或关于道德的原则；但它绝对拒绝接受或容许任何具有外在性的东西，这却有重大的意义。自此以后，理性独立的原则，理性的绝对自主性，便成为哲学上的普遍原则，也成为当时共信的见解。⑤

"绝对内在性""绝对自主性"与牟宗三所极成的可有智的直觉、可呈现物自身的"主体"之间，有亲密的血缘关系。黑格尔同样承认，康德的"哥白尼式革命"颠倒了心与物的旧有关系，从原来的关注物转到

---

① 牟宗三：《心体与性体》（一），《牟宗三先生全集》第 5 册，台北：联经出版事业股份有限公司，2003 年，第 187 页。

② 牟宗三：《智的直觉与中国哲学》，《牟宗三先生全集》第 20 册，台北：联经出版事业股份有限公司，2003 年，序第 5 页。

③ 牟宗三：《现象与物自身》，《牟宗三先生全集》第 21 册，台北：联经出版事业股份有限公司，2003 年，序第 6 页。

④ 牟宗三：《纯粹理性与实践理性》，《牟宗三先生全集》第 25 册，台北：联经出版事业股份有限公司，2003 年，第 379 页。

⑤ 黑格尔：《小逻辑》，贺麟译，北京：商务印书馆，1980 年，第 150 页。

关注心，创建了一种主体哲学并替代了关于世界的旧哲学，从而让哲学成为观念论，让主体性成为现代"共信"。但黑格尔同样也批评说，康德虽得之而终失之，并没有"极成"/"充分规定"这一"共信"。这里批判的矛头同样指向康德的二元论。在黑格尔看来，二元论虽然早有起源，却是现代性的文化教养。康德秉承并明确宣示了这种教养，从而让自己的哲学建立在现象与物自身、心与物、主体与客体、自然与自由、知识与信仰、知性与理性等二元对立的基础上，不能弥缝合一而最终把生活世界和主体的分裂绝对化了。这里的关键在于，主体虽然是理解物自身的基础，但只能思维物自身，而不能认识物自身，于是内外两隔，"全部知识老是停留在主观性之内，在主观性之外便是外在的物自体"①。

黑格尔批评康德的地方很多，在《精神现象学》《小逻辑》《哲学史讲演录》《法哲学原理》等书中很容易就能够找到。这些批评是前后一贯和系统的，其大要不超出牟宗三所"嗅到"的东西：心不实，物亦不实，心物两成空。

就心而言，只知道现象的主体是半途而废的："康德的哲学把本质性导回到自我意识，但是康德又不能赋予自我意识的本质或纯自我意识以实在性，不能在自我意识中揭示其存在。"②

就物而言，康德虽然"证明"了"我们之外的物的存在"，为观念论/唯心论洗刷了罪名，让其不再是"哲学上及人类理性上之污点"③，但仍然"很容易看出，这里所剩余的只是一个极端抽象，完全空虚的东西，只可以认作否定了表象、感觉、特定思维等等的彼岸世界。而且同样简单地可以看到，这剩余的渣滓或僵尸，仍不过只是思维的产物，只是空虚的自我或不断趋向纯粹抽象思维的产物。这个空虚自我把它自己本身的空虚的同一性当作对象，因而形成物自体的观念"④。"物自体永

---

① 黑格尔：《哲学史讲演录》（第四卷），贺麟、王太庆译，北京：商务印书馆，1996年，第274页。

② 黑格尔：《哲学史讲演录》（第四卷），贺麟、王太庆译，北京：商务印书馆，1996年，第257-258页。

③ 康德：《纯粹理性批判》，蓝公武译，北京：商务印书馆，1997年，第25页。参阅康德《纯粹理性批判》（第2版），李秋零译，《康德著作全集》第3卷，北京：中国人民大学出版社，2004年，第22页。idealism蓝译为观念论，李译为唯心论。

④ 黑格尔：《小逻辑》，贺麟译，北京：商务印书馆，1980年，第125页。第267页亦有大体相同的论述。

远停留在彼岸世界里"，成为"一个无法问津的'他界'"。①

就心物关系而言，"康德哲学的缺点在于绝对形式的各个环节彼此外在；或者从另一方面看来，我们的知性、我们的认识对自在存在形成一个对立：它缺少了否定的东西，那被扬弃的'应当'没有被掌握住"②。这是一种方法论的失误。黑格尔讽刺说，本来"矛盾发展并不是从外面加给思维范畴的，而毋宁是即内在于思维范畴本身内"，但是康德这个呆子却坚持认定"没有学会游泳以前勿先下水游泳"。③

黑格尔的结论是：康德扬弃了知识，为道德而假定/预设了自由，"这是很好的哲学导论"④，却也"完全是知性哲学"，因为它"否认了理性"⑤。按黑格尔的讲法，"否认了理性"就是实践理性还只固执于单纯主观的道德观点而不能向伦理的概念过渡，最终只成就了一个"为义务而义务"的"形式主义"道德形上学，抽象空虚："义务所保留的只是抽象普遍性，而它以之作为它的规定的是无内容的同一，或抽象的肯定的东西，即无规定的东西。"⑥ 按牟宗三的讲法，"否认了理性"就是以良知为假设，让道德实践落了空：

> 他之批判地假定自由为一设准亦还只是理上逼迫着要如此的，而正因为这只是一假定、一设准，而不能讲到它的真实性是一"呈现"，所以我才说他所讲的"只是一套空理论"。⑦

> 在康德步步分解建构的哲学中，自由只是在抽象地被预定中，因而亦只是在抽象的悬空中，只是一个理念，理想的概念。至于其

① 黑格尔：《小逻辑》，贺麟译，北京：商务印书馆，1980 年，第 150、151 页。
② 黑格尔：《哲学史讲演录》（第四卷），贺麟、王太庆译，北京：商务印书馆，1996年，第 307 页。
③ 黑格尔：《小逻辑》，贺麟译，北京：商务印书馆，1980 年，第 118 页；《哲学史讲演录》（第四卷），贺麟、王太庆译，北京：商务印书馆，1996 年，第 259 页。
④ 黑格尔：《哲学史讲演录》（第四卷），贺麟、王太庆译，北京：商务印书馆，1996年，第 307 页。
⑤ 黑格尔：《哲学史讲演录》（第四卷），贺麟、王太庆译，北京：商务印书馆，1996年，第 306 页。
⑥ 黑格尔：《法哲学原理》，范扬、张企泰译，北京：商务印书馆，1961 年，第 137 页。
⑦ 牟宗三：《心体与性体》（一），《牟宗三先生全集》第 5 册，台北：联经出版事业股份有限公司，2003 年，第 139-140 页。

真实的存在上的绝对必然性，则对于我们的理性完全隔绝，不可理解，这是属于康德所说的"物自身"式的睿智界，我们也可以说，对人类理性言，这是属于"存有底神秘"（Mystery of Being）的。说这是哲学底界限，本也是可以的。但若把自由完全归诸信仰，视作被预定的理念，不能落实，不能真实呈现，这等于说道德不能落实，不能真实呈现。如是，康德所佳构的道德真理完全是一套空理论。这似乎非理性之所能安，不，简直是悖理！①

这里牟宗三与黑格尔若合符节，相互发明。两人都不满意康德的二元论，认其为半途而废，而要求突破其界限，呈现物自身。两人都认为康德的物自身假设导致了形式主义和道德实践的无力，而要求在自然与自由的一元中成就真正的主体。两人都高度赞扬了康德对主体的挺立，但又都认为那只是初步，而进一步追问："冲破康德所立的界限后，实践哲学实践理性还有其极限否？"② 在这个地方，牟宗三强调"良知呈现"，强调"由道德的主体而透至其形而上的与宇宙论的意义"及"道德主体顿时即须普而为绝对之大主"③，强调"性体心体就是我们的真实而真正的主体性"④，强调"一起登法界"的"宇宙秩序即是道德秩序，道德秩序即是宇宙秩序"⑤。在这个地方，黑格尔把康德"直观的理智"跟"内在的目的性"相互诠释，强调"只有在这方面的思想里，康德哲学才算达到了思辨的高度"⑥。因此，牟宗三才会在对康德的长篇大论中有些突兀地高度赞扬了黑格尔：

① 牟宗三：《心体与性体》（一），《牟宗三先生全集》第5册，台北：联经出版事业股份有限公司，2003年，第173页。
② 牟宗三：《心体与性体》（一），《牟宗三先生全集》第5册，台北：联经出版事业股份有限公司，2003年，第166页。
③ 牟宗三：《心体与性体》（一），《牟宗三先生全集》第5册，台北：联经出版事业股份有限公司，2003年，第338页。
④ 牟宗三：《心体与性体》（一），《牟宗三先生全集》第5册，台北：联经出版事业股份有限公司，2003年，第192页。
⑤ 牟宗三：《心体与性体》（一），《牟宗三先生全集》第5册，台北：联经出版事业股份有限公司，2003年，第89页。
⑥ 黑格尔：《小逻辑》，贺麟译，北京：商务印书馆，1980年，第144页。

心（兴趣、情感）是主观性原则、实现原则；法则是客观性原则、自性原则。关于这主观性原则（实现原则，即真实化、具体化底原则），康德并未能正视而使之挺立起，到黑格尔才正式予以正视而使之挺立起（因黑格尔正重视实现故）。[①]

就此而言，牟宗三的"良知呈现"与其说是"康德式的"，不如说是"黑格尔式的"。

三　绝对的唯心论

至晚从 1937 年开始，牟宗三就有意创造中国的彻底唯心论、绝对唯心论。按牟宗三的理解，idealism 可以广义地翻译成"理想主义"，但也有译为"唯心论""观念论""理念论""理想论"等的。在牟宗三看来，西方的康德也只有超越的观念论、超越的理念论（transcendental idealism），只有中国才有真正的唯心哲学。"中国所讲的心性之学才是真正的唯心论，但同时也是真正的实在论。"[②] 而自己之所以讲良知呈现、良知坎陷、内圣开出新外王、一心开二门、两层存有论、圆善论等，就是要在同中华民族历史运会的共鸣中根据时代和实践的需要"透出"彻底的唯心论和彻底的实在论："因为智心与物如同时呈现，智心是绝对的心，物如是绝对的实在，固同时是彻底的唯心论，同时亦即是彻底的实在论也。"[③] 这也就是《心体与性体》所常言的"一心之朗现、一心之申展、一心之涵盖、一心之遍润"，及前此所言的"客观而绝对的唯心论"。

这当然招致了众多的批评。李泽厚"非常矫揉造作""反理性主义的危险之路"等批评即本于此。不过我们将看到，黑格尔也把创建绝对唯心论的任务交给了自己。李泽厚对于牟宗三的批评，同他"要康德，

---

① 牟宗三：《心体与性体》（一），《牟宗三先生全集》第 5 册，台北：联经出版事业股份有限公司，2003 年，第 170 页。同时可参阅 1962 年《中国哲学的特质》第七讲"主观性原则与客观性原则"。

② 牟宗三：《哲学研究的途径》，《牟宗三先生全集》第 27 册，台北：联经出版事业股份有限公司，2003 年，第 359 页。

③ 牟宗三：《鹅湖之会——中国文化发展中的大综和与中西传统的融会》，《牟宗三先生全集》第 27 册，台北：联经出版事业股份有限公司，2003 年，第 457 页。

不要黑格尔"的立场有着直接的关联。这里无意介入唯物论与唯心论的争执，而只是顺"三重公案"的脉络，通过审视这种绝对唯心论对法律、权利、权力、国家等的看法①，来检讨李泽厚的批评。

首先需要指出的是，黑格尔破除康德二元论的束缚和物自身限制，建立一种"有别于批判哲学那种主观唯心论"的"绝对唯心论"②的目的，并不是否认物，而恰恰是把物从彼岸安放到此岸，以便更好地承认物、尊重物。表现在法哲学上，就是对私有财产基础地位的强调。因此，哲学与现实的关系不是被这种唯心论推远了，而是被拉近和"同一"了："哲学是探究理性东西的，正因为如此，它是了解现在的东西和现实的东西的，而不是提供某种彼岸的东西，神才知道彼岸的东西在哪里，或者也可以说（其实我们都能说出），这种彼岸的东西就是在片面的空虚的推论那种错误里面。"③ 在这种意义上，黑格尔列了一长串连等式：绝对＝精神＝主体＝理性＝实体＝现实等，强调"思想的真正客观性应该是：思想不仅是我们的思想，同时又是事物的自身（an sich），或对象性的东西的本质"④，强调"说真理只作为体系才是现实的，或者说实体在本质上即是主体，这乃是绝对即精神这句话所要表达的观念"⑤。

通过这种"同一"，黑格尔让哲学成为"被把握在思想中的它的时代"⑥ 和"有关世界的思想"⑦。在这个地方，黑格尔又忍不住不轻不重地"讽刺"了一下康德哲学："半途而废的哲学离开了神——把认识看做对真理的渐近，也同样是半途而废，——但是真正的哲学导向于神。

---

① 这也是牟宗三为什么要译述黑格尔《法哲学原理》和《历史哲学》两书的一个重要原因。这里有"唯心论"的历史。在这一点上，牟宗三不缺少同调。有德国人强调："从康德到黑格尔这一德意志观念论的发展，如果以《纯粹理性之批判》出版的一年算作起点，而以黑格尔最后的伟大著作《法理哲学》算作终点的话，基本上发生于1781 年至1821 年这段时间中。在这短短四十年的光景中，一个人类历史中前所未有的精神运动展现了。"参阅里夏德·克朗纳《论康德与黑格尔》，关子尹编译，上海：同济大学出版社，2004 年，第 3 页。
② 黑格尔：《小逻辑》，贺麟译，北京：商务印书馆，1980 年，第 127 页。
③ 黑格尔：《法哲学原理》，范扬、张企泰译，北京：商务印书馆，1961 年，序言第10 页。
④ 黑格尔：《小逻辑》，贺麟译，北京：商务印书馆，1980 年，第 120 页。
⑤ 黑格尔：《精神现象学》（上卷），贺麟、王玖兴译，北京：商务印书馆，1979 年，第15 页。
⑥ 黑格尔：《法哲学原理》，范扬、张企泰译，北京：商务印书馆，1961 年，序言第12 页。
⑦ 黑格尔：《法哲学原理》，范扬、张企泰译，北京：商务印书馆，1961 年，序言第13 页。

关于国家亦同。理性不满足于渐近，因为它不冷不热，所以要把它吐出。"①

无论是黑格尔现象与物自身的"同一"还是他对康德的"讽刺"，都让人很容易想到牟宗三。牟宗三一直就很清楚，黑格尔的那种同一必须放在时间历程中讲，是宏观历史与微观个体的统一，"只能讲精神生活的发展，讲自己修养功夫的发展"②。因此在《心体与性体》的一开头，牟宗三就纳"事理"（政治哲学与历史哲学）入"性理"（心性之学、内圣之学、成德之教），强调心性、主客、内外、体用等的不二，认为儒家道德的形上学"必含本体与工夫之两面，而且在实践中有限即通无限"③。也就是说，儒家道德的形上学是理论与实践的合一体，"本体"不过是讨论道德实践所以可能之客观根据、先验根据或超越的根据，"工夫"则是讨论道德实践所以可能之主观根据、实践根据和主体下手问题，本体与工夫"合一"而有道德理性的"截断众流"、"涵盖乾坤"和"随波逐浪"④。所有这些，牟宗三都在提醒人们，如果不能关乎世界和时代，儒学也必随风而逝，自己绝对的唯心论绝不是什么高头讲章，而同样是"被把握在思想中的它的时代"和"有关世界的思想"。因此，今天的成德之教既是成天民（教化、风教：修道之谓教，如圣人般高尚）也是成公民（明分、尽分：率性之谓道，如数学般精确），而要求聚集起这个时代和世界中的一切人："科学、自由民主不是哲学家一个人的事情，这是大家的事情，大家肯定科学、自由民主，自然可以开发出来。"⑤ 牟宗三也以"同心圆"喻之："这是儒家正统派一贯思想，他们都是主张由一个中心点而逐渐向外放大的实践论。譬如投石于水，石落处为中心点，由此中心点而向外震动，其震动幅逐渐放大，直至于无限、

---

① 黑格尔：《法哲学原理》，范扬、张企泰译，北京：商务印书馆，1961 年，序言第 13 页。
② 牟宗三：《哲学研究的途径》，《牟宗三先生全集》第 27 册，台北：联经出版事业股份有限公司，2003 年，第 361 页。
③ 牟宗三：《心体与性体》（一），《牟宗三先生全集》第 5 册，台北：联经出版事业股份有限公司，2003 年，第 10 页。
④ 牟宗三：《心体与性体》（一），《牟宗三先生全集》第 5 册，台北：联经出版事业股份有限公司，2003 年，第 143 页。
⑤ 牟宗三：《鹅湖之会——中国文化发展中的大综和与中西传统的融会》，《牟宗三先生全集》第 27 册，台北：联经出版事业股份有限公司，2003 年，第 458 页。

无可放大处，最后也就把那个中心点混融而与全体为一，而复归于原来之状态。这个最后的混融，即是参天地、赞化育，即是上下与大地同流，即是忠恕一贯之道。这即是实践的最后理想，儒家的理想论即是这个一贯之道。"①

不过，这个"投石入水"并不能理解为朱子《大学章句》中的那则名句："大学始教，必使学者即凡天下之物，莫不因其已知之理而益穷之，以求至乎其极。至于用力之久，而一旦豁然贯通焉，则众物之表里精粗无不到，而吾心之全体大用无不明矣。"在《心体与性体》中，牟宗三曾用十几页的篇幅讨论了这段话，并因此认定朱子"别子为宗"。按牟宗三的判法，朱子通过今日格一物明日格一物这种无穷无尽、不容间断的即物穷理之渐磨工夫，可以心静理明，"归纳"出形构之理（表、粗：见闻之知），再"导引"至存在之理（里、精：德性之知），这样的"一旦豁然贯通"不过是形构之理与存在之理这"两层之交织"，其"系统彻底是渐教，亦彻底是唯智主义的他律道德"②，所获得的存在之理因必须通过主客二分之智的静涵静摄而"只存有而不活动"③。但"良知呈现"的"投石入水"却当下同一，直下贯通，即存有即活动。在这个分际上，牟宗三判朱子"别子为宗"，判康德"强探力索、曲折建构"④、"工巧的凑泊"⑤等，不过表达了跟黑格尔类似的意思：两者都必然被中国儒家"绝大的原始智慧"及宋明儒大宗"原始而通透的直悟"所"吐出"。除此之外，荀子也被判定为静涵静摄的实在论，有不温不火的"渐近"问题。

"全部哲学史这样就成了一个战场，堆满着死人的骨骼。"⑥黑格尔

---

① 牟宗三：《墨子之兼爱与孟子之等差》，《牟宗三先生全集》第25册，台北：联经出版事业股份有限公司，2003年，第474页。

② 牟宗三：《心体与性体》（一），《牟宗三先生全集》第5册，台北：联经出版事业股份有限公司，2003年，第116页。

③ 牟宗三：《心体与性体》（一），《牟宗三先生全集》第5册，台北：联经出版事业股份有限公司，2003年，第118页。

④ 牟宗三：《心体与性体》（一），《牟宗三先生全集》第5册，台北：联经出版事业股份有限公司，2003年，第120页。

⑤ 牟宗三：《心体与性体》（一），《牟宗三先生全集》第5册，台北：联经出版事业股份有限公司，2003年，第182页。

⑥ 黑格尔：《哲学史演讲录》（第1卷），贺麟、王太庆译，北京：商务印书馆，1996年，第21页。

的绝对唯心论在"吐出"康德之后紧接着就又被别人"吐出"了。不过这次的原因却在于"绝对"本身："他"的"身材"如此"魁伟"，以至于"在他迈步前进的途中，不免要践踏许多无辜的花草，蹂躏好些东西"①。例如卡西尔就批评这种"理性的狡计"说："黑格尔的逻辑学和哲学似乎是理性的东西的胜利。只有哲学所孕育的思想才是纯粹的理性概念；世界历史向我们展示了一个理性的过程。但黑格尔的悲剧性的命运就在于，他无意识地放出了那总是出现在人的社会生活和政治生活里的最为非理性的力量。没有别的哲学体系象黑格尔的国家学说——'存在于地上的神圣的理念'那样，为法西斯主义和帝国主义做了那么多的准备。黑格尔甚至首次表达了这样的观念，即每一个历史时期，都有一个并且只有一个民族，是世界精神的代表，这个民族有权统治一切其他的民族。"② 这里批评黑格尔总体和同一的要点有两个，一是理论上的非理性、神秘主义，二是实践上的反理性、集权专制。

李泽厚在《批判哲学的批判》中贯彻了这两条原则。这本是一部专门诠释康德的专著，却时时刻刻与黑格尔进行着比较。在李泽厚看来，黑格尔"用先验自我来吞并'物自体'"③，"把康德所反对的形而上学本体论重新建立起来，认识功能实体化，自我意识成了上帝式的绝对理念：它牢笼百态，宰制万物，陶铸世界，与神齐一"④，因而"彻底贯彻了唯心主义路线"⑤，把人类历史"唯心主义神秘化了"⑥，最终做成了一种"绝对唯心主义"⑦。李泽厚批评说，这种绝对唯心主义是一种"轻视和吞并感性现实的思辨哲学"，"个体、感性被淹没"了，⑧"集权的晦涩的总体主义"被强调，"从这里当然可以走向军国专制而为普鲁士王朝服务，黑格尔的法哲学在一定意义上就是这样"。⑨

---

① 黑格尔：《历史哲学》，王造时译，上海：上海书店出版社，2001 年，第 34 页。
② 恩斯特·卡西尔：《国家的神话》，范进、杨君游、柯锦华译，北京：华夏出版社，1990 年，第 323 页。
③ 李泽厚：《批判哲学的批判》，合肥：安徽文艺出版社，1994 年，第 277 页。
④ 李泽厚：《批判哲学的批判》，合肥：安徽文艺出版社，1994 年，第 204 页。
⑤ 李泽厚：《批判哲学的批判》，合肥：安徽文艺出版社，1994 年，第 265 页。
⑥ 李泽厚：《批判哲学的批判》，合肥：安徽文艺出版社，1994 年，第 361 页。
⑦ 李泽厚：《批判哲学的批判》，合肥：安徽文艺出版社，1994 年，第 285 页。
⑧ 李泽厚：《批判哲学的批判》，合肥：安徽文艺出版社，1994 年，第 426-427 页。
⑨ 李泽厚：《批判哲学的批判》，合肥：安徽文艺出版社，1994 年，第 344 页。

李泽厚的上述讲法都相当含蓄。改革开放之后，李泽厚坚持并明确了这两条原则："康德在某些方面比黑格尔高明，他看到了认识论不能等同也不能穷尽哲学。黑格尔把整个哲学等同于认识论或理念的自我意识的历史行程，这实际上是一种泛逻辑主义或唯智主义……它忽视了人的现实存在，忽视了伦理学的问题。在黑格尔那里，伦理学是没有地位的，不过是他的认识论和逻辑学的一个环节罢了。"① 李泽厚强调，自己的哲学是康德与马克思的循环往复，"而不是黑格尔→马克思"，自己之所以"强调个体、感性和偶然"，"这正是希望从强调集体（人类、阶级）、理性和必然的黑格尔-斯大林式的'马克思主义'中解放出来"。②

非常有意味的是，李泽厚还曾特别提到，相比于"港、台'大师'们写的有关康德哲学的专著"，《批判哲学的批判》仍然有持续而独特的意义。③ 这明确告诉人们，李泽厚对黑格尔的批评与他对牟宗三的批评之间有着本质的关系。"非常矫揉造作"显然是说牟宗三良知呈现在理论上的泛逻辑主义、唯智主义或神秘主义特征，"反理性主义的危险之路"则是说道德的形上学在实践中必将导致集权专制。

当然，牟宗三跟黑格尔也有很多不同，李泽厚并没有将两者完全等同。牟宗三在很多地方曾为黑格尔辩护。在《政道与治道》中，他还专门讨论过卡西尔的《国家的神话》。凡此种种，都让事情变得更加纠缠。不过，通过学究工夫的归类和比较，大的划分还是必要的。这是准确把握康德、黑格尔、马克思、牟宗三及李泽厚等的哲学的主要着力点及特征的要求，也有助于分清立场，理解中国现实和中国问题的复杂性。

众所周知，黑格尔即便不是反动的，那也有其保守性。当黑格尔宣称"哲学的最高目的就在于确认思想与经验的一致，并达到自觉的理性与存在于事物中的理性的和解，亦即达到理性与现实的和解"④ 时，人们往往不从其理想性、革命性着眼，而是批评其"和解"的圆滑、投降性质。在《路德维希·费尔巴哈和德国古典哲学的终结》一文中，恩格斯理解"自由派"对黑格尔法哲学的"愤怒"："这显然是把现存的一切

① 李泽厚：《批判哲学的批判》，合肥：安徽文艺出版社，1994年，第467页。
② 李泽厚：《批判哲学的批判》，合肥：安徽文艺出版社，1994年，第509页。
③ 李泽厚：《批判哲学的批判》，合肥：安徽文艺出版社，1994年，第445页。
④ 黑格尔：《小逻辑》，贺麟译，北京：商务印书馆，1980年，第43页。

神圣化，是在哲学上替专制制度、警察国家、专断司法、书报检查制度祝福。"针对这种极其温和保守的政治结论，恩格斯无情地嘲讽说："黑格尔是一个德国人，而且和他的同时代人歌德一样，拖着一根庸人的辫子。歌德和黑格尔在各自的领域中都是奥林波斯山上的宙斯，但是两人都没有完全摆脱德国庸人的习气。"①

　　换言之，人们无法把这种绝对唯心论限定在纯粹理论方面，跟现实的和解是其本质的一环，因而人们的愤怒并不是无理取闹。黑格尔说："神自身在地上行进，这就是国家。"② 牟宗三说，黑格尔"在这方面的贡献是不朽的，也在这方面见出他的识量解悟智慧实超过以往任何大哲学家"③。儒家有着几千年与各色王朝共存的历史，而这些王朝都毫无例外地有着各自的现实的神——圣王，因此，当牟宗三的绝对唯心论借黑格尔的绝对唯心论来讲儒学的内圣外王时，人们着实更有理由忧心：现代新儒家牟宗三是否也拖着庸人的辫子，甚或更加反动？

　　不过人们也知道，恩格斯还强调了黑格尔"彻底革命的思维方法"，称赞其辩证哲学的"革命性质是绝对的"④。同样，牟宗三辩护说："极权自是极权，国家自是国家。"⑤ "有人说黑格尔哲学有助于极权，但很少人说儒、释、道三家有助于极权。"⑥ 牟宗三需要说明：为什么儒家绝对的唯心论就能够去除庸人习气，对于国家、文化有积极而正面的作用？在这一点上，牟宗三划清了跟黑格尔的界限，回归了康德和孔子。

四　回归孔夫子

　　确定无疑的是，牟宗三总是借用黑格尔来讲儒家的内圣外王之学、

---

① 恩格斯：《路德维希·费尔巴哈和德国古典哲学的终结》，《马克思恩格斯文集》第4卷，北京：人民出版社，2009年，第268、272页；同时参阅《马克思恩格斯全集》第21卷，北京：人民出版社，1965年，第306、310页。

② 黑格尔：《法哲学原理》，范扬、张企泰译，北京：商务印书馆，1961年，第259页。

③ 牟宗三：《生命的学问》，桂林：广西师范大学出版社，2005年，第142页。

④ 恩格斯：《路德维希·费尔巴哈和德国古典哲学的终结》，《马克思恩格斯文集》第4卷，北京：人民出版社，2009年，第270、272页；同时参阅《马克思恩格斯全集》第21卷，北京：人民出版社，1965年，第308、310页。

⑤ 牟宗三：《生命的学问》，桂林：广西师范大学出版社，2005年，第139页。

⑥ 牟宗三：《中国哲学十九讲》，《牟宗三先生全集》第29册，台北：联经出版事业股份有限公司，2003年，第443页。

大人之学。"外王三书"时期是这样，后期的《智的直觉与中国哲学》《现象与物自身》《圆善论》等也是这样。所不同的是，在后期黑格尔已经完全被"化"掉了。你可能看不到黑格尔的名字，但黑格尔的影子和味道却无处不在。这个味道，就是牟宗三早期所"嗅到"的。也就是说，牟宗三前后期是有不同，但不如人们通常所理解的那么大，而且更多的是形式上的。在牟宗三前期是外王学（政治哲学、历史哲学）而后期是内圣学（道德的形上学）的这种区分中，如果不能看到黑格尔的"凝"与"化"，不能看到黑格尔的贯通持存，那将是致命的。这里先提及四点：牟宗三要求正视中国的问题，他重视黑格尔有借之洞见传统内圣外王的毛病或症结，然后再造新我的初衷在里面；在方法论上，牟宗三要求正视分解的意义，把康德的"知性"当作黑格尔"理性"的基础或前提，从而又以回到康德的方式把自己的绝对唯心论跟黑格尔的绝对唯心论区分了开来；再进一步，牟宗三要求正视"性体"概念，最终回到孔子，"吐出"康德、黑格尔；最后，牟宗三要求视历史文化与法律国家为"圆一"，彻底而绝对的唯心论一定既是国家的与文化的，又必是自由的与社会的，"你的"与"我的"的问题仍需要解决。

　　这里的首要问题是，牟宗三之所以借用黑格尔，就是为了反思中国问题和建设新的中国。反思西方并不是牟宗三的论题。当然，说牟宗三回归孔夫子，也并不是说他在那个西化的年代里先西化了，远离了孔夫子，然后才再回到孔夫子。实际上，孔夫子一直未曾离开，但不是原教旨主义的孔夫子。牟宗三并没有"愤世嫉俗，择陈迹而固执之"，而是要求有"历史意识"，能"接通慧明"，因此他坚信，只有明了中国文化的缺陷，才能弥补之、完善之、坚持之、弘扬之。在这个地方，牟宗三发现了康德和黑格尔的重要性。"惟康德、黑格尔之建树，足以接上东方'心性之学'，亦足以补其不足。"① 这就是洋为中用，它是一个两难（dilemma），但也是生活世界的逻辑，更是一种自信。②

---

① 牟宗三：《五十自述》，《牟宗三先生全集》第32册，台北：联经出版事业股份有限公司，2003年，第94、101页。

② 牟宗三之重视西方正是为了东方，是康德的"纯理自己"先吸引了牟宗三并让其有自信补足熊十力之所不能的"量论"，是黑格尔唤醒了牟宗三的"两难"意识而与熊十力"良知呈现"产生共鸣之后更加自觉地把康德往形而上学方向推展，康德与黑格尔合起来，才有牟宗三"道德的形上学"。

　　中国文化的缺陷何在？牟宗三最先接触的就是黑格尔对古代中国的批评：过去中国是一个神权专制或君主专制的国度，那里的大家长——皇帝——一个人的意见成了法律，成了普遍的意志和实体，因而中国人除了皇帝之外，其他人无论在家庭还是在社会中都缺少独立自主性，不具有神圣不可侵犯的私有财产和独立人格，如行尸走肉般活着，没有任何主观性因素。"'自由'要靠知识和意志无穷的训练，才可以找出和获得。"① 但过去中国恰恰缺乏的就是这种"训练"或"主观运动"，因此虽然在言辞上强调统一性、普遍意志和实体等，但由于缺少客观存在与主观运动之间的对峙，因而都是靠不住的。

　　牟宗三对此高度肯定："黑格尔虽然对中国所知不多，甚至只是一知半解，但他所讲的大体是不错的。"② "黑格尔批评中国你那个统一不可靠的，这个黑格尔说得对，黑格尔没有到中国来，也不识中国字，但他对中国这一点了解没有人能超过，而且你不高兴也得承认，不能反对。这就是哲学家的本事。"③ 但是，牟宗三也还觉得奇怪：儒家一直强调道德实践，又怎么会缺少"主观运动"④ 呢？"中国自孔子立教起到后来的宋明理学家，一直重视慎独、涵养、察识，这不都是自觉吗？若不重视自觉怎么作实践的工夫呢？二者之间就成了两难（dilemma）。"⑤

　　如何解开这个两难？牟宗三认为，需要区分自觉、主观的自由的"政治型态"与"道德型态"的不同。中国文化的道德型态当然有其价值，但缺陷在政治型态。这也就是梁漱溟所讲的"中国文化是理性的早熟"，牟宗三谓其为"超过的不能，不是不及的不能"⑥。牟宗三解释说："这个自由光是合理安排没有用的，一定要通过每一个个体的自觉、奋

①　黑格尔：《历史哲学》，王造时译，上海：上海书店出版社，2001年，第43页。
②　牟宗三：《中国哲学十九讲》，《牟宗三先生全集》第29册，台北：联经出版事业股份有限公司，2003年，第195页。
③　牟宗三：《四因说演讲录》，《牟宗三先生全集》第31册，台北：联经出版事业股份有限公司，2003年，第198页。
④　牟宗三"即存有即活动"与"只存有而不活动"的"活动"，即有此"主观运动"和"训练"的味道。
⑤　牟宗三：《中国哲学十九讲》，《牟宗三先生全集》第29册，台北：联经出版事业股份有限公司，2003年，第197页。
⑥　牟宗三：《人文讲习录》，《牟宗三先生全集》第28册，台北：联经出版事业股份有限公司，2003年，第127页。

斗，这样你才能成一个公民，要不然，你永远是个天民或是羲皇上人。羲皇上人就是最原始最好的，老子欣赏他们'日出而作，日入而息，帝力何有于我哉！'但这样的羲皇上人没有保障。中国农村太平盛世也是这样，但这没有保障。一定要成为公民，要成公民就要通过个体的自觉，就要有主观的自由，就是这个自由要面对我这个心灵的自觉而呈现。这个在黑格尔的辩证中就叫做'freedom for itself'。"① 牟宗三的内圣开出新外王、良知坎陷以及他的"外王三书"等，对此"保障"念念不忘（凝而为法），其道德的形上学和《圆善论》等，也无法离开这种"保障"（化而为觉）。

　　但这里又出现了一个问题：当牟宗三借用黑格尔绝对唯心论时，那是往上讲，讲取消物自身，呈现良知（绝对精神）；现在讲主观自由缺乏保障，却是往下讲，强调法律条件、政治法权（客观精神）。上下似乎出现了错位。其实不然。这涉及牟宗三为什么又要回到康德的问题，涉及对黑格尔方法的扬弃问题。

　　牟宗三把西方康德之后的哲学发展分为两路，一条是分析哲学、胡塞尔、海德格尔等的后缩下坠方向，冷落不可言说者的物自身和形上实体，重知性、逻辑、事功精神，追求确定性、在者、可言说者；另一条是费希特、谢林、黑格尔等人的前推上升方向，消化三个设准，呈现物自身，追求绝对总体。但是，黑格尔"常令人反感"，"人们讨厌黑格尔，是因为黑格尔表达的方式不好"。② 这是一种"直接从'绝对的有'往下滚"的"一滚说"："读其纯哲学方面的书者，觉其所言好像是一个无眉目无异质的混沌在那里滚，如滚雪球，愈滚愈大，而且只是同质地滚，故读一页可以预知其未来之一切，读竟全书，亦只是一个方式。"③ 牟宗三又称它是"'全体是用，全用是体'之一滚而化，一滚地如如呈现"："直下将形而下者向里向上紧收于形而上者，而同时形而上者亦即全部内在化而紧吸于形而下者中，因而成其为一滚地说。"④

　　① 牟宗三：《四因说演讲录》，《牟宗三先生全集》第31册，台北：联经出版事业股份有限公司，2003年，第69—70页。
　　② 牟宗三：《中国哲学十九讲》，《牟宗三先生全集》第29册，台北：联经出版事业股份有限公司，2003年，第443、35页。
　　③ 牟宗三：《生命的学问》，桂林：广西师范大学出版社，2005年，第140—141页。
　　④ 牟宗三：《心体与性体》（一），《牟宗三先生全集》第5册，台北：联经出版事业股份有限公司，2003年，第414页。

但是，宋明儒三系中的五峰、蕺山系不也是一滚说吗？熊十力不也是一滚说吗？牟宗三曾指出，熊十力也会招致反感，"一方既可使人想到为'非批判的'，一方又可使人想到为玄谈为光景"，但紧接着又拉开了儒家一滚说与黑格尔一滚说的距离：儒家的一滚说实际上同时呈现了"从宇宙说下来"与"从人生说上去"的两面，"这两个来往，在原始儒家是一下子同时呈现的，既不隔，亦不对立。无论从那一面说，都是通着彼面的，而且亦是了于彼面的"，因此"不可像西方哲学那样，视作对立的两个途径"。① 也即是说，儒家的"一滚地说必预设一分别地说"②。

这种"预设"是向康德的回归。"以此学为骨干，要分解，须先是'超越的分解'，如康德之所为，其次是辩证法的综和，而辩证的综和即含有辩证的分解，如黑格尔之所为。"③ "综起来说，所谓辩证的统一，乃是预先假定（presuppose）了一些分析的说法。所以假定读西方哲学，要读黑格尔的哲学思想的话，得先读康德的哲学，或是读康德之前的哲学，如柏拉图、亚里士多德、莱布尼兹等人之思想；也就是说先得把分别地说的概念弄清楚，才能进一步地谈辩证的统一所处理的问题。"④

质言之，牟宗三在良知呈现，取消物自身的界限之后，又以"非分别说"预设了"分别说"的方式，把物自身请回来了。因此李明辉才论证说，牟宗三借用"一心开二门"的间架是为了说明康德"现象"与"物自身"的"区分"，而黑格尔却是要"化掉"这项区分，因此牟宗三只能是"康德式的"。这里的关键是，正因为牟宗三既"取消"又"稳定"了康德现象与物自身的区分，牟宗三才能够"十字打开"，成就"现代新儒学"之所以为"新"的意义："故宋、明儒所发展之儒家成德之教，一所以实现康德所规划之'道德的形上学'，一所以收摄融化黑

---

① 牟宗三：《五十自述》，《牟宗三先生全集》第 32 册，台北：联经出版事业股份有限公司，2003 年，第 92—93 页。

② 牟宗三：《心体与性体》（一），《牟宗三先生全集》第 5 册，台北：联经出版事业股份有限公司，2003 年，第 422 页。

③ 牟宗三：《五十自述》，《牟宗三先生全集》第 32 册，台北：联经出版事业股份有限公司，2003 年，第 100 页。"辩证法"的"法"字当为误增。

④ 牟宗三：《中国哲学十九讲》，《牟宗三先生全集》第 29 册，台北：联经出版事业股份有限公司，2003 年，第 332 页。

格尔之精神哲学也。"① 而牟宗三的"理性主义"与"神秘主义"、"形式的厘清与划分"与"具体的精察与感受"、"知识上的实在性"与"实践理性的实在性"、"非存在的"与"存在的"、"抽象的解悟"与"具体的解悟"、"个体性"与"普遍性"、"历史判断"与"道德判断"、"现象观"与"乌托邦"、"理性之外延的表现"与"理性之内容的表现"、"政治理性"与"政治神话"等众多"对子",均可以如是观。李泽厚在这里批评牟宗三是"两个世界",但牟宗三则坚持说自己发展了中国式成圣成佛的实践圣境:"其实在此二元论不能讲,一元论也不能讲,好多微妙的玄谈都在这个层次、这个范围内。"②

黑格尔一元论的世界精神魁伟狰狯,无须接受道德上的非难,践踏、蹂躏、驱使、利用、牺牲、抛弃着所有的人。这是生活世界本身的逻辑,力量为大,赢者通吃。生命本身被彻底撕开晾晒在阳光下,显得如此残酷和血淋淋,有如命中注定。"一切现实之物都包含有相反的规定于自身。"③ "矛盾是一普遍而无法抵抗的力量,在这个大力之前,无论表面上如何稳定坚固的事物,没有一个能够持久不摇。"④ 这本身没有什么错或不对,存在之为存在即是如此。但是,牟宗三要求黑格尔"一元论"的同时承认康德所预设的物自身,在"二元论"中重温孟子的"性命对扬"⑤,以便在任何残酷或血淋淋中也能够展露生命的光明与敞亮。也因此,牟宗三批评"康德并未把他所讲的自由自主自律而绝对善的意志连同着它的道德法则无上命令视为人之'性'",黑格尔也"只笼统言精神之发展,而总无'性体'一核心之观念,故其全部哲学总不能落实,只展现而为一大逻辑学……然如不能落实于心性,以道德实践证实之,则总不能顺适调畅,只是一套生硬之哲学理论而已"。⑥

---

① 牟宗三:《心体与性体》(一),《牟宗三先生全集》第5册,台北:联经出版事业股份有限公司,2003年,第42页。

② 牟宗三:《中西哲学之会通十四讲》,《牟宗三先生全集》第30册,台北:联经出版事业股份有限公司,2003年,第74页。

③ 黑格尔:《小逻辑》,贺麟译,北京:商务印书馆,1980年,第133页。

④ 黑格尔:《小逻辑》,贺麟译,北京:商务印书馆,1980年,第179页。

⑤ 牟宗三:《圆善论》,《牟宗三先生全集》第22册,台北:联经出版事业股份有限公司,2003年,第147-153页。

⑥ 牟宗三:《心体与性体》(一),《牟宗三先生全集》第5册,台北:联经出版事业股份有限公司,2003年,第133、42页。

"性体"概念的提出是向传统的回归，但绕了这么一个大圈子的传统显然有了现代的味道。"传统"强调修齐治平、万物一体与天下大同，也重视爱有差等，但对于个人与天下宇宙之间的层次划分却只是文化的，不能把这个层次客观地确定下来，缺乏法律规定的"你的"与"我的"。而"现代传统"则不同，它"眉目自朗然"①，一方面吸收康德、黑格尔的"形而上学证明"，另一方面保任孔孟原有的"道德实践证明"，从而"情""义"双彰，"可明家庭国家天下宇宙四层无一不是真实"②。也就是说，牟宗三理解李泽厚对反理性主义、神秘主义等的忧心，道德的形上学一定既是文化的、国家的，又是政治法律的，是自由在社会中的客观呈现。牟宗三明白，对于现代人而言，离开了国家、共和国的强制力或法律，离开了"你的"与"我的"的区分，良知呈现、各正性命、德福一致等就只能是一种浮浅的天真。这一定也意味着，国家必须走出中世纪，成为现代国家。③

第三节　共产主义

无论牟宗三、康德还是黑格尔，似乎都有对法的迷信，对国家的迷信。按照马克思、恩格斯的看法，共产主义特别表现为一个"永无止境地由低级上升到高级的"过程："共产主义对我们来说不是应当确立的状况，不是现实应当与之相适应的理想。我们所称为共产主义的是那种消灭现存状况的现实的运动。"④ 如果说，"建立共产主义实质上具有经济的性质"⑤，那么它的一个重要问题："消灭"对法或国家的迷信，也

① 牟宗三：《心体与性体》（一），《牟宗三先生全集》第5册，台北：联经出版事业股份有限公司，2003年，第42页。
② 牟宗三：《道德的理想主义》，《牟宗三先生全集》第9册，台北：联经出版事业股份有限公司，2003年，第77页。
③ 如果说上一节"共和国的强制力"是通过法权而大体勾画了康德的国家学，那么下章第四节"薄与厚"就是对黑格尔国家学的直接陈述。三者联观，三重公案更有意味。
④ 马克思、恩格斯：《德意志意识形态》，《马克思恩格斯文集》第1卷，北京：人民出版社，2009年，第539页；同时参阅《马克思恩格斯全集》第3卷，北京：人民出版社，1956年，第40页。
⑤ 马克思、恩格斯：《德意志意识形态》，《马克思恩格斯文集》第1卷，北京：人民出版社，2009年，第574页。

即"消灭"现存的作为"法和国家的全部内容"的"财产"①的同时，
是否还承认"人的恶劣的情欲——贪欲和权势"②的合理性？在共产主
义中，是否还有"我的"或"你的"？

　　众所周知，共产主义中蕴含着巨大的历史感。如果说，康德的主体
开启了现代性，黑格尔的唯一者强化了现代性，马克思、恩格斯的共产
主义则把这种现代性体验广播人间③，三者思想中同样蕴含着巨大的历
史感，都既立足现代性又教化人们超越现代性，那么还必须说，相比于
康德、黑格尔对"体系"的完整、稳定的重视而言，共产主义的巨大历
史感更表现为超越、跃进和革命。"'体系'是暂时性的东西，这恰恰因
为'体系'产生于人类精神的永恒的需要，即克服一切矛盾的需要。但
是，假定一切矛盾都一下子永远消除了，那么我们就达到了所谓绝对真
理，世界历史就完结了，而世界历史虽然已经无事可做，却一定要继续
发展下去。"④共产主义巨大的历史感强调的就是对世界历史的开启，是对
黑格尔矛盾方法的突出和继承。黑格尔说："矛盾是一普遍而无法抵抗的
力量，在这个大力之前，无论表面上如何稳定坚固的东西，没有一个能够
持久不摇。"⑤这句话耐人寻味。一方面，"天若有情天亦老，人间正道是
沧桑"，社会历史的发展有其铁的法则，生存吃饭是第一性的，道德伦理
等并不如人们所认为的那样稳固；另一方面，"哲学家们只是用不同的方

---

①　马克思：《黑格尔法哲学批判》，《马克思恩格斯全集》第 1 卷，北京：人民出版社，
　　1956 年，第 383 页。
②　恩格斯：《路德维希·费尔巴哈和德国古典哲学的终结》，《马克思恩格斯文集》第 4
　　卷，北京：人民出版社，2009 年，第 291 页。
③　参阅马歇尔·伯曼《一切坚固的东西都烟消云散了——现代性体验》，张辑、徐大建
　　译，北京：商务印书馆，2003 年。
④　恩格斯：《路德维希·费尔巴哈和德国古典哲学的终结》，《马克思恩格斯文集》第 4
　　卷，北京：人民出版社，2009 年，第 272 页；同时参阅《马克思恩格斯全集》第 21
　　卷，北京：人民出版社，1965 年，第 310-311 页。当把"永恒真理"理解为"范导原
　　则"时，康德、黑格尔的"体系"同共产主义一样，也是超越现代性和革命的。因
　　而，这里只是相比较而言。比较的目的不在于突出谁高谁低，而只在于理解问题本身。
　　为了明晰和避免枝节，这里不讨论《共产党宣言》与恩格斯的《共产主义原理》的关
　　系、马克思思想的前后发展等众多而纷繁的问题，而只是结合财产问题追问：共产主
　　义不能消除和承认的矛盾，究竟是什么？
⑤　黑格尔：《小逻辑》，贺麟译，北京：商务印书馆，1980 年，第 179 页。

式解释世界，问题在于改变世界"①，某个理论是否只是高头讲章，对现实有无影响，有多大影响，要看它是否接触那个矛盾本身，以及对于矛盾的揭示有多广多深。这两方面，都让人想起了《共产党宣言》："一切等级的和固定的东西都烟消云散了，一切神圣的东西都被亵渎了。人们终于不得不用冷静的眼光来看他们的生活地位、他们的相互关系。""正像它使乡村从属于城市一样，它使未开化的和半开化的国家从属于文明的国家，使农民的民族从属于资产阶级的民族，使东方从属于西方。"②

若着眼于中国历史，这等于宣布了大清帝国的必然灭亡，中国人所遭遇的离乱血泪成了命中注定。同时，它也让批评牟宗三高头讲章的李泽厚面临同样的高头讲章命运：相对于"宣言"，谁的理论又不是高头讲章呢？

一 "对所谓物质利益发表意见的难事"

一种流行的看法是，马克思"在他的理论著作中根本没有提出过任何形式的法权要求"，"在马克思的理论研究中，对法权（它始终只是某一特定社会的经济条件的反映）的考察是完全次要的；相反地，对特定时代的一定制度、占有方式、社会阶级产生的历史正当性的探讨占着首要地位"。③ 这种看法是有依据的，马克思本人就曾明确表示："我学的专业本来是法律，但我只是把它排在哲学和历史之次当作辅助学科来研究。"④

不过，按照《共产党宣言》的论述，共产主义的特征是要废除资产

---

① 马克思：《关于费尔巴哈的提纲》，《马克思恩格斯文集》第 1 卷，北京：人民出版社，2009 年，第 502 页。

② 马克思、恩格斯：《共产党宣言》，《马克思恩格斯文集》第 2 卷，北京：人民出版社，2009 年，第 34-36 页；同时参阅《马克思恩格斯全集》第 4 卷，北京：人民出版社，1958 年，第 469、470 页。

③ 恩格斯：《法学家的社会主义》，《马克思恩格斯全集》第 21 卷，北京：人民出版社，1965 年，第 557 页。该文最早在 1887 年《新时代》杂志上发表时并没有署名，后来有人指出作者是恩格斯和考茨基。由于不能可靠地判明文章中哪些部分分别为恩格斯、考茨基所写，中文版全集 21 卷将其列在"附录"部分。

④ 马克思：《〈政治经济学批判〉导言》，《马克思恩格斯文集》第 2 卷，北京：人民出版社，2009 年，第 588 页；同时参阅《马克思恩格斯全集》第 13 卷，北京：人民出版社，1962 年，第 7 页。

阶级的所有制，共产党人可以把自己的理论概括为一句话：消灭私有制。
从消灭私有制的角度看，法权恰恰又作为马克思的核心问题，贯穿马克
思一生的思考。

在这里，法律、哲学、历史成了一个整体，政治、经济、文化被综
合起来考察，财产关系被当作人的关系而在人的解放的历史视野中得到
了研究。在这里，伟大的开端必有伟大的结束，反之亦然，我们无法想
象，共产主义这一伟大事业是从"渺小"的物质利益开始的。物质利益
一点也不渺小，而是使马克思苦恼终生的疑问。马克思坦言："1842—
1843 年间，我作为《莱茵报》的编辑，第一次遇到要对所谓物质利益发
表意见的难事。"当时社会上关于林木盗窃、农民状况、自由贸易和保护
关税的众多争论，让他不得不去研究经济问题，以获取一些"实际知
识"，避免只能用"肤浅言论"来回应争论。① 物质利益究竟如何影响人
的自由解放？怎样处理这些实际知识与哲学知识之间的关系？这些都是
令人"苦恼的疑问"。为了解决疑问，马克思写的"第一部著作"正是
"对黑格尔法哲学的批判性的分析"。其研究结果是："法的关系正像国
家的形式一样，既不能从它们本身来理解，也不能从所谓人类精神的一
般发展来理解，相反，它们根源于物质的生活关系，这种物质的生活关
系的总和，黑格尔按照 18 世纪的英国人和法国人的先例，概括为'市民
社会'，而对市民社会的解剖应该到政治经济学中去寻求。"②

人们说，这标志着马克思和恩格斯从革命民主主义最终地转到了唯
物主义和共产主义。这当然是有道理的。"物质的生活关系的总和"作
为一个动态的整体（既活动又存有），成为"政治经济学"的研究对象。
这意味着，"政治经济学"既要考察法的关系、国家的形式，以及自由、
平等、博爱等人类精神的一般发展，要研究这些"永恒"的政治学问
题；又要考察人的具体生活，要研究"当下"的人有无饭吃等经济学问
题；还要考察法权关系与具体生活的相互影响，要从哲学层面上确定政

---

① 马克思：《〈政治经济学批判〉导言》，《马克思恩格斯文集》第 2 卷，北京：人民出版
　社，2009 年，第 588、591 页；同时参阅《马克思恩格斯全集》第 13 卷，北京：人民
　出版社，1962 年，第 7-8 页。

② 马克思：《〈政治经济学批判〉导言》，《马克思恩格斯文集》第 2 卷，北京：人民出版
　社，2009 年，第 591 页；同时参阅《马克思恩格斯全集》第 13 卷，北京：人民出版
　社，1962 年，第 8 页。

治学与经济学的合作架构。这同时还意味着，其后的《资本论》必然一方面是获取实际知识的研究，揭示事实、发现铁的规律（活动）是它的首要义务，而无论这一事实与规律是善良的还是邪恶的、合乎法律的还是违反当权者意志的；另一方面是伦理性研究，建构自由人的联合体、实现每个人的自由全面发展（存有）是它的唯一目标，而无论朝向目标的道路上盘踞着多少只拦路虎、有怎样的实际知识上的艰难险阻。马克思借但丁的话鼓励自己："这里必须根绝一切犹豫，这里任何怯懦都无济于事。"①

从苦恼、疑问到根绝犹豫、毫不怯懦，事情好像发生了根本性的变化。实则不然。根绝犹豫、毫不怯懦之后，才可能直面事情本身，才有根本的苦恼、疑问。相反，教条主义、虚伪的自由主义、意识形态等，都仿佛知道一切，而毫无苦恼、疑问。换言之，"物质利益"之所以是"使我苦恼的疑问"，正是因为人们在此"所与"（the given）处无法避开欺骗、迷信或教条：法权本来是为了尊重人，财产本来是自由的保障，但是它们一转身却成为自己的反面。马克思认为，需要有勇气直面这一"苦恼的疑问"。

从概念上看，财产似乎非常明晰简单，它"总是只存在于一定的界限内，这种界限不但可以确定，而且已经确定，不但可以测定，而且已经测定"②。同理，法律也不复杂。"法律不是压制自由的手段，正如重力定律不是阻止运动的手段一样……法律是肯定的、明确的、普遍的规范，在这些规范中自由的存在具有普遍的、理论的、不取决于个别人的任性的性质。法典就是人民自由的圣经。"③ 也就是说，财产是可以计算的，可以获得数学般的精确；把财产计算清楚了，再用国家的强制力表达和肯定这种数学关系，便是法律。在这个层面上，马克思认同黑格尔的法哲学："国家可以而且应该说：我担保法不发生任何意外。在我这里

---

① 马克思：《〈政治经济学批判〉导言》，《马克思恩格斯文集》第2卷，北京：人民出版社，2009年，第594页；同时参阅《马克思恩格斯全集》第13卷，北京：人民出版社，1962年，第11页。

② 马克思：《第六届莱茵省议会的辩论（第三篇论文）关于林木盗窃法的辩论》，《马克思恩格斯全集》第1卷，北京：人民出版社，1956年，第141页。

③ 马克思：《第六届莱茵省议会的辩论（第一篇论文）关于出版自由和公布等级会议记录的辩论》，《马克思恩格斯全集》第1卷，北京：人民出版社，1956年，第71页。

只有法才是永恒不灭的，所以我用消灭罪行来向你们证明罪行的死亡。"①

概念上的财产、法律和国家也就是哲学上的财产、法律和国家。在马克思看来，承认这些可计算的世俗的东西，让哲学远离了"喜欢幽静孤寂、闭关自守并醉心于淡漠的自我直观"的旧哲学，"把国家了解为相互教育的自由人的联合体"，从而实现了"哲学"与"国家"的双重拯救。②

就哲学而言，马克思这是在向黑格尔文化神庙里的形而上学致敬，强调"现代的真正哲学"一定是能够证明自身"真实性"的哲学，即一种既超越又内在的哲学。"哲学不是世界之外的遐想，就如同人脑虽然不在胃里，但也不在人体之外一样。""因为任何真正的哲学都是自己时代精神的精华，所以必然会出现这样的时代：那时哲学不仅从内部即就其内容来说，而且从外部即就其表现来说，都要和自己时代的现实世界接触并相互作用。那时，哲学对于其他的一定体系来说，不再是一定的体系，而正在变成世界的一般哲学，即变成当代世界的哲学。各种外部表现证明哲学已获得了这样的意义：它是文明的活的灵魂，哲学已成为世界的哲学，而世界也成为哲学的世界。"③

就国家而言，马克思认为国家必须超越单独个人的经验，必须有高度，必须体现人之为人的理想，要求国家必须接受哲学的指导。"哲学在政治方面所做的事情，就像物理学、数学、医学和任何其他科学在自己领域内所做的事情一样"，"哲学所要求的国家是符合人性的国家"，因而"不实现理性自由的国家就是坏的国家"。④ 在这里，因为哲学是世界的哲学，而非醉心于淡漠的自我直观的哲学，所以接受哲学的指导不但不意味着某个外在权威或某种教条的盲目指挥，而且唯有接受哲学的指

① 马克思：《第六届莱茵省议会的辩论（第三篇论文）关于林木盗窃法的辩论》，《马克思恩格斯全集》第 1 卷，北京：人民出版社，1956 年，第 174 页。
② 马克思：《第 179 号"科伦日报"社论》，《马克思恩格斯全集》第 1 卷，北京：人民出版社，1956 年，第 120、118 页。
③ 马克思：《第 179 号"科伦日报"社论》，《马克思恩格斯全集》第 1 卷，北京：人民出版社，1956 年，第 120—122 页。
④ 马克思：《第 179 号"科伦日报"社论》，《马克思恩格斯全集》第 1 卷，北京：人民出版社，1956 年，第 126—127 页。

导才能避免那种令人恐怖的可能性。这让人很容易就联想到康德"举着火炬""套在车前"的哲学。

正是在这种既超越（哲学：人性、心性）又内在（政治：国家、法权）的意义上，马克思把"理性"与"经验"同一了，强调"国家的重心是在它本身中找到的"，应该"从理性和经验中而不是从神学中引伸出国家的自然规律"。[①] 至此，马克思似乎并没有遭遇到任何使人苦恼的疑问，一切都是清晰的、可计算的和有秩序的，自然规则与理性法则在世界历史中同一了。新哲学的这种和谐同一，用黑格尔的话说，绝对精神显现了。用牟宗三的话说，道德秩序即是宇宙秩序，宇宙秩序即是道德秩序。

那么，"使我苦恼的疑问"究竟何在呢？"物质利益"处的欺骗、迷信或教条究竟因何而发生呢？毋庸讳言，马克思用"人的眼光"而非"神的眼光"来观察法和国家的观点，在很大程度继承了包括黑格尔法哲学在内的现代政治哲学思想。马克思表彰说，"人的眼光"是政治学中的"哥白尼的伟大发现"[②]。对宗教的批判成为"哲学思想的第一声喊叫。这种哲学思想冲破了固定不变的、令人难解的体系的外壳，以世界公民的姿态出现在世界上"[③]。在这哥白尼革命的"第一声喊叫"中，双重反转发生了，"使我苦恼的疑问"产生了。

第一重反转：国家成为人的国家，人的经验、理性等是这里的主人。黑格尔法哲学的公共理性国家对宗教国家、神权政体国家进行了批判，人无须听从神的安排，国家是一个由众人组成的庞大机构。"在这个机构里，必须实现法律的、伦理的、政治的自由，同时，个别公民服从国家的法律也就是服从自己本身理性的即人类理性的自然规律。"[④]

第二重反转：人的纷争出现了，本能与理性、公共理性与个人理性

[①] 马克思：《第179号"科伦日报"社论》，《马克思恩格斯全集》第1卷，北京：人民出版社，1956年，第128页。

[②] 马克思：《第179号"科伦日报"社论》，《马克思恩格斯全集》第1卷，北京：人民出版社，1956年，第128页。

[③] 马克思：《第179号"科伦日报"社论》，《马克思恩格斯全集》第1卷，北京：人民出版社，1956年，第121页。

[④] 马克思：《第179号"科伦日报"社论》，《马克思恩格斯全集》第1卷，北京：人民出版社，1956年，第129页。

等展开了殊死搏斗。"利益知道怎样诬蔑法"①，法律和国家从神学的梦魇中挣扎脱身，却又陷落为人的最大的工具和借口，成为某个人或集团的看家狗。通过《评普鲁士最近的书报检查令》等一系列文章，马克思令人信服地指出，"利益就其本性说是盲目的、无止境的、片面的，一句话，它具有不法的本能"②，因而那些内心具有"良好动机"的"高尚人物"总能找到利用职权来窃取国家权利的机会，从而让自己的私人利益占了法的上风，牺牲他人利益，形成种种特权，最终造就"虚伪的自由主义"和"恐怖主义的法律"③。

　　"使我苦恼的疑问"在于：我们可以摆脱"神权政体国家"，但又如何摆脱"人权政体国家"呢？国家是由人组成的，国家要考虑人的物质利益，但这种考虑似乎又必然回归特权、神权，从而把自己作为口号的初心彻底埋藏。这真是避坑跳井，刚出狼穴又入虎口。用老话来说，这就是逆取顺守，就是马上打天下而下马安天下，就是历史周期率。用恩格斯的理论话语来说，即"国家一旦成了对社会来说是独立的力量，马上就产生了另外的意识形态。这就是说，在职业政治家那里，在公法理论家和私法法学家那里，同经济事实的联系就完全消失了。因为经济事实要以法律的形式获得确认，必须在每一个别场合都采取法律动机的形式，而且，因为在这里，不言而喻地要考虑到现行的整个法的体系，所以，现在法律形式就是一切，而经济内容则什么也不是"④。换言之，神权政体国家从形式上似乎已经被消灭了，"人"代替"神"成了国家的主体，"法学世界观"取代了"神学世界观"，然而仔细查看其实质，却是换汤不换药，"法学世界观"不过"是神学世界观的世俗化。代替教条和神权的是人权，代替教会的是国家。以前，经济关系和社会关系是

---

①　马克思：《第六届莱茵省议会的辩论（第三篇论文）关于林木盗窃法的辩论》，《马克思恩格斯全集》第 1 卷，北京：人民出版社，1956 年，第 163 页。

②　马克思：《第六届莱茵省议会的辩论（第三篇论文）关于林木盗窃法的辩论》，《马克思恩格斯全集》第 1 卷，北京：人民出版社，1956 年，第 179 页。

③　马克思：《评普鲁士最近的书报检查令》，《马克思恩格斯全集》第 1 卷，北京：人民出版社，1956 年，第 26、16 页。

④　恩格斯：《路德维希·费尔巴哈和德国古典哲学的终结》，《马克思恩格斯文集》第 4 卷，北京：人民出版社，2009 年，第 308 页；同时参阅《马克思恩格斯全集》第 21 卷，北京：人民出版社，1965 年，第 347 页。

由教会批准的，因此曾被认为是教会和教条所创造的，而现在这些关系则被认为是以权利为根据并由国家所创造的"①。

"使我苦恼的疑问"在于：从"私人"利益出发所建立的国家，仍然无法保障"私人"利益，而是更加虚伪地侵害"私人"利益以维护既得利益者的特权。一切打破这种怪圈的想法似乎都是不切实际的，一切打破这种怪圈的行动似乎又重新陷入并加强了这种怪圈。这如何是好？

二 "真正的哲人之石"

要破局，走出怪圈，必须有坚固的立足点。这个立足点，就是仁心，就是良知良能。用马克思的话来说，即必须"为人类福利而劳动"②，"真正的哲人之石"不应是自我的"诗意"，而只能是"最低下的、备受压迫的、无组织的群众的权利"③。

哲学作为绝对总体性的知识，需要考虑一般，因此理性的对象当然包括人，但绝不限于人，山河大地都是其对象。现在，把人，而且是某类人的权利当作"真正的哲人之石"，这如何可能呢？从方法论上看，毋宁说，正如康德区分了具体研究过程（"综合叙述法"）与研究结果叙述过程（"分析法"）的不同④，马克思强调"一般"可以被"预先说出"，但一定不能被独断论地确立，而是哲学"正要证明的结论"，因此马克思"下定决心"要"从个别上升到一般"，即以政治经济学的"个别"为哲学的"一般"奠基。⑤ 在马克思看来，这是"科学的入口处"，非由此而入者，即为无法证明的"自私的偏见"。⑥

至于为什么恰恰是最底层群众的权利，而非其他某类人，比如资产

---

① 恩格斯：《法学家的社会主义》，《马克思恩格斯全集》第 21 卷，北京：人民出版社，1965 年，第 546 页。

② 马克思：《青年在选择职业时的考虑》，《马克思恩格斯全集》第 40 卷，北京：人民出版社，1982 年，第 7 页。

③ 马克思：《第六届莱茵省议会的辩论（第三篇论文）关于林木盗窃法的辩论》，《马克思恩格斯全集》第 1 卷，北京：人民出版社，1956 年，第 141-142 页。

④ 康德：《任何一种能够作为科学出现的未来形而上学导论》，庞景仁译，北京：商务印书馆，1997 年，第 14 页。

⑤ 马克思：《〈政治经济学批判〉导言》，《马克思恩格斯文集》第 2 卷，北京：人民出版社，2009 年，第 588 页。

⑥ 马克思：《〈政治经济学批判〉导言》，《马克思恩格斯文集》第 2 卷，北京：人民出版社，2009 年，第 594 页。

阶级的权利，才能充当"真正的哲人之石"，则必须有更多的理由。在马克思看来，其他的群体当然也有他们的权利，但这种权利与最底层群众的权利有根本的区分。在莱茵省议会关于林木盗窃法的辩论中，林木占有者曾有如下观点：

> 假如地主田里的麦穗被人割走了，那末小偷会说："我没有吃的，所以我才从你那一大片地里拿走了几棵麦穗。"同样，偷林木的人也会说："我没有柴火，所以我才偷林木。"地主有刑法第四四四条的保护，该条规定割麦穗者处两年至五年的监禁。而林木占有者却没有这样强有力的保护。①

在这里我们看到，地主、林木占有者受到损失的是财产权，而贫民若不侵害前者的财产权，就会丢掉自己的生命权。也就是说，所有人都有自己的财产权，但财产权的意义却大有不同。对地主、林木占有者而言，财产权可能只意味着数目的多少，他们不会因为少了几棵麦穗或几处枯枝而饥寒交迫。对贫民而言，财产权则直接就是生命权，贫民需要最基本的物质来满足自己的自然存在。在这种境况下，林木占有者竟然还为自己没有受到同地主一样"强有力的保护"而妒忌而抱屈，这不能不引发众多感叹。

基于同样的理由，马克思还指出在废除神权的过程中，各方似乎都获得了自己的权利，唯有贫民的财产权受到了损害：

> 修道院被废除了，它们的财产被收归俗用了，这样做是正确的。但是另一方面，贫民过去从修道院那里得到的偶然援助并没有被任何其他肯定的收入来源所代替。当修道院的财产变成私有财产时，修道院得到了一定的赔偿；没有得到赔偿的只是那些靠修道院援助为生的贫民。不仅如此，贫民还碰到了一些使他们不能享受旧有权利的新障碍。这是特权变成权利时都曾有过的现象。②

---

① 马克思：《第六届莱茵省议会的辩论（第三篇论文）关于林木盗窃法的辩论》，《马克思恩格斯全集》第1卷，北京：人民出版社，1956年，第161页。

② 马克思：《第六届莱茵省议会的辩论（第三篇论文）关于林木盗窃法的辩论》，《马克思恩格斯全集》第1卷，北京：人民出版社，1956年，第145页。

人首先需要活着，才能从事其他属人的活动。而即使在伸张人的权利的过程中，最底层群众的生命仍然是最脆弱和最没有保障的，一点点"偶然援助"的有无对他们来说即有可能是致命的，因此他们的物质利益构成了全社会利益的一条基础线、水平线，在它的上面，才可以展示人的丰富性和人类社会的理想性。否则，损不足以奉有余，贫民的生计没了着落，事物的法的本质也就被丢弃了，无可救药地，"法律本身使人民变坏"①。

从这里可以理解马克思的"人的解放"思想。最底层群众解放了，人也就解放了。这种对"短板"的关注也是马克思对康德、黑格尔等人的紧急避难权思想的一种继承。黑格尔认为，"当生命遇到极度危险而与他人的合法所有权发生冲突时，它得主张紧急避难权（并不是作为公平而是作为法）"，这是因为，"人们不要全面成为法的牺牲品"，"生命，作为各种目的的总和，具有与抽象法相对抗的权利。好比说，偷窃一片面包就能保全生命，此时某个人的所有权固然因而受到损害，但是把这种行为看作寻常的窃盗，那是不公正的，一个人遭到生命危险而不许其自谋保护之道，那就等于把他置于法之外，他的生命既被剥夺，他的全部自由也就被否定了"②。而康德似乎走得更远。在衡平法之外，通过卡尔内阿德斯（Karneades）之板，康德承认这里有法权论上的自相矛盾，但仍然承认，"我"拥有"当我遇到可能丧失自己生命的危险情况时，去剥夺事实上并未伤害我的另一个人的生命的权利"，也即"我"在特殊情况下可以先发制人，"使用暴力对付一个没有对我使用任何暴力的人"③。

从先发制人这个角度看，对所谓物质利益发表意见之所以是件难事，是因为它逼显了人的生存困境：人无法吸风饮露，而必须与外界有物的交换才能活命，但物恰恰是不足的，因而财产问题也就有可能成为你死

---

① 马克思：《第六届莱茵省议会的辩论（第三篇论文）关于林木盗窃法的辩论》，《马克思恩格斯全集》第1卷，北京：人民出版社，1956年，第139页。
② 黑格尔：《法哲学原理》，范扬、张企泰译，北京：商务印书馆，1961年，第130页。
③ 康德：《法的形而上学原理——权利的科学》，沈叔平译，林荣远校，北京：商务印书馆，1997年，第46—47页；《历史理性批判文集》，何兆武译，北京：商务印书馆，1997年，第193页。同时参阅康德《道德形而上学》，张荣、李秋零译，《康德著作全集》第6卷，北京：中国人民大学出版社，2007年，第243页；《论俗语：这在理论上可能是正确的，但不适用于实践》，李秋零译，《康德著作全集》第8卷，北京：中国人民大学出版社，2010年，第303页。

我活的问题。"我占有了自己的私有财产，那不就是排斥了其他任何人来占有这一财产吗？那不就是侵犯了他人的所有权吗？"① 这里"使我苦恼的疑问"在于，摁下葫芦起了瓢，在求生存的活动过程中，谁都可能是最低下的贫民，但摇身一变又成了那个损害最低下者权利的人。面对这种境况，"自由主义的政治经济学竭力用瓦解各民族的办法来使敌对关系普遍化，使人类变成一群正因为利害相同而互相吞噬的凶恶的野兽"②。共产主义的政治经济学要如何做，才可能根绝这种"翻烙饼"的现象呢？

三　神秘主义与二元论

科学有入口，那就是"最低下的、备受压迫的、无组织的群众的权利"。从这一入口进入，人的解放的道路通向未来，不容许任何间断。这是一条大力发展生产力、丰富物质产品的道路，也是一条实现人的尊严和自由全面发展的道路。

由前者，马克思表彰资本主义的功绩，承认它的存在合理性："资产阶级在它的不到一百年的阶级统治中所创造的生产力，比过去一切世代创造的全部生产力还要多，还要大。"③ 而且马克思还强调了两个"决不会"："无论哪一个社会形态，在它所能容纳的全部生产力发挥出来以前，是决不会灭亡的；而新的更高的生产关系，在它存在的物质条件在旧社会的胎胞里成熟以前，是决不会出现的。"④

由后者，马克思宣告了资本主义的必然灭亡和人的社会的真正开始："大体说来，亚细亚的、古希腊罗马的、封建的和现代资产阶级的生产方式可以看做是经济的社会形态演进的几个时代。资产阶级的生产关系是社会生产过程的最后一个对抗形式，这里所说的对抗，不是指个人的对抗，而是指从个人的社会生活条件中生长出来的对抗；但是，在资产阶

① 马克思：《第六届莱茵省议会的辩论（第三篇论文）关于林木盗窃法的辩论》，《马克思恩格斯全集》第1卷，北京：人民出版社，1956年，第139页。
② 恩格斯：《政治经济学批判大纲》，《马克思恩格斯全集》第1卷，北京：人民出版社，1956年，第602页。
③ 马克思、恩格斯：《共产党宣言》，《马克思恩格斯文集》第2卷，北京：人民出版社，2009年，第36页。
④ 马克思：《〈政治经济学批判〉导言》，《马克思恩格斯文集》第2卷，北京：人民出版社，2009年，第592页。

级社会的胞胎里发展的生产力，同时又创造着解决这种对抗的物质条件。因此，人类社会的史前时期就以这种社会形态而告终。"① 也就是说，只有当人们不再为物质利益的问题而苦恼而发生对抗的时候，从猿到人转变过程的"史前时期"才告终了，真正的人的社会才开启了。

在这条既科学又伦理的道路上，马克思清算自己的哲学观念，展开了对黑格尔法哲学的批判。马克思承认，把私人利益体系（家庭和市民社会）和普遍利益体系（国家）视为"二重化的同一性"②，这是黑格尔的洞见。"二重化的同一性"意味着黑格尔看到了私人利益与普遍利益的区别和联系，"把政治国家看做机体，因而把权力的划分不是看做机械的划分，而是看做有生命的和合乎理性的划分，——这标志着前进了一大步"③。但是，由于黑格尔没能拥有"真正的哲人之石"，没能从"最低下的、备受压迫的、无组织的群众的权利"出发，因而他对自己的进步和功绩其实是"不自觉的"④，所以无法展示真正的机体，反而因此给自己提出了一个"无法解决的二律背反"⑤，最终不能不深陷二元论和神秘主义的泥淖。

神秘主义是指黑格尔"注意的中心不是法哲学，而是逻辑学"⑥，因而必然头脚颠倒，陷入"逻辑的泛神论的神秘主义"⑦。换言之，由于作为前提的绝对精神是未经"分析"和"证明"的，所以黑格尔法哲学必然表现出一种彻底的"非批判性"⑧，只是从理念出发逻辑地"逐渐推

① 马克思：《〈政治经济学批判〉导言》，《马克思恩格斯文集》第 2 卷，北京：人民出版社，2009 年，第 592 页。
② 马克思：《黑格尔法哲学批判》，《马克思恩格斯全集》第 1 卷，北京：人民出版社，1956 年，第 248 页。
③ 马克思：《黑格尔法哲学批判》，《马克思恩格斯全集》第 1 卷，北京：人民出版社，1956 年，第 255 页。
④ 马克思：《黑格尔法哲学批判》，《马克思恩格斯全集》第 1 卷，北京：人民出版社，1956 年，第 255 页。
⑤ 马克思：《黑格尔法哲学批判》，《马克思恩格斯全集》第 1 卷，北京：人民出版社，1956 年，第 249 页。
⑥ 马克思：《黑格尔法哲学批判》，《马克思恩格斯全集》第 1 卷，北京：人民出版社，1956 年，第 263 页。
⑦ 马克思：《黑格尔法哲学批判》，《马克思恩格斯全集》第 1 卷，北京：人民出版社，1956 年，第 380 页。
⑧ 马克思：《黑格尔法哲学批判》，《马克思恩格斯全集》第 1 卷，北京：人民出版社，1956 年，第 290 页。

移"出全部法哲学，只是从国家"引伸"出现实的人，神秘玄幻却毫无实际内容。"因此，神秘的实体成了现实的主体，而实在的主体则成了某种其他的东西，成了神秘的实体的一个环节。"① 在这里，马克思同意黑格尔"二重化的同一性"设置，认同国家的理想主义和有机体身份并强调国家精神的实体性，但反对由此精神实体（君主即真正的"神人"，是理念的真正化身）出发"自上而下"逻辑地演绎出整个市民社会及家庭关系等。从黑格尔缺乏"自下而上"的上升之路这一点上，马克思批评黑格尔的"神秘主义"。

　　二元论与非批判的神秘主义一体两面，是指黑格尔"没有把现实的存在物看做无限物的真正主体，这正是二元论"②。这是说，由于黑格尔有一个未经分析和证明的神秘出发点，而且所有的结果已经先在地被包含在此出发点中，所以黑格尔法哲学表面看起来到处都是发展，但其实是静止的，"这里没有丝毫的前进运动"③，因此现实的私人利益与国家利益的二重化的同一性"桥梁永远也架设不起来"④。也就是说，黑格尔虽然反对康德的二元论，但他自己所谓一元论其实不过是神秘抽象的一元论，只存在于概念逻辑中，而实际上仍然无法免除"特殊领域的私有财产和利益反对国家的最高利益——私有财产和国家之间的对立"⑤，无法解决使人苦恼的疑问。在这里，通过"形式原则"与"物质原则"、"政治国家"与"物质国家"等区分，马克思强调，国家如果不能"从物质上贯串"⑥，不通过确保私人物质利益的道路来建立，而只是自上而下地要求国家的精神性、统一性和纯粹性，要求个人服从国家，那么国家就成了"彼岸之物""同人民生活现实性的人间存在相对立的人民生

---

① 马克思：《黑格尔法哲学批判》，《马克思恩格斯全集》第 1 卷，北京：人民出版社，1956 年，第 273 页。

② 马克思：《黑格尔法哲学批判》，《马克思恩格斯全集》第 1 卷，北京：人民出版社，1956 年，第 274 页。

③ 马克思：《黑格尔法哲学批判》，《马克思恩格斯全集》第 1 卷，北京：人民出版社，1956 年，第 276 页。

④ 马克思：《黑格尔法哲学批判》，《马克思恩格斯全集》第 1 卷，北京：人民出版社，1956 年，第 259 页。

⑤ 马克思：《黑格尔法哲学批判》，《马克思恩格斯全集》第 1 卷，北京：人民出版社，1956 年，第 305 页。

⑥ 马克思：《黑格尔法哲学批判》，《马克思恩格斯全集》第 1 卷，北京：人民出版社，1956 年，第 282 页。

活普遍性的上天""人民生活的宗教""人民生活的经院哲学"① 等，即成了一个以"吃人"为生却把自己打扮得很是慈祥的"大野狼"②。

如果着眼于对黑格尔非批判的神秘主义的批评，似乎可以说马克思回到了康德，国家的精神性、国家的强制力等只能是一种范导性原则，而不可将其实体化，尤其不能将其实体化为某个个人，哪怕是某个天纵之圣。然而，康德之所以避开了神秘主义，恰恰是因为他的二元论。批判的二元论的康德与神秘主义二元论的黑格尔，又有什么区别呢？

相对比而言，如果说，黑格尔神秘主义的二元论更易于形成压迫、特权、资本等可以直接借助绝对精神之名，以自上而下的方式把自己的私人利益宣布为国家利益，那么，康德批判的二元论的结论同样可能是自由压迫了平等，在自下而上地形成契约的过程中由于天赋等偶然性的占先，某个人或某个集团有力量在冲撞中胜出，得以把自己的私人利益以法律的形式确定下来。也就是说，康德设定了作为彼岸之物的物自身的不可通达性，但这种不可通达性仍然无法避免国家异化的最终命运，黑格尔法哲学仍然是康德法权科学的有效演进。

在这里，通过人与人的斗争，自下而上地建立国家的道路固然十分重要、不可或缺，但仍然不足以解决全部问题。马克思之所以特别批评二元论，是因为无论康德还是黑格尔，其"二重化的同一性"都还停留在理论中，"主权自上而下所做的各种设施"与"权利自下而上所做的各种设施"③ 的那种同一都仍然是在做凑搭题，因而正如牟宗三评价康德那样，两相凑迫、一间未达。简言之，无论自下而上还是自上而下，无论康德式还是黑格尔式，单纯一条道路，似乎都无法避免法离开事物的本质而异化的宿命。怎么办？

---

① 马克思：《黑格尔法哲学批判》，《马克思恩格斯全集》第 1 卷，北京：人民出版社，1956 年，第 283 页。

② 其实，"大野狼""吃人"有很多种"吃法"。那些"大野狼"自己永无止境的"物质欲求"除了"吃"之外，还不能缺少"性"。参阅凯瑟琳·奥兰丝汀《百变小红帽：一则童话三百年的演变》，杨淑智译，北京：生活·读书·新知三联书店，2006 年。非常有意思的是，原副标题"Sex, Morality and the Evolution of a Fairy Tale"中的那些"刺眼"的"字眼"在中译本中不见了。

③ 马克思：《黑格尔法哲学批判》，《马克思恩格斯全集》第 1 卷，北京：人民出版社，1956 年，第 299 页。

四 "辩证也要再来一个辩证"

面对人们在物质利益上"翻烙饼"的怪圈，共产主义不做"凑搭题"，而是釜底抽薪，要求从根本上彻底解决问题，即消灭私有制本身。"过去一切阶级在争得统治之后，总是使整个社会服从于它们发财致富的，企图以此来巩固它们已经获得的生活地位。无产者只有废除自己的现存的占有方式，从而废除全部现存的占有方式，才能取得社会生产力。无产者没有什么自己的东西必须加以保护，他们必须摧毁至今保护和保障私有财产的一切。"①

不过，"消灭私有制"从它提出之日起就一直跟对它的曲解纠缠在一起。要讨论的东西很多，没有办法一一道来，而只能根据这里的主题有所取舍。

1. "消灭私有制"不是对物的禁绝，而恰恰意味着人对物的全面占有。"共产主义并不剥夺任何人占有社会产品的权力，它只剥夺利用这种占有去奴役他人劳动的权力。"②代替那被消灭的私有制的，不是普遍的无财产，而是"共同使用全部生产工具和按共同协议来分配产品，即所谓财产共有"③。因此，共产主义根本不用进行任何道德说教，不但埋儿奉母、孔融让梨等众多故事无用武之地，而且伴随生产力的日益增长和物质产品的绝对丰富，禁欲主义也就被禁绝了，人们实行按需分配。"共产主义者既不拿利己主义来反对自我牺牲，也不拿自我牺牲来反对利己主义，理论上既不是从那情感的形式，也不是从那夸张的思想形式去领会这个对立，而是在于揭示这个对立的物质根源，随着物质根源的消失，这种对立自然而然也就消灭。"④

这意味着，千百年来困扰人类社会的贫困问题被解决了，人类社会

① 马克思、恩格斯：《共产党宣言》，《马克思恩格斯文集》第2卷，北京：人民出版社，2009年，第42页；同时参阅《马克思恩格斯全集》第4卷，北京：人民出版社，1958年，第477页。译文变动较多。
② 马克思、恩格斯：《共产党宣言》，《马克思恩格斯文集》第2卷，北京：人民出版社，2009年，第47页。
③ 恩格斯：《共产主义原理》，《马克思恩格斯全集》第4卷，北京：人民出版社，1958年，第365页。
④ 马克思、恩格斯：《德意志意识形态》，《马克思恩格斯全集》第3卷，北京：人民出版社，1956年，第275页。

实现了全面富裕。这也意味着，消灭私有财产、消灭哲学、消灭无产阶级等，可以理解为对封建社会由于财产世袭而来的那种封建贵族之于平民的特权关系（公开的拦路行劫）的否定和消灭，也可以理解为对资本主义社会由于资本增殖而来的那种资本家之于工人的剥削关系（"文明"的拦路行劫）的否定和消灭，财产回归了它的自然性，人恢复了人自身，哲学不再是颠倒了的意识形态。①

于是，人不再需要为物操心了，共产主义的人也就是被解放了的人。而且在伦理上，这种意义的共产主义比洛克、卢梭等的自然状态更"自然"，自然得如同儒家的三代之治。共产主义与儒家的三代之治之间有着本质的关系，这也是共产主义之所以能够在中国流行起来的重要原因，所不同的是，共产主义将其坚定地放置在未来罢了。②

2. 共产主义是有条件的。"消灭私有制"应该被安放在"过去"还是"未来"，这并非微不足道的事情。也就是说，并不是任何时候都可以实现财产共有，废除私有制在"过去"是不可能的，奴隶、农奴或手工业者等都不可能而唯有无产者才能实现这种解放。伦理性的共产主义的这种科学性支撑，按照《共产主义原理》的讲法，即"共产主义革命将不仅是一个国家的革命，而将在一切文明国家里，即至少在英国、美国、法国、德国同时发生……它是世界性的革命，所以将有世界性的活动场所"。③ 按照《共产党宣言》的讲法，即"联合的行动，至少是各文

①　马克思：《〈黑格尔法哲学批判〉导言》，《马克思恩格斯全集》第1卷，北京：人民出版社，1956年，第460页。

②　这并不是说，共产主义根本不需要三代之治那样的"远古传说"。实际上，共产主义虽然把重心放置在"未来"，却同样有其"过去"的消息。例如恩格斯就曾用十分欣赏的口吻描述易洛魁人的氏族说："这种十分单纯质朴的氏族制度是一种多么美妙的制度呵！没有军队、宪兵和警察，没有贵族、国王、总督、地方官和法官，没有监狱，没有诉讼，而一切都是有条有理的。一切争端和纠纷，都由当事人的全体即氏族或部落来解决，或者由各个氏族相互解决……一切问题，都由当事人自己解决，在大多数情况下，历来的习俗就把一切调整好了。不会有贫穷困苦的人，因为共产制的家庭经济和氏族都知道它们对老年人、病人和战争残废者所负的义务。大家都是平等、自由的。"参阅恩格斯《家庭、私有制和国家的起源》，《马克思恩格斯全集》第21卷，北京：人民出版社，1958年，第111页。

③　恩格斯：《共产主义原理》，《马克思恩格斯全集》第4卷，北京：人民出版社，1958年，第369页。

明国家的联合的行动,是无产阶级获得解放的首要条件之一"。① 这也就是著名的同时胜利论:"共产主义只有作为占统治地位的各民族'一下子'同时发生的行动,在经验上才是可能的,而这是以生产力的普遍发展和与此相联系的世界交往为前提的。"②

3. "消灭私有制"虽然不是通过禁绝物而把人归为某种纯精神,但通过占有物而表彰了人的精神性。无论是第一点的全面富裕,还是第二点的生产力条件,其实都已经说明了人是物质性存在。也就是说,要实现人的自由、平等、安全等,都离不开物,正是"公民""法人"的私有财产让"人"摆脱了专制权力的束缚,成了具有独立精神的人。但是,共产主义却并不因此而满足或停步。通过分析自由与私有财产的深刻关联,通过区分政治解放与人的解放的不同,马克思指出,这种"公民"或"法人"的独立精神虽然具有解放的性质,是从猿到人的历史演进过程中的重大进展,但尚不是真正的"人"的精神性,而只是一种封闭于自身、私人利益、私人任性,同时脱离社会整体的"人"的精神性。在这里,马克思重点不是从肯定的角度,而是从资本对劳动的吞噬出发,揭露了《人权和公民权宣言》的自私自利性:资本的人权吞噬掉了劳动的人权,劳动的人无自由。即是说,尽管人有了宗教自由、财产自由、行业自由,却仍然可能无法从宗教、财产、利己主义中解放出来,因为只要资本主义生产方式仍然存在,它就不可能消灭剥削,因而也就不可能消灭贫困,那么它的自由、平等、博爱就还是虚伪、狭隘的资产阶级的自由、平等、博爱,而非一切人的自由、平等、博爱。在这一点上,马克思同意康德契约无法最终稳固国家强制力的思想,要求在私有财产之外树立共产主义以为范导。而且,共产主义除了不能如黑格尔绝对精神那样实体化外,也不能如康德的物自身那样理论化,而只能是朝向人的自由全面发展的永恒实践过程,否则马克思仍然会面临与资产阶级法权论者同样的二元论颠倒境况。这也就是马克思在

---

① 马克思、恩格斯:《共产党宣言》,《马克思恩格斯文集》第 2 卷,北京:人民出版社,2009 年,第 50 页。

② 马克思、恩格斯:《德意志意识形态》,《马克思恩格斯文集》第 1 卷,北京:人民出版社,2009 年,第 538-539 页;同时参阅《马克思恩格斯全集》第 3 卷,北京:人民出版社,1956 年,第 39 页。

1843 年 9 月致卢格信中所说的"新思潮的优点就恰恰在于我们不想教条式地预料未来，而只是希望在批判旧世界中发现新世界"及"要对现存的一切进行无情的批判，所谓无情，意义有二，即这种批判不怕自己所作的结论，临到触犯当权者时也不退缩"① 等语的实指。在这里，人的自由发展永无止境，人类社会的辩证发展永不停息，共产主义永远在路上。

4. "过渡时期"② 的法权问题非常恼人。众所周知，共产主义的远大理想在方法论上坚持辩证方法。这种辩证方法从根本上与黑格尔的辩证方法截然相反（立足物质的东西），同时又继承了其合理内核（"每一个个人的全面而自由发展"③），而表现为一个历史与逻辑相统一的永恒的过程。"辩证法在对现存事物的肯定的理解中同时包含对现存事物的否定的理解，即对现存事物的必然灭亡的理解；辩证法对每一种既成的形式都是从不断运动中，因而也是从它的暂时性方面去理解；辩证法不崇拜任何东西，按其本质来说，它是批判的和革命的。"④ 着眼于共产主义的远大理想或世界历史的全部，这是非常容易理解的。"无产阶级只有在世界历史意义上才能存在，就像共产主义——它的事业——只有作为'世界历史性的'存在才有可能实现一样。"⑤ 它突出了人的解放的彻底性和人的自由的无限性。而若着眼于法权本身，特别是从资本主义向共产主义过渡时期的法权，情况则有所不同。

众所周知，法律不可朝令夕改形同儿戏，法律条文一旦制定就必须有其稳定性。从共产主义远大理想的角度看，这种稳定性就是要维护暂

---

① 马克思：《摘自"德法年鉴"的书信》，《马克思恩格斯全集》第 1 卷，北京：人民出版社，1956 年，第 416 页。

② 恩格斯：《共产主义信条草案》，《马克思恩格斯全集》第 42 卷，北京：人民出版社，1979 年，第 379 页。

③ 马克思：《资本论》第 1 卷，《马克思恩格斯文集》第 5 卷，北京：人民出版社，2009 年，第 683 页。

④ 马克思：《资本论》第 1 卷，《马克思恩格斯文集》第 5 卷，北京：人民出版社，2009 年，第 22 页。

⑤ 马克思、恩格斯：《德意志意识形态》，《马克思恩格斯文集》第 1 卷，北京：人民出版社，2009 年，第 539 页；同时参阅《马克思恩格斯全集》第 3 卷，北京：人民出版社，1956 年，第 40 页。

时性的东西，因而法权总表现出一定的保守性甚至反动性。① 若从辩证法既保留又克服的双重属性上看，当然也可以说，否定即肯定，正如"人的恶劣的情欲——贪欲和权势欲成了历史发展的杠杆"② 一样，保守性与反动性并不意味着毫无存在的合理性，从而辩证法也承认先前一切时代的法律的历史意义。不过，若着眼于具体的实践过程，"暂时性"的法律保持多长时间的"稳定性"，其分寸不好拿捏。若就资本主义向共产主义的"过渡"而言，这至少涉及两个问题。一是质的，过渡时期的法权总体上具有怎样的性质，是保护私有财产还是否定私有财产？ 二是量的，过渡时期需要持续多长时间呢？

一般而言，法权当然是要保护私有财产的，共产主义既然要消灭私有制，那么也就是要消灭法权。但是，"这并不是说，社会主义拒绝提出一定的法权要求"③。作为无产阶级获得解放的一个阶段，在这一时期无产阶级当然要用法权要求的形式来表述自己的要求。当然，因为过渡的性质，社会主义需要对法权进行必要的调整，而调整的时机和力度，则必须根据不断变化的实际情况，即根据政治和社会改造的具体进程来讨论。"因此，各个政党提出的法权要求，尽管最终目的完全一致，但在各个时代和各个民族中并不完全相同。它们是可变因素，并且有时重新修改，这种情况在不同国家的社会主义政党那里可以看到。在进行这种修改时考虑到的是实际关系；相反，在现存的社会主义政党中还没有一个政党想到要从自己的纲领中造出一个新的法哲学来，就是在将来也不会想到要这样做。"④ 在这

---

① 按米塞斯的说法，"一个时代占主导地位的法律和道德观，不仅为受益者所赞成，似乎也被受害者所接纳。它的主导地位反映在这样一个事实之中——那些被要求作出牺牲的人也接受这种观念。"心理学上的"斯德哥尔摩综合征"、俗语"被人卖了还帮人家数钱"等，也有大体相近的意思在。米塞斯认为，这与暴力有关。他因此承认，生活中的法"并非完美无缺"，甚至法权"不过是被历史粉饰的非法现象"。但米塞斯认为这些事实并不意味着"法律秩序的缺点"，而正说明"法的观念的获胜是缓慢而艰难的"。参阅米塞斯《社会主义：经济学与社会学的分析》，王建民、冯克利、崔树义译，北京：商务印书馆，2018 年，第 101、48—51 页。

② 恩格斯：《路德维希·费尔巴哈和德国古典哲学的终结》，《马克思恩格斯文集》第 4 卷，北京：人民出版社，2009 年，第 291 页。

③ 恩格斯：《法学家的社会主义》，《马克思恩格斯全集》第 21 卷，北京：人民出版社，1965 年，第 567 页。

④ 恩格斯：《法学家的社会主义》，《马克思恩格斯全集》第 21 卷，北京：人民出版社，1965 年，第 568 页。

里，"新的法哲学"之所以没有被造出来，正是因为无论就质还是量来看，社会主义法权都是不能教条主义地先在预定的。

5. 在批判之后，还剩下什么？"批判"是"马克思法哲学"的唯一目的？"过程"是"马克思法哲学"的唯一剩余？恐怕不好这么讲。当区分"按劳分配"与"按需分配"的时候，"过程"已经有了自己的"目的地"，也即"每一个个人的全面而自由的发展"。但是，既然是一个永恒的辩证过程，既然人的精神性具有无限丰富的可能性，这个"目的地"也就不是实指，而只能是虚说，如同"地平线"，如同永远处在路的远方以为行走指南的"灯塔"。就这个"虚说"的"灯塔"或"地平线"的不可或缺性而言，牟宗三强调辩证法必须再来一个辩证，李泽厚在工具本体之后还要讲情本体。在这个地方，过程与目的虚实相生，知识性的批判与伦理性的批判合一了，发展的无目的性与人类道路的有目的性合一了。它是"审美"的，也是"自然"的。

就"自然"而言，人活着就要吃饭穿衣，因此自由人的联合体必须首先满足这些需要。在这个意义上，"建立共产主义实质上具有经济的性质，这就是为这种联合创造各种物质条件，把现存的条件变成联合的条件"[1]。描述这一"实践活动和实际发展过程"，当然不能靠伦理学、法哲学或情感哲学等，而需要科学技术，需要"真正的实证科学"。[2]

就"审美"而言，人活着不能只是吃饭穿衣，自由人的联合体还必须满足其他需要，比如不同观念的联合。在这个意义上，只有共产主义才能弄清楚"私有财产的积极的本质"并理解"需要所具有的人的本性"[3]。马克思指出：

　　共产主义是对私有财产即人的自我异化的积极的扬弃，因而是通过人并且为了人而对人的本质的真正占有；因此，它是人向自身、

---

①　马克思、恩格斯：《德意志意识形态》，《马克思恩格斯文集》第1卷，北京：人民出版社，2009年，第574页。

②　马克思、恩格斯：《德意志意识形态》，《马克思恩格斯文集》第1卷，北京：人民出版社，2009年，第526页。

③　马克思：《1844年经济学哲学手稿》，《马克思恩格斯文集》第1卷，北京：人民出版社，2009年，第185页；同时参阅《马克思恩格斯全集》第42卷，北京：人民出版社，1979年，第120页。

向社会的即合乎人性的人的复归，这种复归是完全的复归，是自觉
实现并在以往发展的全部财富的范围内实现的复归。这种共产主义，
作为完成了的自然主义，等于人道主义，而作为完成了的人道主义，
等于自然主义，它是人和自然界之间、人和人之间的矛盾的真正解
决，是存在和本质、对象化和自我确证、自由和必然、个体和类之
间的斗争的真正解决。它是历史之谜的解答，而且知道自己就是这
种解答。①

　　人以一种全面的方式，就是说，作为一个完整的人，占有自己
的全部的本质。②

　　对私有财产的扬弃，是人的一切感觉和特性的彻底解放；但这
种扬弃之所以是这种解放，正是因为这些感觉和特性无论在主体上
还是在客体上都成为人的。眼睛成为人的眼睛，正像眼睛的对象成
为社会的、人的、由人并为了人创造出来的对象一样。因此，感觉
在自己的实践中直接成为理论家。③

　　这里无须过多引证，而只是想强调，既然是物与心、法权与自由、
工具本体与情本体等众多不同的东西的合一，"审美"与"自然"的区
分也就只是强为分别，人的观念必然与人的事实纠缠在一起。这种合一
正如自然科学与人的科学的合一。"自然科学往后将包括关于人的科学，
正像关于人的科学包括自然科学一样：这将是一门科学。"④ 因此，辩证
法一定是心物辩证法，是"属人"的和"有心"的，而不是什么可以脱
离"人"或"心"的"自然客观过程"。如果一定要说"自然客观过

---

① 马克思：《1844年经济学哲学手稿》，《马克思恩格斯文集》第1卷，北京：人民出版社，2009年，第185页；同时参阅《马克思恩格斯全集》第42卷，北京：人民出版社，1979年，第120页。
② 马克思：《1844年经济学哲学手稿》，《马克思恩格斯文集》第1卷，北京：人民出版社，2009年，第189页；同时参阅《马克思恩格斯全集》第42卷，北京：人民出版社，1979年，第123页。
③ 马克思：《1844年经济学哲学手稿》，《马克思恩格斯文集》第1卷，北京：人民出版社，2009年，第190页；同时参阅《马克思恩格斯全集》第42卷，北京：人民出版社，1979年，第124页。
④ 马克思：《1844年经济学哲学手稿》，《马克思恩格斯文集》第1卷，北京：人民出版社，2009年，第194页。

程"，那么这个"自然客观过程"同时一定是"自由主观过程"。如果侧重于这样的"自然客观过程"，人化自然的辩证法的首要之点是人与自然的理论关系，客观冷静、随物赋形而无有止处；但如果侧重于"自由主观过程"，人化自然的辩证法的首要之点就只能是人与自然的实践关系，而必须有一个情感、观念或价值等的止归处。

世界有穷愿无穷，人虽有限可无限，辩证法的辩证就是要为"自然辩证法""立心"，否则往而不返，就是"易之失贼"。易若失贼，则理论知识与实践知识双双失其所指，而唯余诡辩或变戏法。就此"立心"而言，李泽厚与牟宗三是一致的，共产主义除了具有经济的性质，还具有心性的性质、文化的性质。即是说，在批判之后，国家、政党、阶级等都消亡了，人们开始了真正的人的生活，还剩下的只能是一个"客观趋势"和"美的理想"：

> 吃饱肚子和生活享受并非共产主义。共产主义如马克思所早指出，是不同于史前期必然王国的自由王国。它不只是把人从贫困中、而且从一切异己状态中解放出来，包括把人（个体）从阶级的符号、生产的工具、技术的附庸或供买卖的劳动力中解放出来。它已是今天人类社会发展和经济不断增长愈来愈明白展示出来的不可抗拒的客观趋势，同时也正是亿万群众所奋斗以求的美的理想。①

---

① 李泽厚：《批判哲学的批判》，合肥：安徽文艺出版社，1994年，第 435-436 页。

第四章　国家与个体：自由问题

国家这个丰富的观念，是含藏着人道的一切、人类精神表现的一切，也与人道、人性、人类精神表现的一切牵连在一起。

——牟宗三《领导时代之积极原理》

国家必须被看做一个建筑学上的大建筑物，被看做显现在现实性中的那理性的象形文字。因此，一切关于纯粹功利的东西、外部的事物等等，都应该被排除在哲学探讨之外。国家是自我规定的和完全主权的意志，是自己的最后决断。

——黑格尔《法哲学原理》

德国人认定唯灵论是绝对有根据的，因此竭力在宗教方面，后来又在哲学方面阐明人类的普遍利益。法国人把唯物主义当做一种绝对有根据的东西来对抗这种唯灵论，因而把国家当做人类普遍利益的永恒形式。但是，英国人没有普遍利益，他们不触及矛盾这一痛处就无法谈普遍利益；他们对普遍利益不抱希望，他们只有单个利益。

——恩格斯《英国状况 十八世纪》

真的，一个人所说、所思，如果尽听人支配，则我们何必再过问他所说、所思的是什么呢？反之，如果你能自己为自己判断，我知道你一定会坦白地来判断。因此，你无论如何责骂我，我都不会见怪你或嫌怨你。

——洛克《人类理解论》

本章把"自由问题"放在国家与个体的关系中来讨论。讨论的焦点当然只能是个体的自由，因为"国家自由"是不成话的。

"自由"概念本就繁复多义，再在文明碰撞、文化交流中讨论儒家的自由观，那就一定既是一个一直都能引人关注的话题，又是一个一直众说纷纭、争论不休的话题。① 透过这种现象，可以观察到讨论背后的立场、原则等的重要性。如果不能确立某种有效的平台，那么不但公说公有理、婆说婆有理的局面还要持续下去，甚至连最稀薄的对话可能性也会失去。

本章讨论的基础只能是前三章的"路线问题"与"财产问题"。没有"上升"与"下贯"的循环成"路"，没有"心经"与"物纬"的交织成"文"，没有"物质国家"与"精神国家"的搏击成"型"，牟宗三的自由观将仍然是不可理解的，其政治哲学就还只能是中国传统的政治哲学。换言之，无论是内圣开出新外王、良知坎陷，还是两层存有论、圆善论等，牟宗三或许有所偏重，但都是把自由的理论意欲与自由的实践意欲嵌套在一起而一并为言的。在此一并为言中，一方面，现代国家的建立成为关键的一环，而要求将个体的平等、自由等与财产相系并以数学般的精确对其进行法权性确立，牟宗三政治哲学不同于中国传统政治哲学的意义因此显现；另一方面，牟宗三并不是照搬先进，对自由主义、民主主义、社会主义等都有着自己深邃而独到的"中国式理解"，国家成为能够把一切人聚拢在一起的共同的家，成为人道、人性、人类精神等普遍性的具体实现。本章前三节分别对应自由主义、民主主义、社会主义这一组概念展开讨论，然后再用一节总结概括，在古今中西的比照中来理解牟宗三的国家观。

第一节　自由主义与仁性

牟宗三认识到了自由主义经验上的起源，同时要求透露自由主义的精神性，而以儒家的仁性说自由。牟宗三的这种讲法，当然是中西会通融合的产物，是古代自由与现代自由的交汇，也是对英美经验主义自由传统与德国理性主义自由传统的中国式结合。于是，牟宗三的"自由主

---

① 且不论先前港台自由主义者与新儒家的往复辩难，也不说当下梁涛、郭萍、任剑涛、赵广明等关于自由儒学与自由主义儒学的讨论，仅以下两书即可见论域的宽广和争论的延续，即哈佛燕京学社、三联书店主编《儒家与自由主义》，北京：生活·读书·新知三联书店，2001 年；刘军宁《共和·民主·宪政——自由主义思想研究》，上海：上海三联书店，1998 年。

义"就呈现出特别复杂的面相,既超越又内在,既有道德文化的"果仁"又有政治法律的"硬核",既是解释世界的"正名"又是改变世界的"行动",既是一种"自我反省"又是一种"自我展望"。相应地,牟宗三的"自由"就并非只是人们所常言的道德自由,而特别地从经济自由讲起,经过合理的自由及主体自由三态的区分,而表现为主观自由与客观自由、道德自由与政治自由、消极自由与积极自由、太阴教的自由与太阳教的自由等的缠斗。

这里的原则,是"太极、人极、皇极三者并建",把天道、人道、政道等因素统合起来考虑。道德哲学(善)与政治哲学(权利)被区分开来,但又被交汇在一起。区别言之,太极或天道(天)代表自由主义超拔的精神性,在历史文化中人而通神、凡而可圣,肯定人向上伸展的可能性;人极或人道(人)代表自由主义永恒的物质性,在现实中享有起码的生存条件和生活保障,肯定人的存在的凡俗性;皇极或政道(地)代表自由主义具体的客观性,在民族国家中以法律的形式把自由肯定下来,保住人享有各种自由的现实性。如果单就个人而言,这既意味着一个有真性情的人,有自己的个性和价值的人,一个在世俗生活中而能修道的人;又意味着一个有权利和义务的人,有自己独立的生活和人格的人,一个政治上的公民。若就国家而言,这就是明分使群。熊十力曾对此有简要的表达:"古者儒家政治理想本为极高尚之自由主义,以个人之尊严为基础,而互相协和,以成群体,期于天下之人人各得自主而亦互相联属也;各得自治而亦互相比辅也。"①

这里的问题,是先后次序问题,或者说优先性问题,其中又包含着本末轻重问题。即是说,固然是三极并建、三道并存、三才互参,但其下手处究竟何在呢?是从自由经济开始,途经法律法权的自由,自下而上地建立起人的个性和价值,还是从儒家的仁性开始,途经现代性的对列之局,自上而下地开出人的幸福生活?根据牟宗三"道德的理想主义"、内圣"开出"新外王、由理性的作用表现与内容表现"转出"理性的架构表现与外延表现、"良知坎陷"、"良知呈现"诸说,人们认为牟宗三喜言道德自由、积极自由,走的是一条自上而下的教化之路,而

---

① 熊十力:《十力语要》,上海:上海书店出版社,2007年,第89页。

为泛道德主义。本节将展示，除了这条教化的自由之路，牟宗三也喜言自由经济、消极自由，还有一条自下而上在经验中奋斗以争自由的路。两条路线的循环往复，才是牟宗三"呈现自由"的实指，否则仁性与自由主义两两不得保全。

一 太极、人极、皇极三者并建

1949 年 9 月 1 日，牟宗三在《民主评论》第 1 卷第 6 期发表《儒家学术之发展及其使命》一文，以黑格尔的"精神"来解释儒家的"仁"，认为其本质就是"自由"：

> 此具有普遍性之原理，儒家名之曰"仁"。吾人现在亦可转名之曰"绝对理性"。此绝对理性在人文的实践过程中彰著其自己。……此言自由乃系于精神自己而言。即人类在实践过程中亦即历史发展中，自我之觉悟所透露之精神之自己。此精神自己，在实践中不断彰著其自己，同时亦即不断显示其自己。彰著其自己，显示其自己，即表示其推动历史，贯穿历史，而历史亦即为其实现之过程。①

在这里，借用黑格尔的概念，儒家的"仁"被理解为"绝对理性""普遍理性""心理合一之理性""心理合一之绝对精神"等，虽有多名，本质却只有一个，那就是作为精神之本质的"自由"。如此讲"自由"，当然突出了"精神自己"。在 1963 年、1991 年的讲演中，牟宗三又以之说"性"：

> 西方人所言的意志自由（freedom of will）或者自由意志（free will），正相当于中国人所言的创造性。不过中国人简单地只说"性"一字，字面上不能看清其涵义。其实这"性"的意义一旦落实，其特征或具体涵义首先是可由西人所言的自由意志去了解的。

---

① 牟宗三：《道德的理想主义》，《牟宗三先生全集》第 9 册，台北：联经出版事业股份有限公司，2003 年，第 10-11 页。

因此，自由意志也可说成生化的原理，或者创造的真几。①

　　儒家就属于西方哲学所说的自由意志之因果。儒家无"自由意志"之名。儒家用什么名词表示呢？《论语》说的"仁"，孟子说性善的"性"，都表示有自由意志的意思。②

　　牟宗三这是把自由、理性、意志等绾合着说，以之为"仁"或"人之性"。"'理性'一词是综说。自其为受其指导统驭的一切现实存在之'本质'言，名曰'理念'（或'理典'）。自其为指导性与主宰性言，曰'意志'。自此意志之主动性与创造性言，曰'自由'。自其为意志而表现其自由言，曰'精神'。因此，理性亦可曰'心灵'。"③ 根据这种作为"道德观念""创造真几"的"仁"或"性"，牟宗三特别批评了"自由主义"：

　　　　吾默察今日之自由主义已不复能作为领导时代之精神原则。在文艺复兴时，自由之实践具备其充分之精神性，因而下开近代之西方文明。然而演变至今日言自由，已具体化而为政治之民主制度、经济之资本主义，而今日之自由主义者其心思亦粘着于政治经济之范围而不能超拔。自由主义显然已失其精神性。自由固是必须者……然而问题乃在如何能恢复其精神性。自眼前言，自由主义有其应付现实之时效性，此严若对付特殊问题之特殊思想。然特殊思想必有普遍原则作根据。其精神性之恢复，端赖此普遍原则之建立。此普遍原则即儒家学术所代表之推动社会之精神原则也。惟精神透露，自由主义始能恢复其精神性，变为可实践者。④

①　牟宗三：《中国哲学的特质》，《牟宗三先生全集》第 28 册，台北：联经出版事业股份有限公司，2003 年，第 59-60 页。

②　牟宗三：《四因说演讲录》，《牟宗三先生全集》第 31 册，台北：联经出版事业有限公司，2003 年，第 66 页。

③　牟宗三：《牟宗三先生译述集》，《牟宗三先生全集》第 17 册，台北：联经出版事业股份有限公司，2003 年，第 285 页。

④　牟宗三：《道德的理想主义》，《牟宗三先生全集》第 9 册，台北：联经出版事业股份有限公司，2003 年，第 14-15 页。

自由主义宣扬自由，以对抗不自由，当然是具体的、就事论事的，因为现实中的不自由少一分，则自由便多一分。但是，自由主义如果只胶着在具体的事情上面，而把自己完全限定在政治经济的经验事件范围之内，那么它就无法透露精神自己，甚至容易被拿来作为工具而走向自由的反面。这便是"泛自由主义"。因此，牟宗三要求突出"仁"与"性"，即那种"超拔"出来的"精神性"，那种可以作为"普遍原则"的"自由"[①]。至1968年5月出版的《心体与性体》第一册中，牟宗三又特别地把这种自由之"仁"命名为"超越的自由主义"：

> 仁是由自己之觉悟（慎独）而超越其形躯之私而呈现。此是精神领域、价值之源之开辟。仁心呈露，承仁心而行，谓之仁道。念兹在兹而不放失，谓之德性生命之精进。离开仁心仁道，无有足以一贯之者。……立人、达人，就德性生命言，自己克己慎独精进其德性生命（立己），亦欲他人亦能克己慎独以精其德性生命也。互相启沃劝勉，工夫仍须自己作；自己不作，无有能使之立者。就现实生活言，政治之措施即在不塞不禁，开其路以使之自行，顺其生事所需所欲以使之自立自达，不在博施于民，亦不在骚扰干禁也。三代虽有家天下，而此政规犹不失，故黄梨洲谓之藏天下于天下，非如后世之藏天下于筐箧也。孔子继承此政规，推进一步立仁教以重新自觉地肯定之，为政治立一最高之规范，此即吾所谓敞开散开之原则，物各付物之精神也（参看《政道与治道》）。吾亦欲名此为"超越的自由主义"，或"超越的个体主义"。"超越"者，盖自仁教而超越地言之也。非如西方之纯自政治范围内，自阶级对抗而成之经验的自由主义、经验的个体主义也。然一落于政治内，所谓"施之于人，措之于治"，则必与此经验的自由主义、个体主义相接头，决不会"立理限事"以成为"封闭之社会"也。是以仁者，各

---

① 牟宗三另有《自由主义之理想主义的根据》（牟宗三：《生命的学问》，桂林：广西师范大学出版社，2005年，第171-175页）、《自由中国的远景》（第24册，第47-48页）等文，表达了大体相同的看法。关于前文发表的刊物及出版时间，有两说：一据李明辉《牟宗三先生著作编年目录》，1949年9月1日发表于《自由世纪》第1期（第32册，第11页）；二据蔡仁厚《牟宗三先生学思年谱》，1951年夏发表于《民主评论》（第32册，第20页）。后文载1951年8月1日《明天》第39期。

人自己自立之道也（无论是德性的或是现实的），亦是敞开之道。也惟孔子立仁教，不纯囿于皇极之政规而言之，乃直下就人之当然之道而言之，乃普遍地开出理想、价值之源，开出德性生命之所以立，开出每一人直下对己对人之必然的义务与偶然的（有功效的）义务（顺康德之分类），而政治之最高原则亦函摄于其内，此即所谓对于道之本统之再建也。①

这里需要注意的，一是顺康德"完全的义务"与"不完全的义务"、"狭义的责任"与"广义的责任"等分类②；二是把"自由主义"与"个体主义"相系，强调自由精神必就个体身上而显；三是把"超越的自由主义"与"经验的自由主义"相对，强调自由的"超越""超拔""精神性"等。这是从"仁教"的整体而言，而不只是一种"政规"，或某种经济的样态。当然，这里突出了政治上的自由的重要性，即"自由"可以自最高的"道统"而言，也可以只就"政统"而言。只就"政统"而言，则政治可以是一个相对独立的领域，自由是客观的、具体的、"粘着"的，为"经验的自由主义、经验的个体主义"。若自最高的"道统"而言，则自由是一种各人自己自立的精神，孔子即此点出一个"仁"字，立"仁教"一贯之旨。这种仁的自由精神是人之为人的必然义务，虽不专门就"皇极""政规"而言，但后者也必不能超出此自由精神。由此看来，牟宗三所谓"自由"或"仁"是通天人而为一的，是人的整个生命的决定处。一个人，无论其做什么事情，从事何种职业，这种自由的仁的精神都是须臾不可离的。牟宗三说，这是"太极、人极、皇极三者并建"③。"仁教必函摄政治上最高原则，此即'超越之自由主义'，物各付物，顺个体而顺成之'敞开之原则'。此为内圣外王之

---

① 牟宗三：《心体与性体》（一），《牟宗三先生全集》第 5 册，台北：联经出版事业股份有限公司，2003 年，第 280-282 页。
② 康德：《道德形而上学》，张荣、李秋零译，《康德著作全集》第 6 卷，北京：中国人民大学出版社，2007 年，第 250、403 页。
③ 牟宗三：《心体与性体》（一），《牟宗三先生全集》第 5 册，台北：联经出版事业股份有限公司，2003 年，第 283 页。

一贯。"①

太极、人极、皇极三者并建，内圣外王一贯，也就是性命天道一贯。这是儒学传统所常言者，牟宗三赋予了其现代意义。在 1954 年 1 月 3 日发表的《论坚定与开拓》一文中，牟宗三又称其为天、地、人三极并建，以此给政治定下了三种标准："一是历史文化，二是民族国家，三是人民的生活幸福与起码的基本自由。必不违背这三个标准，然后这三个标准始能反而支持那个政权而成一谐一体。历史文化是天，民族国家是地，人民的生活幸福、起码的基本自由是人。天、地、人三极不背，始可云政。"② 仁与不仁、自由与不自由，据此标准判别，截然明白。

如此三极并建，当然是极善极美的事情。但问题在于，如何才能"太极、人极、皇极三者并建"呢？对这一问题的回答，方能显出牟宗三自由观的真实所指。

1. 牟宗三强调"精神""超越""超拔""绝对"等，但并不意味着"自由"或"仁"只是不及物的、纯主观的，而恰恰是主观通着客观、文化连着政治经济、德合着福而一并为言的。正如康德的审美无功利并非排除了功利，而恰恰是通过"无功利"才把一切"功利"的功能发挥出来③一样，牟宗三"超越的自由主义"正是要发挥"自由"或"仁"的"内在"作用。因此严格说来，牟宗三"超越的自由主义"应该是"既超越又内在的自由主义"。这一点，无须多论，只要了解黑格尔的"精神现象学"或"历史哲学"则不难理解，而牟宗三也不避讳自己常常是绾合着黑格尔而为言的。

2. 高扬"精神性"，"太极、人极、皇极三者并建"不只是名言的、理论的，更不可能是耍魔术的，而是在"解释世界"中关联着"改变世界"，亦即只能是社会生活实践中的三极并建。"唯有社会的实践始能解决社会问题，转变社会形态，使之向上。"④ 这当然是动的、全的、发展

---

① 牟宗三：《心体与性体》（一），《牟宗三先生全集》第 5 册，台北：联经出版事业股份有限公司，2003 年，第 282 页。

② 牟宗三：《时代与感受续编》，《牟宗三先生全集》第 24 册，台北：联经出版事业股份有限公司，2003 年，第 102 页。

③ 海德格尔：《尼采》，孙周兴译，北京：商务印书馆，2002 年，第 120 页。

④ 牟宗三：《道德的理想主义》，《牟宗三先生全集》第 9 册，台北：联经出版事业股份有限公司，2003 年，第 71 页。

的观点。按照前三章所揭示的说法，"仁"或"自由"也必须纵横交织、经纬成文。早在 1955 年 10 月 5 日发表的《理性之运用的表现与架构表现》一文中，牟宗三就已经强调了内在的、经验的、可清单化的"横截面"的自由与超越的、先验的、理想化的"纵贯线"的自由的不同：

　　　　名言上的清楚确定，即不必牵连那么多，只在民主政治的大括弧下就对等平列的事实而确定地说出就够了。这只是政治学教授的立场，不是为民主政治奋斗的实践者的立场，亦不是从人性活动的全部或文化理想上来说话的立场，所以那种清楚确定只是名言上的方便。至于说到真实的清楚确定，则讲自由通着道德理性，通着人的自觉，是不可免的。我们不能只从结果上，只从散开的诸权利上，割截地看自由，这样倒更不清楚，而上提以观人之觉醒奋斗，贯通地看自由，这样倒更清楚。盖民主政体并不是从天上掉下来的，各种权利之获得也不是吃现成饭白送上门的。这是人的为理想正义而流血斗争才获得的。这很明显，自由必通着道德理性与人的自觉，这里并没有什么抽象玄虚，也没有什么易引起争辩的形而上学的理论。这是实践上的定然事实。①

　　我们需要在观解理性上，用名言概念把各种经济权利、政治权利、文化权利等一一列举讲明，这种"列清单"的"量化"之事便是立法等具体工作。如此，自由才可能是散开的、具体的、可触摸的。但是，这却不足以表现"自由"或"仁"的全部，特别是其"高度"。正如法律之外还需要有法理学、法哲学，理论、名言、"割截地看自由"之外，还需要实践、活动、"贯通地看自由"。如此，牟宗三"超越的自由主义"虽然表彰黑格尔的"神统纪"②，却不再属于经院哲学，而不能不重视经验实践。在 1983 年 12 月发表的《中国文化大动脉中的现实关心问题》一文中，牟宗三指出，"一切现实问题的解决，都要靠经验：凡经

---

① 牟宗三：《政道与治道》，《牟宗三先生全集》第 10 册，台北：联经出版事业股份有限公司，2003 年，第 66 页。

② 牟宗三：《道德的理想主义》，《牟宗三先生全集》第 9 册，台北：联经出版事业股份有限公司，2003 年，第 11 页。

验都要因时、因地而制其宜，要随时加以修正改革，不能绝对化，一绝对化便会造成灾害"①。换言之，"自由"或"仁"只寄托于"分解精神""知性"，抑或只寄托于"综和精神""德性"等，都是远远不够的，自由既是人类社会的某种结果，是文化"存有"，又是人类社会的实践"活动"本身，是流血以争的过程。

其中的道理，前文已经强调了很多，本无须赘述，这里只补充提及牟宗三对英国经验主义自由传统的了解和强调。一般说来，牟宗三与德国观念论的关系确是密切，但这并不意味着他不能正视英美经验主义传统的价值。且不论康德的综合工作，也不论牟宗三受张君劢的影响等，这里仅举两例。1979 年 7 月，牟宗三在东海大学发表题为《从儒家的当前使命说中国文化的现代意义》的演讲，谈及英美与德国的比较，强调不能不正视前者"卑之无高论"的"事功精神"：

> 中国人的文化生命正视于圣贤、英雄，在此状态下，事功的精神是开不出来的。事功的精神即是商人的精神，这种精神卑之无高论，境界平庸不高，但是敬业乐群，做事仔细精密，步步扎实。英美民族是个事功精神的民族，欧陆的德国则表现悲剧英雄的性格，瞧不起英美民族，但是两次大战战胜的却是这些卑之无高论的英美民族。所以这种事功精神是不能不正视的。②

在 1980 年 4 月发表的《中国哲学之简述与其所涵蕴的问题（第五讲）：道家玄理之性格》一文中，牟宗三直接对英美经验主义政治哲学传统有简明准确的陈述：

> 自由主义（liberalism）的兴起，就是要把操纵把持解开，成为 open society。所以在自由民主的政治体制下，尽量减少政府的权力，

---

① 牟宗三：《时代与感受》，《牟宗三先生全集》第 23 册，台北：联经出版事业股份有限公司，2003 年，第 451 页。

② 牟宗三：《时代与感受》，《牟宗三先生全集》第 23 册，台北：联经出版事业股份有限公司，2003 年，第 337 页；《政道与治道》，《牟宗三先生全集》第 10 册，台北：联经出版事业股份有限公司，2003 年，新版序第 17 页。

并且用社会上的人民来制衡，给它一个 check，limitation，事情由人民自己做，政府在一旁监督大家冲突过分的地方。这是英美的民主精神。社会上有许多社团，整个社会的充实饱满，一切的活动作业，都是各社团自己在做，照拉斯基（Harold Laski）讲的国家哲学，政府的作用只是 co-ordination，调解冲突而已。①

　　无须再多引证、解释便已经能够说明，牟宗三并非不重视自由主义的英美经验主义传统。而且牟宗三承认，这样的经验主义传统也是能够肯定价值的。"英、美人不只是重视现实的经济利益，否则他们无法领导当今的世界。"②

　　这与哈耶克的看法并不矛盾。哈耶克曾区分了以大卫·休谟、亚当·斯密等为代表的"英国自由传统"跟以卢梭等为代表的"法国自由传统"的不同，并批评后者的极权后果。哈耶克要求一种通过学习、模仿、选择等而来的"适应性进化"社会理论："这种社会理论第一次明确指出，一种显见明确的秩序并非人的智慧预先设计的产物，因而也没有必要将其归之于一种更高级的、超自然的智能的设计；这种理论进一步指出，这种秩序的出现，实际上还有第三种可能性，即它乃是适应性进化（adaptive evolution）的结果。"③ 显然，哈耶克认为"法国自由传统"中的那种饱含智识、道德意味的人生来就具有的"天赋自由"，跟"苏格兰自由主义者"的那种人因其较为原始且凶残的本能而来的"协调利益间的冲突的自由"相比，并不具有历史的准确性和功能的有效性。这是有道理的。但是不能据此便认定，因为牟宗三跟德国的理性主义关系密切，而德国的理性主义跟法国的理性主义的特征及其作用都是一样的，所以哈耶克对"法国自由传统"的批评同时就可以视为对牟宗三自由观的批评。其实，哈耶克同样坚持在社会生活实践中"太极、人极、皇极三者并建"。在强调了"适应性进化"社会理论之后，哈耶克紧接

① 牟宗三：《中国哲学十九讲》，《牟宗三先生全集》第 29 册，台北：联经出版事业股份有限公司，2003 年，第 107 页。

② 牟宗三：《中西哲学之会通十四讲》，《牟宗三先生全集》第 30 册，台北：联经出版事业股份有限公司，2003 年，第 15 页。

③ 哈耶克：《自由秩序原理》，邓正来译，北京：生活·读书·新知三联书店，1997 年，第 67 页。

着就明确指出，自己的意思"一定不是说理性根本不具有任何重要的建设性使命。毋庸置疑，理性乃是人类所拥有的最珍贵的秉赋。我们的论辩只是旨在表明理性并非万能，而且那种认为理性能够成为其自身的主宰并能控制其自身的发展的信念，却有可能摧毁理性"①。哈耶克总结道："我们在本书中所持的反唯理主义的立场（antirationalistic position），绝不能与非理性主义（irrationalism）或任何对神秘主义的诉求相混淆。我们所主张的，并不是要废弃理性，而是要对理性得到确当控制的领域进行理性的考察。"② 质言之，哈耶克无法反对理性或道德，而只会反对"唯理性"或"唯道德"，因为人是观念的存在③，社会生活实践本就是经验与理性的交融。

3. "超越的自由主义"当然对西方有借鉴意义，如牟宗三"寄语美国，勿恃富强即谓可以抵抗苏联。寄语自由主义者，勿谓发自形下的气质人性中之自由即可为领导时代之精神原则"④ 等，但其主要的着眼点只能是一种"自救之道"⑤。1953 年 11 月，在发表于《人文学刊》第 2 卷第 1 期的《人文主义的基本精神》一文中，牟宗三对此"自救之道"有一个清楚而简洁的说明："近代化的国家、政治、法律不能建立起来，儒家所意想的社会幸福的'外王'（王道）即不能真正实现；而内圣方面所显的仁义（道德理性），亦不能有真实的实现、广度的实现。"⑥ 关于这一点，本书第一章已经论及，在此不赘述。

清楚了这三点，虽然不能说已经把握了牟宗三自由观的全貌，但至少可以避免对牟宗三的许多误解。如有研究者抓住了牟宗三"超越的自由主义"的"太极、人极、皇极三者并建"的特征，正确地指出了天道、完善人格等因素在牟宗三论自由时的重要性，但因此断定"牟宗三的自由主

---

① 哈耶克：《自由秩序原理》，邓正来译，北京：生活·读书·新知三联书店，1997 年，第 80 页。
② 哈耶克：《自由秩序原理》，邓正来译，北京：生活·读书·新知三联书店，1997 年，第 81 页。
③ 休谟：《人性论》，关文运译，北京：商务印书馆，1997 年，第 13 页。
④ 牟宗三：《生命的学问》，桂林：广西师范大学出版社，2005 年，第 174 页。
⑤ 牟宗三：《道德的理想主义》，《牟宗三先生全集》第 9 册，台北：联经出版事业股份有限公司，2003 年，第 14 页。
⑥ 牟宗三：《道德的理想主义》，《牟宗三先生全集》第 9 册，台北：联经出版事业股份有限公司，2003 年，第 201 页。

义又是不依赖于人的或社会的行动"，"他的思考仅着重于哲学自由主义，而较少从政治、经济和社会的角度阐发自己的相关思想"等，① 则不能不令人扼腕叹息。关于牟宗三的一些流行意见在这里起了作用。② "不依赖于人的或社会的行动"的"哲学自由主义"的确足够"超越"，但如此"超越"的东西又怎能"内在"于我们的生活呢？若以为有此"超越"的"哲学自由主义"便已经足够，而无须在经验上粘牙嚼舌，甚至因此来表彰牟宗三"彻底的唯心论"或"先验主义"等，则尊之适所以侮之，真如牟宗三所批评的那些"后来贫弱之辈，视国家政治为俗物，视礼义法度为糟粕，而自退于山林以鸣风雅，自谓与天地精神相往来，而不知已奄奄待毙也"③。若因此批评牟宗三"对于自由主义自身的内在矛盾"无深刻了解，缺乏经验的维度，"在客观上"无法达成"克服了量化的自由主义和泛道德/泛政治主义的极权"等"效果"，则又显然是错看了牟宗三，是先把一种荒谬的意见归于牟宗三，然后再据之批评牟宗三荒谬。

　　当然，这并不意味着牟宗三是不可批评的。如果说，正是因为牟宗三自己强调"超越的自由主义"，而非"既超越又内在的自由主义"，因此人们才顺着说"哲学自由主义"，那么，牟宗三的表达似乎是要为此负一定责任的。的确，牟宗三有时是"分别说"，有时又是"非分别说"；有时走"分解的路"，有时又走"诡谲的路"；有时强调"横截地看"，有时又强调"纵贯地看"；有时说"好"，有时又说"坏"：凡此种种，都造成了阅读理解上的障碍。再加上牟宗三又特别喜欢讲"超越""精神性""神性""彻底的唯心论"等，似乎批评他为"泛道德主义""哲学自由主义"等也就显得顺理成章。但是，牟宗三必不服气，他会认为自己的表达之所以深奥晦涩，那是因为事情本身就深奥晦涩。若有人因此误解并批评牟宗三，则牟宗三完全可以如康德那样回应："请

---

① 参阅周恩荣《论牟宗三"超越的自由主义"——牟宗三哲学思想论纲》，《孔子研究》2012 年第 1 期。
② 港台对于牟宗三的解读，严重影响了大陆对于牟宗三的理解，而那些解读不总是深刻的，或许有重大的偏差。因此，牟宗三的许多文字被有意无意地视而不见了。下节对此也有所涉及。
③ 牟宗三：《名家与荀子》，《牟宗三先生全集》第 2 册，台北：联经出版事业股份有限公司，2003 年，第 189 页。

他考虑到并不是每个人都非研究形而上学不可。"①

二　一个真正的自由人

1952 年 1 月 2 日，牟宗三在《自由人》第 87 期发表了《一个真正的自由人》一文，认为一个真正的自由人，必有其不动摇的基本信念、内蕴或情调：

> 真正的自由人，都有极强的生命内蕴，都有极丰富的理想主义的情调。尽管他着重于抽象的分析、技术的训练，这是他的理智兴趣所发的理智工作，人不能不有工作，但在他所发在外面的工作背后的生命内蕴，理想主义的情调中，有些基本信念不能摇动。个性尊严不能摇动，人格价值不能摇动，不为阶级所决定的客观而普遍的真理不能摇动，家庭生活内的父子兄弟夫妇的伦常不能摇动。这些基本信念，正是一个自由人所万死不肯放弃的。②

着重于"理智工作"，有夫子自道的味道，涉及牟宗三对自己生命的理解以及他在讲学方法上的自觉，本书随后两章再论。这里的四个"不能摇动"当然是观念、精神性的，却不限定于精神，而是牟宗三认为的人之所以为人的根本所在。这也是孔子的为仁由己、孟子的舍生取义、荀子的明分使群等所反复讲论的。牟宗三的新义，在把这种传统"价值"跟人的"个性"结合起来，并以此说"自由主义的灵魂"：

> 人总须有真性情，才能作一个真正的自由人。有了真性情，纵当是不自觉的，也是一个真正的自由主义者。个性与价值，是自由主义的灵魂，也是自由民主学术文化的源泉。③

---

① 康德：《未来形而上学导论》，庞景仁译，北京：商务印书馆，1982 年，第 14 页。
② 牟宗三：《时代与感受续编》，《牟宗三先生全集》第 24 册，台北：联经出版事业股份有限公司，2003 年，第 51 页。
③ 牟宗三：《时代与感受续编》，《牟宗三先生全集》第 24 册，台北：联经出版事业股份有限公司，2003 年，第 52 页。

　　"个性"或"真性情"可以是一种情调，如道家的境界形态，或冯友兰所说的天地境界等。但"个性"或"真性情"不总是飘荡着的境界，而能即事而显，在真实的生命中真实而确定地呈现。由此，牟宗三强调"个体"。在 1979 年 5 月 29 日至 6 月 1 日《台湾日报》连载的《"五四"与现代化》一文中，牟宗三从政治意义的"个体"出发来理解"个性"或"自由"：

> 　　中国人以前没有权利义务的观念。在政治上，中国人只讲"天民"，而不知有"公民"。"公民"就是一个政治上的观念，是从西方近代"人权运动"而来的。"人权运动"重视"个体"，主张每一个人都是一个独立的"个体"。如卢梭所说每个人生而自由，有所谓天赋的人权，如法国大革命时的"自由、平等、博爱"等口号，都是基于"每一个人都是独立的个体"这种观念而来的。但是"个体"还有"相对"的意义，有这个"个体"，就有那个"个体"；因此在要求权利之际，也就不能不尽义务。从权利、义务两者相连而生的这种"个体"的观念，它是政治上的意义，而非道德上的意义。……所谓自由主义（liberalism）的基本精神还是个体主义（individualism）。个体主义不是讲究自私自利的个人主义。个体主义所重视的"个体"，是政治上的意义，是由权利义务来规定的"个体"。①

　　"个性"或"真性情"是自由人的灵魂，这是亘古亘今、至死不渝的。人类文明的发展过程，就是表现这一灵魂的过程。这中间的一个重大关节，就是自由人与自由人碰撞在一块，该如何表现的问题。当人类的交往还十分有限的时候，这个问题可以通过共同的宗教信仰、大体相同的道德伦理信念等得到解决，比如费孝通笔下的"乡土中国"。即便如此，纷争仍然不断。当人类的交往日渐密切，要迈向世界历史的时候，原来的办法也就不足以单独应对复杂的状况，于是需要清楚明白的界定，甚至如数学般精确最好，由权利与义务来规定的"个体"也就应运而生

①　牟宗三：《时代与感受续编》，《牟宗三先生全集》第 24 册，台北：联经出版事业股份有限公司，2003 年，第 264 页。

了。1982 年 12 月 25 日在联合报大礼堂所作的题为《汉、宋知识分子之规格与现时代知识分子立身处世之道》的报告中，牟宗三表彰说，那意味着"现代文明"的到来：

> 自由主义自西方十七、十八、十九世纪以来是一个政治概念，它的作用要在政治上见。自由主义跟着个体主义来，个体主义、自由主义讲的是人权，故要扣紧人权运动来了解。这根本是政治的。西方自由主义的表现就是如此，由之而开出了现代的文明。[①]

由权利和义务来规定的"个体""根本是政治的"，谈论"自由"无法避免"政治的重点"，这构成了自由主义的"硬核"。这是作为"现代文明"的自由主义跟"传统文明"的自由个性的根本区分处。根本区分不是相互排斥，自由主义的"硬核"如同一个"圆轮"或者"中心点"，即所谓"道枢"，而能够把太极与人极、天与人、古与今等转运起来。从这个"硬核"出发，牟宗三对于自由的很多看似矛盾的论述，才可以获得一个整体的理解。这里分"上""下"两点来看。

1. 作为教养的自由

牟宗三要求一种"超越的自由主义"，仿佛是把"精神自己""理想主义"等"超越"的因素提到了最高处，而认定唯有这种"绝对唯心论"的"仁"或"自由"才是"自上而下"地"开出"现代自由主义的价值根源。实则不然。消极地说，牟宗三不过是说，儒家之"仁"并非老朽或者完全无法融入现代生活而只能在博物馆里供人观看的死物，"仁"是常在常新的，完全可以不违背自由主义的"硬核"。积极地说，牟宗三只是要在自由主义的"硬核"的基础上，"向上"伸展一下，谈论文化问题、教养问题。

1978 年 12 月 26 日，在台湾大学文学院发表的《从索忍尼辛批评美国说起》的演讲中，牟宗三先批评索尔仁尼琴"对近代文明不能正视，

---

① 牟宗三：《时代与感受》，《牟宗三先生全集》第 23 册，台北：联经出版事业股份有限公司，2003 年，第 264 页。

不能有一相应的了解"①，不肯定天赋人权、天赋自由、天赋才能及追求幸福的权利等对于近代文明的意义，一口咬定种种世纪末病都是近代文明发现、张扬了"人"的恶果，那是不中肯的。牟宗三认为，索尔仁尼琴表面的批评与其真正的意思之间有点差距，只有先行正视和肯定了这些"政治"的东西，然后才能明白索尔仁尼琴批评美国"文化"的真正意义：

> 自由民主是个政治的体制，政治的体制不能够负太多的责任。自由民主的本质，就是把政府的权力尽量予以制衡，不流于极权。所谓力争自由，就是保证你的人权，给你自由。至于社会风气，自由民主这个政治体制，就其为一政治体制而言，是不能负这责任的。那么，这又是一个什么问题呢？这是个问题。这需要分别说。政治体制是一回事，文化另是一回事。
>
> ……从法国大革命人权运动，美国的独立宣言，就是要求这个东西，就是要求要建立一个有宪法基础的政治体制来保障我们的人权，保障我们的自由。但你有了自由，有了人权，至于你如何运用你这个自由，如何运用你这个权利，那是你个人的事情，那就是另一个问题了。这是政治管不了的。负这个责任的是什么东西呢？是教育，说笼统一点是文化，说得再具体一点是教养。这个"教养"是属于教育的问题，在家庭里面是属于父母的，到了社会上来在学校里是属于师长的事。这在主观方面培养你的道德理性，在客观方面培养你的文化意识，进而培养你通此主、客观而为一的智慧与至大至刚、沛然莫之能御以实现此道德理想的勇气。这，通泛说来，就是道德。②

若只按照权利和义务，那么正如黑格尔所指出的那样，一个人犯了罪，将其投入监狱，正是尊敬他，是对他的自由的承认。③ 因此，处罚

---

① 牟宗三：《时代与感受续编》，《牟宗三先生全集》第 24 册，台北：联经出版事业股份有限公司，2003 年，第 229 页。

② 牟宗三：《时代与感受续编》，《牟宗三先生全集》第 24 册，台北：联经出版事业股份有限公司，2003 年，第 233 页。

③ 黑格尔：《法哲学原理》，范扬、张企泰译，北京：商务印书馆，1961 年，第 103 页。

了一个人，一个人为自己的任性而承担了相应的刑罚，那就不能再受到其他的惩罚，包括鄙视甚至侮辱等，如电影《最后的绞刑师》所展示的那样。但是，这个受到处罚的人自己是否要因此而感到"有耻"呢？当付出了"代价"之后，这个人自己获得了怎样的"清白"？在这个地方，牟宗三强调从自由到责任并不是一个"分析命题"：

> 假如说一有自由，我就可以知道我的责任，我就可以决定得起我的责任，并能决定得住我的责任，那就没有亡国的了，没有堕落的人了。堕落的人多得很呢！照个人讲，不是一样的堕落吗？给你这么多的自由，给你这么多的舒服生活，一样的堕落啊！……
>
> 自由、人权，是个民主政治的体制问题；在有自由、权利之下，如何能够运用我的自由，如何能够充分实现我的权利，这是另一个问题是"文化问题"，是个"教养问题"。在这个时代，你要真正想实现你的自由，要想决定你的责任，决定得起，决定得住，那么就要看看你在这个时代，你究竟是什么立场。①

应该说，牟宗三很重视他的这种区分。因为大约在这次演讲的一周之前，也就是 1978 年 12 月 18 日，牟宗三在台湾大学哲学系发表的《有关"美国与中共拉邦交"之谈话》中，就已经将其传达出来了：

> 假如你把一切事情一切责任都推给政府，就表示你的头脑是一个没有近代化的头脑。须知政府只是保障你的权利，如何运用权利是各人自己的事情。不是给了你自由，你马上就能付之于恰当的运用。这不是政治的问题。是什么问题呢？这里是文化的问题。说得具体一点，就是教育问题，是教育、学术、文化的问题。这是政治管不着的。②

牟宗三在这里反复强调的，是自由主义的"硬核"，即政治上的权利

---

① 牟宗三：《时代与感受续编》，《牟宗三先生全集》第 24 册，台北：联经出版事业股份有限公司，2003 年，第 238 页。

② 牟宗三：《时代与感受》，《牟宗三先生全集》第 23 册，台北：联经出版事业股份有限公司，2003 年，第 57 页。

与义务都已经明确规定了"之后"的问题。"假如"有了自由，有了法律、制度规定的权利与义务的"基础"，人自己为什么还会"堕落？这里政治管不着了，而需要各人的自觉，当然只能是文化问题、教养问题了。①

---

① 徐友渔曾撰文批评对自由的形而上学思考，认为这种传统不但"不先进"，而且"缺陷严重"。先生认为，"人类对自由的论证、捍卫与反对侵害自由的斗争，基本上不是发生在形而上学的层面上"；"我们不会独立于文明、进步而另立标准，比如某种抽象、玄虚的'深刻性'"。从这个角度出发，先生强调英国经验主义传统的价值。这些基本观点应该是个"共识"，它其实是说，如果失掉了自由主义的"硬核"，没有了政治生活的"基础"，一切"超越"的自由都是"不合常理、违反常识"的。但是，过此以往，先生的很多看法十分令人震惊。先生对德国理性主义传统的批评，有着非常明显的主题先行的色彩，有意将其与"经验"完全隔离，反过来，英国经验主义传统与"理性"的关联也被完全禁绝了。于是，双方都被塑造成了某种荒谬。例如先生表彰说："同意英国思想家的观点，只需要一种健全的直感和常识。"可是，这或许也是对英国思想家的严重贬低。如果进一步追问，什么是"健全的直感和常识"？"英国思想家"该如何回答呢？有人凭自己"健全的直感和常识"，坚持《圣经·利未记》19：18 的"爱邻如己"就是对同性恋的神圣肯定，而要求同性恋权益，而与另外一些人的"健全的直感和常识"不合，该怎么办？再比如，我们是否可以把吸毒当成一种正当的权利呢？显然，"直感和常识"是会因时、因地而变化的，彼此之间的冲突也是十分平常的，如何从中分辨出何者"健全"何者"不健全"呢？与此相应，康德、黑格尔等人则被先生诠释为"主张先下手为强""讴歌战争""推行军国主义路线和战争政策"、"主张王权"或"最高权力不受限制"等的反人类文明者和不可理喻的形而上学自大狂。且不论康德突出共和国的强制力的法权意义等，仅就先生认为洛克的比康德"合理和深刻得多"的论财产的初始私人占有条件来说，"个人的占有应该只占有同类被占有物的很小一部分，一个人的占有应该留下足够的同样好的东西，以便不妨碍他人作同样的占有"，这究竟是一种"健全的直感和常识"，还是一种"形而上学"？比照"先下手为强"与"不妨碍他人作同样的占有"，究竟哪一种才更符合人类争取自由的历史经验？最后需要指出的是，先生的主题先行其实是指向儒家的："德国唯理论的思路与中国传统的'内圣开出外王'是同构的，怪不得中国人对此心领神会、情有独钟。而英国经验主义的思路并不对人性问题沉潜往复、探微索幽，而是把目光转向制度的安排。""中国人长时间吃德国哲学的亏，却不太为人们所认识。在这方面作一点反思，可能是没有害处的。"其实，如果严格遵循"人类对自由的论证、捍卫与反对侵害自由的斗争，基本上不是发生在形而上学的层面上"这一断语，而把注意的焦点放在争取自由的经验过程上时，那么批评的矛头所指就不应当是"解释世界"的理论，无论它是"经验主义"、"理性主义"或者是什么"内圣开出新外王"等，而应当指向"改变世界"的具体过程，"临到触犯当权者也不退缩"。参阅徐友渔《政治哲学与形而上学——略论政治思想中的德国传统》，《云南大学学报》（社会科学版）2008 年第 1 期。另外，殷海光、张佛泉等也强调英美自由主义传统的重要性，也认为德国的观念论自由主义是极权主义的帮凶。不过，也有学者认为对德国的观念论本身应有所区分，"康德主义者"与"黑格尔主义者"、"康德式自由主义"与"黑格尔式自由主义"之间存在巨大差别。参阅理查德·罗蒂《后哲学文化》，黄勇编译，上海：上海译文出版社，1992 年，第 194-202 页；曾国祥《牟宗三与黑格尔式自由主义：一个历史的重新评价》，《哲学与文化》2013 年第 9 期；等等。

　　既要求在"经验"中追求、确定并遵守法定的具体权利与义务，又要求在"理性"上负起责任，决定得起，决定得住，对一切堕落"有耻"，这两者之间当然会产生裂隙。正如电影《最后的绞刑师》所展示的，职业绞刑师 Pierrepoint 遵法律而行，合法杀人，而且凭借绝对的冷静以及精准的计算，在本行当内极其出色，成为公认的"最有效率和最人性的"英国第一绞刑师，但他究竟要为此"自豪"，还是因此"有耻"呢？我们看到，一方面他"尊重"他的对象，每个对象在被他绞死之后，他都要一丝不苟地清洗其身体，因为他认为他们已经随着为其所作所为付出"代价"而变得"清白"了，他甚至因为盟军少给了纳粹战犯一副棺材而大发其火，认为那违反了他的职业道德，有损他的职业荣誉感；另一方面他又比奥斯威辛的同行还要"无视"他的对象，两者都要高效地处理对象，但纳粹的毒气室让行刑者可以躲在一边假装不在，而他则和被行刑者面对面，清晰地看到听到感觉到一切，却一如根本就没有看到听到感觉到。我们还看到，职业绞刑师 Pierrepoint 本应该秘密从事工作，却因为人们需要对纳粹复仇的图腾，他对众多纳粹执行死刑的事件曝光了，因此他成为公众人物，成为人们的英雄，受到人们的赞美；但是同时，他又因此成为反对死刑的人们的头号靶子，人们朝他吐口水、扔鸡蛋，他如同过街老鼠。

　　职业绞刑师 Pierrepoint 的例子以一种极端的方式，把人类的生存境况展示了出来。我们对别人所做的跟我们对自己所做的交织在一起，无法分开。面对这种境况，只有自由主义的"硬核"是远远不够的，Pierrepoint 的纳粹同行也可以辩解说，自己跟 Pierrepoint 一样不过是在合法地杀人。普通人无须如此极端，但在生活中也无法避免类似的裂隙。在这里，需要悲天悯人情怀下的宽容，宽容一切不可宽容者。用康德的话说就是，需要把他人的幸福当成自己的义务。

　　也就是说，教育、教养、文化上的"有耻"当然是一种高要求，是在政治上的权利和义务基础上的一种提高，但这种提高了的要求只是康德意义上的"不完全的义务"，并不是要求所有人都"有耻"，而是要求自己"有耻"。"有耻"是对自己的严格要求和对他人的悲悯。早在 1962 年 6 月 16 日《人生杂志》第 24 卷第 3 期发表的《观念的灾害》一文中，牟宗三就强调自由需要自觉和独断，"独断是独断自己，不是独断别人"①，从而主张把作为文化、教育、教养问题的"自由主义"理解为"宽容主义"：

> 说到宽容与了解，中国的儒家传统是最具备这种通达的智慧与雅量的。所以我常说自由主义精神的老祖宗当该是孔子，真正能表现宽容精神的，最早的也当该是孔子，是儒家传统。我们当然不能说孔子或儒家是现在的所谓"自由主义"，但他的确能表现自由主义的宽容的精神。②
>
> Liberalism 译为"自由主义"是不甚恰当的……所以此词译为"宽容主义"、"宽任主义"或"宽忍主义"，也许比译为"自由主义"较妥。至于中国那些德性字眼，则根本属于另一套。西方人权运动下的"宽容主义"比较是外在的、形式的、社会的，而中国儒家传统中的那些德性字眼，则是内在的、真实、实体性的，个人德性的，是更高一层的。③

人们看到这里的"更高一层"，再联系到"真正能表现宽容精神的，最早的也当该是孔子"等语，很容易就把孔子由"克己慎独"而来的"通达的智慧与雅量"与西方从社会上对客观问题而发的强调"权利与义务"的"自由主义"视为上、下两层，认定牟宗三就是要"良知坎陷"，即由德性上的"克己慎独"出发，"自上而下"地"开出"作为自由主义的"硬核"的"权利与义务"，而让后者更加真实、充实，更能提得住和站得住。

若当真如此，牟宗三当然是荒唐的，不合历史事实，而又丧心病狂、胡言乱语。人们当然可以反问牟宗三："十七世纪的欧洲人未曾得闻我们的圣人之教，为什么反而在制度上、思想上产生了对民主（与科学）的

---

① 牟宗三：《时代与感受》，《牟宗三先生全集》第 23 册，台北：联经出版事业股份有限公司，2003 年，第 35 页。

② 牟宗三：《时代与感受》，《牟宗三先生全集》第 23 册，台北：联经出版事业股份有限公司，2003 年，第 35–36 页。

③ 牟宗三：《时代与感受》，《牟宗三先生全集》第 23 册，台北：联经出版事业股份有限公司，2003 年，第 39–40 页。

突破、建立了近现代民主（与科学）发展的根基？"① 由此历史事实上的
错误，人们当然还有权利批评牟宗三的"开出"说不仅于事无补，反而
有害于事，正体现了 20 世纪中国思想的危机："性善说本身无法'开
出'法治架构下——经由法律具体保障——的人权。而人权是现代的自
由与民主的前提之一。另外，必须再一次强调的是：发展自由与民主的
次序是：必须先建立外在的'消极自由'——必须先建立法治架构下对
个人自由的制度性尊重与保障，才能谈内在的'积极自由'与民主，建
立外在的'消极自由'必须成为大家的优先性关怀。如果次序颠倒了，
一切将变成空谈。牟先生的'开出'说，使许多信服他的人以为反正一
定可以成功，所以反而忽略了'如何落实'法治与民主的问题。"②

　　关键在于"次序"。牟宗三"次序颠倒"了吗？上述牟宗三对"现
代的文明"的梳理，"假如说一有自由""在有自由、权利之下"等说法
已经清楚地证明，牟宗三并没有"次序颠倒"，他反而反复强调这一
"次序"，是"在获得了外在的自由制度与秩序的保障以后"才谈"宽
容"的：

　　　　"自由主义"在西方之产生是从社会上对宗教信仰而发、对阶

---

　　①　林毓生：《思想危机的一个面相》，《读书》1996 年第 12 期，第 41 页。
　　②　林毓生：《思想危机的一个面相》，《读书》1996 年第 12 期，第 44-45 页。林毓生的文
　　　　字，在大陆是有回响的。至少我本人就曾深受其"借思想、文化以解决问题的方法
　　　　(the cultural-intellectualistic approach)"说的影响。这个说法与殷海光批评新儒家"把
　　　　思想秩序 (order of thinking) 当做事物秩序 (order of things)"有着天然关联，且不
　　　　论。现在看来，港台对于牟宗三的理解，影响了大陆对于牟宗三的理解，而这种理解
　　　　不总是深入的理解。这里先引述林先生在 1982 年的一段话，然后我们可以与下文所引
　　　　的牟宗三的论述进行比较，看看林先生自己是否同样也在"借思想、文化以解决问
　　　　题"。林先生说："自由——从外在的观点来界定——是指个人在社会中的行为，所能
　　　　遭遇到的外在的强制的压力 (coercion)，已经减少到了最低程度的境况。英国式自由
　　　　主义在这方面的成就最大：只有在法治、民主与自由的经济制度中，个人所遭遇到的
　　　　别人所能施予的强制的压力获减少至最低程度。易言之，自由是指每个个人在社会中
　　　　的行为已经可以尽量免于外界的强制的干扰与阻碍。中国过去可以说并没有保护个人
　　　　自由的制度与秩序。然而，在获得了外在的自由制度与秩序的保障以后，如果一个人
　　　　内在的意识被怨恨、恐惧与无知所占据，他仍然是没有自由的。一个人只有在他对人
　　　　生的意义有清楚的自觉，对生命的资源有清楚的自知的时候，才能享有自由。"参阅
　　　　林毓生《中国传统的创造性转化》，北京：生活·读书·新知三联书店，1988 年，2
　　　　第 288-289 页。

级而发、对专制暴君而发，总之，是在人权运动下而产生。它是从
社会上对那些拘禁、限制、不合理的既成势力而逼出的一种宽容、
开明的态度，它本身并无特定的内容，它不是一个思想系统。从正
面说，它是在一切基层学问或思想系统之上的一种超然的态度或宽
容、开明的精神。从反面说，它反对并拆穿一切政治的、思想的、
或宗教"立理以限事"的意底牢结之拘禁与封闭。照此正反两面所
表现的宽容与开明的态度说，自由主义这个超然的态度也可以有其
态度上的一定内容或特性，那就是：一、尊重个性；二、尊重人格
价值；三、宽容；四、理性。一个具有这四点内容的健康的自由主
义者，他可以相信某宗教，但不反对旁人相信另一种宗教，却必反
对以某一宗教拘禁或封闭人民的信仰。他也可以不相信任何宗教，
但不反对旁人相信，也不抹杀宗教本身的价值。他可以相信某种哲
学系统，但必宽容其他系统的存在与价值，但却不能宽容成为意底
牢结的某种系统以封闭社会。他可以研究某种学问，但不抹杀旁人
所研究的学问。他可以肯定科学，但不是独断的科学主义。他当然
要肯定自由民主，但不因而抹杀一个国家的历史文化与道德宗教。
他愿使一切基层的学问，如科学、艺术、道德、宗教皆各归其自己
而并存；他愿使一切思想系统，如哲学上的各种立场，皆有其存在
的价值。它唯一反对的就是拘禁与封闭：政治的、思想的、或宗
教的。①

　　之所以不厌其烦地引述这一大段，是因为将之与上引林毓生的批评
文字相对照，则误解必涣然冰释。牟宗三表达得已经很清楚了：孔子
"当该"是最早的自由主义者，但恰恰因为"中国过去可以说并没有保
护个人自由的制度与秩序"，因此他并没有真正成为自由主义的老祖宗，
而只能提供一种自由、宽容的"思想"与"文化"；只有中国在生活实
践中向现代文明发展了，如数学般精确地确立了政治的权利和义务，在
这以后，孔子的"思想"与"文化"才告别了停留在纸上、博物馆中的

---

① 牟宗三：《时代与感受》，《牟宗三先生全集》第 23 册，台北：联经出版事业股份有限
　公司，2003 年，第 36-37 页。

命运，成为落实的、现实的、真实的"思想"与"文化"。

人们当然还可以批评牟宗三说，你为什么不去重点讲如何具体地获得权利与义务，而是用一个"假如说—有自由"就把获得权利与义务的历史实践过程轻轻挂起来，而把讨论的重点放在了拥有了自由主义的硬核"以后"的事情上呢？你如此安排，是否同样导致人们"忽略了'如何落实'法治与民主的问题"呢？但"具体地获得权利与义务"却既非思想也不文化，而是经验事件、社会实践。这样的批评，显然是不宽容的，也是无理的，正如我们批评洗衣机不能烤红薯一样。

2. 作为可计算者的自由主义

牟宗三之所以"向上"说，只是为了"向下"说，即为了防止"泛自由主义"。同样在《"五四"与现代化》一文中，牟宗三批评胡适说：

> 胡先生并不是不了解西方的自由主义，可是胡先生回国后在生活上的表现，特别是他解释自由主义的时候，就不够清楚。从行动上讲，自由主义既是政治上的观念，就必须从政治立场、从宪法基础的民主政治立场来说明、来实践。胡先生仅把自由主义表现在社会日常生活上。固然这也并非完全错误，但是这种表现应该有其限制。由于我们的日常生活，复杂得很，从日常生活中学习训练自由主义、个体主义，仍然只能依靠政治生活达其目的。譬如我们开一个会议，就是学习民主政治的最好机会；但是我们的日常生活，并不是天天在开会。因此，自由主义表现在社会日常生活上就不免于泛滥，变成了所谓的泛自由主义（pan-liberalism）。子女抗拒父母管教，学生不服老师教导，一切不正常的社会现象，都以自由主义为借口。①

且不论胡适是否"仅把自由主义表现在社会日常生活上"，牟宗三这里的意思还是明确的：其一，自由主义离不开政治生活的"硬核"，"必须从政治立场、从宪法基础的民主政治立场来说明、来实践"；其

---

① 牟宗三：《时代与感受续编》，《牟宗三先生全集》第 24 册，台北：联经出版事业股份有限公司，2003 年，第 265 页。

二，假如混漫了界限，弄错了场所，在社会日常生活中亦如在政治生活中一样，也强调"法无禁止即可为，法无授权即禁止"等，那么自由主义就成为堕落的借口了。即就师生关系来说，1979 年 8 月发表在《鹅湖月刊》第 5 卷第 2 期的《熊十力先生追念会讲话》一文中，牟宗三回忆了自己与熊十力师的相处之道，批评了当时北京大学"学生的嚣张狂妄，两眼只看天上"：

> 那时候的学生无法无天，不知天地间有什么分寸。上课时先生点名，很是客气，都说 Mr. 某某，这种作风，在以前是没有的。刚开始时，我们都感到不习惯，乡间的老夫子不但不叫你 Mr. 还要打你呢。这种风气是从北大，从胡适之先生开始的，胡先生对学生很是客气。青年人初时会感到有点受宠若惊，但久而久之，便认为当然，久假而不归，焉知其非固有也，你叫我这样我就是这样吧。嚣张狂妄之极，没有一个先生敢对学生说你不对，没有敢教训学生的。……自由民主是政治上的观念，在政治上不能表现，便在社会上日常生活中表现，这便成泛自由主义。变成先生不能教学生，父母不能教子女，这影响太大了。北大便是这种风气，学生对先生是没有什么礼貌的，上课时愿意听便听，不愿意听便走，随便退堂，这随便退堂严格讲是不对的，但北大的学生对此并无感觉。①

牟宗三现身说法，一方面批评了教师的敷衍无聊，不敢教育学生，另一方面谴责了学生的嚣张狂妄，不能接受教育，从教师那里得到好处。不排除有些老师自己的敷衍无聊，但教师为什么要敷衍无聊呢？正如讽刺美国教育的荒诞微电影《二加二等于二十二》告诉人们的那样，因为教师告诉学生，你算错了题目，2+2＝22 是错的，应该是 2+2＝4，那接着学生家长、校长甚至全社会都出来谴责教师说，你有偏见，你是纳粹，扼杀了学生的天性，妨碍了学生的自由，因此必须让你停职，开除你。如果都这样，长此以往，哪位教师还会不敷衍不无聊呢？当然有人可以

---

① 牟宗三：《时代与感受》，《牟宗三先生全集》第 23 册，台北：联经出版事业股份有限公司，2003 年，第 278-279 页。

说："如果有的学生对教员的讲课内容有不同看法，可以向老师提出，或者以不同的方式向院系或学校反映。教师有教师的权利，学生也有学生的权利。"但这种"反映"是怎样的"反映"？"如何"反映？《二加二等于二十二》所表现的可以称为一种"反映"，"告密"是否也是一种"反映"呢？是否需要一个最高当局告诉我们 2+2 等于几，就如另一部讽刺微电影《二加二等于五》告诉人们的那样，只有唯一的答案，即 2+2=5，若谁敢等于 4，就会立即被处决？

显然，无论是 2+2=22 还是 2+2=5，都混漫了教育与政治的界限，因而无比荒诞。2+2=5 无自由主义的"硬核"，2+2=22 则把此"硬核"移作他用：既然法律没有禁止 2+2=22，那学生就有 2+2=22 的自由；既然法无授权 2+2≠22，那就禁止教师判 2+2=22 为错。如此一来，还怎么教育呢？这是牟宗三一贯的关切点。早在 1953 年 8 月《中国文化月刊》第 1 卷第 5 期发表的《关于文化与中国文化》一文中，牟宗三就对社会日常生活的这种"平面化"提出了严厉的批评：

> 师生之间讲民主，则先生无法教学生。父子之间讲民主，则父兄不能管教其子弟。夫妇之间讲民主，则夫妻之恩情薄。民主泛滥于社会日常生活，则人与人间无真正的师友，无真正之人品，只是你不能管我，我不能管你，一句话是"你管不着"。民主本是政治上对权力的大防，现在则转而为掩护生活堕落的防线。①

牟宗三这里是在讲民主，民主与自由当然侧重不同，前者强调权力如何来，而后者追问无论谁掌权其权力的限度何在，但若它们"脱离其政治形态之中心而转为社会上日常生活"，那么它们都会导致社会日常生活的"平面化"。"我有我的自由，你管不着"，遂成为"掩护生活堕落的防线"。认为这世界上的绝大多数事情能用"关你屁事"与"关我屁事"两句话解决掉，这严格说来不是某个人的问题，而是时代的问题。在 1955 年 4 月 16 日《人生杂志》第 9 卷第 11 期的《大学之道在明明

---

① 牟宗三：《道德的理想主义》，《牟宗三先生全集》第 9 册，台北：联经出版事业股份有限公司，2003 年，第 331-332 页。

德》一文中，牟宗三将这种风气追溯到"古典"与"现代"之别：

> 现在的人讲学问，只从科学的态度讲，只论"事"（event），没有"理"（reason），没有"体"（substance），没有"力"（force）。过去古典的物理学者，都讲这三者（理、体、力），自从爱因斯坦以后，则成为三无（无理、无体、无力）。现在讲"国家"的，认为国家也不过是一个社团，并无综合理性上的根据，总要把它望下拖，拖成事务上的关系而已。今之讲"自由"，只下定义，认为自由是liberties（多数的），只成为外在的，不讲freedom，认为freedom是抽象的。其实freedom是从人格上讲，道德意义上讲的。讲自由，不从人格上讲，而只从外在的权利上说，其自由只成了享受上的自由。①

而且牟宗三还指出，如果任凭这种"享受上的自由"漫延发展下去，"现代"的成果亦将不保。也就是说，如果大家都只在意自由享受，"则个人必只为躯壳之个人，自由必只为情欲之自由"，而为"情欲之自由主义"。② 这是一种"软性的放纵恣肆"。自由主义的那种原本的精神性失掉了，则"软性的放纵恣肆"必连着"硬性的放纵恣肆"，混乱必生，专制必至：

> 自由民主脱离其原初的政治上的意义，下散而为社会生活、日常生活的泛滥无归，荡检逾闲，极端的堕落，极端的放纵，父兄不能管教其子弟，先生不能教训其学生。政治上的主流向集权专制一路走，而在过渡中，自由民主即退处下散而为社会生活、日常生活之堕落与放纵。这便是这三四十年来自由民主的表现形态。你说这不是自由吗？自由极了。你说这是自由吗？而却是堕落放纵，亦随时无保障。这毕竟不是自由，亦无所谓民主。盖民主脱离其政治上建国上体制的意义，下散而为社会生活、日常生活之堕落与放纵，

① 牟宗三：《人文讲习录》，《牟宗三先生全集》第 28 册，台北：联经出版事业股份有限公司，2003 年，第 38 页。

② 牟宗三：《道德的理想主义》，《牟宗三先生全集》第 9 册，台北：联经出版事业股份有限公司，2003 年，第 5 页。

这只表示混乱，并不表示轨道。一旦集权专制的途径走到决定性的状态，则堕落放纵的假自由亦不可得矣。①

既然大家都只在意享受自由，大主意、大方向没有人关心，堕落放纵而生争执，那就只能求助一个外在的权威，所谓"其教佛老者，其法必申韩"，最终只能被集权专制所奴役。因此，在 1956 年 10 月 16 日《人生杂志》第 12 卷第 11 期的《民主政治与道德理性》一文中，牟宗三总结道：

> 总之，说"自由即人权"，说道德理性与政治无关，政治学的讲法可以，不讲上一截的道德理性也可以，但不准往上通则不可以。②

牟宗三讲得非常清楚，政治首先要政治地讲，即只把政治当作一件不与道德发生关联的技术活而政治学地讲"自由即人权"；而文化、教养、教育地讲政治，即给政治生活"贯注"理、体、力，也即"良知坎陷"地讲政治，并非不可以，但究其实只能是在前者的基础上的"往上通"。这才是牟宗三"开出"说的真实所指，否则，混漫边际，政治与道德将双双丧失领地。就政治说，"即泛政治主义。此即政治生活概括一切，所以必然极权"；就道德说，亦成为极权，"一是随便取一格律以为道德"，"一是把道德教条化格律化"，从而有"教条化格律化"了的"泛道德主义"；最终，"泛政治主义与教条化的泛道德主义是一，故必极权奴役"。③

牟宗三批评殷海光、张佛泉等"泛政治主义"，后者反过来批评牟宗三、唐君毅、徐复观等"泛道德主义"，双方似乎针锋相对、剑拔弩张。但实际上，牟宗三对"泛道德主义"的反思至少表明，他们之间不

---

① 牟宗三：《尊理性》，《祖国》周刊 1955 年第 11 卷第 3 期。后收入《生命的学问》。
② 牟宗三：《人文讲习录》，《牟宗三先生全集》第 28 册，台北：联经出版事业股份有限公司，2003 年，第 146 页。
③ 牟宗三：《人文讲习录》，《牟宗三先生全集》第 28 册，台北：联经出版事业股份有限公司，2003 年，第 147 页。

缺乏共识，而是因对理论进入实践的时机的不同把握而发生争执。无论从事何种职业，无论做什么事情，只要是个人，就都应该讲道德，这种意义的"泛道德主义"不应该受到批评，而是必不可少的；但是，如果坚持认为，无论从事何种职业，无论做什么事情，只要讲了道德，尽了自己的责，就可以做得很成功，那么这样的"泛道德主义"就是"教条化的泛道德主义"。前者可以称为"薄的泛道德主义"，后者则是"厚的泛道德主义"。① 而即使是"最薄"的"泛政治主义"也是不可取的，因为政治生活虽然很重要、很关键，但政治生活只能是一个更大的整体，即社会生活的一部分，而不可以倒过来，让社会生活成为政治生活的一部分，实现政治对社会的全面管控。正如新儒家并没有宣扬"教条化的泛道德主义"一样，殷海光等自由主义者也只是强调政治生活对于整个社会生活的关键性意义，双方彼此之间的批评，在反极权奴役方面反而形成了一种相互支撑的关系。

三　自由的历程

了解了牟宗三论自由的逻辑，再来看牟宗三的那些纷繁概念，也就容易从迷宫中走出来了。牟宗三每每喜欢设立一对一对的概念，在概念

---

① 萧功秦认为，儒家乌托邦传统需要对近代中国的激进主义负责。首先，"中国文化中的性善论导致了用道德主义解决一切问题的政治哲学"，"这一建构过程是纯理性的，与经验事实无关，与人在适应环境挑战过程中的经验与试错无关。这种思维方式也可称为'儒家道德建构主义'"。其次，"康有为的乐观主义的人性论导致了乌托邦主义"。再次，"古代、近代知识分子与现代知识分子具有深层同构性，都是用道德建构主义重建世界"。最后，"儒家的道德建构主义有着发展为文化浪漫主义的潜质"。参阅萧功秦《儒家乌托邦传统与近代中国的激进主义》，《文史哲》2016年第1期。"与经验事实无关"的"道德建构主义"显然是"厚的泛道德主义"，以此来说"现代知识分子"牟宗三，显然是不合实情的。这里的问题是：是否"道德建构主义"一定就会"本能地拒斥经验主义思维方式"？若就"薄的泛道德主义"而言，答案显然是否定的。而且先生似乎认定，"道德建构主义"是儒家的特质，不过我们可以追问：如何解释西方传统中同样的"乌托邦""理想国"呢？例如，柏拉图强调"让我们永远坚持走向上的路"，其中有没有"道德建构主义"的因素呢？为什么中西传统会不约而同地强调道德？因此，这里认同先生对于"经验主义"的重视以及以之克服中国思想片面性的努力方向，却并不认为性善论、儒家泛道德主义必然导致中国的大灾难。正如先生所看到的那样，"这场灾难的发生有政治、历史与文化多方面的原因"。若真真切切"经验主义"地谈，则应该"解析"政治、历史与文化中的哪一方面的原因呢？人们完全可以经验主义地言政治。但是，正如牟宗三所言，"不准往上通则不可以"。不准往上通，又非经验主义，则更加不可。

对子的划界与越界中深入思考有限之人的自由处境。自由处处表现为一种开放，又处处表现为一种拘禁，而无论开放与拘禁，都根植于人的天性和仁的不容已。因而自由处境也就是自由困境，反之亦然。自由与任性联手，人们在此困境中的每一次跃起、在此处境中的每一次沉沦，合在一起，构成了个人的生命实践和族群的历史文化，所以自由不能不展开而为某种历程。粗略言之，这一历程从物开始，着眼于现实吃穿住行等问题的经验解决，而又能即事以穷理，以心为结束，超出经验，要求独立自由的灵魂。因此，牟宗三论自由从经济自由开始，而必欲通过太阴教的自由，达到太阳教的自由。

1. 自由经济

总的说来，牟宗三的目的不在自由经济。牟宗三深切地了解到，现实主义、功利主义、自然主义等之于人的现实问题的解决有功效，但人若停留于此，在"智的方面"或"生活方面"全面陷落于此，不知有彼，则现实主义、功利主义、自然主义等恰可以适得其反，使人堕入习气"机括"，僵化无归，成为单向度的人。是以在 1953 年 1 月发表的一篇文章中，牟宗三即批评了这种"寡头"的自由主义，指出自由主义的"理想要求、价值要求，实现而为制度，成为经济上的自由经济、资本主义，政治上的民主政治、权利义务等，则其理想性、精神性，不能不停滞"①。

但是，牟宗三却不能不从经济自由开始。牟宗三对自由经济的悖论的反思并不是要否决自由经济而抬高道德自由。在 1949 年 11 月 16 日发表的《道德的理想主义与人性论》一文中，牟宗三指出："一个社会的问题并不是靠讲道德说仁义所能解决的，也不是靠劝人为善所能济事的。但我们却以为：道德不是讲说的，而是实践的。"② 即是说，所谓道德自由恰恰是要求经济更加自由，让人们都能够吃饱饭，否则就如同孟子批评郑子产那样是"惠而不知为政"，以为社会问题靠道德、慈善就能够解决。为此，牟宗三不断大声疾呼：在 1959 年 11 月发表的《自由与理

① 牟宗三：《道德的理想主义》，《牟宗三先生全集》第 9 册，台北：联经出版事业股份有限公司，2003 年，第 313 页。

② 牟宗三：《道德的理想主义》，《牟宗三先生全集》第 9 册，台北：联经出版事业股份有限公司，2003 年，第 45 页。

想》一文中，强调"经济与私有财产有其人格独立与人格保障上的价值"①；在 1981 年 7 月 16 日发表的《文化建设的道路——历史的回顾》一文中，强调国民经济"不是纯粹的放任自由经济，也不是凡事皆由政府控制的计划经济"②；在 1983 年 12 月发表的《中国文化大动脉中的现实关心问题》一文中，再次强调"经济现代化必须承认自由经济，必须承认私有财产"③。

因此，必须打破一个不正确的认识，即牟宗三只有在"外王三书"时期才关注自由经济问题。我们看到，除了 20 世纪 30 年代对土地问题的集中讨论外（详见本书第二章），牟宗三一直把土地、财产等问题与儒学的现代发展联系在一起。在 1949 年 12 月 1 日与 16 日发表的《理想主义的实践之函义》一文中，牟宗三指出了以往儒家教化的不足：

> 以前儒者虽主张安民富民，以及"不患寡而患不均"、"重农抑商"诸义，但究竟是教化意味重，并没有正面地当作一个社会问题而处理。土地问题，每代时有拟议，但究竟未能积极地见诸实行。这也许因为历史的发展以及种种条件的配合，尚不足以形成一个吸引人注意的客观的主要问题，尚可以适合于儒家的实践之教化形态。④

土地问题的解决，需要等待历史的条件和时机。自由经济亦然。在 1952 年 4 月 1 日发表的《春秋战国时代之政治意义》一文中，牟宗三表彰了井田制破裂的进步意义：

> 今由助而贡，井田制渐趋破裂，则农民各着落于其自己之土地，

---

① 牟宗三：《道德的理想主义》，《牟宗三先生全集》第 9 册，台北：联经出版事业股份有限公司，2003 年，第 179 页。
② 牟宗三：《时代与感受》，《牟宗三先生全集》第 23 册，台北：联经出版事业股份有限公司，2003 年，第 364 页。
③ 牟宗三：《时代与感受》，《牟宗三先生全集》第 23 册，台北：联经出版事业股份有限公司，2003 年，第 417 页。
④ 牟宗三：《道德的理想主义》，《牟宗三先生全集》第 9 册，台北：联经出版事业股份有限公司，2003 年，第 68 页。

得有动转之自由，土地可卖买，亦可经商通有无。此则庶民生活，自向生动活泼一路走。同时，庶民既得其形式客观化，则君亦必得其形式的超然性，而亦自共同体之直接的亲密的束缚中得解放，自宗法家族所透示之政治形式，渐转而为一间接的自成一层之政治形式：郡县制之逐渐推行，即是象征。①

井田制渐趋破裂的进步、解放意义，虽然还有很大的局限性，但其大的方向则是值得肯定的，按 1958 年 6 月 5 日和 20 日发表的《政治如何能从神话转为理性的》一文的说法，即是明"政治与教化之限度以及政治与道德之分际"：

> 经过外延的表现、形式概念之限定，则政治是政治，教化是教化，政治自成一独立领域，自不可涉教化……在政治措施上，就个体而顺成，生存第一，即以其为一"存在的生命个体"而必须保住之。②

在 1978 年对台湾大学哲学研究所诸生的讲辞中，牟宗三把"经济的转型"、"政治的转型"与"道德文化的转型"联系在一起观察，频频肯定法家的意义：

> 井田制度废除，农民才有私有权。土地私有是从这里开始的。一有土地私有权，农民才有自由，才是一个独立的存在而不是属于贵族的。这些地方都是代表进步。③
>
> 人民拘束在井田制中，没有土地私有权，生活没有充分的动转

---

① 牟宗三：《历史哲学》，《牟宗三先生全集》第 9 册，台北：联经出版事业股份有限公司，2003 年，第 119 页。

② 牟宗三：《政道与治道》，《牟宗三先生全集》第 10 册，台北：联经出版事业股份有限公司，2003 年，第 137-138 页。

③ 牟宗三：《中国哲学十九讲》，《牟宗三先生全集》第 29 册，台北：联经出版事业股份有限公司，2003 年，第 65 页。

自由，确实也不合理，也不能充分的客观化。①

　　西方人尊重私有财产的观念很强，中国人对此就很淡薄，至少没有法理上的意识。自由经济的基本基础在于私有财产，没有私有财产就没有自由经济，因此不能废除私有财产。自由经济、私有财产不同于资本主义，虽然自由经济若不节制会变成资本主义，但它却并不必然要成为资本主义。我们承认资本主义确有毛病，不过这些毛病是可以加以节制或去除的。因此某种程度的社会主义是可行的，但却不能因此便否定私有财产和自由经济；也不能因为反对资本主义的毛病就连带着反对私有财产、自由经济。何以故？因为私有财产是人格的防线，保障人格的尊严。自由不仅是教育或罢工的自由，也是生活方式、选择职业的自由，因此自由就是人的各种权利，表示人格的防线，人格的尊严。没有私有财产，就没有生活、就业的自由，如果连吃饭都要靠政府分配，还有什么自由、人格的尊严可言呢？②

　　财产是人格的防线，财产保障人格的尊严，内在的精神需要外在的物来支撑和表现，外在的物能体现内在的精神，不可谓牟宗三这种自由经济的讲法只是补充而难言深刻。③ 其实，即便是在 1985 年 7 月出版的《圆善论》中，牟宗三亦不违于此。众所周知，《圆善论》强调"物随心转即是福"，把德与福的关系理解为一种"隶属之关联""本末之关联"，仿佛已经"彻底唯心"了。实则"彻底唯心"的"德性自由"如果离开

---

① 牟宗三：《中国哲学十九讲》，《牟宗三先生全集》第 29 册，台北：联经出版事业股份有限公司，2003 年，第 165 页。

② 牟宗三：《中国哲学十九讲》，《牟宗三先生全集》第 29 册，台北：联经出版事业股份有限公司，2003 年，第 182 页。

③ 因此米塞斯强调，自由主义就是自由经济。他指出，批评自由主义太过世俗，只关心柴米油盐等物质层面的满足，因而不够崇高，这是荒谬的和破碎的。"自由主义从来没有冒充尘世生活哲学以外的东西。它的教导只关乎凡间的举止。它从未自诩穷尽了人类最后的或最伟大的秘密。反自由主义的说教什么都承诺。它们许诺幸福和内心的宁静，似乎画饼真能充饥。只有一点是确定的，即在它们憧憬的社会制度中，商品的供给将大为减少。至于精神补偿的价值几何，至少人们说法不一。"参阅米塞斯《社会主义：经济学与社会学的分析》，王建民、冯克利、崔树义译，北京：商务印书馆，2018 年，第 52 页。

了"彻底唯物"的"吃饭自由"，亦不可得：

> 所性之道德面虽是绝对价值之所在，然存在亦有其独立的意义
> 而不可被化除，是以幸福亦不能被化除。存在与幸福而被化除，则
> 人即不复是人，而成为神。神之存在是永存，不是吾人（有限存
> 有）之存在。人之存在是偶然的存在，函着不存在之可能。神之存
> 在是必然的，不在时间中，其不存在是不可能的。复次，神亦无幸
> 福不幸福之可言，因而神亦无所谓"命"。是故就人而言，存在与
> 幸福有独立的意义，不能被化除。人既不只是"物"，亦不只是
> "神"，乃是神性与物性之综和。[①]

存在与幸福不可被化除，则人的自由只能是自由经济与自由精神的综合，现代的儒家德性论，不能不涵蕴财富论以及与之相系的政府论等。

2. 理上说的自由与主体自由之三态

在 1951 年 4 月 5 日与 20 日发表的《平等与主体自由之三态》一文中，牟宗三借黑格尔《历史哲学》论东方只知道"一人"自由之说，谈及中国的问题及发展：

> 圣人尽伦，王者尽制，即尽此通于伦之制。普遍之精神，绝对
> 之有，即通过王者之尽王道而转为"合理之自由"，由王者"一人"
> 之自由（尽王道即自由，他有了精神的表现），现为文制，而为合
> 理之自由。[②]

这个基本问题即是：中国只有普遍性原则，而无个体性原则。普遍精神，若没有通过个体之自觉而现为主体自由，则主体精神与绝对精神间之"对反"不能彰著。此而不能，则"大实体"所代表之"统一"亦不能有机地谐和起来，即通过各个体之独立性而重新组织起来。此而不能，则国家、法律所代表之客观精神亦不能真实

---

① 牟宗三：《圆善论》，《牟宗三先生全集》第 22 册，台北：联经出版事业股份有限公司，2003 年，第 167 页。

② 牟宗三：《历史哲学》，《牟宗三先生全集》第 9 册，台北：联经出版事业股份有限公司，2003 年，第 77 页。

地表现出。在周文之"分位之等"上，尊尊之义道上，吾人已说有客观精神之表现。但须知此客观精神是在宗法形态下表现，此即黑氏所说："主体的自由不是在其自身寻求它的尊严，而是在那个绝对实体中寻求它的尊严。"后来的忠君爱国，亦是此意。依此，大实体所代表的"统一"弄成硬固而僵化，虚浮而挂空，法律亦成为某种固定而抽象的东西。①

　　道德的主体自由使人成为"道德的存在"（以及宗教的存在），艺术性的主体自由使人成为"艺术的存在"，思想的主体自由使人成为"理智的存在"，政治的主体自由使人成为"政治的存在"。中国所充分发展者是前两者，西方所充分发展者是后两者。吾人由此可知中国之所短，将如何发展其自己。亦可知中西之差异，将如何会通而构成世界文化之契合与宗趣。②

牟宗三清楚地知道，subjective freedom 一般译为"主观的自由"，在1956年1月译述的《黑格尔的历史哲学》一文中即译为"主观的自由"③。但在这里，牟宗三却坚持译为"主体的自由"。当然，两个地方都加了括号，承认了彼此不同的译法。而牟宗三之所以在这里坚持译为"主体的自由"，就是要区分出自由的"三态"，即政治自由、思想自由和独体自由（包括"道德的自由"和"美的自由"），一方面明了中国传统只建立了"四主体"中的两个，即"道德主体"和"艺术主体"，至于"政治主体"与"思想主体"却没有得到充分的发展，从而导致了尽伦尽制只存在于概念中，只是"理上的自由"，而不能有客观而真实的表现，最终有普遍性而无个体性，只成就了皇帝"一人"的自由。另一方面则明了现代中国的政治主体与思想主体并非不可随着历史的发展而奋斗、创造、生长出来，从而以政治自由、思想自由与独体自由三者共同撑起"合理之自由"，让大实体所代表的"统一"真实而饱满起来。

---

① 牟宗三：《历史哲学》，《牟宗三先生全集》第 9 册，台北：联经出版事业股份有限公司，2003 年，第 78 页。
② 牟宗三：《历史哲学》，《牟宗三先生全集》第 9 册，台北：联经出版事业股份有限公司，2003 年，第 94 页。
③ 牟宗三：《牟宗三先生译述集》，《牟宗三先生全集》第 17 册，台北：联经出版事业股份有限公司，2003 年，第 324 页。

　　"三态四主体"自由可以体现现代性的分化原则，表示有四个不同的领域，各领域可以有自己的传承及独立性。这样，不必否定中国传统的独体自由，而仍可以要求发展出政治自由和思想自由。但若译"主观"，则无此功能。这是一种历史的态度，也是一种合逻辑的态度，既坚持了中国文化的主位性，又保持了足够的开放性，既认识到中国之所短，又能与世界文化相契合，从而避免了盲目乐观或悲观丧气的两个极端。其后牟宗三论自由，虽然侧重可能有所不同，但大原则均不违于此。

　　至1979年，在《"五四"与现代化》一文中，牟宗三遵从了上述大原则，但又进一步，承认中国传统既没有"主观的自由"又没有"客观的自由"，而把讨论的重点放在了从政治立场上来看的"合理的自由"之为"潜伏的自由"上：

　　　　中国士农工商没有像西方的那种阶级对立，老百姓有充分的自由。但黑格尔认为这种自由是出于大皇帝"合理的安排"，而不是经由权利义务所规定的自由，随时会受到摧残，没有保障。这种通过大皇帝"合理的安排"的自由，就叫做 rational freedom，它不是经过"主观自由"的实践而来的"客观的自由"。rational freedom 就叫做 substantial freedom，就是"实体上的自由"；也就等于是一种潜伏的自由，没有经过"个体的自觉"而来的自由，这是虚的、不实的、要落空的。黑格尔在这种意义上，把中国文化归入"儿童时期"。黑格尔的话不无道理，但是要注意，这种划分必须有其限制，只能单就政治而言，从政治立场上来看待这个问题。最初我对黑格尔的这种观点，也不能心服。中国人怎么会没有"个体的自觉"？从孔子开始，中国人就一向重视个人的自觉，讲修养；宋明理学家天天讲"克己复礼"、"反省"、"省察"，那不都是自觉吗？但是从某一方面看，黑格尔对中国文化的观念与批评也是很正确的。问题很明显，这是两个立场，从道德宗教立场讲，中国人有高度的自觉，这是属于 moral subjective freedom。黑格尔讲的，是从政治立场来看，中国人没有"主观的自由"，所以是"儿童时期"的文化状态。在这种文化状态下，中国只有一个人的自由，那就是大皇帝。严格地讲，如果老百姓没有真正的 subjective freedom，大皇帝的自由，就不受任何限制；这种不经法律程序而来的自由，绝不是真正的自由。黑格尔认为这种自由不是真正的自由，只能算是"情欲的奴隶"。当然中国也有好皇帝，但是不论好坏，都只能算"情欲的奴隶"。因此，平常皇帝和老百姓虽然也可以保持相安无事的状态，然而一旦皇帝侵犯到人民自由时，人民也毫无办法来限制皇帝行使权力，保护自己的幸福安全。①

在 1980 年 6 月发表的对台湾大学哲学研究所诸生的第九讲讲辞中，牟宗三再一次重复了这层意思，但不再以"合理的自由"译 rational freedom，而译为"理上的自由"：

　　就中国而言，何谓中国人只有"理上的自由"而没有"主观的自由"？"理上的自由"又称"实体性的自由"（substantial freedom），即自由在潜伏状态中、自由之在其自己（freedom in itself），而未通过每一个个体主观的自觉。由自由之在其自己、在潜伏的（potential）、实体的（substantial）状态，而成为现实的（actual），一定要通过自觉。若未通过个体的自觉，纵有自由也只是在潜伏的状态中的自由。自由平等的获得需要经过奋斗，奋斗要靠人人自觉是一个独立的个体，这步自觉就是主观的（subjective），即自由在主观的觉识中呈现，因此是主观的自由，这代表自觉。有此自觉而奋斗以争取自由，再通过法律的保障，才是"客观的自由"（objective freedom），这才是真正的自由。没有法律的保障，自觉就永远在斗争之中，这样也不行。要安顿下来就必须条文的保障，确认明载的权利义务才行，这样才能有客观的自由。中国既没有"主观的自由"，当然也没有"客观的自由"，因而只有 rational freedom，即是 substantial freedom，也就是 freedom in itself，potential freedom，其实这时自由并没有显露出来。在中国自由只是经过大皇帝在吏治方面将法律安排得很合理而表现，并没有通过主观自由而表现，这即是

---

① 牟宗三：《时代与感受续编》，《牟宗三先生全集》第 24 册，台北：联经出版事业股份有限公司，2003 年，第 271—272 页。

黑格尔所谓"凡在我们这里（意即在西方）属于主观自由的，在此
（意即在中国），则完全从国家这一面而进行"。①

在 1981 年 9 月发表的对台湾大学哲学研究所诸生的第十六讲讲辞
中，牟宗三又一次引用了黑格尔的一人自由、部分自由、全体自由的分
类，赞扬了黑格尔以三句话来概括复杂历史的能力，而强调黑格尔在此
不光是分析的，还有一种非分别说的意思。②

在 1995 年 2 月发表的对香港新亚研究所诸生的第六讲讲辞中，牟宗
三强调 rational freedom 是"坏的意思"，只能译为"从理性上说的自由"：

  黑格尔说中国人只有 vernünftige Freiheit，英文译作 rational free-
dom，这个译法不好。若依此译，则中文译作"合理的自由"或
"理性的自由"统统不对，皆不能达意。"合理的自由"或"理性的
自由"是好的意思，黑格尔原来讲 vernünftige Freiheit 是坏的意思，
相对于"substantial freedom"（实体性的自由）说。黑格尔说中国人
没有"主观的自由"。什么叫"主观的自由"？就是通过个体的自
觉，你那个自由才能显，不通过个人的自觉，那个自由摆在那里，
永远不能和我们面照面，那就是潜伏在那里。那个永远潜伏在那里
的自由，叫做"自由之在其自己"。"自由之在其自己"，就是自由
之潜伏在那里，不显。不显就是没有通过我们的自觉，不能在我的
心灵意识面前出现，面对面，成为我的所对。它不能成为我的所对，
它便归到它自己。这样归到它自己的自由也就等于自由自体之自由，
这只是理性上说的自由。这理性上说的自由，黑格尔叫做
"vernünftige Freiheit"。依此译作"合理的自由"或"理性的自由"
是不对的。译作"理性上说的自由"便能显明地达其意。这个意思
同于康德说："假定任何东西不通过感性，光从理性上想，这个东西
就是个空观念，什么也不是。"黑格尔就是根据康德这个意思来说

① 牟宗三：《中国哲学十九讲》，《牟宗三先生全集》第 29 册，台北：联经出版事业股份
  有限公司，2003 年，第 196-197 页。
② 牟宗三：《中国哲学十九讲》，《牟宗三先生全集》第 29 册，台北：联经出版事业股份
  有限公司，2003 年，第 344 页。

"vernünftige Freiheit"。依此，正确的表达，当该译作：从理性上说的自由（freedom thought by mere reason）。[①]

在 1996 年 4 月发表的对香港新亚研究所诸生的第二十讲讲辞中，牟宗三又把此"理上说的自由"与佛教的"理即佛"联系了起来：

> 这个"三千在理"就是黑格尔所说"理上说的自由"，德文是 vernünftige Freiheit，英文译作 rational freedom 不达德文原义，中文译作"理性的自由"、"合理的自由"，也不是黑格尔的意思。Vernünft 是理性，Freiheit 是自由，两个名词合在一起，意思是"从理上说的自由"。这个"从理上说的自由"就等于天台宗所说的"三千在理，同名无明"，也就是"理即佛"那个理。天台宗六位判佛：理即佛、名字即佛、观行即佛、相似即佛、分真即佛、究竟即佛。"理即佛"是起点，就是说每一个人都是一个潜伏的佛，从理上说每一个人是佛，但你没有经过修行，你事实上不是一个佛。这种思想德国哲学家有，佛教有，说出来中国儒家也很能了解，就是英美人不了解，现代中国人也不了解。[②]

从以上的回顾中可以看到，牟宗三一生都在反省中国文化，并不是 60 岁之前思考"新外王"问题，而 60 岁之后只关心"内圣"问题。同样，牟宗三对黑格尔的吸收也跟对康德的吸收一样，是持续不断的。并且，若就牟宗三对 rational freedom 的翻译而言，从"合理的自由"到"理上说的自由"的变化过程，再加上专门"就政治而言"且强调"是坏的意思"，已经表明，牟宗三后来的反省意识和反省力度即便没有得到加强，那至少也没有丝毫减弱。若一句话概括言之，则可以说，牟宗三一生都在致力于解决中国"潜伏的自由"如何真实地"呈现"出来的问题。

---

① 牟宗三：《四因说演讲录》，《牟宗三先生全集》第 31 册，台北：联经出版事业股份有限公司，2003 年，第 68-69 页。

② 牟宗三：《四因说演讲录》，《牟宗三先生全集》第 31 册，台北：联经出版事业股份有限公司，2003 年，第 249 页。

3. 主观自由与客观自由

主观自由与客观自由的区分是随着黑格尔 rational freedom 的讨论而必然连带出来的。但"主体自由之三态"强调道德自由与政治自由的联系，而主观自由与客观自由把重点落在了政治问题上，强调黑格尔法哲学"国家是主观自由与客观自由的统一"① 的断言。因此这里不再涉及"理性之内容表现与外延的表现""理性之运用表现与架构表现""社会世界实体性的律则与政治世界规约性的律则"等概念对子，而只随政治问题再突出几点。

首先，现代政治观念重点在"自下而上"，通过个体的奋斗，变天民为公民，有"个性自由"成"客观自由"，而不能如中国以前那样"自上而下"地以道德讲政治。1955 年 9 月，在《人文讲习录》第二十八讲"中西思想诸问题之讨论"中，牟宗三指出，"君子之德风，小人之德草"地讲政治只适合于"君主专制"：

> 黑氏之意以中国人民未成一公民，乃克就立宪政治而说，公民乃近代观念，中国以前只有天民，而无国民、公民之观念。周公孔子是大圣人，其思想圣德当然影响中国之历史文化政治甚巨。然其影响乃自上而下的，即所谓"君子之德风，小人之德草"。乃道德之意义，而非政治观念。唯公民才有政治之自觉，能自觉才有个性自由。未至此步，则四万万人皆是羲皇上人，实未尽建立国家与订立制度法律之责。故此是一立宪政治问题。乃是要使政治形态从君主专制向立宪政治进一步。孔、孟与理学家固亦常讲觉悟，讲自我作主。此当然有个性有自由。然此乃道德意义，是主观自由，故能成人格成圣贤，而不是客观自由，故未能开出近代化的政治意义。中国以前实未进至主观自由与客观自由的统一。②

其次，若"自下而上"地讲，则政治甚至道德文化本身都不再是

---

① 牟宗三：《道德的理想主义》，《牟宗三先生全集》第 9 册，台北：联经出版事业股份有限公司，2003 年，第 192 页。

② 牟宗三：《人文讲习录》，《牟宗三先生全集》第 28 册，台北：联经出版事业股份有限公司，2003 年，第 165 页。

"说"的问题，而要求"做"。在1959年11月发表的《自由与理想》一文中，牟宗三顺黑格尔而"下定义"说，"主观自由是从个个主体本身之自觉，自觉其是一个性，而看的自由，客观自由是从超越于个个主体以上之自觉，自觉要设定法律，而看的自由"，并以战斗口号式的语言号召说："没有民主政体的，要创造，阻碍民主政体的，要打倒。"① 在文章的最后，牟宗三总结道，此"做"横亘在中国人面前，唯盈此科而后进，中国文化方能有"刚骨"、得健康而谋发展：

> 调整现实、纠正现实、创造现实，以推动历史文化，亦必本于由人性主体而透露真实普遍性，在肯定并通过这些刚骨建筑中以前进。决不能抹过去或绕出去而另有开端以前进。抹过去即毁灭，绕出去即歧出。不可不平心以察也。②

最后，在中国文化内部，牟宗三把这理解为名教与自然的关系，即儒道判教问题。在1962年8月20日发表的《自然与名教：自由与道德》一文中，牟宗三藉独体自由中"道德自由"与"美的自由"的那种合一，而把"周文"理解为自然与名教、自由与道德的自然、直接、原始合一。这种合一美则美矣，"但这不反省地自然地表现道德服从法律，个体性直接地与理典统一于一起，是经不起挫折的。一旦到自觉反省的阶段，立见这外在的法律与正义'所规定的行为与习惯'，乃至外在的法律与正义本身，是有问题的。它有道理否？它真舍得吾人服从否？一经疑问，这自然的、直接的、原始的统一立见破裂，其统一是很虚浮的"③。由对"周文"的"反省"，牟宗三判别道家与儒家：

> 周文立见为外在的空壳，所谓虚文，而同时复成为自由、自在、自适其性的要求者之障碍，所谓桎梏。道家表现了这矛盾，但它没

① 牟宗三：《道德的理想主义》，《牟宗三先生全集》第9册，台北：联经出版事业股份有限公司，2003年，第192页。
② 牟宗三：《道德的理想主义》，《牟宗三先生全集》第9册，台北：联经出版事业股份有限公司，2003年，第194页。
③ 牟宗三：《才性与玄理》，《牟宗三先生全集》第2册，台北：联经出版事业股份有限公司，2003年，第432页。

有正视这矛盾如何克服。它没有依黑格尔的理路向"内在道德性"之建立一路走。因此它亦不能有真正"自由的主体性"。结果，它依"无为、无执"的路数，向"虚一而静"、毫无理性内容的"光板之心之主体"走，而成为道家之形态。这形态，吾说这是"单表现矛盾而不克服矛盾"的形态。①

周文经孔、孟、荀的破裂，显主观自由的奋斗，则有黑格尔精神发展之正反合矛盾冲突运动的意味，表现真善美、主客观"合一说"的"美"，而道家只是如镜子那样观照矛盾冲突，由此被判定为"境界形态"，为"静态的智的直觉"，单表现"分别说"的"美"，这样就有充实饱满的儒家"太阳教的自由"与光板玄同的道家"太阴教的自由"等分别。② 按这种讲法，儒家与道家不同，不仅发现了矛盾，而且能真正确立矛盾、"克服矛盾"。

粗看起来，这仿佛意味着牟宗三已经认定，孔子讲仁、孟子讲性善等早就挺立了主观自由，建立了客观自由，而完成了道德与自由的再统一。实则牟宗三前后的判法并没有改变，改变的只是观察的视角。相对比于道家而言，儒家并非完成时，但心向往之。"儒家在发现那矛盾后，正是向克服此矛盾之路走，正是要通过主观自由之奋斗，在重生中，建立真正的自由主体性，而获得那真正的道德性，以重新达到自由意志与礼法之统一"，牟宗三强调说，"这只是从根源处说"。③ 换言之，"太阳教的自由"更多的是一种内涵、方向，至于经验中究竟走到了哪一步，中间具体的层层节节还有什么问题与不足等，牟宗三仍一如前解。

4. 道德自由与政治自由

一般而论，牟宗三"道德的心"是与物无对的"自由无限心"，智

---

① 牟宗三：《才性与玄理》，《牟宗三先生全集》第 2 册，台北：联经出版事业股份有限公司，2003 年，第 433-434 页。

② 参阅陈迎年《智的直觉与审美直觉——牟宗三美学批判》，上海：上海人民出版社，2012 年，第 202-220 页。那里主要是依着"美学"讲，这里接下来将从"政治哲学"角度对"太阳教的自由"与"太阴教的自由"的关系再做讨论。随后在本书第六章第二节对此亦有涉及。

③ 牟宗三：《才性与玄理》，《牟宗三先生全集》第 2 册，台北：联经出版事业股份有限公司，2003 年，第 435 页。

的直觉"知道"且"呈现"自由，因此把牟宗三的自由观概括为如何以中国传统的"道德自由"来融会贯通西方近代以来的"政治自由"的问题①，是有深刻洞见的，抓住了本质问题。

但是，牟宗三自己却很少直接用"道德自由"或"道德的自由"的概念。按牟宗三的讲法，"'道德的自由'为'综和的尽理之精神'"，即"道德的主体"透露出来的"道德的主体自由"，政治自由为"分解的尽气之精神"，即"政治的主体"透露出来的"政治的主体自由"；且两种自由都可"概之于知性中"，唯前一知性"是自上而下的，到此已无事。其为知性，自是非构造的、无成果的""下铺之知性"，后一知性"是自下而上的，是构造的、有成果的""上冲之知性"。② 这里所谓"知性"，当涉及"思想主体"，既有统合中西的"智的直觉"概念的味道，又能够包括西方所长的狭义的知性概念，正是在这种有意无意的含混或兼容中，既"自上而下"又"自下而上"的"思想的主体自由"把"道德的主体自由"与"政治的主体自由"联结在起来，让"主体自由之三态"成了一个整体。

尽管可以把作为整体的"主体自由之三态"对应于道统、政统与学统的"三统并建"，但是，牟宗三并没有坚持或强调这一区分。这应该是有原因的。一则把 subjective freedom 译为"主体自由"毕竟不太顺适，objective freedom 若译为"客体自由"就不成话。二则"四主体"固然一方面能够区分出不同的领域，承认中国传统有道德自由而无政治自由的实际；另一方面又可就"四主体"同为"一人"而把道德自由与政治自由联结起来，证明中国未来同时实现独体自由、政治自由与思想自由的可能性。然而，"一人"而为"四个主体"的讲法毕竟有把人割裂的倾向或嫌疑，同时让道德自由与政治自由等领域的区分似乎仅仅是"主观的"，不利于中国问题的发现和解决。三则黑格尔的 subjective freedom、objective freedom 等本就是强调伦理政治已经超出了抽象法、道德等环节的片面性，因而若把中国传统的道德自由仅仅理解为 subjective freedom，

---

① 参阅彭国翔《牟宗三的"自由"与"自由主义"观》，《思想与文化》第七辑，上海：华东师范大学出版社，2007 年，第 176-197 页。

② 牟宗三：《历史哲学》，《牟宗三先生全集》第 9 册，台北：联经出版事业股份有限公司，2003 年，第 91-93 页。

那就等于承认中国传统的道德还只停留在纯粹主观精神的片面性中，这是无法接受的。

因此，牟宗三虽然时时处处有中西方自由传统比较的意思，但很少直接有"政治自由"与"道德自由"的概念区分。换句话说，道德自由与政治自由不能被理解为"不同主体"的"横"的差异，而应被理解为"同一主体"的"纵"的层级，或者说一个"同心圆"中不同的圆环。层级的最高点或者说同心圆的圆心当然是道德自由了，道德自由作为"果仁"，被政治自由的"硬核"包裹着，政治自由作为一层层的objective frame，保护着道德自由。1986年8月至10月，在香港新亚研究所的一次授课讲辞中，牟宗三把这理解为"凡人政治、文化成圣"：

> 　　干脆建立一个好的客观的制度，使大家的生活都勉强过得去。不要期望老百姓做圣人，期望做圣人一定要坏事的。圣人是自己个人的事情呀，不能要老百姓做圣人，不怕苦不怕死。你叫老百姓不怕苦不怕死，这是没良心。干政治岂能这种干。所以，我们首先有一个objective frame，保住人的个性，保住人的自由，然后再让个人自己讲文化、讲教养，做道德的修养。在自由世界，你可以做儒家的修养，也可以做道家的修养、佛家的修养。有几个可以做圣人的呢？有几个可以成真人的呢？有几个可以成菩萨、佛的呢？那没有关系嘛。[①]

这并不是牟宗三的一时兴会。至少在1949年12月1日与16日发表的《理想主义的实践之函义》一文中，牟宗三就把道德理想的讲法与凡人政治的讲法区分开来：

> 　　人类自有历史以来，这类的哲王从未出现，圣人亦从未作过皇帝或政治领袖。我想，圣人已超过了皇帝的阶段。及其成为圣人，他便事实上很难作皇帝，虽然并非逻辑上不可能。孔子只成了个素王。耶稣自觉说他的国在天上，不在地上。释迦牟尼则并皇帝而不

---

① 牟宗三：《老子〈道德经〉讲演录（四）》，《鹅湖月刊》（台北）2003年第29卷第1期。

为。我想，圣人若作了皇帝，那时便是天国，而不是地国，而亦就无所谓政治了。在天国未实现以前，民主政治仍是最可贵的制度。我们还是让圣人掌教化，而亦唯民主政治始能保障圣人而尊仰之。①

正因为是"凡人政治"，所以主观自由与客观自由的那种双向互通关系，即既可以就道德文化而言主观自由自上而下地进至客观自由，也可以就政治本身而言客观自由自下而上地进至主观自由，现在被单向地表达为政治自由由外而内、自下而上地进至道德自由。1986 年 8 月至 10 月，在香港新亚研究所的另一次授课讲辞中，牟宗三强调这种单向上通的关系不可以颠倒，政治自由之"第一步"虽然"不高"，却是中华民族往前进的唯一正确的路：

　　　西方文化上上下下整个精神是彻底的"方以智"，就是讲宗教还是"方以智"的精神。你说它不高，但它很行。它首先把第一步做好，制度确立下来，你不能随便倒。你不能说要自由就随便倒。这就是法治，法治当然不是最高的，法治哪里有"圆而神"呢？但你不能天天"圆而神"嘛，天天"圆而神"，那成了假神了。这个就是文化问题，这是随时要注意的。不注意这个问题，中华民族就不能往前进。我们现在要学习西方哲学、念逻辑、训练西方的概念思考，社会生活要讲民主政治、法治，这都是"方以智"的精神。这方面中国到现在还不够嘛，就是你的头脑很难现代化，很难概念化。②

牟宗三的意思已经很明白了：若说"道德自由"与"政治自由"，则两者的关联只能是单向的，即"政治自由"由外而内、自下而上地进至"道德自由"，而这并不适合讲文化问题，文化必须有"虚以控实"的一面。

---

① 牟宗三：《道德的理想主义》，《牟宗三先生全集》第 9 册，台北：联经出版事业股份有限公司，2003 年，第 68 页。
② 牟宗三：《老子〈道德经〉讲演录（五）》，《鹅湖月刊》（台北）2003 年第 29 卷第 2 期。

5. 消极自由与积极自由

按照以赛亚·柏林1958年著名的齐切里讲座教授就职演讲中的讲法，自由可以被区分为"消极自由"和"积极自由"两种：

> Freedom或liberty（我在同一个意义上使用这两个词）的政治含义中的第一种，（遵从许多先例）我将称作"消极自由"，它回答这个问题："主体（一个人或人的群体）被允许或必须被允许不受别人干涉地做他有能力做的事、成为他愿意成为的人的那个领域是什么？"第二种含义我将称作"积极自由"，它回答这个问题："什么东西或什么人，是决定某人做这个、成为这样而不是做那个、成为那样的那种控制或干涉的根源？"这两个问题是明显不同的，尽管对它们的回答有可能是重叠的。①

英国人柏林的这种讲法带有明显的经验主义色彩，批评了积极自由概念的那种形而上学的专制：理性能够发现社会和自然的规律，从而形成一个完满封闭的和谐秩序，政治权威据此指导人民朝向它前进，因而从人对自然的控制到群体对个体的控制和矫正都变得十分正常且必要了。柏林的这种观点引发了广泛而深入的讨论，有人亦根据柏林的区分对牟宗三展开了批评。其中，何信全很有代表性，他承认牟宗三自由观的复杂面相，但仍然从根本上批评说：

> 事实上，中国传统知识分子对政治的道德批判，不脱"致君尧舜上"的圣王观念格局。圣王之治未必不好，却绝不是自由民主政治。总之，乌托邦主义在政治社会层面极易陷于激进主义（radicalism），变成极权主义的温床。就此而言，儒家讲仁、恕与中庸之道，可或成为免于极权之安全瓣，然而却不表示即涵蕴一相应的自由民主政治。……以当代新儒家而论，唐君毅与牟宗三强调理想主义自由观念之结果，几乎使经验主义外在消极自由观念顿失依据。②

---

① 以赛亚·柏林：《自由论》，胡传胜译，南京：译林出版社，2003年，第189页。
② 何信全：《儒学与现代民主》，北京：中国社会科学出版社，2001年，第167页。

　　何先生这里颇多缠绕和含混。德国观念论或唯心论具有浓厚的乌托邦主义色彩，中国传统及牟宗三的唯心论是否同样如此？"致君尧舜上"是儒家的观念否？若是，则乌托邦主义儒家的仁、恕等如何避开"极权主义的温床"而成为"免于极权之安全瓣"呢？若牟宗三"使经验主义外在消极自由观念顿失依据"，又怎么能够免于西方唯心论的可能流弊，而开展出现代儒家自由哲学呢？柏林主要是就"不受别人干涉"而称其为"消极"的，因而这里的"消极自由"就是上文所说的自由主义的"硬核"。其实，何先生的问题就是，这种"消极自由"是否能够与"积极自由"相衔接，如牟宗三那样，而不必然导致消极自由的消失和极权专制。对于这个问题，完全可以有截断分明的回答，它特别涉及牟宗三对康德的融通问题。

　　众所周知，政治思想中的德国传统本来就受到批评，称其容易导致极权，而牟宗三又在康德基础上要求百尺竿头更进一步，则相应的批评就更加来势汹汹了。但是，正如本书第三章第一节"共和国的强制力"所指出的那样，康德把自由理解为一种"纯然否定的原则"，因而也有"消极自由"与"积极自由"之分。不过康德的概念完全是辩证的：就自由独立于自然因果性的那种不可知性、不完全义务而言"消极自由"，就实践理性的自我立法自律赋形而言"积极自由"。牟宗三虽然取消了康德本体不可知的界限，以智的直觉"呈现"自由，变康德的"消极自由"为"积极自由"，但又保留了辩证性，因而这种"变"完全只是顺康德而在道德文化上的"百尺竿头更进一步"，而并非要把康德的德性义务从"不完全的义务"变为"完全的义务"，亦不是要取消康德作为"完全的义务"的法权义务。因此，正如上文所指出的那样，牟宗三并非要求圣王之治，"凡人政治、文化成圣"的区分当然可以容纳经验主义。牟宗三曾明确表示："经验主义、功利主义、历史主义、现象主义、亦皆时有所用，而可无过，而过激主义亦如革命篡窃等归于消灭矣。"①

　　毋庸讳言，自从牟宗三得闻"良知呈现"狮子吼以来，人们多以理想主义的积极自由观念来指目牟宗三，似乎牟宗三只在意积极自由而忽

---

①　牟宗三：《政道与治道》，《牟宗三先生全集》第 10 册，台北：联经出版事业股份有限
　　公司，2003 年，第 26 页。

视了消极自由。牟宗三自己的一些言论确实也让人有这方面的联想，如他强调"争自由是争理性的实现，不是争现实生活上的方便与舒服"①等，就很容易让人误以为他根本不在意消极自由。但是，误解毕竟是误解，若能对牟宗三的整个思路有一个通贯的了解，则误解可除。牟宗三并不是说生活上的方便与舒服不重要，而是说人不可以仅仅停留于此，只争消极自由，因为那不合乎人之为人的概念。除了上文已经列出的那些证据外，这里再就牟宗三的儒道判教稍加论说。

　　"主观自由与客观自由"一小节已经提到，1962 年 8 月 20 日牟宗三发表了《自然与名教：自由与道德》一文。在这篇文章中，牟宗三称"佛老俱是太阴教的自由"，它不如太阳光那样刚烈积极，而只表现月亮之光的阴凉暗淡的精神，是一种"消极的自由"②。这里的"消极自由"跟柏林的不同，它恰恰不是说政治自由，而是说精神修养。"道家思想背后有个基本的洞见（insight），就是自由自在。"③"道家背后的基本精神是要求高级的自由自在，他那个自由不是放肆，不是现在这个世界所表现的这种自由。它是一种高级的修养，所以他讲逍遥、齐物、无待。"④而之所以称其为"消极的"，就是因为它不积极肯定自由，不具体展开矛盾以争取自由，而是退后一步，由"无心为道"的方式作用地保存自由而已。若按照牟宗三对自由的"精神性"的强调来说，这里的"消极自由"是说，道家的自由虽然已经表现出精神性，但这种精神性还不够饱满稳固，还不是直接本体论地肯定之，唯有儒家"太阳教的自由"才积极地肯认"自由的主体性"以之为人之"性"，而能实现积极自由。

　　这种讲法似乎进一步坐实了对牟宗三的柏林式批评的正确性：牟宗三在积极自由的道路上狂飙，"几乎使经验主义外在消极自由观念顿失依据"。而且，1987 年 2 月至 4 月，在香港新亚研究所的一次授课中，牟宗三还结合康德的积极自由与消极自由对此进行了诠释：

---

① 牟宗三：《生命的学问》，桂林：广西师范大学出版社，2005 年，第 174 页。
② 牟宗三：《才性与玄理》，《牟宗三先生全集》第 2 册，台北：联经出版事业股份有限公司，2003 年，第 435 页。
③ 牟宗三：《中国哲学十九讲》，《牟宗三先生全集》第 29 册，台北：联经出版事业股份有限公司，2003 年，第 63 页。
④ 牟宗三：《中国哲学十九讲》，《牟宗三先生全集》第 29 册，台北：联经出版事业股份有限公司，2003 年，第 64 页。

　　道家所谓天籁、自然，就是自由自在。〈逍遥游〉就是讲自由自在嘛。这就是道家所说"自然"的意思。道家所谓"自然"不是西方说 natural world 的意思。西方所说的"自然世界"正好是道家所说的不自然，是他然。他然就是待他而然，用佛教的词语说，就是依他而然。依他而然就是有条件的。那么，自然就无所依待。依康德讲，"自由"的消极意义就是不依待于外在的感性的经验的条件。但是，康德讲自由还有一个积极的意义，这是从 free will 那里讲，讲 moral freedom。所以，他不只讲无待。"自由"的积极意义就是意志自己给自己立一个法则，这是讲 moral will 自立法则，决定方向。这当然是道德的意义嘛。道家不讲这一套，道家的"自由"就是无所依待、自由自在。

　　康德讲这一套是儒家的道理，积极意义的自由相当于儒家的哪一个观念呢？相当于理学家的哪一个观念呢？康德所言立法意义的自由相当于儒家的"心即理"。陆象山所言"心即理"就是立法意义的自由。所以，康德讲意志自由这一套只能与儒家相比较，不能与道家相比较。①

人们或许会说：瞧，已经把康德的 moral will 发展为"心即理"了，难道没有抹杀消极自由，而势必演化出以理杀人的悲剧吗？实则不实。牟宗三确定地知道自己的分际，而不敢越雷池一步，没有突破消极自由的限制。1987 年 2 月至 4 月，在香港新亚研究所的另一次授课中，牟宗三强调无论儒家"太阳教的自由"还是道家"太阴教的自由"，无论道家的消极自由还是儒家的积极自由，都不过是一种"超越意义的自由"：

　　"自由"有两层：一层属于 transcendental；还有一层属于 immanent。庄子所讲的"自由"从〈逍遥游〉的那个"逍遥"来的，属于超越意义的自由。因为道家所言"自由"还没有成一个制度来安

---

① 　牟宗三：《庄子〈齐物论〉讲演录（一）》，《鹅湖月刊》（台北）2002 年第 27 卷第 7 期。

排我们的现实生活、political life，social life，它是从道的立场讲。从道的立场所要求的逍遥、齐物，这是超越意义的自由，现实上没有的，要通过修道才可以达到。这是最高的，第一层，光这一层不够的。但是，你有这一层的自觉，你可以落到现实上要求保障我们的社会生活、政治生活的自由。那要靠制度化、要靠有一套制度的。那么，制度意义的自由就是我们所说的内在意义的自由。

道家所讲的"自由"要通过修道而达到的，但你不能要求天下的人都修道嘛。所以，光是超越地讲不够的。光是道家的讲法、儒家的讲法、佛教的讲法，那是不够的。道家、儒家、佛教的讲法都是超越地讲。光从道德的意义、宗教的意义讲自由，那是不够的，一定要政治的自由、制度化的自由。

……中国早就知道从 transcendental 这个 level 上要求人的个性、自由、平等，但不能制度化。不但道家不能制度化，儒家也不能制度化，佛教更不行。佛教不讲这方面，不在这方面用心。中国吃亏就吃亏在这个地方。所以光是从道德、宗教的精神要求自由、平等，那不够的，一定要从道德、宗教精神转成 political，转成 political 就是转成制度化。中国至今还没有转出来，这是中华民族最痛苦的一点。这个文化的症结在哪里呢？大家当该想一想。平常要思考问题，对时代要有了解，对文化传统要有了解。①

一般而论，既然牟宗三突出积极自由，把康德的 moral will 解释为"心即理"，那么他的超越意义的积极自由一定是既超越又内在，"要以成圣为宗极，而成圣即是一无限之过程。此全为内在的"，至于政治上的消极自由则"只能对之作外在的维持：既不能内在地深求，亦不能精微地苛求。此'不能'是原则上即不能，这是政治上所固具的限度"。② 现在，牟宗三却把政治自由、制度化自由理解为"内在意义的自由"，是否构成逻辑矛盾或者说某种混乱呢？

---

① 牟宗三：《庄子〈齐物论〉讲演录（五）》，《鹅湖月刊》（台北）2002 年第 27 卷第 11 期。
② 牟宗三：《政道与治道》，《牟宗三先生全集》第 10 册，台北：联经出版事业股份有限公司，2003 年，第 139-140 页。

　　实际上，这两个"内在"的意思还是有清楚区分的。跟"外在"相对的"内在"是说道德自由是人本身所固有的自由，正如康德生而具有的权利也可以称为"内在的我的和你的"一样。牟宗三的"外在自由"与"内在自由"可以对应于康德的"外在的义务"与"内在的义务"，政治自由作为一种外在自由，它是一种严格的法权，即除了服从法律规定之外别无他求的法权，或者说政治自由完全可以是纯粹的，不涉及任何道德的要求，哪怕是最低的道德要求。而道德自由作为一种完全内在的自由，同样是纯粹的，不过这里的纯粹恰恰是说纯粹依据理性的道德法则，而不依待于任何外在的感性的经验的条件。

　　至于跟"超越"相对的"内在"则直接跟天道性命相贯通的"既超越又内在"相系。众所周知，"既超越又内在"是牟宗三中西判教的一个概念，是说宗教重超越义，道德重内在义，西方宗教只超越而不内在，中国文化则兼具宗教和道德的意味，既超越又内在，或者说宗教的形态已经被中国文化化掉了，所以中国古代没有宗教。这样，"内在"表示"属人性"，"超越"表示与"属神性"不同的"精神性"，从宗教到道德到法律，牟宗三的精神现象学，外在的神性渐渐淡化而内在的人性或者说世俗性逐步浓重起来，到最后，政治自由、法律自由也就是俗人俗务了，甚至完全可以不考虑什么神性因素、超越根据等。

　　如此说来，无论是"只能对之作外在的维持"的自由，还是这里的"制度意义的自由就是我们所说的内在意义的自由"，两者从不同的角度强调了"政教分离"原则，是对消极自由的辩证描述，并无任何逻辑矛盾或混乱可言。这也可以视为一个同心圆，不过圆心换作法权罢了：政治法律的圆规定了最内在最独立的完全义务，以外在于道德宗教的客观安排，来撑开最外面的那个道德宗教的大圆；而对于道德宗教的大圆来说，里面所有的一切，又都是内在的，但有政与教等差别。① 换言之，政治上的只能是消极自由，至于"宗教"之教，或者"起码而普遍的人道"方面之教，都应该是"个人自己实践上的道德、成圣的精神、立教

---

①　界线既属于某一确定场所的里面，又属于其外面。因此，点与圆、线与面等，在这里有所游移。

的精神，并没有贯注在这里，强人以所难，而泯没政治上的最高律则也"。①

牟宗三所反复申明的不过有三：一者人的自由是有不同层级的；二者自下而上，由外而内，道德宗教上的自由要比政治上的自由的层级高一些；三者道德宗教上的积极自由不是强人所难，不但不与政治上的消极自由构成对反，而且恰恰要求政治上的消极自由做自己的基础。

6. 太阴教的自由与太阳教的自由

前文"主观自由与客观自由""消极自由与积极自由"两小节已经涉及"太阴教的自由"与"太阳教的自由"了。这一对概念是牟宗三在"人禽之辨"（包括"义利之辨"）、"夷夏之辨"的背景下，把道德自由理解为客观自由和积极自由，而鼓励人们不断进行修道的。也唯因此，牟宗三虽然对佛道太阴教的消极自由有所批评，但也以"共法""母道"说之，强调儒家的家国天下事业或者说道德本体绝非现成物，而也是人的作品，是修道上的境界。

"修道"上的"客观"和"积极"与政治上的"客观"和"积极"并不相同，前者是道德宗教的，后者却是科学逻辑的。早在 1949 年 12月发表的《理想主义的实践之函义》、1957 年 11 月 5 日发表的《论政治神话之根源》两文中，牟宗三就告诫说，若没有后者作基础，不能肯定消极自由，则儒家理想主义实践的积极自由亦不得保全：

> 我们既处在现在这个社会里，则我们的社会总已进至与世界其他民族的社会息息相关的境地，总不会完全是以往那个样子，所以民主政治也适宜于我们。无论我们运用的方式及所作到的程度为如何，然民主政治的切实内容，如思想、言论、集会、结社、宗教、信仰等之自由，及其依宪法而施行的制度基础（此制度基础保障那些自由），却为普遍而永久的真理。这个真理，在儒家的理想主义之实践上，必然要肯定。它若不肯定这个政治制度，则人的尊严，价

① 牟宗三：《政道与治道》，《牟宗三先生全集》第 10 册，台北：联经出版事业股份有限公司，2003 年，第 140 页。

值的实现，即不能保存。①

　　不能保住自由，不能保住价值，亦不能保住文化。②

　　若以为前者可以替代后者，修道上的积极自由要取消政治上的消极自由，那就是强人所难，是"恶恶丧德"。这是牟宗三的定论。在"外王三书"时期，牟宗三多次讲"恶恶丧德"。至1990年1月30日《两重"定常之体"》的演讲，牟宗三还特别强调"恶恶丧德"：

　　　　中国有一句话"恶恶丧德"很能说明这点，所谓恶恶丧德，就是在你憎恶旁人的恶行时，同时亦丧失本身的德行，做出比旁人更坏的事来，那便是恶不能成其为恶，同样好也不能成其为好。"爱之欲其生，恶之欲其死"，便是道出爱恶不得其正，反而要把所爱所恶的毁掉。③

　　牟宗三在此已经说得很清楚了，要有逻辑、法权等的"定常之体"，以为太阳教的道德自由积极美好而全尽无漏，所以憎恶太阴教的消极自由和政治上的消极自由，欲除之而后快，以为若如此便能天下大同，美善喜乐，而究其实不过是"恶恶丧德"，即丧失了两重"定常之体"中法权、知识的一重，另一教化、道德的一重随之亦不得保全。这应该是今天的一个常识。或许，谨识"恶恶丧德"义，对于今天宣讲国学者，抑或批评牟宗三"泛道德主义"者，抑或其他什么人，都当有清凉剂的作用。

第二节　民主主义与王道

　　就"内圣"而言，"自由"是第一位的，谁的自由、如何自由等问

---

①　牟宗三：《道德的理想主义》，《牟宗三先生全集》第9册，台北：联经出版事业股份有限公司，2003年，第62页。

②　牟宗三：《政道与治道》，《牟宗三先生全集》第10册，台北：联经出版事业股份有限公司，2003年，第94页。

③　牟宗三：《两重"定常之体"》，《牟宗三先生全集》第27册，台北：联经出版事业股份有限公司，2003年，第494页。

题需要讨论，牟宗三把实现所有人的自由当作"仁性"的内在要求。就"外王"而言，"民主"是第一位的，谁在统治、如何治理等问题需要讨论，牟宗三把走出打天下的怪圈、实现和平政治当作"王道"的时代要求，国家论、法律论、政府论等成了当务之急。

必须承认，牟宗三并没有建立自己专门的国家论、法律论或政府论等。但是，牟宗三有其萌芽，他完成了自己的任务。如何学习和吸收别人已有的好东西，把儒家的"王道"传统具体化为国家论、法律论、政府论等，是后来者的专项任务。这里仅随其"萌芽"而展开讨论。

一　民主与自由

除了"自由儒学"，目前学术界也有"民主儒学"① 的提法。这是因为，虽然民主与自由高度相关，但毕竟是两个独立的概念。就现代政治实践而言，自由主义可以简单地理解为"法无禁止即可为，法无授权即禁止"，推崇个人的独立与自主，强调个人权利，主张最大限度地减少他人、群体特别是公权力组织对个人独立自主的侵犯。民主主义则是一种政权组织形式和制度安排，探讨如何通过有效的和可操作的形式来确保公民自由的问题。

两者的关系，一般说来，作为思想的民主与自由同样古老，但作为国家理论的自由主义则是现代的，而且通常是自由主义引导了民主主义。但"人生不能无群"（《荀子·王制》），从明分使群的角度看，则是民主主义涵摄自由主义。"民主政治所涵摄的自由、平等、人权运动，才是现代化的本质意义之所在。"② 这是牟宗三理解民主与自由关系的一个基本点，也是牟宗三所理解的现代化之所以为现代化的关键。由此出发，这里着重关注牟宗三论民主政治的三个基本点：常数、政权民主和立千年人极。

1. 常数与公共舞台

众所周知，社会生活需要稳定，人们需要和平，如果总是打仗，那

---

① 参阅吴光、庞金友、干春松《民主抑或王道：儒家与现代秩序的追问》，《中共宁波市委党校学报》2014 年第 6 期等。

② 牟宗三：《时代与感受》，《牟宗三先生全集》第 23 册，台北：联经出版事业股份有限公司，2003 年，第 339 页；《政道与治道》，《牟宗三先生全集》第 10 册，台北：联经出版事业股份有限公司，2003 年，新版序第 19 页。

就没有办法搞建设，生活水平就会受到严重影响。"宁为太平犬，莫作离乱人"，这句俗语把战乱带给人们的痛苦让人心痛地揭示了出来。从这个意义上可以说，稳定压倒一切。

社会稳定，说明这个社会有常数（constant），能够维系得住。但这能够维系得住却可能有不同的意思。传统上，从秦始皇开始，就希望让世袭的皇权成为定常和中心，一世二世三世以至万世一系，一直稳定地传承下去。不过历史告诉人们，"天下者乃天下人之天下"，"皇帝轮流做，明年到我家"，这个所谓"常数"反激发了人们好勇斗狠之心，都想"打天下"而自为"常数"，社会遂陷于一治一乱、逆取顺守的历史周期率，受到不停摧残，重复而不得前进。鉴于中华民族的此种苦难，牟宗三认为，须有某种跟具体的人或群体脱离开来的常数，即一种"超然的常数"、"空的常数"或"形式的常数"。

在 1979 年 6 月 2 日发表的《肯定自由、肯定民主》一文中，牟宗三以舞台与戏班子为喻，说民主政治即是这种作为"形式条件"（formal condition）的"常数"：

> 民主政治是个架子，超然而不可和任何特殊的政党、特殊的政策同一化。我们可以舞台为例来说明其超然的意义。舞台是公共的，不能和任何戏班子同一化，也不能和任何角色同一化；亦即没有那一个班子，或那一个人可以定然而必然地独占这舞台。民主政治必得保持它这个超越的性格，才能成为实现人权的一个形式条件。民主政治之所以能称为一个形式条件，乃因为它是一个政体，是靠着宪法而构成的……民主政治即是把那定于一家、一个个体的常数转而定在那一个形式上、一个空架子上，亦即定在宪法上。把此常数转成宪法，此即是民主政治的本义。宪法不在你那儿，也不在我这儿，它乃是一个超然的制度，所以民主政治一定要求由具体的头脑转为抽象的构成头脑。[①]

---

① 牟宗三：《时代与感受续编》，《牟宗三先生全集》第 24 册，台北：联经出版事业股份有限公司，2003 年，第 280 页。

　　牟宗三承认，中国传统缺少这种"抽象的构成头脑"，宪法这种"常数"也并不是我们首先创造出来的。但是，过去不能并不表示现在不能，现在不能并不表示将来不能，否则就是一种命定主义。在同年7月发表的《从儒家的当前使命说中国文化的现代意义》的讲辞中，牟宗三把转出这种常数跟儒家的当前使命、中国文化的现代意义直接捆绑在一起，称真正的理想主义、中国文化的现代化一定要求民主政治，民主政治乃是"新外王"的"第一义"：

　　　　民主政治能够表现一些"藏天下于天下"的理想。儒家学术最内部的要求亦一向在于此，但是从未在现实上出现，而今天之现代化亦主要在要求此一理想的出现。此亦即是儒家当前使命所要求的"新外王"。民主政治是新外王的"形式条件"，事功在此形式条件的保障下才能充分实现，在民主政治下才有事功，才能让你做事。①

　　要把这两件事情联系在一起，牟宗三还需要讲清楚其中的诸多环节。比如，儒家学术内部如何一向对此有要求？为何又从未在现实上出现过？又怎么成为今天儒学的使命和中国文化现代化的主要要求？文化学术要求与现实政治发展之间又有什么样的关联呢？凡此等等，都需要给出合理的解释和说明。如此说来，不仅"外王三书"与此直接相关，牟宗三的其他著作和作品也都与此直接相关，由此才可见牟宗三的主要学术贡献。

　　当然，回到常数问题本身，应该承认牟宗三已经把问题讲清楚了。这里确实也不需要什么高论，而只需要关于宪法的常识及对此常识的执行而已。

　　2. 政权与治权

　　牟宗三坦言，自己的"政道"与"治道"两概念系随孙中山所说的"政权"与"治权"两名而来，也跟张君劢中国以前只有"吏治"而无"政治"之说相关。根底上，牟宗三的这对概念还可以直接追溯至黑格

---

　　① 牟宗三：《时代与感受》，《牟宗三先生全集》第23册，台北：联经出版事业股份有限公司，2003年，第343页；《政道与治道》，《牟宗三先生全集》第10册，台北：联经出版事业股份有限公司，2003年，新版序第23页。

尔的"理上的自由",解释了民主政治为什么可以古无而今有。

按牟宗三的讲法,《礼记·礼运》篇的"大道之行也,大下为公"观念深入国人心,众皆不能免。《春秋》"讥世卿",秦汉以后相权上升,士人治国,这都说明中国能够"选贤与能",是"公天下"的一种表现。从这个角度说,中国历史上并不缺乏自由与民主。唯这里的自由与民主只涉及"治权",而不及"政权"。按照"大道之行也,天下为公",政权更应当表现"公天下",有其恒常的本性。但事实上,政权却只能靠"打天下"的暴力取得,因而总不能合理,总不能表现本性。这样,便有了政权理上的自由民主跟事上的不自由不民主的矛盾,以及治权方面的自由民主跟政权方面的不自由不民主的矛盾。在1954年7月20日与8月5日发表的《政道与治道》一文中,牟宗三指出:

> 前贤对于此矛盾,始终未能正面思以解之,而对于由政权一概念之陷于矛盾中所成立之政治困境、历史困境,甚至文化困境,亦始终无法冲得破。此处不能不说是以往儒者思想上之缺憾。此问题之形成与解决当然有其历史之条件,不纯是思想问题。①
>
> "天下为公,选贤与能"(与即举字),可从政权与治权两方面说。若只限于治权方面说,而政权仍属于一家之世袭,或寄托在具体个人上,则还不能真算是"大道之行"。以今语言之,即还不能算是真正之民主。只有治权之民主,而无政权之民主,则治权之民主亦无客观之保证,而不得其必然性。而真正之民主则寄托于政权之民主。②

牟宗三看出这一矛盾的产生有其"历史之条件",并非单单"藉思想文化"就可以解决的"思想问题"。历史没有发展到那一步,社会生活没有提出那样的要求,思想上如何早熟、如何孤明先发,也是干着急没有办法的事情。而牟宗三仍对以往的儒者提出批评,这明显是"责贤

---

① 牟宗三:《政道与治道》,《牟宗三先生全集》第10册,台北:联经出版事业股份有限公司,2003年,第9-10页。

② 牟宗三:《政道与治道》,《牟宗三先生全集》第10册,台北:联经出版事业股份有限公司,2003年,第11页。

者备"，同时借以明自己的时代使命。另外，无政权民主的治权民主只能靠运气，或者碰到位好皇帝，或者碰到好皇帝加好宰相，然而"赵孟之所贵，赵孟能贱之"（《孟子·告子上》），马上就又可以不算数了。徐复观曾感叹说："这里可以看出中国政道之穷"，"这是东方人的良心呈现所受的最大的限制"，"这是我们最大的污点"。[①] 因此牟宗三并不同意钱穆的看法，仍然判定中国以往是君主专制，而要求今天把重点放在政权上，实现真正的民主。

牟宗三还特别指出，"大道之行也，天下为公"的民主政治必不是资本主义的民主政治，而需要把民主政治与经济方面的均平结合起来，"以今语言之，即有类于社会主义也"[②]。儒家必要求社会主义。从概念上看，唯有社会主义能实现程序民主和实质民主，亦唯有社会主义才能实现儒家政权与治权双重民主的理想，把儒家思想从封建意识形态的标签中拯救出来。在这一点上，牟宗三跟其熊十力师的观点是一致的，也多少反映了当时学界的普遍共识。

需要强调的是，康德、黑格尔已经区分了形式正义与实质正义，否则便无须衡平法和紧急避难权。马克思对资产阶级法权的批判，锋芒所指的也正是这一点。牟宗三把民主政治与经济上的均平结合起来，同样是考虑到了形式上的自由民主与实质上的自由民主之间可能会出现某种不一致。如此说来，牟宗三以社会主义民主政治而非资本主义民主政治为历史的终结，并非一时兴会。其详细讨论见本章第三节。

3. "立千年人极"的经验呈现

社会主义是历史的终结，在牟宗三看来，这就是王船山《读通鉴论》卷十九所谓"圣人崛起，以至仁大义立千年之人极"。唯船山所立之人极，是潜伏的、平面的、散漫的，总之是道德的、合理的，所以只能寄希望于圣人兴、天运复。而社会主义所立的千年人极，则因政权与政道问题，而为首出的、立体的、骨骼的，总之是政治的、科学的，而

---

① 徐复观：《中国的世界精神》，上海：华东师范大学出版社，2004 年，第 12、13、105 页。

② 牟宗三：《政道与治道》，《牟宗三先生全集》第 10 册，台北：联经出版事业股份有限公司，2003 年，第 12 页。

可开万世之太平。在《政道与治道》一文中，牟宗三以九点论其义理规模①，兹顺之略陈如下。

甲、从以前事实上的"有天下"或"有国"再推进一步，提出"政权"概念，代表"天下"或"国"的统一性、普遍性，或者说对此"天下"或"国"中所有人都具有的强制力。

乙、既然是一种具有统一性、普遍性的强制力，那么这个天下或政权就不可以打也不可以夺，否则也就不成其为强制力。这种意义的"天下者天下人之天下"倒真如康德的共和国的强制力那样，是一"形式的有""静态的有"，天下人"共同地有"或"总持地有"天下，而不可"个别地有"或"分别地有"天下。

丙、在此可以理解为何康德无论在什么情况下都拒绝革命、不肯赋予人民丝毫"积极的对抗"权利，但同时又暗示"一旦革命成功"而能有更加完善的国家强制力时，要求人民应当"真诚地服从现在掌权的当局"。② 前者表示共和国的强制力在理上不应变动，是"定常的实有"。后者则表示民族国家事实上的可变动，如"鱼烂而亡"或被"灭国"等。若以世界历史的眼光观察，后者完全可以代表一种文明的进步和发展，如马克思主义的社会发展理论之所论等。但是，即使如此，革命本身也不是目的，人的解放之后，亦当再无革命。就此而言，"人的解放"才是真正的"兴灭国，继绝世"。

丁、这也就是共产党人所说的唯民主政治能摆脱历史周期率。牟宗三强调："惟民主政治中有政道可言。人类为民主政治奋斗，即是欲实现政道而恢复政权之本性也。"

戊、政权恒常，于是重心落在治权上。

己、故治权的可变，是"选贤与能"的可变，而革命、篡窃、割裂等"狂流"即不复存在，"千年之人极"得以真实地确立。

庚、如此，"形而下"的宪法（"第一义之制度"）及宪法之下的诸种对财富、政府等的制度安排（"第二义之制度"）反显得最为重要。

---

① 参阅牟宗三《政道与治道》，《牟宗三先生全集》第 10 册，台北：联经出版事业股份有限公司，2003 年，第 21–27 页。

② 康德：《道德形而上学》，张荣、李秋零译，《康德著作全集》第 6 卷，北京：中国人民大学出版社，2007 年，第 333–334 页。

辛、如此，并非道德，而恰恰是知识，特别是怎样切合实际地把"选贤与能"的制度可操作地、如数学般精确地制定出来，成为第一要义。就传统而言，这属于外王。但就其是"选贤与能"的制度而言，它恰恰已经"消融其与内圣对立"。"如是，与内圣不对立，经验主义、功利主义、历史主义、现象主义，亦皆时有所用，而可无过，而过激主义亦如革命篡窃等归于消灭矣。"牟宗三此说，实际上已经不是内圣"开出"新外王，而是新外王"开出"内圣了。换言之，是"十字打开"的现代生活让儒学变得充实饱满起来，焕发出新的生命活力。

壬、于是，仁智双成，政权的"理性之体"与治权的"智慧之明"相得益彰，永久和平可得，而一切人间学问（包括传统所谓事功等）亦随需要而生，复助益于人类德福一致之实现。

二　王道诸义

以上从常数、政权民主和立千年人极三个角度察看了牟宗三的民主观。这种观察当然是粗线条的，主要目的在于揭示牟宗三民主主义的原则或者大纲。除此之外，牟宗三还常常通过儒家的王道与民主政治的双向诠释来展开自己的思想。这里通过区分牟宗三论王道的几个层次，进一步讨论牟宗三的相关政治哲学。

1. 需要的满足

牟宗三 1955 年出版的《历史哲学》，第一章第一节论"中华民族的集团实践中观念之具形"，以《大禹谟》"六府三事"为"吾华族实践史中之基本观念形态"。[①] 这里虽有《尚书》真伪问题，但"六府三事"特别是其中的"正德、利用、厚生"是历史中代代积累的观念，则无疑。在 1954 年 11 月发表的《论中国的治道》一文中，牟宗三即以此三目论王道，认为"正德、利用、厚生即是王道，利用、厚生是人民生活的幸福"。[②] 即是说，无论历史事实如何，在观念上，中华民族很早就把人民基本的吃、穿、住、行诸需要的满足当成了政治的本质，以之作为评判

---

① 牟宗三：《历史哲学》，《牟宗三先生全集》第 9 册，台北：联经出版事业股份有限公司，2003 年，第 11 页。

② 牟宗三：《政道与治道》，《牟宗三先生全集》第 10 册，台北：联经出版事业股份有限公司，2003 年，第 31 页。

是否为王道政治的关键之一。1981 年 10 月 17 日在香港新亚研究所发表的题为《僻执、理性与坦途》的演讲中，牟宗三强调，人们基本需要的满足是王道"起码的条件"：

> 什么是王道？你不能说心外无物，王道就是要"老者安之，少者怀之，朋友信之"，要"内无怨女，外无旷夫"。老年人一定要吃肉，七十岁以上的非肉不饱。（其实老年人吃肉吃多了，并不见得好。）孟子讲王道，这些是起码的条件。儒家讲王道，都能照顾人们的基本需要。[①]

一般而论，人们认为牟宗三是泛道德主义。如果说泛道德主义是在"虚以控实"的意义上强调文化虽"虚"却对人类不可或缺，是说人之为人的理性的自觉，那么牟宗三也可以承认自己是泛道德主义。如果泛道德主义是说没有分际，一味地用道德来解决所有问题（包括物质生产、利益分配、科技创新等），那么牟宗三是绝不会接受此项指控的。具体说来，牟宗三恰恰特别强调道德和政治是两个独立的范畴，要求把政治与道德两个层面分清楚。在具体政治中强调两者连在一起，以隶属原则（sub-ordination）论之，往好了讲，最多是"惠而费"，等而下之，则往往放纵恣肆、骄横狂暴，无法容忍丝毫的"不听话"，道德必成为谋划私利、侵犯他人利益的凭藉或遮盖物，牟宗三称其为"奴役人民的泛道德主义"[②]。因此，牟宗三在政治上讲王道首重利用、厚生，从根本上反对要求天下人人做圣人。1979 年 9 月在香港新亚研究所发表的题为《"平反"与"平正"》的演讲中，牟宗三就此讲到了"王道"的"宽容"：

> 中国的圣人历来都讲忠恕之道，尽己之谓忠，从自己这方面做起，要尽心尽意的做，做圣人要自己做，不能够要求天下人做圣人，这样不行。在政治方面讲则要王道，使大家都有饭吃，内无怨女、

---

① 牟宗三：《时代与感受》，《牟宗三先生全集》第 23 册，台北：联经出版事业股份有限公司，2003 年，第 140 页。

② 牟宗三：《政道与治道》，《牟宗三先生全集》第 10 册，台北：联经出版事业股份有限公司，2003 年，第 67 页。

外无旷夫，都有家庭的温暖、都有饭吃。小毛病任何人不能免，要宽容，待人要宽，要讲恕道。所以子夏讲："大德不逾闲，小德出入可也。"只要大地方不要跨过界线，犯了规矩，小地方马马虎虎，做得差一点不要紧。这就是就着每一个人正常的生活来讲道理，讲正面的道理，根据正面的道理来纠正反面的毛病。①

如此"王道"，是"奴役人民的泛道德主义"吗？显然不是。这是牟宗三的"吃饭哲学""生活哲学"，虽然不高，只是常识，却平实、有耐心，无论"圆善论"还是"道德的形上学"等，都不能违背这个常识。

2. 开放的社会和对列之局

道德、政治分开以讲王道，显然是现代的讲法，照顾到了事实本身的合规律性。现代化的一个原则就是分门别类，合规律性与合目的性各行其道，分工合作，这才有法则可言，才能"以一行万"。由此，牟宗三在其《历史哲学》《政道与治道》等书中再三申明需要"对列之局"（co-ordination-frame 或 co-ordination）。这个观念牟宗三坚持了一生。同样是在题为《僻执、理性与坦途》的演讲中，牟宗三指出：

> 经济有经济的轨道，政治有政治的轨道，教育有教育的轨道，必各按其轨道而行，不能乱来。只要在社会上是一个客观的存在，就有它的固具的法则。这个法则一定要遵守，否则事情就办不通。不但是事情办不通，当你把这一个存在的法则给否决掉了，也就等于把这个东西取消了，使其失去了客观的存在。②

这当然不是说以前的那些修齐治平的道理都过时了。修齐治平的道理没有过时，但现代社会是个复杂社会，光讲修齐治平的道理已经远远不够了。牟宗三接着解释说：

---

① 牟宗三：《时代与感受》，《牟宗三先生全集》第 23 册，台北：联经出版事业股份有限公司，2003 年，第 87 页。
② 牟宗三：《时代与感受》，《牟宗三先生全集》第 23 册，台北：联经出版事业股份有限公司，2003 年，第 125 页。

　　我这么说不是说修身齐家就不需要，那是永远需要的，因为这是常道。就治国平天下而言，这也需要，这是个必要的条件（necessary condition）但不是充分的条件（sufficient condition）。关于这一点，稍为想一想，就可明白了。你看，现代化的经济多复杂，这科技多复杂，就科技与经济讲，我们以前是手工业的时代，与现代的工业，完全不同。①

　　在这里，牟宗三说只要明白了分际，建立了坐标（co-ordination），那么王道过去的讲法跟现代的讲法可以共存。在 1979 年 7 月发表的题为《从儒家的当前使命说中国文化的现代意义》的演讲中，牟宗三清楚而简洁地讲明了这层意思：

　　　　王道有其具体的内容，而不只是笼统地说仁义道德。黄梨洲曾云："三代以上，藏天下于天下；三代以下，藏天下于筐箧。"这是一句原则性的话，不是笼统浮泛地说的，而是相当的深刻，且有真切感。这句话在今天看来，仍然有意义，而且意义更为显明。"三代以上，藏天下于天下"，以今天的话说，即是个"开放的社会"（open society）。"三代以下，藏天下于筐箧"，即是家天下，以天下为个人的私产。②

　　　　现代化虽发自西方，但是只要它一旦出现，它就没有地方性，只要它是个真理，它就有普遍性，只要有普遍性，任何一个民族都当该承认它。中国的老名词是王道、藏天下于天下，新名词则是开放的社会、民主政治，所以，这是个共同的理想。故民主政治虽发自西方，但我们也应该根据我们生命的要求，把它实现出来，这就

①　牟宗三：《时代与感受》，《牟宗三先生全集》第 23 册，台北：联经出版事业股份有限公司，2003 年，第 137 页。
②　牟宗三：《时代与感受》，《牟宗三先生全集》第 23 册，台北：联经出版事业股份有限公司，2003 年，第 343 页；《政道与治道》，《牟宗三先生全集》第 10 册，台北：联经出版事业股份有限公司，2003 年，新版序第 23 页。

是新外王的中心工作。①

通过"王道"跟"开放的社会""民主政治"的这种双向互释，牟宗三融合了中西古今，古老的"王道"具有了现代化的精神。王道有了工业生产的基础、法律制度的客观内容和科学知识的条件保证，而民主政治则充盈了道德仁义的精神性。牟宗三相信，现代社会只能是开放的社会，道德法则当然仍有其用，但"经济有经济内在的独立法则，而政治亦有政治内在的独立法则"②，通过区分不同的法则，通过各行其道，作为整体的人反而因此得以呈现了。

3. 极佳的和谐

由"开放的社会"，牟宗三强调各行其道。但正如上文所指出的那样，各行其道并不是要割裂人，而是要成就人与自己、人与人、人与社会甚至人与自然的和谐整体。在1983年5月7日发表的题为《中国文化大动脉中的现实关心问题》的演讲中，牟宗三称赞了这种"极佳的和谐"：

在一个敞开的社会中，就今天的民主政治来说，是通过人与人之间权利、义务之厘订，使社会中的每个成员能依其个人的意愿以成就其个人；就三代的王道政治来说，是通过"王者"的道德自觉与礼、乐、刑、政的运用，使社会中的每一成员人人"各得其所"、"各遂其生"、"各正性命"而达到"保合太和"的理想。"太和"，用今天的话来说，就是极佳的和谐。③

这样的讨论在牟宗三的著作中并不少见，甚至可以说随处可见，无法亦无须详引。通过权利争斗来达到和谐，通过个体需要的满足来达到和谐，通过开放来达到和谐，并以此来保任-提高每个人对于和谐的自

---

① 牟宗三：《时代与感受》，《牟宗三先生全集》第23册，台北：联经出版事业股份有限公司，2003年，第344页；《政道与治道》，《牟宗三先生全集》第10册，台北：联经出版事业股份有限公司，2003年，新版序第24页。

② 牟宗三：《时代与感受》，《牟宗三先生全集》第23册，台北：联经出版事业股份有限公司，2003年，第381-382页。

③ 牟宗三：《时代与感受》，《牟宗三先生全集》第23册，台北：联经出版事业股份有限公司，2003年，第395页。

觉，实现和谐观念与和谐经验的双向互建，这是牟宗三一贯的思考。前期的"新外王"与后期的"形上学"虽或有不同，但在这一点上，却一定不构成任何意义上的"转向"。

4. 政治理想

牟宗三讲王道，其意不在追溯历史陈迹，也非幻想未来景象，而是欲让"现在"成为沟通古今的桥梁，在古今互望中建设"现在"。因此，王道并非已经实现的东西，但也不是毫无现实性的虚玄抽象，而是介于两者之间的一个具有可操作性的理想。

提到理想，牟宗三有一个文化理想，就是内圣开出新外王。这里的新外王，牟宗三常以"政统"和"学统"说之，包括"民主"与"科学"。因此，严格说来，作为政治理想的"王道"并不等于作为文化理想的"外王"，而只是"外王"中的民主政治部分。不过，由于王道政治理想太过重要了，是新外王的"第一义"、"基本义"或者说"形式条件"，所以牟宗三又常常把"外王"与"王道"直接等同起来。在1968年5月出版的《心体与性体》第一册中，牟宗三即同时坚持这两种意义的"外王"概念。

第一种，直接等同于"王道"政治的"外王"：

> "外王"者，即客观而外在地于政治社会方面以王道（非霸道）治国平天下之谓也。此所谓"王道"已不是指三代王者所实际表现者而言，而是已成为一有确定意义之政治上之最高原则。粘附于三代王者之名而名之曰"王道"者，是因为三代之王者稍能几近于此原则，或能表现此原则于几分之几故也。①

第二种，分为三层而包括"王道"政治的"外王"：

> 一、客观而外在地于政治社会方面以王道治国平天下：此是其初义，亦是其基本义。就"以王道治国平天下"言，此中含有政治

---

① 牟宗三：《心体与性体》（一），《牟宗三先生全集》第5册，台北：联经出版事业股份有限公司，2003年，第199-200页。

之最高原则如何能架构成而可有实际之表现之问题，亦含有政体国体之问题。

二、在此最高原则以及此最高原则所确定之政体国体之下各方面各部门开展进行其业务之制度之建立：此是其第二义，亦即永嘉派所谓"经制事功"者是。

三、足以助成此各方面各部门业务之实现所需有之实际知识之研究与获得：此是其第三义，此大体是顾亭林与颜、李等之所向往。

以上三义俱为外王一名所函摄。亦可以说是相连而生者，然而却有其层次之不同。第一层为政治，践之者为政治家。第二层为事功，践之者为百官众有司以及社会上之各行业。第三层为知识，践之者（言实际去研究）为专家为学者。从问题言，此三层中之问题俱属外王之问题。从学言，此三层之内容俱为外王学。①

这里的"外王"分了三层，跟分"科学"与"民主"两层，有一个时间上的前后关联。1955 年 5 月牟宗三把"知性主体"与"政治主体"两分②，1959 年 8 月牟宗三要求建立"政统"与"学统"③，这都还是把"外王"理解为"科学"与"民主"两层。至 1960 年夏，牟宗三即有"政道"、"事功"与"科学"三分④，这主要是随叶适、陈亮而来，要回应浙东学派对心性之学的批评。撇开这一具体的境域，"事功"其实完全可以并入科学与民主之中。所以后来在 1979 年，牟宗三自己也以科学与民主为重点讲外王⑤。人们亦随其关注这两层，而事功不与焉。

可见，无论"外王"分两层还是三层，其意指却是一贯的，民主政治都是外王的"初义"和"第一义"。中国的政治问题的解决，成为头

---

① 牟宗三：《心体与性体》（一），《牟宗三先生全集》第 5 册，台北：联经出版事业股份有限公司，2003 年，第 200 页。

② 牟宗三《历史哲学》，《牟宗三先生全集》第 9 册，台北：联经出版事业股份有限公司，2003 年，序第 22 页。

③ 牟宗三：《道德的理想主义》，《牟宗三先生全集》第 9 册，台北：联经出版事业股份有限公司，2003 年，序第 9 页。

④ 牟宗三：《政道与治道》，《牟宗三先生全集》第 10 册，台北：联经出版事业股份有限公司，2003 年，序第 38 页。

⑤ 牟宗三：《政道与治道》，《牟宗三先生全集》第 10 册，台北：联经出版事业股份有限公司，2003 年，新版序第 18 页。

等大事，成为最本质的关键所在。大的问题是，文化理想怎么跟政治理想合一了？文化理想若要真实地表现自己，是否必然包含政治理想的实现，或者说以政治理想的实现为前提？

在 1979 年 7 月发表的题为《从儒家的当前使命说中国文化的现代意义》的演讲中，牟宗三梳理了前人对于政治理想的次序：

> 儒家学术第三期的发展，所应负的责任即是要开这个时代所需要的外王，亦即开新的外王。"新外王"是什么意义呢？外王即是外而在政治上行王道，王道则以夏、商、周三代的王为标准。照儒家说来，三代的王道并非最高的理想，最高的境界乃是尧舜二帝禅让、不家天下的大同政治。儒家的政治理想乃以帝、王、霸为次序。帝指尧、舜，尧舜是否真如儒家所言，吾人不必论之，但此代表了儒家的理想则无疑，以尧、舜表现、寄托大同理想。三代则属小康之王道。春秋时代的五霸则属霸道，以齐桓公、晋文公为代表。从前论政治，即言皇王帝霸之学。齐桓、晋文的境界虽然不高，但比得秦汉以后的君主专制要好；君主专制以打天下为取得政权的方法，在层次上是很低的。[①]

牟宗三清醒地认识到，皇、帝、王、霸的次序分明，却并非历史事实，但又不可以实证的态度指其非真即了。因此，王道本身就不是历史问题，而是文化问题。这里首先遇到的便是态度问题。如果仅仅以实证、考古的态度讲文化，那么结果只有两种，要么数家珍，要么触处皆假。前者把文化理解为过去的一切文化现象、文化成果的总集合，文化已经随时间的流逝而一去不复返，因而人们只能够怀念它，就如同在博物馆里观看那些静止不动的展览品一样。后者则证明禅让等在古时候是不会有的，而连带着否定王道理想本身。要之，这两种态度都把文化看成静态的、死的，过去无论怎么好怎么坏，对现在都不具有实质的意义。

牟宗三则强调以动态的、活的态度看：生命是活的，文化也是活的，

---

① 牟宗三：《时代与感受》，《牟宗三先生全集》第 23 册，台北：联经出版事业股份有限公司，2003 年，第 334–335 页；《政道与治道》，《牟宗三先生全集》第 10 册，台北：联经出版事业股份有限公司，2003 年，新版序第 14–15 页。

是文化生命。"'中国文化'乃是以儒家作主流所决定的那个文化生命的方向以及文化生命的形态，所以我们讲中国文化的现代意义，也即是在讲这个文化生命的方向与形态的现代意义、现代使命。生命是一条流，有过去、有现在、有未来，过去、现在、未来是一条连续的流，依此，我们才能谈这个问题。"① 回顾历史不只是看过去、数家珍，而是通过这个借镜，通过了解以往的人在以往历史阶段中的种种表现，来确定自己的表现和奋斗，思考自己如何自我作主往前走。

就此而言，王道在过去根本就不可能是政治问题，而只能是文化问题，过去的生产力水平、打天下的历史事实等，决定了中国历史上从来就没有实现过王道政治。但是，随着生产力的发展、文明的进步和共和国的建立，王道现在可以成为一个真正的政治问题了，而且这个政治问题解决的好坏，直接影响甚至决定了其他方方面面的好坏。就此而言，牟宗三可以跟顾颉刚和解，中国的现代化成为中国文化现代化的前提条件。

王道文化理想与王道政治理想的这种现代合一，表明牟宗三十分清楚文化的意义、作用及其限度，也再一次解释了为什么新外王必须以民主政治为"基本义""第一义"。

三　政治自由主义

由于牟宗三在其概念架构中并不特别区分民主与自由，而是在很大程度上把两者放在同一层次上理解，肯定自由、肯定民主，因此本章第一节论自由的部分实际上很多也是在讨论民主。有了第一节的详细讨论，本节就可以简略些。但是，也正因为这种混而难分，牟宗三往往要面对许多质疑。比如，牟宗三所言的自由，是政治自由还是道德自由？当牟宗三强调道德自觉而又宣说民主政治的时候，他是否因此太过激进，忽视了消极自由，而有借思想文化以解决问题的泛道德主义的毛病？比如，牟宗三如此重视新外王的第一义，但为什么不写出一部独立的政治哲学著作，或者至少写出一部研究黑格尔、康德法哲学的著作，而要把精神

---

① 牟宗三：《时代与感受》，《牟宗三先生全集》第23册，台北：联经出版事业股份有限公司，2003年，第341页；《政道与治道》，《牟宗三先生全集》第10册，台北：联经出版事业股份有限公司，2003年，新版序第21页。

与时间大把大把地浪费在智的直觉、圆善等虚玄的形而上学概念上呢？牟宗三为什么不用心建立起儒学的财富论、政府论、国家论呢？等等。

在历史文化与具体政治的结合中来讨论自由，正是牟宗三的特点。因此，牟宗三的政治哲学不可能是韦伯（Max Weber，1864-1920）式的，而只能是施特劳斯（Leo Straus，1899-1973）式的。在此视域下，上述质疑有些是无谓的，有些则需要认真对待。

上文已经就消极自由与积极自由、英美经验主义传统与德国理性主义传统等区分回应了相关质疑，这里再借罗尔斯（John Rawls，1921-2002）《政治自由主义》一书稍加讨论。

1. 完备性学说

一般说来，学界通常把 1971 年出版的《正义论》当作罗尔斯的代表作。不过，1993 年出版而后又增订的《政治自由主义》却也有其优势。且不论罗尔斯开创政治自由主义政治哲学的理论抱负，晚出的《政治自由主义》有机会回应《正义论》出版之后所引发的问题，包括读者的反应与作者的反思两方面。而 1971 年出版《智的直觉与中国哲学》之后，牟宗三也进行了他的理论冒险。一方面，他究天人之际，有《现象与物自身》《佛性与般若》《从陆象山到刘蕺山》《圆善论》等讲求结构完整性和理论系统性的专著；另一方面，他又紧扣时代脉搏，而有大量的演讲、会讲等，这些讲辞当然并不违背整体性和系统性，但很多则是因具体的事或问题而发，在形式上有较多的灵活性和生动性。两方面的关联，可以类比于康德三大批判与《道德形而上学》的关系。所不同的是，在康德的那种历时性关系，变为牟宗三这里的共时性关系。其中，也不乏对批评的回应和理论的调整。这中间一个有意思的对比是：牟宗三与罗尔斯反思的方向似乎恰恰构成了一种对反。

按罗尔斯的自述，《正义论》是一种完备性的学说（comprehensive doctrine），没有区分道德哲学与政治哲学，普遍的道德正义与严格意义的政治正义还是连在一起的，但《政治自由主义》不是一种完备性的自由主义学说，上述区分对它是至关重要的，它强调政治自律与道德自律之间的差异，并坚持政治的正义观念仅仅只能包括前者。反观牟宗三，人们的观感则是他从强调民主政治、内圣开出新外王的"外王三书"，进至德福一致的"圆善论"，前者毕竟还需要注意区分政治与道德的不同，后者则在"诡谲的相即"中可以消除一切差别。

罗尔斯《政治自由主义》的"思想转型"问题已超出了本书的讨论范围，这里暂且不论。这里的问题是，牟宗三政治哲学是一种完备性学说吗？牟宗三"新外王"与"道德的形上学"之间是否也构成一种"思想转型"，即从一种非完备性学说"转型"到一种完备性学说？

牟宗三政治哲学是一种完备性学说，却并不存在思想转型。本书第一章已经证明，牟宗三哲学存在"自下而上"与"自上而下"、"从下面说上去"与"从上面说下来"的致思路线的不同。但是，两条思想路线在不同的时期同时存在，有的只是侧重的不同，这种不同恰恰并不意味着思想转型，而只意味着一种由循环往复所构成的整体性和系统性。第二、三章对物质生活之纬与道德生活之经的纵横交织关系的揭示，强化了第一章的结论。于是，问题就剩下一个，如何从"完备性学说"来理解牟宗三？

所谓"完备性学说"一词，按译者万俊人的讲法，并没能尽达作者 comprehensive doctrine 的用意。按罗尔斯的意思，comprehensive doctrine 是指那些能够揭示理性或形而上学的总体性，因而理论构成完整、学术品位及影响独立的学说系统。这约等于牟宗三所谓哲学原型，或者至少也是不同的形而上学系统。而"完备性学说"一词只刻画了综合全面性，却不能反映出 comprehensive doctrine 对形而上学、本体论等的态度。

若不以辞害意，按照罗尔斯的意思，牟宗三的王道政治就是一种典型的"完备性学说"，而无法容纳民主政治因各种合乎理性的宗教学说、哲学学说和道德学说等背景的不同而产生的深刻分化。果真如此吗？

2. 无法消解的竞争

众所周知，罗尔斯强调《政治自由主义》不是一种完备性的自由主义学说，就是为了强调政治建构主义、理性多元论。但问题在于，"完备性学说"一定与建构主义、多元论非此即彼吗？哈贝马斯（Jürgen Habermas，1929-）就提出了这个问题。

1995 年《哲学杂志》第 92 卷发表了《答哈贝马斯》一文，罗尔斯对此进行了回应：

　　我认为，政治自由主义是一种隶属于政治范畴的学说。它完全在这一领域内运作，而不依赖于任何外于这一领域的东西。人们较为熟悉的政治哲学观点是，认为政治哲学的概念原则和理想，以及其他因素都被描述为各种完备性学说——宗教的、形上学的和道德的——的结果。与之相对，在政治自由主义中所理解的政治哲学，主要由各种不同的、被视为独立的权利与正义之政治观念所组成。①

核心理念是，政治自由主义只在政治的范畴内运作，任凭哲学自然发展。它不触及所有形式的学说（宗教的、形上学的和道德的）及其漫长的发展传统和解释传统。政治哲学从一开始起就撇开了所有这些学说，而以它自己的术语表达它自己的独立。②

罗尔斯的意图十分明显：他就是要把政治从其他一切宗教的、形上学的或道德的羁绊中解放出来，特别是把政治从道德的羁绊中解放出来。但是，罗尔斯成功了吗？

由于这里只是借罗尔斯的问题来谈牟宗三，而不是检讨罗尔斯本身，所以便具有了某种灵活性。在与牟宗三相关的范围内，可以看到，罗尔斯的一个关键性辩护理由是，人是有限的，人类政府无论如何都会犯错，因而无须最大化理念的道德，或者说道德最大化理念对于政治是无用的：

人们所设想的自由主义面临的两难，乃是一种真正的两难，因为正如我已经说过的，两个命题都是正确的。一个命题是：任何道德法则都不能对一种拥有主权的民主的人民施加外在限制；另一个命题是：拥有主权的人民可能会不公正地（但却可能合法地）制定出任何侵犯这些权利的法规。这些陈述只是表达出，所有政府的政治正义都有风险，无论是民主的政府，还是与之不同的政府，都是如此。因为任何人类制度，无论是政治的或社会的，司法的或教会的，都不能保证人能永远制定出合法的（或公正的）法律，也不能保证公正的权利总能得到尊重。③

---

① 罗尔斯：《政治自由主义》，万俊人译，南京：译林出版社，2011年，第345页。
② 罗尔斯：《政治自由主义》，万俊人译，南京：译林出版社，2011年，第346页。
③ 罗尔斯：《政治自由主义》，万俊人译，南京：译林出版社，2011年，第385页。

罗尔斯的逻辑是：既然"不能保证人能永远制定出合法的（或公正的）法律，也不能保证公正的权利总能得到尊重"，那么一切"完备性学说"都是不合乎事实的，也将因此对自由的事业产生坏的作用，所以自己只能坚持政治建构主义、理性多元论等。但是，罗尔斯的政治建构主义、理性多元论真能够"撇开"宗教的、形上学的或道德的等"完备性学说"，而获得"自己的术语"吗？

康德"共和国的强制力"是一种"完备性学说"，牟宗三的"一心开二门"也是一种"完备性学说"。前者表达了政治本身的统一性假设，给予了政治权力根源的合法性，后者强调了道德与政治的本体论的合一，曲折地给予了政治权力最后的正义性。虽然有"假设"与"呈现"等区分，但牟宗三与康德无疑都否定"多"而肯定"一"，即肯定道德理性或形而上学的总体性。对于这个意义上的"完备性学说"，罗尔斯显然是无法撇开的，其所谓以"自己的术语表达自己的独立"显然只具有相对的意义。罗尔斯要求正视的只是：思想自由和政治自由、良心自由和结社自由，或者说正义原则和慎思理性原则、私人自律的自由和公共自律的自由、公共生活的善和市民生活的善等之间存在"裂缝"，若不承认这些"裂缝"，任何"最大化理念"都是一种"疯狂之举"。罗尔斯突出了"无法消解的竞争"，而把上述种种区分理解为一种"互为前提"的关系。①

罗尔斯这是在说，人们各自以为的"完备性学说"其实并不是那么"完备"。罗尔斯这是提醒那些政治家或有志搞政治的人们，你们心里要有数，否则一不小心，就会把极其严肃的"政治活动"变成极其荒唐的"政治笑话"。人的有限性被逼显出来了。人绝不是完美的。人类社会永远不是天国。最大化理念、极佳的和谐等，都是作为观念的存在的人的一种可理解的理想。理想既照亮了人生，团结了人群，又撕裂甚至让人群因此陷入战争。牟宗三在这里说悲情三昧，说罪恶常现、悲剧常存。

3. 堕胎

当罗尔斯强调区分政治哲学与道德哲学的不同时，他所用的"道德"是"厚"的道德，或者说是那种必然包括一切"形下"部分的道

---

① 罗尔斯：《政治自由主义》，万俊人译，南京：译林出版社，2011年，第380页。

德。因此，他才必须关注和回应"堕胎"问题。各种不同的道德观念、形上图式、宗教信仰当然会影响关于"堕胎"合法性的判断和讨论，但作为"特殊的道德判断"，它们若各自坚守各自的"完备性"而不肯妥协不能妥协，则关于"堕胎"的法权规定便永远无从形成。政治自由主义可以"撇开"或者说必须"撇开"这种"完备性"，因为"厚"道德的这种"完备性"恰恰证明了它的封闭性、狭隘性、排他性。所以，罗尔斯只能寄希望于在众多合乎理性的完备性学说之间描画出某种"重叠共识"，把为大家所"共享"的政治观念"建构"出来。这个时候的"政治自由主义"就是最"薄"的，是在各种合乎理性的完备性学说之间保持它的公正无偏。

　　"堕胎"问题不可能成为牟宗三的重要议题。① 对于牟宗三而言，民主政治的架子还没有搭起来，还有很多更为形式也更为重要的问题需要讨论和确定，一时还注意不到具体的事情如"堕胎"问题。同时，牟宗三所讲的道德是"虚以控实"的道德，因而也就只能是最"薄"却最坚韧的道德，关注人之为人的最基本和最起码的要求，如仁、义、良知等"常道"或"理性"，否则同样也会成就一种封闭性、狭隘性、排他性。

　　道德的这种最"薄"的部分，罗尔斯也无法反对，否则罗尔斯也就不会在他的"政治自由主义"里讲良心自由、私人自律或善等道德能力了。当然人们可以说，跟康德"共和国的强制力"一样，牟宗三的"良知"甚至已经稀薄得不成其为道德了，而也不过表达了人类存在的某种总体性或统一性，这种总体性或统一性也是政治所不能免的，否则政治就只能自我否定，入于相对主义、无政府主义了。看来情况正是如此。尽管罗尔斯要求重叠共识，即要求在各种合乎理性的完备性学说之间保持公正无偏，但毕竟没有陷入相对主义，毕竟还承认和强调了"合乎理性"和"公正无偏"，否则便不可能有"为大家所共享"的政治观念。因此，罗尔斯在他《政治自由主义》的一开篇就曾坦言，政治自由主义

---

① 在对本书进行最后统稿的时候，美国社会爆发了堕胎之战。事件起因是，2022 年 6 月 24 日美国联邦最高法院推翻了"罗诉韦德案"（Roe versus Wade）。美国联邦最高法院 1973 年曾就"罗诉韦德案"做出裁决，确认美国宪法保护女性堕胎的自由。现在这一案例被推翻，意味着美国各州可以自行制定关于堕胎的法律，女性堕胎权将不再受宪法保护。由此引爆美国人的情绪，人们围绕堕胎权，就卫生、科技、法律、政治、经济等内容争论不休，其中不乏走上街头的示威者。

可以是经验性的，是从既定社会世界环境的杂多中生长出来的，有其历史境域，但是同时也必须承认：

> 在某些情形下，政治自由主义仅仅是某一公民的完备性学说的结果，或是其完备性学说的继续。在另一些情形下，它可能与作为一种既定社会世界环境的可接受近似物相联系。……政治自由主义认定民主文化之理性多元论的事实，目的是揭示一种对于根本政治问题之证明的合乎理性的公共基础之可能条件。如果可能的话，它会阐明这一基础的内容，阐明为什么这一基础是可接受的。①

某一个公民是这样，某一个国家也是这样。但对于国家来说，更需要清楚地认识和思考：自己的政治究竟从哪种完备性学说开始？当这种政治不批评更不会否定"任何特殊的道德判断是否真实"时，这种"特殊"究竟要如何"特殊"，才能在"政"与"教"之间砌起理想的"墙"，而不至于否定政治本身？最后结穴的问题是，牟宗三"道德的形上学"也可以理解为一种"道德建构主义"吗？"政治建构主义"是否可以看成"道德建构主义"的"结果"或"继续"呢？

第三节　社会主义与儒学

一般而论，对于现代新儒家牟宗三的关注，大多集中于"道德的形上学"。有个别人研究牟宗三"政治哲学"，也大多在"良知坎陷""内圣开出新外王"的框架下展开，自由、民主政治等的讨论是其重点。但实际上，牟宗三哲学的面相是宽广的，论题是开放的，他不仅有"心性儒学"，而且有"政治儒学"，其政治哲学不仅是"自由主义"的，而且是"社会主义"的。然而非常可惜的是，牟宗三的这个"社会主义面相"，在以往的研究中却几乎未曾得到专题揭示。

这里的目的除了拾遗补阙、揭示牟宗三的"社会主义面相"之外，其意义还在于：牟宗三对于社会主义的讨论，既为我们提供了研究儒家

---

① 罗尔斯：《政治自由主义》，万俊人译，南京：译林出版社，2011年，导论第6页。

传统、自由主义、社会主义三者关系的绝好材料，又为发掘儒学中的现代政治哲学资源提供了极佳个案，而能够扭转把牟宗三政治哲学视为"民主政治拉拉队"的成见。牟宗三所坚持和表现出来的原则，是既不困于中国传统之道德上的自由、经济上的均平与政治上的禅让等，也不囿于西方现代话语体系之经济上的自由主义与政治上的民主主义等，而要求必须对此众多诉求做出恰当的融通。撇开具体论证上的优劣得失，牟宗三的这个原则反映了 20 世纪中国一流学者的共识，而应该成为 21 世纪的今天在讨论儒家政治哲学时的一个前提。

一　经济权利：社会主义与自由主义

在发表于 1992 年 12 月 20 日的《鹅湖之会——中国文化发展中的大综和与中西传统的融会》一文中，牟宗三强调，"讲'社会主义'一定要照《礼运》篇那个'大道之行也，天下为公'来讲"①。把《礼运》篇定义为社会主义的，这并非牟宗三晚年的一时之会。早在 1954 年 7 月 20 日与 8 月 5 日发表的《政道与治道》一文中，牟宗三就已经要求把"政权、治权皆天下为公，选贤与能"与"经济方面，则求均平"结合起来，以真正实现《礼运》篇所肯定的"质的社会主义"。②

如何理解这种"质的社会主义"？政权、治权方面的"公"下节再论，怎样实现经济上的均平呢？在更早的发表于 1934 年 8 月 1 日的《复兴农村的出路何在？》一文中，牟宗三把这个问题与"挽救资本主义的病态"联系起来，认为必须在与资本主义的比较中来确立社会主义的本质：

> 资本主义的合理主义是自然的合理主义，社会主义的合理主义是当然的合理主义。前者是合科学之理，后者是合道理之理。前者是自然的趋势，后者是发自于不忍之心。前者是兽性，后者是神性。前者是无所谓的，后者是有所谓的。前者是放任的，后者是拘束的。

---

① 牟宗三：《鹅湖之会——中国文化发展中的大综和与中西传统的融会》，《牟宗三先生全集》第 27 册，台北：联经出版事业股份有限公司，2003 年，第 458 页。

② 牟宗三：《政道与治道》，《牟宗三先生全集》第 10 册，台北：联经出版事业股份有限公司，2003 年，第 12 页。

社会主义就是来拘束资本主义放任之流弊的。①

所谓"自然的合理主义"，是说资本主义由自由经济而来，强调个人、自由、比赛，各尽所能，各享所得，犹如动物界的弱肉强食，终会生出两极分化、人而不人的流弊，因此需要管一管。在"管一管"处，社会主义应运而生，其"当然的合理主义"对资本主义的"挽救"和"拘束"主要表现为经济上的均平，即要求对经济有所"计划"。牟宗三把计划经济的特征归结为六条：

> （一）所谓计划也是对付自然活动之病态而产生的。（二）因为自然的合理主义之发于人性而不可磨灭，故确定资本主义之限度：凡在均富或均贫的状态范围之内而无可以造成特殊之富与特出之穷者，皆允许其在资本主义的合理主义之下活动。（三）因为当然的合理主义之发于人性而不可压抑，故确定社会主义之限度：凡在均富或均贫的状态范围之内，有可以造成特殊之富与特殊之穷者皆收回使其在社会主义的合理主义之下活动。（四）凡个人所不能办不宜办，并足以妨碍社会公道的，皆在社会主义的范畴之下活动；凡人所能办所宜办而并不妨碍社会公道的，皆资本主义的范畴之下活动。（五）无论在资本主义之下活动，或是在社会主义之下活动，都须按照国家的一贯去计划发展。需要计划的当然要计划，不需要计划的当然也不必无事忙白费力气。需要计划与不需要计划都在自觉的一贯的状态之上活动，这便是计划经济的特色，这个特色总名之便即是理性的。（六）在资本主义与社会主义两范畴的合作情形之下，再加上国家的计划与整理之运用，则公道的社会便即出现。②

这六条，在发表于1935年的《国内两大思潮之对比》一文中又被表

---

① 牟宗三：《复兴农村的出路何在?》，《牟宗三先生全集》第26册，台北：联经出版事业股份有限公司，2003年，第773-774页。
② 牟宗三：《复兴农村的出路何在?》，《牟宗三先生全集》第26册，台北：联经出版事业股份有限公司，2003年，第774-775页。

述为五条，但行文大体上没有变化，只是取消了原来的第一条而代之以
"公有私有之转移"这一前提，再以"自由与私有"替代了"资本主
义"，以"公有与拘束"替代了"社会主义"。①

　　这里牟宗三论从资本主义向社会主义的过渡，似颇有些唯物史观的
味道。但是一般而论，牟宗三是不认同唯物史观的。不过牟宗三也看到，
唯物史观即是经济史观，"经济史观不过是从经济方面看社会发展就是
了"，即是"历史的经济观"或"历史的经济解析"，也即是"社会进化
史底经济解析"。② 这是不能否认的。因此，牟宗三所反对的，不过是流
俗化、教条化了的唯物史观即"经济定命论"③，也即一般所谓"经济决
定论"。在这一点上，牟宗三与马克思又是相通的，表彰"马氏的观点
是史的、动的、活的、全的、过程的、具体的。这是我五体投地地承认，
并且也是近代各方面思潮中的一种共同趋向"④，而强调在人的众多联络
关系中，"经济组织是其他方面的托命线"⑤。

　　围绕这个"托命线"，牟宗三在《从社会形态的发展方面改造现社
会》（1934 年）、《中国土地分配与人口分配之原则》（1935 年 3 月 15
日）、《中国农村生产方式》（1935 年 5 月 15)、《历史哲学》第一部第一
章等多篇文章中讨论了儒家政治传统中比较倾向于社会主义，即着重于
经济方面的公平的内容，主要包括由助变贡加赋、赋税助藉兼用的变化
过程，以及从井田制到爰田制、提封疆等土地制度的发展等。这些内容
在本书第二章中有较为详细的交代，这里不再展开。在分析过程中，牟
宗三特别强调了经济权利相对于其他权利的基础性地位，而要求从经济
权利中"孳乳"出其他：

---

① 牟宗三：《国内两大思潮之对比》，《牟宗三先生全集》第 26 册，台北：联经出版事业
　　股份有限公司，2003 年，第 839-840 页。

② 牟宗三：《社会根本原则之确立》《从社会形态的发展方面改造现社会》，《牟宗三先生
　　全集》第 26 册，台北：联经出版事业股份有限公司，2003 年，第 638、697 页。

③ 牟宗三：《任重而道远》，《牟宗三先生全集》第 26 册，台北：联经出版事业股份有限
　　公司，2003 年，第 799 页。

④ 牟宗三：《复兴农村的出路何在?》，《牟宗三先生全集》第 26 册，台北：联经出版事
　　业股份有限公司，2003 年，第 742 页。

⑤ 牟宗三：《复兴农村的出路何在?》，《牟宗三先生全集》第 26 册，台北：联经出版事
　　业股份有限公司，2003 年，第 750 页。

我们读的书，受的教育，那一句话不是教我们作好，作圣贤，作伟人，作有道德的人，结果怎样？越受教育的人越是自私的人，然则以公的精神来教育农民是并不能去掉他们的私的。所以，穷、私、愚、弱是不能以教育能改正的。这种办法只是道学家的教训，听了这个教训，在当时未始不怦然心动，但时过境迁，仍是依然故我。所以我们认为现在的农村运动必须改个面目，决不可只从教训式的教育方面来联络，我们当从经济关系方面组织他们。……经济的联结是实现我们的认定的工具。①

　　牟宗三不会以道德判断取代历史判断，指责往圣前贤没能在此"托命线"处着实用功。一方面牟宗三指出，孔子的"先富后教"和孟子的"制民之产"思想中都已经包含着经济权利的要求，而构成了儒家千百年来不可违背的传统，或者说是儒学的一条基本原则、一块拱顶石。这个传统坚持认定"生存第一，即以其为一'存在的生命个体'而必须保住之"，强调"生存第一，畅达其物质的生活幸福"的重要性和基础性，在此之后才可能有所谓政教措施："此先后是着重义，不必是时间上的先后"，即一切所谓政教措施本身并不具备先天的独立性或合法性等，而不过是对个体"生存第一"的一种"顺成"罢了。②另一方面牟宗三也承认，孔子的"先富后教"和孟子的"制民之产"等毕竟是一种传统形态，其中虽然能够分析出经济权利的概念，但还不是这个概念本身。实际上，经济权利的异军突起是一个历史事件。牟宗三看到，资本主义的发达，与17、18世纪的启蒙思想发展出个人主义、自由主义，两者相互叠加激荡，于是民族国家的独立、人权运动、民主政治等也相继出现，这种经济的联结才发达起来。③

　　在此，牟宗三无疑肯定了自由经济、私有制的合理性。不过，自19世纪后半期以至20世纪，资本主义的经济生产出现了漏洞，贫富差距过

---

① 牟宗三：《复兴农村的出路何在？》，《牟宗三先生全集》第26册，台北：联经出版事业股份有限公司，2003年，第750-751页。

② 牟宗三：《政道与治道》，《牟宗三先生全集》第10册，台北：联经出版事业股份有限公司，2003年，第138-139页。

③ 牟宗三：《道德的理想主义》，《牟宗三先生全集》第9册，台北：联经出版事业股份有限公司，2003年，第220页。

大，经济危机频发，引生了很大的社会问题。牟宗三因此承认，"资本主义有问题，劳苦大众应解放"①，而要求确立资本主义自由经济的限度，不致其无限自由下去。这就走向了社会主义。

对于资本主义的"挽救"和"拘束"，无疑强化了社会主义的经济性质。但是，此时的社会主义，并非只如《礼运》篇所言仅为一理想或原则，生产力发展水平的问题更加突出。牟宗三以1918年到1924年苏俄的合作社运动为例，指出若不能尊重自由经济的合理性，大力发展生产力，而是为拘束而拘束，为挽救而挽救，那么国家经济机关的管理注定要失败。②

可见，无论就中国土地分配、财税制度的历史变迁而言，或者从资本主义的发达、社会主义的实践等方面来看，牟宗三都倾向于相信，社会主义的均平是从经济权利中孳乳出的：社会主义并不是一味反对经济自由，而只是反对经济自由的滥用；社会主义也并不是要在经济组织之外另立"托命线"，而是要首先实现和完成每个人的经济权利。

二　政治权利：社会主义与民主主义

按照马克思的观点，经济基础与上层建筑是辩证统一的。而牟宗三也强调，社会主义要实现和完成人的经济权利，就必须承认经济上的自由主义的合理性，同时承认政治上的民主主义。即是说，若没有政治上的民主主义，则社会主义对于资本主义经济自由主义的扬弃必不可得。社会主义必肯定人的政治权利。按牟宗三的理解，这是有传统依据的，《礼运》篇的"大道之行也，天下为公"必然同时包括经济权利和政治权利的双重性之"公"。在发表于1990年12月28日的《当代新儒家——答问录》一文中，牟宗三把这种"双重性的公"理解为"儒家政治传统的两条支流"：

---

① 牟宗三：《政道与治道》，《牟宗三先生全集》第10册，台北：联经出版事业股份有限公司，2003年，第176页。
② 牟宗三：《复兴农村的出路何在？》，《牟宗三先生全集》第26册，台北：联经出版事业股份有限公司，2003年，第771-772页。

儒家政治传统有两条支流：一支比较倾向于民主政治，像讲禅让、公天下、反对家天下，以及明末黄梨洲的思想便是；一支比较倾向于社会主义，即着重于经济方面的公平，主要是土地问题，但承认自由经济。①

一般说来，"民主政治"与"社会主义"两个概念是有交叉的，因而牟宗三上说似含混而不确。但细究牟宗三的意思，社会主义当有广狭之分。狭义的社会主义，指经济上的社会主义，要挽救资本主义自由经济的流弊，以实现每一个人的经济权利。广义的社会主义，则既包括经济上的社会主义，也指涉与其相适应的政治上的社会主义和文化上的社会主义。对此广义的社会主义，特别是侧重于政治权利的社会主义，牟宗三在 1949 年 12 月发表的《理想主义的实践之函义》一文中的理解是：

> 无论是资产阶级作主的社会或无产阶级作主的社会，民主制度皆必须肯定。此诚如陈独秀所说的："无产阶级民主不是一个空洞名词，其具体内容也和资产阶级民主同要求一切公民都有集会、结社、言论、出版、罢工之自由。特别重要的是反对党派之自由，没有这些，议会或苏维埃同样一文不值。"他又说："政治上的民主主义和经济上的社会主义是相成而非相反的东西。民主主义并非和资产阶级及资本主义是不可分离的。无产政党若因反对资产阶级及资本主义，遂并民主主义而亦反对之，即令各国所谓无产阶级革命出现了，而没有民主制做官僚制之消毒素，也只是在世界上出现了一些史大林式的官僚政权：残暴、贪污、欺骗、腐化、堕落，决不能够创造什么社会主义。所谓无产阶级独裁，根本没有这样的东西，即党的独裁；结果也只能是领袖独裁。任何独裁制都和残暴、蒙蔽、欺骗、贪污、腐化的官僚政治是不能分离的。"②

---

① 牟宗三：《时代与感受续编》，《牟宗三先生全集》第 24 册，台北：联经出版事业股份有限公司，2003 年，第 438 页。

② 牟宗三：《道德的理想主义》，《牟宗三先生全集》第 9 册，台北：联经出版事业股份有限公司，2003 年，第 62—63 页。

即是说，与经济上的社会主义的均平要承认资本主义自由经济的合理性一样，政治上的社会主义的天下为公也需承认资本主义民主政治的合理性。依此，牟宗三认定社会主义的民主主义的"内在的本质"亦当有二："一、允许人们有思想、言论、出版、结社等之自由，二、依宪法而施行的制度基础之确立。"① 这与资本主义的民主主义没有分别，都是"广度地"保障"一般人民"的集会、结社、言论、出版、罢工等的自由。除此之外，社会主义的民主主义还必须"深度地"保障"天才"。牟宗三相信，唯民主主义可以保障天才，这包括两层意思：

> 一、人的天才不能以作政治领袖为唯一的出路。天才的充分发展可以让其转为科学、哲学、艺术、宗教方面的，即转为文化的，此是在社会文化上以追求真理而充分发展其天才，而实现其对于人类之贡献。而这种天才之能在社会上得其充分的发展，惟有民主制度的政治始能允许之保障之。如果人的天才在文化上不能得其出路，则只有集中于政治权力之争夺。此决非人类之福。……二、民主政治不但保住社会上天才之文化的发展，而且在政治上亦不许有以天才英雄自居而得以充分发挥其权力欲者。这句话的意思是说："天才"二字直不许用于政治领袖或政治家，而只许用于科学、哲学、宗教、艺术家等方面。……政治家不能孤峭独特的，他必须顺俗从众，谋及庶人。他必须为公共利益而守法尊制度，依法而退，依法而进。他的境界不能太高。政治不能不讲法度，法度就限制了他不能为天才。他有政治的天才，只能说他有适应法度运用法度的本事，他是在限制中运用他的才具的。②

简单地说，第一层意思是纵的冲破横的，允许人们在遵守宪法、法律等前提下向上无限伸展，达至自己的自由高度；第二层意思是横的锁住纵的，以政治法度拘束政治天才的任性挥洒，防止政治上的弱肉强食，

---

① 牟宗三：《道德的理想主义》，《牟宗三先生全集》第 9 册，台北：联经出版事业股份有限公司，2003 年，第 73 页。
② 牟宗三：《道德的理想主义》，《牟宗三先生全集》第 9 册，台北：联经出版事业股份有限公司，2003 年，第 66—67 页。

保障人的自由水平线。纵横交错，"民主政治就是一方面让天才转为文化的，一方面禁止政治权力欲之无限的发展"①，以保障每个人的政治权利。

这两层意思，一方面肯定了资本主义民主主义，另一方面又反显出了资本主义民主主义的不足。牟宗三强调，衡之以儒家传统的纯然德性生命观，人的自由，包括纵的和横的，其实都是无限伸展的：

> 在印证那纯神性上，它是在垂直的方向上直向超越境而上达，上达天德或神性。在"与人为徒"的机应上，它是在水平面的舒展面上，满足人之所需要于"道成肉身"者。无论是垂直的方向上，或是在水平的舒展面上，它总是那纯然的德性生命之自己。这就是宗教或圣贤型的人格。②

由此，牟宗三讲"圣王政治"和"政治神话"，表彰儒家的圣王德治传统，认为它标明了政治的"极致"：

> 主观敞开，服从客观，则客观方面即全散开而落在"存在的生命个体"之"各适其性，各遂其生"之"各正性命"上。无骚扰、无矫揉、无悬隔、无设计，个体落实地还其为个体，此为儒者"理性之内容的表现"之德治之极致。此种全幅让开散开的德治亦可以说是内容表现上如实如理的个体主义之极致。（个体主义是重个体，不是唯是个体。）③

"如实如理的个体主义"即"彻底散开的个体主义"，有如马克思的"自由人联合体"中的个体。由此个体主义，牟宗三讲民主主义即是自由主义：

---

① 牟宗三：《道德的理想主义》，《牟宗三先生全集》第9册，台北：联经出版事业股份有限公司，2003年，第67页。

② 牟宗三：《政道与治道》，《牟宗三先生全集》第10册，台北：联经出版事业股份有限公司，2003年，第78页。

③ 牟宗三：《政道与治道》，《牟宗三先生全集》第10册，台北：联经出版事业股份有限公司，2003年，第132页。

所谓自由主义（liberalism）的基本精神还是个体主义（individ-
ualism）。个体主义不是讲究自私自利的个人主义。个体主义所重视
的"个体"，是政治的意义，是由权利义务来规定的"个体"。譬如
国民享有国家所保障的权利，同时他也对国家负有应尽的义务，像
当兵纳税就是。独立的"个体"，才能享权利、尽义务；如果不是
独立的"个体"，也就没有权利义务可言。这些都是政治上的观念。
因此，在这种个体主义的意义下，自然就包含了自由主义的意义。
自由主义由此而来，这才是自由主义的基本精神。①

　　而牟宗三之所以强调只有儒家的圣王德治传统才标明了政治的"极
致"，正是因为这种政治不满意于资本主义民主主义中对人纵贯向上的自
由伸展的"允许"，而欲将其发展为一种绝对"义务"，因此强化了"教
化"的意义。换言之，在牟宗三看来，社会主义的民主主义不仅要确保
人的消极自由，而且要充分发展人的积极自由。由此"教化"与"积极
自由"，牟宗三要求对"泛民主主义"进行"挽救"和"拘束"：

　　　　政治上的民主下散流走而转为社会日常生活上无律无守的泛滥
　　泛民主主义。民主里面含有自由、平等两观念，如是自由、平等亦
　　失掉它政治上宪法上的意义，而下散流走，转为日常生活上无律无
　　守个人自私的泛自由泛平等。……师生之间讲民主，则先生无法教
　　学生。父子之间讲民主，则父兄不能管教其子弟。夫妇之间讲民主，
　　则夫妻之恩情薄。民主泛滥于社会日常生活，则人与人间无真正的
　　师友，无真正之人品，只是你不能管我，我不能管你，一句话是
　　"你管不着"。民主本是政治上对权力的大防，现在则转而为掩护生
　　活堕落的防线。②

　————————————

①　牟宗三：《时代与感受续编》，《牟宗三先生全集》第 24 册，台北：联经出版事业股份
　　有限公司，2003 年，第 264-265 页。
②　牟宗三：《道德的理想主义》，《牟宗三先生全集》第 9 册，台北：联经出版事业股份
　　有限公司，2003 年，第 331-332 页。

综上所述，结合古今中西两方面的经验，牟宗三相信，社会主义对人的政治权利的肯定，一方面要学习和吸收资本主义民主主义的合理性，实现政道的民主，解决以往儒家圣君贤相系统对于君与民这两端无积极的办法的难题；另一方面要坚持和转化儒家德化的治道，以悱恻之心、尽伦尽性践仁的积极实践为基础，防止民主的下散流走，真正达至"乾道变化，各正性命，保合太和，乃利贞"的境地。

需要注意的是，这并不是说，儒家德化的治道已经与社会主义接轨合流了，而是说，儒家政治传统、民主主义、社会主义能够相互扶持。而且，上述两方面经验的结合之所指，并非如很多人所讲的那样，是为了挽救西方现代及后现代社会的病痛。牟宗三或许不反对这种功效，但其目光所在之处，首先一定是中国社会自己的事情。中国的事情当然并没有完结，一切才刚刚开始。就政治权利而言，有两条需要提及：

> 假定相应政权有政道，民主政治成立，使政权与治权离，则此种治道当更易实现，且反而使自由民主更为充实而美丽。以前相应政权无政道，故此种德化的治道实在是有时而穷，而其实现亦受阻。此实为中国历史文化之大症结。①

> 圣人作政治领袖也是最好的……柏拉图所想的"哲王"（philosopher king），以及以往儒家所想的君，皆有此理想。但究竟在人类自有历史以来，这类的哲王从未出现，圣人亦从未作过皇帝或政治领袖。我想，圣人已超过了皇帝的阶段……我想，圣人若作了皇帝，那时便是天国，而不是地国，而亦无所谓政治了。在天国未实现以前，民主政治仍是最可贵的制度。我们还是让圣人掌教化，而亦唯民主政治始能保障圣人而尊仰之。②

第一条的"假定"表明，学习和吸收资本主义民主主义的合理性，还有很长的路要走。第二条的"天国"，有如共产主义社会，在进入共

---

① 牟宗三：《政道与治道》，《牟宗三先生全集》第 10 册，台北：联经出版事业股份有限公司，2003 年，第 36 页。

② 牟宗三：《道德的理想主义》，《牟宗三先生全集》第 9 册，台北：联经出版事业股份有限公司，2003 年，第 68 页。

产主义社会以前，社会主义还是保持政教分离为宜。

三　文化权利：社会主义与国家主义

牟宗三把经济上的自由主义与政治上的民主主义区分开了，除了强调经济组织是其他方面的"托命线"之外，便是要肯定民主主义的精神性。即是说，民主主义"内在的本质"，思想、言论、出版、结社的自由以及对公权力的限制等，与个人的物质诉求、经济利益直接相关，首先表现物质生活的自由，但除此之外，民主主义还有"外在的开明之德量"，表现精神生活的自由。两相结合，始能形成健全的民主主义，才是真正的社会主义。牟宗三强调，社会主义始于追求经济上的均平，而必终于道德的理想主义：

> 社会主义增进人类现实生活的幸福，民主主义保障人类精神生活之自由，使天才有其充分之发展，在文化内之发展。这后面的基本精神是道德的理想主义。若为现实生活的幸福而必否决民主主义，则现实生活的幸福亦不可得，社会主义亦必不可实践，而所谓面包第一，其所成者亦不过是齐于物的纯然动物而已，结果，面包亦吃不成。①

在牟宗三看来，经济权利、政治权利等都需要以精神生活的自由作为底子，若没有这个底子，所谓经济自由、政治自由等虽侥幸得之而终必失之。在此，牟宗三把理想、理性、精神生活的自由等纵贯向上的人性素质都归结为文化的，而与国家相系："民主主义与社会主义，若必归结为文化的，则亦必归结为国家的。"② 牟宗三的论证分为两个部分。

首先是"超越的证明"或者说"形而上学的证明"。

文化跟真理一样，都是普遍的或放之四海皆准的，皆希望肯定人性尊重人道，有功于全人类至善至美生活样法的建设，因此从事文化工作

---

① 牟宗三：《道德的理想主义》，《牟宗三先生全集》第9册，台北：联经出版事业股份有限公司，2003年，第73页。
② 牟宗三：《道德的理想主义》，《牟宗三先生全集》第9册，台北：联经出版事业股份有限公司，2003年，第74页。

者似乎不必要讲到民族国家。不过这只是文化的一个面相。若就文化的铸造而言，文化又是多样的，是不同民族的圣哲所铸造的不同的文化。再就文化的实现而言，放之四海皆准的文化必于个人、家庭、国家等特殊的东西中成其自己。即以儒家文化而言，仁即表现了儒家文化放之四海皆准，是万物一体之仁，也是天理、天伦之仁，与天地合德，与日月合明，直接对应的是"大同"、"天下"或"宇宙"等，一体平铺，各正性命。到此道德秩序与宇宙秩序同一，便是圣贤人格的绝对精神、天地气象。但是，仁的铸造显然离不开孔子，仁的实现则强调爱有差等施由亲始，而特别重视家庭和国家。"家庭是骨肉之亲之结合，藉之以实现仁，即仁之'情的表现'。""国家是家庭以外的实际生活之结合，藉之以实现仁，即仁之'义的表现'。"① 即是说，仁是个人、家庭、国家等的"超越的根据"，个人、家庭、国家等则是仁的"内在的根据"。由此即普遍即特殊、即超越即内在、即理即气，牟宗三说"形而上学的证明"：

> 从文化的创造，真理的实现方面说，民族的气质、个人的气质，是它的特殊性，是它实现之限制而又是它实现之具体的凭藉，因此，家庭国家就是实现真理创造文化之个体，它们是普遍者与特殊者结合而成的。普遍者作为构成它们的一成分，因而亦即是在它们之中呈现。呈现即实现。实现真理即是创造文化。普遍即是它们的理性根据，即上文所说的"超越的根据"。此即是仁，或道德的理性。我们根据这个理性的实践，既能成就文化的创造，亦能成就家庭国家天下等之肯定。②

只有社会主义，而非资本主义、封建主义等，才真正满足仁的形而上学规定性。由此出发，社会主义一方面肯定文化，表现仁的超越性和普遍性，另一方面肯定民族国家，表现仁的内在性和特殊性：两方面谐和，真正呈现作为生化之理的仁的"自然条理"，经济上的均平和政治

---

① 牟宗三：《道德的理想主义》，《牟宗三先生全集》第 9 册，台北：联经出版事业股份有限公司，2003 年，第 76 页。

② 牟宗三：《道德的理想主义》，《牟宗三先生全集》第 9 册，台北：联经出版事业股份有限公司，2003 年，第 78 页。

上的民主也就自然而然地合一了，犹如天造地设一般。

其次是"道德实践的证明"。

牟宗三反驳了康有为"春秋公羊学的社会主义"及时人习知的"大浪漫的社会主义"。两者的共同问题，是把"大同"理解为纯粹散列的个体，不但要消灭家庭，清除人类的自然情感，至"男女皆至平无别""无复男女之异"及"人人平等，人人自立"之境，而且要由此发展到"破国界去国义"，以达至世界主义的"联合太平世"。即是说，对这两派社会主义而言，欲消灭国家，必先消灭家庭；唯消灭家庭国家，方能成就社会主义。牟宗三认为，这是梦想的大同，是把人看成机器零件的大同，是毁灭一切的痴呆大同：

> 这个毁灭一切的痴呆大同是私的个体所投射的一个影子：一面是极端的私，赤裸裸的个体，一面就是极端的公，没有价值，没有意义的齐于物的大同。这两者是一而二、二而一，而且是互为因果的。在现实上以其泛滥冲破一切而无安顿的人就憧憬那个大同，而憧憬那个大同的人，一落到现实上，就是不顾一切极端自私的人。①

在牟宗三看来，这种大同走在了盲爽发狂的路上，走在了极端专制的路上，而不知黑格尔主观精神、客观精神与绝对精神这三个环节之于人的道德实践的必然性和重要性。道德实践要有个触发点和起点，这便是家庭的骨肉至亲关系中的"情之至亲"。但是，孝悌之情所表现的重在主观精神，尚无法达到家庭之外，道德实践还需要在"义的分位"关系即国家政治的组织中表现，即表现客观精神。牟宗三说：

> 人类之实践若无客观的表现精神，则连家庭之情的表现亦不能维持于永久，必驯至枯馁以死。故客观精神之必须表现就函着国家之永恒存在，必然地被肯定。客观精神是一个重要的关键，是由家庭过渡到天下（大同）的重要而不可少的通路。它是使吾人的价值

---

① 牟宗三：《道德的理想主义》，《牟宗三先生全集》第 9 册，台北：联经出版事业股份有限公司，2003 年，第 80 页。

生活出乎家庭骨肉以外而扩大至天下的一个媒介。没有这个媒介，天下是一个荒芜的观念，完全是无生活意义的，而家庭亦必枯槁困顿委靡以死。驯致一切归于荒烟蔓草，此即所谓天地闭，贤人隐。①

在这里，牟宗三并没有单纯反对协和万邦、国际主义或世界历史，而是把客观精神视为由主观精神到大同绝对精神的关节点，强调其不可或缺性。从道德实践的这些环节出发，牟宗三强调，天下、大同等当然是绝对而至大无外的，但这是一个水平的、横的王道系统，需要纵贯之根，需要一个一个的民族国家以其历史文化的纵贯线来支撑它。

纵贯之根，便是国家的超越根据，便是仁。在这里，"道德实践的证明"便与"形而上学的证明"合一了。通过这种合一，牟宗三兼顾自由精神的形而上学之本体和道德实践之流行，而强调社会主义的经济均平与政治民主相成而非相反，强调社会主义与家庭、民族国家的肯定相成而非相反：唯有通过国家、法律等客观精神，才能一方面维持公民的自由生活，保障公共生活的良好秩序，另一方面又不以民主政治为满足，而是以强力干涉以求上达至"仁者与天地万物为一体"的境界，而保任人归宿于最后的绝对精神之自己的那种可能性。

四 社会权利：质的社会主义

一般而论，社会主义通过对资本主义的"挽救"和"拘束"，来进一步保障人的经济权利、政治权利和文化权利，以实现人的最大限度的自由，呈现和扩充人性的积极面相。但相比较而言，经济权利与文化权利的保障更强调国家"计划""教化"的意义和作用，而可以称之为国家社会主义（其中强调儒家文化传统重要性的一支，又可以单独称之为儒家社会主义）；政治权利的保障则更重视个人的自觉意识和自我选择，而可以称之为民主社会主义。

然而，我们却不能据此判断，牟宗三所讲的社会主义就是"民主社会主义"、"国家社会主义"或"儒家社会主义"。毋宁说，牟宗三之所

---

① 牟宗三：《道德的理想主义》，《牟宗三先生全集》第9册，台北：联经出版事业股份有限公司，2003年，第82页。

以要把经济权利、政治权利、文化权利统合着讲，正是欲消除一般所讲的"民主社会主义"、"国家社会主义"及"儒家社会主义"等的种种偏失。在发表于 1948 年 7 月的《荀学大略》一文中，牟宗三表达了他对相关偏失的防范：

> 吾人今日讲国家性之出现，必不可与自由民主为对立；而讲自由民主之出现，亦必不可与国家为对立。讲个人，不可流于泛个人主义；讲社会，不可流于泛社会主义；讲天下大同，不可流于空头之清一色的荒凉的大同，凡此皆足以导致极权而互为因果，而其总归皆虚无主义也。①

"民主社会主义"的偏失，在把政治民主、经济自由与国家的安排与教化相对立，而易流于"泛个人主义"；"国家社会主义"的偏失，在把国家性与自由民主相对立，而易流于"泛社会主义"；"儒家社会主义"的偏失，在只有空头的自由精神、民族国家等，而无客观精神以实之，而易流于"荒凉的大同"。三者虽来源有异、表现不同，但都是偏而不正，无法成就真正的个体、真正的集体，最后的结局往往是纵贯向上的精神尽失，而与现实中的极权专制政治共舞。

因此牟宗三一直强调，社会主义必然重视政治权利、经济权利、文化权利等诸方面不同要求的协同联合，是一个纵横交织的有机整体。在发表于 1990 年 12 月 28 日的《当代新儒家——答问录》一文中，牟宗三把这个有机联合的社会主义称为"质的社会主义"：

> 社会主义的意识必须笼罩在道德、理性、历史文化、自由、民主等价值观念之下，对经济问题采取经验主义态度，这才可说"有中国特色的社会主义"，即"质的社会主义"。②

---

① 牟宗三：《名家与荀子》，《牟宗三先生全集》第 2 册，台北：联经出版事业股份有限公司，2003 年，第 213 页。
② 牟宗三：《时代与感受续编》，《牟宗三先生全集》第 24 册，台北：联经出版事业股份有限公司，2003 年，第 439 页。

　　与"质的社会主义"或者说"有中国特色的社会主义"针锋相对的就是那种把社会主义限定在纯粹的经济领域、只承认物质的均平、先验地要求经济权利的齐一的"量的社会主义"。在牟宗三看来，"量的社会主义"立理以限事、以理杀人，本欲消除资本主义的罪恶，而实际上只能造成更大的罪恶，两极分化更加严重，无产阶级生活更加困苦，新权贵更加穷奢极欲。因此牟宗三强调，社会主义所要求的经济上的公平只能采取经验主义的态度，国家随时针对问题进行调整、改良。换言之，这种经验主义的调整和改良只能是承认经济自由而欲约束之，因而需要以政治上的民主主义、文化上的保守主义为前提。

　　牟宗三相信，只有综合了经济上的经验主义、政治上的民主主义、文化上的保守主义，兼顾人的经济权利、政治权利、文化权利，人的社会权利方能统筹兼顾，社会才能真正和谐。这也便是中国的现代化道路，便是返本开新，便是古今中西的融通之道。

　　事实上，如果说社会主义随20世纪资本主义重重问题而变得更加耀眼，成为一种最为重要的社会思潮，那么中国人对社会主义的思考，特别是考察其与中国传统尤其是儒家思想的关系，也就显得自然而然了。而牟宗三对"质的社会主义"的多重论述，对人的社会权利的综合强调，既反映了20世纪众多一流学者的某种共识，也表现了他自己的一些特点。由于本书的论题有限，对此无法全面论述，而只能稍加展开，只讲两点共识和一点争论。

　　第一点共识，是社会主义对于自由经济的那种拘束。如梁启超也以"经济问题""国民生计"为关注点，认为"社会主义虽不敢谓为世界唯一之大问题，要之为世界数大问题中之一而占极重要之位置者也"，"社会主义一问题，无论以世界人类分子之资格或以中国国民分子之资格，而皆不容以对岸火灾视之"。①他认为，由于事涉每个人的经济权力，社会主义最精要的论据应该是孔子讲的"均无贫和无寡"、孟子讲的"恒产恒心"，实质就是干涉主义："社会主义者，其外形若纯主放任，其内质则实主干涉者也。将合人群使如一机器然，有总机以纽结而旋掣之，

---

　　① 梁启超：《社会主义论序》，《饮冰室文集之二十》，《饮冰室合集》第3册，北京：中华书局，1989年，第1页。

而于不平等中求平等。社会主义，其必将磅礴于二十世纪也明矣。故曰二十世纪为干涉主义全胜时代也。"① 同样，胡适之所以承认社会主义，其中重要的一点，也是因为他认定："资本主义之流弊，可以人力的制裁管理之。"②

第二点共识，是社会主义与儒家文化的那种内在关联。这是把古今中西问题结合起来，相信儒家与社会主义是本质同一的，比如康有为、梁启超等春秋公羊学者。与牟宗三同属熊十力学派的徐复观甚至断定："在财富这一观念上，中国只能和社会主义相通。"③ 这里的相通，并不是说两件东西有其交叉的部分，而是说儒家文化中的仁的呈现、儒家的社会理想的实现等，必须以社会主义为前提条件。这其实也是以经济权利为出发点和基石，而要求实现人的政治权利、文化权利等。徐复观说："孔子的思想，在专制政治下不能实现，在资本主义也不能完全实现，可能要在社会主义之下才能实现。"④ "孔孟之道，只不过教人以正常地人生态度，及教人以人与人正常相处的态度。甚至可以说，孔孟所建立，所要求的上述正常的态度，只有在真正的社会主义社会中才能普遍的实现。"⑤

争论则主要涉及社会主义与自由民主是否并存的问题。自由与民主无疑是有不同的，如本章第一、二两节就分别说经济上的自由主义与政治上的民主主义。但两者又常常被等量齐观，问题因此也就变得更加复杂了。若简言之，可以胡适为例。1926年，胡适在俄、德诸国旅行时，曾与蔡和森有过辩论，并结合自己的观察，"颇有作政党的意思。我想，我应该出来作政治活动，以改革内政为主旨。可组一政党，名为'自由党'。充分承认社会主义的主张，但不以阶级斗争为手段。共产党谓自由主义为资本主义之政治哲学，这是错的。历史上自由主义的倾向是渐渐扩充的。先有贵族阶级的争自由，次有资产阶级的争自由，今则为无产

① 梁启超：《干涉与放任》，《饮冰室专集之二》，《饮冰室合集》第6册，北京：中华书局，1989年，第87页。
② 胡适：《胡适日记全编·4》，合肥：安徽教育出版社，2001年，第239页。
③ 徐复观：《徐复观杂文三：记所思》，台北：时报出版事业有限公司，1980年，第232页。
④ 徐复观：《徐复观杂文三：记所思》，台北：时报出版事业有限公司，1980年，第100页。
⑤ 徐复观：《徐复观杂文三：记所思》，台北：时报出版事业有限公司，1980年，第76页。

阶级的争自由"①。此时胡适倾向于认为，苏俄社会主义的无产阶级专政才真正争取了最大多数人的自由，而英美等资本主义国家名为尊崇自由，实是戴假面具，一旦微嗅得一点自己的自由受到限制的危险，就会将那假面具撕下来。因此胡适的"自由党"便要"充分承认社会主义的主张"。他为此还专门画了一个自由直角三角形，用来说明贵族自由到资产阶级自由再到无产阶级自由的那种享受自由的人数不断扩大的过程。但是到了1953年，胡适的意见发生了重大改变，认为社会主义与自由民主不能共存："我在二十年前，尚以为 Socialism is a logical sequence of the democratic movement［社会主义是民主运动的逻辑发展］，近十年来，我渐见此意之不是……我是一个自由主义者，其主要信条乃是一种健全的个人主义［individualism］，不能接受各种社会主义信条。"②

应该看到，牟宗三了解社会主义与自由民主能否共存的那些争论，认同和重视自由主义者健全的个人主义信条的那种防范意识，也承认中国传统政治的专制性格及过往儒家德化的治道的不足等，但长期坚持社会主义，一贯主张经济上的经验主义、政治上的民主主义、文化上的保守主义等在"质的社会主义"中的保任和提高，因此其思考中似乎多少显出了一些"和稀泥"的色彩。实则不然。牟宗三在坚持和主张"质的社会主义"的同时，对"量的社会主义"有斩钉截铁的认知和毫不留情的批评，衡之以社会主义的历史实践，相互印证处比比皆是，很多甚至可谓孤明先发，由此可证牟宗三并非闭门造车的冬烘先生。牟宗三思考社会主义的深刻之处正在于，他既有坚强的原则，毫不犹豫地以仁、自由、理性精神等建立社会主义的超越根据，又着眼于世俗生活，把社会主义的托命线安置在物质财富、生活幸福、肉体自由等的上面。前者两事并为一事做，一方面力图复活传统，另一方面致力于确立社会主义的文化纵贯线。后者亦然，一方面是一种世俗化的过程，另一方面要求确保社会主义的经济、政治水平线。

牟宗三相信，唯有纵横交错、以横构纵、纵贯纵讲的社会主义才是"质的社会主义"，才最有利于实现人的社会权利。这是牟宗三论社会主

① 胡适：《胡适日记全编·4》，合肥：安徽教育出版社，2001年，第237-239页。
② 胡适：《胡适日记全编·8》，合肥：安徽教育出版社，2001年，第320页。

义的特点。在此有三点需要注意。其一，自由民主与社会主义的深度融通问题，绝不是 20 世纪 90 年代后才开始自觉出现的。其二，在回顾社会主义接受史，讨论社会主义与自由主义、民主主义关系这一重大课题的时候，尤其需要关注那些曾经以"保守主义者"之名而被排除在外的学者。① 其三，今人对于自由经济、民主政治、社会权利等的理解或许已经超过了牟宗三，但是，牟宗三在古今中西的冲撞中寻求"重叠共识"的那种博大和精深，恐怕依然指明了坚定文化自信的必由之路。② 假如已经走在了这条道路上，那么我们就有理由相信，"有中国特色的社会主义""质的社会主义"必将在理论和实践两方面都结出更为丰硕的成果。

第四节　薄与厚

对于今天的政治哲学来说，尽管流行"共同体"概念，或者直接试图避开"国家"一词，但实际上，国家学仍然占据着确定无疑的核心位置。相应地，儒学或者被诠释为专制意识形态，或者被解释为原始自由主义，或者被导向超越了个人与极权两极对立的社群主义等，争论的焦点仍然在国家学。

对于今天的中国来说，中华文化的发展繁荣是中华民族伟大复兴的条件，而发展繁荣中华文化则必须直面儒家的国家学。不过，由于并不存在集中、现成的儒家国家学，问题便转化为：儒家的国家学基因如何能够与当代国家学相适应、与现代社会相协调？再进一步，儒家的道德仁义、心性良知是否以及如何与当代中国相协调？或者说，儒家的道德究竟要"厚"到什么程度，才可以把国家包容于内，赋予国家以精神、文化内涵，同时要"薄"到什么程度，又可以尊重政治法律的独立性和

---

① 张君劢曾与唐君毅、徐复观、牟宗三共同发表了《为中国文化敬告世界人士宣言》，他对社会主义也有着一系列的论述，而要求把社会主义、自由主义、传统文化等结合起来，其思想在多个方面对牟宗三产生了重要影响。不过，鉴于张君劢社会主义思想演变过程的复杂性及本书的论题限制等，这里并没有讨论他。

② 大陆学者"儒教自由主义"的主张、"大陆新儒家"的崛起等，让这个话题变得更加有意义。若再对比西方研究，如几十年前熊彼特的"兼收并蓄"等，则更加有意味。留待来者吧。

客观性？这是一个古为今用、洋为中用，去粗取精、去伪存真，经过科学的扬弃后使之为我所用的思索过程。

本节以黑格尔"国家不是艺术品"① 命题为基本问题来展开，以收束全章。之所以如此，除了把复杂问题具体化以逐步扎实推进的考虑外，至少还有如下三方面的原因。首先，虽然马尔库塞、卢卡奇等人对黑格尔的"国家理想主义"进行了辩护，但人们还是易于如著名的罗素那样把这种国家至上说跟极权主义联系起来，这与儒学的境域极其相似。② 其次，正如本章前文所述，牟宗三常喜借黑格尔的国家学来讨论儒学的"外王"问题，以期有所"共喻"，来展示儒学的现代性，但同样引起了人们的广泛争论。最后，马克思、恩格斯批判了黑格尔国家学中的庸人习气及露骨的、非批判的神秘主义等，但并非置之不理，而是通过"扬弃"让其获得新内容从而"完成"了它。深入剖析黑格尔的国家学，有助于理解牟宗三在当下的命运。

这里的任务是在思索中重建，而非仅仅判断"正确"或"错误"。因为，"简单地宣布一种哲学是错误的，还制服不了这种哲学"③。它的问题是，如何才能像孙悟空钻进铁扇公主的肚子里那样入乎其内而又出乎其外，来完成重建儒家国家学的任务呢？

一　神圣国家：专制还是自由？

黑格尔国家学的突出特征，就是强调国家具有超出个人的任性之上的神性部分，且把这种神性部分的顶峰和起点具体地规定为君主。在黑格尔看来，这神性并非源自国家的"应然"，而是出于对国家的"认识"。

---

① 卡尔·施米特后来曾经应和说："一切政治浪漫派的核心：国家是一件艺术品。历史和政治现实中的国家，是由浪漫主体的创造性成就所产生的艺术品的机缘。"这是在强调，政治浪漫派无法形成任何伦理或法律的决断，因此必然是反政治的，至少把政治虚无化了。参阅卡尔·施米特《政治的浪漫派》，冯克利、刘锋译，上海：上海人民出版社，2004 年，第 117 页。牟宗三道德理想主义的国家究竟是否应该归属于施米特所说的政治浪漫派？这是一个有意思的话题。就牟宗三把道德放置在"薄"与"厚"的辩证法中的自觉而言，答案当是否定的。

② 参阅郁建兴《黑格尔的国家观》，《政治学研究》1999 年第 3 期。

③ 恩格斯：《路德维希·费尔巴哈和德国古典哲学的终结》，《马克思恩格斯文集》第 4 卷，北京：人民出版社，2009 年，第 276 页；同时参阅《马克思恩格斯全集》第 21 卷，北京：人民出版社，1965 年，第 314 页。

　　按黑格尔的逻辑，既然国家学在于说明如何"认识"国家，那么这"神性"便以"理性"的自足面目出现，除考察"必然性"之外，别无他求。"它就是把国家作为其自身是一种理性的东西来理解和叙述的尝试，除此以外，它什么也不是。"① "国家必须被看做一个建筑学上的大建筑物，被看做显现在现实性中的那理性的象形文字。因此，一切有关纯粹功利的东西、外部的事物等等，都应该被排除于哲学探讨之外。国家是自我规定的和完全主权的意志，是自己的最后决断。"② 由此，"君主"与"国家"同一了。一方面，黑格尔强调，"'国家'是存在于'地球'上的'神圣观念'"③。"国家是神的意志，也就是当前的、开展成为世界的现实形态和组织的地上的精神。""神自身在地上行进，这就是国家。国家的根据就是作为意志而实现自己的理性的力量。"④ 另一方面，道成肉身，黑格尔把君主也看成"以神的权威为基础的东西"，即一种从心所欲不逾矩的"任性"或普遍理智最难理解的"神物"。⑤

　　既然国家学在于"认识"国家而非只想象国家的"应然"，那么，显现在现实性中的"非理性"的东西，那些关于纯粹功利的东西、外部的事物，怎能轻易就被排除在外呢？此种"排除"工作之后，难道不是只余留下国家的"应然"了吗？这个问题，是"国家不是艺术品"命题的核心问题，留等下一小节再论。这里要强调的是，黑格尔国家学中的这种透过现象看本质，让黑格尔以普鲁士国家的卫道士形象示人，长期背负"极权主义"的恶名。

　　无独有偶，在《正论》篇中，荀子曾这样描写"天子"："势位至尊，无敌于天下……道德纯备，智惠甚明，南面而听天下"，而且"势至重而形至佚，心至愉而志无所诎，而形不劳，尊无上矣"，很懂得服饰饮食、行居坐卧等全方位的安乐恬愉，以至于"居如大神，动如天帝"。⑥ 荀子的描述并非空穴来风，而是讲明了儒家的一个常识，或者说一个早在儒家之前就已经存在的奠基性神话。比如《尚书》一开篇，帝

①　黑格尔：《法哲学原理》，范扬、张企泰译，北京：商务印书馆，1961年，序言第12页。
②　黑格尔：《法哲学原理》，范扬、张企泰译，北京：商务印书馆，1961年，第300页。
③　黑格尔：《历史哲学》，王造时译，上海：上海书店出版社，2001年，第41页。
④　黑格尔：《法哲学原理》，范扬、张企泰译，北京：商务印书馆，1961年，第271、259页。
⑤　黑格尔：《法哲学原理》，范扬、张企泰译，北京：商务印书馆，1961年，第301、297页。
⑥　王先谦：《荀子集解》，北京：中华书局，2008年，第331-336页。

尧便以这种大神天帝形象出现："曰若稽古帝尧，曰放勋，钦明文思安安，允恭克让，光被四表，格于上下。克明俊德，以亲九族，九族既睦。平章百姓，百姓昭明。协和万邦，黎民于变时雍。"① 再比如《诗经·大雅·文王》，同样塑造了那种美德光芒四射、泽及天下百姓、受天命而王天下的"神物"。也因此，有人倾向于认定，儒家将社会导向极端的王权专制，对今日之中国罪莫大焉。

非常有意味的是，黑格尔也根据中国大神天帝的"天子"而判定"中华帝国""只知道一个人是自由的"，"是君主的专制政体"，因而虽然是"最古老的国家"，却很不成熟，还处于国家发展的最初阶段（起点）。② 相反，他认为自己道成肉身的国家学代表着国家的高级阶段（终点）。据说这种国家学知道人类之为人类都绝对是自由的，而要真正实现这种自由，每个人必须自在自为地将自己交给"神物"。个人如果脱离国家，不接受国家的统治和管理，他就丧失了自由和作为人的种种权利。黑格尔强调，"成为国家成员是单个人的最高义务"，"个人本身只有成为国家成员才具有客观性、真理性和伦理性"。③

值得关注的是，以中国文化为本位的牟宗三，竟然对黑格尔的这种国家学推崇备至，也基本同意黑格尔对中国之为君主专制政体、个体自由缺乏等批评。其所争者，只在东方这个起点就是决定的终点：各民族国家的发展有其自身起伏显隐的节律，空间不能取代时间，过去的发展程度不代表未来的发展前景，因而过去中国的发展虽伏而不显，但并非如黑格尔所论只是"起点"，随着中国对世界知识的学习，随着东方的觉醒和发展等，世界历史最终必然回到这片"故土"上来。④

现在的问题是：同为圣王国家，同样强调个人之于集团的本分义务，是什么让黑格尔判定中国的王权成就的是专制，而日耳曼的王权却是自由的绝对保障？是什么让黑格尔敢于一方面宣称东方各国是专制的、只知道一个人的自由，希腊和罗马世界是贵族的、只知道一部分人的自由，

---

① 孙星衍：《尚书今古文注疏》，北京：中华书局，1986 年，第 2—9 页。
② 黑格尔：《历史哲学》，王造时译，上海：上海书店出版社，2001 年，第 19、123 页。
③ 黑格尔：《法哲学原理》，范扬、张企泰译，北京：商务印书馆，1961 年，第 253—254 页。
④ 牟宗三：《历史哲学》，《牟宗三先生全集》第 9 册，台北：联经出版事业股份有限公司，2003 年，第 74 页。

而日耳曼是民主的、知道一切人的自由；另一方面又在讨论日耳曼的王权时把君主制、贵族制与民主制的古代区分看成"一种外在的差别""纯粹数量上的差别"，认其"完全是肤浅的"？① 是什么让牟宗三相信"黑氏讲国家，是从精神表现价值实现上讲，是一个道德理性上的概念，文化上的概念"②，而非极权独裁的国家学？是什么让牟宗三敢于借助黑格尔的国家学，来走出中国道德理性表现上的专制主义传统？

二　国家与艺术品：美真的分别与同一

上述问题涉及黑格尔辩证法的左右逢源。正如马克思所指出的那样，"黑格尔的深刻之处也正是在于他处处都从各种规定的对立出发，并把这种对立加以强调"③。无论黑格尔把精神现象学分为三大部门——第一是有灵魂、意识、心灵三环节的主观精神，第二是有法、道德、伦理三环节的客观精神（法哲学即在此层面上讲），第三是有艺术、宗教、哲学三环节的绝对精神，从而构筑了一个大环套小环、环环紧相连的因陀罗网迷宫；抑或把合理性与现实性等同起来以构筑必然性，宣称凡是合乎理性的东西都是现实的，凡是现实的东西都是合乎理性的；抑或处处强调国家是一个包含着各种差别的发展的有机生命整体：凡此等等，都是两头通的。这里我们借"国家不是艺术品"这一命题来展开讨论。

一方面，美真分属，国家不是艺术品。黑格尔说："国家本质上是尘世的和有限的，它具有特殊目的和特殊权力。"④ "国家不是艺术品；它立足于地上，从而立足在任性、偶然事件和错误等的领域中，恶劣的行为可以在许多方面破损国家的形相。但是最丑恶的人，如罪犯、病人、残废者，毕竟是个活人。尽管有缺陷，肯定的东西，即生命，依然绵延着。"⑤ 这里的尘世、有限、地上等，都是指国家是一种独立自主性的客观存在，因而是真的，也就是特殊的和不完美的，甚至丑恶的。相反，艺术品却是美的，也就是普遍的、无限的和自由的。这是因为，"美就是

---

①　黑格尔：《法哲学原理》，范扬、张企泰译，北京：商务印书馆，1961 年，第 287 页。

②　牟宗三：《生命的学问》，桂林：广西师范大学出版社，2005 年，第 138-139 页。

③　马克思：《黑格尔法哲学批判》，《马克思恩格斯全集》第 1 卷，北京：人民出版社，1956 年，第 312 页。

④　黑格尔：《法哲学原理》，范扬、张企泰译，北京：商务印书馆，1961 年，第 281 页。

⑤　黑格尔：《法哲学原理》，范扬、张企泰译，北京：商务印书馆，1961 年，第 259 页。

理念"，"美就是理念的感性显现"。① 艺术品中的感性的客观因素虽然还是客观存在，但其存在的直接性已经被取消掉了，因而艺术品才能够作为理念的感性统一物，才是美的。比如画家所画的马，不是活的真马，只取了真马所现的现象，所以虽然还是一种客观存在，但真实的存在本身的纷繁杂芜已经被取消了，真实存在所特有的规律已经被否定了，从而概念才得以在其中安身，"象在自己家里一样"②。

要言之，在黑格尔那里，"真的东西"或者属于观念和感情（宗教中的上帝），或者属于直觉（艺术中的图画和观察），或者属于被认识和了解的思想（哲学中的概念），因为三者都实现了主观与客观的结合；但国家是精神"在有限生存中完全实现它自己时所取的形态"，因而是所有那些主观与客观结合的"基础和中心"。作为基础和中心，国家把自己与艺术品区分了开来。③

另一方面，美真合一，国家也是艺术品。既然国家与宗教、艺术、哲学都实现了主观与客观的结合，都是"真"的，那么也可以说这四者有"同一的地位"④。在这个意义上，国家也是艺术品，每一个具体的国家都是国家概念的感性显现。黑格尔说："国家具有一个生动活泼的灵魂，使一切振奋的这个灵魂就是主观性，它制造差别，但另一方面又把它们结合在统一中。"⑤"根据某些原则，每个国家都可被指出是不好的，都可被找到有这种或那种缺陷，但是国家，尤其现代发达的国家，在自身中总含有它存在的本质的环节。"⑥

在这里，黑格尔强调的是必然性，是绝对精神本身，因而要求排除一切关于纯粹功利的东西、外部的事物等。把这些感性的东西排除了，剩下的就只有绝对精神本身了，国家与艺术品的区别当然随之亦无。如果再考虑到黑格尔视"社会和国家的目的在于使一切人类的潜能以及一切人的能力在一切方面和一切方向都可以得到发展的表现"⑦，以及后来

---

① 黑格尔：《美学》第一卷，朱光潜译，北京：商务印书馆，1997 年，第 142 页。
② 黑格尔：《美学》第一卷，朱光潜译，北京：商务印书馆，1997 年，第 143 页。
③ 黑格尔：《历史哲学》，王造时译，上海：上海书店出版社，2001 年，第 51、55—56 页。
④ 黑格尔：《历史哲学》，王造时译，上海：上海书店出版社，2001 年，第 52 页。
⑤ 黑格尔：《法哲学原理》，范扬、张企泰译，北京：商务印书馆，1961 年，第 281 页。
⑥ 黑格尔：《法哲学原理》，范扬、张企泰译，北京：商务印书馆，1961 年，第 259 页。
⑦ 黑格尔：《美学》第一卷，朱光潜译，北京：商务印书馆，1997 年，第 59 页。

的海德格尔把诗的吟咏、思的谋划、翻耕的塑造、创建国邦的行动等，或者说艺术、建国、牺牲、思想和生产等，都归结为本源的艺术作品，[①]国家与艺术品的这种同一也就更清楚了。

如此既分属又合一，黑格尔实际上是把"时间"自由开启和闭合了。[②] 时间开启了，精神在时间里发展了，美真便不同，则国家不是艺术品；时间闭合了，精神回到了自身，美真便处于同一地位，则国家就是艺术品。这样，时间的自由开启和闭合，也就意味着时间的某个横截面的展显或时间的当下圆顿完成，以及两者之间的自由变通。由此，巨大的辩证法生成了。

人们往往把目光更多地投向黑格尔的这个巨大辩证法，但这里要强调的是，能够保任辩证法生天生地巨大功能的现实环节，唯有知解力。"知解力活动是有限的，不自由的，因为它把看到的事物都假定为独立自在的"，根据这种抽象的假定，感觉对象都是实在的，人们只有克服主体作用，即首先适应、被动授受、正确了解它们，然后才能"认识"真理，然后才谈得上利用知解力工具展开"实践"，实现主体的自由。[③] 这种工具而非目的性质的知解力，即一般所谓的知性、思辨理性或工具理性等，表现在国家形态中，便是客观精神，便是法。也就是说，知解力假定建立起了客体，并帮助主体通过实践克服客体以实现自由。这意味着，知解力是自我牺牲的化身，它"知道"自己是抽象的、不自由的和有限的，同时必然也能够在"时间"中"自由"地取消自己的种种片面性，而回归到绝对精神的无限之中。这是黑格尔的"知性坎陷"。

这样看来，正是因为发展和成就了知解力这种"假定"，有"客观精神"以为基础，黑格尔才有底气把自己的神圣王国与中国的专制王国区别开了，牟宗三才乐于在《历史哲学》《荀学大略》等著作中借助黑格尔的国家学来重建中国道德的神圣王国。应该说，知解力的假定和取消，它在时间中的自由开启和闭合，在黑格尔是"精神现象学"，在牟宗三是"良知坎陷"。牟宗三的"智的直觉"也可以看成是黑格尔的"绝对精神"。

---

① 海德格尔：《形而上学导论》，熊伟、王庆节译，北京：商务印书馆，1996 年，第 158 页；《林中路》，孙周兴译，上海：上海译文出版社，1997 年，第 45—46 页。

② 黑格尔：《历史哲学》，王造时译，上海：上海书店出版社，2001 年，第 75 页。

③ 黑格尔：《美学》第一卷，朱光潜译，北京：商务印书馆，1997 年，第 144—145 页。

三 国家艺术品的纯度：神统纪与道统纪

把牟宗三的"良知坎陷"等同于黑格尔的"精神现象学"或"知性坎陷"，关注的重点是两者之"同"。两人都把"真正的国家"视为灌注了生气的有机体，它圆满自足，是绝对的真实、实体性的真实、最高的真实、本然的真实，它"就是最高的对立与矛盾的解决。在最高的真实里，自由与必然，心灵与自然，知识与对象，规律与动机等的对立都不存在了，总之，一切对立与矛盾，不管它们采取什么形式，都失其为对立与矛盾了"①。

这种境界，牟宗三在《圆善论》中名之曰"圆善"。不过，牟宗三又强调说，自己的圆善"根据儒学传统，直接从《孟子》讲起"，"是孟子的智慧"，而"必须顺王学之致良知教而发展至王龙溪之'四无'，再由此而回归于明道之'一本'与胡五峰之'天理人欲同体异用'，始正式显出"。②

众所周知，对立与矛盾并非什么新生事物，自古以来都在搅扰着人类，如中国古代的性与情，或者见闻之知与德性之知的对立与矛盾等。但是同样不可否认，"只有近代文化教养才把它们推演成为最尖锐最剧烈的矛盾。偏重知解力的文化教养，或则说，近代的知解力，在人心中造成了这种对立，使人成为两栖动物"。于是，"动物彼此之间以及与周围事物都和平相处，而人的心灵性却酿成两面性和分裂，他就围困在这种矛盾中"。③ 质言之，因为知解力的近代扩张，已经让它取代了道德之"觉"而成为人禽之辨的关节点。于是，"人类的第一天性便是他直接的、单纯的、动物的存在"，作为"第二天性"的道德或自由绝不是什么原始的和天然的东西，恰恰相反，它是知解力的后果，"要靠知识和意志无穷的训练，才可以找出和获得"。④ 因此，国家学首要的东西便不是"道德"，而是"抽象法"。

---

① 黑格尔：《美学》第1卷，朱光潜译，北京：商务印书馆，1997年，第127页。
② 牟宗三：《圆善论》，《牟宗三先生全集》第22册，台北：联经出版事业股份有限公司，2003年，序言第11-12页。
③ 黑格尔：《美学》第1卷，朱光潜译，北京：商务印书馆，1997年，第66、125页。
④ 黑格尔：《历史哲学》，王造时译，上海：上海书店出版社，2001年，第42-43页。

在已经确知并认同这种古今变化的情况下①，牟宗三仍然要把真实的国家首先安放于孟子学，则牟宗三与黑格尔之"同"马上便标明了两人之"异"。

一方面，由于知解力"假定"在辩证法中的基础性地位，黑格尔的国家学必然强调事物各自的独立自在性，而表现为众多独立自在者之间，如市民社会与国家、抽象法与伦理、私利与公益、手段与目的、自由与法律、现象与本质、自由与必然、认识的心灵与实践的心灵等的普遍对立和矛盾。对立和矛盾是如此普遍和尖锐剧烈，以至于马克思多次强调黑格尔的国家学"有意识地坚持二元论"，因而总陷入"二律背反"之中，最终成了"木质的铁""雅努斯的两面头"，或者说"布利丹的驴子"。②

马克思本人对这种二元论国家学虽有所批判，但比黑格尔更加重视和坚持知解力假定的基础性地位，强调"对现代国家制度的真正哲学的批判，不仅要揭露这种制度中实际存在的矛盾，而且要解释这些矛盾；真正哲学的批判要理解这些矛盾的根源和必然性，从它们的特殊意义上来把握它们"③。

沿这条线发展下去，政治科学从政治哲学中渐渐分离出来，迅速壮大，最终甚至"自视为获得政治事物真正知识的唯一方式"④。

另一方面，由于缺乏知解力"假定"以为基础，牟宗三才需要借助黑格尔的国家学来重建中国道德的神圣王国的国家学，把"坎陷"出科学和民主之"新外王"当作其国家学的首要任务。培养生成知解力，开出对列格局，实现中国道德神圣王国的客观化，成为牟宗三国家学的焦点。这是《历史哲学》《政道与治道》《道德的理想主义》等书所反复申说的，而为大家所熟知，这里不再赘述。

唯牟宗三还要把黑格尔国家学的"神统纪"向前再推进一步，以再

---

① 牟宗三：《生命的学问》，桂林：广西师范大学出版社，2005 年，第 140 页。

② 马克思：《黑格尔法哲学批判》，《马克思恩格斯全集》第 1 卷，北京：人民出版社，1956 年，第 313、314、350、354、360 等页。

③ 马克思：《黑格尔法哲学批判》，《马克思恩格斯全集》第 1 卷，北京：人民出版社，1956 年，第 359 页。

④ 列奥·施特劳斯：《什么是政治哲学》，李世祥等译，北京：华夏出版社，2011 年，第 5 页。

造一个更加质实、现成、神圣、道德的"道统纪"①。"道统纪"的国家学先跟"神统纪"的国家学一样，强调表面上的历史曲折宛转的发展不过是绝对精神、精神实体在背后荡漾的结果，然后又转进一步，把精神实体推出去，理解为个人可以当下显现的"道德的心"，或者说"现成良知"。而之所以要这样，是因为在牟宗三看来，西方人（包括康德、黑格尔、海德格尔等）的辩证法实际上都接触不到"真实"，"知性坎陷"都是现象层面的滚雪球，都是横冲直撞的毁灭之道，而需要让它停下来，需要有一个凝然坚住的道德心灵实体作为"起头处"而对其进行自如的收放。这便是"辩证法的辩证"，它指望和依靠中国文化特别是其中的儒家、孟子心性之学一系，要把上帝、实体等从现象之流中拉出来，与之打成两截，超然为之基地。②

众所周知，黑格尔"神统纪"国家学的那个客观而绝对必然的上帝，开始时只是空洞无物，需要在辩证发展中来充实和厘定，然后才能获得其内容和特性，所以它必须以知解力为基础。但是，当牟宗三"道统纪"国家学在开始的时候，已经让人人具有凝然坚住的现成良知，本性圆满自足，那么人人都已经是上帝了，根本无须知解力来充实和厘定自己。于是，牟宗三"道统纪"国家学的焦点虽在知解力，但那似乎是假象，其中心只能是道德神心的自由呈现。所以牟宗三才敢说，自己的国家学纯是孟子的智慧。是这样吗？

按照这样的理解，牟宗三的国家学就唯是自上而下的：哲学本质上就是政治的，政治附属于道德，政治科学仅仅只是大海中的一朵浪花、平地上的一个土堆，只有极其短暂、有限的意义。于是，儒家的神圣国家成为唯一的真正艺术品，即真即美即善；而一般所谓艺术品，包括黑格尔作为艺术品的国家，美则美矣，却都处于现象层，既不真也不善。这样，牟宗三的国家学就要比黑格尔的国家学更少杂质，美真合一的纯度更高。

---

① 牟宗三：《生命的学问》，桂林：广西师范大学出版社，2005 年，第 147 页。
② 参阅陈迎年《智的直觉与审美直觉——牟宗三美学批判》，上海：上海人民出版社，2012 年，第 95-112 页。

四　人性问题：两头凑泊还是本体下贯？

马克思和恩格斯把黑格尔的国家学一分为二，即作为"体系"的国家学和作为"方法"的国家学。作为体系，黑格尔的国家学受到了无情的批判，它首先是"露骨的神秘主义"的产物，因为神圣观念既是国家的"终点"也是国家的"起点"，它使自己外化为国家，然后又在思维中和在国家的历史发展中，再返回到自身。因此，神秘的实体成了国家的主体，而国家的主体则成了某种其他的东西，成了神秘的实体的一个环节。正如黑格尔所说的，"上帝统治着世界，而'世界历史'便是上帝的实际行政，便是上帝计划的见诸实行"①。其次，这种国家学"拖着一根庸人的辫子"，是极其温和保守的，"几乎达到奴颜婢膝的地步"，它让人们看到完美的国家是只有在幻想中才能存在的东西，并承认一切现实的国家都有其存在的合理性和必然性，因此"对同时代人的实践的政治要求不可提得太高"。②

作为方法，黑格尔的国家学却得到很高的赞誉。马克思指出，黑格尔的深刻之处在于他处处都从各种规定的对立出发，并把这种对立加以强调，因此"德国的国家哲学和法哲学在黑格尔的著作中得到了最系统、最丰富和最终的表述"③。马克思和恩格斯的国家学，他们关于共产主义社会的天才论述，都可以被看成是黑格尔国家学的某种延续，"他的革命方面即辩证方法被接过来了"④。

"体系"与"方法"的这种矛盾特别涉及对人性的理解。恩格斯曾经表彰黑格尔的深刻："人们以为，当他说人本性是善的这句话时，是说

---

① 黑格尔：《历史哲学》，王造时译，上海：上海书店出版社，2001 年，第 38 页。

② 恩格斯：《路德维希·费尔巴哈和德国古典哲学的终结》，《马克思恩格斯文集》第 4 卷，北京：人民出版社，2009 年，第 271、272 页；同时参阅《马克思恩格斯全集》第 21 卷，北京：人民出版社，1965 年，第 309、310 页；马克思《黑格尔法哲学批判》，《马克思恩格斯全集》第 1 卷，北京：人民出版社，1956 年，第 401 页。

③ 马克思：《〈黑格尔法哲学批判〉导言》，《马克思恩格斯文集》第 1 卷，北京：人民出版社，2009 年，第 10 页；同时参阅《马克思恩格斯全集》第 1 卷，北京：人民出版社，1956 年，第 459 页。

④ 恩格斯：《路德维希·费尔巴哈和德国古典哲学的终结》，《马克思恩格斯文集》第 4 卷，北京：人民出版社，2009 年，第 297 页；同时参阅《马克思恩格斯全集》第 21 卷，北京：人民出版社，1965 年，第 336 页。

出了一种很伟大的思想；但是他忘记了，当人们说人本性是恶的这句话时，是说出了一种更伟大得多的思想。"① 相应地，黑格尔一方面视国家为艺术品，强调"'国家'是存在于'地球'上的'神圣观念'"，"国家乃是'自由'的实现"，赋予国家以先天的永久性和神圣性，视其为道德、伦常、宗教虔敬、美等之类东西的完成；② 另一方面，黑格尔又看到了国家这种艺术品与一般所谓美的艺术的差别，即在于前者之真是赤裸裸的，有丑在焉，有恶在焉：德性和那些先天的永久性和神圣性的东西"同'世界'和世界的创作之间就没有什么主要的关系了"，现实世界是"德性横遭宰割的屠场"，人类"个别兴趣和自私欲望"引发种种"暴行"和"腐败的常例"，绘出"一幅最为可怖的图画"，"只要一想起来，就得使我们忍受内心的苦刑，无可辩护，无可逃避"。③ 显然，在前者容易看到人性的善，在后者则是人性的恶非常耀眼。

无论人们称这种既是艺术品又不是艺术品的国家源于"人类的非社会和社会性"④，抑或"理性的狡计"⑤ "存在游戏"⑥ "天道之权变"⑦等，有一点是明确的：传统儒家对此并不陌生。这里无须指出孟子性善论与荀子性恶论的对反，亦无须述说宋儒天地之性与气质之性的对列等，只需听一听朱夫子的感叹即可："千五百年之间，正坐为此，所以只是架漏牵补，过了时日。其间虽或不无小康，而尧、舜、三王、周公、孔子所传之道，未尝一日得行于天地之间也。"⑧

剩下的问题就是：强调性善论的牟宗三，其国家学只能是一个更坏的国家学，不但偏离了儒学传统，而且比黑格尔的国家学更为神秘和保守？

---

① 恩格斯：《路德维希·费尔巴哈和德国古典哲学的终结》，《马克思恩格斯文集》第4卷，北京：人民出版社，2009年，第291页；同时参阅《马克思恩格斯全集》第21卷，北京：人民出版社，1965年，第330页。

② 黑格尔：《历史哲学》，王造时译，上海：上海书店出版社，2001年，第41页。

③ 黑格尔：《历史哲学》，王造时译，上海：上海书店出版社，2001年，第21-22页。

④ 康德：《历史理性批判文集》，何兆武译，北京：商务印书馆，1997年，第6页。

⑤ 黑格尔：《历史哲学》，王造时译，上海：上海书店出版社，2001年，第34页。

⑥ 海德格尔：《同一与差异》，孙周兴等译，北京：商务印书馆，2011年，第69页。

⑦ 牟宗三：《生命的学问》，桂林：广西师范大学出版社，2005年，第159页。

⑧ 朱熹：《朱子全书》第21册，上海：上海古籍出版社、合肥：安徽教育出版社，2002年，第1583页。

如果仅仅把牟宗三国家学看作单纯的本体下贯，那么答案就是肯定的。牟宗三的国家学已经让黑格尔的辩证方法停了下来，而且标示出一个凝然坚住、本性圆满自足的现成良知，那么它就放弃了黑格尔国家学中众多独立自在者之间的游斗凑泊，停止了善与恶、心与物的辩证法，而改为直觉之理的直接下贯和现成良知的自我坎陷。这种意义的"自我坎陷"严格说来并不是一般人所谓的辩证法，而只是一种绝对的唯心论，因为它以"心"这个绝对而岿然不动的形上实体、道德本体作为起头，本身只可以流射、放射而无所谓辩证。

本体下贯的国家学美则美矣，却是不真的艺术品。正如黑格尔所指出的那样，"好的最大敌人是最好"，"纯粹的光明就是纯粹的黑暗"。①这种国家学以高涨的浪漫主义完成了对黑格尔的批判，但因此比黑格尔更加发展了国家的形式主义，是一种更加可怕的首尾一贯和同义反复；因为缺乏对立面，在实践中它更有利于一个人独断独行的政治国家的形成，更易于把政治国家和物质国家都变身为奴隶。就此而言，牟宗三的庸人习气更重，江湖气味更重。牟宗三本人也常常因此需要为其浓厚的神秘主义和保守主义色彩而进行自我辩护②，甚至还要受到李泽厚"反理性主义"、林安梧"父权压迫"等指控。

如此说来，单纯本体下贯的国家学显然是一种"厚"的国家学，无所不包，美轮美奂，却因此成为神秘、保守、不真实甚至坏的国家学，成为一种政治神话。

但是，如果牟宗三国家学在本体下贯之外，同时也还有经验上升的方面，从而形成"自上而下"路线与"自下而上"路线的两相凑泊，正如本书前几章所揭示的那样，那么情况便截然不同了。本体下贯的国家学虽然是"厚"的，却是"虚说"，只在树立神圣国家的理想以为范导。它的功能，就是打场子，在孔孟之道"未尝一日得行于天地之间"及"儒门淡泊"的惨淡现实中，以其"神性"撕开一道口子，打开局面。

① 黑格尔：《法哲学原理》，范扬、张企泰译，北京：商务印书馆，1961 年，第 226 页；《小逻辑》，北京：商务印书馆，1997 年，第 108 页。

② 牟宗三：《心体与性体》（一），《牟宗三先生全集》第 5 册，台北：联经出版事业股份有限公司，2003 年，第 177 页；《中国哲学十九讲》，《牟宗三先生全集》第 29 册，台北：联经出版事业股份有限公司，2003 年，第 445 页；《时代与感受》，《牟宗三先生全集》第 23 册，台北：联经出版事业股份有限公司，2003 年，第 362 页。

其落实处，只在自下而上，经过众多争斗，经由经济自由、法权明晰等一步一步经验地建立起神圣国家。这就是"薄"的国家学，卑之无甚高论，甚至太过世俗，太关心柴米油盐、油盐酱醋的自由，却是"实说"。如果说，"厚"的国家学的主人是江湖人物牟宗三，那么"薄"的国家学的主人就是学者牟宗三。牟宗三两种身份的交替，并不只是一种无可奈何，也不意味着儒家国家学的一无是处和全面衰落，而是有儒学的现代性命运在，也不排除有牟宗三的叙述策略在。[①]

正如恩格斯所言，"德国的工人运动是德国古典哲学的继承者"[②]。哲学已经终结了，学术已经终结了，问题只在于改变世界，只在于有观念的人的实践。套用马克思的话来说，"哲学不消灭无产阶级，就不能成为现实；无产阶级不把哲学变成现实，就不可能消灭自己"，对于儒家国家学的批判一定不能只讨论其本身，而应该专注于课题，"这种课题只有一个解决办法：实践"，因为"批判的武器当然不能代替武器的批判，物质力量只能用物质力量来摧毁；但是理论一经掌握群众，也会变成物质力量"[③]。就此而言，中国国家治理体系和治理能力现代化，是儒家国家学现代化的前提条件，反之亦然。

---

① 如果说本书第一章第一点"出发点"已经对儒学的现代命运有所交代，那么本书第六章的第二节"从'阳柔'的方式来接引群众"将重点讨论牟宗三的策略问题。

② 恩格斯：《路德维希·费尔巴哈和德国古典哲学的终结》，《马克思恩格斯文集》第4卷，北京：人民出版社，2009年，第313页。

③ 马克思：《〈黑格尔法哲学批判〉导言》，《马克思恩格斯文集》第1卷，北京：人民出版社，2009年，第18、11页；同时参阅《马克思恩格斯全集》第1卷，北京：人民出版社，1956年，第467、460页。

第五章　旁观者与参与者：生命问题

人不能总是"顶瓜瓜"，有时"亚亚乌"亦是可许的。生命强烈的人，大有可为者，"亚亚乌"常不可免。在幽默感中，忘掉一切。无可望，无可为，亦要忘掉。如是心灵回归于其自己，一切急切渴望之功利心皆不存在，真理本身就是目的。心灵回归于其自己而上通千古，上通千古就是目的。跃然浮现而四无傍依。如是通千古，即开来世。

——牟宗三《生命之途径》

我不是这个时代的参与者，我是这个时代的一个旁观者。所以我这个生命，你要注意这一句话。"旁观者"就是你自己闹中了静，你自己默默地在耕耘。

——牟宗三《鹅湖之会》

生命的学问，可以从两方面讲：一是个人主观方面的，一是客观的集团方面的。前者是个人修养之事，个人精神生活升进之事，如一切宗教之所讲。后者是一切人文世界的事，如国家、政治、法律、经济等方面的事，此也是生命上的事，生命之客观表现方面的事。

——牟宗三《关于"生命"的学问》

本章所谓"生命问题"，是指牟宗三虽然强调"生命的学问"，要求工夫实践，但其本人的生命却并不是"政治的生命"或"经济的生命"，而只是"学问的生命"。这里所谓"旁观者"与"参与者"，主要是就政治实践而言的。

生命本就是很神奇的事情。把生命与学问关联起来考察，那就更复杂了。世间的学问家可以分为两类，一类是他们的学问与他们的生命相分离，另一类则要求学问与生命的一致。前一类中又可区分为两小类：或者他们的学问并不直接指导他们的生命，如王先谦的《荀子集解》虽然可以向学以致用上靠，但跟其兴办工厂没有因果关系；或者他们的学问论证、主张或提倡"此"，但他们的生命却正好相反地去追求"彼"，其典型就是儒家中的伪善者。学问与生命一致者，也可以区分出两小类：或者他们的学问虽是划时代的，甚至具有世界性的影响，但其生命却每每遭人诟病，如与纳粹纠缠在一起的海德格尔等；或者他们的学问就是他们的生命，他们的生命就是他们的学问，学问与生命融为一体，让人感动，如"哥尼斯堡的中国人"康德、"最后的儒家"梁漱溟等。

区分当然还可以再进行下去。① 不过，在如此区分的过程中，我们心中已经在接受着考问：生命是什么？难道无论我做什么，不都是属于我的生命我的生活，不都是"有心"的吗？人是观念的存在，我的任何"实践"，不都是有意无意地与我的"观念"系属在一起吗？照此说来，似乎所有的学问都是生命的学问，就没有与生命相分离的学问。就如同本书第二章第二节中所指出的那样，人的一切活动中都已经包含着了"脑筋运用"，既然"脑筋运用"只能是生命的"脑筋运用"，那么"学问"这种特别的"脑筋运用"当然也不能离生命而有了。

因此，我们首先需要思考的是：在概念的劈分上，提出"生命的学问"究竟意欲何为？牟宗三为什么一方面强调中国文化的核心是生命的学问，要求把文化当成生活方式，要求按照自己的学问所标明的那种生活方式去切切实实地生活，以成己成物、赞天下之化育，另一方面却又既不去干政治，也不去做生意，而甘当时代的旁观者，躲进小楼成一统，去做学究的工作，去从事思辨的工作，去成就一种知识论和形上学？退一步说，做学问也可以，但学问的目的不是知识而是行为，牟宗三为什么没有多花心思进行"应用研究""实践的研究"，去建立儒家的财富论、国家论、法权论、政府论呢？

"哲学家们只是用不同的方式解释世界，问题在于改变世界。"人们对于这句话是如此熟悉，以至于连从事学术思想研究的人也有很多倾向

---

① 傅伟勋就曾提出了"生命十大层面与价值取向"说，把生命存在自下往上设定为十大层级：身体活动、心理活动、政治社会、历史文化、知性探索、美感经验、人伦道德、实存主体、终极关怀、终极真实。前两级是最低层的生命存在形式，后三级是最高级的宗教生活或精神生活层，中间五级则是世间法，在政治社会和历史文化中追求真善美。若按此区分下去，生命与学问的关系就更是层层叠叠了。参阅傅伟勋《学问的生命与生命的学问》，台北：中正书局，1993年，第261页。

于认为，自己的工作是非实践的，跟改变世界没有多大关系，因而是意义不大的甚或根本无意义的。按这种理解，生命的学问就是学以致用，学用结合，为用而学，否则便不是学问。在此人们当然可以引经据典，与此争辩。比如说古希腊的亚里士多德在《尼各马可伦理学》中就认为，沉思是最高等的实现活动，沉思生活的幸福是第一好的，理论是人类活动的最高形式，由此它也是最高的人类实践。① 再比如说现代的海德格尔就如此考虑上述论题："解释世界与改变世界之间是否存在着真正的对立？难道对世界每一个解释不都已经是对世界的改变了吗？对世界的第一个解释不都预设了：解释是一种真正的思之事业吗？另一方面，对世界的每一个改变不都把一种理论前见预设为工具吗？"② 不过，这却不是这里的重点。重点在于，究竟什么是"实践"呢？"物质生产实践""社会政治实践""科学文化实践""道德实践"等不都是"实践"吗？为什么一定要"有用"才是实践呢？难道"无用"的"道德实践""文化实践"等都不可称其为"实践"？牟宗三强调"生命的学问""实践哲学"到底想要表达什么？

在牟宗三看来，"有心"的活动表现为两种形态：一为"理解形态"，二为"实践形态"。"在理解形态中，吾人建立'知性主体'（即思想主体）。在实践形态中，吾人建立'道德主体'。此两主体乃一心之二形。"③ 且不论牟宗三的这种"实践形态"或"实践哲学"所标举的"道德实践"的具体所指和范围等，有一点是非常有意味的，那就是一般所谓"政治实践"却被其归为了"理解形态"。牟宗三说："在学术方面，逻辑、数学、科学；在集团生命之组织方面，国家、政治、法律。此两系为同一层次者，而其背后之精神俱为'分解的尽理之精神'。而此精神之表现必依于'知性主体'之彰著、精神之'理解形态'之成立。此恰为中国之所缺，西方文化生命之所具。故在中国历史发展中，其精神之表现，国家、政治、法律一面之'主体自由'（此可简称曰

---

① 亚里士多德：《尼各马可伦理学》，廖申白译注，北京：商务印书馆，2003 年，第305 页。

② 海德格尔：《晚期海德格尔的三天讨论班纪要》，丁耘译，《哲学译丛》2001 年第 3 期。

③ 牟宗三：《历史哲学》，《牟宗三先生全集》第 9 册，台北：联经出版事业股份有限公司，2003 年，"自序"第 20 页。

'政治的主体自由'），亦终隐而不彰。"①

　　人们一般认为，道德实践、政治实践是同一层次的，都是实践哲学之所对，或者说实践哲学自必包含着道德哲学和政治哲学。牟宗三对此有清醒的认知，承认"个人主观方面的"的道德实践和"客观的集团方面"的政治实践都属于"生命的学问"，且承认"普通自不于""知性主体""理解形态"处说政治实践②。但现在他又把科学与民主放在同一层次上，而以"理解形态"即理论理性、思辨理性说政治实践，便不能不让人起疑。在这里，牟宗三所要强调的是，当政治实践作为实践的时候，便已经进入了"道德实践"的范围，只能是"根源的创造的理性"所对应的"政治神话"，不但说"政治科学"不相应，而且说"使政治成为科学"也不相应；但如果把政治实践推出去做客观的研究，如"政治学教授"所研究的"政治学、宪法学等"，那便是"次级的知性的理性"所对应的"政治科学"，则要求"使政治成为科学"就是相应的。③ 但如此说来，不但"政治现象"可以区分出"政治科学"与"政治实践"，而且"道德现象"也可以区分出"道德科学"与"道德实践"，前者是"道德学教授"所研究的对象，后者是"道德实践者"所实践创造的东西。

　　既然人类的一切活动都既可以采取"教授的立场"而"以科学观"又可以采取"实践者的立场"而"以实践观"，既然一切活动既是"现象"又是"物自身"，那么"生命"本身当然也可以如此观，既可成"学问的生命"又可成"生命的学问"。如果说物自身处无话可说而唯有做事（实践，怀之），生命的学问默而行之，那么普通人的重点却首先只能落在"理解形态"处，因为他们需要被自我说服或被他者教化，需要生出实践创造的觉解。在这个地方，虽然牟宗三的"内圣开出新外王""同时具有'观念'层面的'开出'和'实践'层面的'开出'的

①　牟宗三：《历史哲学》，《牟宗三先生全集》第 9 册，台北：联经出版事业股份有限公司，2003 年，"自序"第 21 页。

②　牟宗三：《历史哲学》，《牟宗三先生全集》第 9 册，台北：联经出版事业股份有限公司，2003 年，"自序"第 22 页。

③　牟宗三：《政道与治道》，《牟宗三先生全集》第 10 册，台北：联经出版事业股份有限公司，2003 年，第 117-120 页。

双重意蕴"①，但是前者也即活动的"理解形态"却又变得性命攸关，成为后者也即活动的"实践形态"的不可或缺的"前导"。因此，牟宗三才可以"继续"一个原先所没有的"政统"，即"由认识政体之发展而肯定民主政治"，"认识政统"而后得以"继续政统"。② 这种学习的态度和过程，在牟宗三看来，是个"常识"，自己早年在天津时即从罗隆基处得知："近代政治上最大的贡献，就是把政治与道德分开。"③ 把政治与道德分开，即是对政治采取政治学教授的立场，追求政治的理解形态，如数学般精确地明分使群，最终建立中国的政治学、宪法学等政治科学。这样，牟宗三便完成了他对"政治学教授"的"辩证法"，既在"实践者的立场"或"根源的创造的理性"等处批评了他们的不究竟不圆满，又在中国历史的发展及获得"次级的知性的理性"的意义上肯定了他们的功绩和道路。相应地，牟宗三虽然高度肯定了"实践"的"生命的学问"，但是自己一辈子的生命却自觉做"理解"的"学问的生命"。牟宗三对"学究"评价不高，自己却又甘愿做"学究"。

---

① 宋宽锋：《先秦政治哲学史论》，北京：中国社会科学出版社，2019 年，第 282 页。在这篇"附录三"中，宋宽锋的回顾和总结非常有洞见。在他看来，研究者固然"误解"了牟宗三，但重要的是追问研究者为什么"总是在"误解。为此，他区分了"活着的儒学"与"文本中的儒学"、"民主的政治制度和政治生活形态"与"民主政治的理念和思想建构"、"'实践'上的'开出'"与"'理论'上的'开出'"等，强调牟宗三总是让这两个层面的内容"相互交织和相互缠绕在一起"，并顺着这一思路继续追问："中国传统社会为什么没有形成民主政治制度？传统儒家为什么没有内在地形成民主政治的理念和思想建构？""如何在现时代形成民主政治制度？儒家如何在现时代内在地形成民主政治的理念和思想建构？"在宋宽锋看来，从政治哲学的"应当"来看，牟宗三坚守和贯彻了"儒家"的特质；但就历史哲学的"事实"而言，牟宗三势必同李泽厚一样承认一种"修正版的'经济决定论'"。在这种洞见的基础上，这里需要指出的是，作为"应当"的"政治哲学"是牟宗三作为"政治神话"出现的"自上而下"的"良知坎陷"，作为"事实"的"历史哲学"是牟宗三作为"政治科学"出现的"自下而上"的"良知坎陷"；而且，政治神话本是实践形态，对现代人而言却最多意味着"应当的观念"，政治科学本是理解形态，反过来却变成了"存在的事实"。这便是牟宗三的辩证法。同一个坎陷，既是自上而下的又是自下而上的，既是理论的又是实践的，既肯定了政治神话又否定了政治神话，既肯定了政治科学又否定了政治科学，既肯定了儒家又否定了儒家，既肯定了西方又否定了西方。所有的一切，都入于当下中国人的实际存在之中了。在这里，有类于康德的"为信仰留余地，则必须否定知识"，"划界"工作是基础性前提，否则便只能是一种彻底的混淆或混乱。

② 如前所述，牟宗三关于"三统"，既说"道统之肯定""学统之开出""政统之继续"，又说"道统必须继续""学统必须开出""政统必须认识"。

③ 牟宗三：《政道与治道》，《牟宗三先生全集》第 10 册，台北：联经出版事业股份有限公司，2003 年，第 66 页。

由此出发，本章结合牟宗三践履工夫与思辨工夫的区分，观察牟宗三"这个人"的生命，将其作为一个案例，来思考中国政治哲学的时代问题和前进方向。我们需要无问西东，分门别类，静专求知，从下面建实根基？还是需要先立其大，道德至上，观念先行，从上面武装头脑？处身于这样的时代，每一个人又该如何在"认识"并"继续""政统"（国家）与"肯定"并"继续""道统"（心性）之间有所抉择呢？这里有纵向的历史进步，也有横向的分工合作。

第一节 "生命的学问"与"学问的生命"

若概念失去了它确定的内涵和外延，那么由这样的概念所组织起来的句子、文章等，定当是胡言乱语，但适成其坏，一种由"假装的确定性"而来的坏，而无论这种"假装的确定性"被推源自"天道""良心"，抑或"自然""神圣"等随便何种"更高级"的东西。确定性当然不是生活的全部，但确定性与不确定性还是要清晰区分的。因此，英国人迈克尔·欧克肖特（Michael Oakeshott，1901-1990）才在其《政治中的理性主义》一书中，引用了沃夫纳格侯爵的一句话："伟人就是通过教弱者如何思考，让他们走上错误之路的。"[1]

---

[1] 欧克肖特：《政治中的理性主义》，张汝伦译，上海：上海人民出版社，2004年，第1、17页。在欧克肖特看来，理性主义的政治是政治上没有经验的人的政治、意识形态的政治，也即技术理性的政治、确定性的政治。我们常言的书生政治、书本政治、教条主义政治等，就有这个味道。译者张汝伦在《附录》中明确指出，欧克肖特的分析是以近代欧洲的政治经验为基础的，但他本人更关心的是"与中国有否相关性"。他重点把中国的自由主义者理解为欧克肖特批评意义上的政治理性主义者，但也承认"其他的政治现代主义者"同样如此，认为这些人都没能继承中国政治传统"暗示"出来的"好东西"。这非常有意味。照此说来，"三流甚至不入流的牟宗三"虽然注意到了中国政治传统，但他必定还是属于书生政治；至于钱穆等，或许，仅仅是或许，能够逃离"书生政治"的定位吧。让人困惑的是，谁有资格或者说有能力接受传统的"暗示"来制度创新，以结出"好政治"的果实呢？有一点倒是确定的，欧克肖特的分析表明了英美政治自身转进的逻辑，"英美政治传统"显然不同于"中国政治传统"。因此，欧克肖特的分析与中国的相关性，或许不是那被赞美的"传统、偶然和短暂的东西"，而恰恰正是那被防范的确定性。当然，从事实上讲，英美政治在实际操作过程中暴露出了很多病痛，从逻辑上讲，通过对中国政治传统的思考以恰当解决这种病痛，这是可能的。在世界历史意义上，这意味着一种超越了英美政治的中国政治经验的获得。就此而言，直接继承中国政治传统中合理性的东西，当然非常重要，如康有为学派的研究成果，但因此形成世界历史意义的中国政治经验，一是有其条件，二是在此必然与牟宗三政治哲学碰头，见出"曲通"与"直通"的差别。

本节对牟宗三的"生命"与"学问"这两个概念进行分析,以确定它们的界线,明了它们的限度,思考其中的问题,防止在政治哲学中把"生命的学问"变成一种遍大街的胡言乱语。

一　问题的提出

众所周知,牟宗三提出"生命的学问"这一概念,有浓重的"判教"① 的意味。这是因为,牟宗三遇到的第一个问题就是"被判教",也即中国文化整体上失掉了它的正当性:

> 这个时代本是西方文化当令的时代,人们皆一切以西方为标准。这不但西方人自视是如此,民国以来,中国的知识分子一般说来,亦无不如此。所以有全盘西化之说。中国以往没有产生出科学,也没有开出民主政治,这是不待言的。说宗教,以基督教为准,中国的儒、释、道根本没有地位。说哲学,中国没有西方式的哲学,所以人们也就认为中国根本没有哲学。这样看来,中国文化当真是一无所有了。②

牟宗三承认中国没有产生出科学和民主政治的事实,但反对说哲学与宗教等一起皆无,认为这种一无所有说或是出于无知加霸道,或是出于无知、势利加无出息。牟宗三争辩说:"凡是对人性的活动所及,以理智及观念加以反省说明的,便是哲学。中国有数千年的文化史,当然有悠长的人性活动与创造,亦有理智及观念的反省说明,岂可说没有哲学?任何一个文化体系,都有它的哲学。否则,它便不成其为文化体系。因此,如果承认中国的文化体系,自然也承认了中国的哲学。"③

基于这种认识,牟宗三对那些持中国文化一无所有说的人提出了严

---

① 程志华即由此来理解,"儒学是西方哲学发展的方向,故可实现对西方哲学的超越和'转进'"。见程志华《生命的学问——牟宗三论儒学之特征》,《学习论坛》2009 年第 1 期。
② 牟宗三:《中国哲学的特质》,《牟宗三先生全集》第 28 册,台北:联经出版事业股份有限公司,2003 年,第 1 页。
③ 牟宗三:《中国哲学的特质》,《牟宗三先生全集》第 28 册,台北:联经出版事业股份有限公司,2003 年,第 3-4 页。

厉的批评。"西方人若仍故步自封，妄自尊大，那也只是迷恋其殖民主义恶习之反映。中国人少数不肖之徒，若再抵死糟蹋自己，不自爱重，那只可说是其买办之奴性已成，自甘卑贱，这只是中国之败类。"① 当然，牟宗三也知道，只是争辩、批评是不行的，还需要有正面的说明。

为此，牟宗三走出了第二步，区分中国"生命的学问"与西方"知识的学问"之不同：

> 西方人有宗教的信仰，而不能就其宗教的信仰开出生命的学问。他们有"知识中心"的哲学，而并无"生命中心"的生命学问。②

> 西方的学问以"自然"为首出，以"理智"把握自然；中国的学问以"生命"为首出，以"德性"润泽生命。③

> 中国哲学特重"主体性"（subjectivity）与"内在道德性"（inner morality）。中国思想的三大主流，即儒释道三教，都重主体性，然而只有儒家思想这主流中的主流，把主体性复加以特殊的规定，而成为"内在道德性"，即成为道德的主体性。西方哲学刚好相反，不重主体性，而重客体性。它大体是以"知识"为中心而展开的。它有很好的逻辑，有反省知识的知识论，有客观的、分解的本体论与宇宙论：它有很好的逻辑思辨与工巧的架构。但是它没有好的人生哲学。④

> 中国人"生命的学问"的中心就是心和性，因此可以称为心性之学。⑤

毋庸讳言，以知识与道德、自然与生命等来区分中西学问，确是割截分明，但也易生以偏概全之弊。连牟宗三自己也承认，西方其实是有

---

① 牟宗三：《中国哲学的特质》，《牟宗三先生全集》第28册，台北：联经出版事业股份有限公司，2003年，第4页。
② 牟宗三：《生命的学问》，桂林：广西师范大学出版社，2005年，第31页。
③ 牟宗三：《五十自述》，《牟宗三先生全集》第32册，台北：联经出版事业股份有限公司，2003年，第79页。
④ 牟宗三：《中国哲学的特质》，《牟宗三先生全集》第28册，台北：联经出版事业股份有限公司，2003年，第4-5页。
⑤ 牟宗三：《中国哲学的特质》，《牟宗三先生全集》第28册，台北：联经出版事业股份有限公司，2003年，第87页。

生命的学问的，只是我们没有注意到罢了。"我们近五十年来的学术方向是向西方看齐，但是我们只知道注意西方的科学。科学中是并无生命的途径的。西方人关于生命的灵感与关于生命的指示，是在他们的文学艺术与宗教。尤其是宗教，乃是他们的灵感的总源泉。但是中国的知识分子以其浅薄的理智主义，对于道德宗教是并无严肃的意识的，因之对于他们的宗教是并不发生兴趣的。"① 既然牟宗三自知只有"浅薄的理智主义"才只注意西方的知识学而无论其道德学，那么，牟宗三为何还要截断得如此分明呢？

这涉及牟宗三的第三步，牟宗三式的"为信仰留余地，则必须否定知识"，即以西方"知识的学问"饱满充实中国"生命的学问"，成就"生命的学问之全体大用"：

> 生命总是纵贯的、立体的。专注意于科技之平面横剖的意识总是走向腐蚀生命而成为"人"之自我否定。中国文化的核心是生命的学问。由真实生命之觉醒，向外开出建立事业与追求知识之理想，向内渗透此等理想之真实本源，以使理想成其为理想，此是生命的学问之全体大用。②

> 生命的学问，可以从两方面讲：一是个人主观方面的，一是客观的集团方面的。前者是个人修养之事，个人精神生活升进之事，如一切宗教之所讲。后者是一切人文世界的事，如国家、政治、法律、经济等方面的事，此也是生命上的事，生命之客观表现方面的事。如照儒家"明明德"的学问讲，这两方面是沟通而为一的。个人主观方面的修养，即个人之成德，而个人之成德是离不开国家天下的。③

> 内圣之学即儒家之"心性之学"。其直接之本分乃在道德宗教之成立。然儒教之为教与普通宗教本不同。其以道德实践为中心，虽上达天德，成圣成贤，而亦必赅摄家国天下而为一，始能得其究极之圆满。故政道、事功与科学，亦必为其所肯定而要求其实现。

---

① 牟宗三：《生命的学问》，桂林：广西师范大学出版社，2005 年，第 30-31 页。
② 牟宗三：《生命的学问》，桂林：广西师范大学出版社，2005 年，"自序"。
③ 牟宗三：《生命的学问》，桂林：广西师范大学出版社，2005 年，第 33-34 页。

反之，政道、事功与科学，亦必统摄于心性之实学，而不能背离此本源。①

在这里，牟宗三把个人修养事理解为生命的"主观方面"，由"主观"而说"内在道德性""内圣""心性之学"等；把家国天下事理解为生命的"客观表现"，由"客观"而说"知识""外王""政道、事功与科学"等；把生命理解为纵贯立体，由此说主客的"统一"、生命的学问之"全体大用"、心性之学的"全幅展露"等。由此，也就有了著名的内圣开出新外王、三统并建、良知坎陷、两层存有论等论述和架构。

有了这三步，中学"开出"了西学，中西判教似乎也就完成了。人们完全可以照着牟宗三说，生命的学问担负着"转进"知识的学问的历史使命，"儒学是西方哲学发展的方向，故可实现对西方哲学的超越和'转进'"。

但是，如果我们倒转回去再亲自思考一翻，则不难发现，牟宗三三步走的方略仍然可谓是迷雾重重：传统狭义"内圣"的"心性之学"如何成为现代广义"内圣外王"的"心性之学"呢？所谓"转进"，究竟是自上而下地以道德来"转进"知识，还是自下而上地以知识来"转进"道德？

1. 如果说，"吾人所处之时代是'观念灾害'之时代。非通常所说之天灾人祸，乃是观念之灾，观念之祸"②，即假若因为观念的灾害，人们才把中国文化视为一无所有，才有一套邪恶的意底牢结，才生出种种罪恶，那么，就改变这种观念好了。这个时候，儒家正显其用。"儒家所表现的宽容精神是根据克己、慎独、明明德而来的，是他们的道德修养所达到的一种通达的智慧与雅量或德量。"③ 有了这种雅量、宽容精神等，浅薄的理智主义即无从措手，中国文化生命似乎也就能够畅达了。照此说来，"转进"似乎就是在观念上面用儒家的意识形态来替代邪恶

---

① 牟宗三：《政道与治道》，《牟宗三先生全集》第 10 册，台北：联经出版事业股份有限公司，2003 年，序第 38 页。

② 牟宗三：《道德的理想主义》，《牟宗三先生全集》第 9 册，台北：联经出版事业股份有限公司，2003 年，序第 11 页。

③ 牟宗三：《时代与感受》，《牟宗三先生全集》第 23 册，台北：联经出版事业股份有限公司，2003 年，第 36 页。

的意底牢结，以便在下面把人们从浅薄、霸道的知识之学中拯救出来。

如果只是这样，那么牟宗三就是"借思想、文化以解决问题"，道德对知识的"转进"也就是父权压迫、耍魔术、咒术型的转进。如果只是这样，那么牟宗三就是马克思、恩格斯笔下"自以为是狼、也被人看成是狼的绵羊"的唯心主义哲学好汉的中国标本："有一个好汉忽然想到，人们之所以溺死，是因为他们被重力思想迷住了。如果他们从头脑中抛掉这个观念，比方说，宣称它是迷信观念，是宗教观念，他们就会避免任何溺死的危险。他一生都在同重力的幻想作斗争，各种统计给他提供大量有关这种幻想的有害后果的新证据。"①

2. 但如果说，光有一套观念还只是单纯的信，无所谓排他，各人信各人的就是了，之所以能够形成一套邪恶的意底牢结，除一套观念之外，还必须有"一套因制度而生的特殊教条"②，那么，只是单纯地改变观念也就毫无作用了，正如抛掉重力的观念并不能避免溺死一样。这个时候，宽容、雅量等就不仅不够，而且会适得其反，是对邪恶意底牢结的放纵。怎么办呢？在这个地方，就不能是道德对知识的"转进"，而只能是知识对道德的"转进"，即唯有在下面经验处夯实"知识"的根基，上面的道德、信仰才不至于成为邪恶的，才是有雅量和宽容的。

如果真是这样，那么牟宗三就还必须建立"学统"来对治观念的灾害。建立学统恰恰是承认中国"生命的学问"之不足，而要求补足"知识的学问"。这一补足，按照傅伟勋的说法，就是充分发挥"知性探索"（如哲学思维、科学探讨、技术发明、学术研究）之能事，"发展足以与西方知性遗产争长竞短的中国'学问的生命'出来"。③ 在这个地方，"知识的学问"进入了生命，而有了"学问的生命"，而能够实现"生命的学问"的转进。

"知识的学问"进入生命而成为"学问的生命"，就意味着中西判教已经被转化为古今判教。牟宗三《逻辑典范》《认识心之批判》等无疑

① 马克思、恩格斯：《德意志意识形态》，《马克思恩格斯文集》第 1 卷，北京：人民出版社，2009 年，第 510 页。

② 牟宗三：《时代与感受》，《牟宗三先生全集》第 23 册，台北：联经出版事业股份有限公司，2003 年，第 34 页。

③ 傅伟勋：《学问的生命与生命的学问》，台北：中正书局，1993 年，第 51—52 页。

都表现这种"学问的生命"。甚至就是《现象与物自身》，也是一本讲"知识论"的书。似乎"生命的学问"现在反而被牟宗三放在一边了，"学问的生命"成了重心。

徐复观曾经批评熊十力、唐君毅说，"熊、唐两先生对中国文化都有贡献，尤其是唐先生有的地方更为深切。但他们因为把中国文化发展的方向弄颠倒了，对孔子毕竟隔了一层"，两人"反其道而行"，"从具体生命、行为层层向上推"，而热衷于建构一套"形上学的东西"，"这都是受了希腊系统哲学的影响"。① 相比较于熊、唐，无论从自觉意识还是从建构结果来说，牟宗三对"学问的生命"的强调和重视都是有过之而无不及的，同时又热衷于形而上学，实际上才更是徐复观所批评的"把中国文化发展的方向弄颠倒了"的"反其道而行"。在今天的儒学研究中，有不少学者（如蒋庆、陈明等）沿着同一思路，对牟宗三把儒家思想学术化、哲学化的倾向表达了强烈的不满和批评，要求回到非形而上学、非知识的"原始儒学"②。在一些批评者的眼里，牟宗三"被西风熏醉了，把基督教世界中发展出来的地方性知识当作普遍性真理常道，背离了周公制礼作乐的深意"③，成了西方知识的拉拉队④。

3. 牟宗三究竟是"好汉"还是"拉拉队"？答案或许是双重否定的。李明辉曾经谈及，在讨论牟宗三"生命的学问"与"学问的生命"之辨时，需要对"生命的无奈与吊诡"有感触：

> 牟宗三虽然提倡"生命的学问"，但其一生所为，主要还是哲学思辨的工作，亦即"学问的生命"之事。就此而言，其生命型态较类似西方的哲学家，如康德。这种思辨的工作虽然不直接属于"生命的学问"，甚至是耗损生命之事，但却是社会与时代所需要

---

① 徐复观：《中国思想史论集续篇》，上海：上海书店出版社，2004年，第283页。
② 参阅曾亦、郭晓东编著《何谓普世？谁之价值？——当代儒家论普世价值》，上海：华东师范大学出版社，2013年。
③ 唐文明：《隐秘的颠覆——牟宗三、康德与原始儒家》，北京：生活·读书·新知三联书店，2012年，第315页。
④ 白彤东：《儒家、形而上学、政治哲学与法律》，《人大法律评论》2015年卷第1辑。

的。这其间隐含一种对生命的无奈与吊诡之深沉感慨。①

　　李明辉的这种讲法有为乃师辩护的味道，在同情的理解者那里容易获得共鸣，也确实比单纯地视牟宗三为好汉或拉拉队推进了一步。但是，从原始儒学派的视角来看，类似西方哲学家康德之说似乎更坐实了牟宗三拉拉队的身份：你看，虽然这中间有无奈与吊诡，但毕竟连牟门弟子自己都承认了啊！

　　但这里其实有牟宗三的第四步，在实现概念上的劈分、完成理论上的判教之后，用自己具体的生命来消融"生命的学问"与"学问的生命"的间隔。生命是开放的，道德与知识等都不是现成的，都需要用我们的生命去充实、完成和实现，因而生命就表现为一个不断兜圈子的过程，在耗损中成就，在成就中耗损。于是道德与知识就成了真实的生命的两个支撑点，在道德、知识、生命三者的圆舞中，大家各得其所、各适其性、各遂其生、各正性命。因此，这里既有生命坎陷自己的无奈与吊诡，也有生命呈现自己的欢快和畅达。这是存在之事，非概念劈分之事，一切离不开"脑筋运用"的道德实践都是生命的学问，一切学问之"脑筋运用"同样也都是生命的学问，都为了拱卫生命的健康茁壮。牟宗三曾经指出：

　　　　吾年内对于"生命"一领域实有一种"存在之感受"。生命虽可欣赏，亦可忧虑。若对此不能正视，则无由理解佛教之"无明"，耶教之"原罪"，乃至宋儒之"气质之性"，而对于"理性"、"神性"、以及"佛性"之义蕴亦不能深切著明也。文化之发展即是生命之清澈与理性之表现。然则生命学问之消极面与积极面之深入展示固是人类之大事，焉可以浅躁轻浮之心动辄视之为无谓之玄谈而忽之乎？"玄"非恶词也。深远之谓也。生命之学问，总赖真生命与真性情以契接。无真生命与性情，不独生命之学问无意义，即任何学问亦开发不出也。而生命之乖戾与失度，以自陷陷人于劫难者，

---

① 李明辉：《牟宗三与"生命的学问"》，《深圳大学学报》（人文社会科学版）2015年第2期。

亦唯赖生命之学问，调畅而顺适之，庶可使其步入健康之坦途焉。①

在这里，生命的学问是知识学吗？是道德学吗？都是，又都不是。这第四步的关键，总起来说，是无古无今、无上无下，而共同入于当下的存在之中。这是一种观念的存在，有死的存在，需要自定方向的人的存在。分而言之，则必须依时代问题，自下而上地即事以穷理，以避免为人的存在提供观念的儒学自身也陷入意底牢结的困境，为虎作伥。牟宗三有两条断语：

> 我们以为在人的存在与生存的实体前，在生活的大海前，一切虚妄的意底牢结，一切不顺成的观念或理想，都要被拆穿。人是生活在生活里，不是生活在虚妄的意底牢结里。②
> 科学归科学、宗教归宗教、政治归政治，去掉一切意底牢结的拘禁与封闭而向敞开的路上走，才是真正的近代化。③

如果科学成了科学主义、浅薄的理智主义，一味拘禁人封闭人，那么拆穿它，毫不迟疑；如果儒家的观念或理想成了虚妄的意底牢结，同样拆穿它，毫不迟疑。但是，既然知识与道德都可能成为虚妄的意底牢结，我们又凭什么拆穿它们呢？这里四无依傍，唯有生活的大海。在今天生活的大海里，唯有分门别类，术业有专攻，先行建立各自学问的客观性，否则公说公有理婆说婆有理，永远辩不清楚。牟宗三强调，分门别类建立科学、宗教、政治等各自的统绪，是时代最大的道德，"学问的生命"与"生命的学问"也就通而为一了。

因此，我们需要注意牟宗三提倡"生命的学问"却从事哲学思辨的工作亦即以学问为生命这两者之间的差异，但不能把"生命的学问"与"学问的生命"视为一种对反。唯有保持这种差异，言说清楚那能够言

---

① 牟宗三：《才性与玄理》，《牟宗三先生全集》第 2 册，台北：联经出版事业股份有限公司，2003 年，第一版序第 10-11 页。
② 牟宗三：《时代与感受》，《牟宗三先生全集》第 23 册，台北：联经出版事业股份有限公司，2003 年，第 31 页。
③ 牟宗三：《时代与感受》，《牟宗三先生全集》第 23 册，台北：联经出版事业股份有限公司，2003 年，第 38-39 页。

说清楚的知识，那不可言说的"生命的学问"才是可感触的，大家的生命才是相互可通达的。换言之，人生活在生活的大海里，只能在练习游泳中学会游泳，在练习生活中学会生活，生命的绽放与调护等，俱在其中。在这个意义上，我们说牟宗三一生知识思辨，而有功于中国人"生命的学问"。以下五小节可视为对这一断语的证明和展开。

二　理解与行动

台湾学者黄俊杰指出，在台湾民主转轨的时候儒学缺席是一件事实，一件令人遗憾的事实。[①] 这是一项十分严重的指控。马克思讲："哲学家们只是用不同的方式解释世界，问题在于改变世界。"而儒家恰恰要求知行合一，依天命、天理、天道而有所作为以改变自己、改变世界，最终成己成物。具体到牟宗三，他更是强调儒家必须实现自己的时代使命，开出科学与民主。但现在，他怎么可以置身事外、抽身而去，遗憾缺席呢？

实际上，我自己也曾有类似的疑问，批评牟宗三论学与处世两方面共同的"无执"（圆滑？）："这是一条高明爽朗的路，让牟子可以在智的直觉的先在领悟中暂时忘掉现实生活中的种种坑坑洼洼，而安睡于道德神心的平地境界，并借此喜悦地向'伟大人格与伟大政治家'致敬。"[②] 杨泽波对此表示"吃惊不小"，认为"非常不合时宜"，缺乏对当时政治局势的"同情了解"。[③]

任剑涛同样十分重视这一"遗憾缺席"，判法同样严厉："对此绝对不能用儒学面对现实总是采取审慎立场来加以开脱。这样的状态只能说明儒学与中国社会严重脱节的灾难性现状。"这固然令人尴尬，但更为尴尬的是，若因此走到中国现代转变的对立面，则"当代儒者恰恰未能有

---

① 这是黄俊杰在 2010 年 10 月台湾大学人文社会科学高等研究院举办的"东亚经典与文化学术研讨会"上的发言观点。见任剑涛《复调儒学——从古典解释到现代性探究》，台北：台湾大学出版中心，2013 年，第 331 页。这其实反映了黄俊杰、蒋年丰等很多台湾人的一贯看法，参见黄俊杰《儒学与现代台湾》，北京：中国社会科学出版社，2001 年，第 47 页。

② 陈迎年：《智的直觉与审美直觉——牟宗三美学批判》，上海：上海人民出版社，2012 年，第 365 页。

③ 杨泽波：《坎陷论》，《贡献与终结——牟宗三儒学思想研究》第一卷，上海：上海人民出版社，2014 年，第 190 页。

效供给中国转轨的宏大方案。于是，指责当代中国的疾速转变似乎很有道理，但落于旁观者的愤愤不平"。① 该篇文章最早发表于《开放时代》2011 年第 3 期，针对的主要对象是"等而下之"的"非理性的特殊主义儒学"，但"旁观者"身份似乎让牟宗三也逃不掉。牟宗三自己明言："我不是这个时代的参与者，我是这个时代的一个旁观者。"② 后来，任剑涛还曾专门比较了梁漱溟和牟宗三两人的为学路向，针对牟宗三遗憾缺席的尴尬，证明牟宗三只是"坐而论道"，而未曾展现"起而可行"的实践意欲。③

任剑涛实际上提出了一个非常重要的问题：儒学中人在促进民主政治方面至少应该有自己的身影。这是对的。但接下来的问题是，儒学中人是以行动者的身份，还是以思想家的身份出现呢？思想家的"旁观"是否就意味着其"遗憾缺席"呢？

我们知道，针对马克思"哲学家们只是用不同的方式解释世界，问题在于改变世界"的说法，海德格尔反问，难道在对世界的每一次解释中不就已经改变世界了吗？④ 人是观念的存在，一个"旁观"的思想家，他对于这个世界的"解释"，在何种意义上可以被称为"改变"了这个世界呢？1985 年 6 月 30 日，牟宗三做了题为《理解与行动》的演讲，可视为一个可能的回应。

1. 对"行动"的对题的、中肯的、本质的谈法

在演讲中，牟宗三针对韦伯新教伦理与资本主义精神的关联，提出了一个颇为马克思主义的思路：

> 真正促使近代资本主义产生当属工业革命，这是一般常识的了解；瓦特发明蒸汽机，这才是重要的。商人就是商人，商人能经商

---

① 任剑涛：《复调儒学——从古典解释到现代性探究》，台北：台湾大学出版中心，2013年，第 330-331 页。任剑涛也认为在 20 世纪 90 年代港台民主转轨的实际过程中"儒学便完全失语了"，但他承认"港台新儒家在早期吁求自由、民主、宪政与法治的过程中，为中国的民主转轨奠定了某种思想根基"。

② 牟宗三：《鹅湖之会——中国文化发展中的大综和与中西传统的融会》，《牟宗三先生全集》第 27 册，台北：联经出版事业股份有限公司，2003 年，第 451 页。

③ 任剑涛：《中国政治思想史"接着讲"的两种路向——以梁漱溟、牟宗三为例》，《天府新论》2015 年第 4 期。

④ 海德格尔：《晚期海德格尔的三天讨论班纪要》，丁耘译，《哲学译丛》2001 年第 3 期。

这是本事，像我就不能经商。既然经商做生意，那么就要有内在固有的兴趣（intrinsic interest），而且要有商人本身的一套技术。所以一般讲资本主义的发生是从工业革命讲起，没有从马丁路德、喀尔文那儿讲起的。商业有商业本身的一套概念，道德也有其自身的一套规则，同时宗教也有其自身的一套，为什么硬要将其拉上，认为它们彼此之间有一定的关系？所以，我看最近几年，许多人一直讨论这个问题，我总觉得不太对，实际上这种谈法也没有什么道理可言。①

牟宗三此说常与对余英时的批评联系在一起。余英时跟韦伯讨论新教伦理与资本主义精神的思路相一致，认为应该重新考虑一下儒家精神与现代化的关系，即中国过去太重德性，而今天是一个重智的时代，所以应该留意如何转变这种风气，学问、学术的风气和方向应该朝着比较着重知识的方向发展。②粗看起来，似乎这里没有什么可批评的，牟宗三自己同样重智的开发和发展。不过，细微但重要的差异却在于，德性与智性是否能共存呢？开发现代知性的可能性是否以否决掉传统德性为前提条件呢？牟宗三的意思很明确，科学、民主、资本主义、工业革命等是现代化的问题，而道德却是一个永恒常在的问题，因此不应该将它们硬拉上关系，说某某道德有利于资本主义的发展，某某道德则因无法适应资本主义而一定要在现代化运动中被否决掉。

当然人们也可以指出，内圣开出新外王，牟宗三自己不也是在硬拉关系吗？在牟宗三看来，要避免这种硬拉关系，一则不能"专尚德性"，二则不能"直通"而只能"曲通"。所谓"曲通"，就是把"经济活动"与"道德活动"、"自然的存在"与"观念的存在"、"吃饭"与"情感"等严格区分开来，同时又在人的存在的整体性上来强调它们的统一性。但这并不是说把这些存在方式"加在一起"就能算出"人的存在"，而是强调生命不玄虚，行动很实在，人活着就要讲幸福（happiness）。"经

① 牟宗三：《时代与感受续编》，《牟宗三先生全集》第24册，台北：联经出版事业股份有限公司，2003年，第342页。
② 牟宗三：《时代与感受续编》，《牟宗三先生全集》第24册，台北：联经出版事业股份有限公司，2003年，第252、341页。

济活动是六道众生中的人最重要的一个活动，是属于存在方面的活动，因为人有自然的存在，就自然要求有生活、有经济活动。"① "经济建设使得大家有饭吃、生活富裕，高度的科技更使得经济走上现代化。"② 这才是行动或者说生命的对题的、中肯的、本质的谈法。离开这种"自然的存在"和"自然要求"来谈论行动，来谈文化、精神、生命、知识等，都是没有什么道理的。

2. 对"理解"的不对题的、不中肯的、不是本质的谈法

若离开上述的行动观来谈论文化问题，就只能是作文章而已，没有什么实际的意义。比如，说基督教完全与西方资本主义的近代文明没有关系，似乎绝对了，但一定说只有新教伦理才能产生资本主义，也没有多大道理。理解与行动的关系并不是直接因果性的，思想家的思想和观念的意义，需要借助其在行动中获得共鸣的多少来检验。从这个意义上一般而论，理解、思想、文化、信仰等都不是本质的，而如果能够成为本质的，那么一定是在行动中得到集中而广泛表现了的。

牟宗三反对的是理解与行动关系的固定化思维，基督教与资本主义之间没有铁的必然性，中国文化也是这样。牟宗三指出：

> 说儒家孔夫子一定与资本主义、近代化的自由经济商业或是高度科技等一定有什么关系，我也看不出它有什么关系。但你说它一定没有关系，那也很难说。所以，在此发生论点根本是不对题的，不中肯的，不是本质的（essential）谈法。讨论问题不能这样谈。假定认为儒家根本与科学、民主相冲突、相违反，那么就变成了定命论；而我们如果走中国传统的路，那么就永远达不到民主科学，这是定命的不能到达。因此，我们要达到民主科学，那么就非打倒儒家的老传统不可……这种态度根本是个错误。③

---

① 牟宗三：《时代与感受续编》，《牟宗三先生全集》第 24 册，台北：联经出版事业股份有限公司，2003 年，第 344 页。
② 牟宗三：《时代与感受续编》，《牟宗三先生全集》第 24 册，台北：联经出版事业股份有限公司，2003 年，第 331 页。
③ 牟宗三：《时代与感受续编》，《牟宗三先生全集》第 24 册，台北：联经出版事业股份有限公司，2003 年，第 341-342 页。

3. 理解与行动的关节点

当理解有助于建造一个公共意识的平台的时候，这种理解也就必然是行动的。这是理解与行动的关节点。牟宗三说：

> 在此世界中，不管信什么教，总有一个共同的背景（background），这是大家都承认的。这个共同背景是一种思想问题，也是一种文化问题。……我们很早就注意这个问题，但是空讲没有用，必须配合现实上经济、政治等往现代化的路子走。而讲现代化，必须靠一个充分共同的背景，亦即靠一个共同的架式（common framework），没有此架式则根本活动不开来。①

这个共同的架式，就是意识形态。牟宗三对于马克思主义的意识形态理论是很熟悉的。第一，它有时代性，是某个时代的公共意识。"这个思想问题并不是某一个人特殊的思想，而是属于这个时代的学术、文化思想的问题。再讲得比较具体一点，用一个虽然并不是很恰当的词语来说，这是属于意识型态（ideology）的问题。"② 它可能被某个具体的个人所讲明或强调，但足以引起共鸣，反映了大家的共识；它以观念、思想的面目出现，但之所以能够成为意识形态，却有其经济、政治的运会或条件。第二，它是复数，是意识形态诸形式。"意识型态指的是我们内部意识的生活有种种的表现，总起来都名之为意识型态。意识型态指的是 forms，是多数，我们有心理学方面的意识，有道德方面的意识，也有宗教方面的意识……自由也是个意识；自由、民主、道德、宗教、法治等，这些都是意识，差别只在这意识往那个方面走。"③ 这个时候，牟宗三称之为意识形态，而不名之曰意底牢结，是从一般意义上讲的，是因为它"配合现实上经济、政治等往现代化的路子走"。而空讲甚至否定人的"自然的存在"，才是需要坚决摒弃的意底牢结。

---

① 牟宗三：《时代与感受续编》，《牟宗三先生全集》第 24 册，台北：联经出版事业股份有限公司，2003 年，第 335-336 页。
② 牟宗三：《时代与感受续编》，《牟宗三先生全集》第 24 册，台北：联经出版事业股份有限公司，2003 年，第 333 页。
③ 牟宗三：《时代与感受续编》，《牟宗三先生全集》第 24 册，台北：联经出版事业股份有限公司，2003 年，第 334 页。

这意味着，理解是否正确的标准并不在于其自身，而要看它"配合"得是否好，是否有助于促进人们的幸福生活。从这个意义上讲，不是理解在指导行动，而是行动在塑造思想。对于思想家来说，应该有这种自我否定的自觉意识。

4. 理解的自我否定

理解的自我否定表现在两个方面。一方面，要否定思想对于幸福生活的否定。在一般意义上否定个人的幸福生活而要求其积极奉献，则这种思想就是一种纯粹的否定，就是思想之魔，就是撒旦。"撒旦不是声色货利，声色货利的问题只要克己复礼即可解决，而且克这种己也不是很困难。但是克服撒旦这种魔，则极困难。魔指的就是'纯粹的否定'（pure negation），凡是针对你正面的建树而挖窟窿，这就叫做纯粹的否定，亦即是魔。"①

另一方面，要否定公共意识的形式，具体化为客观的知识。道德宗教的公共意识不可或缺，是最高的，但也是最薄的，它需要否定自己，具体化、客观化自己。否则，道德宗教公说公有理婆说婆有理，不但永远辩不清楚，无法交流沟通，而且适成撒旦。"自由世界一切价值标准，肯定知识、学问、道德、宗教，就是要抵御这个魔鬼式的恶，不但是靠讲道德、讲宗教，而且要靠有真正的知识。在魔鬼式的恶中是没有真正的知识，科学也不会有。谈知识也要靠有一种真诚（intellectual honesty）。"② 真诚的知识，有为知识而知识的纯粹和快乐，直面客观问题本身，直而无曲地研究并展示研究的成果，有错误则随时随地改正过来，实事求是，意底牢结因此无所遁形。牟宗三盛赞知识的这种力量：

　　要做学问就要老老实实地作学问，对于学问要有学问的真诚；有学问的真诚才能出科学家、哲学家以及文学家。假定我们这个地方能出几个大哲学家、大科学家如牛顿、爱因斯坦，或出个大文学家如俄国的索忍尼津，那么就能增加台湾存在的价值，这看起来似

---

①　牟宗三：《时代与感受续编》，《牟宗三先生全集》第 24 册，台北：联经出版事业股份有限公司，2003 年，第 337 页。

②　牟宗三：《时代与感受续编》，《牟宗三先生全集》第 24 册，台北：联经出版事业股份有限公司，2003 年，第 339 页。

乎没什么，实际上却能抵百万大军。①

如若我们有这种真诚，"汉芯""龙芯"等都名实相副，那么中兴（ZTE）事件必将是另外的样子。当然，即便这样，那也首先是实际工作者本身的真诚和力量的体现，与提倡这种真诚的思想家没有直接因果关系。在这种意义上，理解的意义和作用一定是虚的，在把道理讲清楚、提供一种健康有效的意识形态的前提下，其直接作用最多是"不反对"而已。牟宗三说：

　　　　正德、利用、厚生根本就不否定经济活动。即便是道家或佛教，也并不反对资本主义的经济活动。道家虽主张小国寡民，但其最高之智慧也不否认现实世间的活动。商业活动是资本主义的经济活动，是属于世间活动，是世间必有的现象，没有一个圣人能否定的。②

这也就是"让开一步"。只有"让开一步"，道德文化所开辟出来的"共同背景"才可能实现"曲通"。理解的作用恰恰当其"不在"的时候才发生。因此才有所谓"坎陷"。提倡"生命的学问"的牟宗三也无法逃脱这一命运。

5. 理解与行动的通功易事

前文提到，任剑涛曾对牟宗三的"遗憾缺席"和"旁观者"身份提出批评，要求恢复儒家知行合一的传统。但他又指出，知行合一、把生命的学问贯彻到底的困难并非仅仅牟宗三遇到，千古皆然，禀赋才具的差异、国家权力的自私秉性及近代以来中国政治生活的生态环境等，对儒家思想创制和政治实践的欲望都是一种限制。任剑涛相信，"付诸社会公众的分工合作"，是解决这一难题的可能途径。③

分工合作就是老老实实地做自己本分的事情，我为人人，人人为我。

---

① 牟宗三：《时代与感受续编》，《牟宗三先生全集》第 24 册，台北：联经出版事业股份有限公司，2003 年，第 340 页。

② 牟宗三：《时代与感受续编》，《牟宗三先生全集》第 24 册，台北：联经出版事业股份有限公司，2003 年，第 343 页。

③ 任剑涛：《中国政治思想史"接着讲"的两种路向——以梁漱溟、牟宗三为例》，《天府新论》2015 年第 4 期。

这也就是牟宗三所讲的真诚，传统所谓各正性命等。照此说来，理解与行动的通功易事其实隶属社会公众的分工合作，思想不必由思想者去亲自将其变为现实，也完全可不以任何专门或特定的应用或使用为目的，但从全社会的范围来看却仍旧是知行合一的。

如果说思想已经尽了思想的责任，把"共同背景"的道理讲清楚了，那么剩下的却并非一马平川，还要看运会或运气了。按照马克思的观点，自由人的联合体的实现是有其严格条件的。同样，任剑涛文章也特别强调了牟宗三哲学的前提条件的重要性：

> 现代化是其"接着讲"的设定前提，换言之，现代新儒家并不打算违逆历史演进趋势，徒劳无功地"恢复"历史形态的儒家价值信念、制度安排与生活方式。
>
> "启蒙意识、知识理性与现代制度"，倒恰好构成牟宗三"接着讲"中国传统政治思想的三个思想支点。启蒙思想的 18 世纪结构，自然是需要深入反思的。但晚近中国是不是需要启蒙的问题，似乎不必费太多口舌。①

这与前文所讲的"不是理解在指导行动，而是行动在塑造思想"恰好能够相互印证。其正当性来源于"自然的存在"或者说"生活的大海"那种优先性。

最后提及一点。任剑涛认为，牟宗三"内圣开出新外王"不过是"书斋知识分子的信念表达"，"这样的表达，不必由倡导者去亲证，也不必然通向一种社会实践模式。其'应当'的意味，乃是对一种信念得以维持之必然如此的推定"。"如果将牟宗三后期致力于从康德哲学中吸取知识建构营养，打造现代儒家的心性学体系作为视点，来回视'新外王三书'的创新儒家学理的'接着讲'进路，他的言说特点，就更容易被人们所把握。"②

---

① 任剑涛：《中国政治思想史"接着讲"的两种路向——以梁漱溟、牟宗三为例》，《天府新论》2015 年第 4 期。

② 任剑涛：《中国政治思想史"接着讲"的两种路向——以梁漱溟、牟宗三为例》，《天府新论》2015 年第 4 期。

　　这种说法的过人之处在于看到并强调了牟宗三后期道德的形上学中的"知识建构"，但其实还是可以商量的。相对而言，当然可以说"牟氏的理论前置和偏好"与"梁氏的实践优先和偏重"，分别呈现儒家知行合一传统两端之一端。但是，既然通功易事，那么每个人只要去认真做事，完成自己的本分，而无论其事是理论的建构（牟宗三）还是实际的操作（梁漱溟），这个人就已经知行合一了。这是整个社会的知行合一，是社会公众的分工合作，是现代性的一次次确证。更何况，牟宗三的"信念"之所以成其为"信念"，是因为其中不光只有"良知呈现"，还有"历史演进""知识理性""现代制度"等因素，后果显然已经不再是"理论""应当的价值决断"等所能容纳得了的。因此，除了把后期道德的形上学作为视点来"回视"前期的新外王，更重要的，还应该以新外王为视点来观察道德的形上学。唯其如此，牟宗三前期"自下而上"的外王三书与后期"自上而下"的心性之学才同样可能是一种"亲证"和"社会实践模式"。唯其如此，我们可以说梁漱溟与牟宗三虽然偏好不同，或据"实践"端点或立"理论"潮头，但共同重新拱卫出儒家知行合一的传统。

三　学校教育与通识教育

　　"通识教育"（general education）即一般性的教育、一般性的教养，也可称之为人文教育、成德之教，也就是"生命的学问"。学校教育（special education）即专家的教育、培养人成专家的教育，而可归之于"学问的生命"。从牟宗三对这两种教育的讨论中，也可见出牟宗三的自处之道。

　　1. 学校教育：主体：知识

　　学校教育，牟宗三谈得不多。但大体格局已备。

　　首先，牟宗三有个大的判定，现在的学校教育已经和中国以往的小学、太学等传统不同了。"现在学校教育的传统，其实乃是西方希腊传统，这个传统我们名之曰'学统'，其内容以分门别类的知识作主。"①

---

① 牟宗三：《时代与感受续编》，《牟宗三先生全集》第24册，台北：联经出版事业股份有限公司，2003年，第349页。

　　其次，牟宗三解释了要离开原有的传统，而重视知识、建立"学统"的原因。牟宗三的立论依据，在改造世界。他引用培根"知识即是力量"的格言，强调人唯有依靠知识才能很好地实现合目的性与合规律性的统一。时代不同了，现代社会的人已经离不开知识了。"每一个人是一个主体，一个主体生存在世界里，不能不和周围的环境发生关系；和周围的环境发生关系，就不能不和外物（external object）发生关系。外物就是客体，就是对象。和对象发生关系就会想到要了解对象，这是人发展其成为一个人所必不可少的一环。"[①] 相对于原来的成德之教让每个人都成为"人"，每个人都应该有能力让自己成为一个"主体"，这可以说是一项新任务。若再从现代社会的整体而言，人类同样也离不开知识，也要成为"主体"。"如果想要控制自然，首先要认识自然，了解自然。了解自然就是知识问题，这是人生最重要的一环。这一环任何人都不能反对的，也不能取消的。这一环的重要性大家都知道，也就是时下一般人所指的科技问题。科学技术所代表的就是知识。科技是很重要的，我们要求现代化，大家都知道现代化的这一步就是科技化，是个很重要的观念。"[②]

　　因此，牟宗三把学校教育的特色定位为"分门别类，各具专长"。一分门别类，主客对立做客观的研究对象，则不管研究的是什么，都需要科学的态度。"今天我们一说学校教育，便难免要科学化；这种倾向，不能反抗，也无可厚非。学问当成学问看，就一定要分门别类去研究；分门别类去研究，就自然会走向专门化、技术化的路上去，不管它达不达到真正科学的程度。它就是要成就一种'知识'。既然要求成一'知识'，势必要把研究的内容剌出去当成一个对象看，以主客对立的态度来剖析研究。"[③] 比如医生要研究人，那就不能把"人"当"人"看，而要当"客体""对象"看，要解决生理、心理的问题。甚至出现一种吊诡的现象，即便是"社会科学""人文科学"等所谓"人的学问"，在主客

---

①　牟宗三：《时代与感受续编》，《牟宗三先生全集》第24册，台北：联经出版事业股份有限公司，2003年，第349页。

②　牟宗三：《时代与感受续编》，《牟宗三先生全集》第24册，台北：联经出版事业股份有限公司，2003年，第349页。

③　牟宗三：《时代与感受续编》，《牟宗三先生全集》第24册，台北：联经出版事业股份有限公司，2003年，第318-319页。

对立的情况下也都失去了"人文思想"的身份，转而类似于"科学"了。这当然是深不见底的。这样，学校教育就是术业有专攻，要培养各方面的专家。"要成为专家，只要对你那一门原原本本、一五一十知道得清清楚楚就行了。"①

2. 通识教育：人：教化

世界的问题无穷无尽，而人的精力、能力有限，且有不同的特点，因此"分门别类，各具专长"的学校教育也就特别地增加了人的力量。但是，如果分门别类太琐碎、太专门的话，唯知自己的门类，大家都陷在自己的研究对象研究客体之中，不知他物不知魏晋，那就有问题了。于是在专家教育之外，社会渐渐也重视起通识教育来。

首先，牟宗三纠正了通识教育即是博雅教育的说法。通识教育并不是游学无主，自然科学知道一些、人文学科知道一些，能写两笔字、能画两幅画、能唱两首歌，样样稀松样样平常。"要知道一个人不是万能，没有一个人可以懂一切，若是真有人无所不懂，那这一个人也不见得有什么可取，做一个有脚书橱、百科全书不见得有什么好处。"② 因此，若想通过多学几门课、把这几门课都当成专业来学的方式接近通识教育，在观念上会令人迷惑，在实践上必定问题重重，毕竟天才是少数。

其次，牟宗三强调通识教育的主要特征是把人当人看，因而通识教育在"深"而不在"广"。所谓"深"，即追问人之为人的"一般"或"人"这个"目的"。"一般性之一般隐含有普遍性之意义，意即普遍地涉及每一个人之谓。每一个人皆当关心他自己的时代，叫人不要只做不懂事的专家，希望每一个人除了研究这个研究那个之外，要了解自己总是个'人'。人不是原子，不是昆虫，更不是数目字。人也不只是一堆生理现象、心理现象、社会现象。人必须过人的生活，懂人的道理。"③在研究上，我们当然可以把肉体的人、灵魂的人、精神的人而归入生理学、宗教学、心理学等不同的学科门类，犹如医院有不同的科室。但是，

---

① 牟宗三：《时代与感受续编》，《牟宗三先生全集》第 24 册，台北：联经出版事业股份有限公司，2003 年，第 320 页。

② 牟宗三：《时代与感受续编》，《牟宗三先生全集》第 24 册，台北：联经出版事业股份有限公司，2003 年，第 319-320 页。

③ 牟宗三：《时代与感受续编》，《牟宗三先生全集》第 24 册，台北：联经出版事业股份有限公司，2003 年，第 321 页。

在"人是目的"这个限度内，这些研究却显得捉襟见肘。正如海德格尔所指出的："若我们问的是人的存在，那么却不可能靠把肉体、灵魂、精神的存在方式加在一起就算出这种存在来；何况上述各种存在方式本身还有待规定。而且即使以相加的方式来进行存在论尝试，也一定把整体存在的某种现象设为前提了。"①

最后，牟宗三明确规定了通识教育的双重主题。康德之后，"人是目的"的观点深入人心。但是，怎么接近"人的存在"呢？怎么先行领会"整体存在"这一前提呢？牟宗三认为，通识教育、人文教化需要担负起自己的职责。牟宗三曾有一个总的说明：

> "通识教育"主要有三个目的，期使学生（一）了解人之所以为人的道理和各种永恒的问题；（二）认识所处时代的特性及其面临的困境；（三）进一步对这时代中人所共同迫切关心的问题有所了解。②

> 教养问题分为两个层面：一是属于个人的问题，其中包括从最浅近为人处世到最深刻的终极关怀问题。这是永恒性的问题。人总是人，人总要过生活，就有这些问题。另外还有属于时代的问题。时代的问题古今不同，但每个时代必有其迫切的问题，而为当时代人所必须要面对与解决者；能解决它，人便能转动那时代，不能解决它，便为时代所吞没。③

这里"三个目的""两个层面"等具体讲法上有一些细微的差别，但不影响牟宗三整体判法的清晰性。如第二、三个目的可以合为一个。因此通识教育的主题一定是双重的，其本义是要叫人"了解自己，了解时代"④，也

---

① 海德格尔：《存在与时间》，陈嘉映、王庆节合译，熊伟校，北京：生活·读书·新知三联书店，1987年，第60页。
② 牟宗三：《时代与感受续编》，《牟宗三先生全集》第24册，台北：联经出版事业股份有限公司，2003年，第307页。
③ 牟宗三：《时代与感受续编》，《牟宗三先生全集》第24册，台北：联经出版事业股份有限公司，2003年，第321-322页。
④ 牟宗三：《时代与感受续编》，《牟宗三先生全集》第24册，台北：联经出版事业股份有限公司，2003年，第321、354页。

即了解自己生命的永恒问题，了解人类的终极关心的问题。对于这个双重主题，牟宗三认为应该把前者融入后者之中。也就是说，虽然了解自己生命是永恒性的问题，涉及个人最深刻的终极关怀问题，但如果不能了解自己的时代，为自己的时代问题所吞没，那么也就不可能了解自己，无法深入下去，无法找寻到安身立命之所在。在这个意义上，牟宗三更强调通识教育的意识形态功能，要求把政治经济现代化特质塑造为时代的共同意识：

> 我们首先要认清所谓现代化的特质，然后再要求自己转变心态以符应现代化的社会生活。而所谓现代化的特质是什么呢？即是每一单位、每一部门都要有其"自性"，有其特具的作用及本性。若用专门的术语说，即是"每一概念有其独立的意义"，政治是政治，法律是法律，教育是教育，经济是经济。这叫做充分现代化。所以充分现代化的社会是部门并列的社会，部门与部门互相勾连起来成为一个结构，这个结构的构成精神是并列原则（principle of co-ordination）。各部门有其权责的范围与限度，不可以混漫，不可以泛滥，这也可以简单的说是"守规矩"、"守分际"。①

牟宗三认为，不可以小看这种"守规矩""守分际"的意识。"我们中国的民族性里藏着一个大毛病——中国人的牵连的本事太大，直接造成社会问题。"② 什么是牵连太大呢？政治上的株连、文化上的埋怨孔夫子、在商言政、在政言德等，都是牵连太大。比如中兴（ZTE）事件，政治、法律、科技、道德等都被卷入了，人们不知道究竟应该从哪个角度观察才最对题、最专业。通识教育的重要功能就是斩断牵连，让"守规矩""守分际"成为众人生命中的公共意识。如此说来，通识教育是要人成其为人的教育，这与专家教育完全两样，但它却恰恰能够尊重个别的独立性，为专家教育开辟道路。

---

① 牟宗三：《时代与感受续编》，《牟宗三先生全集》第 24 册，台北：联经出版事业股份有限公司，2003 年，第 322 页。

② 牟宗三：《时代与感受续编》，《牟宗三先生全集》第 24 册，台北：联经出版事业股份有限公司，2003 年，第 323 页。

3. 人与主体：分寸：既相干又独立

一方面要保持个性，有专门知识，成为专家；另一方面要承认共性，守规矩守分际，成为人本身。一方面是个体生命的茁壮，另一方面是时代风气的康健。一方面要坚持"学问的生命"，分别散开，找到各自的兴趣爱好点，深耕易耨乐在其中；另一方面要提倡"生命的学问"，群居和一，建立开放自由和平健康的公共意识和公共生活形式。这中间的原则是一致的，牟宗三称之为"既相干又独立"。人与主体、时代与个体、生命的学问与学问的生命、通识教育与学校教育、中国文化与资本主义、道德与知识等，都是"既相干又独立"的关系。这也就是"曲通"。

但问题是，牟宗三为什么总是两两相对？不可以是"一个"或"三个"么？牟宗三给出了自己的解释：

> "既相干又独立"本是逻辑、数学里的专门术语。因为构造数学系统、逻辑系统时首先必须有几个基本原则，这几个基本原则第一条件是要足够，假定须要三个原则而只举出两个，便不足够，不形成完整的系统；第二条件是必要，假定须要三个原则而举了四个，其中一个便不必要，要消去；第三条件是要一致，不能有矛盾，如果有矛盾出现，则必有一个是假的，也要剔除；第四条件是各自独立，不是这一个可从另一个推出来。合乎"既足够又必要，既一致又独立"这四条件的诸原则就可以构造出一完整的系统。[①]

众所周知，在康德那里，心有感受性和自发性两种能力，它们不能相互派生，不能互换其机能，也不能进一步还原，界限严明，却必须通力合作，才能产生知识。在这里，康德把直观与思维的区别和联系设为前提，两者间的关系同样是"既相干又独立"。[②]

不过，康德毕竟要求了直观与思维这两者的结合，因而有所谓演绎。牟宗三把两两"既相干又独立"地摆在那里，意欲何为？

在康德那里，直观和思维的不可还原性意味着不可能把它们进一步

---

① 牟宗三：《时代与感受续编》，《牟宗三先生全集》第 24 册，台北：联经出版事业股份有限公司，2003 年，第 324-325 页。

② 康德：《纯粹理性批判》，蓝公武译，北京：商务印书馆，1997 年，第 72 页。

归结为某一个在它们"之后"的统一要素。这样，它们的"根"必然"外在"并"先于"它们，甚至只有在"根"的统一性中才能见出它们的全部秘密，才能推源出它们。这个"根"，就是人类经验，也即牟宗三所说的"自然的存在"。认识必然是人类漫长历史经验中的事情。在经验中，作为主体的人和作为客体的外部世界相互作用，协同一致方能产生认识。通过这一演绎，"知性为自然立法"便获得了它的可能性、根据或者说合法性等。后来，海德格尔沿着同一思路，强调那个"经验之根"才更本源也更重要，因而也就更值得追问和研究，并把它理解为在存在论上起决定作用的东西，"那就是：'主体'的，亦即此在的基本状态——在世界之中"①。

　　牟宗三的这种"既相干又独立"说同样有为中国传统道德奠立根基的功能，或者说让传统道德获得它的可能性、根据或者说合法性。而且这一奠基只能是自下而上的，即在人"自然的存在"中通过"经验知识"不断确证人活着的终极事实。当然，这中间是有跳跃的，就如同海德格尔设为前提的某种"整体存在"现象，"上"一定也是提前预设或呈现的，唯其如此，还没有经过知识的调准，那么这个"上"一定又是最虚的"人是目的"、"各正性命"与"道德良知"等。这也就是牟宗三强调的"吕端大事不糊涂"②。

　　这当然是一件极难的事情。且不说知识的无穷无尽，也不论古今教育制度的迁变，今天人们面临生活的种种压力，要不糊涂、要有通识、要能自我教化，那就意味着还有余力"跃出"种种压力所形成的旋涡。这完全是个人的问题，但也是时代的问题。

四　为学与为人

　　牟宗三曾作过一次题名《为学与为人》的讲演，从熊十力"为人不易，为学实难"的感慨说起，对学问与生命的关系做出了独特的诠释。

　　1. 学者如何做人

　　牟宗三所谓的为人，既是普遍一般意义上的做人，但更是紧扣学问

---

①　海德格尔：《存在与时间》，陈嘉映、王庆节合译，熊伟校，北京：生活·读书·新知三联书店，1987年，第247页。

②　牟宗三：《时代与感受续编》，《牟宗三先生全集》第24册，台北：联经出版事业股份有限公司，2003年，第348页。

的，是反思、自觉如何做人，因而又是在讲学者如何做人，是在说"生命的学问"。

按牟宗三的理解，做人之难在于深陷千篇一律的生活之中，一不小心就成了一个"常人"（das man），丧失了觉解，迷失了自我。"我们天天在社会里'憧憧往来'，昏天黑地，究竟什么地方是一个真的我，我在什么地方，常常大家都糊涂的。"① 因此，考虑如何为人就是要找到自己，做一个真我。真我就是能够从千篇一律的被抛状态中挣脱出来，能够从生活的旋涡中跃起，能够在日常生活中表现自己的真性情、真自己的人，因而也就是一个真人。这是一个存在真而观念也真的人。"能够面对真实的世界，面对自己内心的真实的责任感，真实地存在下去，真实地活下去，承当一切，这就是一个真人了，这就可以说了解真人的意思了。因此，所谓真人就是说你要是一个真正的人，不是一个虚伪的，虚假的，浮泛不着边际的一个人。"②

这里的"虚伪""虚假""浮泛不着边际"等当然是有所指的，有其时代问题在里面，但也是一个永恒的问题：大家都采取顺应潮流的做法，心目中只有功名利禄，去顺应生活，跟着生活走。在知识分子，就是"帮闲"、甘做生活的"啦啦队"。③

一般人成为帮闲、千篇一律还好理解，那是因为不识不知，顺生命的物边事往下滚。读书人以成圣成贤为目标，需要对自我有自觉和反思，又为什么会成为帮闲呢？这构成了牟宗三这篇演讲的主旨。读书人成为帮闲，一定是他的自觉。面对这个真实的世界，面对真实生活的沉重，他厌倦了自己的责任，他选择了自我放弃，甚至把原有的责任、观念宣布为虚假或欺骗。这样的人，做人，就是物欲边人，精致地计算利益的人，可以为利益随时放弃一切和利用一切的人；做学问，就是稻粱谋的学问，帮闲的学问。这种人不可能有"学问的生命"，更谈不上"生命的学问"了。

在这个地方，牟宗三以朱夫子及自己为例，证明无论是就"现在教

① 牟宗三：《生命的学问》，桂林：广西师范大学出版社，2005年，第97页。
② 牟宗三：《生命的学问》，桂林：广西师范大学出版社，2005年，第95页。
③ 牟宗三：《时代与感受》，《牟宗三先生全集》第23册，台北：联经出版事业股份有限公司，2003年，第65页。

育分门别类的研究方面"的"学问的生命",还是"把自己生命的核心地方展露出来"的"生命的学问",都是相当艰难、相当不容易的,都需要有"不厌""不倦"的那一口气在。① 这一口气即是人禽之辨,可以在原始生命的健旺处说,但主要还在观念的明晰,以及随此明晰观念而来的生生不息的强劲动力。这里无所谓乐观,也用不着悲观,有的只是绚烂之极归于平淡的觉解和决断,以及随之而来的一路向上登攀。牟宗三甚至还曾提出"自戒自律三个原则"。"第一,我们要忠于自己所研究的学问,即是说要有研究学问的真诚。这个学问的真诚就是说不要曲学阿世,不要委屈自己所学的东西来阿附世之所好。那也就是说,不说妖妄之言,不指鹿为马。""第二,不作清客,不作清客就是不帮闲。""第三,你要时常体念你所受教育的教育机构的独立性,以及学术王国的独立性。"②

知识分子如果不能守自己的戒律,反以帮闲为荣,以曲学阿世为能,那么即便混得人模人样,其实却是很惨的,最多不过是马克思所说的"豢养的文丐"罢了。

2. 生命的"幽默"

照理来说,常人、帮闲无时无处不有,就是真实生活的一部分,真人、假人就犹如林中路上的光与影,又哪里能够清晰区隔呢。因此,要从千篇一律中挣脱出来的"不厌""不倦"的那口气也就非常辛苦,这不禁让人悲从心来。这是生命的悲情,避免不掉。不过,生命的悲情却并不是日常生活中面对具体事情的悲观或乐观,而是一切真实不虚生命所自带的底色。"这是一个真实心在那里表现。天下的事情用不着我们来乐观,也用不着我们来悲观,只有一个理之当然。"这是一个人生命里面的彻底决断。非常辛苦但又能彻底决断,则不能不有无限的智慧和幽默:"有沉重之感而不露其沉重,有其悲哀而不露其悲哀,承受一切责难与讽刺而不显其怨尤,这就是幽默。"③

牟宗三借《桃花扇》第一出听稗中柳敬亭说书一幕"凭世上沧海变

---

① 牟宗三:《生命的学问》,桂林:广西师范大学出版社,2005年,第104页。

② 牟宗三:《时代与感受》,《牟宗三先生全集》第23册,台北:联经出版事业股份有限公司,2003年,第246-247页。

③ 牟宗三:《生命的学问》,桂林:广西师范大学出版社,2005年,第98页。

田田变海，俺那老师父只管矇瞪着两眼定六经"的描写而为言，强调
"'矇眬两眼订六经'并不是说忽视现实上一切国事家事，对于社会上的
艰难困苦，不在心上。'矇眬两眼订六经'是把我自己的生命收回到自
己的本位上来，在这个不厌不倦订六经的过程里面照察到社会上一切的
现象，同时也在矇眬两眼照察社会一切的毛病缺陷之中来订六经"[1]。这
里有无奈，但也有明智与决断。试想想，世间如此多破事，我怎么能管
得过来，若一直忧心忡忡，生命也便被忧心忡忡占据完了，那就不要做
什么事情了，因此不妨平常其心，透一口气，把一切关爱、思考都汇聚
于当下的做事之中，无所谓希望，也无所谓失望吧。

在《世界有穷愿无穷》一文中，牟宗三对此不厌不倦的悲情幽默有
着更为详尽的说明：

> 此虽鼓词笔调，而意味极其苍茫。将孔子的一幅心愿表露无余。
> 上天下地，往古来今，彼此人物，一齐勘破，一齐推倒。露无我无
> 人之法体，发统天先天之心愿。"维天之命，於穆不已，文王之德之
> 纯，纯亦不已。""只管矇眬两眼定《六经》"，亦就是此"纯亦不
> 已"也。惟此心愿，始是无尽心愿。要之，只是一心之不容已。此
> 心愿并不是特殊化的心愿。如特殊化而为一定对象之意愿，如意愿
> 发财、意愿一定事业之成功，则心愿即陷落而胶着于事象上，此时
> 便不是那无尽的心愿。盖事象有生灭流转，有成住坏空，有可实现
> 而不必实现，而心愿胶着于其上，则亦随之而为生灭法，所谓习心
> 是也。生灭无常之习心不能无尽。而且胶着于事象上之心愿，其意
> 愿某一对象而欲其成功或实现，则又不能不靠才、情、气以鼓荡，
> 而才、情、气即是服从消息之强度原则者，其自身不能永恒而常新。
> 才有时尽，情有时枯，气有时竭。及其尽也、枯也、竭也，则嗒然
> 若丧，而其胶着于事象上之意愿亦撤销而尽矣。故此胶着之心愿，
> 乃生灭之现象，非"於穆不已"之本体也。"於穆不已"之心愿，
> 乃无条件者，亦不胶着于一定对象者。故云：此是无我无人之法体，
> 统天先天之心愿也。直承此心愿而从事，则一切事业皆是此心愿之

[1]　牟宗三：《生命的学问》，桂林：广西师范大学出版社，2005年，第99页。

流露。此心愿常新而不已，故事业亦常引生而不息，而才、情、气亦常活转而不竭。一人之生命、事业、才、情、气有尽，而未来之生命、事业、才、情、气则相续不尽。此是一无尽之相续，而由无尽之心愿以引生出者。本此无尽心愿而从事，则不可云胶着。只是随缘随分而尽其性。遇见事，该作便作，该如何作，便如何作。心愿不已，事亦无尽。定《六经》是一事，学不厌，教不倦，天天是事，亦皆是纯德之不已。孔子如此，文王之"纯亦不已"亦是如此。此心愿，如关联着事讲，将永远无了，而亦随时可了。从随时可了方面说，即所谓一念万年也。一了一切了。从永远无了方面说，则引生无穷之未来以了之。无穷之未来亦永远不能了，故终于成一无穷之引生也。①

这一段内容颇为丰富。"中原无人，大事已不可问，我辈且看春光"，天下兴亡之感，人间离合之情，生命中有的没的，都尽显其中。《水浒世界》一文中"直而无曲、当下即是"的汉子境界，《人文教养和现代教育》一文中的"既相干又独立"，《现象与物自身》一书中的"两层存有论"，《圆善论》一书中的"圆顿时间"，甚至马克思实现人的自由本性的社会发展理论等，都贯通其中了。这不是原始生命的充沛，而是文化生命的清澈，是生命的辩证法，而最终可归结为一句俗语："不怕慢，只怕站。"即，在生命的感应中，纯粹地去做自己的事情，没有希望也没有失望，没有坚持也没有放弃，不攀援欣羡也非如泥委地，一直做下去就好了，子子孙孙无穷匮也，世界总有清明的那一天，永久和平、天下大同终将到来。

3. 学人的上下求索

就理上看，牟宗三区分了为学进路上"自上而下"与"自下而上"两种方式的不同。前者是熊十力等磐磐大才所可采取的方式，后者是一般人常用的方式。

照"露无我无人之法体，发统天先天之心愿"的讲法，无论是为学

---

①　牟宗三：《道德的理想主义》，《牟宗三先生全集》第 9 册，台北：联经出版事业股份有限公司，2003 年，第 264-265 页。

还是为人，都最好在最高点先有一个洞悟（insight），往下做事也就顺当了。在牟宗三看来，熊十力就有这个"无古无今，无人无我，直透法体"的洞悟：

> 他就是这样的从上往下，由他的原始气具强烈的历史文化意识的生命格范，发出一股智慧之光，好像一团烈火，可以不对应地烧掉一切。凡是有入路有论题就可有诤辩，要诤辩就要对题，这就是所谓的"对应"；但是熊先生是从上往下的，他用那烈火一般的智慧去烧掉一切，遮拨一切时，是不采取一个问题对着一个问题去论辩的。任何论题一碰到这烈火就烧掉了，任何学说一碰到这智慧就现出毛病了。①

这不由让人想起"良知是呈现"的那个著名的公案，那霹雳一声、振聋发聩、能将人的觉悟提升到宋明儒者层次的狮子吼。熊十力犹如"天上地下，唯我独尊"的佛菩萨，用他的烈火演说决定之理，震慑一切外道异说。

但牟宗三知道，"我们一般人研究学问都是从下一步步上去的，如此使须有个起点，有起点然后有入路，有入路就有论题"②。若按照这种"由下往上有入路有论题的方式"来看，熊十力的学问就"有'从宇宙论说下来'的倾向。故一方既可使人想到为'非批判的'，一方又可使人想到为玄谈为光景"③。这也就是人们常常批评的神秘主义与独断论等。对于这种疑问，牟宗三解释说：

> 吾人看伏羲、孔子、孟子、《中庸》、《易传》，可不经过科学知识之成立，批判哲学之出现那个路数，所分判的"从宇宙说下来"与"从人生说上去"那两个来往的对立，而看之。这两个来往，在

---

① 牟宗三：《时代与感受续编》，《牟宗三先生全集》第24册，台北：联经出版事业股份有限公司，2003年，第302页。

② 牟宗三：《时代与感受续编》，《牟宗三先生全集》第24册，台北：联经出版事业股份有限公司，2003年，第301页。

③ 牟宗三：《五十自述》，《牟宗三先生全集》第32册，台北：联经出版事业股份有限公司，2003年，第92页。

原始儒家是一下子同一时呈现的，既不隔，亦不对立。无论从那一面说，都是通着彼面的，而且亦是了然于彼面的。既不是外在猜测的，先随意建立宇宙论，如希腊早期自然哲学家之所为；亦不是从认识论上摸索着以前进，如经过科学知识之成立，批判哲学之出现者之所为。摸索着以前进，对于宇宙人生之本源是不透的；外在的、猜测的、随意建立的宇宙论，是无根的。这是西方的路数，中国儒家讲学不是这样。它直下是人生的，同时也是宇宙的，所以本源是一，而且同是德性意义价值意义的。因此，从宇宙方面说，这本源不是无根的、随意猜测的，这是直接由我的德性实践作见证的。同时从人生方面说，这德性意义价值意义的本源，也不是局限而通不出去的，故性与天道一时同证。一透全透，真实而［无］① 妄，无论从宇宙说下来，如《中庸》与《易传》，或是从人生说上去，如孟子，皆是两面不隔的，亦不是不接头的。故不可像西方哲学那样，视作对立的两个途径。对于熊师的学问亦当如此观。这只是有"原始生命"、"原始灵感"的人，才能如此。这不是知解摸索的事，而是直下证悟感受的事。若说证悟感受是主观的，但在这里，主观的，亦是客观的。这是创造之源，价值之源，人生根柢的事，不是知识的事，熊师学问最原始的意义还是在这一点。这是打开天窗，直透九霄的灵感。②

如同上引分析"只管矇瞪着两眼定六经"的那一段，这一段也是非常重要的，故不厌其烦，照录于此。就"生命的感应""存在的感应"而言，这已经是对熊十力的最高的赞叹了，表彰熊十力的历史文化意识直接与孔孟等传下来的文化大生命相贯通了，而达到了同样的高度和层次。其中的关键，实际上只是自下而上从知识到道德与自上而下从道德到知识这两条道路来往对立，那种能够作为生命最后的依据、保障或可能性的圆融圆满本身，不过是就此来往对立所显现出来的罢了。而"直

---

① 据《生命的学问》改。见牟宗三《生命的学问》，桂林：广西师范大学出版社，2005年，第120页。
② 牟宗三：《五十自述》，《牟宗三先生全集》第32册，台北：联经出版事业股份有限公司，2003年，第92-93页。

下证悟感受""一透全透""打开天窗"等，即是对此显现的直接意识和确证。

唯其如此，在这最高的赞叹中，也有牟宗三对自上而下为学方式委婉却坚定的批评。

牟宗三对丰沛的原始生命确有赞叹，但在根底上仍旧将其归为才、情、气，而与理性生命、文化生命相区别。比如在《为学与为人》一文中，牟宗三以张作霖为例，说明一个人在生命的光彩发出来的时候，料事如神、亿则屡中，但光彩完了，就是一个大傻瓜。其中原因，就是原始生命的光彩是无根的。"假定我们完全靠我们的原始生命来纵横驰骋，则我们的生命是有限度的。假定不靠我们的原始生命，我们要诉诸我们的理性，来把我们的生命提一提，叫它永远可以维持下去，这更困难。"① 前者是原始生命的任性挥洒，后者是自觉做工夫以求。任性挥洒可能因为原始生命力强，而生出不朽的事业，但是被本能决定了的，没有丝毫自由可言。在《水浒世界》一文中，牟宗三也把水浒汉子归结为生命洋溢、气力充沛的人，称他们的任性挥洒是"纯直无曲，当下即是"的"蠢动"。"蠢动"，就是被推着如此如此，看似做了许多惊天动地的事情，其实却是寂天寞地，一无所做。"说《水浒》是寂寞的表示，不如直说原始生命必须蠢动。他有那股充沛的气力，你如何叫他不蠢动？而蠢动不是境界，亦不是什么思想或意识。"②

这其实是牟宗三一贯的区别，无论是先前的《历史哲学》《才性与玄理》还是后来的《商榷：以合目的性之原则为审美判断力之超越的原则之疑窦与商榷》等，均持这样的观点。这意味着，熊十力因原始生命的饱满而提点了智慧的方向，却仍然是才情气的学问，并没有在自觉中得到很好的贞定。就此，牟宗三对自己的老师提出了委婉的批评：

> 他不是先做客观的研究，这家如何那家如何，他不像我们这样耐烦，闲着没事做教书匠，一点一滴的去讲究，他没有这份耐心。③

---

①　牟宗三：《生命的学问》，桂林：广西师范大学出版社，2005年，第100页。
②　牟宗三：《生命的学问》，桂林：广西师范大学出版社，2005年，第192页。
③　牟宗三：《时代与感受续编》，《牟宗三先生全集》第24册，台北：联经出版事业股份有限公司，2003年，第301页。

　　我思考的结果发现症结在于他们生命中都缺乏某种东西，那种东西就是孔子所说的"学而时习之"的那个"学"。生命中的真性情、真智慧、真志气都要靠"学养"来充实才可以支撑得起来，而那一辈老先生正好都缺乏足够的学养。人在社会中要关心时代，关心天下家国大事。但人是有限的存在，关心的事那么多那么大，所以若光靠天生一点气质所凝结的才情华采，而无学问知识以充实之、长养之，怎能应付得来？尤其在此风雨飘摇的时代，"学养"之足不足遂成为一个非常严肃的问题。"学养"，实在的说，也就是对问题要做"客观的了解"，要有正确的知识，不误解，也不笼统。①

　　我老师熊先生念兹在兹想接着现有的《新唯识论》写出"量论"部分，也写不出来。本来依熊先生的计划，《新唯识论》应有两部：上部"境论"，讲形上学；下部"量论"，讲知识论。但"量论"一直写不出来，其实就是因为学力不够。因为熊先生的所得就只有一点，只那一点，一两句话也就够了。②

　　这种讲法其实是很严重的，意味着熊十力在为学上即便不是气机鼓荡，但自上而下的洞悟（insight）至少也只是"大体知道"③，虽然不能说错，却是不对题的，是空洞的，是正确的废话，即所谓"超过的不能"④"理性早熟"⑤等。牟宗三还举崇祯末年刘蕺山"陛下心安，则天下安矣"的例子，强调要把下面功夫做实，要对事情有客观的了解，要从充分条件（知识）里长养、贞定出必要条件（洞悟），否则只能是迂阔。⑥当然，这并非牟宗三不敬师长，而是牟宗三在最高层次上的分疏，

①　牟宗三：《客观的了解与中国文化之再造》，《牟宗三先生全集》第 27 册，台北：联经出版事业股份有限公司，2003 年，第 420 页。

②　牟宗三：《客观的了解与中国文化之再造》，《牟宗三先生全集》第 27 册，台北：联经出版事业股份有限公司，2003 年，第 428-429 页。

③　牟宗三：《时代与感受续编》，《牟宗三先生全集》第 24 册，台北：联经出版事业股份有限公司，2003 年，第 301 页。

④　牟宗三：《政道与治道》，《牟宗三先生全集》第 10 册，台北：联经出版事业股份有限公司，2003 年，第 57 页。

⑤　牟宗三：《中国人的安身立命》，《牟宗三先生全集》第 27 册，台北：联经出版事业股份有限公司，2003 年，第 443 页。

⑥　牟宗三：《客观的了解与中国文化之再造》，《牟宗三先生全集》第 27 册，台北：联经出版事业股份有限公司，2003 年，第 420 页。

是在"责贤者备"。在此我们可以区分出几个层次：最下者甘做"豢养的文丐"，因此无所谓真理、学问；其上是有真性情、真智慧、真志气者，表现历史文化意识，发展文化意识宇宙；最理想的感触、知识、思辨三者兼具，真理与学问十字打开，互相支撑，两两明显。

这样，如果再能了解到牟宗三对原始儒学与现代儒学的区分，结合"直通"与"曲通"之不同来看，那么这里关于"自上而下"与"自下而上"为学进路的讨论，已经让"良知是呈现"的公案可以翻过来看了。

天才是不世出的，原始生命丰沛与否也是可遇不可求的。强如熊十力，无客观的了解，无知识以贞定，尚且如此，何况其他？原始生命的丰沛程度是已经给定的，是无力改变的，在这个地方，恰恰不是良知呈现，而是建立知识，才是第一位的。换言之，牟宗三自己已经翻了"良知是呈现"的案。其中最要紧的有三点相互关联的意思。

一是说，当我们客观了解、建立知识的时候，心中应该是无主的，虚一而静，放空自己，直面问题，从下一步步上去，实事求是。如果先纠结古今中西，再有道德为本与知识为末等分别，那么心就不平，势必横撑竖架，客观的知识就不能建立，对事情本身的了解也就不能深入，甚至走向知识、道德的双重反面。典型的一个例子就是李森科事件。①这个道理其实是最平常不过的了。人心弯弯曲曲水，世事重重叠叠山，谁又能够以上帝自居，担保自己的良知呈现就是真的良知呈现，而不犯错呢？因此，最好的办法就是把一切心（包括知识心、道德心）都收起来，在纯粹感应中以观物、照物、知物，天下何事非物，反过来也就可能了解了自己、时代与文化。

二是说，无论对我们的时代对我们的人生，皆不必把希望寄托在上面，尤其不必期望一个外在的圣人。众所周知，牟宗三的成德之教是要求成圣成贤的。但它是现代的成圣成贤，主要是一种自期，是一种自我教养，而非圣王教化。这是传统思想家常常转不过弯的地方。"王船山最后说一句'自非圣人崛起，以至仁大义立千年之人极，何足以制其狂流

① 牟宗三：《道德的理想主义》，《牟宗三先生全集》第9册，台北：联经出版事业股份有限公司，2003年，第108页；《时代与感受》，《牟宗三先生全集》第23册，台北：联经出版事业股份有限公司，2003年，第245页。

哉！'还是把希望寄托于圣人。这话令人悲观，等到什么时候才出大圣人呢？"① 上面的大圣人不出，下面的万民就不活了？答案当然是否定的。

三是说，我们需要在生活中学习，在实践中改变，需要自下而上地开辟道路。按照马克思的"唯物史观"，或者按照牟宗三的心物感应的"所与"，生活是基础，那么一切文化、社会制度等都需要开放自己，与他者接着。唯有不违背人自然的存在的良知才是真的良知呈现，因此以"生命"为首出的"中国的学问"必须与以"自然"为首出的"西方的学问"相接头。这里重要问题是，"社会制度不能违背自然、违背人心的常道。不能违背人心是如家常便饭的，也恰恰是现实需要的，不能天天吃肥鸡大鸭，为生民立命就要按自然之常、人性之常来建立一生活的道路"②。这个地方是无古无今无中无西的。

有了这三点，牟宗三"从上面说下来"的彻底的唯心论就有了根基，"从宇宙说下来"与"从人生说上去"那两个来往、"生命的学问"与"学问的生命"那两个来往等，都不隔而接头了。于是，良知得以真实呈现。

五　水与鱼

牟宗三曾用水波一体来喻生产力与生产关系的关系，意在谨守那动的、全的、发展的观点，既承认概念上的劈分之不可避免，同时又要求把作为一个整体的社会历史实践安放在最基础的地位上。③ 概念上的劈分之所以不可避免，是因为我们的认识方式，不可能如上帝那样直接把握事情的全部，而必须有个起点，这个起点本身只能是抽象的结果，是暂时将其从整体中区隔出来以为对象，其后的思路、论题等也全都离不开抽象和概念。而如此抽象、劈分当然不是目的，目的只是重建我们天人合一的世界。于是，康德的演绎、黑格尔的精神现象学、海德格尔的存在论等，都是为了用概念来"说"那个"不可说"的整体。

① 牟宗三：《中国人的安身立命》，《牟宗三先生全集》第27册，台北：联经出版事业股份有限公司，2003年，第443页。
② 牟宗三：《中国人的安身立命》，《牟宗三先生全集》第27册，台北：联经出版事业股份有限公司，2003年，第443页。
③ 牟宗三：《社会根本原则之确立》，《牟宗三先生全集》第26册，台北：联经出版事业股份有限公司，2003年，第658页。

　　生命的问题，本是不可说的整体，充满了神秘。生命的学问首先要求对这种神秘有某种直觉和梦想，以便尽可能地不破坏整体。学问的生命则要求必须对这种神秘有具体的研究和分析，以避免梦里不知身是客，直把他乡作故乡。由于人是生活在文化中，不可能完全无观念地"在世界之中"存在，某种先在的直觉领悟（公共意识形式，意识形态）不可避免，于是两种学问必须有一个循环，梦才可能不是梦魇，而是美好生活的梦。

　　既然是个循环，那么当学问的生命已经证明某个梦的故乡性，则生命的学问就有责任将这个梦宣布为大家的梦，反之亦然。对于这种关系，牟宗三用鱼水一体喻，强调生命的学问虽然看似虚而无用、大而无当，但其实却是非常重要的"背景"：

> 　　专家所以能在社会中自由活动，就好像鱼在水中一样；鱼所以能自由活动是靠着江湖中的水，但鱼却常不自觉水的存在，这就好比庄子所说的"鱼相忘于江湖"。鱼在江湖水中可以相忘，但一旦没有水了，那么鱼儿就只好互相吐口水来照顾对方，这就是"相濡以沫"；到此地步，生命就很凄惨，再也不能自由自在的活动了，生命也就快完了。所以专家之所以能活动，是靠江湖之水作他的背景，而这里的水所指的就是"充分的自由"。充分的自由并不只是一句话，它后面有一个制度，也就是自由世界的制度。①

　　牟宗三从文化思想到意识形态再到社会制度，强调生命的学问所揭示的整体究竟何所是的意义和作用。在这里，重视德性就要重视生活，重视生活就是重视德性，自由既是"生命的学问"的洞悟所见，也是"学问的生命"的研究对象及其得以进行的前提，还是生命、生活本身的常态。而如若没有了水，或者只是封闭绝望的死水，那么生命、生活、学问等，也就全完了。人们常说的军民鱼水情等，说的也不过是这个理儿。理已明，而行未终。如果说无论民族的生命还是个体的生命都是生

---

① 牟宗三：《时代与感受续编》，《牟宗三先生全集》第 24 册，台北：联经出版事业股份有限公司，2003 年，第 334 页。

生不息的，那么现在唯一的事情，就是在社会生活中行之而成了。

从整体上看，鱼水喻强调先立乎其大，强调作为文化思想的"充分的自由"的先在意义。这似乎是打开的、宽容的，与前面"守规矩""守分际"的约束意识有别，但其实是一致的，因为自由并非任性。这也能够解释，为什么牟宗三那么重视"良知呈现"，重视那霹雳一声的狮子吼在提升觉悟上的振聋发聩作用。在这个意义上，"良知是呈现"又确是不易之论，不存在翻不翻案的问题。不过需要注意的是，"充分的自由"不仅是个人文化思想方面的觉解问题，还是公共意识形式的问题，更是制度法权的问题，最后显现在一切的社会公私生活方面。个人觉解上确实能够一言而觉，马上提升到宋明儒者的层次。但在公共意识、制度、生活诸方面，却无法如此爽利，在明确了方向的前提下，还需要自下而上走很长的路，"学问的生命"的耐心的重要性就上升了。

六　"以损己益他，但位居五品"

以上对于"生命的学问"的讨论无疑具有一般性的意义，而表明一种时代的特征，但牟宗三更是以当事人的身份来看问题，因而对于自己的致学思路是有着特别清醒的自觉意识的。那些从右边出发，批评牟宗三的良知坎陷是父权压迫、现代巫术、耍魔术的，与那些从左边出发，批评牟宗三道德的形上学是被西风"熏醉"了的"拉拉队"、背离了原始儒学真精神的，表面上看起来针锋相对，但在对牟宗三致学思路的理解上，却是非常一致的，都把牟宗三理解为从上面说下来的典范，都对牟宗三"自上而下"的路与"自下而上"的路的那种交叉和循环视而不见。从特定的意义上讲，很多批评者并不真正关心牟宗三讲了些什么，牟宗三只是他们浇自己块垒的酒杯而已。就此而言，很多批评至今还不具备超越牟宗三的能力。

在《佛性与般若》一书中，牟宗三用了整整一章的篇幅来讨论天台智者的"位居五品"，若从致学思路的角度看，明显有着现身说法的味道，而可以视为牟宗三的一种自我宣言。在这一章中，牟宗三从章安灌顶述《摩诃止观》缘起中的"安禅而化，位居五品"讲起，再依荆溪《止观辅行传弘决》随文疏解中智者"吾不领众，必净六根。以损己益他，但位居五品"的自谓，逐次展开。其文引经据典，名相众多，颇为繁长，这里仅依以下三个相互关联的问题来进行讨论：一是"自天台、贤首等宗兴盛而后，佛法之光愈晦"的问题，二是"修行位次"问题，三是"损己益他"问题。

1. 佛法之光

欧阳竟无在其《唯识抉择谈》中先列举了当时佛法晦蔽的五个方面的原因，其中第三点有云："自天台、贤首等宗兴盛而后，佛法之光愈晦。诸创教者本未入圣位，如智者即自谓系圆品位，所见自有不及西土大士之处。"[1] 牟宗三对此有个回应。五品弟子位在天台宗"六即位"序列中属第三"观行即"，与第四"相似即"分属"内凡"的"外品"与"内品"。所谓"内凡"是指虽已经纳入佛的轨辙中了，但未断无明。这与第一、二即的"外凡"有别。其解说繁富，略言之：

> 五品弟子位是圆教之初步。从五品位到十信位，十信位是一重要之关键。五品位当身是内凡之外品。然五品中之第五品具行六度，即入十信位，六根清净，相似佛发。智者即居此位。所谓"位居五品"实即居第五品入十信位也。入此十信位，即名为"入圆位"。故智者亦被说为居"圆品位"。此圆品位即圆第五品位兼十信圆位也，不单只第五品位也。分别言之，第五品位为内凡之外品，十信圆位则是内凡之内品。仍谓为"内凡"者，以具烦恼性知秘密藏，未断无明故也。至十住起开始断无明，始入贤圣位。[2]

牟宗三承认，天台智者系圆第五品位兼十信圆位，虽依别教言已入三贤位而未入圣位，依通教言已入圣位，但依圆教言却未入贤圣位。这意味着智者的修行位次并不高。但牟宗三的问题是，"依圆教而言，西土大士真能进入圣位甚至贤圣位乎？如无著、世亲、龙树等真能入圣位乎？后人尊之为菩萨耳"。紧接着，牟宗三有一段重要论述：

① 转引自牟宗三《佛性与般若》（下），《牟宗三先生全集》第4册，台北：联经出版事业股份有限公司，2003年，第980页。

② 牟宗三：《佛性与般若》（下），《牟宗三先生全集》第4册，台北：联经出版事业股份有限公司，2003年，第979页。

> 智者自谦居圆第五品位兼十信位，乃如实说，不得轻视之也。
> 而且佛法之光晦不晦亦不尽系于进入圣位否。若就所见而言，唯识
> 宗之所见不必高于天台。其就八识而为烦琐之心理分析，不必真能
> 善弘佛法之光也。①

牟宗三的意思很明确，五品弟子位乃实说，不能因为未入贤圣位而
瞧不起天台智者；天台智者处于慧地、伏忍位，具智德，而未具断德，
虽未进入圣位，但其"所见"，却于弘法最为相宜；唯识宗亦有所见，
但其失在于烦琐、纤巧。

牟宗三对唯识宗的判法，与判定西方分析哲学的精巧和无体、无理、
无力等，颇有相合之处，若衡之于其每每强调的"学统"自身的独立意
义而言，似判法太严，这里不能详论。以下主要就修行位次与所见的关
系展开论述。

2. 修行位次

杜少陵诗曰："文章千古事，得失寸心知。"《华严》有云："诸地不
可说，何况以示人？"牟宗三承认，文章已经很难论说了，更何况是破无
明而证真、有无穷无尽工夫在其中的修行位次问题了，那更是"只有证
者自知""皆须自证自知"。虽然如此，"客观地自理上而言之"，"方便
从教之轨辙略说"，却也是可能的，而可以得到一个大体上不太差的
评价。②

应该说，这一章的很多文字都是牟宗三用来"描述"含有无穷无尽
工夫在其中的修行位次的，在此不展开。除此之外，所谓"理上""教
之轨辙"等，正涉及"所见"问题。由此"见"，而可理解"损己益
他"问题。简言之，如果是自证自知，则不必宣诸文字，劳力费神，
"为他人作嫁衣裳"；唯教，则必须"苦恨年年压金线"，把那客观之理
写讲出来。在此，天台智者"未断无明""理虽未显，观慧已圆""说法
第一"等特征正显出其"损己益他"的自觉。这也就是牟宗三在《五十

---

① 牟宗三：《佛性与般若》（下），《牟宗三先生全集》第 4 册，台北：联经出版事业股份
有限公司，2003 年，第 981 页。

② 牟宗三：《佛性与般若》（下），《牟宗三先生全集》第 4 册，台北：联经出版事业股份
有限公司，2003 年，第 1027、1032 页。

自述》中所讲的"现身有疾"，在《生命的学问》中所言的"幽默"等。

3. 损己益他

"损己益他"若从社会上讲，就是通功易事、分工合作；若从人的存在上讲，就是人的有限性，人与他者共在于这个世界之中。牟宗三先论"事实"，再讲"价值"。

> 仲尼不废学，不废礼，不废行，亦不废言。然有学即有幻怪之名，有礼即有华藻之兴，有行即有影，有言即有响。幻怪、华藻，以及影、响，乃是学、礼、言、行所必然带来的桎梏。明此必然之理，不舍不着，即是桎梏之解除。不舍者，即于学礼言行而不废也。不着者，无心于学礼言行而不执也。说是桎梏，说是天刑，乃是不达者自外观之而已。若自圣人自己主观地言之，则亦无所谓桎梏，无所谓天刑。通达了了，则桎梏非桎梏，天刑非开刑，乃只是实德业耳。《大宗师》篇孔子自居"游方之内"，自称曰"天之戮民"，此亦是孔子自己之幽默。既是"游方之内"，故甘受此种桎梏，而认为是天所刑戮之民。此虽是幽默，亦是绝大的严肃悲情。①

这里的关键还在于孔子的"学而不厌，诲人不倦"。这里有三种悟性不错的人。一种是所谓天才圣佛，他可以不吃家常便饭，而自足自觉圆满，因此远离一切悲苦，常得喜乐。这是就自己的修证而言。"一个有自觉生活的人，在他的觉悟过程中完全以自觉中的自明自得为证。他心中也无天，也无地，也无圣人。他自己心中的自明自了就是天就是圣人。"② 另一种是智及而不能仁守的人，他看到了人的有限性，而为此泄气、悲、厌心迭起，如泥委地，则亦无所谓天地圣人。除此之外，还有一种人，他深知人的生命的种种限制，也深知自我解脱之道，却能坚定地行菩萨道。"依菩萨道说，不管这个世界怎么样泄气，不鼓励我们，我们也不能厌，也不能倦。"③

---

① 牟宗三：《佛性与般若》（下），《牟宗三先生全集》第 4 册，台北：联经出版事业股份有限公司，2003 年，第 1010 页。

② 牟宗三：《祀孔与读经》，《中国日报》1952 年 9 月 28 日孔子诞辰纪念特刊。

③ 牟宗三：《生命的学问》，桂林：广西师范大学出版社，2005 年，第 97 页。

　　这第三种人，虽凡而圣，超凡入圣，一般地说，既看到了因人之有限性而来的种种本己性的苍凉和无奈，又不会因此放弃对公共幸福生活、美好生活的追求，于是将此追求体现在个体自己各正性命、通功易事的工作中；具体地说，则是自己既明知自下而上的思辨之学的种种幻怪桎梏，又能静专通过康德而造知识论以有功于时代和他者，即所谓"只写了一些书，却是有成，古今无两"①。牟宗三说：

　　　　盖人之一生，若循一定教轨而修持、开悟，则从诵读、解义、说法方面说，无论根器大小，总须至五六十岁始渐臻成熟。此种思辨工夫虽是外部的，然却并非容易。一时悟解，可以偶发，所谓傥来一悟，然说到义理精熟，表之于文字，句句合规合度，客观地站得住，不浮泛，不混乱，规模宏大，终始条理，则非长年积累消化不为功。……此种工夫既劳心，又劳力，非略观大意，不求甚解之自娱者，所可企及。此乃智者所谓"损己利人"之事。……此种"损己利人"之功夫，非静非专不可。然因为犹属外部的工夫，故对于界外无明，只能伏而不能断。相应无限境中之无量法门，即天刑而破无明，得解脱，此乃是践履上之最内部的工夫。静专而造论弘法，损己利人，虽不能说与践履无关，然究竟思辨工夫多，故于同体无明只伏不破，甚显然也。②

　　也就是说，牟宗三对于自己选择了静专思辨这种劳力劳心的"学问的生命"是有深切而自觉的认识的。"只伏不破"是讲对自己生命的"损"，"表之于文字，句句合规合度，客观地站得住，不浮泛，不混乱，规模宏大，终始条理"是对他人的"利"。在这个地方，时代、个人、他者结成了一个自由开放的网，通过人与人的共同存在，牟宗三"学问的生命"有望转而成为众人"生命的学问"。这种以知识、思辨促感触，以达转识成智的效果，也就是天台智者所谓"竖功若深，横

---

① 蔡仁厚：《牟宗三先生学思年谱》，《牟宗三先生全集》第 32 册，台北：联经出版事业股份有限公司，2003 年，第 92 页。

② 牟宗三：《佛性与般若》（下），《牟宗三先生全集》第 4 册，台北：联经出版事业股份有限公司，2003 年，第 1030-1031 页。

用必广"①。也正是在这个意义上，牟宗三认识到"自内圣工夫破无明妄根言，儒者较更能鞭辟入里"，但也强调"自弘法造论言，儒者不及智者与西哲之康德"，盛赞智者，称"西方哲人中惟康德可达位居五品兼六根清净位"。② 因此，牟宗三在生命的最后阶段，对诸生垂示如下：

> 你们必须努力，把中外学术主流讲明，融和起来。我作的融和，康德尚作不到。③

这是牟宗三对天台智者"吾不领众，必净六根。以损己益他，但位居五品"的再度确认，智者、康德与自己，一生以著述为职，虽不能无遗憾，也不能无喜乐。人若必以为牟宗三的圆善、道德的形上学只是一种"境界"，牟宗三必不服。其必说，我与圣贤的生命实践工夫或有量的差别，但其质不易。此所谓"真正仲尼临终不免叹口气"：

> 圆佛圆圣亦可说是一理想的基型。直以释迦与孔子为圆佛圆圣，多少亦是理想化了的……盖因释迦与孔子亦是一现实的存在……此即示存有论的圆具与作用的圆具之间，因"现实存在"一观念之插入，而有了一点距离。一个现实的生命而能既作用地圆具又能存在论地圆具，这似是不可能的。现实生命而可存有论地圆具一切，那是境界义的存有论的圆具，而非实有义者。是则在现实生命上，实有义的存论的圆具，其外延被减缩。是即未能相应实有义的存有论圆具而实有地圆具之。其生命之作用地圆具是质同于那理想的基型，而量不同。④

---

① 牟宗三：《佛性与般若》（下），《牟宗三先生全集》第 4 册，台北：联经出版事业股份有限公司，2003 年，第 986 页。

② 牟宗三：《佛性与般若》（下），《牟宗三先生全集》第 4 册，台北：联经出版事业股份有限公司，2003 年，第 1034 页。"智者"原文为"儒家"，似有误。

③ 蔡仁厚：《牟宗三先生学思年谱》，《牟宗三先生全集》第 32 册，台北：联经出版事业股份有限公司，2003 年，第 92 页。

④ 牟宗三：《佛性与般若》（下），《牟宗三先生全集》第 4 册，台北：联经出版事业股份有限公司，2003 年，第 1028 页。

最后再稍微展开一下"损己"的问题。为了著书立说，影响到修行位品，最终"只伏不破"，是一种"损己"。同时，著书立说本身也要花费精神，同样是一种"损己"。在《哀悼唐君毅先生》一文中，牟宗三分析唐君毅遽归道山的原因时，指出先生一方面受洋罪，耗费精力操心新亚事务，另一方面又写就《中国哲学原论》及《心灵九境》（共八册）等大作，真可谓：

> 外而抗尘抵俗，内而著书立说，如此双线进行，非有庞大之精神如唐先生者，其孰能支撑得住！然而紧张过度，则强忍力持，耗损必甚。夫人之精神有限，若此等诸大作须费七八年之时间始能写得成，则待退休后，从容为之，所成必更精纯。今同时进行，稍失从容之旨。一失从容，便涉遑急。虽铁打金刚，亦难支持，况血肉之躯乎？然此亦与个人性情气质有关，亦难勉强。以唐先生之省察工夫，夫岂不知？所谓看得透，忍不过，亦莫可如何也。①

这虽是在讲唐君毅，但也表明牟宗三"忍不过"，专心从容学问的生命自觉。一方面，学问需要反复商量，从容不迫，学问才能精纯；另一方面，人的精神有限，专一从容学问，生命方不致耗损太甚。此所谓"收敛其精神，从事学究之工作"②。

第二节 由青年到老年

古留加为康德作传，开头便说："哲学家一生的标志就是他的那些著作，而哲学家生活中那些最激动人心的事件就是他的思想。就康德而言，除了他学说的历史以外，他自己就再没有别的传记。"③ 牟宗三稍微复杂一点，因家国之变而辗转三地，也成了婚，却同康德一样，他的传记就

---

① 牟宗三：《时代与感受》，《牟宗三先生全集》第 23 册，台北：联经出版事业股份有限公司，2003 年，第 298 页。
② 牟宗三：《时代与感受》，《牟宗三先生全集》第 23 册，台北：联经出版事业股份有限公司，2003 年，第 297 页。
③ 阿尔森·古留加：《康德传》，贾泽林、侯鸿勋、王炳文译，北京：商务印书馆，1997年，第 1 页。

是他学说的历史，他最令人激动的就是他的思想。

一　"生命中最大的污点"

牟宗三非常关心政治，但不积极参与政治，在政治上比较谨慎，注意掌握度。即便是在最容易激情澎湃、大浪漫的青年时期，也是如此。

历史上的革命就是打天下。打天下需要名号，一般是替天行道救民于水火，让老百姓归于生活。这种情况到国民党革命的时候有所改变。国民党在观念上有了新花样，泛滥浪漫，用不能过"非人"生活的意识来刺激农民，吸引了一批知识分子、青年、新秀才，让他们有一种"从未有的开扩、解放、向上的感觉"①，牟宗三即在其中。1928 年，牟宗三在北京大学读预科，不到 20 岁。是年夏，国民革命军占领北京，牟宗三遂成为国民党预备党员。

不过牟宗三同时又总觉得哪里不对劲。暑假回到家乡，参加国民党的活动，发动农民，成立农民协会，开讲习班，组织团结农民等，在这个过程中牟宗三便很快弄明白了其中缘由：

> 知识分子从北京大学回乡，乡下人心中也是另眼相看的。但我迅速地感到在父老兄弟面前，在亲友面前，于开会时，很严肃地摆起面孔称同志，那意味总不对。那是太客观了，太政治了，太形式化了。顿时觉得我自己的生命被吊在半空里，抽离而干枯。我也觉得父老兄弟亲友的生命也吊在半空里，抽离而干枯了，那太冷酷，太无情。事后，我有说不出的难过。直到如今，我一想起便有无限的惭愧、疚反，好像是我生命中最大的污点，好像是作了极端罪恶的事情。我迅速的撤退，我让那预备党员永远停在"预备"中吧！我不要这党员。再加上他们从上到下一起迅速地转向，我和他们的距离愈来愈远。他们那气味我受不了，那些不对劲的感觉一起发作，我不入流。②

---

① 牟宗三：《五十自述》，《牟宗三先生全集》第 32 册，台北：联经出版事业股份有限公司，2003 年，第 26 页。

② 牟宗三：《五十自述》，《牟宗三先生全集》第 32 册，台北：联经出版事业股份有限公司，2003 年，第 27 页。

　　牟宗三的这种经历有点像其师熊十力，入革命党而旋即退出，以"心书"欲对党人"拨乱反正"。但牟宗三退出更快，情感上也更激烈。牟宗三用了很长的篇幅来讲明自己的混沌是如何与国民党的口号相激荡，最终却发现"一个献身于党的革命斗士是有点圣人的影子"而已：

　　　　先须从个人自己内在生命处护住道德意义的本身，然后再说献身忘我，那方是真正的道德、圣贤的心肠。但是那大浪漫时代的形态却不是如此，所以那内在的忘我的志气之锤炼根本就是非道德的。那是道德的影子，那忘我无私貌似圣人而实非圣人，也只是圣人的影子。这就是神魔混杂的忘我。我因我当时的那开扩解放向上的感觉，我了解了这神魔混杂的貌似圣人的境界。《水浒传》里面那些好汉也是这种境界。这当然也是一种开扩解放向上，但却是向下堕的向上，封闭的开扩，室闷的解放，最后是一个全体的物化，臭屎一堆，那也有一种风力与风姿，却是阳焰迷鹿趋向混沌的风力与风姿。①

　　这里"阳焰迷鹿""臭屎一堆"等用词是极其严重的，与前文"好像是我生命中最大的污点，好像是作了极端罪恶的事情"相呼应，可见成为国民党预备党员一事对牟宗三的深远影响。牟宗三显然把乡村农夫的自然、质朴、有本有根的清净纯粹跟当时流行的花样知识分子的浮薄的投机取巧、互相要着玩、无本无根的浩瀚与纵横区分了开来，从前者身上投射出民族生命的健旺，而要求生根的生命和生根的义理信念，要求有本有根的政治家、思想家与事业家。

　　如果说 1928 年的牟宗三还是混沌的，其参加和退出国民党还有着乡村的外缘，有着父亲的直接影响等，那么 1937 年的牟宗三则是痛苦的，民族的大义、客观的悲情等跟国家社会党纠缠在了一起。

　　与永远停在"预备"中的国民党党员身份不同，牟宗三与国家社会党的关系要更深一些。1934 年秋，牟宗三在天津，经张东荪介绍，加入

---

① 　牟宗三：《五十自述》，《牟宗三先生全集》第 32 册，台北：联经出版事业股份有限公司，2003 年，第 28-29 页。

国家社会党。1937年春，主编国家社会党机关刊物《再生》杂志。1939年，在困厄中"已无参与任何现实政党之兴趣"①。1942年，"情至义尽，与国社党之关系从此终止"，后国社党与他党合并，改为中国民主社会党，牟宗三即"正式退出"。其间的重要关节点，一是牟宗三与国社党的关系主要还是一种文字的关系，即主编《再生》等；二是与张君劢的"芥蒂"，党人同志难以同志。再加之不能回北大等人事的纷扰等，让从1937年到1942年这五年成为牟宗三困厄的五年：社会是如此的势利和干枯，人性是如此的复杂和幽深，生命是如此丑陋和虚伪，道德仁义的普遍性遭受到了个体生命的特殊性的挑战，牟宗三落入"最痛苦之境地"，"生命极萧瑟"，"人不理我，我不理人"。②

牟宗三究竟没有困厄至死，则不得不提及众师友。一是张之洞的曾孙张遵骝，由《再生》杂志而结识，由家国天下的意识而交心，遂肝胆相助。二是熊十力师与唐君毅友，前者"从宇宙论说下来"的那种原始生命的透顶呈现，打开了价值之源的天窗，打通了华族天人合一的文化慧命，后者则契入了黑格尔的"精神哲学"，突出了"存在"的"辩证开显历程"，接近和正视了德性主体在发展实现中的客观表现即所谓"客观精神"的不可或缺性。在这些师友处，牟宗三真正感受到普遍性与特殊性的合一，体验到了共同体的志同道合，而确证到中华民族走出破裂实现复兴唯有两义：一是以客观精神、客观实践"复活"自本自根的创造的文化生命、文化传统；二是本此文化生命、文化传统"建设"近代化的新中国。③

这当然是一种普遍性与特殊性的循环互建了。唯此，则时代的悲剧与个人的悲剧可免，而中华民族有希望。但牟宗三不无遗憾地发现，这种共同体的志同道合似乎只能存在于师友共同体中。本来，所谓党人，正是志同道合以实现理想者。但自己参加的这个国家社会党，仍如国民党一样，是破裂的，特殊性假装出普遍性的样子，借圣人而营己事。于

---

① 牟宗三：《五十自述》，《牟宗三先生全集》第32册，台北：联经出版事业股份有限公司，2003年，第88页。

② 牟宗三：《五十自述》，《牟宗三先生全集》第32册，台北：联经出版事业股份有限公司，2003年，第90页。

③ 牟宗三：《五十自述》，《牟宗三先生全集》第32册，台北：联经出版事业股份有限公司，2003年，第84页。

是，牟宗三从自己的存在感受中见出国家遭难、民族艰辛的内在原因，要求自己顶天立地，跟这些党人划清界线：

> 吾自念我孑然一身，四无傍依，我脱落一切矜持；我独来独往，我决不为生存委曲自己之性情与好恶；我一无所有，一无所恃，我黯然而自足，但我亦意气奋发，我正视一切睚眦，我冲破一切睚眦；我毫不委屈自己，我毫不饶恕丑恶；以眼还眼，以牙还牙，恶声至，必反之，甚至嘻笑怒骂，鄙视一切。我需要骄傲，骄傲是人格之防线。我无饶恕丑恶之涵养与造诣。我在那阶段与处境，我若无照体独立之傲骨，我直不能生存于天地间。①

自此，牟宗三走出了生命的混沌，告别了大浪漫，向不与国民党要人接头，向不与国社党要人接头，向不与一切党要人接头，向学心切，在分析思辨中只做一件事情，即反省中国的文化生命，以重开中国哲学的途径。

牟宗三的分析思辨是有存在感受根基的，并不意味着万般皆下品唯有读书高，并不是说唯有学术才能救国。各人有各人的遭遇和际会，各人有各人的胜场和用心，各人应该有各人自己报效家国的法门。牟宗三不反对别人的法门，更知道政治有其必不可反之理，但自觉到自己唯有一心向学这条路可走。这就是生命本身的无奈，但牟宗三希望于此无奈中各人自守其道，各正性命，最终能够以一种健康的合力，建设和创造出新的中国。

质言之，牟宗三否定了自己的政治家之路，自觉为一学问家，但是不能不与政治发生联系。这种联系，牟宗三在困厄五年之后即已经明白而确定。至晚年，牟宗三特别名之曰"若即若离"。那是在1988年12月的一次演讲中，牟宗三指出国民党与中国文化传统的"若即若离"关系，并承认自己因此而与国民党保持"若即若离"关系："我虽然不做国民党员，但我向来不随便批评国民党，因为我就剩下台湾

---

① 牟宗三：《五十自述》，《牟宗三先生全集》第32册，台北：联经出版事业股份有限公司，2003年，第86页。

这一块生存地了，如果再随意捣乱下去，事情紧急了，你有地方跑，我往那跑?"① 在这里给"批评"前面加上了"随便"两字，而变其为"随意捣乱"，牟宗三的逻辑很有意味。当然即便如此，牟宗三还是经常被打报告，以至于能否在台教书这么一个问题竟然也要弄到交蒋经国总裁来解决的地步。1992 年 6 月，在追思徐复观的会议演讲中，牟宗三透露了这一信息，自己咖啡喝了不少，处境微妙，但仍然能够在台教书，靠的是两位国民党的"参与者"的维护，一是国民党中央党部秘书长唐乃建，二是与两蒋父子都有较深交往的徐复观。② 这也很有意味。这里有一般学人的无奈③，但同时也是牟宗三道德良心的自由选择。

二 "只有一点老年运"

1994 年 12 月 14 日，牟宗三因病住进台大医院。25 日，他对前来探望的学生们写下这样一段话："我一生无少年运，无青年运，无中年运，只有一点老年运。无中年运，不能飞黄腾达，事业成功。教一辈子书，不能买一安身地。只写了一些书，却是有成，古今无两。现在又得了这种老病，无办法。人总是要老的，一点力气也无有。你们必须努力，把中外学术主流讲明，融和起来。我作的融合，康德尚作不到。"④ 研究者对于"古今无两"等多有关注，这里则只讨论"无少年运，无青年运，无中年运，只有一点老年运"这一句。

当然，"老年运"无法避开"古今无两"问题。1988 年年底某日，牟宗三曾与学生论及学问的深浅：

圣人之学即是圣人之道，所谓"肫肫其仁，渊渊其渊，浩浩其天"。其深渊渊然，故不可测，难与知。大贤以下，其学之深浅，各

---

① 牟宗三:《"阳明学学术讨论会"引言》,《牟宗三先生全集》第 27 册, 台北: 联经出版事业股份有限公司, 2003 年, 第 409 页。
② 牟宗三:《时代与感受续编》,《牟宗三先生全集》第 24 册, 台北: 联经出版事业股份有限公司, 2003 年, 第 463-470 页。
③ 参阅张蓬《中国传统哲学的政治依附性与"中国哲学"的特质》,《学术研究》2009年第 6 期。
④ 蔡仁厚:《牟宗三先生学思年谱》,《牟宗三先生全集》第 32 册, 台北: 联经出版事业股份有限公司, 2003 年, 第 92 页。

有参差。而近前师友，熊先生未易言。唐先生大约水深三尺（可以行舟，可以灌溉）。我自己不敢自满，亦无须故作谦虚，本分而言之，深可五尺。至若时贤之学，虽未便轻议，而大体以"三寸五寸水清浅"者为多也。①

这里的"水深五尺"与智者、康德的"位居五品"有关联，人们当然可以从自己的角度和立场出发而表达不同的看法。但是如果排除了客观性，而只将其理解为一种主观的期许，表明牟宗三对自己的要求和定位的话，那么争论应该会少很多。如果再退一步说，这表示牟宗三一心向学，那么应该能够达成共识，牟宗三的"老年运"是说他不用颠沛流离，而可以专心学术，教书写书，思考中国问题，反省中国文化生命。

无少年运，是说自己皮实而又富强度的直觉力，虽然也有读书之"曲"，却总是一个在混沌中长成的村野男孩，原始生命中的清光总伴随着一种无着处的春情之伤。有一次看到一个十三四岁骑在马上的矫健清秀而又楚楚可怜的江湖卖艺小女孩，而生出异样的恋情，但如露亦如电，"一霎就过去了，这是我一生唯一的一次爱情之流露，此后再也没有那种干净无邪而又是恋情的爱怜心境了"②。这是最原始的生命之美、混沌之美，是春情连着觉情，犹如水浒汉子的"直而无曲"，虽总体上属自然生命的才情气鼓荡，但显示了牟宗三整个生命的格范。

无青年运，是说自己毕竟走上了读书的道路，也有读书的感觉，但时局纷杂，自己混沌而被国民党争取成预备党员，遂"好像是我生命中最大的污点，好像是作了极端罪恶的事情"。参加国家社会党复又退出，也不能有任何实际政治的成果。其时全国抗日，牟宗三流离失所。

无中年运，是说中年本需要事功，但自己在流浪飘零中气盛情坚，毫不顾惜地与一切昏庸无聊的中年人、老年人决裂，于是困厄几不得免。

塞翁失马，焉知非福。无少年运、无青年运、无中年运反而让牟宗三浸入了真实的中国，在层层磨难中生出"大的情感"。由原始生命的

---

① 蔡仁厚：《牟宗三先生学思年谱》，《牟宗三先生全集》第32册，台北：联经出版事业股份有限公司，2003年，第75页。

② 牟宗三：《五十自述》，《牟宗三先生全集》第32册，台北：联经出版事业股份有限公司，2003年，第13页。

无所着的悲情，到悲天悯人发愿拯救的客观的悲情，反回来到自己荒凉空虚痛苦挣扎的主观的悲情，再加上又有幸得遇熊十力、唐君毅、徐复观诸良师益友，而得"大的理解"。"大的情感"是个体的情感与家国天下情感的共情，从而价值之源生命之源的观念与主体自己的感受得以亲密无间。"大的理解"则因此由最强猛、最活泼泼的感觉、情感和情绪，转而为清楚、明晰的观察、思维和推理，在具体反省思辨中冷静思考中国问题的症结及可能的解决之道，它是刺出去的、有对象方所的。在这"大的情感"和"大的理解"的基础上，凝聚心神、梳理文献、著书立说，作为"老年运"的"大的行动"才是可以理解的。非常有意思的是，"大的行动"并非人们所常言的行动或实践，如道德修养工夫、政治社会行动等，而恰恰是人们心目中无行动的静思或解释：不但直觉的解悟是无行动的，架构的思辨是无行动的，而且心觉觉情的体证证悟更是无行动的。[①]

牟宗三以著书立说为"大的行动"，这样说来，"只有一点老年运"是说牟宗三终于找到了自己生命的定位，没有辜负时代赋予自己的使命，实现了自己生命的绽放。如此，牟宗三有聪明，也不缺少功力，终得以"学问的生命"展示了"生命的学问"。

第三节 开与合

熟悉牟宗三的人都知道，牟宗三要求"生命的学问"必须"大开大合"。一是向上面的"大合"，即呈现道德良心，表现绝对精神。二是向下面的"大开"，建立客观的宪法、法权，创立独立的学统等。事实上，牟宗三的"学问"确实也是"大开大合"的。他学贯中西，综罗儒释道三家义理，探索罗素、怀特海、康德、黑格尔等西方哲学理路，深耕道德的形上学，对于"形而下"的逻辑学、知识论、经济学、政治学等也有持续的关注和不俗的研究，在文学、诗学、美学等方面亦有让人眼前一亮的表现。而之所以是"大"开"大"合，是因为这样的学问不可能

---

① 牟宗三：《五十自述》，《牟宗三先生全集》第 32 册，台北：联经出版事业股份有限公司，2003 年，第 118 页。

只是个人的事情，而是我们民族国家的大事，是历史与文化之事。于是整个历史文化的"大开大合"如同一个人的"身-心"一体结构那样嵌套在一起。没有下面的"学统"与"政统"，就不能真正见出"道统"，中国文化就只有虚幻的普遍性，而没有实现自己的时代性；没有上面的道德良心、绝对精神，则一切知识学问、法权法规等将因智而生，亦因智而终，就如同拥有唯一戒指的牧羊人故事中的那样，仅仅成了有定向的工具。

本节的"开与合"则主要是说相应于这种大开大合，牟宗三对于自己"生命"的"开""合"意识："甚迁"而专心于"学"，却希冀收"政""道"圆成之功。

一　"美是最后的圆成"

一种观点认为，牟宗三"生命的学问"裁定甚严，尽显"宋明学理"的严肃，但牟宗三自己的"生命"却并不与此相应，反更像"魏晋人物"。由此，牟宗三的"学问"与"生命"都受到了严厉批评。直面这些批评，对于理解牟宗三的生命观念、生命本身以及"生命的学问"概念等，大有裨益。

如果说，趣味无争辩，竟然让审美共同感与审美个性"完美"地"即分开即合一"了，那么，牟宗三"生命的学问"所标画的严格普遍性却并不是既成的事实，而只能通过一个又一个的众人的生命特殊性，即所谓"各正性命"而显。这里有审美的普遍性与道德的普遍性的不同，前者重在揭示感性当下的事，后者则强调人文化成的理，但是在反对千篇一律、主张伸张个性这点上却是完全同一的。就此"同一"而言，不是仁义道德，而是美，才是最后的圆成。

众所周知，"宋明学理"多言仁义道德，"魏晋人物"常显俊美风神，现在牟宗三"这个人"的"生命"让两者的争执再一次成了问题。通过这块试金石，人们可以反思"儒家"的"心性"究竟若何。

1. "高头讲章"与"纸上苍生"

究竟何为"儒学"？究竟何为"生命"？这早就已经形成了一个厮杀的战场。现在既然牟宗三强调儒学只能是"生命的学问"，那么有人因此批评牟宗三的"生命"并不那么合"儒学"，而其"学问"也不那么有"生命"，便可自然以为是在"以子之矛，攻子之盾"。如李泽厚就曾指出：

> 牟宗三虽然强调了儒学的宗教性，但由于忽视了宗教所应有的现实作用和通俗性能，便仍然将儒学的宗教性弄成了凡人难懂的书斋理论、玄奥思辨和高头讲章，与大众生活和现实社会完全脱节。这就恰恰失去了儒学所具有的宗教性的品格和功能。牟氏在哲学上大讲"超越而内在"，用西方"两个世界"的观念硬套在"一个人生（世界）"的中国传统上，已大失儒学本义，从而与将孔学和儒学说成是纯粹哲学的人并无区别。[1]

李泽厚的意思很明确，牟宗三没有弄明白儒学"半宗教半哲学"的特征，其哲学不通俗，与大众生活和现实社会完全脱节，失去了现实作用和意义，却自命为新儒学，儒学的生命因此反被终结了。而李泽厚运用的参照系，正是"即理解即行动"的《论语》："不管识字不识字，不管是皇帝宰相还是平民百姓，不管是自觉或不自觉，意识到或没有意识到，《论语》这本书所宣讲、所传布、所论证的那些'道理'、'规则'、主张、思想，已代代相传，长久地渗透在中国两千年来的政教体制、社会习俗、心理习惯和人们的行为、思想、言语、活动中了。所以，它不仅是'精英文化''大传统'，同时也与'民俗文化''小传统'紧密相联，并造成中国文化传统的一个重要特点。"[2]

这里道理与行为、思想与活动、大传统与小传统等的"相即"，也可以被看作牟宗三所理解的儒学的"开合"。不过问题在于，如果有了通俗性能，儒学就一定能够发挥其宗教性的品格和功能吗？李泽厚自己无疑重视学问的通俗传播，《论语今读》《美的历程》等都有意"民间"影响，一时洛阳纸贵，但这意味着学问发挥了其现实功能吗？李泽厚自己承认："1949年后我不敢也不愿沾染政治。我非常关心政治，但不积极参与政治。我前年引过龚自珍的词：'纵使文章惊海内，纸上苍生而

① 李泽厚：《论语今读》，合肥：安徽文艺出版社，1998年，第6页。
② 李泽厚：《论语今读》，合肥：安徽文艺出版社，1998年，第4页。

已。似春水、干卿何事。'"①"纸上苍生"即便不意味着"凡人难懂的书斋理论、玄奥思辨和高头讲章",至少也意味着李泽厚自己的学问同样"与大众生活和现实社会完全脱节"了吧?

这是说,李泽厚"既解构又重建"的工作方案,一则与牟宗三的"开合"并没有大的不同,二则仍然会呈现出自己笔下所批评的那种"完全脱节"状态。其所谓把宗教、政治、伦理三合一的传统条分缕析,剖判为"意识化"的"宗教性道德"("内圣")与"情感化"的"社会性道德"("外王")这两个方面,仍然不出"既超越又内在"的架构。其"意识化"了的"天地国亲师"之"教"是一种文教,但既然"可以是尊敬、崇拜、献身的对象",那么就仍然不离"超越"的心觉觉情。至于他的"情本体"之"学",虽然自谓除过真实的情感与情感的真实之外而别无"本体",因而平易近人,但既然是"学"而非"行",那就仍然可以被判为"凡人难懂的书斋理论、玄奥思辨和高头讲章"。一个流传的"故事"或"笑话"说,公告栏里有李泽厚前来演讲的消息,青年学子看到了,兴高采烈、指指点点、奔走相告:"太好了!李泽楷要来了!"这表露的情绪是,李泽厚自己不但"未能跨出狭小学院门墙,与大众社会几毫无干系",甚至连在狭小学院门墙之内的影响也是极其有限的。这本不奇怪,中间的道理也很是自然。现在李泽厚认为《论语》把大小传统联系了起来,实现了精英文化与民俗文化的渗透。但在当时,虽然有"仰之弥高,钻之弥坚;瞻之在前,忽焉在后"的学问,学者宗之,但孔子却仍然莫能容于天下,不能用之以移齐俗,而"累累若丧家之狗"(《史记·孔子世家》)。我们不能因此说,孔子"与大众生活和现实社会完全脱节"。毕竟,孔子布衣,而为至圣,都需要长时间的沉淀,更何况今天的任何一个学问家。

2. "思想把戏"与"伪君子"

如果撇开无谓的口舌意气之争,李泽厚的上述批评其实是提出了儒学的传承问题和一个学人的生命样态问题。在上引批评文字下,李泽厚加了个注:"令人难解的是,牟宗三大抬孔子,认为高出一切,当然也远

① 李泽厚、刘绪源:《该中国哲学登场了?——李泽厚 2010 年谈话录》,上海:上海译文出版社,2011 年,第 49 页。

超康德。但只征引孔子一两句话而已，从未对《论语》一书作任何全面的阐释或研究，而宁肯花大气力去译康德，不知这是什么缘故。当然，我对此并无不满，这是个人的选择自由，只是略感奇怪而已。"让李泽厚"略感奇怪"的"个人的选择自由"，正说明了牟宗三生命的开放性。李泽厚关于牟宗三生命与学问之间"反差"或"矛盾"的一个说法十分流行：

> 牟宗三曾被戏称为"宋明学理，魏晋人物"，即其为人并不是循规蹈矩、中和温厚的理学先生，而毋宁更近于任性独行的魏晋人物。熊十力则早被梁漱溟批评为"不事修证实践，而癖好著思想把戏"。儒学，特别是宋明理学，一贯强调是"反躬修己之学"，熊却妄自尊大，举止乖张，根本不像是"温良恭俭让"的孔氏门徒。①

一般而论，宋明学理是修身之学，因而拘束克制，给人以循规蹈矩、中和温厚的"名教"形象，而魏晋人物则是纵情之学，任性独行、清俊通脱，在"自然"中有"美"在焉。但这里显然是有判教的。如果说，上则引文表明了牟宗三的"学问"其实"大失儒学本义"，那么这里李泽厚接着说，牟宗三的"生命"同样也"大失儒学本义"。就中国传统而言，这种指控其实是非常非常严厉的。一般说来，人们批评某人的学问，大体会围绕创新、逻辑与事实诸方面展开：一是说其是否有创新，是否提出了新观点新思路、给出了新材料新证据、取得了新结论新成果、展示了新方向新道路等，是否有多的创新或少的创新；二是说其逻辑是否自洽，言说是否自相矛盾，整个是否有说服力，能否自圆其说等；三是说其所讲论的道理是否有事实的依据，是否能实事求是，至少不违背事实。现在，牟宗三与熊十力师徒被判定为言行不一，说一套做一套，针对的重点则只在事实。

根据李泽厚下文的讨论可知，由此事实问题引发的思想问题其实可以有两个方向上的观察。一个方向是，熊牟的哲学违背了事实，因此他们无法知行合一，而只能高谈道德心性却实际追求自然功利，终于成了

---

① 李泽厚：《己卯五说》，北京：中国电影出版社，1999 年，第 11—12 页。

伪君子。伪君子正是儒家一贯所"深恶大忌、痛加贬斥"的，因为他们害道背真，不但把一切言说理论变成了"智力体操和空言戏论"，而且还因此从根底上败坏了所有价值和道德。一个方向是，熊牟的哲学并不违背事实，却自觉把世界和对世界的认知二重化，把从知识上学理上讲清楚那不可言说的生命之事、实践之事、修身之事、道德之事的道理这件事情当作自己的职责。前一个方向讨论的是儒家面对的永恒问题，后一个方向显示的更是一个时代问题。但李泽厚没有明确区分这两个方向，反而暗示它们实际上是一个，并因此强调熊牟的双重悖论，即言行不一的"伪君子"和说一套而实际生活是另一套的"与大众生活和现实社会完全脱节"。

李泽厚毕竟没有直接说牟宗三是伪君子。但 1953 年 9 月，在政协"工人农民生活九天九地之差"的发言之后，梁漱溟被毛泽东、周恩来直指为"伪君子"，遭受了很大压力。而上述"不事修证实践，而癖好著思想把戏"的批评，出自梁漱溟 1988 年 6 月的《读熊著各书书后》。不知道有没有受到自己经历的影响，但可以确定的是，梁漱溟的批评主要涉及后一个方向，有究竟是做"参与者"还是做"旁观者"的不同自觉和抉择问题在里面。

3. "哲学家"与"政治家"

梁漱溟、熊十力、牟宗三三人的故事很多。1936 年夏秋之间，经熊十力介绍，牟宗三往山东邹平乡村建设研究院，本想从梁漱溟处谋个差事，生活费有着落，然三问三答而不契合，遂不辞而别。至 1947 年初，梁漱溟因订阅《历史与文化》月刊而致信牟宗三，牟借机写了一封长信，与谈政治，有规劝的意思。梁漱溟也不客气，原信加批答而寄回。牟宗三却也不受，将其批语一一剪下，挂号信寄还。显然这两次都很不愉快，是以两人竟绝交。晚年梁漱溟不止一次谈到唐君毅，表彰唐确实有见，"好像跟熊没有关系"，牟才算是熊的学生，并表示自己没有看见过牟的书，但知道他还活着，是个"哲学家"。不过，结合其对熊十力的重视和评判来看，梁漱溟对牟宗三的看法当是清晰的。牟宗三则多次批评梁漱溟，也将其与熊十力一起都放在老师那一辈，称赞其"是了不起的人物"，有真智慧、真性情、真志气，"究亦是克己守礼的君子，与俗辈不同也"。

总的说来，梁漱溟与牟宗三两人在人格上不会怀疑对方，但在识见上却都更多地相信自己，他们生命格调的不同是难以掩盖的，那便是"参与者"与"旁观者"的区别。前文曾指出，牟宗三自觉为"旁观者"。而晚年梁漱溟恰恰回顾说："我固然做过记者，教过书，可是实际上比较重要是做过社会活动，参与政治。"① 这表示，梁漱溟虽然写了很多书，并且也自认为在学术这方面有大的贡献，但倾向于将"写书"看成"私人生活"，因此他的自我定位并不是"学问家"，而只能是"政治家"。对此梁漱溟十分自信："对中国这几十年来的现实政治，我是也尽了一份力量。"② 因此，当梁漱溟说他没有想到牟宗三"如今以哲学家名于世"时，当他说自己"不够一个学问家"时，前者并不是在肯定，后者也不是在否定。这里有梁漱溟的一系列定见。

　　在讨论梁漱溟的定见之前，这里与梁漱溟相对比简要提及牟宗三对"哲学家"的态度。总的看来，两人在对于儒家圣人理想的理解上并没有大的差别，甚至可以说是高度一致。具体说来，牟宗三不会在原则上否定政治家，或者判政治家"低于"学问家等。毕竟，圣王一体、政教合一的"神治境界"是儒家的题中应有之义。就此"神治境界"而言，两人有"通义"之一：政治家必是学问家，而学问家不必是政治家，政治家"高于"学问家。其次，牟宗三在原则上同样坚持学问家的知行合一，其结果，一是批评佛老、理学家等的"山林气"，二是强调"教"高于"哲学"。"圣人立教，哲学明理。……故道统在儒家，科学传统在羲、和之官，而哲学传统则在道家与名家。"③ 这里就判教而言，牟宗三显然认为"知行合一"的"学问家"要"高于""只知不行"的"哲学家"。用牟宗三的名词说，前者"存有层"的"经"与"作用层"的"纬"二者兼备，后者只有"作用层"的"纬"。于是便有两人的"通义"之二：学问家必是哲学家，而哲学家不必是学问家，学问家"高于"哲学家。如果把这两义联系起来，似乎很容易在"政治家""学问家""哲学家"之间发现一个等而下之的高低层序。但这却不构成两人的"通义"之三。因为在牟宗三看来，人间究竟不是天国，治人究竟不

---

① 梁漱溟：《梁漱溟全集》第8卷，济南：山东人民出版社，1989年，第1159页。

② 梁漱溟：《梁漱溟全集》第8卷，济南：山东人民出版社，1989年，第1163页。

③ 牟宗三：《才性与玄理》，《牟宗三先生全集》第2册，台北：联经出版事业股份有限公司，2003年，第328—329页。

同于治神，所以现实地看，知行合一的"学问家"并不"低于""政治家"。同时牟宗三又强调，"哲学"的"古义"或"原义"就是中国传统所言的"教"，也即一种"实践的智慧学"，既"爱智慧"又"爱学问"。这样的狭义"哲学家"也就不只是"明理"，而是经纬兼备，已经是知行合一的"学问家"了。这就显出了两人的不同。核心的问题是，在新的时代条件下，个人究竟如何成为一个圣人呢？牟宗三的答案更强调现代平等散列意义的"物各付物"，而梁漱溟的答案则更直接地合于"政教合一"的传统。

4. "学问"与"事功"

第一个定见是对儒学的认识。

在此梁漱溟跟熊十力、牟宗三等人的认识高度一致，都认为儒学显然不是关于自然的知识，而是"生命的学问"，并且孔子"生命的学问"所表现的超凡的德慧不会为时代所拘，而必定是永恒的"常道"。生命、生活是这种学问的关键词。"孔子一生致力的学问非他，就在自己生命和生活的向上进步提高"，这种学问的"根本性质"只能是"反躬向内理会自家生命和生活，而不是其他"。① 在这个地方，梁漱溟强调"真的自学"是向上心自然驱使人在"人生问题"与"中国问题"上追求不已，牟宗三强调"人的问题"与"时代的问题"构成了"教养"的两个层面等。这也就是李泽厚所强调的"生命之学""修身之学""实践之学""道德之学"等，它成了人们关于传统的至今不变的一个"常识"。在这个地方，大家都承认"反躬修己的实践"，强调"实践"与"认识"一体的"体认""体证""证悟""彻悟"等。

第二个定见是对学问思辨的定位。

1948 年，梁漱溟写信给自己的两个儿子，谈论"学问"与"作事"的关系，以及个人应该选择其中的哪条路的问题。梁现身说法，承认自己在学问上趋于佛法，研究哲学，在事功上四方奔走，涉足政治界，看似走着两条不同的路，但实际上"学问"与"事功"都是自己生命、生活中的自然事，而不必强分高下、预做计较。梁漱溟在此似乎已经破除了曾经"看轻学问，尤看轻文学哲学以为无用"的"陋见"，而能平视

---

① 梁漱溟:《梁漱溟全集》第 7 卷，济南：山东人民出版社，1989 年，第 501 页。

学问与事功，但其实却不然。在梁漱溟看来，学问只是事功的副产品。"及今闭户著书，只是四十年来思索体验，于中国旧日社会及今后出路，确有所见，若不写出，则死不瞑目，非有所谓学术贡献也。说老实话，我作学问的工具和热忱都缺乏，我尝自笑我的学问是误打误撞出来的，非有心求得之者。"①

　　说梁漱溟认学问为副产品，并非只是从上述事件中推断而来。梁漱溟自己是有明确说明的：学问"在中国则只是其道德生活（人生实践）中无意而有的一种副产物。如此而已"。"从来空想空谈不成学问；真学问总是产生在那些为了解决实际问题而有的实践中，而又来指导其实践的。"② 梁漱溟显然十分相信，生命、生活"之余"，才有所谓"说出给人们的"东西。"在这里，唯不以思想理论为事，乃有思想理论成功之本；反之，若以思想理论为事而疏忽乎实践，不解决实际问题，那在思想理论上非失败不可。"③ 只有从这个"之余"的角度出发，我们才能真切理解，梁漱溟为什么总是强调自己不是"学问中人"而是"问题中人"，总说自己"不是为学问而学问者，而大抵为了解决生活中亲切实际底问题而求知"，总强调"学问必经自己求得来者，方才切实受用"等。④ 一般而论，这样定位也没有错，一切学问"最终"都是为了解决生活中的问题，哪怕是所谓纯粹数学、为艺术而艺术等。这种"受用"的"学问"也颇合人们对中国传统的理解，即所谓"非职业化崇拜"或"业余精神"等，并且在其他因素相同的条件下，"受用"更能激发学问的热情或动力，而产生更加深入、纯粹、彻底的学问。连带的一个附加结果是，当需要解说这种学问的时候，因为有底，庶几不会妄谈，不会胡说乱道，误人害人不浅。

　　不过这样也继承了传统的不足，也即无法开出"学统"的问题。在这种事功与学问"直通"的状态下，只有生活中"亲切实际的问题"才能成为问题，那些不急之务、离实际问题稍远一点者，或被排除在学问之外。如果这是某个个人的选择，还则罢了，毕竟还可以通过通功易事

---

① 梁漱溟：《梁漱溟全集》第 8 卷，济南：山东人民出版社，1989 年，第 375 页。
② 梁漱溟：《梁漱溟全集》第 7 卷，济南：山东人民出版社，1989 年，第 757 页。
③ 梁漱溟：《梁漱溟全集》第 7 卷，济南：山东人民出版社，1989 年，第 759 页。
④ 梁漱溟：《梁漱溟全集》第 2 卷，济南：山东人民出版社，1989 年，第 3、661、662 页。

的方式得到解决。但如果这是一种集体无意识，或者说是一种活的传统，那么在现代条件下便会引发灾难性后果。其实 1942 年在《我的自学小史》中梁漱溟的判法还要更严："盖受先父影响，抱一种狭隘功利见解，重事功而轻学问。具有实用价值底学问，还知注意；若文学，若哲学，则直认为误人骗人的东西而排斥它。"① 我们可以想一想，如果一个民族一个国家中，连哲学研究者都把哲学视为无用且误解人骗人的东西而加以排斥，一切学问家都看不起自己的学问、无法理解自己的学术贡献而直以解决实际问题为当务之急，那么还会有学问吗？所谓学问又是怎样的学问呢？

梁漱溟应该是在强调个人的选择，而非没有注意到那种集体无意识的危险。比如他在指出"中国现行学校制度始自清季之摹仿欧美日本，凡所有哲学、自然科学、社会科学诸名堂皆因袭于外国，而固有之儒、释、道各家之说则均纳入哲学范畴，改变生命上的反躬修养功夫而为口耳四寸间的空谈戏论，实可晒又可哀之事"之后，马上又就文化三路向的发展、社会历史的演进而言，承认"其势固宜如是耳"。② 这便是注意到了时代问题。但在总体情感上，梁漱溟并没有真正肯定这种"固宜如是"，而仍将哲学视为"口耳四寸间的空谈戏论"。既然"哲学"是"空谈戏论""思想游戏"，那么"原期以见性而变化气质"的儒学或者说"儒家身心性命之学"当然不可等同于今人所谓"哲学思想"，梁漱溟强调两者的区分、批评熊十力"癖好著思想把戏"等，那就是再自然不过的事情了。

人们当然可以问，为什么熊十力牟宗三的"哲学"是"思想把戏"，而梁漱溟的"哲学"却是"为往圣继绝学，为来世开太平"？这就又回到了那个"直通"的问题，也即回到儒家"反躬修己的实践"传统。梁漱溟主张只有"参与者"才自然有真学问，而"旁观者"追摹想象定难见其真，最好先自承认是一种思想游戏。于是也就有了一种学问与事功的表里的翻转：有事功者直下有真学问，而有学问者不必然有事功，则不是真学问，最后有无学问反成了有无事功的标志，乃至于欲成事功者

---

① 梁漱溟：《梁漱溟全集》第 2 卷，济南：山东人民出版社，1989 年，第 683 页。
② 梁漱溟：《梁漱溟全集》第 7 卷，济南：山东人民出版社，1989 年，第 475 页。

必有其相应的学问。因此前引"死不瞑目"诸语，恰恰不是在说"事功"，而是在谈"闭户著书"。这便让人想到了 1942 年，梁漱溟有著名的《香港脱险寄宽恕两儿》："孔孟之学，现在晦塞不明。或许有人能明白其旨趣，却无人能深见其系基于人类生命的认识而来，并为之先建立他的心理学而后乃阐明其伦理思想。此事唯我能做。又必于人类生命有认识，乃有眼光可以判明中国文化在人类文化史上的位置，而指证其得失。此除我外，当世亦无人能做。前人云：'为往圣继绝学，为万世开太平'，此正是我一生的使命。《人心与人生》等三本书要写成，我乃可以死得；现在则不能死。又今后的中国大局以至建国工作，亦正需要我；我不能死。我若死，天地将为之变色，历史将为之改辙，那是不可想象的，万不会有的事！"① 这里显然还是在说"有书要写"，是在谈"唯我能做"的孔孟"学问"，而建国等"事功"反只是顺带提及。

5. "凡夫"与"圣人"

由前面两个定见，而有梁漱溟的第三个定见，即对做学问的前提条件的划定。说一千道一万，这才是最重要的。

梁漱溟批评熊十力"不事修证实践，而癖好著思想把戏"的意思，跟李泽厚经郑家栋而引用它所要表达的意思，其实并不相同。梁漱溟关心的重点，并不在于熊十力是否"妄自尊大，举止乖张"。若言"妄自尊大"，谁又能尊大过"我不能死。我若死，天地将为之变色，历史将为之改辙，那是不可想象的，万不会有的事"的梁漱溟呢？梁漱溟的重点，反而跟他所批评的对象的重点高度一样，就是有无"亲证""体认""证悟"本体的问题，即讲此学问的人自身究竟是否"见体"。在梁漱溟看来，虽然熊十力也特别强调见体，"独可惜熊先生一度——或不止一度——见体，而未加——或缺乏——保任，又失误在耽求思想理论而追摹想象中"②。原来熊十力只是在"对塔说相轮"啊。

熊十力曾"见体"，而又终失之。熊十力曾参与了政治，但不久后又退了出来。不知道这两者之间有无必然的关联。不过有一点却是确定的，那就是如此评价中其实有对老朋友客气的成分在，这样的"见体"

<hr>

① 梁漱溟：《梁漱溟书信集》，梁培宽编，北京：中国文史出版社，1996 年，第 280-281 页。

② 梁漱溟：《梁漱溟全集》第 7 卷，济南：山东人民出版社，1989 年，第 779 页。

严格说来并不能算"见体"，至于作为熊十力学生的牟宗三，那就更加等而下之不足论了。这中间的道理，余英时在《钱穆与新儒家》一文中有所讨论。这里圣凡两途，只能有"一个"圣人，而不可有"两个"，"多个"更不可能。因此梁漱溟不客气地直指症结：

> 熊先生他错误在什么地方？他一个凡人，这个中国叫"凡夫"，凡夫就是普通人。他没有做过实际的修养工夫，他要去讨论人家工夫上的事情，这个是不行的。①

这是否意味着梁漱溟的"哲学"之所以不是"思想把戏"，就是因为梁漱溟是一个圣人呢？当然，若当面问孔子，孔子也不会说自己是圣人。但我们可以说，梁漱溟之所以能够见出熊十力是个凡夫，便可证他自认为比后者更靠近圣人。关于圣人或教主的问题后面还会有讨论。这里想说的是，按照梁漱溟参与者与旁观者、事功与学问、力行与思辨、政治家与哲学家等区分的逻辑严格分析下来，真正的圣人只能是一个最伟大的中国人，即毛泽东。"毛泽东实在了不起，恐怕历史上都少有，世界上恐怕……是世界性的伟大人物。"② 这是"独立思考，表里如一"的梁漱溟的内心真实的定见，是梁漱溟推崇毛泽东的最深层原因。

6. "局"与"通"

按照梁漱溟的上述理路，圣王一体，儒家为学必造端乎见体乃得，儒家为人必有伟大事功乃成。这样也就形成了一个金字塔。虽然从下面往上看，往往难看清楚，因此不断引发种种关于各自品级高低的纷争，但整个金字塔的层序其实是分明的，自上而下的序列本身丝毫不会有爽失。

这样，金字塔顶端者也就在学与事中包容了万物，而与万物为一体，梁漱溟称之为"通"。而那些仅仅走入思想家、理论家特别是哲学家一途者，则因为自身的局限，不免隔阂不通，分别彼此，专向外追摹想象，梁漱溟称之为"局"。"局"与"通"随学问与事功的问题而来，但又深

---

① 梁漱溟：《梁漱溟全集》第 8 卷，济南：山东人民出版社，1989 年，第 1155 页。
② 梁漱溟：《梁漱溟全集》第 8 卷，济南：山东人民出版社，1989 年，第 1161 页。

入人的存在论"所与"（the given）的层次。梁漱溟结合心理学与佛学，指出人类的生命、生活的特质：

> 一般动物只从其俱生我执依靠本能生活，行乎其所不得不行，止乎其所不得不止，所以说不上什么善恶问题。而善恶问题唯在人类有之者，盖唯独人类在生物进化过程中发达了理智，乃不因循本能生活之路，却以后天意识分别为主。意识既可以作这样分别，又可以作那样的分别，亦且可以少所分别，或不作分别，甚或反转来破除自己的种种分别。人之自为局限，情分内外，视乎其如何分别而局量大小不同。①

人有意识，把自己从动物界中分别了出来。但究竟拥有怎样的意识，或者说持有什么样的观念，人才更是一个人呢？这个问题在《东西文化及其哲学》中表现为寂感之"仁"是否"就是本能、情感、直觉"的问题，也即孔子"无成心""不认定""无主张""无表示"的"直觉"是否即是"本能"的问题，在《人心与人生》则全面表现为"意识"与"本能"、"理性"与"理智"、"身"与"心"等的关系问题。它构成了梁漱溟哲学的拱顶石，其成其败，都能够从这里找到根源。就这里的论题来看，不是"理性"，而恰恰是"通"的"发达理智"能够让人情同一体，通而不局。但这马上就能够看出梁漱溟是"直通"而非"曲通"。因为他虽然区分了"理性"（"情理"）与"理智"（"物理"），并在"时间"中承认或强调了"西洋文化胜利"的意义，但最终又在"超时间"或者说"圆顿时间"中把文化三路向归为一路，从而认定恰恰只有"理性"才让"发达理性"成为可能，这便是所谓"理性为体，理智为用，体者本也，用者末也"等讲法。若熟悉牟宗三、熊十力等人的作品，就会发现这是当时的通义。在此我们也就能够明白，为什么梁漱溟既视熊十力为凡夫，又将其引为同调。而牟宗三对梁漱溟、熊十力等人"学养不够"的批评也有了落实处。

在牟宗三看来，梁漱溟确实有"真性情、真智慧、真志气"，已经

---

① 梁漱溟：《梁漱溟全集》第 7 卷，济南：山东人民出版社，1989 年，第 773—774 页。

给出了生命生活无法违背的规模或方向等，但还是粗些，或者说没有足够的耐心去抓住那些点——即便那是关键点。一方面，后天发达了"理智"，有了种种"分别"，不再依靠"本能"生活，人才成其为人；另一方面，"后天分别"却不可能产生出"通"来，"先天存在"的"理性"并不"分别"隔断内外，才使大大超脱"本能"的生活成为可能，人才成其为人。在这里，"理性""直通""理智"：理智、理性都是"反本能的倾向"，都使生命得到解放，通了风透了气；理智、理性又都是"本能"，同样都使生命得到解放，通了风透了气；"分别"需要"非分别"来"解放"，"非分别"也需要"分别"来解放，于是"后天分别"就是"先天一体"，人同时有了"动物本能""社会本能""道德本能"等且打并它们为同一个"本能"。到这个地方，"本能"也就失去了它的确定含义，但梁漱溟想要表达的大体意思其实还是清楚的："不是人类理性演出来历史，倒是历史演出来人类理性"，一切人类所谓"先天"都不过是"后天"的长期发展演变的结果罢了。① 这当然是正确的，但是直接跨越了时间，因此"结论"多于"知识"。李泽厚绾合着康德、马克思、牟宗三等，说了多少话，才有所谓"经验变先验""历史建理性""心理成本体"等，而人们仍然认为还有很多没有说清楚的地方，但现在梁漱溟却用直悟直通的方式，一下子就达到了。

　　这表明，虽然梁漱溟一直在表彰"仁""理性""道德本能"等，但他知道它们并不能也不该与"本能"为敌。动物有"俱生我执"，人也有，在此没有办法讲人禽之辨。梁漱溟甚至将这样的"我执"与生命、生活直接等同了起来：

> 我执与生俱来，曾无间断之时。非独人醒时意识中有我，就在闷绝位中亡失知觉，我执犹自隐隐恒转不舍。又非独于人有之，一切有生之物可以说都有我执在。众生设无我执，也就没有众生了。我执是其生活、生命之本。②

---

① 梁漱溟：《梁漱溟全集》第 7 卷，济南：山东人民出版社，1989 年，第 751 页。
② 梁漱溟：《梁漱溟全集》第 7 卷，济南：山东人民出版社，1989 年，第 771 页。

这样的"俱生我执"当即是"分别我执"，否则也就无所谓"自我意识""我执"了。但问题是，梁漱溟同时又要求"无我"，因此认定"俱生我执"与"分别我执"根本不同，强调前者无所谓人禽之辨，是人的存在论"所与"，而后者则有人禽之辨，因人的意识而显。这样，"我"与"我的意识"被梁漱溟剖判开了，"我的意识"既造成了"我执"之"局"，又让"无我"之"通"成为可能。"无我"与"我执"之间的这种关系，用传统的话来讲就是"体用一源，显微无间"，梁漱溟强调，不是所有的人都能够"见"到这个"体"的。

由这一"间不容发"，梁漱溟一方面批评熊十力"既已漫然随俗以儒学归之于西人所谓哲学，完全失掉了自家立场，却又硬要治哲学者舍其一般通行的研究来从着我作自修功夫，岂有是处？"① 另一方面批评熊十力自得自满，高自位置，自己在想象上做功夫，却又以己度人，恣意呵斥别人，"自来我慢特重"②。随俗而"完全失掉了自家立场"，是说熊十力缺乏"我执"；"自来我慢特重"，又是"我执"太过。这两者当然可以无矛盾，梁漱溟要说的只是一点：熊十力跋前疐后，动辄得咎，其"意识"总欠那么一点火候，而为不恰当的。由此梁漱溟总批评熊十力的"我执妄情"，批评熊十力的"局气"。

7. "美"与"真"

"情分内外是为局，情同一体是为通。局之兆始在执有我，而反之，无我则通。"③ 这话非常漂亮。但回归"政治家"与"哲学家"、"圣人"与"凡人"、"事功"与"学问"等分别，我们可以问："局"与"通"只是因为"意识"吗？这是借思想文化以解决问题，还是在社会历史发展中来思考和解决人生问题、中国问题和世界问题？如果说，"一体是真"是生命、生活的真谛，有"大美"在焉，我们都离不开它，所差只在取径有所不同，那么，当下取什么途径，把理智分别进行到什么"程度"，有什么样的物我分别之"真"，才能避免"执取皆妄"？圣人凡夫的那个"俱生我执"，在今天究竟应该如何对待呢？

在这个地方，梁漱溟强调"意欲"的不断满足与"意欲向前"的精

---

① 梁漱溟：《梁漱溟全集》第 7 卷，济南：山东人民出版社，1989 年，第 755 页。
② 梁漱溟：《梁漱溟全集》第 7 卷，济南：山东人民出版社，1989 年，第 783 页。
③ 梁漱溟：《梁漱溟全集》第 7 卷，济南：山东人民出版社，1989 年，第 771 页。

神文化的重要性，牟宗三则要求以"新外王"来撑开和充实饱满"内圣""道统"等。若就个体生命、生活而言，这显然加入了新的因素，都意味着或多或少地背离了固有的传统。但是，"历史演出来人类理性"，如果从社会历史的发展中来，这样的背离又是必然的和必需的，是对传统的一种"大开"。

如果从这个"大开"的角度看，则上述对熊、牟严厉的批评或许反证了牟宗三生命本身的那种开阔。牟宗三曾谈及熊十力的生命问题：

> 我们的老师就是熊先生，他这个人照现实生活上说，他是丝毫没有艺术性的，也可以说毫无生活。我们可以吃茶、吸烟、饮酒；但我们的老师既不饮茶、也不吸烟、也不饮酒，他只喝白开水，他的生活除了谈道以外，一无所有。就是这么一种生活。你说这个有生活没有生活？在我们来说，实在没有生活的。但他这个生命的整个情调，是艺术性的。他不作诗，也不填词，更无意于为文。写字是乱七八糟地写，不像我们平常的写法。但他写出来有天然的秀气。挂出来，个个字可以站得住。他没有训练，就这样写，这就是他的艺术性的生命情调。他不是理学家，是魏晋时代的人物，这就是特立独行的艺术性的生命突出。但是他的艺术性的生命突出没有应用在作文学、作艺术创造，却用在哲学上。①

从这段文字中，既可见李泽厚所言之不虚与所本，又能知牟宗三面对李泽厚批评时的可能回应。熊十力可以喝白开水，同时又可以要求食不能无鸡。就是如此矛盾的生命，如赤子，人情世故都被他剥落得干干净净。其细处不能不被人批评，其大处则立定了脚跟。牟宗三亦复如此。修辞立其诚，梁漱溟、李泽厚甚至很多"文人"，都多少有如此特质。宋明理学不再只是阴柔地拘禁人，而同时阳刚、开放起来了。各个不同甚至相互冲突的"艺术性的生命"应用在各自哲学、政治、经济、文学、艺术、科学等领域，而共同拱卫出一个开放、健康、向

---

① 牟宗三：《美的感受》，《牟宗三先生全集》第27册，台北：联经出版事业股份有限公司，2003年，第206页。

上的社会。

对于牟宗三的艺术性生命情调，余英时 1995 年发表的《追忆牟宗三先生》①一文中也有传神的表露。牟宗三可以完全不介意个人的待遇、名位得失等，但不能容忍"道"受到丝毫的委屈，而愿意为之小题大做、全力抗争。牟宗三非常爱好下围棋，却不在意胜负，"胜固欣然，败亦可喜"，时时无丝毫矜持之态，处处见出率真和洒落。牟宗三兴趣广泛，可与金庸为知己，谈《红楼梦》或《水浒传》等亦是判法分明而令人耳目一新，对京剧、昆曲等能欣赏，在胡琴伴奏下也能"迫不及待地清唱"几段。牟宗三认同师说，却不愿亦步亦趋，同时能够自觉地为后学留出自由。凡此等等，余英时总括曰"识见明通"。

照此说来，余英时著名的"良知的傲慢"说当非指牟宗三言。当然，回忆文章完全有可能为尊者讳，毕竟余英时"在港的两年间（一九七二—七五），和牟先生的交游主要限于围棋方面"，与牟相聚时"几乎从来没有谈过任何严肃的问题"。但是，余英时文章中所写的东西却能够在很多地方找到印证，比如牟宗三自己对围棋、昆曲等也多有谈论，两相印证当见余英时修辞之诚。就此说来，牟宗三的生命完全是个"大开"的生命，以"儒学"为宗，重"知识论"，而又是个"魏晋人物"；强调生命的学问，而又以学问为生命，但又不致生命唯余干枯学问；以良知呈现道德教化为业，而又务在成就世俗生活，但又要求"备于天地之美，称神明之容"。这里有生命的风姿，当然说限制也可，有憾而亦无憾。有憾，是说生命不能纯化，不能为伟大的"政治家"而只能成"知识论"的"哲学家"，不能全是理性而无任何物质之杂，甚至间或也借酒色以自娱。无憾，是说"美是最后的圆成"②，虽然这种以"学问"为生命的选择走上了一条学究的路，求"知识"在很多时候都是非常枯燥的，虽然这种"特立独行"永远是令人讨厌的，在社会上是很难生存的，但是在"各正性命"的意义上，这些却又都是修道所得的一种美的境界，理性而又不失自然、逍遥。

---

① 余英时：《师友记往——余英时怀旧集》，彭国翔编，北京：北京大学出版社，2013 年，第 107–112 页。

② 牟宗三：《美的感受》，《牟宗三先生全集》第 27 册，台北：联经出版事业股份有限公司，2003 年，第 207 页。

二 "甚迂"

如果要不失理性，就必须有所拘束，要有规矩，或者说要有"方"。子曰："君子可逝也，不可陷也；可欺也，不可罔也。"（《论语·雍也》）孟子曰："君子可欺以其方，难罔以非其道。"（《孟子·万章上》）这种"方"，在外人看来，即是"迂"。

牟宗三自己也承认，儒家免不了要受"迂阔少功之讥"[①]。这是因为儒家必本于人情，而又总是高悬仁者爱人、天下为公等理想以教化人。这就仿佛一切"经验中的圆"都永远接近却无法完全满足"圆的概念"。故而朱熹曾感叹说："千五百年之间，正坐为此，所以只是架漏牵补，过了时日。其间虽或不无小康，而尧、舜、三王、周公、孔子所传之道，未尝一日得行于天地之间也。"[②] 这里朱夫子强调的就是儒家"理想"的"高度"，把"天理之正"当成了一个纯粹概念，来观察一切经验现实。就思想方法而言，这如同马克思讲"辩证法不崇拜任何东西，按其本质来说，它是批判的和革命的"，标明了人类不断向上前进的历程。但若就现实层面上看，既然儒家指陈了一个高远理想而人们又无法完全经验它，那么人们也就能够批评儒家"迂阔少功"了。只要牟宗三还是在讲儒学，那么如此的"迂阔少功之讥"他就免不掉。不仅免不掉，牟宗三还自觉承担使命与责任，要求在新的时代条件下"制度地正视之""知识地正视之"，即思考如何通过制度的安排、知识的建构等来尽可能充分地实现儒家理想。这可以说是一种"迂上加迂"。

对于牟宗三的这种"孤怀闳识"，唐君毅在《中国历史之哲学的省察——读牟宗三先生〈历史哲学〉书后》就指出，"其言似迂，其辞似激，而其意也哀"[③]。

其实，牟宗三的"迂"老早就表现出来了。同样是在《追忆牟宗三先生》一文中余英时还指出，胡适对于牟宗三的评价是"颇能想过一

---

① 牟宗三：《政道与治道》，《牟宗三先生全集》第 10 册，台北：联经出版事业股份有限公司，2003 年，第 149 页。

② 朱熹：《朱子全书》第 21 册，上海：上海古籍出版社、合肥：安徽教育出版社，2002年，第 1583 页。

③ 牟宗三：《历史哲学》，《牟宗三先生全集》第 9 册，台北：联经出版事业股份有限公司，2003 年，第 433 页。

番，但甚迁"。那是指胡适 1931 年 8 月 28 日的日记。胡适批阅《中古思
想史》试卷，记录了学生的成绩，言"我讲此科，听者每日约四百人，
册子上只有二百人，而要'学分'者只有七十五人。这七十五人中，凡
九十分以上者皆有希望可以成才。八十五分者尚有几分希望。八十分为
中人之资。七十分以下皆绝无希望的。此虽只是一科的成绩，然大致可
卜其人的终身"①。

　　这些学生的成绩，高的 90、95 分，低的有抄袭的 4 人全给了 0 分，
其余 60 分、70 分者众，牟宗三得了 80 分。这时牟宗三上大学二年级，
已经可以见出他与胡适的不相契，或者说如余英时言牟宗三"对中国思
想传统的根本态度已与'五四'以来的潮流格格不入，这大概是胡先生
'迁'之一字的根据"。虽然余英时辩称此"迁"不必是贬辞，司马光即
自号"迁叟"，但这里的"甚迁"显然是批评之语。不过胡适也承认，
牟宗三"颇能想过一番"。过了一年，牟宗三上大学三年级，写成《从
周易方面研究中国之元学与道德哲学》一书，因系里要出系刊，其中一
部分被送胡适院长审阅。隔年余而不得消息，牟宗三即到院长办公室往
见胡先生。牟宗三后来回忆说：

　　　　胡先生很客气，他说：你读书很勤，但你的方法有危险，我看
　　《易经》中没有你讲的那些道理。我可介绍一本书给你看看，你可
　　先看欧阳修《易童子问》。我即答曰：我讲《易经》是当作中国的
　　一种形而上学看，尤其顺胡煦的讲法讲，那不能不是一种自然哲学。
　　他听了我的话，很幽默地说：噢，你是讲形而上学的！言外之意，
　　那也就不用谈了！继之，他打哈哈说：你恭维我们那位贵本家（胡
　　煦），很了不起，你可出一本专册。我说谢谢！遂尽礼而退。回到宿
　　舍，青年人压不下这口气，遂写了一封信给他，关于方法有所辩
　　说，辩说我的方法决无危险。大概说的话有许多不客气处，其实
　　也无所谓不客气，只是不恭维他的考据法，照理直说而已，因为
　　我的问题不是考据问题。但无论如何，从此以后，就算把胡先生
　　得罪了！这是乡下青年初出茅庐，不通世故，在大邦学术文化界，

---

　　①　曹伯言整理《胡适日记全编（六）》，合肥：安徽教育出版社，2001 年，第 150 页。

第一步碰钉子。①

　　虽"尽礼而退",但"形而上学"与"考据学"之间的剑拔弩张气氛还是十分明显的。牟宗三此时已经得遇熊十力了,对自己的"方法"当更有自信,也可见胡、牟两人的不契不是细枝末节的不契,而是精神气质的不契。这里面当然有才性禀赋的因素,但更多的应该是一种理性自觉。后来,余英时对于新儒家的批评,牟宗三对于余英时的批评等,也多少与这种因理性自觉而显的精神气质有关联。

　　其时胡适天下闻名,牟宗三据己之"方"而抗辩彼之"方",确可以称得上"甚迂"。这种"甚迂"绝不是偶然的,它伴随牟宗三的一生,表明牟宗三生命之不可放弃处,也即牟宗三学问的大合处。如果说,大开的牟宗三兼收并蓄,深历世故,是复杂的牟宗三,那么大合的牟宗三九九归一,干脆爽直,是单纯的牟宗三。

　　单纯的牟宗三,就是把自己的时间(生命)全部凝聚起来,一辈子只做一件事情。牟宗三说:

　　　　我这个人是个默默耕耘的人,我一生没有做官,我不参加国民党,当然我更不参加共产党。我不是这个时代的参与者,我是这个时代的一个旁观者。所以我这个生命,你要注意这一句话。"旁观者"就是你自己闹中了静,你自己默默地在耕耘。"旁观"就是这个意思。默默耕耘中,我活了八十多岁。要有相当的时间才成呀!没有时间,任何聪明都没有用。我这个人只能教书,既不能干政治,也不能做生意,抗战时期也没有汗马功劳。所以,对于这个时代,你不是一个参与者。你只能默默耕耘,就是自己读书,教一辈子书。②

　　牟宗三之所以不干政治、不做生意,不去凑别人的热闹,而只是读

①　牟宗三:《周易的自然哲学与道德函义》,《牟宗三先生全集》第 1 册,台北:联经出版事业股份有限公司,2003 年,重印志言第 3-4 页。

②　牟宗三:《鹅湖之会——中国文化发展中的大综和与中西传统的融会》,《牟宗三先生全集》第 27 册,台北:联经出版事业股份有限公司,2003 年,第 451 页。

书、教书、写书，是因为他明白，人的生命有限，而要做成任何一件事情，都需要费时间、花精力。牟宗三念兹在兹，思考中国文化的历史发展方向，如何经大的综合，从内圣开外王。这个问题一则需要对于中华民族的文化生命本身有真实的了解，即荀子所说的"真积力久则入"（劝学篇），二则需由此悟入或者说渗透出中国文化生命的命脉，而洞见中国文化的发展方向。这两点，一是"作学究式的工作"，二是"说道德理想"①，即便心无旁骛、不厌不倦，但没有个大的岁数，也是不成的。因此，牟宗三不能不自觉地选择了"迁"。

若有一个人，以天才之质，既享旁观者之静，又得参与者之动，岂不完美？因此，"甚迁"的牟宗三当然有憾。牟宗三曾就《逻辑典范》一书志感说：

> 本书草创于未乱之先，完成于乱离之后。时阅五载，地历南北，未尝一日辍笔。国势至此，不能筹一策。偷生边陲，干绞脑汁。于苍生何补？是以可痛也！②

当国人抵抗日本侵略之时，牟宗三既没能如梁漱溟那样参与抗战，也没有直接扛枪上战场，却只是自己写字，"偷生""干绞""何补""可痛"四词尽显牟宗三"不完美"的遗憾。不过，必须看到，这种遗憾源自人这种存在者的有限性，是本源的有限性，而见出人类生命活动的悲剧性。这种悲剧性可以深度地说，也可以广度地说。深度地说，是"圣人的悲剧"：天才以气尽，圣人以理显，只要是具体的生命，天赋再高也都有限定，都不能"完美"或"绝对圆满"，都得有憾。这就是"孟子所谓'命也'，亦圣人之无可奈何者。故罗近溪云：真正仲尼，临终不免叹一口气"③。广度地说，是常人的悲剧：每个人都有其气禀之偏、气命之限，有其生命的适合处与不适合处，擅长干什么或不擅长干

---

① 牟宗三：《鹅湖之会——中国文化发展中的大综和与中西传统的融会》，《牟宗三先生全集》第 27 册，台北：联经出版事业股份有限公司，2003 年，第 451 页。

② 牟宗三：《逻辑典范》，《牟宗三先生全集》第 11 册，台北：联经出版事业股份有限公司，2003 年，序第 11 页。

③ 牟宗三：《才性与玄理》，《牟宗三先生全集》第 2 册，台北：联经出版事业股份有限公司，2003 年，第 327 页。

什么等，这里更谈不上"完美"，更是有憾。

当然，若有一个人，只享旁观者之静，也是可能的。按照柏拉图的讲法，哲学家应为政治家，政治家应为哲学家，"在轮到值班时，他们每个人都要不辞辛苦繁冗的政治事务，为了城邦而走上统治者的岗位"①，但这却不应被视为英雄行为，而是因为考虑到了某种义务，哲学家的最大的快乐其实就在于研究哲学本身。若就此乐土而言，许由、务光等一类人就是可理解的和幸福的。但是牟宗三坚持儒道之辨，强调许由"只能算小乘，是偏至型态，只偏于冥的一面；尧才能代表圆教的境界"②。这意味着，牟宗三宁愿朝向最高人格模型走而遭遇"可痛"，也不愿放弃义务以享受"快乐"。

知道生命的有限性，而能"顺受其正"（《孟子·尽心上》），那么牟宗三的"甚迂"也就有了可宽慰处。在紧接着上引的"可痛"之后，牟宗三又满怀希望甚至不无自信地说：

> 风雨如晦，鸡鸣不已。吾于东西两大学统，如能得其自然之絜和，则新理性之曙光显于异代，于己于国，皆不无少慰也。③

即是说，"学统"开出了，"认识"到了"政统"之形式条件之于科学和道德的重大意义，而能在理论上将"国家"与"心性"均收纳到此"新理性之曙光"中，并通过自己的讲道理而渐渐获得一种广泛的认同，播下种子，假以时日，则必收实践之功。此所谓"功成不必在我"，亦所谓"以损己益他，但位居五品"等。牟宗三相信，当此伟大的历史时刻，通过分工合作，关于国家与心性的"迂"的"学问"终不能不"合"于真实自我和国家的"实践"，而于苍生有补。

---

① 柏拉图：《理想国》，郭斌和、张竹明译，北京：商务印书馆，1986 年，第 309 页。
② 牟宗三：《中国哲学十九讲》，《牟宗三先生全集》第 29 册，台北：联经出版事业股份有限公司，2003 年，第 232 页。
③ 牟宗三：《逻辑典范》，《牟宗三先生全集》第 11 册，台北：联经出版事业股份有限公司，2003 年，序第 11 页。

第六章　策略与目标：讲法问题

《孟子》里面说出心即理，那不是凭一个人的聪明瞎说的。这个道理王阳明后来说得很清楚，能用辩论的方式表达出来。陆象山还不能用辩论的方式，他是用自己的颖悟、用悟道的方式。悟道的方式不行的，假如只用悟道的方式，你悟道，我没有悟道，那怎么办呢？说不出理由来不行呀。

——牟宗三《西方哲学演讲录》

朱夫子的学问系统是"别子为宗"，他并非孔、孟的正宗；但从一般的教化上讲，他倒是正宗。像陆象山那样作功夫，并不是一般人所可以表现的，那是指内圣之学讲的，因为儒家讲学问，最高的目的是成圣成贤。但儒家之学也有一般教化的意义，在这方面朱夫子的学问就有其作用。尤其在这个时代……多讲讲这种学，如此才可以挽救中华民族的劫难。但是讲的时候，不要用理学家那种方式讲，容易令人害怕。轻松一点讲，可以采取"阳柔"的方式讲，从"阳柔"的方式来接引群众。

——牟宗三《"宋明儒学与佛老"学术研讨会专题演讲》

本章所谓"讲法问题"，是指牟宗三讲道理的策略与讲道理的目标之间存在的映射。牟宗三政治哲学的目标是建立现代国家以便中国人成圣成贤，但其策略却是成圣成贤才能建立真正的现代国家。

对于牟宗三来说，道德的形上学就是实践的形上学、实践的智慧学，实践是通达中国哲学的唯一之途，其他都是歧途，而实践的骨干不外是良知的呈现，若生命里不能有真切把捉住良知的工夫，那么其哲学就将毫无意义。一般地说，这是对的，因为人的存在本身不能是无心的，无论是从事科学研究、文学艺术创作还是参与经济活动、政治活动等，都不能彻底排除"脑筋的运用"，道德心性就即其而显。但是，如果因此把牟宗三道德的形上学仅仅理解为良知自上而下的单向下贯、自由流射，把牟宗三政治哲学仅仅理解为道德的形上学的一个无足轻重的"结果"，则必定是错误的。

良知呈现，成圣成贤，是牟宗三的终极目标。或者说，讲清楚良知呈现的道理，接引群众自己去成圣成贤，是牟宗三的终极目标。但是，如何呈现良知呢？又如何把良知呈现的学问很好地呈现、表达出来呢？特别是在今天，怎样把儒学讲给大众，尤其是那些已经不生活在儒家传统里的人，而唤醒他们成圣成贤的意识，坚定他们成圣成贤的行动呢？

呈现良知，不能不考虑物质生活、经济利益，而必然与国家在经济建设、政治建设、文化建设等方面的制度和安排有着千丝万缕的联系，因此才有由经济建设到政治建设、由政治建设再到文化建设的这样一条"经济→政治→文化"的上升之路，以及道德良知对政治、经济等的范导的那条"文化→政治→经济"的下贯之路。上下交贯，容纳了经验主义与理性主义，才是牟宗三"良知坎陷"之"坎陷"的实义，也是康德"为信仰留余地，则必须否定知识"之"否定"的实指。国家与心性也就在此"坎陷""否定"中循环往复以出，各尽其责，而又共同拱卫出人们的美好生活。以上诸章反复申论，不过也就这点意思，"卑之无甚高论"。

把良知呈现的生命的学问很好地呈现、表达出来，接引不相信或不那么相信传统的群众重新回家，则必须谈及牟宗三的策略问题。众所周知，佛教有因缘说法、因病与药等说。儒家"俺那老师父只管矒睁着两眼定六经"，而能表现出特别的执着，有勇往直前的精神。不过，这同时也意味着一种策略，特别是儒家从来没有否定过表达要有策略。孔子曰："侍于君子有三愆：言未及之而言谓之躁，言及之而不言谓之隐，未见颜色而言谓之瞽。"（《论语·季氏》）荀子亦曰："不问而告谓之傲，问一而告二谓之囋。傲，非也；囋，非也；君子如向矣。"又谓："未可与言而言谓之傲，可与言而不言谓之隐，不观气色而言谓之瞽。故君子不傲，不隐，不瞽，谨顺其身。"（《荀子·劝学》）这些都是提醒人们在表达的时候需要注意对象的不同。其实，对象的不同，不简单只是人的不同，也有时代的变迁在其中。时代变了，人变了，讲法也要变的。对于这一点，牟宗三是有着自觉意识的，常常以说"神通"为策略。

借用列奥·施特劳斯（Leo Strauss，1899-1973）的说法，"神通"不过是一种"有益于社会的显白教诲"。"哲人"与"俗人"之间的"永恒战争"在这里再一次被重新提及了。具体说来，正如康德所问，

"这个婢女究竟是在她的仁慈的夫人们前面举着火炬，还是在她们后面提着托裙？"是政治哲学究竟要规范人们的政治生活，还是因人们的政治生活才有政治哲学？一方面，知识击破意见，哲学乃是全部科学的总体，因此作为对"政治"的哲学研究，政治哲学也必然是"规范性"的，远远地走在了"描述性"的政治科学的前面。[①] 另一方面，意见是社会的基本要素，是审判知识的法庭，哲学乃年老色衰的老妇，因此"'政治哲学'的首要涵义不是指以哲学的方式来处理政治，而是指以政治的或大众的方式来处理哲学"，它只能从普遍接受的意见出发。[②] 于是，哲人"就被迫采用了一种特殊的写作方式；这种写作方式使他们能够把自己视为真理的东西透露给少数人，而又不危及多数人对社会所依赖的各种意见所承担的绝对义务。这些哲人或科学家将区分作为真实教诲的隐微教诲与有益于社会的显白教诲；显白教诲意味着每个读者均能轻松地理解，而隐微教诲只透露给那些小心谨慎且训练有素的读者——他们要经过长期且专注的学习之后才能领会"[③]。就牟宗三而言，"作为真实教诲的隐微教诲"卑之无甚高论，革命性极强，却又需要耐得住厌烦；"有益于社会的显白教诲"即是"有而能无，无而能有"的"神通"，来去自在，爽利直接，轻松明白。[④]

质言之，牟宗三政治哲学不仅仅面临着儒学内容的现代化问题，同时也必须重视儒学讲法的现代化问题。前者是基础，在很大程度上规定了后者，但后者仍然可以作为一个单独的问题被隆重地提出来。前面几章我们讨论了这种"双重现代化"的前一部分，这一章重点分析牟宗三在曚眛着两眼定六经的同时，所呈现的"策略选择"与"写作艺术"。

① 沃尔夫：《政治哲学导论》，王涛、赵荣华、陈任博译，长春：吉林出版集团有限责任公司，2009 年，第 2 页。

② 施特劳斯：《什么是政治哲学》，李世祥等译，北京：华夏出版社，2011 年，第 81 页。

③ 施特劳斯：《什么是政治哲学》，李世祥等译，北京：华夏出版社，2011 年，第 215—216 页。

④ 策略完全可以源自存在本身的复杂或矛盾，于是"策略"也就成了"艺术"。至于牟宗三的策略性考虑究竟主要是为了"化解'公民大众'对'哲学'的猜疑和敌意"，还是出于"对'人主'或广义的政治权威的疑虑和恐惧，以及自我保全的明智考虑"，则或许很难分清楚，因为在今天"人主"仍旧很容易就能够打扮成"公民大众"的样子出现。不过宋宽锋在此强调"中西"政治哲学传统的不同，突出了"古今"之异，依然是极富洞见的，具有警醒意义。参阅宋宽锋《先秦政治哲学史论》，北京：中国社会科学出版社，2019 年，第 38 页。

第一节　阴局的运会

所谓"运会"，标明的是一种时代特征。人处在自己的时代里，受其影响，甚至被其裹挟、决定，自觉不自觉地形成某种思维定式，因而任何一种生命的学问都会遭遇到它的运会。在"阳局的运会"中，"阴"的学问易于表达和传播；在"阴局的运会"里，"阴"的学问讲说起来就会很费力。于是，学问表达和传播的策略问题也就显得十分重要了。

一般来说，这是对的。但是具体地说，又颇不容易。哪个哲学家不抱怨他的时代，哪个时代又不被它的哲学家所抱怨呢？因此，有必要弄清楚牟宗三所谓"阴局的运会"的具体所指，那就是知识分子的生命与他的时代的关系问题。

一　生命形态与时代气数

一个人的生命必有生有死。生死始终之间，人必有所活动或行动。有动就必有后果。这个后果或者跟你的生命相顺，或者跟你的生命不顺。顺的境遇，就是好，就是吉；不顺的境遇，就是不好，就是凶。能够预先"知道"这种吉凶，对所有的人都有吸引力和意义。不过，在这里却可以区分出一般的民众与知识分子的不同。

1. 算命看相

算命看相在中国有着非常悠久的历史传统。新中国成立后，算命看相被视为封建迷信而销声匿迹，或转入地下。近年来，这种历史传统在某些方面又强势回归，高调复出，似乎在宣示着一种日益明确的文化自信。牟宗三作为一个文化人，势必对算命看相有自己的看法。在1979年7月1日发表的《熊十力先生追念会讲话》中，牟宗三讲到自己初见熊十力时的一件趣事：

> 我当时刚从乡下里出来，人情世故全不懂，不只那时候不懂，到三四十岁还是不懂；不要看我好像想了很多，想是想得很多，但对于现实生活，还是不大明白的，我并不懂人情世故，有时候还很

任性、很楞。在初见熊先生时，我不知问到一个什么问题，熊先生说李证刚先生会看相，便请他替我看看，李先生看后，说我可以念书。我当时并无大志，乡下人都是一步一步的走的，没有门面话，我便问李先生：我能不能当教授呢？我当时认为教授是很高的，很了不起的。李先生说："能，可以。"熊先生在旁听见，也说："我看他是可以念书"，所以熊先生便叫我到他家里去。于是我便常去他那里。①

研究者对牟宗三在熊十力处得闻"良知是呈现"之"狮子吼"的公案多有关注，对这个"可以念书当教授"的"公案"却基本上是忽略掉了。这种忽略是有原因的。牟宗三在《五十自述》《心体与性体》等很多地方都讲到了"良知是呈现"的公案，但对此"可以念书当教授"的看相算命趣事不着一字。不过，这种原因当是浮皮潦草的，实不足以成为研究者忽略它的依据。从牟宗三整个哲学的历程和结构而言，只有把这两个公案联系起来看，才能得到牟宗三哲学的全貌。

牟宗三从上北大预科开始，头一个学术兴趣，就是周易。而晚至1992年，牟宗三仍在香港新亚研究所讲授周易。可以说，牟宗三的学术生命的一头一尾，都在周易，以周易始，以周易终。周易，正有"算命"之用。牟宗三研究周易，是否用它"算命"呢？若衡之以其作品，必须承认，牟宗三并没有讲算命或看相的论著或论文。若衡之以其道德的形上学，又必须承认，时人流行热闹的"算命"或"看相"之说当被排除在外。不过，1988年在《从周易方面研究中国之元学与道德哲学》的重印志言中，牟宗三对自己大学时期的这部作品有一个回顾："由此一微末不足道而却发之于原始生命的充沛想像之青年作品实足占当时学术思想界之分野，并可卜六十年来吾之艰困生活之经过以及学思努力之发展。此是一生命之开端起步，其他皆可肇始于此也。"② 这时却恰恰用了"占卜"两字，"占"时代思潮，"卜"生活境域。

---

① 牟宗三：《时代与感受》，《牟宗三先生全集》第23册，台北：联经出版事业股份有限公司，2003年，第277-278页。

② 牟宗三：《周易的自然哲学与道德函义》，《牟宗三先生全集》第1册，台北：联经出版事业股份有限公司，2003年，重印志言第5页。

牟宗三这次的自我"占卜",并不偶然。1992 年牟宗三在香港新亚研究所讲授周易,曾指出《易经》本米就是卜筮之辞,心中有疑问,中国人就会诚心占卜。"中国人看天地间的人事,人的生活,在家庭里、在社会上,种种屈伸、进退,全部生活就是一大堆事件,每一件事都可以卜。"① 既然有占卜,那就对事情的发展过程有了"先见",能够算到自己的运气。牟宗三说:

> 运气可以从两方面看,横的方面,看跟社会的关系;纵的方面看,就是看历史的运会。占卜就是从这两方面看,看你的生命跟社会环境合不合,跟历史的运会合不合,这个不能反对的,最科学了。运气好就是顺,运气不好,投机也投不了。中国人说"命",西方人就说是上帝的安排。②

这种纵横交织的观法,把空间纳入时间中,把社会境域纳入历史运会中,一并考虑,是牟宗三一贯的做法,现在的我们已经再也熟悉不过了。但要注意的是,"这个不能反对的,最科学了",它并不是说"占卜"已经是"科学"了,而是说占卜有其"用气为性"的"道理"在里面。早在 1961 年 4 月 1 日发表的《王充之性命论》一文中,牟宗三就已经强调了这种纵横以占卜命运的"道理":

> 以"垂直线之命定"为骨干,与环境相关涉,而有"水平线之命定"。王充曰:"凡人禀命有二品:一曰所当触值之命,二曰强弱寿天之命"(〈气寿篇第四〉)前者为"水平线之命定",后者为"垂直线之命定"。又曰"有死生寿天之命,亦有贵贱贫富之命"(〈命禄篇第三〉)前者为垂直,后者为水平。③
>
> 子夏曰:"死生有命,富贵在天。"死生有命,是"性成命定"

① 牟宗三:《周易哲学演讲录》,《牟宗三先生全集》第 31 册,台北:联经出版事业股份有限公司,2003 年,第 13 页。

② 牟宗三:《周易哲学演讲录》,《牟宗三先生全集》第 31 册,台北:联经出版事业股份有限公司,2003 年,第 16 页。

③ 牟宗三:《才性与玄理》,《牟宗三先生全集》第 2 册,台北:联经出版事业股份有限公司,2003 年,第 4 页。

之命，垂直之命。"富贵在天"，言上关天星，是水平之命。①

　　若顺此类讲下去，就会接上时下流行热闹的众多算命或看相的"理论"，而引发是否迷信等激烈争论。这超出了本文设定的论题，故不论。这里只需指出两点。其一，当时学者们似多有对"占卜"感兴趣而信以为真者。② 其二，牟宗三顺王充的"用气为性，性成命定"说，诚心诚意相信算命是有道理的。1984 年牟宗三在香港新亚研究所讲授孟子，也说了这个"道理"：

> 中国人看相算命是有道理的。看相算命不是迷信。以气为性当然可以看相算命嘛，你的气禀太俗，满脸俗气，你这个人聪明有限。我们说个人清秀，这个人一定很聪明。所以，在以气为性这里，一定有天才，天才论不是没有道理。天才一定要在气这里讲。孔夫子也说"上智下愚不移。"确实有天才，也有天生的白痴。③

　　1990 年 9 月到 1991 年 1 月，牟宗三在香港新亚研究所讲授康德第三批判，结合自己与胡适两个人的例子，仍旧说了这个"道理"：

> 这种是人生的体会，是确实真的，不是假的。不要以为是迷信，

---

① 牟宗三：《才性与玄理》，《牟宗三先生全集》第 2 册，台北：联经出版事业股份有限公司，2003 年，第 6 页。

② 试举两例子。1937 年 7 月 27 日晨，日军占领廊坊，时局更显紧张，吴宓在当晚八点前"虔心卜易经卦（以手指定）"，得"解"卦。卦辞曰"利西南，无所往也，其来复吉，有攸往，夙吉"，其文曰"天地解而雷雨作，雷雨作而百果草木皆甲坼，解之时大矣哉"。吴宓虽说"静待天命"，却"整衣卧床"，心中难定，打电话询问陈寅恪，至陈寅恪九点回电话说"此是吉卦"，方似少安。而钱穆也曾说起 1938 年西南联大到蒙自的时候，自己与汤用彤（锡予）、贺麟（自昭）、吴宓（雨僧）、沈有鼎等七人，听闻日军空袭。"某夜，众请有鼎试占，得《节》之'九二'，翻书检之，竟是'不出门庭凶'五字。众大惊"，于是决定自第二天起每天早餐后即外出，下午四点后始返回。如此"结队避空袭，连续经旬，一切由雨僧发号施令，严如在军遇敌，众莫敢违"，至日机果然来轰炸而后方止。参阅吴宓《吴宓日记》第 6 册：1936-1938，吴学昭整理注释，北京：生活·读书·新知三联书店，1998 年，第 179 页；钱穆《师友杂忆》，《钱宾四先生全集》第 51 册，台北：联经出版事业股份有限公司，1998 年，第 226 页。

③ 牟宗三：《〈孟子〉演讲录（一）》，《鹅湖月刊》（台北）2003 年第 29 卷第 1 期。

这不是迷信。譬如说，胡适之这个人没有甚么道理，但他一生走运，这个人总是与历史条件相合，总是与社会条件相合。我自己就与社会条件总不相合，我一生八、九十年来与社会条件总不相合。要是与社会条件相合的话，你或是参加共产党，或是参加国民党。这两个集团就统治着近百年来的中国，不归于杨，则归于墨。你杨也不归，墨也不归，你就天定要倒霉。所以，求仁而得仁，又何怨哉。①

最后需要注意，牟宗三相信看相算命是有道理的，这个"道理"究竟是在什么层面上的，是"见微知著""知几其神"的"道理"，还是"科学""知识"的"道理"？顺着这个问题我们会发现，未经过牟宗三过目审定的文字，在那些授课过程中，"道理"会强一些，而在牟宗三自己宣之于文的作品中，"道理"会弱一些，会更加含蓄内敛。总的说来，卜筮算命的东西，能够被牟宗三"化腐朽为神奇"，这中间的"度"不可谓不重要。牟宗三之所以相信看相算命，之所以重视周易和怀特海，只是因为他对生命的"自然"缘起流转过程有兴趣，把它视为"客观"宇宙的一部分，仿佛整个人类社会的发展同样有一个"自然历史过程"。在1957年5月发表的《直觉的解悟与架构的思辨》一文中，牟宗三顺着"以气为性"的老传统，表达了占卜所揭示的"自然"与"以理为性"的"生命"之间的那种不一致：

> 我当时是极讨厌"生命"一词的。凡关于生命、价值、主体、道德宗教、历史文化的，我都讨厌。我也曾极度外在化，我也曾喜欢那泛客观论、泛事实论、泛物理数学的外延论。②

2. 气的独立意义

运气不能反对，看相算命有道理，这涉及人的有限性，即前文讨论"所与""财产"等所呈现出来的人的存在的"事实"或者说"前提"。

---

① 牟宗三：《康德第三批判讲演录（四）》，《鹅湖月刊》（台北）2000年第26卷第6期。

② 牟宗三：《五十自述》，《牟宗三先生全集》第32册，台北：联经出版事业股份有限公司，2003年，第52页。

若用中国传统的语言来说，这里有牟宗三的"气论"。

牟宗三的"气论"当然不止看相算命。"美"的问题同样是牟宗三的"气论"。

由于对相关论题已有讨论，也由于研究者往往目牟宗三只有"理论"而无"气论"，这里只是强调指出，牟宗三的"理论"绝没有排除掉"气论"的意思在里面，否则他就不会相信看相算命有道理。牟宗三承认气的独立意义：

> "用气为性"虽不足，要是人性论中重要之一面。①
> 中国讲气化，这气化本身有独立意义。②

在"气化"处可以说"命""运气"，可以说"上帝"，也可以说"天"等。名虽有异，而实无不同，都指生命的"客观面"。在这个地方，牟宗三截断得十分分明，这个"客观面"有独立意义，是绝对"不能拉掉"的。③

3. "算命就是算福"

在强调生命有其"铁的必然性"之客观面，牟宗三与坊间的算命先生无以别。把这个"铁的必然性"限定在"福"的范围，不但不唯其马首是瞻，而且要求泰然任之，行德尽责，这就跟算命先生拉开了距离。牟宗三说：

> 事事如意是福，属于自然的存在的事情。什么叫做福呢？现实人生一天二十四小时的生活事如意就是福。事事如意这不是属于纯粹的德之事，这是你如何在现实生活中存在的问题。……事事如意，

---

① 牟宗三：《才性与玄理》，《牟宗三先生全集》第 2 册，台北：联经出版事业股份有限公司，2003 年，第 17 页。

② 牟宗三：《周易哲学演讲录》，《牟宗三先生全集》第 31 册，台北：联经出版事业股份有限公司，2003 年，第 16 页。这是牟宗三 1992 年在香港新亚研究所讲授周易的文字记录。

③ 牟宗三：《〈原始的型范〉第二部分〈周易〉大义（三）——"先秦哲学"演讲录》，《鹅湖月刊》（台北）2007 年第 32 卷第 9 期。这是牟宗三 1980 年至 1981 年在香港新亚研究所讲授周易的文字记录。

纵贯地讲与历史条件相合，横列地讲与社会条件相合。这个人就一
生走运，这就是福。算命是有道理的。算命就是算福，不算德，就
是这个道理。这个地方有命运，求不来的，无论你有多大的本事，
不一定有福。①

既然求不来好运气，那人们为什么要算命呢？这个问题容后再答。
现在的问题是，"福"与"德"一起，都被牟宗三视为"所与"。牟宗三
把生命的"客观面"与"主观面"同时当作无条件者而肯定了下来：

> 依"才质之气性"，说差别性。依"道德性当身"之理性，说
> 普遍性。②

> 假定从算命的立场讲，耶稣的八字很糟糕的啦。算命是很势利
> 的、很现实的，算命是看富贵。孔子没有富贵，耶稣也没有富贵。
> 那么，我为什么要行德呢？行德对于我有什么好处呢？你不能问这
> 个问题。你问这个问题就坏了，你心眼不干净。我在乡间的时候，
> 听到一位老太婆在把捡到的钱袋归还失主的时候说："你要好好记住
> 我，日后要报答我呀。"这位老太婆不贪别人的财物，这是好的。但
> 她讲那句话就糟糕了。所以，中国传统里有说："有心为善，虽善不
> 赏；无心为恶，虽恶不罚。"③

"德""福"分属"理性"和"气性"，后者是客观的无条件的"铁
的必然性"，前者是主观的无条件的"铁的必然性"，虽有主客观之别，
但在"铁的必然性"这一点上，却是共同的。于是，在福，"死生有命，
富贵在天"，泰然处之好了；在德，"求则得之，舍则失之"，同样是泰
然处之好了。这样的世界，干净了，也简单了。

不过问题仍然是，那人们为什么要算命呢？人们为什么还要求德福

---

① 牟宗三：《康德第三批判讲演录（四）》，《鹅湖月刊》（台北）2000 年第 26 卷第
6 期。

② 牟宗三：《才性与玄理》，《牟宗三先生全集》第 2 册，台北：联经出版事业股份有限
公司，2003 年，第 21 页。

③ 牟宗三：《"实践的智慧学"演讲录（六上）》，《鹅湖月刊》（台北）2008 年第 34 卷
第 2 期。这是牟宗三 1988 年底在台湾讲学的文字记录。

一致呢？牟宗三曾借中国传统的"两家半乡绅"说文化问题：

> 一般看相算命的人也知道贵和富是不同的。贵是属于精神的
> （spiritual），富是属于物质的（material），二者是不同的。例如从前
> 大皇帝富有天下、贵为天子，只可算是极富，而不算是极贵。所以
> 从前说天下有两家半的乡绅。一家是孔子的后人，书香门第是最贵
> 的；一家是张天师，是道教；而那半家就指皇帝。这是中国传统的
> 老价值标准。由此可知，贵是就精神而言，我们必须由此才能了解
> 并说明贵族社会之所以能创造出大的文化传统。周公制礼作乐，礼
> 就是 form（形式），人必须有极大的精神力量才能把这个 form 顶起
> 来而守礼、实践礼。①

问题没有得到回答，反而变得更加复杂了：既然"孔子没有富贵，
耶稣也没有富贵"，那么"极贵"或"最贵"的"两家乡绅"也就谈不
上了吧？既然"富贵在天"，好运气求不来，那么这个属于精神的贵，
怎么来的，又怎么就成了"大的文化传统"而需要被"顶起来"呢？
"贵"究竟是"精神的"还是"物质的"？如果说"富贵"是偏义复词，
实际只指"富"或"福"，"贵"还是指精神的"德"。那么，"半家乡
绅"的"贵为天子"，是从打天下来的，是物质的"富"或者说偏义复
词的"富贵"，怎么就成了半个精神的"贵"了呢？在这里，牟宗三难
道没有概念不清、前后矛盾、不合逻辑吗？或者说，生活就是如此的复
杂，"贵"跟"富"就是这样纠缠不清？

4. "见道尊孟轲，为学法荀卿"

对于人们为什么要算命这个问题，可以有三种不同的回答。

坊间的看相算命，就是要窃取天机，为我所用。俗语说，富贵险中
求，这便是要投命运的机。这是第一种回答，也是中国社会最为流行的
回答。

牟宗三显然无法认同这种观点。他的判法很严，整体上否定了"中

---

① 牟宗三：《中国哲学十九讲》，《牟宗三先生全集》第 29 册，台北：联经出版事业股份
　有限公司，2003 年，第 162—163 页。

国社会流行的占卜":"天道只可契（玄合）而不可测，只可尽而不可度。是以中国社会流行的占卜，如源出道家或阴阳家的术数之学，甚至宋儒邵康节的学术，都被许多人想像可以预测未来。然而在儒家心中，对天命、天道应予敬畏，不可随便乱测。否则'窥破天机'是不祥的。因为'天机不可泄露'。'窥破'、'泄露'天机等于偷窃天机，是盗贼行为。故《礼记·经解》篇云：'易之失贼。'严格地说，术数之学不能把握天道。"①

　　剩下的两种回答，都是在"天道既超越又内在"的理解之下，突出了对天命、天道的"敬畏"，由人类存在的"忧患意识"而有生命的"觉"与"健"，以此来回答为什么要算命，但一种是历史文化的回答，另一种是知识分子个人的回答。

　　所谓历史文化的回答，就是要物质变精神，从人类的物质生活中慢慢发展出精神生活，从乾坤互含到乾统御坤，以为人类社会的发展贞定出目标和方向。这种文化起源式的回答已经不是在为个人看相算命了，而是在为中华民族和整个人类看相算命。牟宗三那个"物质的"富贵如何变为"精神的"贵的问题，虽然看似违反了形式逻辑的同一律，因而无法得到无矛盾的回答，但可以在历史的长河中得到真实的回答。当然，坊间的看相算命仍然在流行中，历史文化的看相算命同样没有完结，我们仍然处在历史的长河之中，在为整个人类社会的发展看相算命。李泽厚的从"工具本体"到"情本体"，"情本体"以中国传统为基础，却是一种"世界性视角"，可能要到"二百年以后"才到时等讲法，就是在继续这种看相算命。可能与此有关吧，虽然强调对其"总觉少了点什么"，但李泽厚仍旧在港台"新儒家"里"只承认了一个牟宗三"。②

　　所谓知识分子个人的回答，就是可能当教授的那些人，对于历史文

①　牟宗三：《中国哲学的特质》，《牟宗三先生全集》第 28 册，台北：联经出版事业股份有限公司，2003 年，第 71 页。
②　李泽厚、刘绪源：《该中国哲学登场了？——李泽厚 2010 年谈话录》，上海：上海译文出版社，2011 年，第 55、53 页。李泽厚曾认为，在"现代新儒学"中，"牟宗三先生理论贡献最大：思辨精深，理论清楚，见解重要，颇有影响"，后将"最"改为"很"。参阅郑家栋《当代新儒学论衡》，台北：桂冠图书出版公司，1995 年，李泽厚序第 2 页；李泽厚《何谓"现代新儒学"——郑家栋〈牟宗三与当代新儒家〉序》，《世纪新梦》，合肥：安徽文艺出版社，1998 年，第 110 页。

化有自觉意识的人，怎么在体认到生命的悲剧性命运的同时，以极大的精神力量把历史文化的 form 顶起来，把人类"精神的""贵"传承下去。

这又可以分为两类。一类是以修养为务者，操心如何把精神的贵灌注在自己的生命中，通过自己的生命把精神的贵传承下去的知识分子。这类人，最重要的是"久在樊笼里，复得返自然"，如何抛却生活的种种羁绊，而如《水浒》人物般纯直无曲，当下即是。这可以是《中庸》的"诚"，《论语》的"直道而行"等，优入圣域。但也可以仅仅是一种"自然之美"或"原始生命的健旺"。因而，1973 年牟宗三在香港新亚研究所讲授周易时，通过表彰顾允成说："我现在不讲圣人不讲中庸，上不做中庸，下不做乡愿，我就从狂狷路入。所以，你想要做圣人，先要狂狷，要做圣人，先做豪杰。"① 牟宗三之被戏称为"魏晋人物"，当与此自觉有关。

另一类则是以学问为务者，专力操心如何通过自己的学问把精神的贵传承下去的知识分子。这类人，当然必须有历史文化的自觉意识。但是，只有历史文化的自觉意识，却是远远不够的。1982 年 12 月 25 日在联合报大礼堂作的题为《汉、宋知识分子之规格与现时代知识分子立身处世之道》报告中，牟宗三特别指出：

> 智慧、性情，是需要知识与学力来支持的。若独善其身，专从事于道德宗教之践履与修行，则知识之多少并无多大的相干。但若关联着时代、论国家的政治道路，则必须有识见与知识。这并不是可以闭门造车，凭空杜撰的。②

牟宗三对乃师熊十力只有"境论"而因学力不够一直写不出"量论"的批评，即本于此。这个知识与学力，就是深入事情的内部，做学究式的工作，从理论上把它梳理清楚，并清晰地表达出来。牟宗三曾以青年学生闹学潮、搞运动为例，指出青年学生关心时代，关心政治，有

---

① 牟宗三：《周易哲学演讲录》，《牟宗三先生全集》第 31 册，台北：联经出版事业股份有限公司，2003 年，第 212 页。
② 牟宗三：《时代与感受》，《牟宗三先生全集》第 23 册，台北：联经出版事业股份有限公司，2003 年，第 270 页。

家国热情，希望由政治方面来解决中国的问题，但不一定懂得政治的问题，不容易有通透的政治意识，因而闹学潮、搞运动并不见得是好现象，并不真能解决问题。"若当政者不宽容，则于自己于国家都没有好处。"①这还是强调"智慧、性情，是需要知识与学力来支持的"，知识分子特别是青年学子要对自己的"命运"有透彻的了解。

这样，历史文化的看相算命就和知识分子个人的看相算命合而为一了。"知识与学力"就是知识分子"物质的富"，"智慧、性情"，也即对"大的文化传统"的领悟，就是知识分子"精神的贵"。由整个人类生活的"物质"与"精神"，到学问的"物质"与"精神"，构成了一种共鸣，知识分子找到了自己的定位。

也正是在这个意义上，牟宗三1973年、1992年先后两次强调了同一格言，那就是"见道尊孟轲，为学法荀卿"②。或许，同样正是在这个意义上，李泽厚把"道德非知识"与"举孟旗行荀学"两个问题放在同一篇文章中加以强调。③

二 汉末政局与党锢之祸

牟宗三把个人的看相算命跟历史文化的看相算命并在一起看，因而其所谓"运会"，当然可以联系邵雍《皇极经世》元、会、运、世的"历史哲学""易学史观"等加以分析，但也可从算命、看相的传统角度理解。这样，牟宗三就会把学人的立言诠教与他所处的那个时代联系起来考虑，并视其为中国的老传统。1991年8月24日在香港新亚研究所发表的《"宋明儒学与佛老"学术研讨会专题演讲》中，牟宗三明言，历史发展有它的运会，每个时代都有它或阴或阳的"格局"："这个话也许很玄，但会算命的人却很相信这个话。这个话仔细想想，不是说得没有道理。"④

---

① 牟宗三：《中国哲学十九讲》，《牟宗三先生全集》第29册，台北：联经出版事业股份有限公司，2003年，第157页。
② 牟宗三：《周易哲学演讲录》，《牟宗三先生全集》第31册，台北：联经出版事业股份有限公司，2003年，第171、38页。
③ 李泽厚：《举孟旗 行荀学——为〈伦理学纲要〉一辩》，《探索与争鸣》2017年第4期。
④ 牟宗三：《"宋明儒学与佛老"学术研讨会专题演讲》，《牟宗三先生全集》第27册，台北：联经出版事业股份有限公司，2003年，第470页。

1. 悲欣交集

由"君子以为文"的看相算命，就有了牟宗三的"历史哲学"。它有三个特点。

一是它的出发点只能是自然生命、物质生命，即人要吃要喝要穿要住等，然后才能存在，才能从事其他活动。这可以称为人的"气性"或"才性"，它是生命的可忧虑处，构成生命学问的消极面。"历史哲学"不能不正视这个消极面，考察生命需要的满足问题（情理），然后才可能认识历史的规律与确立历史的基本原则（事理）、理解人群活动的历史事实（历史判断）等。

二是它的重点却不能落在自然生命、物质生命本身，而是在如何合理安排自然生命、物质生命，以使人人都能幸福生活，这便不能不发展出精神生命、文化生命。"文化之发展不过是生命之清澈与理性之表现。"[1] 这可以称为历史的"精神实体"，而与人的"理性"或"神性"等相摩荡，它是生命的可欣喜处，构成生命学问的积极面。

三是在"悲欣交集"中，它把政治与文化的关联放在了核心地位。分而言之，政治家的事情就是客观地、实际地、外部行动地合理安排自然生命、物质生命，而得事理；哲学家的事情就是主观地、理论地、内部思辨地合理安排自然生命、物质生命，而得情理；两者必然纠缠在一起。合而言之，若就安排自然生命、物质生命的"事"而言，前者包含后者，"吾人可把情理统摄于事理之中，通内事外事而为一，统名曰事理。以这种事理为对象而予以哲学的解释，便是历史哲学"[2]；若就安排自然生命、物质生命的"理"而言，后者包含前者，"历史哲学就是以事理与情理为对象而予以哲学的解释"[3]。

由此"悲欣交集"或者说生命学问的"消极面"与"积极面"的交缠，时下聚讼不已的"政治儒学"与"心性儒学"的关系问题，就有了新的理解：一方面我们可以说"政治儒学"包含了"心性儒学"，道德

---

① 牟宗三：《才性与玄理》，《牟宗三先生全集》第 2 册，台北：联经出版事业股份有限公司，2003 年，序第 9 页。

② 牟宗三：《历史哲学》，《牟宗三先生全集》第 9 册，台北：联经出版事业股份有限公司，2003 年，序第 6 页。

③ 牟宗三：《历史哲学》，《牟宗三先生全集》第 9 册，台北：联经出版事业股份有限公司，2003 年，序第 6 页。

的形上学只是外王三书的题中应有之义；另一方面我们也可以说"心性儒学"贯摄"政治儒学"，外王三书只是道德的形上学的准备。

2. 汉末政局

但这样一来，冲突就不可避免：皇帝与文化人的"安排"，究竟哪一个才算"合理"或"更为合理"呢？在此人们可以说意识形态领导权之争，而牟宗三则说知识分子的命运和立身处世之道。

1955 年 6 月出版的《历史哲学》一书中，牟宗三就对这个问题有多处讨论。1973 年 1 月 11 日牟宗三在香港中文大学讲《中国知识分子的命运》，称秦、汉以下两千余年，从秦始皇焚书坑儒、东汉末年党锢之祸、魏晋名士避祸、唐末清流被投入河、元朝九儒、明东林党争一直到清朝的文字狱等，一幕一幕，知识分子的命运不是被杀，就是被辱。[1]其中，秦始皇以其尽物量数量的精神开了个头，很快便灭亡了，直到东汉始发展完成中国的君主专制政体。因此，汉末政局与党锢之祸，就作为知识分子被杀、被辱命运的象征而受到牟宗三的重视。"那是中国知识分子参与实际政治的第一次尝试。结果是失败了，此后也就从来没有真成功过。"[2]

牟宗三分析了其中的原因。政治，必有集团之间的斗争，而为对列之局。但这个对列之局，可以是理性的，可以是非理性的。在东汉政局中，参与政治的集团有两类四个成分，彼此结合，今日为敌明日为友互相斗争。一是内廷，以皇帝为中心的宗室、外戚和宦官集团，二是外朝，宰相系统所代表的知识分子集团。前者从打天下得到政权，胜而王侯败者贼，没有什么道理好讲。因而皇帝首出庶物，不可能有客观的法度来限制它，本身就是非理性的。宗室外戚则因骨肉血缘的关系而系属于皇帝，同样是非理性的。至于宦官，那就纯粹是皇帝的私属品了，更加非理性。这三者纠结为一，以非理性的形式争取自身的利益，于是形成种种特权，成为腐败溃烂的根源。在这四个成分中，唯宰相系统有点政治上的客观意义，但其力量与识见等均不足以转出一消融黑暗的较高的政

① 牟宗三：《时代与感受》，《牟宗三先生全集》第 23 册，台北：联经出版事业股份有限公司，2003 年，第 238—239 页。
② 牟宗三：《时代与感受》，《牟宗三先生全集》第 23 册，台北：联经出版事业股份有限公司，2003 年，第 251 页。

治形态，由此即可"觇"知识分子的命运。[1]

这其实是说，知识分子的被杀、被辱实质上是一种政治悲剧，政治成为影响性格、命运、历史等的关键一环。而政治之所以能有如此影响，也体现了历史发展的程度，而可说是一种历史悲剧。两者集中到了个人的身上，便可说时代命运了。

3. 气节之士

知识分子的被杀、被辱实质上是一种政治悲剧，这是否意味着，牟宗三认定罪责全在君主专制政体，而知识分子根本无须为其悲剧担负丝毫责任呢？实则不然。牟宗三恰恰强调，知识分子自身需要为此担负责任。这个判法当然很严，有求全责备的意思在。通过它，牟宗三的"坎陷"及以知识与学力来"支持"智慧、性情等说，可以得到深入理解。

对于党锢之祸，牟宗三有一个总括的说法：

> 党锢之祸是知识分子与外戚合作同太监斗争，结果失败了，知识分子死得最多最惨。这些知识分子的牺牲，依史书记载，实是可歌可泣，令人有说不出的悲痛，当然值得同情，值得钦佩，了不起。但钦佩他们那种牺牲精神，死得惨，只是一种悲情，并不是正面的赞佩。他们值不值得赞佩，他们的做法值不值得我们真正的尊敬，是很有问题的。[2]

人们可以说，党锢之祸是知识分子参与政治，与非理性的力量进行斗争，结果虽然失败了，死得最多最惨，但表现出了理性和气节，你还要批评他们，说这些风凉话，于理何在，于心何忍？

牟宗三在这里特别声明："我不认为这是一个好的现象，并不是我要大家都不重视气节；气节是道德的节操，永远应该有，知识分子怎可以

---

① 牟宗三：《历史哲学》，《牟宗三先生全集》第 9 册，台北：联经出版事业股份有限公司，2003 年，第 397 页；《时代与感受》，《牟宗三先生全集》第 23 册，台北：联经出版事业股份有限公司，2003 年，第 251 页。两个地方稍有差异，影响不大。前者是皇帝、外戚、官宦为三，后者是宗室、外戚、官宦都依附皇帝。

② 牟宗三：《时代与感受》，《牟宗三先生全集》第 23 册，台北：联经出版事业股份有限公司，2003 年，第 252 页。

没有节操？但不一定要在这种型态中表现。"① 换言之，道德必须有，但如何表现道德，则是有分别的。可以只是悲情的表现，也可以是有学力与知识支持的表现。所谓有学力与知识支持的表现，即是道德能够暂时忘记自己，对政治有正确的了解，能够揭示政治本身的法则或规律。就政治本身有自己的律则而言，牟宗三对汉末政局与气节之士的双方都进行了批评。

政治的"非理性"当然需要批评。处理众人事务的政治，成为维护特权的政治，然后民不聊生，"时日曷丧，予及汝偕亡"，大家都垮台。这仿佛是一种共业，任何人都知道它要垮台，但任何人又都没有办法解决问题，只能顺历史的大势拖下去，等它气数用尽，自然灭亡。此所谓"大厦将倾，非一木所能支"。这个情况下，才有"气节之士"，或者说正是"非理性"的政治让"气节之士"成为一种"变态"。可以设想，在客观化合理化的对列之局中，在权利与义务有法可依的社会中，根本无须以"气节"作为斗争的力量，但有节操却可以成为一种"常态"。

再看气节之士。这些人虽然能够表现出理性，却远没有"贞定"，更谈不上"坎陷"。"气节之士只是士大夫顺'综和的尽理之精神'，未经过分解的尽理之精神，而欲直接地措之于事业，与堕落后的纯物化之气相遭遇所起之浪花。"② "其基本灵魂乃是气质的才气之鼓荡，浮智的直觉之闪烁，艺术性的浪漫情调之欣趣，三者夹杂在一起的直接表现，具体而内在的表现。"③ 他们更多地表现出一种"英雄"气，向上没有经过内在的道德性而为最高级的，向下无法坎陷自己而为政治知识的，而仅以极大的悲情冲击非理性的政治，因而虽可钦佩，却不值得赞佩。这些话当然是站在今天的位置回望时才能说的。这表示，君主专制是有它的气运的，知识分子再着急，也是没有办法的。它也表示，知识分子很难做，也有其难逃避的气运。改变似乎只能交给时间了。牟宗三曾总括说：

① 牟宗三：《时代与感受》，《牟宗三先生全集》第 23 册，台北：联经出版事业股份有限公司，2003 年，第 254 页。

② 牟宗三：《历史哲学》，《牟宗三先生全集》第 9 册，台北：联经出版事业股份有限公司，2003 年，第 240 页。

③ 牟宗三：《历史哲学》，《牟宗三先生全集》第 9 册，台北：联经出版事业股份有限公司，2003 年，第 424 页。"表现"原文为"表理"，疑有误而改。

在君主专制之下，知识分子不是被杀就是被辱，而表现为气节之士。气节之士当然很可赞佩，但不是应当有的而且是很可悲的。这并不表示一个人不应重视气节、重视道德；而是气节之士是在君主专制的特殊型态下才出现的人物，好像"家贫出孝子"、"国乱见忠臣"，并不是孝子、忠臣不好，但谁愿意家贫、国乱呢？因此当家贫、国乱时才出现的孝子、忠臣，就多少有些不祥。就在这层意义上，我们说那具有特殊性格的气节之士不是应当有的。魏晋时代的名士也很少能得善终。因此知识分子在君主专制之下想保全自己，在出处进退之间是很困难的。在现代民主政治之下就不再出现这类气节之士，即可以避免这种悲剧，同时也免除了知识分子出处进退之间的恐惧。①

历史的有情与无情都在这里了。在这里，黑格尔说"恶"对于历史的作用，马克思强调社会历史"进步"的意义，牟宗三说"幽默"对于知识分子的作用。因此"幽默"只是没有办法的办法，没有希望的希望，是历史前进中的无奈，实不可以"幽默"为借口而成"乡愿"。

三　宋朝理学家的"体经而用经"

宋朝并没有改变东汉以来所发展完成的君主专制政体，因而理学家似乎应该面临着同样的政治悲剧。这在一般意义上是对的。不过，有一些具体因素让理学家不同程度上避免了这种悲剧，但牟宗三在此仍然说"坎陷"及以知识与学力来"支持"智慧、性情的重要性，并顺之强调知识分子做学问的策略问题。

1. 中国历史上的自由时代

宋朝知识分子之所以没有遭遇到政治悲剧，首要的原因当然是政治的。君主专制政体下，天下是打来的，对知识分子究竟是客气还是不客气，是否有容纳知识分子的雅量，决定权当然主要在皇帝。太祖杯酒释

---

① 牟宗三：《中国哲学十九讲》，《牟宗三先生全集》第29册，台北：联经出版事业股份有限公司，2003年，第192页。

兵权，怕重蹈覆辙也罢，或因其他偶然因素也罢，总宋朝三百年，皇室养士，优待知识分子，尊崇儒家，对知识分子最客气。再加之承唐代文明发展高峰的余波，宋朝人口众多，经济繁荣，社会又自由，宋朝成为中国文化的烂熟期。

在这种情况下，无论是"体史而用经"的司马光、"体文而用经"的王安石，还是"体文而用史"的苏东坡、"体经而用经"的理学家，他们代表四类知识分子，都可以各行其道，在政局中获得一席之地，有发言的机会。特别是司马光，可以做宰相，三朝元老，而王安石甚至被梁启超等人视为中国历史上的六大政治家之一。

2. 知识分子的规格

宋朝皇帝养士，对知识分子很客气，所以知识分子虽然很多，也发了很多的议论，却仍然能够免除被杀或被辱的政治悲剧。不过，知识分子身处自己的黄金时代，取得了很高的社会地位，他们有没有因此而尽了自己的责任呢？有人称赞说："赵宋世忠厚，养士三百年。时危不负主，繄彼文状元。"（明莫璠《读史》）有人则批评说："晚近士大夫好高树名义，而不顾国家之急，每有大事，辄同筑舍。昔宋人议论未定，兵已渡河，可为殷鉴。"（清多尔衮《致史可法书》）

牟宗三的态度似乎是自相矛盾的。一方面，他同样批评知识分子的"空谈误国"。"自己的知识分子成天在庙堂之上嚷嚷不休，人家那里金兵已经渡河了。所以北宋之亡我们不能全怪像宋徽宗那样的皇帝，知识分子也是要负很大责任的。"[1] "宋朝对知识分子最客气，知识分子在社会上也最多，都起来了，但其规格除理学家外都不顺适条畅，不成格；知识分子不成格，所以把时代弄坏了。"[2] 另一方面，他又不能同意颜李学派指南北两宋"圣人"层出不穷，但既不能挽救徽钦北狩，又不能免除帝昺投海，因而理学家无用的说法。牟宗三说："这是过分的要求，气愤之辞，非平实之言。宋朝亡国的责任那能推到理学家身上？怎能推到朱夫子、陆象山身上？他们并没有当权。当权的皇帝、宰相们胡闹把天

---

① 牟宗三：《时代与感受》，《牟宗三先生全集》第 23 册，台北：联经出版事业股份有限公司，2003 年，第 255 页。

② 牟宗三：《时代与感受》，《牟宗三先生全集》第 23 册，台北：联经出版事业股份有限公司，2003 年，第 263 页。

下亡了，你就把责任推到朱夫子身上，朱夫子怎担当得起呢？"①

知识分子到底要负什么责任，不负什么责任？

这里有牟宗三现代的各正性命、明分使群思想，正如韦伯的"学术与政治"之分。

首先，政治问题必须政治地解决。宋朝亡不亡，那是打天下的事情，是当权者的事情。在这个地方，不能笼而统之地说"天下兴亡，匹夫有责"。顾炎武恰恰是指出，亡天下与亡国是不同的，国家兴亡，其君其臣，肉食者谋之，匹夫无责。"易姓改号谓之亡国。仁义充塞，而至于率兽食人，人将相食，谓之亡天下。……是故知保天下，然后知保其国。保国者，其君其臣，肉食者谋之。保天下者，匹夫之贱与有责焉耳矣。"（《日知录》卷十三《正始》）

其次，学问问题必须学问地解决。牟宗三在这里为理学家没有保国之用而辩护：

　　社会上对理学家总有些讥讽之辞，如迂腐、无用之类。很对，理学家是没有用的，我们不能期望他们能有什么用，但是他们也有他们的好处，他们自成一个格，他们的生命顺适条畅。所以姚汉源先生说理学家是"体经而用经"。体经而用经，所以在政治上没有用。没有用就没有用，但守本分，他们担负的责任是立教。

　　"体"固然是"经"，但在现实生活的"用"上也是"经"，一丝不苟。杀一不辜而得天下不为也，枉尺直寻不为也，这就是"用经"。对社会随便敷衍一下，有时也可以，但那是行权，行权在圣人之教中，不是随便可为的。不行权在现实上有时行不通。但他们严守这原则，所以是体经而用经。假定他们是自觉地如此，我们不能责备他们。一般人说他们无用，其实他们是无小用而有大用，这大用便是立教，垂典型。在这方面他们成功了。在历史文化上影响也是很大的。②

---

①　牟宗三：《时代与感受》，《牟宗三先生全集》第23册，台北：联经出版事业股份有限公司，2003年，第262页。

②　牟宗三：《时代与感受》，《牟宗三先生全集》第23册，台北：联经出版事业股份有限公司，2003年，第262页。

　　理学家明白社会的复杂性和社会历史发展的曲折性，但他们把自己的责任收缩了一下，定于从文化上立教，以提醒人性的高度和人间的常道为己任为本分，因此总显得多少有些"迂"，不能起具体现实的肯定作用，却不辱自己的使命，得以保留了文化的种子，以待后来者在条件允许的情况下发扬光大。

　　在这个地方，牟宗三一转头就批评除理学家之外的知识分子"不顺适条畅，不成格"。司马光、王安石、苏东坡等知识分子，你们可以安心做你们的史学家或文学家，但若你们进入政治领域，成为肉食者，那就必须坎陷自己，守政治的本分。若不守学问、政治的本分，把学问跟政治混在一起搞，那就对不起国家，虽为知识分子但要为宋的亡国负政治上的责任了。

　　剩下的问题就是，既然皇帝对知识分子很客气，理学家又能够守自己的本分，那么理学家就没有问题了，从此以后过上了幸福的生活？答案当然是否定的。政治的悲剧或可免除，而命运的悲剧无法逃避。就命运悲剧而言，理学家的问题才刚刚开始。

　　3. 别子为宗

　　理学家的问题就是"见道尊孟轲，为学法荀卿"的问题，即如何保持"智慧、性情"与"知识、学力"的张力性平衡问题。

　　先来看一个判断。牟宗三说：

　　　　宋朝在中国长期历史发展的运会之中，按照以前的老传统，是属于"阴"的格局，也就是说这个运会是出现在"阴"的时代。以前的人有这么一个评判，从夏、商、周三代经汉、唐，历史的运会一直转变，转到宋朝这个阶段，是属于"阴"的格局。①

　　对于这个"阴"的格局，牟宗三并没有多说，仿佛就只是一个看相算命的诊断，逃不过独断论的指责。但前文已经指出，牟宗三的看相算命不过是"君子以为文"罢了，结合牟宗三的相关论述，还是能够找寻

---

① 牟宗三：《"宋明儒学与佛老"学术研讨会专题演讲》，《牟宗三先生全集》第 27 册，台北：联经出版事业股份有限公司，2003 年，第 470 页。

到一些"理性"线索的。

首先便是宋朝的经济繁荣、社会自由，有高度的文明和文化。由高度的文明，有学者认为宋代已经出现资本主义萌芽。[1] 由高度的文化，人们感觉相对于唐朝的好武阳刚，宋朝用文阴柔，一方面是整个社会的世俗化商业化，另一方面是官员文人的业余精神美学情调。[2] 看一看《清明上河图》，就会对都城东京的女性气质有直观的感受。

接下来的问题就是，在一个世俗化商业化的社会里，理学家的存在是否让人头痛呢？程伊川曾与门人有一段著名的对话：

> 问："孀妇于理似不可取，如何？"曰："然。凡取，以配身也。若取失节者以配身，是己失节也。"又问："或有孤孀贫穷无托者，可再嫁否？"曰："只是后世怕寒饿死，故有是说。然饿死事极小，失节事极大。"[3]

虽然朱夫子也有"夫死而嫁，固为失节，然亦有不得已者，圣人不能禁也"[4] 等语，但"饿死事小，失节事大"一句的流行，塑造了理学家的那种严肃古板、不近人情的形象，一提起来就令人闷气、头痛。人们会问，在一个世俗化的社会里，究竟是要满足"甚不美"的人情，还是要用圣贤文化、天理节义来拘束、提升人情呢？后者难道不是注定令人讨厌吗？在这个地方，牟宗三说朱子的"阴中阴"。前一个"阴"是说这种世俗化商业化的社会，满足人情的社会。后一个"阴"是说朱子以分解的方式、讲知识的态度，把道德对于"人情"的那种"教化"一层一层往上翻，一段一段往前进，让人无所逃遁。这样，我们就可以列出一长串的式子：

---

① 参阅束世澂《论北宋资本主义关系底产生》，《华东师范大学学报》1956年第3期；葛金芳、顾蓉《从原始工业化进程看宋代资本主义萌芽的产生》，《社会学研究》1994年第6期；等等。

② 列文森：《儒教中国及其现代命运》，郑大华、任菁译，桂林：广西师范大学出版社，2009年，第15-17页。

③ 程颢、程颐：《二程集》，北京：中华书局，1981年，第301页。

④ 朱熹：《朱子全书》第23册，上海：上海古籍出版社；合肥：安徽教育出版社，2002年，第3025页。

　　见道尊孟轲-以直悟的方式讲道德-非分别的方式-逆觉的工夫-纲领-经-悟道-朱子为别子-为道日损-智慧性情-阳……

　　为学法荀卿-以知识的方式讲道德-分解概念方式-顺取的工夫-作用-纬-立教-朱子为正宗-为学日益-知识学力-阴……

　　在这个地方，牟宗三既贬损了朱夫子，又赞美了朱夫子。贬损朱夫子，是说他以概念分解的方式讲学，在教化大众方面是合适的，但见道不真，主观境界不高。赞美朱夫子，是说概念分解的方式是负责任的讲学方式，对道德有客观的了解和规定，否则"先立乎其大"或"致良知"或"良知呈现"等，一句话就说完了，你怎么教化人呢，人究竟如何做才合适呢？让牟宗三麻烦的是，根底上悟道无须他者教化，自己如实地（as such）看即可，他者教化只能渐趋于道，最终见道还需自我教化。"用非分别的方式把道理、意境呈现出来，即表示这些道理、意境，不是用概念或分析可以讲的；用概念或分析讲，只是一个线索，一个引路。"① 牟宗三设想的最好方式，是把这两者循环往复起来，既自上而下地悟道，又能静下心，把所悟的道以概念分解的方式自下而上地精确定下来。如果说，悟道无工夫，只看天生的聪明才智，看你有无慧根慧眼，那剩下的，就是"为学法荀卿"的笨工夫了。因此牟宗三反复强调，朱夫子的头脑就是荀子的头脑，朱夫子应当喜欢荀子，关键是要以荀子、朱夫子甚至康德式的"从容的工夫"和"学究的工夫"，来"客观化""贞定"那所悟之"道"：

　　　　一般人并不是聪明不够，而是对文献所下的工夫不够，只是随便引一点，发挥一下。这是不负责任的，不能算数的。这只是表示自己的聪明，主观地发挥自己的一套，而不是作客观的了解。所以我们必须提高理解程度，必须要通透。而这套工夫完全是学究的工夫，是急不得的，要慢慢来。……而这需要下工夫，工夫下得久了，每个概念自然会归到其恰当的地位。我们通常在开始研究一个问题

───────────

① 牟宗三：《中国哲学十九讲》，《牟宗三先生全集》第 29 册，台北：联经出版事业股份有限公司，2003 年，第 347 页。

时，概念都是浮动，到后来才逐渐定住。但其实浮动的并不是概念，而是我们自己，概念本身自有其恰当的地位。因此，主观的了解很难与客观的原意相合。这种工夫非作不可，这样才算学术，才能显出一个客观的地位。但是现代人谁肯去作这种工夫呢？大家都急着成名。①

学术具有了客观的意义，自我教化与他者教化才有了共同的平台，世界不但是可意会的，而且成为可以说清楚的世界，凡夫有了修行台阶得以拾级而上，聪明人得以据此修剪自己的羽毛。

四　今日花花世界

天崩地坼，断港绝潢。战争的破坏，生产力的落后，政治的杂芜等，皆表示我们苦于不能实现现代化，苦于资本主义生产的不发展。但同时，我们又苦于资本主义生产的发展，所谓后现代问题应运而生，现代科技等既让人变得强横，又让人更加孤苦伶仃，唯利是图、环境污染、人心日坠、道德沦丧等问题扑面而来。

苦于资本主义生产的不发展，世界只有一种颜色，灰色，或者绿色，那是最高的道德，不可讨论只能接受。苦于资本主义生产的发展，世界花花绿绿，能够同时充斥着各种色彩，甚至黄色与黑色也不犯法，人们有种种知识，可以用来笑贫不笑娼。

如何能够保障这个社会的多姿多彩，有高度的文明，同时又有高度的文化，能够教化大众、缓慢引导人情向上呢？

牟宗三对此有自觉的意识。"朱夫子的学问，照现在的人看来，你可以说它太保守、太古典了。"② 在现代与后现代的夹缝中，如何讲这种保守、古典的学问？如果再联系到历朝历代知识分子的命运，那么，今天该如何讲儒学呢？

就一般原则而言，牟宗三不能不强调现代化分工，不能不强调知识

---

① 牟宗三：《中国哲学十九讲》，《牟宗三先生全集》第 29 册，台北：联经出版事业股份有限公司，2003 年，第 408 页。

② 牟宗三：《"宋明儒学与佛老"学术研讨会专题演讲》，《牟宗三先生全集》第 27 册，台北：联经出版事业股份有限公司，2003 年，第 469 页。

与学力，不能不强调"为学法荀卿"。这是守本分，是以对"经"与"常道"坚定不移的现代保守或者说知识化的保守为天职，而绝不投命运的机：

> 这说起来很简单，就是相应政治经济的现代化，依据个性原则（个人兴趣之所在，才分之所宜），充分发挥自己之所长所好。若想兼善天下，从事政治，则必须遵政治之常轨；教主之意识必须废弃。若想移风易俗，扶持教化，则必须从文化教养的立场，依据道德宗教之本性，来从事个人的践履与修行，此则无穷无尽。成圣成贤，成仙成佛，尽需无限的智慧与才能以赴之，决无"才智无用武之地"之境。若从事学术研究，则必须依据学问的客观轨范，在学问底正当途径中，以内在的为学而学之兴趣，黾勉以赴。①

这三类人，都是在讲儒家，却有政治家、学问家与哲学家等分化。你可以从事政治，但不能又以教主自任。你可以从事文教，甚至当教主，但要依据道德宗教的本性来进行，不能依靠政治推进。你可以从事哲学，为学而学，澄清前提、划定界限、确定概念，但不能不甘寂寞。不过这样一来，越是黾勉以赴、客观为学，就越陷入比朱夫子更惨、更严重的"阴中阴"之境，越令人讨厌。怎么办？在咬定青山不放松的前提下，牟宗三又不能不考虑讲学的方式方法问题，即所谓"从'阳柔'的方式来接引群众"。就此而言，其高明爽朗的道德的形上学，并非学术的实质，而有虚张声势、出乎策略的考虑。

第二节　从"阳柔"的方式来接引群众

生命的学问之所以成其为生命的学问，必然有其永恒的价值和意义在里面，而又能针对自己的时代问题而发言。就其永恒性和普遍性而言，生命的学问是无问西东不分古今的，因而孔子的学问并不是那时鲁地的

---

① 牟宗三：《时代与感受》，《牟宗三先生全集》第23册，台北：联经出版事业股份有限公司，2003年，第270页。

地方性知识。但就其时代性和特殊性而言，生命的学问又必须理解它的时代、直面它的对象，特别是今天在谈论儒学的现代性问题的时候。

具体到牟宗三，不变的，是经济生活、政治生活的形而上学依据问题，牟宗三主张必须有"积极的实体"（positive reality），强调人类"常道"不可舍弃，任何事业不能违背自然、违背人心的"光明"与"常道"；可变的，则是随时代而来的政治变异、经济变异问题，牟宗三主张知识、自由等也是理性的应有内涵，而特别强调要把经济自由纳入其中，以应对当下层出不穷的变异问题。这两方面不能分开讨论，必须同时进行。对牟宗三的理解，一般重其为经济、政治建立本体依据的一面，但又批评他因此忽视了对蒙昧、复魅的防范。其实变与不变两方面牟宗三都重视，才有"坎陷"之说。若坎陷只被理解为良知自上而下的单向下贯，那就坐实了牟宗三的父权压迫之魅。因此，以知识化、客观化面目出现的经济自由、政治自由等对于牟宗三道德的形而上学而言绝不是个可有可无的，这同时提醒人们不能不注意到牟宗三的策略。

对于牟宗三的策略，笔者曾经有一个"江湖人物牟宗三"的提法："当体会到儒者处身于'儒门淡薄，收拾不住'的局势中，而迫不得已用某种'神通'来引起注意、宣扬学说时，我们便可以区分'学者牟宗三'与'江湖人物牟宗三'之不同。就此不同而言，对话的牟宗三反是学者牟宗三，他直面事实的惨淡，诉诸理性、条分缕析而不骄不躁，因而应该是自觉的；护教的牟宗三却是江湖人物牟宗三，他了解事情的真相，但又熟知众人的特点，因而也就只能下意识地随俗了。"① 这一提法看到了牟宗三的宣教策略问题，但失误在于把这种"神通"只理解为牟宗三被道理所逼迫而有的非自觉、下意识的举动。这里的讨论在其基础上更进一步，承认并强调牟宗三在这方面有明确的自觉意识。

一　阴阳刚柔

1991 年 8 月 24 日，牟宗三在香港新亚研究所有一个"'宋明儒学与佛老'学术研究会专题演讲"。这个演讲非常重要，内涵特别丰厚，以

---

① 陈迎年：《智的直觉与审美直觉——牟宗三美学批判》，上海：上海人民出版社，2012年，第 338 页。

往注意不够。正如牟宗三自己所讲，阴阳刚柔的话都比较玄，不好理解，却有它的道理。本小节以下的讨论先据之展开，然后再引申开来。

1. 陆象山与牟宗三的"阳刚"

牟宗三至少在两种意义上同时使用"阳刚"这一概念。一是说，陆象山讲学"用的是'阳刚'的方式讲，所以光明、俊伟、敞亮"①；二是说，自己"讲宋儒是以阳刚的方式讲，像朱夫子那种讲法是不行的，令人太憋气了"②。

这两种意义的共同之处是堂堂正正，即心即理，直揭良心本心，即所谓高明爽朗、直拔俊伟的一路，而它们之间的差别却需要特别注意，其中有古今之异，能见出牟宗三的一些隐忧。如果我们把陆象山的阳刚称为"古典阳刚"的话，牟宗三的阳刚就是"现代阳刚"，差别只在是否同时能够包含严格的概念分解，因为"现在"的我们"若采取'阳刚'的方式，则一定要遵守严格的分析和批判，而要能接受分析就要观念清楚、一致"③。

于是问题就出现了："遵守严格的分析和批判"，容纳了"分解说"的现代阳刚还是阳刚吗？或者说，同样是堂堂正正的方式，古典阳刚是否可因其"非分解的方式"而受到责难呢？按牟宗三讨论陆象山与王阳明之异同的意思类推，这样责难"似可说，似不可说"。它涉及《传习录》卷三王阳明与陈九川关于陆象山"只还粗些"的一段对话：

[九川] 又问：陆子之学何如？

先生曰：濂溪、明道之后还是象山，只还粗些。

九川曰：看他论学，篇篇说出骨髓，句句似针膏肓，却不见他粗。

先生曰：然。他心上用过工夫，与揣摩依仿求之文义自不同。

① 牟宗三：《"宋明儒学与佛老"学术研讨会专题演讲》，《牟宗三先生全集》第 27 册，台北：联经出版事业股份有限公司，2003 年，第 471 页。
② 牟宗三：《"宋明儒学与佛老"学术研讨会专题演讲》，《牟宗三先生全集》第 27 册，台北：联经出版事业股份有限公司，2003 年，第 470 页。
③ 牟宗三：《"宋明儒学与佛老"学术研讨会专题演讲》，《牟宗三先生全集》第 27 册，台北：联经出版事业股份有限公司，2003 年，第 474 页。

但细看，有粗处，用功久，当见之。①

"篇篇说出骨髓，句句似针膏肓"，"心上用过工夫，与揣摩依仿求之文义自不同"，即所谓"堂堂正正"直指本心的方式。其"粗"又如何说起呢？牟宗三认为，"这个粗当然不是指知识之多寡与思考之精确否而言；亦不是就修道工夫之造诣，以圣人为准，而一般地言之"。前者，就"求之文义"而得的"知识之多寡"言，人人都不可谓全知全能，因而都有精粗之别。当然，若知识"根本不及格"，那就不是粗精的问题，而直接不能算数了。后者，相对于圣人而言，只要未至圣人之境，即便位居五品，都有相对的精粗可言。因此，牟宗三的结论是："吾意似当就象山本人当身之风格而言。若就当身之风格而言，则所谓'粗'似可说，似不可说。"②

所谓"似可说"，是指象山高明爽朗，直拔俊伟，有类孟子之有英气。但是，同样是孟子学的阳明，又不可以说粗呢？关键在于象山"以非分解的方式挥斥'议论'点示'实理'"，故"略带点粗浮与粗略的意味"，而阳明则"由其分解地有所立并义理精熟而然也。分解地有所立足以稳住其气命，不似象山之雷动风行，推宕飘忽。分解地有所立而又义理精熟，则文理密察，气命周到，而又一归于致良知，简易明白，而不可以说粗"。所谓"似不可说"，同样是指象山高明爽朗，直拔俊伟，有类孟子之有英气。"就学之风格而言，粗既只由'非分解'而显，则粗亦只是非分解方式下遮拔'闲议论'与点示实事实理所显之排荡相，此即粗而非粗，粗只是他人之感想，故粗亦似不可说。"在"似可说，似不可说"之后，牟宗三又加了一句："象山若复消融其非分解方式下之挥斥与点示而归于渊默，则洁静精微，'粗'相泯矣。非分解方式下之挥斥与点示本只是筌蹄，目的只在令归实——实事实理坦然明白之实。"③

---

① 参阅陈荣捷《王阳明传习录详注集评》，台北：台湾学生书局，1983年，第290页；牟宗三《从陆象山到刘蕺山》，《牟宗三先生全集》第8册，台北：联经出版事业股份有限公司，2003年，第17页。

② 牟宗三：《从陆象山到刘蕺山》，《牟宗三先生全集》第8册，台北：联经出版事业股份有限公司，2003年，第17-18页。

③ 牟宗三：《从陆象山到刘蕺山》，《牟宗三先生全集》第8册，台北：联经出版事业股份有限公司，2003年，第18-19页。

若再联系牟宗三对熊十力"学力不够"的讨论等，则牟宗三的一贯思路即可因此而能逼迫出来。质言之，陆象山与熊十力因为都把握了"只那一点"，所以在"目的"与"目标"上并无不妥，所差者似只在"手段"与"策略"。若就牟宗三视"手段"与"策略"方面"粗略"的毛病并不真是问题，"只是他人之感想"，而欲人正视"高明爽朗，直拔俊伟"的学风，则又引发"良知的傲慢"公案。

牟宗三曾特别要求正视陆象山与陈同甫两人的"高明爽朗"：

> 象山之高明爽朗表现于内圣之学，故伯恭又称其"淳笃敬直"、"笃实淳直"。而陈同甫者则是高明爽朗之表现于"事功之学"者，故重英雄之生命。高明爽朗在此转而为慷爽。其文字"开豁轩豁"即是英雄主义之慷爽之表现，而此种风格亦特为象山所喜，故"甚欲得相聚"也。象山自与同甫殊途，彼亦不必看得起同甫，然在此"开豁轩豁"上，则是气味相投者。然而对于此种高明爽朗型之人物，朱子却极不赏识。彼于象山，不正视此高明爽朗本身之正义，却专想其为禅。彼于陈同甫，不欣赏其"开豁轩豁"，却视之为千奇百怪，神出鬼没。[①]

余英时曾以此为例子，来证明牟宗三"良知的傲慢"[②]：

> 在新儒家的眼中，西方的哲学和科学都仅仅接触到现象，而未见本体，所以"缺乏妙义"。这是陆象山评朱子"学不见道，枉费精神"的现代翻版。我们必须记得，新儒家论"学"，必须设"第一义"与"第二义"的分别。第一义是"内圣之学"，属于本体界，第二义是"学人之学"，属于现象界。"内圣"之学可以"开出"知识，"学人之学"则决不足以成为上通"内圣之学"的有效保证。

---

① 牟宗三：《从陆象山到刘蕺山》，《牟宗三先生全集》第 8 册，台北：联经出版事业股份有限公司，2003 年，第 127 页。

② 彭国翔教授有次与笔者谈及此事时指出，余先生曾谓其曰"良知的傲慢"说其实并非针对牟先生，而是另有所指。此另有所指，似乎应该联系到 20 世纪 50 年代初的"一气化三清"到 90 年代的"三清重归一气"之后的历史现象而言。惜乎当时被其他事情岔开，未能深谈。

他们也偶然对某些"学人之学"——如史学、文学之类——有所肯定。但是我们必须知道，这在他们不过是一种"纡尊垂奖"的表示，并不是承认"学人之学"可以和他们的"内圣之学"处于同一层次。在内心深处，他们其实是把所谓"学人"看作低一等的。……最可怪的是中间奇峰突起，冒出了"彼亦不必看得起同甫"一语。这在原来的文献中是完全没有着落的。但是这个有意无意之间的"失言"（slip）恰好反映了新儒家的心理结构："内圣之学"的陆象山怎么会当真看得起"事功之学"的陈同甫呢？①

余英时"良知的傲慢"说的根据，正是"内圣"自上而下地对"知识"的单向下贯。学界对"良知的傲慢"说当然有反思批评，但似乎正反双方又都是在承认余英时这个单向下贯论据的前提下进行论证的。②如果牟宗三的良知坎陷确实只是自上而下的单向下贯，那么批评牟宗三良知的傲慢、教主信仰等，都是有道理的。如果陆象山的"粗些"是粗略而至粗鲁、粗鄙、粗愒，那么也必是重德性而轻知识，而无有可辩驳之处。但我们知道，牟宗三曾专门谈到过余英时的"不对题"③，也批评过梁漱溟"要当教主的心态"④ 等，且又专门讨论陆象山"粗些"的问题，而要求在今天一定要用分析批判、概念分解的方式来讲儒学，则似乎表明牟宗三并不想把陆象山的"只还粗些"发展为既有"粗略"的意味，又有"粗鲁"甚至"粗鄙"的意味，还有"粗愒"的意味⑤。

1991 年初，牟宗三为香港新亚研究所诸生讲授西方哲学时，也曾把阳明与象山放在一块比较，强调"悟道的方式不行的"，只有通过分析

---

① 余英时：《现代危机与思想人物》，北京：生活·读书·新知三联书店，2005 年，第 565-566 页。

② 可参阅杨祖汉《当代儒学思辨录》，台北：鹅湖出版社，1998 年，第 1-32 页；杨泽波《坎陷论》，《贡献与终结——牟宗三儒学思想研究》第一卷，上海：上海人民出版社，2014 年，第 223-237 页。

③ 参阅本书第五章第一节的"理解与行动"。

④ 牟宗三：《时代与感受》，《牟宗三先生全集》第 23 册，台北：联经出版事业股份有限公司，2003 年，第 267 页。

⑤ 陆象山的"只还粗些"兼具此三义，参阅东方朔《"只还粗些"——阳明对象山之学之评判及牟宗三先生之诠释》，http://www.chinakongzi.org/rw/xszj/dongfs/200705/t20070523_7709.htm；香港中文大学《新亚学术集刊》2006 年第 19 期。

批判、概念分解的方式，才可能继承我们自己的儒学传统：

> 《孟子》里面说出心即理，那不是凭一个人的聪明瞎说的。这个道理王阳明后来说得很清楚，能用辩论的方式表达出来。陆象山还不能用辩论的方式，他是用自己的颖悟、用悟道的方式。悟道的方式不行的，假如只用悟道的方式，你悟道，我没有悟道，那怎么办呢？说不出理由来不行呀。……中国人已经丧失了义理训练。满清入关统治中国的三百年把中国人的头脑弄坏了，义理训练没有了。思考力量失去了，自己的传统通通忘掉了。①

牟宗三还特别强调，儒家的常道需要有不同的表达方式，至于具体如何不同，则必须因应不同的刺激：

> 思考力、义理都要不断地有新的刺激。意思一样，但要换一个方式表达。我现在讲康德就是要刺激、唤醒中国的传统。②

但是，既然义理训练、分解思辨等如此重要，既然牟宗三看到了陆象山的"粗"，那么为什么他又肯定陆象山的"阳刚"，还要求在今天同样用"阳刚"的方式来讲学？

应该说，余英时"良知的傲慢"的批评确实抓住了问题的关节点，但对牟宗三而言却是不合实情的，因为考虑到论说策略，牟宗三的"良知的傲慢"便只是一种虚样子。回到前面的问题：同样是堂堂正正的方式，古典阳刚是否可因其"非分解的方式"而受到责难呢？在这里，牟宗三显然区分了古典阳刚与现代阳刚的不同。就陆象山的古典阳刚而言，那个时代知识还没有显著地成为问题，陆象山的关注点也并不在知识，因而批评陆象山具有良知的傲慢肯定是不对题的；只有站在今天的立场上，以知识和启蒙的眼光来反观和分析，来讨论传统的现代转型问题时，陆象山一味的高明爽朗、直拔俊伟才是可批评的。换言之，现代阳刚若

---

① 牟宗三：《西方哲学演讲录（六）》，《鹅湖月刊》（台北）2011年第37卷第4期。
② 牟宗三：《西方哲学演讲录（六）》，《鹅湖月刊》（台北）2011年第37卷第4期。

仍然只是一味非分解的高明爽朗，那便正是"良知的傲慢"，而应该为此受到责难。也正是出于这种考虑，牟宗三的现代阳刚"一定要遵守严格的分析和批判，而要能接受分析就要观念清楚、一致"，这其实已经要求道德必须从知识的狭窄之门通过，而有自下而上地为德性奠基的意思在。经过了严格的分析和批判，粗略的毛病也就治愈了，粗鲁、粗鄙、粗慵等更不可能发生。

但接下来的问题便是，牟宗三为什么不干脆直接舍弃陆象山的高明爽朗，而采用其他的方式，比如说朱元晦收敛凝聚、沉潜细密型的论说方式呢？

对于这个问题的回答，将证明牟宗三良知坎陷、开出等说的十分"阳刚"的一面，主要是出于论说策略的考虑，是因为要对一群不再相信儒学的人讲学为圣贤，而非源自教主君临天下的心态。牟宗三的经历清楚地告诉他自己："讲学，说道德理想，不能离开自己的土地。"[1] 一旦这片土地不再是原来的土地，而无论是出于时间或空间的原因等，都将对讲说者构成严峻的挑战。如果能够看到这一点，那么也会发现，牟宗三既不可能"把这样巨大的'开出'事业完全寄望于一二人的身上"，也没有给内圣"自上而下"地对知识进行"单向下贯"的权力，更不可能狂妄到把自己从众人中抽离出来，以为一个"优入圣域"的人就能够"睨古今中外"，而替代众人的通功易事。

2. 朱夫子的"阴刚"

在表彰陆象山的高明爽朗的同时，牟宗三也强调朱夫子的学问有"不得了之处"：

> 不管你懂不懂，只要把《朱子语类》拿来看一看，没有一个人不被它吸引的，它的吸引力非常强，这就是所谓的"有味"。一般人即不懂也没关系，只要读一读《朱子语类》，总是会被它吸引，这就表示它具有吸引力（attractive force），由此可看出朱夫子是一位不得了的大理学家。至于"有味"是什么味呢？就是朱夫子本人所

---

[1] 牟宗三：《儒家的道德的形上学》，《牟宗三先生全集》第 27 册，台北：联经出版事业股份有限公司，2003 年，第 209 页。

常说的"如嚼橄榄，如饮醇酒"。嚼橄榄需要细嚼，不能囫囵吞枣一顿，就像猪八戒吃人参果，一吞下去就没得味了。喝醇酒亦如嚼橄榄一般，需要慢慢品味，越喝越有味道。……由此可见朱夫子学问所以具有吸引力，自有它了不起之处。①

"猪八戒吃人参果"，那正是粗鲁、粗鄙、粗犷。"如嚼橄榄，如饮醇酒"即余英时所谓尊重专业、尊重他人、尊重知识、客观小心求证、我注六经等。牟宗三称此为"阴刚"的方式：

> 因为是用"阴刚"的方式讲，所以有厚重的力量，有殷实的力量；它具有严肃感，具有一股刚气在其中，因此能把人给镇住。②

牟宗三称其为"彻底的理性主义"：

> 我刚刚说过，不管你懂不懂，只要读读《朱子语类》，没有一个不被它吸引的，既能吸引人，就表示其中必有美者焉。它的确有令人可欣赏的地方，而其可欣赏处，即是彻底的"理性主义"。西方理性主义重视条理、系统，既有条有理又整齐，这就是美。这种美，就是西方人所说的 perfection，也就是所谓的"圆满"。理性主义所说的圆满，首先就是吸引我们对整个宇宙的秩序（cosmic order）能欣赏其条理性、整齐性和系统性而起美感。这种美感就是属于圆满。③

西方理性主义的条理、系统当然是即知识而显，在此牟宗三赞美朱夫子的收敛凝聚、沉潜细密，而我们绝不可能想到"良知的傲慢"：

① 牟宗三：《"宋明儒学与佛老"学术研讨会专题演讲》，《牟宗三先生全集》第 27 册，台北：联经出版事业股份有限公司，2003 年，第 471 页。
② 牟宗三：《"宋明儒学与佛老"学术研讨会专题演讲》，《牟宗三先生全集》第 27 册，台北：联经出版事业股份有限公司，2003 年，第 471 页。
③ 牟宗三：《"宋明儒学与佛老"学术研讨会专题演讲》，《牟宗三先生全集》第 27 册，台北：联经出版事业股份有限公司，2003 年，第 472 页。

朱夫子学问的性格（属教化上的正宗），在我们这个时代需要多讲讲这种学问，对整个民族、社会都有好处。[①]

看来，牟宗三明白余英时的问题意识，也承认其忧虑的合理性。但是，牟宗三却依然舍弃了朱夫子的"阴刚"而选择了陆象山式的"阳刚"的方式，这是为什么？

其原因与"良知的傲慢"或"知性的傲慢"都没有关系，有关系的不在于内容，而在于讲说的形式。现代社会世俗生活的冲击，人们"怕道德法则之拘束吾人之放纵"[②]，容易"把正面的、建构的、耳目之官以外的、足以安顿吾人之心身性命的普遍之理，都视为拘束吾人的桎梏或藩篱"[③]，因而"儒门淡薄，收拾不住"的局面更有过之而无不及，在这样一个阴局的运会中，究竟怎样才是论说儒学的更有效的方法呢？牟宗三说：

> 在这个阴局的运会之中，朱夫子讲学问的方法是以阴的方式讲，如此就犯了"阴中阴"的毛病。这个"阴中阴"就是"重阴"，所以令人透不过气来，令人起反感。[④]
>
> 现代人谁能受得住这种精神呢？所以，我们处在这个时代，要重新讲朱夫子的学问，或者用"阳刚"的方式加以疏导，亦即用批判的方式，就是用堂堂正正的方式讲，把朱夫子那个"重阴"的格局冲开，不使人闷气。[⑤]

"阴中阴"的方式一贯整肃，望之俨然，很容易让人害怕。就如同

---

① 牟宗三：《"宋明儒学与佛老"学术研讨会专题演讲》，《牟宗三先生全集》第 27 册，台北：联经出版事业股份有限公司，2003 年，第 476 页。

② 牟宗三：《从陆象山到刘蕺山》，《牟宗三先生全集》第 8 册，台北：联经出版事业股份有限公司，2003 年，第 436 页。

③ 牟宗三：《道德的理想主义》，《牟宗三先生全集》第 9 册，台北：联经出版事业股份有限公司，2003 年，第 344 页。

④ 牟宗三：《"宋明儒学与佛老"学术研讨会专题演讲》，《牟宗三先生全集》第 27 册，台北：联经出版事业股份有限公司，2003 年，第 470 页。

⑤ 牟宗三：《"宋明儒学与佛老"学术研讨会专题演讲》，《牟宗三先生全集》第 27 册，台北：联经出版事业股份有限公司，2003 年，第 471-472 页。

伊川的严肃和不苟言笑，遇到事情喜欢板起面孔教训人，谁又能从心底里生出欢喜和亲近感呢？有现成的例子，就是朱熹《伊川先生年谱》记录的那个事件："一日，讲罢未退，上忽起凭栏，戏折柳枝。先生进曰：'方春发生，不可无故摧折。'上不悦。"① 今天我们讲论儒学，当然一般不会遇到如宋哲宗那样的"今上"，但由于时代的发展（太学、科举等配套制度的废除）和主体意识的觉醒等，每一个人又都确确实实地是"今上"，牛气冲天，除非他愿意接受，是没有办法强迫的，因而如何避免"上不悦"也就成了儒学传播过程中必须考虑的问题。

    3. 美学的"阳柔"

朱夫子"阴刚"的讲法自有其好处，但缺点是容易令人憋闷，令人反感，所以牟宗三"第一步先用阳的方式来疏通它"，即采取了类似陆象山的"阳刚"的方式来发扬人鼓舞人，"进一步"再加上分析和批判等概念性、知识性的因素。② 但牟宗三同样明白，自己的"现代阳刚"仍然有它的问题：

        但是这种讲法太重，也不是一般人都受得住。③

        我们若用阳刚的方式讲朱夫子的学问，用批判的、分析的方式讲，朱夫子的系统就要接受检查，所以我评判他为"别子为宗"，他不是孔、孟的正宗。④

        但若用"阳刚"的方式来分析、批判就有斗争性，因为你说它是"别子为宗"，可是别人却不一定服气，如此一来自然易引起争论。⑤

如果说朱夫子的"阴刚"有拘束感，容易令人憋闷而起反感，那么

---

① 程颢、程颐：《二程集》，北京：中华书局，1981 年，第 342 页。

② 牟宗三：《"宋明儒学与佛老"学术研讨会专题演讲》，《牟宗三先生全集》第 27 册，台北：联经出版事业股份有限公司，2003 年，第 476 页。

③ 牟宗三：《"宋明儒学与佛老"学术研讨会专题演讲》，《牟宗三先生全集》第 27 册，台北：联经出版事业股份有限公司，2003 年，第 472 页。

④ 牟宗三：《"宋明儒学与佛老"学术研讨会专题演讲》，《牟宗三先生全集》第 27 册，台北：联经出版事业股份有限公司，2003 年，第 474 页。

⑤ 牟宗三：《"宋明儒学与佛老"学术研讨会专题演讲》，《牟宗三先生全集》第 27 册，台北：联经出版事业股份有限公司，2003 年，第 476 页。

牟宗三的"阳刚"就有放纵感，容易令人争论而起反感。两者都是刚，都有厚重感，都要镇住人，因而特别容易令现代人因不服气而起反感。这个时候，就可以放松一下，有点幽默，采用"阳柔"的方式来讲论儒学。"'阳柔'方式即是采取审美的态度，亦即对其教化采取欣赏的态度，并亲身力行之。"① 一方面，它属阳，放纵而非拘束，至少可以不令人闷气，可以使人的生命畅通一下；另一方面，它属柔，采取的是审美的态度而不是分析和批判，而审美天然具有共通感，容易令人亲近，而能吸引人。这里或多或少有着康德"美作为道德的象征"的味道，居于"自由"与"自然"之间的"闲适"的"美"起了它的作用。牟宗三说：

> 若我们采取"阳柔"的方式讲，不管他的理论系统通不通，他的大系统井然有序，贯穿整个世界有条有理，就是可欣赏的。②

> 但是讲的时候，不要用理学家那种方式讲，容易令人害怕。轻松一点讲，可以采取"阳柔"的方式讲，从"阳柔"的方式来接引群众。③

牟宗三在这里显然考虑到传播的策略问题，而要求因病与药。对于群众，在一般教化的意义上，先不要用"刚"，而是既不拘束也不争论，先用"阳柔"的方式把他们吸引住，然后自己有愿望察识涵养，去做洒扫应对等小学功夫。这是生活教育，是建立水平线，无论任何人都要去做的，就如同遵守法律一样，却不用法律的强制性，而是采取审美的态度，因为审美非功利、无概念等特征明显，最容易表现人的共通性，因而容易让大家达成一致。在这个水平线之上，那便期乎各人自成了，或"私奉以为潜修之准绳"以成圣成贤，或概念批判以建立体系以成哲学家、思想家等，都可以并行而不悖。这是精神教育，是建立垂直线，而

---

① 牟宗三：《"宋明儒学与佛老"学术研讨会专题演讲》，《牟宗三先生全集》第27册，台北：联经出版事业股份有限公司，2003年，第476页。

② 牟宗三：《"宋明儒学与佛老"学术研讨会专题演讲》，《牟宗三先生全集》第27册，台北：联经出版事业股份有限公司，2003年，第474页。

③ 牟宗三：《"宋明儒学与佛老"学术研讨会专题演讲》，《牟宗三先生全集》第27册，台北：联经出版事业股份有限公司，2003年，第475页。

必须考虑到人之天赋等的不同，或阳刚或阴刚都可以，只要适合自己即可。

因此，这里没有精英主义、精英文化或民粹主义、大众文化等区别，有的只是纵横交错，兼顾论学的策略、为学的次第及各人的宗主等。就如同先小学后大学，先横后纵、先朱子后象山等既可以共时性地理解为众人的区别和差异，也可以历时性地理解为同一个人的成长过程。从纵横交错的立场上看，牟宗三尽管可以在为学的宗主上抬高象山，"否定知识"，但不可能认为"知识之事固然可以随时为之"。恰恰相反，水平线才是基础线，身体的饥渴无法直接通过共享观念而获得解决，知识、物质利益等是不可越过的，唯有在其基础上，才可能谈及道德、良知，才有讲论的策略等问题。因此，如果能够看到牟宗三的"良知坎陷"同时还有自下而上地建立道德的那一面相，则"良知的傲慢"的担忧可除，而牟宗三的众多论断虽然可以争论，却并非没有道理而一皆出于教主君临天下的狂悖信仰。试举一例：

> 朱夫子的学问系统是"别子为宗"，他并非孔、孟的正宗；但从一般的教化上讲，他倒是正宗。像陆象山那样作功夫，并不是一般人所可以表现的，那是指内圣之学讲的，因为儒家讲学问，最高的目的是成圣成贤。但儒家之学也有一般教化的意义，在这方面朱夫子的学问就有其作用。尤其在这个时代。①

朱夫子是否为正宗，当然是可以争论辨析的。从自上而下的思路看，牟宗三这是把陆象山放在上面的位置，似乎内圣之学、成圣成贤等可以不经过朱夫子那样的工夫而有，从而也就有了"良知的傲慢"的味道。但如果从自下而上的思路来理解，那么牟宗三把朱夫子放在了基础地位上，恰恰是表明朱夫子的重要性，即这个时代先要有小学功夫，尊重知识、法律等水平线，然后才有可能成圣成贤，这似乎已经有了"知性的傲慢"的味道了。但味道只是味道，是不同的论说方式所带出来的，他

---

① 牟宗三：《"宋明儒学与佛老"学术研讨会专题演讲》，《牟宗三先生全集》第 27 册，台北：联经出版事业股份有限公司，2003 年，第 475 页。

人主观的感想或联想居多，究之以纵横交错的实际、"大开"方能"大合"的法则，则两两皆可归于消散。

4. 佛道的"阴柔"

若按照牟宗三阴阳刚柔的配合，除阳刚、阴刚、阳柔等方式之外，似乎还应该有一种"阴柔"的方式，即佛道的方式。不过这个时候的"阴"就不是原来的拘束义，而乃是一个儒释道判教的用词。如果把"阳刚"理解为"即活动即存有"的方式，那么"阴刚"就是"只存有而不活动"，"阳柔"就是"只活动而不存有"，"阴柔"则只能是"作用的圆具"了。

不过牟宗三并没有直接提出"阴柔"一词。在"'宋明儒学与佛老'学术研究会专题演讲"中，接着"阳柔"，牟宗三讨论了"流行之体"，既就"流行之体"的"体"来判别儒佛，又就"流行之体"的"流行"来融通儒道。即，儒佛都承认修行境界上的"流行之体"，都可以用美的态度来欣赏、来讲"流行之体"。在这个地方，"阴柔"与"阳柔"的差别就可以消弭了，甚至阴阳刚柔的差异也全都不见了。这是天地之大美，这是生命的艺术。在这个地方，牟宗三甚至断定他的老师熊十力"不是理学家，是魏晋时代的人物，这就是特立独行的艺术性的生命突出"①。

如果说"阳柔"还可以限定在接引群众的不同方式上，即所谓策略的层面，那么"阴柔"就牵涉甚深，而不能只言策略了。这是下一小节要讨论的内容。

二　太阴教与太阳教

上节已经证明，无论是"阴刚""阳刚"还是"阳柔"等，都是牟宗三自觉运用的一种讲论学问的方式。如果说"阳柔"是接引群众的一种方式，那么"阳刚"同样是接引群众的一种方式，虽然前后"群众"指的并不是同一批人。这些"因材施教"都还可以限定为讲学问时所采取的不同策略。而一旦由"阳柔"过渡到"阴柔"，则其中就有儒释道判教。这个时候，内容与形式、目标与策略等就汇合了。

---

① 牟宗三：《美的感受》，《牟宗三先生全集》第27册，台北：联经出版事业股份有限公司，2003年，第206页。

1. "圆满"与"美"

在讲到"阳柔"的时候，牟宗三一方面强调这样的方式可以化解诸种矛盾，存异求同，以美的方式来接引最大多数的群众，另一方面又一直不断告诫说，道德并不属于 taste，所以"圆满"与"美"不可混同。按牟宗三的判法，"圆满"可以是"美"的，但"美"却不一定"圆满"。其中的关键，就是道德意识之有无。"perfection 这个观念是属于道德的（moral），根据道德的一个目的而来，凡是环绕着这个目的，其周围的一切东西统统合这个目的，没有一个遗漏，这就叫作圆满。这个意思就好像佛教的华严宗喜欢讲的'主伴俱足'，此表示每一概念有主，主就是主干；另外则是周围辅佐的伴，亦即同伴的伴。主、伴能俱足，这就正好合乎康德所说的'圆满'。"① 这是说，按照理性主义的世界观，这个世界是有条有理的，系统整齐，有其可欣赏处，因而是美的，就犹如朱夫子说"那个满山青黄碧绿，无非是这太极"。太极就是那个目的，而可以把满山青黄碧绿贯通起来，因而有美在焉。

不过，人们可以不涉目的，不论道德意识之有无，而只讨论美，这也是可能的。在这个地方，就有了儒佛都承认的"流行"概念。无论是王东崖的"鸟啼花落，山峙川流，饥食渴饮，夏葛冬裘"、禅宗的"挑水砍柴，无非妙道"，或者佛教的"缘起性空""烦恼即菩提，生死即涅槃"等，都似乎一体流行，能够映照出那个"圆满"的影子，处处妥帖合适，而有美在焉。这个美，牟宗三将其定位为修养境界上的共法。

因而，在圆满处，若不论目的，而只彰显圆满的美，那就是阳柔的方式。若缺乏道德意识，不能肯定太极，而彰显大化流行的美，就属于阴柔的方式了。

2. 积极地、分解地、超越地肯定实体

牟宗三强调，无论是"流行之体"还是"天理流行"，都没有涉及道体的层面，都只是修行实践的一种境界。这是儒释道的共法，不可以

---

① 牟宗三：《"宋明儒学与佛老"学术研讨会专题演讲》，《牟宗三先生全集》第 27 册，台北：联经出版事业股份有限公司，2003 年，第 473 页。

在这里分辨儒佛（黄梨洲①），也不能在这里讲"功能"与"转变"（熊十力）。辨别儒佛，不能从流行处说，两者都承认这种修行实践的境界，而只能从"维天之命，於穆不已"和"文王之德之纯，纯亦不已"处说。也即是说，儒家对于世界的目的有一个积极的、分解的讲法，超越地肯定之，从而有了"积极的实体"（positive reality）这一"主张"（doctrine），"这就好像肯定上帝一样"②。上帝在流行之外，实体也在流行之外，牟宗三在这里把儒佛区分开来了：

> 天理不能流行，天理无动无静，是超越于动静之外，动静属时间化，而天理是超时间的，它尽管可以内在于时间中表现，但它本身并没有时间性。③

> "於穆不已"的道体虽藏有心的活动义，但它只是含藏的意思，它并不是"流行之体"。孟子所讲的本心虽有活动义，但它并不在流行之中（not in becoming process），它并没有流转。它是本心（o-riginal mind），是超越的心体（transcendental mind），也是道德的心（moral mind）；而道德的心（moral mind）就是道德的理性（moral reason），从 moral reason 处说性体，而从 moral mind 处说心体。④

依上帝来讲儒家的心体、性体和道体，势必引起众多争论。它涉及牟宗三的信仰，也即这个世界应该是道德的，道德秩序即是宇宙秩序。关于这个问题，我们在下一小节"辩证法的辩证"中再论。这里的问题是，当牟宗三把作为"超时间"或"总体时间"的"圆顿时间"从时间的流转中提出来而积极肯认之为类似上帝的"实体"之后，牟宗三如何

---

① 同时可参阅牟宗三《黄宗羲对于"天命流行之体"之误解》一文，见《心体与性体》（二），《牟宗三先生全集》第 6 册，台北：联经出版事业股份有限公司，2003 年，第 126–146 页。

② 牟宗三：《"宋明儒学与佛老"学术研讨会专题演讲》，《牟宗三先生全集》第 27 册，台北：联经出版事业股份有限公司，2003 年，第 482 页。

③ 牟宗三：《"宋明儒学与佛老"学术研讨会专题演讲》，《牟宗三先生全集》第 27 册，台北：联经出版事业股份有限公司，2003 年，第 482 页。

④ 牟宗三：《"宋明儒学与佛老"学术研讨会专题演讲》，《牟宗三先生全集》第 27 册，台北：联经出版事业股份有限公司，2003 年，第 484 页。

面对"良知的傲慢"的批评？

其实这个问题可以换一种方式提问：牟宗三是否独断论地肯定那类似上帝的"实体"？类似上帝的"实体"从何而来？牟宗三是否给出了自己的演绎？

众所周知，"演绎"（deduction，牟宗三译为"推证"）是康德的一个重要概念，原本是指法律学者对自己的主张的证明，康德借用它来强调：不应独断论地提出某种主张，所有的主张都必须提供合法性的证明。康德的证明有两种，一种是前进法（综合法），即自下而上的主观演绎，由经验事实出发上溯到知识所由以可能的最高条件，先验统觉；一种是倒退法（分析法），即自上而下的客观演绎，径直从"统觉的本源的综合统一"这一"理性原始萌芽"出发分析出其他，阐明纯粹统觉是一切经验的最终根据。① 现在的问题是：牟宗三有没有对自己"积极的实体"（positive reality）这一"主张"（doctrine）进行证明呢？

一般来讲，人们大多认为牟宗三先独断论地提出仁体、心体、性体、道体、天理、良知等概念，然后再自上而下地"坎陷"或"开出"一切，因而以上所谓"不在流行之中"的天理、本心等，便是真脏真赃。但实际上，这只是牟宗三的倒退法，即先肯定一"存在上的或第一序的体"然后才有"境界上的或第二序的体"② 以及其他等。对此大家都比较熟悉。除此之外，牟宗三也有自下而上的前进法，即通过修行实践来证明实体的存在。

3. 守母而存子

按照一般所理解的"良知坎陷"，似乎良知为母，而能生出科学与民主等子女。这让人想起了康德《纯粹理性批判》第一版序言中年老色衰遭子女遗弃的形而上学女王，牟宗三的良知坎陷仿佛就是替形而上学女王完成了现代复仇。但如果从前进法的角度去看，良知实体恰恰是子，

① 参见陈迎年《感应与心物——牟宗三哲学批判》，上海：上海三联书店，2005年，第5、7、10小节。这里不仅是主观演绎与客观演绎的问题，还有《纯粹理性批判》与《未来形而上学导论》两书的关系等问题。需要订正的是，那时对"上"与"下"还无明确的观念，因此把主观演绎、客观演绎与前进法、倒退法的匹配关系似乎给弄反了。

② 牟宗三：《才性与玄理》，《牟宗三先生全集》第2册，台北：联经出版事业股份有限公司，2003年，第141页。

无所谓道德意识、不能肯定太极实体、而唯显阴柔之美的"流行之体"，才是母。

> 道家大抵不是先分解地从本上以建立礼法，而只是从"无心为道"上作用地自然以存之。体无以通有，守母而存子。对礼法言，既不是积极地肯定之，亦不是积极地否决之。而只是体无通有，和光同尘，而不觉其有碍，故能至仁义礼法圣智之真也。①

以"境界上的或第二序的体"为母，说明牟宗三非常清楚，所谓道德不过是人类历史进程中的"偶然"产物，吃穿住行第一，满足物质生存需要第一，然后才有所谓文化、道德等。这样的认识，与把仁义道德当成亘古不变的天理，肯定某种类似上帝的"实体"，两者其实是可以并存的。因为，前者是"事实上之起源方式"，后者则强调其"合法性"，是"理性上之起源方式"。

经过五四之后，人们一般易于理解"礼教吃人"，却不愿看到，若一味满足各种需要，则必放纵恣肆而成为情欲的奴隶。既看到道德的历史起源，又强调良知实体的合法性，就是要在生命的"阴柔"与"阳刚"之间保持一种张力性平衡。牟宗三强调，天地之明不能只有太阳而无月亮，人类文化不能只有太阳教而无太阴教：

> 月亮之光之阴凉暗淡的精神，这是"非道德而超道德的自由"，这是太阴教的自由，不是太阳教的自由。佛老俱是太阴教的自由。这究竟是否算是"真正的自由主体性"是很难说的。若依个体性原则与道德性原则必须统一来说，这自不算是真正的自由主体性。但天地之明不能只有太阳而无月亮，所以太阴教之自由亦有其辅助消导冲淡之作用。它可以将太阳教之自由中所产生出的界限、分际、刚烈、争执，予以清凉冲淡之消化，而使之更能顺适与调畅。这是

---

① 牟宗三：《才性与玄理》，《牟宗三先生全集》第 2 册，台北：联经出版事业股份有限公司，2003 年，第 340 页。

太阴教中之消极的自由之极大的作用。①

　　儒家是太阳教的自由，道家是太阴教的自由。这是中国文化生命中所固有的两轮。太阳教的自由解决自由与矛盾的冲突，有一超越的分解，它能使"自由主体性"实体地挺立其自己，客观化其自己。而太阴教的自由则既不想克服此矛盾，亦无超越的分解，自亦不能使其"非道德而超道德的自然无为之主体"实体地挺立自己，客观化自己，而是永远停在偏面的主观之用中。它只能凝敛退处而起清凉冲淡之作用。如果它如其自性而凝敛退处，不泛滥而为文人生命之感性主体，它亦可不觉与任何存在有矛盾，道德礼法自然亦可无碍。它只如其自性而起清凉冲淡之作用，如是它亦可以辅助消导太阳教之自由系统而顺适调畅之。它的无为无执彻底散开之相应的虚灵精神（此即所谓冲淡自在），亦正可以说是太阳教之自由系统之保护神（说保母更恰）。太阴不只是清凉，亦是母道。道家以及后来之佛教，在中国历史中，说毛病流弊，尽可说出很多，但如其自性，亦尽有许多好处。它们皆曾尽了其好处的作用。其好处之本质的了解当依此处所说者去进行。②

　　所谓毛病流弊，当指感性生命软性或硬性的放纵恣肆，提不起精神而成为情欲、本能的奴隶，它可以是个人的，也可以是时代病。佛老本身当然没有鼓吹感性生命的放纵恣肆，但"阴柔"本身却容易有这样的流弊。不过从另一面说，佛老等的不着、消极自由却恰好能够化解"礼教吃人"的可能性。而且，牟宗三还指出，这种不着、消极自由如果能够被"分解"地确证，那么它对于儒家道德实体的意义就会更加自觉和深刻：

　　　　道家原是对于任何存在取"不着"之态度，所以它无任何分解。但是佛教一方对于"生命"有一"经验之分解"（取广义），此即是"无明"之系统，一方对于阴教之"自由主体"（此亦可说是

---

① 牟宗三：《才性与玄理》，《牟宗三先生全集》第 2 册，台北：联经出版事业股份有限公司，2003 年，第 434–435 页。
② 牟宗三：《才性与玄理》，《牟宗三先生全集》第 2 册，台北：联经出版事业股份有限公司，2003 年，第 435–436 页。

"非道德而超道德之主体"），复有一"超越之分解"，此即是佛教之系统，或如来藏自性清净心之系统。有此两步分解，遂得使清凉冲淡之趣味更形深刻化，将使属于太阴教之自由系统之全幅义蕴全部表露而无遗。但是道家仍可如其自性而自足。它既与太阳教之自由系统为日月之两轮而无碍，它当更可与更深刻化之太阴教之自由系统相契接而无碍。[①]

如果对生命进行"分解"就自然发现，生命必然需要"作用地保存"，只有在此基础上，儒家"本体地肯定"的积极自由才不至于反噬生命本身。就此"保存-提高"而言，牟宗三虽然把儒家的良知实体化、上帝化，但并非一个独断论者，无论从目标还是策略上讲，他都不是为了"复魅"，而是复原了生命的日月圆舞。牟宗三清醒地意识到，只有在太阴教的母道中，太阳教的子道才能成其为实体，否则，即是玩弄字眼，实体转而为影子、光景，甚至鬼窟。

三 辩证法的辩证

按照牟宗三的判法，我们处在一个要求解决衣食问题的时代，大家都向经济、足食求生方面着眼，是一个"阴局的运会"。这个时候如果还按照宋儒的那套拘持的讲法（主要是说程朱格物致知）来讲学问，便与大家的生命不能相应，而易令人起反感、让人透不过气，太憋闷。因此，只能用"阳"的方式来讲，即或者用"阳刚"的方式加以疏导，用发心、呈现良知等堂堂正正的方式讲，以便道德意识首出庶物，使感性生命与道德生命上下确然两判；或者用"阳柔"的方式加以引导，采取一种审美的态度来讲，以美的欣趣来引生对儒学的那种彻底的"理性主义"的喜爱，以教化情感、保任道德。

照此说来，无论是阳刚还是阳柔都可以是讲论的一种方式，是逼显出生命的"真相"或"如相"的一条通道。而牟宗三以"母道"视佛老，以"作用地保存"作通向道德实体的狭窄之阃，更可证牟宗三的

---

① 牟宗三：《才性与玄理》，《牟宗三先生全集》第 2 册，台北：联经出版事业股份有限公司，2003 年，第 436-437 页。

"坎陷""开出"等并非只是主观的信仰，登峰造极而又前面无路。惜乎人们囿于自上而下的倒退法，才把牟宗三的"坎陷""开出"理解为某个"教主"主观信仰（圣域）的"凡境"展开。

问题还是老问题。从方法论的角度，这里不能不谈到辩证法。这个辩证法，既包括黑格尔的辩证法，也包括马克思的唯物辩证法，至少要讲清楚牟宗三的辩证法与黑格尔、马克思两人的辩证法的区别与联系。①限于论题，我们先征引余英时的一个观点，然后再展开讨论。

1. 余英时的"圣凡两途"说

余英时认为，"新儒家套用黑格尔的概念却引起实践上的困难。'绝对精神'是上帝的化身，所以不可能也没有必要'自我分离'；只有在有血有肉的个人的意识中才会发生自我分离"。这是说，黑格尔的辩证法三位一体，而新儒家却缺乏这种三位一体，一方面极少数的悟道者成为"绝对精神"或"上帝"的"化身"，根本不可能也没有必要自我分离；另一方面芸芸众生虽然会发生自我分离，但不能"悟道"，无法接近"绝对精神"。两方面结合，于是造成"圣凡两途"的实践困局，即拥有绝对精神的无须自我分离（本体界、圣域），能够自我分离的又缺乏绝对精神（现象界、凡域），双方隔绝，不可能在社会生活中造成影响。②

非常有意味的是，牟宗三也曾批评说，黑格尔把上帝卷到辩证法中去是不对的：

　　在黑格尔那里 being 与 thinking 相等，是一个东西。这个不行。而且，上帝是一切 being 的开始，上帝创造万物，但黑格尔把辩证套到上帝那里。我们的辩证过程是要把上帝体现出来，上帝是个本体呀。你把上帝卷到辩证里面去，这就很麻烦。把上帝也卷到辩证中，这个辩证停不下了，永远向下滚，这样一来，这个辩证就成为一个

① 可参阅陈迎年《智的直觉与审美直觉——牟宗三美学批判》，上海：上海人民出版社，2012年，第二章第一节之"三、辩证法与辩证法的辩证"。同时可参阅本书第三章第三节的最后一小节。
② 余英时：《现代危机与思想人物》，北京：生活·读书·新知三联书店，2005年，第559页。余英时把牟宗三的"自我坎陷"（self-negation）理解为"自我分离"（self-diremption），且强调黑格尔的绝对精神或上帝"不可能也没有必要'自我分离'"。这中间理解的差距还是很大的。

objective process，成为一个客观的放不下的过程。用康德的话说，就是成为一个 constitution。constitutive 对着 regulative 讲，构造原则对着轨约原则讲。黑格尔的讲法把辩证过程变成一个构造原则。"构造原则"与"轨约原则"是了解康德哲学的两个最重要的名词，这两个专门名词是关键，到处应用。……我们斗争，讲辩证，是为的体现一个理想。你那个理想没有了，本体没有了，就像滚雪球一样永远滚下去。你把上帝卷在里面更坏嘛。这个不行，这样讲学问不行。①

上帝卷在辩证法之中，即是三位一体，牟宗三确曾以此来说明儒家"性命天道相贯通"的"精神哲学"。② 现在牟宗三要把上帝从辩证法中解放出来，似乎正印证了余英时"圣凡两途"实践困境的正确性：解放出来的上帝，不正是新儒家不可能也没有必要自我分离的悟道者吗？悟道者居于辩证过程之外，而对辩证的开启和停止能力，不正证明了良知的傲慢吗？

2. 作为"所与"（the given）的物与心

要辨别以上批评合法与否，就首先应该弄明白牟宗三的原义。客观的辩证过程，如同滚雪球，应该是黑格尔三位一体辩证法的内在规定，牟宗三为什么要让它停下来？辩证法停不停下来，与上帝卷不卷入，又有何关系呢？

牟宗三指出，黑格尔"是从精神在实践中贯彻着物质（自然）上显出'精神表现'的辩证发展。所以，严格说，辩证法并不能单从物一面讲，或单从心一面讲"③。物与心、动物性与道德性，构成了辩证法的"所与"。牟宗三在很多地方都强调了这一点，认为无论是单个人或整个人类，都是如此："人有其动物性一面、物质一面，故其每一发心动念所成之行动，皆必落于其物质一面而成一'物势之机括'。此物势之机括，

<hr>

① 牟宗三：《康德第三批判讲演录（十五）》，《鹅湖月刊》（台北）2001 年第 27 卷第 5 期。
② 牟宗三：《中国哲学的特质》，《牟宗三先生全集》第 28 册，台北：联经出版事业股份有限公司，2003 年，第 52 页。
③ 牟宗三：《道德的理想主义》，《牟宗三先生全集》第 9 册，台北：联经出版事业股份有限公司，2003 年，第 91 页。

有其初成之'几',有其既成以后之'势'。社会历史亦复如此。"①

接下来的问题是,按照"彻底的唯心论",牟宗三是否已经让物从属于心?答案是否定的。作为"所与"的物与心,是无法彼此从属,或进一步还原的。"彻底唯心论"的牟宗三认定"人的动物性不可免",而把物与心的对立和争斗当成了永恒,物哪里能随心而转而令其摄归入心呢!牟宗三说:

> 实践单是属于人的:既不属于上帝,亦不属于动物,自然现象更说不上。精神的提撕,发自道德良心的理想、理性、正义,因为人的动物性,虽是不纯,有夹杂(若是纯了,人间便是天国,但人的动物性不可免),但它却是使社会发展向上的唯一动力。就因为这个动力,才说历史是精神表现的发展史,而其发展才是辩证的发展,而且是无穷地发展下去。何以是无穷地发展下去?因为道德良心是"不容已"的"愿力"所在。人有此"愿力",乃"自觉地"向上发展,向上引生,而不令其断灭。……何以是辩证的发展?因为能发理想、理性、正义的道德良心就是集团实践中的"主体",它的"客体"就是实践中随躯壳起念的私利。这个主客体的对立通过道德良心自觉而成立。②

人的生命就是心灵与物质(自然、气质、情欲、动物性)的分裂、对立、消融与谐和,从而表现为一个正反合的过程,理与欲、人性与动物性等,都是在这个过程中相对存在的。"夹杂"的必然性,意味着分裂、斗争是普遍的,消融、谐和则是暂时的,因而后者之必然性的保障,只能寄托于未来,即时间的无穷绵延上。因此,这里的"无穷地发展下去"的辩证过程应该就是上述引文中的"像滚雪球一样永远滚下去"的客观过程。在这个地方,熊十力说"乾坤互含"。

但是,牟宗三为什么要让辩证法停下来?如果停下来,谐和又如何

① 牟宗三:《理则学》,《牟宗三先生全集》第 12 册,台北:联经出版事业股份有限公司,2003 年,第 337 页。

② 牟宗三:《道德的理想主义》,《牟宗三先生全集》第 9 册,台北:联经出版事业股份有限公司,2003 年,第 98 页。

能够保证呢？

按照牟宗三的理解，上帝卷入辩证法，也就意味着作为"所与"的物与心的纯粹平权，两者在斗争中谁都无法取得决定性的胜利，斗争永远不能停下来。若从心上讲，这是"工夫历程"，是一个"无限的继续"，而可期望"从心所欲不逾矩""天理流行""绝对圆满"等。[①] 但若从心与物的全体来说，心物辩证"不能停一瞬，结果是永远'是而不是'，驯至于无所谓是与不是，只是一虚无流"[②]。于是，站在人类文化的立场上看，就会出现两种结果：要么"流行"与"天理"之间有跳跃，"流行"永远达不到"天理"，与"天理"总是隔着那么一线，"天理"不能获得最后的保证；要么"虚无流"永远滚下去，人外在平铺，"完全是一个自私自利、形而下的躯壳的人，聪明才智只成就一个坏，比其他动物还要坏"[③]。前者，天理不能稳定；后者，即牟宗三特别不愿意看到的所谓"易之失贼"。因此在这个地方，熊十力一定要说"乾统御坤"。

这也说明了牟宗三为什么反对黄宗羲用"流行之体"来辨别儒佛，为什么认定气化流行之"美"并不等于"圆满"，等等。正是在"易之失贼"的意义上，牟宗三要求要让辩证法停下来。而其所谓停下来，当然也不是停在"虚无流"的"是而非是"中，而是借把上帝从辩证过程中提出来解放之，一来给出圆顿时间，二来稳定天理。这样一来，悲心宏愿的谐和就有了保障，休谟"是"与"应该"之间的难题也就获得了一种解决。

3. "形上学最后总不免有点无赖"

牟宗三把上帝从辩证法中解放出来的实指，不过是以"圆顿时间"来收放日常时间，从而保证心在"永远的矛盾"或"永远的斗争残杀"中取胜的必然性。在这个意义上，牟宗三讲"辩证法也要再来一个辩证"：

①　牟宗三：《理则学》，《牟宗三先生全集》第 12 册，台北：联经出版事业股份有限公司，2003 年，第 325 页。

②　牟宗三：《道德的理想主义》，《牟宗三先生全集》第 9 册，台北：联经出版事业股份有限公司，2003 年，第 102 页。

③　牟宗三：《理则学》，《牟宗三先生全集》第 12 册，台北：联经出版事业股份有限公司，2003 年，第 335 页；《道德的理想主义》，《牟宗三先生全集》第 9 册，台北：联经出版事业股份有限公司，2003 年，第 97 页。

如罗素即批评黑格尔把 thinking process 和 existent process 等同化，到最后把上帝也拉到辩证里去。黑格尔的《大逻辑》从空洞的绝对存有，即上帝，开始起辩证，通过辩证过程，渐渐充实化它自己，以至于完成它自己。这样一来，辩证的过程即是存在的过程，这就成了最坏最危险的思想，足以扰乱天下。因为上帝本来是稳定的祈祷的对象，或工夫体证的本体，现在把它拆散下来，混同于工夫中之辩证，则世界无不在斗争之纷扰中，这种思想便成大乱之源。①

辩证也要再来一个辩证，把它消掉了，才能达到佛教所说的那个如相。照儒家讲，就是达到"尧舜性之也"的境界。到"尧舜性之也"，那个辩证的历程就没有了，化掉了。这种境界黑格尔没有，黑格尔不行。这点讲黑格尔的人很少有看得到的。……"无限进程"与"当下成佛"这两句话要同时成立，这个辩证法一定要辩证再来一个辩证。辩证法不能成为一个客观的构造的平铺的过程，这就是东方的智慧。②

只有"圆顿时间"才能保证"无限进程"与"当下成佛"的"同时成立"。这是人们对形而上学总体性的一种痴迷，也是人们对于无矛盾思考的一种痴迷。牟宗三知道，"形上学最后总不免有点无赖"③。因为形而上学的总体性超出了我们知性的能力，从"所与"到这个"圆满完整的综体"或者说"无条件的完整"，需要实践理性的"悟入"，否则永远达不到。"纯粹理性所提供的这种概念必是一个囊括一切的圆满完整的综体，到此这个世界就封住了。好像对于宇宙画一圆圈把它圆整起来，纯粹理性有此能力，且能提供而规定一个理念恰好与此圆圈相应，然而

---

① 牟宗三：《超越的分解与辩证的综和》，《牟宗三先生全集》第 27 册，台北：联经出版事业股份有限公司，2003 年，第 463 页。

② 牟宗三：《康德第三批判讲演录（十五）》，《鹅湖月刊》（台北）2001 年第 27 卷第 5 期。

③ 牟宗三：《纯粹理性与实践理性》，《牟宗三先生全集》第 25 册，台北：联经出版事业股份有限公司，2003 年，第 381 页。

这却不是理解知识所能作到的。"①

在这个地方，牟宗三从黑格尔返回了康德，也区分了中西不同的传统。

康德由此肯定上帝存在，以保证德福一致，但他认识到人的形而上学自然倾向中有情识作用，特别强调人格神的上帝概念中的辩证性（虚幻性），而要求只能以轨约性的超越理念来看上帝，视其为理性的设准、设定或预设。这里面有康德的"分解"。而黑格尔则将上帝一滚说，也就是前文所说的以"构造原则"来看辩证过程。在牟宗三看来，两者虽然都是依宗教的传统而来，都有依情识的一面，但这里面的情识作用却表现不同。对于康德来说，是"圣凡两途"的问题："因为人之德与有关于其'存在'（即物理的自然）的福既不能相谐一，何以与人绝异的神智神意就能超越而外在地使之相谐一，这是很难索解的。"② 对于黑格尔来说，是"神魔混杂"的问题："他的绝对存有以及其所创造之万物这一整个存在历程等同于辩证历程，则其正、反、合必须永远拖下去，永远在矛盾中。落实在政治意识上，就是永远在斗争残杀中，所以生心害政造成天下大乱，足以毁灭一切而有余。"③

要避免"神魔混杂"，那就要把黑格尔的绝对存有与辩证的历程分开，牟宗三在此说中国的"圆顿之教"："在中国儒、释、道三教，既如理地把辩证看成工夫中事，则它是虚层的精神修养中事，不是着实的粘着于存在的东西。我要它有，则可以无限拉长其历程；我要它没有，则可以当下停止，消除其历程，所谓辩证来个辩证，一切归于平平。"④ 这个"圆顿之教"一方面从黑格尔回归到康德，以轨约性的超越理念来看上帝，但另一方面又比康德更进一步，以之为人的"性"，依中国传统肯定"人虽有限而可无限"及"人可有智的直觉"："原初只是一个无限而绝对的实体性的心体，即一个无限而绝对的智与意，一个无限而绝对

---

① 牟宗三：《纯粹理性与实践理性》，《牟宗三先生全集》第 25 册，台北：联经出版事业股份有限公司，2003 年，第 386 页。

② 牟宗三：《圆善论》，《牟宗三先生全集》第 22 册，台北：联经出版事业股份有限公司，2003 年，第 235 页。

③ 牟宗三：《超越的分解与辩证的综和》，《牟宗三先生全集》第 27 册，台北：联经出版事业股份有限公司，2003 年，第 464—465 页。

④ 牟宗三：《超越的分解与辩证的综和》，《牟宗三先生全集》第 27 册，台北：联经出版事业股份有限公司，2003 年，第 465 页。

的智心包括纯粹而自由的意志之作用。"① 牟宗三在此说"彻头彻尾是理性决定"的自由无限心，以自由无限心把康德上帝存在与意志自由的两预设合而为一了。既然人人皆有自由无限心，那么也就避免了"圣凡两途"。

当然，站在余英时的立场上看，牟宗三让上帝从辩证历程中独立出来，且又以之为人的性，那么即便避免了"圣凡两途"，让人人具有"现成良知"和"满街都是圣人"，也无法避免"神魔混杂"，新儒家"教主"自以为安居在金字塔式的社会结构或心理结构的"塔尖"，而有"良知的傲慢"。不过，余英时在这里透露出了他的成见或门户之见。因为如果真要说"神魔混杂"或"良知的傲慢"，那么这并不只是新儒家"教主"的事情，而是每一个个体的事情。上帝入于人的自由无限心，人人都是圣人，人人都是教主，人人都有"良知的傲慢"，人人都可能"神魔混杂"。这里或许有"先觉"或"后觉"的不同，但根本无关乎"精英文化"（elite culture）或"精英主义"（elitism）。

4. "摄物归心，物随心转"

当下成佛、尧舜性之，人间便是天国。在天国处，牟宗三讲摄物归心、物随心转。② 这是他早年的讲法，晚年更是盛言之：

> 凡是运用表现都是"摄所归能"，"摄物归心"。这二者皆在免去对立：它或者把对象收进自己的主体里面来，或者把自己投到对象里面去，成为彻上彻下的绝对。内收则全物在心，外投则全心在物，其实一也。这里面若强分能所而说一关系，便是"隶属关系"（sub-ordination）。圣贤人格之"化"是如此；圣君贤相的政体，君相对人民的关系犹如父母对于子女，子女不是父母的敌体，亦是如此；而道心之观照亦是如此。③

> 吾人之依心意知之自律天理而行即是德，而明觉之感应为物，物随心转，亦在天理中呈现，故物边顺心即是福。此亦可说德与福

---

① 牟宗三：《圆善论》，《牟宗三先生全集》第22册，台北：联经出版事业股份有限公司，2003年，第234页。

② 参见陈迎年《智的直觉与审美直觉——牟宗三美学批判》，上海：上海人民出版社，2012年，第一章第二节之"八、摄物归心"。

③ 牟宗三：《政道与治道》，《牟宗三先生全集》第10册，台北：联经出版事业股份有限公司，2003年，第58页。

浑是一事。这浑是一事不是如在斯多噶与伊壁鸠鲁处那样是分析的，当然亦不是如在康德处那样是综和的（必然连系之综和），那须靠上帝来保障者。这德福浑是一事是圆圣中德福之诡谲的相即。因为此中之心意知本是纵贯地（存有论地）遍润而创生一切存在之心意知。心意知遍润而创生一切存在同时亦函着吾人之依心意知之自律天理而行之德行之纯亦不已，而其所润生的一切存在必然地随心意知而转，此即是福——一切存在之状态随心转，事事如意而无所谓不如意，这便是福。这样，德即存在，存在即德，德与福通过这样的诡谲的相即便成德福浑是一事。①

牟宗三似乎"否定"了心与物的"所与"。辩证法停止了。斗争没有了。德福一致了。上帝降临了。"虚层的精神修养中事"成了"着实的粘着于存在的东西"。于是，科学顺从哲学，知识从属于良知：

　　古之学者为己，今之学者为人。现在，我们可以这样说，科学是为人之学，哲学是为己之学。己以外即为物，我以外之人也是物。科学在忘己而取物。就其所对之物而发见其法则，是谓知物。就其所发见之法则而利用厚生，是谓驭物。知识即权力。了解之，然后可以制裁之。哲学在忘物而显己。显己之性能，以摄物归心，摄所从能。使身归从心，使物归从我。所谓尽己之性，尽人之性，尽物之性，以至于参天地赞化育，即是显己之性能以成己成物之谓。所以科学以知始以知终，其功能只在了物。而哲学则必须尽性至命见体立极，发人性之良能，立行为之准则，所以鼓舞群伦，启迪众生。哲学之功能一显，而后可以知；以知始、以知终之科学，只可为哲学之工具。所谓利用厚生，必将工具摄于体，始能成立。否则不但不能利用，且可以害用；不但不能厚生，且可以伤生。及至科学归从哲学，工具附属性体，则我们可以说不是哲学不背科学，乃是科

---

① 牟宗三：《圆善论》，《牟宗三先生全集》第 22 册，台北：联经出版事业股份有限公司，2003 年，第 316 页。

学不背哲学；不是哲学要合乎科学，乃是科学要顺从哲学。①

余英时"良知的傲慢"矛头之所指，正在于此。这似乎就是牟宗三的真脏真贼。不过，余英时却实实在在是被牟宗三的讲论方式所欺骗了。牟宗三特别强调，摄物归心不过是"站在人类文化的立场上讲"，是说观念其实可以有力量的，人类文明的发展不能不考虑道德的因素。超过这一限度，都不过是虚张声势罢了。而如果真以为牟宗三这是在具体地、横列地说哲学家与科学家、哲学与科学、心与物的关系，那么就会有如下结论：牟宗三在耍魔术，以为光凭"良知的傲慢"就能使涉及现象世界和它的历史的一切问题都迎刃而解。

5. 牟宗三的信仰

经过上述梳理，我们发现了牟宗三的"矛盾"，即"乾坤互含"与"乾统御坤"之间的"矛盾"。一方面，牟宗三心物并建，承认精神与物质在实践修行过程中各自的合法性以及两者斗争的永恒性，从而以"无限进程"来确保人类文化向上发展的可能性；另一方面，牟宗三摄物归心，赋予道德本心上帝般的至上性，而以"良知呈现"来防范人性向下堕落的可能性。如何来理解这一"矛盾"呢？如果说，牟宗三发展了自己的理论，前一方面的心物并建并非成熟之作，被后来的牟宗三所抛弃，因此在《心体与性体》之后，牟宗三才言之凿凿，在其专著中基本上重在以后一方面的面相示人，那么，这里的"矛盾"虽然解决了，却坐实了包括"良知的傲慢"在内的重重质疑和批评的合理性。另外，在《心体与性体》之后，在专著之外，牟宗三仍然用了大量的篇幅来强调心物并建那个面相，这是个事实。因此，两方面的"矛盾"不可能通过"一真一假"的"晚年定论"方式来消弭。

实际上，牟宗三的摄物归心只能是一种文化策略，是对自己价值信仰的独特表达。前面我们说，牟宗三的"坎陷""开出"等并非只是主观的信仰，登峰造极而又前面无路。牟宗三明白，信仰之所以成其为信仰，而非成为道德的狂热，则必须"否定知识"。信仰与空想、狂热等

---

① 牟宗三：《哲学的下降与上升》，《牟宗三先生全集》第 25 册，台北：联经出版事业股份有限公司，2003 年，第 551 页。

之区别，只有通过科学的狭窄之闼。在这个地方，中西一途，别无他途，牟宗三与康德是一致的。但是，身处阴局的运会，身为中国人，牟宗三又不能不为中国文化争主位性，而要求使康德"百尺竿头更进一步"。于是，自由无限心、智的直觉等也就取代了康德的三大设准，而在"圆顿时间"中保证了"德福一致"，康德道德法则、共和国的强制力等结构和功能，都被收摄入"良知呈现"之中了。若从策略上讲，牟宗三是成功的，这样"神通"有效地接引了群众，正如"从'阳柔'的方式来接引群众"一般无二。

把牟宗三的摄物归心、物随心转等理解为一种文化策略，似乎是轻看了牟宗三对康德的会通。其实不然。这是牟宗三"现代阳刚"向陆象山的"古典阳刚"的一种回归，是以其光明、俊伟、敞亮来应对阴局的运会而鼓舞人心，发愿为人。这是"生命与理性之矛盾"的"主观的克服"。①牟宗三明白，发愿为人并不等于真正为人，而只是自由意志引发一个因果链条的"开始"处，因此还需要"生命与理性之矛盾之客观的克服"②。

6. 生命与理性之矛盾之客观的克服：通功易事

要做到客观的克服，首要的问题是，既要在理解上承认形而上的"绝对真实""实体"等，相信有一"不变者"，而"自觉"到自己那有似上帝的"良心本心"，同时却又不能因此在行动上"自觉"而自为"上帝"，直情径行，放纵恣肆。因此，牟宗三一直强调："摄所归能，摄物归心，只能就圣贤境界言。"③圣贤境界，一是说它是一种文化理想、应该向往追求的目标，是从究竟果位上言，仿佛灯塔一样，被人们树立在远方，引导人们向上；二是说它是修养工夫中的事，与外在对象有关，必须即事而显，即他者而显，否则纯粹就是一种主观感受。无论就文化理想（"当下成佛"）还是就修养工夫（"无限进程"）言，圣贤境界都只是一种寄托语和警戒语，而不是说圣凡两途，某个人或某类

① 牟宗三：《政道与治道》，《牟宗三先生全集》第 10 册，台北：联经出版事业股份有限公司，2003 年，第 269 页。

② 牟宗三：《政道与治道》，《牟宗三先生全集》第 10 册，台北：联经出版事业股份有限公司，2003 年，第 271 页。

③ 牟宗三：《人文讲习录》，《牟宗三先生全集》第 28 册，台北：联经出版事业股份有限公司，2003 年，第 129 页。

人已经成了上帝、佛陀或圣人，而可以对其他人发号施令、指手画脚。

　　这里的分寸十分难以拿捏。一方面，本心不明，德性不立，人类社会只知几势而不知人文化成，则与动物界无以别；另一方面，摄物归心，自为上帝，落于情识而不自知，人类社会则自陷魔道，比动物界还要坏。如何避免这样的两极相通呢？在重视康德哲学的两个最重要的名词"构造原则"与"轨约原则"所揭示出来的逻辑之外，牟宗三强调，无论软性的放纵恣肆（失之玄虚，如泥委地，消极不为）还是硬性的放纵恣肆（失之情识，直情径行，宰割他者），都似是而非，都非天理流行。牟宗三说：

> 玩弄光景、簸弄精魂、气魄承当，都是相似法流。①
>
> 中国学者以往讲学，特喜圆教。动辄以圣人气象，圆通境界，驰骋其玄谈。凭其直觉之一悟，遂直接迷恋其中而不舍，所谓玩弄光景者是也。……直下即是，而过程不显，则圆境亦成一平面。……夫圣人，人伦之至，圆教固其宗极。而迷离惝恍，悟此圆境，本非难事。圆境既悟，说空说有，说有说无，亦为极易之联想。以其轻率之心，而驰骋于此，视为窥破天机之大事。张皇恣肆，不可一世。人亦为其所欣动。固不知天地间有艰难困苦也。②
>
> 这种表现说好是通达圆融、智慧高、境界高，说坏，则浑沌、拖泥带水，而且易于混假成真，落于情识而自以为妙道，违禽兽不远而自以为得性情之真。此所以象山云："这里是刀锯鼎镬的学问。"不经过一番艰难工夫，难得至此。作用见性，还是叫我们见性作主。若这里不真切，一有差失便落于狂荡无忌惮。③

　　牟宗三的此类警戒语很多，用意也很明了，都有防范"良知的傲慢"的意义，这里不再赘说。正如牟宗三把上帝从辩证法中解放出来，

---

①　牟宗三：《人文讲习录》，《牟宗三先生全集》第28册，台北：联经出版事业股份有限公司，2003年，第91页。

②　牟宗三：《历史哲学》，《牟宗三先生全集》第9册，台北：联经出版事业股份有限公司，2003年，第134页。

③　牟宗三：《政道与治道》，《牟宗三先生全集》第10册，台北：联经出版事业股份有限公司，2003年，第52页。

是正面要人们发心立愿，去实际修行，这种警戒语是从反面强调了同样的意思。只是警戒或寄托，本身还不能客观地克服物、心夹杂的"矛盾"。要客观地克服物、心夹杂的"矛盾"，则必须物、心双彰。牟宗三说：

> 要超过它，必须经过它。而且在经历中，必须把此中的成果能产生出来。如此，"超知性境"亦因而充实明朗而有意义。这叫做两头双彰。否则，知性领域固荒凉，而"超知性境"，亦暗淡。此中国文化生命里高明中之憾事也。①

物、心两头双彰的道理我们在第二章中借财产问题已经论述了很多。从辩证法的辩证这一视角来看，物心双彰而有辩证法的永恒斗争过程，唯物史观也可由此得到肯定；只有经过这个过程，在这个过程的基础上，才可以谈辩证法的辩证，摄物归心、物随心转的圣贤境界才同样值得肯定。

道理既然已经讲清楚了，余下的便是期乎各人"私奉以为潜修之准绳"。牟宗三在此说"分工合作"的"共业"：

> 在个人身上，有的重内圣，有的重外王，这是分工合作。只要风气一转，则一切都会出来。②

> 要作到客观的克服，就个人说，须是圣雄；既是圣人，又是英雄，儒者所谓内圣外王也。但此百年不一遇，谈何容易？降格以求，不就个人兼备说，则退而就众志成城之共业说。此亦须先有作理性表现而能见得到之思想家，次须有能认识而承认此理性表现之行动家。众志成城，合而为一圣雄，合而为一内圣外王。③

---

① 牟宗三：《历史哲学》，《牟宗三先生全集》第9册，台北：联经出版事业股份有限公司，2003年，第203页。
② 牟宗三：《人文讲习录》，《牟宗三先生全集》第28册，台北：联经出版事业股份有限公司，2003年，第111页。
③ 牟宗三：《政道与治道》，《牟宗三先生全集》第10册，台北：联经出版事业股份有限公司，2003年，第271页。

　　既然是"分工合作"的"共业",那么当然没有任何一个人或者某个派别、集团有资格、有能力单独代表整体来完成它,更不可能说只是凭借良知的一点灵明而无任何外在的力量就轻轻松松实现它了。在这里,客观的实证和主观的体会两者不可偏废,个人的理解与集体的行动互相激发,古今中西的整个文化大传统都有其位置,所谓正宗、非正宗等也并非定要分个高下胜负,儒学面临的时代任务以及随此而来的讲论方式、应对策略上的考虑等或许才是重点。因而,在上引"科学要顺从哲学"一段文字的后面,牟宗三紧接着说:

　　　　这个意思,并不是说科学家当其在研究室从事研究的时候,还要顾到哲学;也不是说,一个哲学家可以去指挥一个科学家。哲学家与科学家正可各自作各自的事业。而我们的意思,也正在表示科学家有其工作,哲学家也有其工作。他们各有其天地与境界。他们的工作正向着他们的天地与境界而分头进行。而我们说科学要顺从哲学,却是站在人类文化的立场上讲。①

　　这里所谓"站在人类文化的立场上讲",以及前引所谓"中国文化生命里高明中之憾事",都是就一个纵贯的大的历史时段而客观为言的,是在总结历史过程中表现出来的经验教训,展望历史发展的前景和趋势,而绝非具体地、横列地、静止地比较不同的学、人或事等,绝非只就个人讲。不同的学、人或事等共同入于这个大的时间段,众多个人意志的因果链条可能形成众志成城的共业,影响甚至改变历史发展的因果链条。若从事上论,心微妙难明而需要呈现,无论思想家还是行动家、哲学家还是科学家、精英还是大众,也不论佛教徒还是基督徒、东方人还是西方人等,大家各自作各自的事业,各有各的天地和境界,才终成今天的文化大传统。若从理上讲,每个人都被抛入某种文化传统之中,因而我们不能不尊重自己的传统、建设自己的传统,以"为己之学"来尽自己的事业和责任,但这并不意味着人类的永恒分裂和冲突,而恰恰肯定了

---

①　牟宗三:《哲学的下降与上升》,《牟宗三先生全集》第 25 册,台北:联经出版事业股份有限公司,2003 年,第 551-552 页。

共同的文化理想，领航人类文化未来的发展。事是辩证法，服从构造原则（constitutive principles），乾坤互含，安顿科学；理是辩证法的辩证，服从轨约原则（regulative principles），乾统御坤，安顿哲学。

四　美对于善的奠基

笔者曾经认为："儒学如欲融入当今生活世界，就不能仅仅以紧张的道德相（伟大相）示人，而应该有其和蔼可亲的一面，美学强烈的闲适之原则（无相原则），体现了这方面的自觉。就此自觉的亲和性（随波逐浪）来说，儒家所宣扬的道德必有其根基，必本于天下古今细民之情。这又成就了牟子美学的另一意义，即美学表达了对道德本身进行历史性追问的必要性，以及为道德寻求根基的可能性。不过，历史性地追问道德、为道德奠基，实际上又超出了牟子的问题域，而表现为非自觉者。"[①]

现在看来，牟宗三有为道德奠基的自觉意识。且不论前几章讨论的路线问题、财产问题等，它们已经能够证明牟宗三的这种自觉意识。在本章的范围内，讲论者需要对自己讲论的方式有清醒的认识，或用"阳刚"的方式来"冲破闷气"，或"从'阳柔'的方式来接引群众"，甚至把佛道视为"母道"，也不排除"阴柔"的方式等，这样人们才可能亲近儒家的教化传统，并身体力行之。这也能够证明牟宗三的自觉意识。

为道德奠基当然已经远远超出了单纯的讲法策略的范畴。牟宗三的目的当然是维护中国文化的主位性。但这里的"中国文化"显然不是某种现成固定之物，更不可以将其限定为"熊十力学派"[②]的特殊文化。"中国文化"是一件尚未完成的作品，无论"守住"人格尊严的私有财产防线、"经过"科学与民主、"成就"众志成城的共业，还是"表露"太阴教的母道自由、"肯定"太阳教的实体自由，如此等等，这些都是"中国文化"的内在构成要素，"中国文化"因此才成为活的文化，未来的文化。牟宗三理性的理想主义、道德的形上学等，不过都是在反复申明这个道理。

既然为中国传统道德奠基就是维护中国文化的主位性，维护中国文

---

① 陈迎年：《智的直觉与审美直觉——牟宗三美学批判》，上海：上海人民出版社，2012年，卷首语第3-4页。

② 钱穆1991年使用了"熊十力学派"一词。李泽厚1995年也使用了"熊十力学派"这一称谓，并将其与"牟宗三学派"区别。

化的主位性就要为中国传统道德奠基，那么策略与目标的区分也就可以取消了，甚至在特定意义上我们也可以反过来说，不但牟宗三的现代阳刚是一种策略，而且维护中国文化的主位性本身同样是一种策略。牟宗三对仁体、道体、心体、性体等"实体"的强调，对康德智的直觉、物自身等概念的"界限"的破除，对两层存有论、彻底的唯心论、圆善论等"道德的形上学"的建构，对中西、儒释道、程朱陆王的"判教"等，都可以从策略的角度去理解。而牟宗三的目标当然是生命的正常和健旺了。在个体生命与民族生命的正常和健旺中，人们有正常的生活，享受着美好的生活，真正的世界历史也就展开了。因此可以说，牟宗三虽然隐藏自己的用气为性之一路，虽然似乎有着某种特殊主义的面相，但牟宗三的哲学仍然可以在"上下其讲"中揭示出普遍的道理。下讲，从下面说上去，"从'阳柔'的方式来接引群众"，可以讲得很美，不违"用气为性"的一路；上讲，从上面说下来，"用'阳刚'的方式加以疏导"，可以讲得很高，是"用理为性"的一路。此所谓因病发药、但除其病不除其法。

这已经不再是传统的孟子学了，荀子的"义利两有"，康德的"美作为道德的象征"，海德格尔的"存在"等，都被牟宗三化为己用了。

第三节　卑与高

按李泽厚的讲法，牟宗三哲学就是凡人难懂的书斋理论、玄奥思辨和高头讲章，与大众生活和现实社会完全脱节。这是说，牟宗三道德的形上学太高了，超出了凡人吃饭哲学的理解程度，因而不能发挥作用。

但是必须看到，李泽厚自己除了讲"吃饭（温饱）和吃点好饭（小康）"的"吃饭哲学"，还要讲"情本体"，在"社会性道德"之外，还要强调"宗教性道德"。讲"情本体""宗教性道德"等显然是承认，如果只有"吃饭哲学"的话，那就太低了，真成"白痴哲学"，而不成其为"哲学"了。

因此，重要的并不是高低的问题，而在于能否在卑与高之间搭建起桥梁。在这个地方，李泽厚与牟宗三的差别并没有那么大。前者强调他的"情本体"可能提出得"过早"，其时机在未来，"人民大众的衣食住行、日常生活"这一"工具本体"的问题尚在解决之中，因此自己"回到经典儒学和经典马克思"的两种"经典"的"结合"工作仍然只能正在路上。后者则一直在"既超越又内在"的视域中要求一种卑与高的"辩证法"及其"再来一个辩证"。

一　卑之无甚高论

牟宗三没有提出"吃饭哲学"，但经常讲"家常便饭"。

> "常道"没有什么特别的颜色，就如同我们平常所说的"家常便饭"。①
> 自由、平等、博爱就好像家常便饭。②
> 社会制度不能违背自然、违背人心的常道。不能违背人心是如家常便饭的，也恰恰是现实需要的，不能天天吃肥鸡大鸭，为生民立命就要按自然之常、人性之常来建立一生活的道路。③

牟宗三所谓"家常便饭"有两指。一是说儒家所讲的那些"常道"没有什么特别的颜色，不是特殊的理论、学说等，也不是一般所谓什么主义，不可以视为独断的教条，而犹如我们平常所说的"家常便饭"，普普通通，却是每天的生活所离不了的，是恒常不变的普遍道理。二是说做事情需要在经验中摸爬滚打，仔细精密，步步扎实，兵来将挡，水来土掩，要能解决问题，而不能立理以限事，因此无论是政治还是科学等，如果要办事，都自然卑之无甚高论。

这是说，生活无所不包，儒学、政治与科学都是全民的事，人人都有份，如果人们不能思考并讲清楚一些重要问题，社会不能就此形成某种共识，取得某种共法，行之而成的话，那么无论多么高妙的讲法，都不过是过眼云烟，不能发生持续而深刻的影响。

---

① 牟宗三：《时代与感受》，《牟宗三先生全集》第23册，台北：联经出版事业股份有限公司，2003年，第323页；《政道与治道》，《牟宗三先生全集》第10册，台北：联经出版事业股份有限公司，2003年，新版序第3页。
② 牟宗三：《哲学研究的途径》，《牟宗三先生全集》第27册，台北：联经出版事业股份有限公司，2003年，第362页。
③ 牟宗三：《中国人的安身立命》，《牟宗三先生全集》第27册，台北：联经出版事业股份有限公司，2003年，第443页。

　　但问题在于，总有人不愿意吃"家常便饭"，总要出花样，怎么办？
此其一。儒门淡泊，收拾不住的局面早已有之，再加之家国巨变，中西
碰撞，若此时仍只讲"家常便饭"，不就更加收拾不住了吗？此其二。
上海人吃米，陕西人吃面，你有你的"家常便饭"，我有我的"家常便
饭"，"家常便饭"与"家常便饭"之间如何平停酌剂？此其三。原始社
会的"家常便饭"，与现代社会的"家常便饭"，显然有重大的不同，
"家常便饭"如何在历史中既保持其为"家常便饭"，同时又有新的因素
加入，而成更加健康更加得宜的"家常便饭"？此其四。

　　这个时候，牟宗三就不能不讲究策略，一方面"从'阳柔'的方式
来接引群众"，却非投"家常便饭"的机，一味迎合奉承"家常便饭"
的胃口；另一方面"用'阳刚'的方式加以疏导"，却不是为了反对
"家常便饭"，以便在不应该出花样的地方出花样。这是由"人情"而又
不能唯"人情"的实情和无奈。这个时候，儒学首先所要讲清楚的道
理，不再直接是学术思想上的"高远理境"（内圣），而是这一广大精微
之境所必涵的"上上下下的一套生活方式"，或者说是大家生活所不能
缺少的"共由之道"。这个时候，"家常便饭"就表示现实生活上的常
轨，必然有普遍性和一般性。在这个地方，牟宗三强调新外王特别是民
主政治就是"家常便饭"。牟宗三说：

　　　　政治是全民的事，人人都有份，自然卑之无甚高论。但是属于
　　一般民众者，政治的意义只不过是争取自己的权利，维护自己的生
　　命财产与分内的自由，参加有关自己利害的社会组织、政治组织。
　　这自然是平平无奇的。但是要在这个分子的争取与维护中，而能平
　　停酌剂其冲突，使大家成一个整个儿的向上发展，这却不是容易事。
　　论之以定其方向，行之而得其宜，这更非容易事。①
　　　　你如果是一个自由思想家，是一个浪漫不羁的诗人文人，你可
　　以冲破一切礼法，你可以不受任何文制的束缚。凡不是我思想性情
　　上所许可的或所喜欢的，我一概不能忍受。你可以向孔子挑战，你

---

① 　牟宗三：《论论政》，《牟宗三先生全集》第 26 册，台北：联经出版事业股份有限公
　　司，2003 年，第 955 页。

可以向耶稣释迦牟尼佛挑战。我宁愿颠连困苦甚至牺牲性命，我也不愿委曲自己。这点，我承认你天才的性格。但是，你须知天下人不都是你这样的天才。你天才你的，我还是文制我的。你不吃家常便饭，你不能叫天下人都不吃家常便饭。你不能以你自己为尺度。①

我们确是凡夫俗子，不过无论是政治、事业、学问的成就都是老老实实的"凡夫俗子"，在正正当当的轨道中所作出来的。政治本来就是凡夫俗子所作的事情，非凡人物想在这里出花样、出精彩、出噱头，老百姓一定遭殃！②

三段话分别出自 1940 年、1952 年和 1983 年，可见这是牟宗三一贯的成熟定论，也可证牟宗三"道德的形上学"并非"与大众生活和现实社会完全脱节"的"高头讲章"。应该承认，在《心体与性体》之后，牟宗三确实表面上看来更加高明爽朗，道德的形上学、智的直觉、自由无限心、无执的存有论，圆教与圆善等比比皆是的概念即是明证。但同时也应该承认，牟宗三从来就没有离开过他的这个"家常便饭"，或者说，离开了"家常便饭"，道德的形上学便不成其为道德的形上学。因此，有必要去掉"心性儒学"等标签，这些标签不但没有揭示真相，反而成了阻碍人们接近牟宗三的最大成见。没有了这种成见，道德的形上学等将获得完全不同的理解，所谓牟宗三哲学前后期的不同也就并不构成实质性的差异，更不可能有什么一反前见的"晚年定论"等。如此，我们的眼睛将会看到很多曾被忽略掉的事实，牟宗三印象将会有大的改变。举例说来，在一般的印象中，牟宗三"道德的形上学"是随《心体与性体》而建构起来的，因此《心体与性体》《现象与物自身》《圆善论》等才是"牟宗三哲学研究"的重点；但实际上，至迟在 1940 年《哲学的下降与上升》及 1944 年《纯粹理性与实践理性》等文章中，牟宗三就已经提出了"道德的形上学"的概念。这至少意味着，"外王三书"时期的牟宗三就已经在考虑"道德的形上学"的问题了，因此如果抛开那时的那些"现实的关怀"，那么也就不可能有真正"不折不扣地

① 牟宗三：《祀孔与读经》，《中国日报》1952 年 9 月 28 日孔子诞辰纪念特刊。
② 牟宗三：《时代与感受》，《牟宗三先生全集》第 23 册，台北：联经出版事业股份有限公司，2003 年，第 266 页。

直接面对"牟宗三哲学体系本身的"纯学术的清理、研究和探讨"。①

如此说来,当牟宗三强调经济、政治与科学等都"卑之无甚高论,境界平庸不高"的时候,我们可以将其理解为一种批评,但同时却也要看到,那还是一种表扬。看不到这表扬,那么也将错失道德。

二　圣贤境界

牟宗三明明知道圣贤境界太高,也不能办事,为什么还要讲德福一致、物随心转即是福的道德的形上学?

牟宗三明白,政治的意义只不过是凡俗之人争取自己的权利,以便能够护住自己的两根葱与三头蒜,可以想吃大蒜吃大蒜、想喝咖啡喝咖啡。但是,你吃大蒜口臭可能会影响到我,你喝咖啡兴奋也可能会影响到我,怎么办?如何"平停酌剂其冲突,使大家成一个整个儿的向上发展"呢?②

---

① 若就此来回望,就会发现成见的根深蒂固和难以摆脱。笔者自己便是一个现成的例子。由于受到牟宗三研究中的一些成见的影响而不自知,《感应与心物——牟宗三哲学批判》一书先认定牟宗三"道德的形上学"完全"封限"在本体界,然后再据之以批评牟宗三"良知坎陷"的荒诞。但这并不是说,一切对牟宗三进行"纯学术""纯哲学"的研究都是"错的",而是说,对牟宗三更高圆的纯哲学、纯学术研究完全可以不涉及现实关怀,不去谈论这些问题,但不能不有现实关怀的背景。笔者的一个观点是,今后的牟宗三研究,或许将呈现出"上下其讲"的两个方向,"上讲"更"高圆","下讲"更"低平"。现在看来,情况仍然不乐观,但也不悲观。参阅闵仕君《牟宗三"道德的形而上学"研究》,成都:巴蜀书社,2005年;程志华《牟宗三哲学研究——道德的形上学之可能》,北京:人民出版社,2009年;张晚林《"道德的形上学"有开显历程:牟宗三精神哲学研究》,北京:中国社会科学出版社,2014年。其中,张晚林对牟宗三哲学的"黑格尔精神现象学式的疏解",看似是外部的,反而更接近牟宗三道德的形上学的真相:尽材、尽理与尽性三阶段的划分,将牟宗三心性学(存在论或本体论)与现实关怀毫无缝隙地贯通起来了,最终发见了"一种具有世界情怀的文化价值主义"。

② 一个非常有趣却也严肃的问题是:社会允许不允许个人喝酒? 1623年,康帕内拉拉丁文版的《太阳城》出版了。这本书设想,通过"威力"、"智慧"和"爱"的领导,从衣着、娱乐、学习到劳作、吃饭、性生活等,对人们的生活实行形而上学的全面管控,喝酒不喝酒当然也在管控之中。在此之前,1516年,莫尔出版了他的《乌托邦》,已经考虑要对吃饭、喝酒、相亲、性生活甚至拉屎等都有安排。在此之后,到19世纪三四十年代,喝酒不喝酒的问题,已经成了魏特林的试金石:当喝酒有害健康已经成为人们的"知识"的时候,一个人是否还会喝酒?这个人是否会被管理者允许喝酒?这个人喝酒之后会遭遇到什么?教育/说服?或者当教育/说服无效时,管理者会不使用暴力,或者直接进行"事业封锁"呢?参阅康帕内拉《太阳城》,陈大维、黎思复、黎廷弼译,北京:商务印书馆,1995年,第37页;托马斯·莫尔《乌托邦》,戴镏龄译,北京:商务印书馆,1996年,第7、66等页;威廉·魏特林《和谐与自由的保证》,孙则明译,北京:商务印书馆,2017年,第195页;威廉·魏特林《现实的人类和理想的人类　一个贫苦罪人的福音》,胡文建、顾家庆译,北京:商务印书馆,2018年,第154页。

这个时候，道德出现了，辩证法再来一个辩证，当下成佛，那个最后的形而上学总体性出现了，那个神圣的自由无限心出现了。自由无限心无它，只不过是给人们能够明分使群幸福生活的现象找到一个绝对的、最终的价值保障罢了，否则没有办法讲清楚道理，没有办法证明或说服人。若就"家常便饭"而言，这犹如康德"共和国的强制力"那样。虽然康德承认契约，但康德也强调，仅仅是经验中的"契约"并不能达成"共和国的强制力"，因为前者因经验而来，亦可在经验中被取消，而"共和国的强制力"显然不能如此对待。换言之，在"契约"与"共和国的强制力"之间，有一异质的跳跃，正如自下而上的归纳法只能得出可能性结论，自上而下的演绎法得出的结论才是必然性的结论那样，"共和国的强制力"必然有某些异质的"高出"契约的因素。

　　科学亦复如此。一方面，当今世界科学技术日新月异，不断发展，永无止境，很多东西今是而昨非，但为什么人们仍然对科学抱有信心，说科学不同于巫术、魔术等，与它们有本质性的区别呢？另一方面，现代科学愿意承认自己无知，而坚持有一分证据说一分话，即通过收集各种实证观察值，再运用数学工具进行整理，来不断地揭示出规律。而且现代科学也善于滚雪球，即利用这些规律，再结合新的观察数据等，以获得新的眼光，取得新的能力。特别是当它与现代技术紧密结合之后，以至于常常会有人担心，现代科学会不会如希腊神话中的伊卡鲁斯（Ikarus），终有一天因飞得太高而被融化掉翅膀呢？如果说后一方面表示在一般的科学方法上并不承认有终点的话，那么前一方面或许意味着整个科学体系可能"止于至善"。再加之对整个社会秩序、政治秩序的可能影响，在科学这里进步的理想和稳定的理想之间的冲突就显得更加尖锐了。如此人们也就有资格说，如果没有"更高"一层的假设或保证，科学不过是陷入一隅的经验罢了。在这个地方，牟宗三强调要把"科学"与"科学主义"区别开来。

　　道德文化更是如此。一般说来，并没有虚悬蹈空的道德文化，道德文化必然要在生活中显现，就如同孔子的"仁"不能不即"伤人乎？不问马"等事件而呈现。但是也要承认，"仁"是一种"最高"的观念，如果仅仅陷在经验事件中而不得超出，那么也就不成其为"仁"了。康德的实践理性高于纯粹理性、道德法则与自由的互为条件等，都是在维护这种"最高"的东西。牟宗三百尺竿头更进一步，呈现自由，还是强调那个"高出"的部分，其实并没有比康德"更高"。

在这个地方，有高与低的"辩证法"的"辩证"。

如果就事情本身说，能够在经验中摸爬滚打以成就科学知识，能够在利益纷争中讨价还价以成就契约法则，能够在众人的任性中建立道德文化等，其实都需要最高的智慧，是持之以恒才能完成的事情。此所谓"顺之则生天生地"，人们可以称这些人为聪明人、天才、奸雄、英雄豪杰等。但是，如果以此来要求所有人只有走这条自下而上的路，那显然会生出人病。牟宗三在此说："斯宾格勒之周期断灭论，乃为不可反驳者，无论吾人愿意不愿意。因为强度的生命乃变灭法，而才亦有时穷，情亦有时尽，气亦有时竭。"① 若想生生不息，则"逆之以成圣成贤"，走自上而下的路反而最容易，也最适宜于教化，那能给人以最后的保证或信心。其重点，是以"无我无人之法体，统天先天之悲愿"，也即一种不在辩证历程中的那个"理"，来"引生无尽的未来"。②

牟宗三的结论是："'以理生气'与'以气尽理'、'顺之则生天生地'与'逆之则成圣成贤'，两者之须谐和统一，相资相补，自不待言。"③ 不过，人们也可以追问，"理"与"性"还是有距离的，如果要这个"理"即是我们人的"性"，那么究竟是直接"性之也"，还是通过"反之也"来达到呢？这里可能引生传统关于"上根人"与"下根人"的讨论等。但在牟宗三看来，"尧舜性之也，汤武反之也"其实都是先天的工夫，都是自我教育、自我教养，根本不需要别人给他讲道理。④ 就此而言，一般所谓教化的层次并不高，在教化上的"高"，反而可能是实际中的"低"；在实际中的"高"，反可能是教化上的"低"。

牟宗三"道德的形上学"或许更多的只是教化上的"高"，实际中

---

① 牟宗三：《道德的理想主义》，《牟宗三先生全集》第 9 册，台北：联经出版事业股份有限公司，2003 年，第 283 页。

② 牟宗三：《道德的理想主义》，《牟宗三先生全集》第 9 册，台北：联经出版事业股份有限公司，2003 年，第 284 页。

③ 牟宗三：《道德的理想主义》，《牟宗三先生全集》第 9 册，台北：联经出版事业股份有限公司，2003 年，第 291 页。

④ 牟宗三：《康德第三批判讲演录（十四）》，2001 年 10 月《鹅湖月刊》（台北）第 27 卷第 4 期。

的"高"当别在他处。对此，牟宗三屡有宣说，强调"截断众流"的"浪漫精神"对于立教的重要性。在某次人文会讲中，有学生问："吾人今日讲内圣，是否需要加浪漫精神？"牟宗三即回答曰：

> 如果需要所谓浪漫精神，则对此词当该有一新规定，不可照普遍的意思去想。这新规定，我的意思是这样。即：在佛教为"遮拨"，在儒家，即孔子所谓之"狂狷"。这狂狷的精神，只限于觉的一层上言，作用在超转、向上。过此则不可。顾宪成的老弟曾经说："上不从中庸门入，下不自方便门出。"这即是狂狷精神。狂狷，可以在习气之纠缠中透露主体，这有很大的作用。但只是在一关键上用，并不能一味狂狷。有人谓道家有狂狷精神，其实儒家都有此精神，无此则不能立教。所谓狂狷精神，即在放弃一切，获得一切。①

这里讲得非常清楚。如果在立教上讲中庸，讲道理，说一方面要这样，另一方面要那样，这样有这样的道理，那样有那样的道理，那么当你讲清楚了，听众也都跑光了。因此，要"觉"，就必须"高"，必须以当头棒喝的方式令从"习气"中超转出来，获得向上一机。韦伯之所以区分学术与政治，其中一点正是因为街头宣传有街头宣传的办法，你不能如在课堂上讲课那样条分缕析，那样不但不能动员群众，反而给反对者许多反驳的机会。

因此，牟宗三反复强调这是有限定的，仅在于立教，这里的"高""只是在一关键上用"，并不能一味"高"，"高"并不能代替一切。或者说，如果人文主义的完成有众多步骤的话，那么教化上的"高"也即透露"截断众流的浪漫精神"仅仅是第一步。② 否则，科学就不愿意承认自己的无知，而与无所不知的神学无以别；道德伦理就不愿承认自己的无能，而把自己陷入神秘主义的狂热之中；政治就不愿意承认自己的无力，而强行将自己的触角探入一切领域，生生把自己变成了政治神话。

因此，教化上的"高"只是轨约原则，只表示圆圈浑无罅隙的闭

---

① 牟宗三：《人文讲习录》，《牟宗三先生全集》第 28 册，台北：联经出版事业股份有限公司，2003 年，第 112 页。

② 牟宗三：《道德的理想主义》，《牟宗三先生全集》第 9 册，台北：联经出版事业股份有限公司，2003 年，第 237 页。

合，只代表"统一性"或"绝对总体性"理念，只强调人类社会的发展有其"超出自然"即所谓"文化"的地方。① 这是一种群体的信仰。在这种信仰的范导之下，剩下的步骤是实实在在的，不但"低"，而且甚至有些无聊，只能众人一步一步地去做，没有丝毫的故事性。正如童话故事中经常遇到的那样，王子与公主在一起了，"从此，他们过上了幸福的生活"，而不能再有下文了。若一定要狗尾续貂，那就只能是凡夫俗子的政治、凡夫俗子的科学、凡夫俗子的道德了。不乏烟火气，却少了些仙气。

这里有人之存在的有限性和时代性。当然，圣贤并没有消散，而只是退隐了。

在阴局的运会中，牟宗三成功地为我们讲述了一个关于儒学的童话故事，引人入胜，促人奋进，让生活多了些阳光。童话故事结束的地方，就是生活开始的地方。或许，在平常平凡中活出阳光和精神，才是真的圣贤境界，文化的意义也才显现。永久和平、自由人联合体等概念，也才不那么遥远。

---

① 墨子刻抱怨说，20 世纪的研究者偏偏看不到宋明新儒学的困境表现为"真理的可望而不可即"，忽视了新儒学同宇宙终极意义的"间隔"意识。墨子刻不无自信地表示，自己的贡献就是发现了"困境意识"，即新儒学一方面从古代圣人那里传承了超然于任何"内在"或"外在"困境之上的"宇宙的统一性"，另一方面又始终不能实现这种"庄严的统一性"，因此就不能不在"焦虑感"与"乐观主义信念"之间不停地摇摆。墨子刻说："虽然新儒家相信这种统一性是潜在的存在，但他们也感到，使这种统一性在理论上成立既是采取积极道德行动的前提，也是一个永无止境的难题，实际上是他们的终身难题。"墨子刻的这本书中重点讨论了唐君毅，其间提及牟宗三，称牟宗三哲学的任务就是严谨、系统地展示统一性（情，感应或感通）的知识（理性）如何可能。这是正确的。牟宗三儒学三期说中第二期的消极、分解与空灵，以及第三期的积极、综合与充实饱满等，都在言说着这个"永无止境的难题"。终身背负这个难题，是人类存在的真正命运。缓慢而坚定地做自己能做的事情，并不意味着不足、缺失或错误，没有能力终身背负这个难题，反而才是灾难性的。参阅墨子刻《摆脱困境——新儒学与中国政治文化的演进》，颜世安、高华、黄东兰译，南京：江苏人民出版社，1996 年，第 149-150、28 页。

第七章　保守与激进：文化问题

假定要充分的展现现代化的意义，我们第一步要做的是，经济的现代化。经济的现代化，是非常重要的。……不管历史上出了多少圣人，讲文化讲得如何高妙，都是没有用的。这是个非常现实的问题，也可由此看出经济现代化的重要性。经济现代化，就能够迫使我们必然地走上政治现代化的道路。……经济的政治的现代化固然很难达到，一旦达到，也就很自然的有文化建设的要求。文化建设就是要配合这政治、经济现代化而使我们在生活中、在意识中头脑现代化，而这现代化再反过来稳固（justify，confirm）我们的政治的、经济的现代化。

——牟宗三《文化建设的道路——现时代文化建设的意义》

我们要了解中国文化的问题，必从两方面着眼：一是从政治、经济的现实面看；一是从基本方向的理想面看。

——牟宗三《中国文化大动脉中的现实关心问题》

孟德斯鸠说过："社会诞生时是共和国的首领在创设制度，此后便是由制度来塑造共和国的首领了。"敢于为一国人民进行创制的人，——可以这样说——必须自己觉得有把握能够改变人性，能够把每个自身都是一个完整而孤立的整体的个人转化为一个更大的整体的一部分，这个个人就以一定的方式从整体里获得自己的生命与存在；能够改变人的素质，使之得到加强；能够以作为全体一部分的有道德的生命来代替我们人人得之于自然界的生理上的独立的生命。

——卢梭《社会契约论》

本章所谓"文化问题"，是追问究竟文化保守主义与文化激进主义这两个标签中的哪个，才更适合牟宗三政治哲学。文化保守主义的标签意味着"心性"对"国家"的领导，要求文化对一切政治现象、经济现象发表意见，评价其是非得失，标明其道德水准。文化激进主义的标签则强调"国家""孳乳"出"心性"，要求以经济现代化、政治现代化的经验性事实来夯实心性的物质基础，以建立有存在论根基的新文化。

从宽泛的意义上讲，牟宗三 60 年学思反反复复，只有一问题，那就是思考和重建中国文化的现代意义。

从结果上来看，牟宗三在这个问题上似乎只表现出了他的保守性，而研究者也大多以文化保守主义者来定位牟宗三。牟宗三认定，儒家之于现代化，并不能看成适应、凑合的问题，而应该看成具有"常道"性格的中国文化的"实现"的问题。无论"开新外王""开出对列之局""转理性的作用表现而为理性的架构表现""维持中国文化的主位性"，抑或"三统并建""三期发展""良知坎陷""两层存有论"等，牟宗三给人的印象似乎都是一只高高在上的蜘蛛，只需要从自己那无所不有的纺绩器中吐出源源不断的丝来，便可自上而下地包裹一切。

如果仅仅以此来看待"外王三书"，那么牟宗三的政治哲学便表现为一种"先验哲学"或"精神现象学"，其窍门与枢纽全在以作为"一切光明之源泉"及"精神之实体"的仁心"通彻于整个历史而荡涤腥秽"，也即所谓"一心之二形"，"由道德形上的心如何转而为'认识的心'（知性主体）"。[①] 永恒常道自上而下的贯通似乎成为牟宗三政治哲学的全部。

但实际上，这只是牟宗三政治哲学的高光部分，是讲"理想面"。从"现实面"看，牟宗三对传统文化有着大量深刻的批评，比之于新文化运动、五四运动中的激进派，也毫不逊色。今天，海内外的很多学者对新文化运动、五四运动有很多反思，消极面谈论了很多，有的甚至大体否定其正面的意义。与之相应，牟宗三也被描述为西方的拉拉队员甚至是跟屁虫。

这个时候，牟宗三政治哲学便不再是圣贤英雄的"综和精神"向凡人庸众的"分解精神"的下贯，而是表现为一种"中西比较政治哲学"，甚至只是"学习政治哲学"，即让开一步，拥抱现代经济、现代政治等文明成果并促成它安家落户中国。牟宗三认为，"以我们的内容表现之路之真实、定常，而易见，配合彼方外延表现之客观性与业绩

---

① 牟宗三：《历史哲学》，《牟宗三先生全集》第 9 册，台北：联经出版事业股份有限公司，2003 年，自序第 20—22 页。

性，则人类社会世界与政治世界之理性律则与坚实基础，即呼之欲出而确然无疑矣"①。在具体时间中通过步步实践自下而上地习得现代政治生活的游戏，成为牟宗三政治哲学的首要任务。

牟宗三究竟是趾高气扬的蜘蛛还是亦步亦趋的跟屁虫？②

牟宗三既不是蜘蛛也不是跟屁虫，牟宗三就是牟宗三自己。牟宗三政治哲学不缺乏刚猛激进的一面，或者维持中国文化的主位性，或者实现民主科学等共法，但也表现出柔顺保守的一面，或者谨守中国文化的传统，或者谨守民主政治与科学研究的法度。换句话说，肯定即否定，无论维持中国文化的主位性抑或实现民主科学等共法，都能够同时分析出激进或保守的面相。在这里，牟宗三政治哲学既有文化之于政治、经济的自上而下的"暴力"下贯关系，又有经济、政治之于文化的自下而上的"柔顺"上升关系。现实面与理想面、现实关心与终极关心等在这里两两相交，纵横贯通了。

第一节 "打天下"的"英雄的胡闹"

谈中国文化，不能不讲君子。传统意义上的儒家君子，常以拯救世道人心、造福天下苍生的"光辉的英雄"的面目始，以君王、政治空想家、气节之士甚或伪君子等"忧郁的英雄"的面目终，其内在原因即在于"打天下"的"英雄的胡闹"这一历史性前提的牢固难破，而一般意义上的"君子路线"反过来又稳固着这一前提，最终造成了君子与英雄的历史性合流，"兴亡周期率"似成铁律。要跳出这种"儒家的困境"，除历史事实的变迁之外，还必须直面人间的悲剧，正视人的存在论根基，

---

① 牟宗三：《政道与治道》，《牟宗三先生全集》第 10 册，台北：联经出版事业股份有限公司，2003 年，第 175 页。

② 宋宽锋指出，在牟宗三的"外王三书"中存在着"中西文化比较模式与先验哲学框架之间的相互切换"。其中，"《历史哲学》是理论的系统展开，《政道与治道》是其进一步的系统化和修正完善，而《道德的理想主义》则仅具有边缘性的意义"。《政道与治道》的"修正"特别在于其第三章"理性之运用表现与架构表现"和第八章"理性之内容的表现与外延的表现"通过对《历史哲学》"综和的尽理之精神与分解的尽理之精神"的"两次理论重述"，进行了"先验哲学"向"中西比较"的"切换"。参阅宋宽锋《先秦政治哲学史论》，北京：中国社会科学出版社，2019 年，第 250－263 页。

高度认可人的情欲生命，以"自下而上"的"凡人路线"充实"自上而下"的"君子路线"，打破君子与英雄的合流。即，以人们从事生产各自营造属于"我的"的自由经济孳乳出民主法治，以民主法治来限制君子人治和取代传统意义上的圣王天子的神治等。英雄因此消散，入于文学、艺术、思想甚至科学等领域。君子则修剪了自己的羽毛，坎陷了自我，重新铸造了自我。

一　光辉的英雄与忧郁的英雄

儒家的君子，一般而论是一个内圣外王连续体，"修己以敬""修己以安人""修己以安百姓"（《论语·宪问》），要造福天下苍生，所以不能不考虑政权问题，因而有所谓"积德"与"天命"之说。"天与人归""天子一位""天子爵称""禄以代耕"等诸多说法也因此成为一个大原则，对于战争与和平、生民的福与祸等有绝大的影响，人们是否能够表现精神、实现价值、发展文化等，也系属于此。

不过，虽然儒家的君子在此颇多用心，但若将目光投向历史便会清楚地看到，或汤武革命，或王莽曹氏篡窃，或三国五代割据，或金元清夷狄入主，二千多年以来绵延以下，"积德""天命""天下者天下人之天下"等多成为逐鹿中原、杀人放火的口实，即所谓"假之也"。一方面，"三皇五帝神圣事，骗了无涯过客"。另一方面，"刘项原来不读书"。内圣外王连续体的"君子"，不但无法教化打天下的"君"[1]，而且道德性的人类文化"统一性"或"绝对总体性"理念，反成为"打天下"的伪装。这不能不令人感叹嘘唏。

如果说内圣外王连续体的君子是"光辉的英雄"，那感叹嘘唏的君子便是"忧郁的英雄"。君子在"光辉的英雄"与"忧郁的英雄"之间的这种转化，展示了"儒家的困境"。即，一方面，儒家的君子光辉灿烂，无所不能，如天神般存在，"确实会出于一种个人的使命感，立志维护与上天秩序同一的道德秩序，维护以天命形式体现出来的上天的创造

---

① 墨子刻：《摆脱困境——新儒学与中国政治文化的演进》，颜世安、高华、黄东兰译，南京：江苏人民出版社，1996年，第167页。不能确定，是什么原因让墨子刻敢于断言，"君子"与"君"的这种紧张关系"在绝大多数关于儒学的社会学讨论中被忽视了"。

权、指挥权、统治权以及惩戒权。这样一来，作为替天言说的人，君子必须遵守个体心中的天命，并代表上天谴责背道而驰的统治者"①。但另一方面，儒家的君子又一心孤峭，四无依傍，是先天的忧郁者，他既不能与那些背弃天命的统治者或官吏截然划分开来，又无法确保百姓子民与自己一起修德以俟命，因而"一个引人注目的现象是，这些儒家经常不得不单枪匹马面对大权在握的统治者，独自应对帝国官僚体系的复杂、僵化、或派系内讧。他们越是有良知就越容易成为烈士，或者更多的时候成为政治空想家"②。

实际上，烈士、气节之士或政治空想家甚至打天下的君王都仍然可以英雄视之。再进一步，"光辉的英雄"与"忧郁的英雄"之间的转化便是"君子"与"伪君子"之间的转化，后者也是"儒家的困境"。即，我们几千年来特别关注人的行为，朝朝暮暮讲说仁义道德，而要求由经义引发人的合乎道德的行动，要求知行合一；如此依理而论，大多数中国人应当是道德君子，中国社会上当很少有违背道德的行为了；但事实却是悲惨的，"违背经义的行为在历史上无时没有，即在终日读经的时代也未尝稍缺，甚而违背经义活动的人即是读经的人"。"这在消极方面是纯粹科学和它的产品一无所有，在积极方面是一部十三经（以及阐扬经义的书籍）和充满社会的违背经义的行为！中国第一流的头脑，经过二千余年的努力，所得的结果如此。这实在太悲惨了！这实在太悲惨了！人唯有用自媚一法来掩盖这无涯的失败，否则精神方面的痛苦人将无法支持。"③

我们当然可以辩解说，如果没有了朝朝暮暮讲说仁义道德，情况可能会变得更糟糕。但问题仍然是，为什么会以光辉的英雄始，而以伪君子终？人们说，在学理上，儒家认识到道德行为对于社会的重要性，因此依于理性，订立了本可以为人所"绝对遵守"的行为规则，但由于"人的求好心切"的原因，"揠苗助长"，使这种原本是"理性的产品"的"行为规则"被教条化、神秘化、工具化，它和人的内心的唯一的"坚强联系"被割断了，它的"理性的基础"被撤销了，因此伪君子必

① 狄百瑞：《儒家的困境》，黄水婴译，北京：北京大学出版社，2009年，第14页。
② 狄百瑞：《儒家的困境》，黄水婴译，北京：北京大学出版社，2009年，第117页。
③ 陈康：《论希腊哲学》，北京：商务印书馆，1995年，第570—571页。

然丛生。至于究竟又是什么原因导致了"人的求好心切"的问题，却超出了纯粹的学理的范畴。此所谓工夫在诗外。人们进一步要求，必须注意"能够清晰表达思想的公民所提供的有组织的支持"，或者"由舆论工具提供的有组织的支持"的有无，这实际上是把走出"儒家的困境"的希望寄托在"那种能够发挥抗衡作用的基础设施"的发展建立上了。[①]

"基础设施"说似乎意味着"君子"需要站立在他自己的土地上，以吸取力量，方能成其为"光辉的英雄"。这并不等于断言说，道德行为只是一件副产品，或者说，只能即用为体。而是说，审视君子必须注意到古今之辨，必须有一种宏观、历史的视野。唯有在此视野之下，微观、具体的讨论才不至于玩物丧志，迷失在细节的汪洋大海里。

二 人间的悲剧

"儒家的困境"有其存在论的根源，反映了儒家在"具体生活"中建构出"统一性""总体性"的那种努力。

就存在论而言，儒家承认人常是神魔混杂的，其德性生命与情欲生命是互相出入，难以截然划分清楚的。甚至严格说来，圣王也有混杂：圣是圣，是纯然的德性生命，王是王，总不免于情欲生命。因此之故，孔子说，"若圣与仁，则吾岂敢？"（《论语·述而》）而我们之所以称孔子是圣人、素王，也是超越了那些政治上的牵连，直就孔子强调文教上的使命感，发展出纯然的德性生命这一方面的内容而为言的。

如此说来，儒家承认一个人的生命，包括他的德性、情欲、智慧等，都有其强度，都有其特殊的风姿，不可预测，不可思议，不可勉强而致。按传统的语言，这是说众生根器不一，而可以三分。第一部分上根人为圣贤君子，表现立体的生命风力，有真生命、真德性、真智慧，能够以简易精纯、湛然莹彻的德性生命来朗照一切转化一切，包括自己和他人的情欲生命，因而自作主张，密在己边。第三部分下根人为庸众，表现平面的生命强度，无所定向、无所执守，有如动物，唯依感性自然生命向四边扩展沸腾，虽不可谓之纯否定，却一定沉闷、平庸、胶着、呆滞，依他而起，密在他边。两部分之间的第二部分，为"王"，也即人间历

---

① 狄百瑞：《儒家的困境》，黄水婴译，北京：北京大学出版社，2009年，第117、123页。

史上的众多英雄。英雄之所以为英雄，首先是因为力大。这里有狂热、有智慧、有真情、有诈伪、有向往、有冲动、有爱、有恨、有歌颂、有诅咒、有赞叹、有无奈，但无论如何，这里的力量都是立体直贯的，汇聚一处，有排山倒海之势。其次，英雄之所以为英雄，是因为浪漫虚无。英雄的力量是天生的，是其情欲生命的气机鼓荡，因此足以建设一切，也足以冲破一切毁灭一切。他没有什么理由，不用选择，可以直下肯定仁义礼智诚信友爱，为其护法，又可以一笔抹杀他所承认的一切，坠入魔道，对所有正面肯定的、有价值的东西施以种种引诱和迷惑，以期拆散之。

第一部分人道成肉身，不可谓无，但常常百年难遇。他们或者舍弃一切现实的葛藤，把现实的感觉的一切东西都剥落干净，淡然独与神明居，成为隐者，完全孤独；或者转化为纯然的德性生命的象征、文教的象征，以标举人类本己纯然的创造性、理想性和神性，并最终以圣贤人格的神话将其固化。第三部分人仿佛天地生人时被不知不觉地夹带出的渣滓，不可谓少。他们犹如蝼蚁，犹如杂草，充斥道旁，被踩踏碾压，被欺负残害，本身根本上就是可怜虫，而见出天地间的诸多不仁，而彻头彻尾地需要有人替他们出头作主。第二部分人天资非凡，生命洋溢，气力充沛，当下即是，直而无曲，在各自的地盘里赤条条来去无牵挂，光彩照人，称王称霸。他们或者为李逵、武松、鲁智深等江湖义侠，或者为项羽、刘邦、萧何等帝王将相，或者为李白、杜甫、贾宝玉、林黛玉等诗人情人，不一而足。

第一部分人常令人敬仰赞叹，有仰钻不得、前后难觅的苦伤。第三部分人常让人有无涯的悲痛、深深的怅惘、无穷的悲悯，其空洞无味也让人嫌恶。但是，这两部分人当然可谓之人间的悲剧，因为两者都是无可奈何的"天纵"，是其自己所无法左右的。但人间的悲剧，真正说来，只在英雄处。《红楼梦》第二回"贾夫人仙逝扬州城，冷子兴演说荣国府"有一段贾雨村解析人性的话：

天地生人，除大仁大恶两种，余者皆无大异。若大仁者，则应运而生，大恶者，则应劫而生。运生世治，劫生世危。尧、舜、禹、汤、文、武、周、召、孔、孟、董、韩、周、程、张、朱，皆应运而生者。蚩尤、共工、桀、纣、始皇、王莽、曹操、桓温、安禄山、秦桧等，皆应劫而生者。大仁者，修治天下；大恶者，挠乱天下。清明灵秀，天地之正气，仁者之所秉也；残忍乖僻，天地之邪气，恶者之所秉也。今当运隆祚永之朝，太平无为之世，清明灵秀之气所秉者，上至朝廷，下及草野，比比皆是。所余之秀气，漫无所归，遂为甘露，为和风，洽然溉及四海。彼残忍乖僻之邪气，不能荡溢于光天化日之中，遂凝结充塞于深沟大壑之内，偶因风荡，或被云荡，略有摇动感发之意，一丝半缕误而泄出者，偶值灵秀之气适过，正不容邪，邪复妒正，两不相下，亦如风水雷电，地中既遇，既不能消，又不能让，必至搏击掀发后始尽。故其气亦必赋人，发泄一尽始散。使男女偶秉此气而生者，在上则不能成仁人君子，下亦不能为大凶大恶。置之于万万人中，其聪俊灵秀之气，则在万万人之上；其乖僻邪谬不近人情之态，又在万万人之下。若生于公侯富贵之家，则为情痴情种；若生于诗书清贫之族，则为逸士高人；纵再偶生于薄祚寒门，断不能为走卒健仆，甘遭庸人驱制驾驭，必为奇优名倡。[1]

　　且不论庸众并非大恶者等，这里要说的是正邪搏击、夹攻，而意味着人有选择。有选择，而不能成为仁人君子，不能反躬，不能设身处地，不能考虑到别人的立场，又不甘愿成为庸众，却因性格的不同、思想的不同、人生见地的不同等，遂至发生不能避免的罅隙，引生种种让人饮泣以终的人间悲剧。正如古希腊索福克勒斯的《安提戈涅》所刻画的那样：国王克瑞翁从国家的立场出发，不许人哀悼或埋葬波吕涅刻斯，要使其因得不到眼泪和坟墓而很快烂掉，并下令说谁要是违反禁令，谁就会在大街上被群众用石头砸死；公主安提戈涅则不顾禁令，以自杀为代价，按照公道和习惯把哥哥波吕涅刻斯埋葬，而尽了自己的义务；克瑞翁的儿子、安提戈涅的未婚夫海蒙因为爱人的死而自杀，克瑞翁的妻子又为儿子的死而自杀，最后只剩下克瑞翁一人孤苦寂寞地空守王位。"好一似食尽鸟投林，落了片白茫茫大地真干净。"黑格尔解释说，这便是人

---

[1]　曹雪芹、高鹗：《红楼梦》，北京：人民出版社，2005 年，第 28-30 页。

间的悲剧，一方面出于自己的选择（个人自由独立的原则），另一方面
又是不可避免（实体性的伦理力量）。"这里基本的悲剧性就在于这种冲
突中对立的双方各有它那一方面的辩护理由，而同时每一方拿来作为自
己所坚持的那种目的和性格的真正内容的却只能是把同样有辩护理由的
对方否定掉或破坏掉。因此，双方都在维护伦理理想之中而且就通过实
现这种伦理理想而陷入罪过中。"①

黑格尔的这种"悲剧英雄们既是无罪的，也是有罪的"，我们"首
先必须抛弃关于有罪和无罪的错误观念"方能理解之②的看法，牟宗三
深以为然，并据之以论《红楼梦》悲剧之演成。"有恶而可恕，以怨报
怨，此不足悲。有恶而可恕，哑巴吃黄连，有苦说不出，此大可悲，第
一幕悲剧是也。欲恕而无所施其恕，其狠冷之情远胜于可恕，相对垂泪，
各自无言，天地黯淡，草木动容，此天下之至悲也。第二幕悲剧是也。"③

当然，虽然都指示出了人间的悲剧，但《红楼梦》与《安提戈涅》
还是有所区分的。重要的一点是，《红楼梦》悲剧侧重于家庭，主要涉
及亲属之爱，而《安提戈涅》悲剧则从家庭到国家，而主要涉及政治生
活。从家庭生活到政治生活，"悲剧英雄"对于世人的影响随之几何倍
数扩大，"人间的悲剧"遂愈演愈烈。这便是儒家道德伦理之"统一性"
或"总体性"所面对的那个"具体生活"，不可不察。

三　历史的回响

在第一小节我们以英雄说君子。第二小节的英雄却无关圣贤，是草
莽英雄，甚至为情痴情种、奇优名倡。两者差别如此之大，难道可以共
用同一个"英雄"么？

孟子曰："君子所过者化，所存者神，上下与天地同流，岂曰小补之
哉？"（《孟子·尽心上》）朱熹章句曰："君子，圣人之通称也。所过者
化，身所经历之处，即人无不化，如舜之耕历山而田者逊畔，陶河滨而
器不苦窳也。所存者神，心所存主处便神妙不测，如孔子之立斯立、道

---

① 黑格尔：《美学》（第三卷下册），朱光潜译，北京：商务印书馆，1997年，第286页。
② 黑格尔：《美学》（第三卷下册），朱光潜译，北京：商务印书馆，1997年，第308页。
③ 牟宗三：《〈红楼梦〉悲剧之演成》，《牟宗三先生全集》第26册，台北：联经出版事
业股份有限公司，2003年，第1087-1088页。

斯行、绥斯来、动斯和，莫知其所以然而然也。是其德业之盛，乃与天地之化同运并行，举一世而甄陶之，非如霸者但小小补塞其罅漏而已。此则王道之所以为大，而学者所当尽心也。"这里的圣贤君子一定与千万人为伍，能普接群机，而与大众有存在的感应。

从概念上讲，既然已经存神过化，则君子的本质就是"自上而下"的，在人间一定会生出尽善尽美、全无瑕疵的事业，所谓"君子以人治人"（《中庸》），"民之所好好之，民之所恶恶之"（《大学》），而能无骚扰、无造作，自然而然，物各付物，使其各得其所，各适其性，各遂其生，各正性命。"无偏无党，王道荡荡。无党无偏，王道平平。无反无侧，王道正直"（《尚书·洪范》），这就是天国，就是神治，就是开放的社会（open society）。

可是人间究竟不是天国，治人间究竟不能以神的方式治。当圣贤与庸众、英雄混杂而为伍为群，引生人类政治历史，又怎能尽善尽美、全无瑕疵呢？君子与英雄的那种合流，可通过如下问题而明朗：在具体的政治历史活动过程，君子拯救小人的德性统治难道不是已经让一切手段因目的的合道德性而变得合乎道德了吗？反过来，英雄杀富济贫替天行道，用非道德手段去实现圣贤的道德理想，则又当该如何评价呢？

在这个地方可以说，成也萧何败也萧何，中国文化生命迤逦下来一切毛病与苦难，正因为有君子。牟宗三说：

> 治道之极就是"神治"。这其中的道理与境界当然是幽深玄远，至精至微，而全为中国人所道出。可是人间究竟不是天国，治人间究竟不能以神的方式治。若只有这个透彻而达于神境的治道，而政道转不出，则治道即停在主观状态中，即只停于君相的一心中，而不能客观化。治道不能通过政道而客观化，则治道永远系于君相一心中而为自上而下的广被作用。总之是一句话："君子之德风，小人之德草。"如是，人民永远是在被动的潜伏状态中，而为上面的风所披靡，所吹拂，永远是在不自觉的睡眠状态中。[1]

---

[1] 牟宗三：《中国文化之特质》，《牟宗三先生全集》第27册，台北：联经出版事业股份有限公司，2003年，第88页。

史华慈说：

> 当转到孟子所描绘的著名圣王尧、舜、禹上时，我们发现在"立法者"与"君主"之间并不存在差别。在创造或昭示神圣社会制度形式的意义上，这些神话人物是"立法者"，但是他们同时又是高居于其所创立的体制之上的积极的社会统治者。这里的机构体制，只不过是他们扩展其"精神-道德"影响的简单渠道而已。按照孟子的阐释，儒家传统基本上不具有反体制主义的性质。甚至在孟子看来，圣王和君子的美德必须凭借制度机构才能得以传播，只有在礼制（the rules of propriety）的框架中才能实现其客观的表达。这样，在孟子那里并不是制度机构铸造了圣王和人们的德性，而是圣王和君子通过机构彰显出他们道德力量的光辉。①

正因为"治道永远系于君相一心中而为自上而下的广被作用"，人民成了"应当所是"的人民，机构体制也"只不过是他们扩展其'精神-道德'影响的简单渠道而已"，所以"君子"在"社会的最顶点"这个"神圣的位置"上，首出庶物，万国咸宁，仿佛天神，行于所当行，止于所不可不止，而无有不当，而无不表现那光辉灿烂的道德良心，而无法不去铸造人民百姓。因此，一切所谓的"胡闹"也就不成其为胡闹，奉行"君子路线"的"中国的政治史"也就是"替天行道的表现史"：

> 各人心目中都是天子，都是替天行道，都以为非我不成，于是乱杀一气，杀到最后，剩下了谁，谁就是天子。到了这时，筋疲力尽，于是与民休息的无为政治便出现了。我常想中国这个民族从来没有有为过，有为的时候是胡闹的时候，无为的时候是疲倦的时候。胡闹疲倦，倦醒了再胡闹，这就是中国的政治史。这就是替天行道

---

① 许纪霖、宋宏编《史华慈论中国》，北京：新星出版社，2006 年，第 155-156 页。史华慈强调，历史已经证明，"立法者"和"执政者"之间的尖锐差异若被打破，则美德的统治必将速滑转为恐怖的统治。因此，牟宗三特别强调"经验之限制与主客对立"的磨练，把科学与民主捆绑，强调"自下而上"的"客观之立法"的重要性。

的表现史。①

史华慈在这里看出"中国政治思想的深层结构":

> 在中国政治思想的深层结构中,在上位的人君的个人品质虽然重要,可是那个客观的结构似乎更重要。慎到说圣人不在其位时,可能只是一条虫;可是一旦他占据那个神圣的位置,他便是化行天下的龙了。儒家也有类似的想法。故问题是:为什么千百年来受苦于这个权力毫无限制的结构的儒生,不曾好好思考过要向这个旧结构挑战,或试图限制它的力量,或是提出另一种替代品?②

或许有儒生认定这个结构正是中国的特色和优胜处,因而让史华慈的问题显得荒诞。但史华慈发现,传统士人显然已经对这样的乌托邦的局限性有了清楚的认识而欲摆脱之,只是因为怕"乱",而"不敢去改变它",而只能"仍旧依附盘旋于其中"。③ 后来,1945 年 7 月,黄炎培与毛泽东在著名的"窑洞对"中,也谈到"其兴也勃焉,其亡也忽焉"的问题,称历朝历代都没有能跳出"兴亡周期率",说的正是这种"替天行道的表现史"和"中国政治思想的深层结构"。

如此说来,君子与英雄的合流,成了中国文化的难题,也成了中国政治的难题,延展而下,几千年不断。建立一个新结构,阻隔君子与英雄的合流,铸造出清晰的君子,打断那"胡闹疲倦的因果链子",实现中华民族的伟大复兴,成为今日的任务和使命。

四　君子的坎陷与英雄的消散

既已"识病",如何"治病"?君子要修剪自己的羽毛,自觉坎陷自己,重新铸造自己;英雄则需要归于消散。

就存在而言,英雄与君子的合流,是通观人类政治历史文化的

---

① 牟宗三:《复兴农村的出路何在?》,《牟宗三先生全集》第 26 册,台北:联经出版事业股份有限公司,2003 年,第 743 页。

② 许纪霖、宋宏编《史华慈论中国》,北京:新星出版社,2006 年,第 26 页。

③ 许纪霖、宋宏编《史华慈论中国》,北京:新星出版社,2006 年,第 27 页。

"是"。就理论来说，君子神治固然最好，但最多是个"艺术性的存在"，指向"道德的存在"，是通观人类政治历史文化的"应该"。"是"中成就"应该"，即是去修剪君子的羽毛，充实"应该"背后的基础，而渐渐"孳乳"出天国神治的过程。

对于这个过程，牟宗三有一系列可以为参考的论述。

牟宗三相信，孝悌、人伦、人性、理性、正义、理想、家庭、国家、大同、普遍性、绝对、全体、神性、良知等，皆有其真理性和真实性，无一可废，因此必须坚持"道德的理想主义"。但是牟宗三也承认，因现实的牵连，以上那些美好的字眼又皆有其"似是而非"的地方，一不小心，便容易走向它的反面，与权力合流，成为吞噬一切的巨大乌托邦黑洞。这似乎意味着"道德的理想主义"从根底上就只能走"自上而下"的"君子路线"，只能是"政教合一"的，因而根本无力走出甚至是欢迎那个史华慈所言的"权力毫无限制的结构"。牟宗三反对这一理解，强调今人不能没出息没良心，只想讨便宜吃现成饭，去埋怨老祖宗怎么不把事事都替自己准备好。那么，如何才能"创造性的转化"，或者"转化性的创造"呢？首先，人并不可以随心所欲地讲文化，文化需要无法离开具体的历史发展状况，牟宗三强调共业，强调经济现代化、政治现代化与文化现代化的顺序，在古今之变的基础上强调新儒家之所以为新的地方等，实际上已经承认了思想文化的局限性，而"假定""武器的批判"已经为思想文化打开了缺口。其次，"曲通"与"直通"的分别，表明在牟宗三的意识中已经明确告别了传统的"社会工程的乌托邦"，其所谓"内圣外王"甚至"天人合一"等，最多只是"人性建设的乌托邦"，表示人类的"统一性"或"总体性"。在这两个大方向之下，牟宗三重在从学术层面"重新铸造"，即提炼而考验之，重新厘清而肯定之，使人人皆能正视"道德的理想主义"而生出正解、正行。在这个地方，牟宗三自造了很多概念，而又花开两朵。

一朵花是著名的"自我坎陷"。如《历史哲学》的转"道德的主体自由"与"艺术性的主体自由"为"政治的主体自由"、转"综和的尽理之精神"与"综和的尽气之精神"为"分解的尽理之精神"、区分"抽象的解悟"与"具体的解悟"等。如《政道与治道》的转"治道"为"政道"、转"吏治"为"政治"、转"理性之运用的表现"为"理

性之架构的表现"、转"政治神话"为"政治理性"、转"理性之内容
的表现"为"理性之外延的表现"等。其主题不过是在现实世界中辨
别"道德判断"与"历史判断"的不同,转理想的"圣人态度"为实
际的"凡人态度",经由每一个人的欲望的满足(其要在自由经济、民
主法治、政党政治)这一"物质基础"来"自下而上"地建设出道德
世界。

一朵花是著名的"良知呈现"。这便有了为人所熟知的"道德的形
上学""智的直觉""人虽有限而可无限""逆觉体证""自由无限心"
"无执的存有论""圆教""圆善""真善美之合一说"等许多概念。这
些概念受到更多的批评。但究其实,如果承认那两个大方向不错,那么
它们绝不表示对"君子路线"的回归和对"政教合一"的肯定,最多只
表示人类文化的"统一性"或"总体性"而已。牟宗三在这里表现出了
更大的野心,中国文化的现代转化任务让位于中国文化的世界意义建构,
特别是现代发达社会的各种反理性主义、反本质主义、反基础主义、反
形而上学思潮的流行等,让牟宗三相信他的人性建设的乌托邦有其用。

"俱飞蛱蝶元相逐,并蒂芙蓉本自双。"这样,牟宗三以"自下而
上"的"凡人路线"取代了"自上而下"的"君子路线",却没有因此
消解掉"上",反而得以在更加"高圆"的意义重新肯定了"上",要求
文化必须"自上而下"地笼罩经济、政治等。如此,牟宗三否定了君
子,却也重新铸造了君子,"良知坎陷"本质上即是"君子的坎陷"。其
原则并无什么高论,只是强调:如果我们提出一种主张,那么它不但要
合于理想要求,更要紧的是有其客观存在的可能。它关心的问题是:如
何客观地实现中国传统所雅言的天国神治理想?其要义大体不外以下
三点。

在人性论上,"君子的坎陷"要求正视人的情欲生命,重视人的欲
望满足的问题,以荀子的"义利两有"的性恶论来支撑孟子"四端皆备
于我"的性善论,以达"各正性命"的理想。

在心理学和动力学上,"君子的坎陷"要求正视人民从永远的被动
潜伏状态中的觉醒,重视人自己拯救自己的可能性,以凡人对自己生命、
财物等的主张和确保来对抗一切社会工程的乌托邦诉求,以达"物各付
物"的结果。

在政治学上，"君子的坎陷"要求防范英雄的胡闹，重视凡人的公共活动平台的有无问题，以人们从事生产各自营造"我的"的自由经济孳乳出民主法治，以民主法治来限制君子人治和取代传统意义上的圣贤天子的神治，由此替代传统的旧结构。

以上三点，具体实行之，特别是第三点，当然还有很多细目需要研究和讨论，但大端不差。英雄遂无"用武"之地，或表现于文化艺术上的天才创造，或必须带上公共活动规则的凡俗铁链，消散于无形。君子随之也变得纯粹，或甘居凡俗，依则而行，或实能以"我"之德量，引生因果链条，方为"有我则世界变色，无我则江河日下"的真君子。这时，便是用"自下而上"的"凡人路线"贞定了"自上而下"的"君子路线"，世无英雄而人人自为英雄，世无君子而人人自为君子，"具体生活"与"宇宙的统一性"、合规律性与合目的性等的合一，因此成为可能。

第二节　世界历史与中国时间

当"打天下"的"英雄的胡闹"已经成为历史而无法重复自己的时候，传统文化的现代意义问题也就是文化传统的当代建构问题了。中国能够给世界贡献何种价值观、世界历史长河中的中国时间的开启等，都与此息息相关。

无法回避的仍然是，我们究竟要保持什么？为了更好地保持，我们又必须改变什么？包含在这个问题之中的，有生活的感受，有个人与民族国家、道德与知识等的现代想象，以及此类东西对于未来生活的影响等。它们相互遮蔽和映射，构成了一个巨大镜像。现代性的时与空、中国崛起的理与势、中国文化的里与面等的冲撞，经此镜像而暴露无遗。冲撞本身具有的"纵横交错"结构，以及我们因此结构而来的保守或激进，是理解现时代中国文化建设的"本源维度"。

一　现代性的时与空

1982 年 9 月 10 日，哥伦比亚大学举行仪式，赠予冯友兰名誉文学博士学位。冯友兰发表了一篇答词，申明自己生活在不同文化矛盾冲突的时代，关注的中心问题一直是"古今中西"的问题，但思想发展却可以区分出三个阶段。第一阶段重视地理区域，认为中西文化的差别是"东方"与"西方"的差别。第二阶段强调历史时代，含蓄地指明东西文化的差别实际上就是"中古"与"近代"的差别。第三阶段用社会类型解说历史时代，认识到"中古"和"近代"的差别实际上就是社会类型的差别，西方国家比东方国家早一步进行了产业革命。这实际上是说，东西文化问题不是一个东西的问题，而是一个古今的问题，一般人所谓"中""西"之别其实不过是"古""今"之异罢了。①

冯友兰认为，在同一个社会类型之"横"中，一切都折中得恰到好处，体用形塑固化而为不可分者，"有什么体就有什么用，有什么用就可以知道它有什么体"。这便是"理在事中""共相寓于殊相之中"，或者说是"生产力等经济基础是体，政治、文化等上层建设是用"的确定义。② 站在这个立场，体用本来是合在一起的，只是人们的思维对它们加以分析，才显出了它们的分别和对立。后者是一个认识问题，而不是存在问题。就"存在"而言，不可以"体用两橛"，冯友兰不但认为"全盘西化"和"本位文化"等是思想混乱的表现，就连"中学为体，西学为用"也不赞成。这是"从横的方面看历史"。③

然而冯友兰又特别注意到社会类型的变革问题：在社会急剧变革之"纵"中，什么可变什么不可变，什么可"教"什么可"化"？冯友兰认为，可变的东西才有现代化或不现代化的问题，不可变的则没有这个问题。知识、技术、工业等知识层面的东西可变，可教，能加速进行；基本道德这一方面则不可变，不可求速而唯有慢慢地化。因此中国的进步，组织社会的道德是本有的，"继往"便可；知识、技术、工业方面则需全速添加，是"开来"。在此，如果把基本道德理解为"体"，那么"继往不开来"就是"文化本位"，"继往开来"就是"中学为体，西学为用"；但如果把包含知识、技术、工业等的世俗生活理解为"体"，则"开来继往"为"西体中用"。另外冯友兰也看到，胡适在主张"全盘西化"的同时还强调文化自有其"惰性"，如果以"惰性"为不可变者而

---

① 冯友兰：《三松堂全集》第1卷，郑州：河南人民出版社，2001年，第218、307页。
② 冯友兰：《三松堂全集》第1卷，郑州：河南人民出版社，2001年，第220页。
③ 冯友兰：《三松堂全集》第1卷，郑州：河南人民出版社，2001年，第219页。

以"全盘西化"为可变者，那么胡适的全盘西化论也是可以接受的，他实际上不过是说，国人只管"努力全盘接受这个新世界的新文明"，结果自然会折中。这是"从纵的方面看历史"。①

照此说来，冯友兰以古今释中西的观点并非只是个人的，而是反映了现代新儒家的共识。梁漱溟的文化三路向说、熊十力的体用论、牟宗三的内圣开出新外王，甚至胡适的全盘西化说、李泽厚的西体中用说等，都同冯友兰一样相信"周虽旧邦，其命维新"，要做"亘古亘今，亦新亦旧"②的事业。这一共识，现在被陈来表达为：中国崛起是中华文化复兴的历史根基，中国现代化是中国文化现代化的根本条件，儒学复兴必须深深扎根于中国经济的迅猛发展和中国现代化的成功。③

在此，我们说现代性的时与空。

现代性之"时"是指，当社会类型发生变革之时，中华民族或中国的"存在"正在急速生成和发展，这时乡下人要学城里人，落后的中国要补课，西化就是现代化。这是现代性之"纵"，可以用时间来解释空间，把中西地域上的差别理解为同一时间轴上前后相接的两种社会类型的不同，以"先""后"发展阶段的代兴或"上""下"社会类型的更迭来铺就"中国到自由之路"。④

当此之时，思想混乱、社会冲突等势所难免，仿佛有些"乱"，但不必害怕担心，仍然必须引进现代性的支柱概念，进行产业革命和工业化，确立市场经济的主体地位，跨过现代文明的门槛，从"以家为本位的社会"进入"以社会为本位的社会"，实现传统社会的现代转型。这个时候，体用可分，只能注目"共相"，把西方化与现代化"合二为一"，添加西方的知识、技术、工业、资本、市场等，却不仅仅以西方视之，而说是学习现代社会的知识、技术、工业、资本、市场等。

现代性之"空"是说，当中国已经进行了工业化，工业化成功之后，城乡共存、中西杂处，共同支撑起现代性，存在问题慢慢就隐退了，重点会转为"认识"这个社会类型的特点或内容。这是现代性之"横"，

---

① 冯友兰：《三松堂全集》第4卷，郑州：河南人民出版社，2001年，第331-333页。
② 冯友兰：《三松堂全集》第4卷，郑州：河南人民出版社，2001年，第301页。
③ 陈来：《儒学复兴的运势》，《社会科学报》2012年第6期。
④ 冯友兰：《三松堂全集》第1卷，郑州：河南人民出版社，2001年，第220页。

可以用空间来理解时间，新的伟大的东方"中国"将是人类文化的领导者，指示着世界的未来。这是因为，一方面补充或者说学习了现代的知识、技术、工业等，另一方面又承继了原有的道德力，因此"新中国"能够后发先至，旧邦新命，不仅自己走上了自由之路而已，而且在任何方面，比世界上任何一国，都将有过之而无不及。[1]

在这个地方，"中国"仍然面临双重任务，但方向却有不同：一是需要区分西方化与现代化，把现代性从西方的束缚中解放出来；二是以道德力（墨家儒家的严肃，道家的超脱；儒家墨家的在乎，道家的满不在乎等）巩固现代社会的基础，使中国传统成为现代性的支撑力量。两方面结合，便是体用不分，从新中国的"殊相"中"化"出"即中即西"而又"非中非西"的、作为全人类的共同成就的"现代性自身"的逻辑，然后引领人们一如既往地实现之。

冯友兰相信，在现代性的时空交替中，人有知识靠学、人有道德靠化，学易而化难，因此向西方学习容易，超过并化掉西方确是不易。虽不易，却是我们大家所深信，而没有丝毫怀疑的。[2]

二 中国崛起的理与势

有观点认为，包括冯友兰、梁漱溟、牟宗三等在内的现代新儒家虽然以保守主义自居，肯定和维护中国传统价值的主位性，但实际上却不过是要引入西方文化，而无法逃避向西方投降的命运，最终都成了西方的拉拉队。

实际的情况并不是这样。无论是冯友兰、梁漱溟还是牟宗三等现代新儒家，他们的任务都是两步走。第一步，"如果你不能消灭他们，那就加入他们"。这是非常现实主义地承认，西方处于领先地位，中国要向西方学习，消化吸收西方文化。第二步，"使他们加入到你们之中"。[3] 这是强调西方文化的成就止步不前了，已经达到了它的最高水平，再往前走只能是中华文化，特别是儒家思想更具前瞻性和世界性，不只存在于

---

① 冯友兰：《三松堂全集》第 1 卷，郑州：河南人民出版社，2001 年，第 236 页。
② 冯友兰：《三松堂全集》第 4 卷，郑州：河南人民出版社，2001 年，第 333 页。
③ 列文森：《儒教中国及其现代命运》，郑大华、任菁译，桂林：广西师范大学出版社，2009 年，第 50 页。

过去和当下，还代表了未来。走完这两步，当然不是仅仅"引入"西方文化，向西方列强投降，而是要"引导"西方进入由中国主导的更高的和更为合理的共在现代性中。这便给出了中国崛起之"理"。

有了"理"，中国崛起必定是可能的，这叫"理有固然"①。现代新儒家的重要使命，便是在其时其地，讲清楚这个"理"。不过理是无时空的永久东西，时间性的东西却是无限繁复的，因此最关紧要的是认识两者之间的裂隙，所谓可能的东西却不一定是现实的，或者说其实现是没有定准的，不知道究竟哪一天能够真正崛起，这叫"势无必至"②。这样，当下要讲清楚中国崛起，除了"理"，还必须谈及中国崛起的"势"。

势者，如转圆石于千仞之山，在时间和空间上是相互呼应的，人们可以把它理解为"位置"、"形势"或"情势"，也可以解释为一种强大的"权力"、"气势"、"趋势"或"潜能"等。中国崛起的"势"，可以在三个"三十年"中来看。

第一个三十年，从新中国成立至1978年前后。这一时期，新中国成立，推翻三座大山，为工业化建设清理出了场地；改造农业、手工业和资本主义工商业，实行计划经济，以有限资源推进大规模工业化建设；建立了相对独立、比较完整的工业化体系。其间，新中国与包括美国在内的西方国家建立了外交关系，经济贸易往来特别是对西方先进机器设备的引进等，对于新中国的工业化建设不无促进之功。这是正面成就。同时，"文化大革命"也是这个三十年内最重要的事情，它至少从反面指出，离开工业化等现代性的"圆石"，社会主义建设、共产主义理想等的实现将无"势"可依，遥遥无期。

第二个三十年，到2012年前后。这一时期，新中国在前三十年所积累的工业化基础和正反两方面经验教训的前提下，实行改革开放的总方针，要求发挥市场的作用，转向社会主义市场经济；要求转变经济发展方式，推进技术创新，走出一条新型工业化道路，大力发展生产力。这一时期，我国社会生产力、综合国力大幅提升，科技实力、国防实力显

---

① 冯友兰：《三松堂全集》第4卷，郑州：河南人民出版社，2001年，第123页。
② 冯友兰：《三松堂全集》第1卷，郑州：河南人民出版社，2001年，第215页。

著增强，工业化水平增长迅猛，国内生产总值超过日本，成为世界第二大经济体，人民生活实现了从温饱不足到全面小康的历史性跨越，经济建设、文化建设等都取得举世瞩目的巨大成就。

第三个三十年，到2040年前后。这三十年刚刚开始，但已经头角峥嵘。中国正在满怀自信，在一个跟西方根本不同的历史境域中迅速崛起，为实现中华民族伟大复兴的中国梦而奋斗。虽然现在给这个三十年定性还为时尚早，一些不确定的因素或可改变历史的走向，甚至出现历史的分水岭等，但从已经显现的东西中我们应该获得两个基本看法。首先，继续改革开放，学习西方先进的东西，使市场在资源配置中起决定性作用，提升工业化水平，大力发展生产力，迅速抵达西方现代文明的历史界限；其次，继续大力弘扬中国精神，重点强调中华优秀传统文化是中华民族的突出优势，中华民族伟大复兴需要以中华文化发展繁荣为条件。这意味着，如果正常发展，这三十年就处在一个由"赶"到"超"的历史性转折点上：中国实际地融入现代世界之中而成为推动其发展的因素，同时却又不可避免地成为使资本主义文明渐渐走向解体的因素，崛起的中国正以自身的独特性辩证地要求整个世界转入另一种新的社会类型。

这里所讲到的"势"，人尽可感，犹如潮水飓风，在天地之间无可抵挡，而可以被理解为"历史的必然选择"。但是，"势"仍然是"事"，只是中国崛起的"合理的内容"。如果不如"理"，则又是极其脆弱的，甚至是极其危险的。按照黑格尔的讲法，"它还需要被理解，并使本身已是合理的内容获得合理的形式，从而对自由思维说来显得有根有据。这种自由思维不死抱住现成的东西，不问这种现成的东西是得到国家或公意这类外部实证的权威的支持，或是得到内心情感的权威以及精神直接赞同的证言的支持都好"①。

唯有"理势合一"，中国崛起的"势"在中国崛起的"理"的包皮里"安家"，"合理的内容"因"合理的形式"而取得"普遍性和规定性"，那才是中国真正崛起、引领世界之时。冯友兰、牟宗三等现代新儒家所谈及的"理"，涉及中国崛起的"合理的形式"，但还只是初步的。

_____

① 黑格尔：《法哲学原理》，范扬、张企泰译，商务印书馆，1961年，第3页。

当下，讲清楚当代中国价值信仰之"理"，建设适应中国崛起新形势的"合理的形式"，特别是"作为一种义务和一种规律"的"法的形式"，已经为我们的历史实践所要求而成为迫在眉睫之事了。儒学研究者应该自觉而又郑重地将其提上议事日程，以之为自己思的任务和事业。

三　中华文化的里与面

讲清楚当代中国价值信仰之"理"，建设适应中国崛起新形势的"合理的形式"，离不开中华文化传统的复兴，特别是儒学复兴。

复兴儒学不是把玩博物馆里的老古董，更不是要吹起怀旧风或助长感伤癖，绝不是要求黄河长江倒流，而是要建立能够容纳现代工业，又足以制衡和转换资本文明已经暴露无遗的弊端的新的文明模式。这是一个以复古为创新的过程。在这里，时空交错，理势合一，儒学必须既是"里子"又是"面子"：一方面，从学术思想角度来看，就理和空间而言，学术支配政治，政治支配经济，中华文化传统巨大的"道德力"是社会生活的"里子"；另一方面，从社会发展的历史角度看，就势和时间而言，工业化以及与之相随的科学技术、市场经济、资本、功利主义、民主等才是强大的催化剂，是社会生活的"里子"，中华传统文化只能成其"面子"。

把中华文化传统作"里子"，主要防范文化激进主义，避免两种文化危机，或者说价值信仰危机。

一种是把中国近代以来积贫积弱的原因归罪于儒学，认为儒学不能富国强兵、救亡图存，中国必须全面丢弃儒学，投身他方，才可能进入现代性。其中又可以区分出两种思潮。第一种思潮，是刺激-反应式地站在现代性的立场上激进地反传统，要求打倒孔家店。第二种思潮，是把儒学限定在农业文明，认其为封建专制的意识形态。如果说前者主要导源于自由主义，那么后者则与教条主义的马克思主义有着千丝万缕的联系。当然，两者之间存在交叉，在"反传统"这一点上是高度一致的。这是梁漱溟、冯友兰、牟宗三等现代新儒家所面对的情况。毫无疑问，梁、冯、牟等现代新儒家已经在现代性的层面上认识到了儒学所遭遇到的这种文化危机，而且还给出了相应的中国文化的现代化方案。不过需要注意的是，由于当时工业化水平和危亡的特殊时期等原因，他们的主要成就显得侧重于"反反传统",而未能真正面对和完全展开"现代性"这一根本主题。

另一种危机是前一种危机在中国崛起之时的集中爆发。其观点是:现代新儒家"西方物质,中国精神"的策略性和情感性区分是站不住的;如果说西方的应用科学、工业化是"用",并且存在着与此"用"相联系的"体"的话,那么这个"体"就是西方对应的纯科学、哲学、文学和艺术等,而不能是任何"中国精神";西方现代性的弊端虽然已经暴露无遗,但其命运的转变却不可以借助任何中国精神来完成。于是便有了一个海德格尔式的"洋教条":"这个转变不能通过接受禅宗佛教或其他东方世界观来发生。思想的转变需要求助于欧洲传统及其革新。思想只有通过具有同一渊源和使命的思想来改变。"①

从发生学上来看,儒家确实与农业经济、皇权政治、家族社会等有着密切的关联,甚至可以说深深地扎根于中国传统社会;现代性、工业主义等确实也发源于西方,与西方的文化传统缠绕在一起。但是,不能把现代性仅仅还原为西方性,正如不能把儒学还原为反智主义、反资本主义、皇权专制主义等。这里的问题是,由于中国崛起之"势"和世界的"一体化",无论中国还是西方都势不可挡地进入了当下的"共在现代性"之中,其社会存在都发生着变化。就此存在而言,东方与西方都具有地域性,都是特殊性,都要求成为普遍性。这是一个新的地基,它提供了一份雍容,让仔细分梳儒学在现代世界作为人文关怀和伦理宗教的意义成为可能。

而把中华传统文化作"面子",则主要是为了应对文化保守主义。

非常有意味的是,在中国崛起之时,反而有很多儒学研究者要求用原汁原味的中国器物、中国制度、中国思想、中国特色等来引导中华民族的复兴。在他们看来,现代新儒家是西方的拉拉队,已经投降了;当下凡是要求现代文明的核心理念与中国文化传统的核心理念结合起来的,凡是主张"共在现代性"、要求建设容纳工业主义的儒家模式的,都犯了"道出于二"的错误,而只能加速儒学的式微。

---

① 海德格尔:《海德格尔选集》,孙周兴选编,上海:上海三联书店,1996 年,第 1313 页。

这种保守主义站在中国崛起的地基上，因中国崛起而欢呼雀跃，而豪情满怀，以为独独的中国、儒学就足以支撑起未来世界，但有意无意地回避了中国崛起的"势"。中国崛起本身是一个全新的事件，工业化以及随之而来的知识、技术、商业等，都是新事物，都对中国崛起有着重要的意义。这个"新中国"是以往的"中国"所不能容纳的。除此而外，保守主义至少还对以下两个事实视而不见。

一是西方与中华人民共和国政权的关系。西方列强的入侵，冲垮了旧有的文明秩序，为建立新的秩序提供了动力，中国革命顺势而为，成为历史的火车头，中国共产党随之居于了显要地位，领导中国人民展开了以"工业现代化"为首的"四个现代化"建设。[①]

二是西方与儒学复兴的关系。改革开放后，弘扬中国文化有西方的缘由。这时外国人要参观孔府、孔庙、孔林等，国家对于孔子的评价便不能不有相应的变化。于是庞朴在《历史研究》第8期发表了一篇题为《孔子思想的再评价》的文章，正面肯定了孔子。其实这年年初，"孔老二的反动思想"便已经在中学历史教材中被抹去了，代之而来的是"孔子的反动思想"。年底，中国共产党第十一届三中全会开过以后，"孔子的反动思想"又变为"孔子的思想"了。到了1979年，李泽厚等人也写了一系列文章正面肯定孔子，学界、民间风气随之一转。必须看到，虽然这种调整有其自身的逻辑，但对外开放无疑是巨大的推动力，否则风气转变没有这么快。[②]

把中华文化既作"里子"又作"面子"，防范激进主义、保守主义以及土的或洋的教条主义，是复兴儒学的开始。时间开始了，可以回答新文化运动对儒学的批判究竟哪些合理哪些不合理、儒学在现代社会中是否有意义等诸多问题了。

四　纵横交错的本源维度

中国崛起的现实前景是可以展望的。这是存在本身的历史性展开，是新的社会类型的自我开辟道路，人们的生产方式、生活方式及其相应

---

① 　列文森：《儒教中国及其现代命运》，郑大华、任菁译，桂林：广西师范大学出版社，2009年，第304页。

② 　陈来：《儒学复兴的运势》，《社会科学报》2012年第6期。

的态度观念都在变革中获得了重新铸造，因此以价值体系为中心的中国文化也就不可避免地需要新的形态。

开拓性地建设中国文化的新形态，这并不是当下才有的事情。中华民族在过去一百多年艰苦卓绝的现代化进程中，始终饱含热情，坚持不懈地建设和贯彻着新的中国精神，要求体现这一进程的世界历史意义。其中，有着马克思主义、自由主义、现代新儒家等的区分碰撞，但也不乏融会贯通。由于现代化的任务还没有完成，中国崛起的历史实践也才刚刚初步展开，先行的建设经验还是有待总结、整合和提高的，这反显出当下工作的重要性，反显出当代中国文化建设的"纵横交错"本源维度的重要性。

纵的方面，正如马克思和恩格斯所指出的那样，工业主义、商业主义能够"摧毁一切万里长城"。"生产的不断变革，一切社会状况不停的动荡，永远的不安定和变动，这就是资产阶级时代不同于过去一切时代的地方。一切固定的僵化的关系以及与之相适应的素被尊崇的观念和见解都被消除了，一切新形成的关系等不到固定下来就陈旧了。一切等级的和固定的东西都烟消云散了，一切神圣的东西都被亵渎了。人们终于不得不用冷静的眼光来看他们的生活地位、他们的相互关系。""正像它使乡村从属于城市一样，它使未开化的和半开化的国家从属于文明的国家，使农民的民族从属于资产阶级的民族英雄，使东方从属于西方。"①

横的方面，现代性并不能削掉一切民族的特殊性而使其千篇一律。同样是马克思，他明确而坚决地表示，所谓"一切民族，不管它们所处的历史环境如何，都注定要走这条道路，——以便最后都达到在保证社会劳动生产力极高度发展的同时又保证人类最全面的发展的这样一种经济形态"的历史哲学理论虚构了一种整齐划一，因而是不真实的，是对自己"过多的荣誉"和"过多的侮辱"。② 黑格尔也曾指出，齐一化世界的努力注定会失败，正如"拿破仑想要先验地给予西班牙人一种国

① 马克思、恩格斯：《共产党宣言》，《马克思恩格斯文集》第 2 卷，北京：人民出版社，2009 年，第 34–36 页；同时参阅《马克思恩格斯全集》第 4 卷，北京：人民出版社，1958 年，第 469、470 页。

② 马克思：《给"祖国纪事"杂志编辑部的信》，《马克思恩格斯全集》第 19 卷，北京：人民出版社，1963 年，第 130 页。

家制度，但事情搞得够糟的……拿破仑所给与西班牙人的国家制度，比他们以前所有的更为合乎理性，但是它毕竟显得对他们格格不入，结果碰了钉子而回头"①。而康德更是强调："历史也证明，没有一种建立在经书之上的信仰能够被根除，哪怕是通过最具有毁灭性的国家革命。"②

总而言之，既然现代性、中国文化构成了中国崛起的两个基本方面，那么当代中国文化建设就必须实现两者的"纵横交错"，真正给出一个"本质综合"。纵横交错不是泛泛地强调一方面这样另一方面那样，让两者平权并列；纵横交错也不是一般地讲讲对立统一或扬弃，说一些"存其所当存，去其所当去""吸收其所当吸收，不吸收其所不当吸收"之类的重复废话；纵横交错更不是为平衡而平衡，机会主义地在各方之间充当"乡愿"。毋宁说，纵横交错是要在中国崛起的这样一个"存在"基础上"生长"出"新中国文化"。

我们有理由相信，中国文化必将再度回归、引领世界。我们同时有理由相信，回归并引领世界的中国文化，必定远远超出一切既定的现成状态，它属于未来，是人类的创造。这里需要价值、知识与行动的统一，私奉潜修，甚至是"无功利"的生存，才是本质性的。孟子曰："原泉混混，不舍昼夜。盈科而后进，放乎四海，有本者如是。"（《孟子·离娄下》）其此之谓乎！

第三节　守与攻

一般而论，牟宗三政治哲学往往被归入保守主义的阵营，而与自由主义、马列主义相区分对待，或者直接与激进主义相区分对待。

众所周知，贴标签或喊口号在认识、实践中有其必然性，也非常有效，但有简单化的倾向。因此，我们无法避免贴标签或喊口号，却不能停留于贴标签或喊口号。

牟宗三之所以被贴上保守主义的标签，很大原因在于其国家观，即其

---

① 黑格尔：《法哲学原理》，范扬、张企泰译，北京：商务印书馆，1961年，第291页。

② 康德：《纯然理性界限内的宗教》，李秋零译，《康德著作全集》第6卷，北京：中国人民大学出版社，2008年，第108页。

对于王道理想、民主政治等的判法。按曼海姆（Karl Mannheim, 1893-1947）的讲法，保守主义在行为中的意见取向是自觉的，因此区别于大多只是刺激-反应性行为的传统主义。[①] 按方克立的看法，文化保守主义是包含着一整套路线、方针、政策和观念体系的意识形态。[②] 即是说，这里似乎涉及意识形态领导权之争。

但恰恰就在这里，贴标签已经不够用了。牟宗三既以传统心性的方式讲王道，是"保守的心性儒学"，又以民主政治架构的方式讲王道，是"激进的政治儒学"；既以中国的义理讲政治，是"中国政治"，又以西方的义理讲政治，是"西方政治"；既要求用王道理想来提升民主政治，是进攻型的；又要求以民主政治来奠基王道理想，是自守型的。人们往往把这两方面隔而论之，批评牟宗三提供的要么是夜郎自大、封闭僵化、文化沙文的"老路"，要么是受虐待狂、改旗易帜、文化殖民的"邪路"，而难以承认牟宗三走的是综合创新的中道之路。在两面夹击中，牟宗三的良知坎陷、内圣外王、两层存有等被理解为思辨味浓的、形而上的、非常笨拙的理论设计甚或巫术魔法等，而颇受人诟病。人们指责说，牟宗三遗忘了存在，特别是遗忘了中国存在。

不过，牟宗三受到两面夹击甚或三面夹击（包括来自所谓保守主义内部的批评），却也能够透露出某些信息：牟宗三的"良知坎陷"不正是"盈科而后进"，攻守兼备么？

一 政治浪漫主义

众所周知，牟宗三提倡道德的理想主义。在他看来，道德的理想主义是理性的理想主义，有别于浪漫主义的理想主义，前者"归于性情之正"，后者则"一任生命的奔放"。

牟宗三为什么要反对"一任生命的奔放"？这可以从三个角度去看。从生命本身说，生命是有强度的，气有强弱，而可以区分出凡人、英雄等。凡人自不必全善至美，易随情欲生命的气机鼓荡而堕落下坠随大流，

① 曼海姆：《保守主义》，李朝晖、牟建君译，南京：译林出版社，2002年，第60页。
② 方克立：《甲申之年的文化反思——评大陆新儒学"浮出水面"和保守主义"儒化"论》，《中山大学学报》（社会科学版）2005年第6期。

却难以兴风作浪。英雄则不然。"英雄是神性与魔鬼之间的东西，所以是神魔混杂的。在这里，让我们正视人间的悲剧。"① 他们靠个人强烈的生命、英雄的姿态、豁达的气度等来团聚力量，其生命的奔放往往不守规律，乱七八糟，而表现出很强的破坏性。从文化传统上说，中国人往往都是艺术性的主体，易理解美的自由，而为一"浪漫的人格型"②。列文森在此说中国人的"业余精神"。牟宗三在此说"母道"，说儒释道三家"共法"，但也批评说"软性的、下堕的放纵恣肆"③。从时代风潮看，当家国天下大变之时，问题丛生，而人们受以上两项因素的叠加影响，最容易以浪漫心态无困难地解决一切问题，遂生出浪漫虚无"无忌惮"的时代风气。"正开启了五四运动以来的打倒一切属于建设性的东西、正面的东西、否定一切耳目之官以外的东西、超越而普遍的东西；同时，亦正投了青年人的浪漫的幻想之机，把正面的、建构的、耳目之官以外的、足以安顿吾人之心身性命的普遍之理，都视为拘束吾人的桎梏或藩篱。"④

生命、文化传统与时代风潮三者相叠加，"盲爽发狂"的"大浪漫"⑤ 必生出政治浪漫主义。政治浪漫主义退无可守、进无所据，全凭气机鼓荡的盈与竭，牟宗三名之曰"无为政治""官僚政治""秀才政治"等，总之是英雄政治。牟宗三从历史周期率说起：

> 中国的历史可以说是一治一乱的循环史，是胡闹与疲倦的循环史。治的时候是无为的时候，而无为是疲倦；乱的时候是有为的时候，而有为是胡闹。未见胡闹与疲倦的循环史能作出什么结实的成绩来！⑥

---

① 牟宗三：《政道与治道》，《牟宗三先生全集》第 10 册，台北：联经出版事业股份有限公司，2003 年，第 86 页。

② 牟宗三：《历史哲学》，《牟宗三先生全集》第 9 册，台北：联经出版事业股份有限公司，2003 年，第 90 页。

③ 牟宗三：《历史哲学》，《牟宗三先生全集》第 9 册，台北：联经出版事业股份有限公司，2003 年，第 428 页。

④ 牟宗三：《道德的理想主义》，《牟宗三先生全集》第 9 册，台北：联经出版事业股份有限公司，2003 年，第 344 页。

⑤ 牟宗三：《道德的理想主义》，《牟宗三先生全集》第 9 册，台北：联经出版事业股份有限公司，2003 年，第 90 页。

⑥ 牟宗三：《中国政治家之两种典型》，《牟宗三先生全集》第 26 册，台北：联经出版事业股份有限公司，2003 年，第 843 页。

这里所谓"治"与"乱",其实无关乎政治治理,无所谓保守与激进,而不过是气的盈与竭的表现罢了。那些不事经济生产而专靠政治活动来吃饭的秀才、侠士,那些禀气丰厚的英雄人物,他们精力充沛、任气使才,在那里自己玩,老百姓却因此被裹挟成为棋子、道具:

> 搅天下是他们自己搅,打天下是他们自己打,治天下是他们自己治。他们自成一个世界,在那里胡闹疲倦,而步步影响百姓那个世界;但却从未替百姓作一点事。他们的表现是他们互相间的纵横捭阖,而不是用他的精力改造环境与创造环境。①

由于他们任气使才,这里面就有一种英雄情调,而或多或少表现出美的自由,显得随物赋形、挥洒自如,有如某种无思无为的"无为政治"。无为政治本也可以是很高的境界。子曰:"无为而治者,其舜也与?夫何为哉,恭己正南面而已矣。"(《论语·卫灵公》)这是无为政治。道家以"无为而无不为"的玄默深藏为终极,讲"道化的治道",也是无为政治。但任气使才者的无为政治却既无"道"又无"治",根本就没有一丝一毫精神性,圣贤也睁眼拿他没有办法:

> 须知这种无为政治,其实就不是政治,不过是胡闹而后与民休养的一种睡眠状态。睡醒了,又胡闹起来。无为主义者如能永远无为而治,相安无事,那才是圣贤手段,我也自是佩服;一般的却也只是疲倦而后又胡闹,兜那一治一乱的循环圈子,所谓圣贤白瞪眼没有办法。世上何需于这样的圣贤?圣贤政治固如是乎?②

一般说来,中国历史上"无为政治"的原因也就是上述生命、文化传统与时代风潮三者相叠加的"大浪漫"。牟宗三还进一步就政治言政治,由此区分出无为政治的双重根据:一是理论根据,二是心理根据。

---

① 牟宗三:《中国政治家之两种典型》,《牟宗三先生全集》第 26 册,台北:联经出版事业股份有限公司,2003 年,第 844 页。

② 牟宗三:《中国政治家之两种典型》,《牟宗三先生全集》第 26 册,台北:联经出版事业股份有限公司,2003 年,第 851-852 页。

理论根据即在"官僚政治"，或者说"官僚政治"必然有"官僚政治的腐败"：

> 官僚政治，每有兴作，起初必先骚扰一气，往往利未见而害先生。这是无为主义最足借口的地方。①

所谓"官僚政治的腐败"，就是指官僚政治本身成了目的，其他的一切反而都是手段。对于这种只顾自己玩而把老百姓甚至国家都裹挟当作棋子、道具的官僚政治，马克思也有形象而深刻的分析：

> 官僚机构认为它自己是国家的最终目的。既然官僚机构把自己的"形式的"目的变成了自己的内容，所以它就处处同"实在的"目的相冲突。因此，它不得不把形式的东西充作内容，而把内容充作形式的东西。国家的任务成了例行公事，或者例行公事成了国家的任务。官僚政治是一个谁也跳不出的圈子。……就单个的官僚来说，国家的目的变成了他的个人目的，变成了他升官发财、飞黄腾达的手段。②

在这里，牟宗三与马克思若合符节。马克思这里所谓官僚成为最终目的，国家的任务成了例行公事，也就是牟宗三所指出的英雄自身的使气挥洒无所顾忌。另外，马克思还强调："对于官僚来说，真正的科学是没有内容的，正如现实的生活是毫无生气的一样，因为他把这种虚假的知识和这种虚假的生活当做真正的本质。"③ 而牟宗三也指出，在无为政治之下，不可能专心做事，对研究事情本身兴趣没有办法持续下去，王安石、张居正之类的事功主义必定失败。④

---

① 牟宗三：《中国政治家之两种典型》，《牟宗三先生全集》第26册，台北：联经出版事业股份有限公司，2003年，第852页。
② 马克思：《黑格尔法哲学批判》，《马克思恩格斯全集》第1卷，北京：人民出版社，1956年，第301-302页。
③ 马克思：《黑格尔法哲学批判》，《马克思恩格斯全集》第1卷，北京：人民出版社，1956年，第303页。
④ 牟宗三：《中国政治家之两种典型》，《牟宗三先生全集》第26册，台北：联经出版事业股份有限公司，2003年，第845-849页。

心理根据则在"秀才政治"，即秀才们"直饱汉不知饿汉之饥，摆臭名士的架子而已"：

> 心理的根据便是闲情逸致，饮酒取乐。当疲倦之时，天下太平，饮酒观山，是多么洒脱！临流赋诗，是多么雅致！农夫耕地，汗滴下土，然他们以为日出而作，日入而息，是多么无忧无虑，他们过腻了都市生活，聊充田园诗人。用那生花之笔，粉饰寒伧世界。于是一般后起秀才，便熏陶这种习气，一代传一代，遂认无为而治为至乐之境。稍有作为，便认为俗流，便认为多事。于是裹足不前，无一人敢有作为，无一人愿有作为。无为主义胜利了！胡闹疲倦的循环造成了！八股的文化也出现了！①

这里面有中国文化传统的影响，但也有其一般性，用马克思的话说，官僚机制"是国家的唯灵论"。官僚机制因不把握国家的实在本质，总要装模作样、装神弄鬼地弄出另外的某种本质来，包括上述的那种田园至乐的"高雅"本质。总之，英雄政治一气化三清，而生出无为政治、官僚政治和秀才政治。三清复归于一气，中国历史一乱一治循环往复，被打天下的草莽英雄所占据。这期间，不能说乱的时候是激进而治的时候是保守，其乱其治，跟激进保守没有任何关系，跟理性没有任何关系，而唯是气聚气散的"气魄承当"。

二　洪福挛乳出清福

就政治哲学而言，康德是保守的，他要求永久和平，把共和国的强制力抬高到无以复加的至上地位，而不允许受到丝毫冲撞，因此也就不许人革命的权利。但康德又是激进的，他要求持续批判，把理性自由的和公开的检验当作通向敬重的唯一通道，而不允许任何事物不受批判，因此也就给每一个拥有普通而健全理性的人都配发了武器。而牟宗三以自由为性，因此在激进或保守两方面都要比康德有过之而无不及。如果

---

① 牟宗三：《中国政治家之两种典型》，《牟宗三先生全集》第 26 册，台北：联经出版事业股份有限公司，2003 年，第 852—853 页。

说前者的标准武器是"砍去自然神论头颅的大刀"，那么后者把刀口直接指向了那些现实政治的"神鬼人"。

牟宗三认为，"庸众、英雄、圣贤，这三者是通观人类政治历史之关节。还有一部分人，便是一般的知识分子，这也在历史上表演了一个起作用的角色"①。这其实是一种自我定位。牟宗三要求自己正视人间的悲剧，讲清楚复杂的历史过程中的激进或保守之所据，而非只能如传统那样治乱循环。这里的首要关节，便是对于革命的态度。

首先，牟宗三承认中国有悠久的"天地革而四时成，汤武革命，顺乎天而应乎人"传统，却同康德一样坚决保守和反革命。在他看来，与《礼记·礼运》"大道之行也，天下为公"观念结合起来，这种革命传统反成为"乱之源、私之源"，而生出"循环革命"的结果。②革命是不得已的，究不是什么好现象，但人们却似乎喜欢上了革命，"皇帝轮流做，明年到我家"，不断革命、循环革命，于是生出了"命命相革的循环史"这一严重的问题：

> 中国传统的命是应天而得政权的命，故革命的人也是革这种得政权的人的命，即是说，不让他有这种有政权的命。革命者所希冀的也是这种应天而得政权的命，即是以新天命代替旧天命。换言之，即是以新的拥有政权者代替旧的拥有政权者，以新人代替旧人。③

以新人代替旧人，就是新英雄推翻老英雄或老英雄的子孙们，自己坐上王位。天命、德性等，反而只成就了一种借口或遮盖物。这种命命相革的循环史的结果，便是有文化而无文明，文明发展遭遇到瓶颈。这也就是史华慈指出的"中国政治思想的深层结构"问题。牟宗三批评说，孟荀诸大儒以及后来儒者在此均有遗憾，"俱未能制度地正视之，积

① 牟宗三：《政道与治道》，《牟宗三先生全集》第10册，台北：联经出版事业股份有限公司，2003年，第86页。
② 牟宗三：《政道与治道》，《牟宗三先生全集》第10册，台北：联经出版事业股份有限公司，2003年，第148页。
③ 牟宗三：《政治家与革命家》，《牟宗三先生全集》第26册，台北：联经出版事业股份有限公司，2003年，第870页。

极地设法如何实现其公而祛除其私"①。

其次,牟宗三不许人革命的权利,若因此将其归入保守主义,那么就会错失很多东西。相较于孟荀诸大儒及后来的儒者,牟宗三反而可能是最为激进者。应该看到,牟宗三批评孟荀诸大儒及后来的儒者不能正视循环革命的严重后果,并非要超越历史限制,要古人为今人做好一切,而不过是责贤者备,借以反思今天儒者的任务而已。换言之,古人可以对循环革命没有办法,今人则不能仍旧没有办法。在这里,牟宗三的激进表现在,正如其彻底的唯心论一样,他要求一种彻底的革命,以彻底打碎循环革命存在的基石,实现永久和平。

牟宗三所不许人的那种革命权利,是大浪漫的革命权利,是打天下的草莽英雄的自我解放,因为这种解放除了一味顺着自然生命的冲动而胡闹与疲倦之外再无所据,所以革革相因,破坏力极大。"解放到家,再无可解,便要解到自己的生命,如是冲动自杀。浪漫到家,无处可浪,便要空洞绝望,如是痴呆疯瘫。"② 正如马克思区分了"人的解放"与"政治解放"的不同那样,牟宗三反对打天下的草莽英雄的"政治解放",革了又革,不断地革,结果却是毫无结果,正是为了要求以真正的现代化来实现"人的解放":

> 我们在此要把头抬起来,要肯定我们才是理想所在,才是进步,才是现代化,才是真革命,一革永革。③
> 我们不愿再见扬州十日、嘉定三屠和文字狱的杀戮,不愿再见隋炀帝、唐太宗、明燕王、清雍正那样的争攘,不愿再见王莽、曹丕、司马炎、朱温那样的篡夺,也不愿在今后的历史中常常闹"革命";我们愿见中华民族各宗族能和平而有秩序地共同生活在一个具有高度理性化制度化的政治体系中,我们愿见在国家政治中,政权的转移,各级政府负责人的继承,都有一个和平而理性的法律制度

---

① 牟宗三:《政道与治道》,《牟宗三先生全集》第 10 册,台北:联经出版事业股份有限公司,2003 年,第 149 页。

② 牟宗三:《大难后的反省——一个骨干,〈历史与文化〉代发刊词》,《牟宗三先生全集》第 26 册,台北:联经出版事业股份有限公司,2003 年,第 994 页。

③ 牟宗三:《时代与感受》,《牟宗三先生全集》第 23 册,台北:联经出版事业股份有限公司,2003 年,第 339 页。

来安排。这，就今天来说，非靠 constitutional democracy 出现不可。①

就"一革永革"的"真革命"来说，牟宗三无疑是激进的。现代化被理解为一种彻底的人性建设的革命，成为走出循环革命的唯一法门，成为中国文化的唯一出路。

最后，必须承认牟宗三既有激进的一面，又有保守的一面，甚至保守中嵌套着激进，激进中又透露着保守，不能持其激进的一面否认其保守的一面，也不能因其保守的一面而看不到其激进的一面。这种保守与激进混杂为一的现象其实导源于牟宗三的谈文化的双重原则：

> 我们要了解中国文化的问题，必从两方面着眼：一是从政治、经济的现实面看；一是从基本方向的理想面看。后者，即近代所谓"终极关心"的问题；对应于此，前者，我们也可姑称之为"现实关心"的问题，或现实性的问题。②

一般而论，人们多重视牟宗三"终极关心"的一面，"从基本方向的理想面看"良知坎陷、内圣开出外王、道德的形上学等概念，把牟宗三理解为自上而下的文化保守主义。应该承认，牟宗三确有这种面相。其彻底的唯心论坚决否定了对马克思主义流俗化、化约化的经济决定论，而抬高文化，把"中国"理解为一个"文化单位"，把"文化"理解为"国家与政治之道体的根源性"或"神性"的"根源"，理解为"自上而下、自内而外、一直贯下的那个大骨干"，从而要求"从文化大统一直贯至国家政治"。③ 这样，文化就是最后的"动原"④，文化自觉就是最后的"觉悟"：

---

① 牟宗三：《时代与感受》，《牟宗三先生全集》第 23 册，台北：联经出版事业股份有限公司，2003 年，第 410–411 页。

② 牟宗三：《时代与感受》，《牟宗三先生全集》第 23 册，台北：联经出版事业股份有限公司，2003 年，第 393 页。

③ 牟宗三：《大难后的反省——一个骨干，〈历史与文化〉代发刊词》，《牟宗三先生全集》第 26 册，台北：联经出版事业股份有限公司，2003 年，第 981–989 页。

④ 牟宗三：《时代与感受》，《牟宗三先生全集》第 23 册，台北：联经出版事业股份有限公司，2003 年，第 419 页。

　　国家的真实建立与政治的自觉之向上必靠着全民族的自我觉醒。在历史的发展过程中，全民族的自我觉醒亦是一个发展的历程。觉醒的程度低，觉醒的分子少（不周遍），国家的形式亦随之而微，而政治的功能亦不易表现，亦易堕落而黑暗。越低越少就愈微而越黑暗。越高越多就越著而越开明。及至全民族的全幅觉悟，国家即通过理性而建立，政治即通过自觉而向上。是以国家之真实建立，必靠着宪法基础的政治形式之建立；而有宪法基础的政治形式之建立，必靠着全民族的觉悟。而且这个觉悟便是对于该民族的道统即文化大统之共许的觉悟，即在一个大前提下的觉悟方是该民族的真实觉悟。只有在此觉悟下，有宪法基础的政治形式始建立，而政治上轨道，国家得统一，而同时国家亦得其真实的建立。[①]

　　这似乎轻易就可以归结为"文化救国论"。但是，如果只抓住这个"觉悟"和"动原"，就批评牟宗三"藉思想文化以解决问题"，是赤裸裸的和无可救药的文化保守主义者，那么牟宗三必不能接受。正如陈独秀称"伦理的觉悟，为吾人最后觉悟之最后觉悟"，但不可因此视其为文化救国论者。[②] 牟宗三并非一味只重视解释世界，并非一味只强调对世界的文化理解，他明白必须同时再造世界，或者说理解世界就是为了改变世界。牟宗三指出这里存在着一个循环往复的圆舞，对文化进行了一种存在论的阐释，即，文化不过是人类利用厚生的成绩，反过来人类又可以用它来利用厚生：

　　　　改变世界是我们的精力之凝固于物质，物质人工化，物质变了样。这种物质变形便是人间的文化，便是环境的创造与改造的成绩。这种成绩是可以利用厚生的。政治是由社会关系中孳乳出来的。社

---

① 牟宗三：《大难后的反省——一个骨干，〈历史与文化〉代发刊词》，《牟宗三先生全集》第26册，台北：联经出版事业股份有限公司，2003年，第983页。
② 陈独秀：《吾人最后之觉悟》，2016年2月15日《青年杂志》1卷6号。陈独秀恰恰是说，儒家伦理与中国的现代化势不两立，因而要实现中国的现代化，则绝不可持调和的态度，而必须彻底废除儒家伦理。众所周知，陈独秀的中心与重心，显然不在保守中国文化。

会关系是人们组织起来而从事经济生产、制裁环境的结果；政治便是助长这种关系，调剂这种关系，扶持这种关系的机构作用。这种机构作用是补个人所不能为的缺陷的。①

由此"孳乳"，牟宗三就不再由文化的"动原"出发来要求人们"觉悟"，反而恰恰是追问文化何由来，要"再造文化"，要为文化"建设物质基础"：

> 所谓再造文化即是去充实享清福背后的物质基础。有了这个物质基础，享清福便变而为享洪福。由洪福里边再孳乳出清福来，岂不更好？②

"这个物质基础"显然不是道德文化、宗教人文，而只能是经验性的经济建设、制度安排。由"洪福"而"清福"，就是由"物质"而"精神"、由"有为政治"而"无为政治"。牟宗三甚至讽刺挖苦说，正是由于缺乏足够的"物质基础"，"中国人讲的道德最高，然而其行为最不道德。原来最不道德的人最善于讲道德呵！"牟宗三强调，"我承认中国的文化是精神的，其意也即是指此"，而特别反感那些因这"精神"而来的"专靠政治活动来吃饭，不靠经验生产来过活"政治神人。③ 由此，牟宗三进一步强调，"道德宗教不是管束国君的正当方式"，"政治人格，只能用政治的标准来要求"，而要求改变传统的人治模式，代之以制度建设，建立起公共的制度基础和法律典型。④ 由此，牟宗三总结出一条经验性原则和一条必然的道路：

① 牟宗三：《中国政治家之两种典型》，《牟宗三先生全集》第26册，台北：联经出版事业股份有限公司，2003年，第844-845页。
② 牟宗三：《中国政治家之两种典型》，《牟宗三先生全集》第26册，台北：联经出版事业股份有限公司，2003年，第853页。
③ 牟宗三：《中国政治家之两种典型》，《牟宗三先生全集》第26册，台北：联经出版事业股份有限公司，2003年，第855、842、843页。
④ 牟宗三：《时代与感受》，《牟宗三先生全集》第23册，台北：联经出版事业股份有限公司，2003年，第403-404页。

一切现实问题的解决，都要靠经验：凡经验都要因时、因地而制其宜，要随时加以修正改革，不能绝对化，一绝对化便会造成灾害。

一方面经济现代化一定要以某种程度的政治现代化为基础；一方面一旦经济现代化必然要逼出更高程度的宪法民主型态的政治现代化。

从历史的发展来看代表中国文化实质面的经济、政治现代化是一条必然要走、非走不可的路。①

如果说，由文化"动原"自上而下地向政治、经济的"下贯"是文化保守主义的话，那么这里显然是由经济这一"物质基础"自下而上地向政治、文化"升迁"的文化激进主义。可以说，牟宗三是在文化保守主义的旗帜下行文化激进主义之实，或者说是以文化激进主义来"孳乳"出文化保守主义。文化保守主义的旗帜意味着一种进攻，要求文化对一切政治现象、经济现象发表意见，评价其是非得失，标明其道德水准。文化激进主义的"孳乳"则表明战争的防守态势，要求以经济现代化、政治现代化的经验性事实来夯实文化的物质基础，标明文化的存在论根基。前者是暴力下贯的"中体西用"，可归入"孟子派"；后者是柔顺上升的"西体中用"，可归入"荀子派"。两相结合，"民族的气质是可变的"②，而有中华民族的民族复兴、文化复兴，中华民族就可以摆脱反复受折腾的命运，而可以享清福了。

---

① 牟宗三：《时代与感受》，《牟宗三先生全集》第 23 册，台北：联经出版事业股份有限公司，2003 年，第 415、417、418 页。
② 牟宗三：《大难后的反省——一个骨干，〈历史与文化〉代发刊词》，《牟宗三先生全集》第 26 册，台北：联经出版事业股份有限公司，2003 年，第 979 页。

第八章　牟宗三政治哲学的周围世界

　　问：若极端主张个人自由，莫亦有弊否？先生曰：且如汝一身五官百体，哪可有一部分失掉他的作用？社会元来是复杂的，是千差万别的，不是单纯的。各个人任他底意志和思想技能自由的充分发展，即是各方面都无欠缺，成功一个发育完全的社会，如何不好？又曰：如果抹杀了个人的自由，则社会里之各分子，其最大多数变成机件，将由一部分特殊势力崛起而摆弄之。刍狗万物，莫此为甚。又曰：社会每为暴力劫持之，以鞿鞯个人，使个人敢怒而不敢言，是极悲惨事。

——熊十力《尊闻录》

　　民主政治为今日中国惟一所需，此毋烦论，盖惟有民主政治，既为世界潮流所归趋，抑亦中国传统政治最高理论与终极目标之所依向，故亦惟有民主政治，始可适应现势，符合国情。

——钱穆《政学私言》

　　本章所谓"周围世界"，是要在前后左右的简要对比中展示牟宗三政治哲学所传达的一些"共性"。这里的"前后左右"，既包括熊十力、钱穆等人的相关文献，也有王阳明的心学传统、海德格尔的基础存在论等。

　　在前面的章节中，我们对"什么是政治哲学"等"前提性问题"的讨论似乎是缺乏的，仿佛早就已经确切地"知道"了"牟宗三政治哲学"究竟何所指。但这并非意味着某种"独断论"，也不是为了要表达一种"非本质主义"的思维方式。如果说某种独断论在现代科学、现代工业文明等的裹挟下非常高调地宣示了"知性的傲慢"，那么它就一定是"本质主义"的；与此相应，"非本质主义"就是要向那种"如数学般精确"的世界景象说"不"，以强调世界是差异的复杂的多样化的世界。如果说"非本质主义"能够帮助我们走出"原教旨主义"的"儒家政治哲学"或"西方政治哲学"等，那么它是很难被反对的；但过此以往，要求获得一种无分古今中西的具有"普遍性"或"同一性"的"政治哲学"的希望仍然有其特别的合理性。因为政治是众人的事业，"政治哲学"比起其他"哲学"更需要直面"普遍性"与"同一性"。正是因为政治哲学的普遍性与特殊性之间，或者说"本质主义的政治哲学"与"非本质主义的政治哲学"之间的张力性平衡（牟宗三所强调的"真实具体的普遍性"）很难被"理论"先行确定下来，这里没有采取"演绎"的方式，而是试图通过"牟宗三政治哲学批判"这一"例证性的研究"来显现或"归纳"出"儒家政治哲学"的某些讯息。①

第一则讯息，文本中的儒家政治哲学并不等同于生活中的儒家政治哲学。文本中的儒家政治哲学是"辩示"出来的东西，是说给人听的"理想面"的东西，它能不能引发行动？

按照一般的理解，儒学务求自得而后又必致家国天下，因此自然而然地区别于一切思辨哲学或单纯理论，其核心便是"政治哲学"。例如周桂钿就认为，从孔夫子到康有为，"儒家思想以政治哲学为核心"②。而萨孟武甚至强调，不仅仅是儒家，"先秦思想虽然主张不同，而均是政治思想"③。应该说，这已经成了一个共识。至于其中的缘由，则可以从不同的角度给出解释。从历史运会看，是因为"儒者之统，与帝王之统并行于天下，而互为兴替"④，因而儒学必至"为帝王师"，借助或规训其势力，才能有所成，否则便是政统绝而道统孤，天下陷于衰悲。从目标定位看，是因为儒家总怀有治国平天下的目标梦想，"儒学的具体成就主要在于它提供了一个较为稳定的政治和社会秩序"⑤。从途径通道看，是因为《春秋》可以决狱，"夫政治社会一切公私行动莫不与法典相关，而法典为儒家学说之实现。故二千年来华夏民族所受儒家学说之影响，

---

① "先行"的作为"典范"的理论的缺乏是社会快速变动及观念随之"斗转星移"的一个后果，即便不为之热烈欢呼，但也无须太过忧心忡忡。相关讨论可参见宋宽锋《先秦政治哲学史论》，北京：中国社会科学出版社，2019年，"导论：中国政治哲学史研究的范式建构问题"。

② 周桂钿主编《中国传统政治哲学》，石家庄：河北人民出版社，2007年，第19页。

③ 萨孟武：《中国政治思想史》，北京：东方出版社，2008年，第10页。

④ 王夫之：《读通鉴论》，北京：中华书局，1996年，第429、156页。

⑤ 余英时：《现代儒学的回顾与展望》，北京：生活·读书·新知三联书店，2004年，第132页。

最深最巨者，实在制度法律、公私生活之方面"①。

照此说来，文本中的儒家政治哲学似乎就与生活中的儒家政治哲学同一了。不过，如果把上述"辩示"出来给别人听的东西能不能引发行动的问题换个问法，追问"知识"（"解释世界"）能否成为"实践"（"改变世界"）的"通道"时，那么情况也就有了不同。从传统来看，恰恰由于文本中的儒家政治哲学与生活中的儒家政治哲学的那种同一，文本中的儒家政治哲学便更多表现为一种政治神学，或者说"封建意识形态"②，而非政治科学，它"学随术变"，并不以追求知识、客观良序等为目的。在这种情况下，就政治哲学的"辩之"而言，即便有知性的追寻和客观的建构等，也是被防范和禁止的对象，能够"藏之名山"，已经很是幸运了。换言之，传统社会从知识到实践、从解释世界到改变世界之间的通道常常是被堵塞的，政治哲学的"辩示"与政治生活的"怀之"之间往往是"两张皮"，甚至是阴阳两套、阳奉阴违。这个时候，就政治生活的"怀之"而言，各种不好的现象便出来了，犹如《皇帝的新衣》所揭示的那样，大家都知道哪里出了问题，都知道应该如何、将来会如何，等等，不过由于这个"知道"已经超出了"知识"而进入了"实践"，"大人们"便"吾不言"，只有不懂世事的"小孩子"才会偶尔不合时宜地叫喊两声。

若抛开"辩示"与"怀之"间阴阳两套、阳奉阴违的历史必然性，假定二者之间的通道是存在和畅通的，则何如？于是便有了第二则讯息："理想面"必通"现实面"，传统儒家政治哲学视国家与心性浑然为一体。

如若一个现代人读《孟子》，通篇的疑问会是：心性论与观念论怎么会成为政治哲学的主题？一种所谓本心、本性、内在的德性或仁等，

---

① 陈寅恪：《金明馆丛稿二编》，上海：上海古籍出版社，1980 年，第 251 页。

② 其中的一种代表性观点，强调中国的政治思想就是"君主专制主义的思想和理论"。"中国古代社会有一个极为重要的特点，即'行政权力支配社会。'（马克思语）这种现实反映到人们的意识中，便把行政权力看得高于一切，看成一切的归宿。因此，在意识形态中，政治思想占有特别重要的地位，以致可以这样说，它是古代整个思想意识形态中的核心部分。哲学的、经济的、教育的、伦理的等等思想，不仅离不开政治，而且通过各种不同的道路最后几乎都归结为政治。"参见刘泽华《中国传统政治思想反思》，北京：生活·读书·新知三联书店，1987 年，前言第 1 页。

怎么能够转化为治国的道理和规则呢？以心性来"规范"或"指导"国家如何可能呢？尽管在目前的认识状况下，政治哲学究竟要讨论哪些问题，这仍然是需要展开讨论的；尽管一种政治哲学能否引生"好"的政治行动，这更是需要仔细加以研判的；但这种国家与心性浑然为一体的政治哲学传统却已经是"事实"而无法否认了。换言之，尽管政治哲学传统的现代转化是重中之重，尽管如何与政治科学并行不悖是关键问题，但就历史而言，"至少如下一些问题，都可以算为政治哲学。如天人关系，人性论，中庸、中和思想，势不两立说，物极必反说，理、必、数、道等必然性理论，历史观，圣贤观等等。这些问题与政治思想有极为密切的关系，其中一些问题是政治思想的理论基础。许多思想家把这些问题与政治理论、政策等交融在一起"①。

把这种国家与心性的浑然为一体判为"伦理道德政治化"、"政治浪漫主义"或"泛道德主义"等，是一种简捷有效的方式，但可能因此丢失掉一些重要的东西。就牟宗三政治哲学而言，正是"文本中的儒家政治哲学并不等同于生活中的儒家政治哲学"与"国家与心性的浑然为一体"这两者的"同时成立"，才让牟宗三非常"纠结"。缺少两者中的任何一方，牟宗三都将不能成为牟宗三。比如，在政治哲学的范式方面，牟宗三一方面坚持"中西文化比较模式"，仿佛是"沉默"的"全盘西化"论者，另一方面却固守"先验哲学框架"，言说着"道德必然性"而为"儒家文化本位"论者，两者之间的"相互转换和循环互证"似乎已经成为其致命的"理论缺陷"。再比如，牟宗三《政道与治道》似乎存在"双重的悖论"，一方面相信"惟民主政治中有政道可言"，根底上是以民主政治的实践和理论为参照来分析和检讨中国传统政治和政治哲学的，另一方面却又强调那个无政道的中国治道有着无比的好处，不但"当更易实现，且反而使自由民主更为充实而美丽"。

如果说牟宗三的"怀之"是在"中西文化比较模式"中"否定"儒家传统政治哲学，牟宗三的"辩之"是于"先验哲学框架"中"坚守"儒家传统政治哲学，前者是"非本质主义"的"开放"活动，通过时空

---

① 刘泽华、葛荃主编《中国古代政治思想史》，天津：南开大学出版社，2001 年，导言第 2 页。

中的人人"自下而上"的实践来确定生活第一，甚至吃饭第一，后者是"本质主义"的"概念"活动，通过超时空的"自上而下"的话语来建立现代意义的"人禽之辨"，那么牟宗三政治哲学的意义恰恰就是"量论"，即通过"辨识""辩示"来引导人们实际地走向更加充实而美丽的民主政治，"导他们于至好至美的孔子路上来"。这便是牟宗三"原初的哲学思考"吧。

应该看到，并非只有牟宗三才具有这种"原初的哲学思考"。毋宁说，古今之辨是当代中国学人共同背负的沉重十字架。对比众人对于同一问题的不同分析和讨论，是一件非常有意思的事情，能够避免给予牟宗三"过多的荣誉"或"过多的侮辱"。不过由于论题的限制，这里无法过多展开讨论。本章的任务，是通过一些简要的专题性对比探讨，对牟宗三政治哲学的"周围世界"有个简要的"领悟"。

第一节 牟宗三与钱穆争董仲舒

钱穆拒绝在《为中国文化敬告世界人士宣言》上签名的事件，经余英时《钱穆与新儒家》一文的分析，被特别理解为钱穆对"教主"牟宗三"良知的傲慢"的批评。在此之前，徐复观曾以"良知的迷惘"批评"钱穆先生的史学"。"良知的迷惘"与"良知的傲慢"让钱、牟异同问题变得尖锐起来。钱穆与牟宗三有很多共同点，两人的一生都以阐发中国文化的现代意义自任，都对中国文化传统的生命力抱有无比坚定的信心，因此他们的分歧也就只能是对中国文化的理解上的分歧，是中国文化究竟如何现代化的分歧。

在这里，知识与信仰混融在了一起，中国文化与中国政治交互影响，如何理解中国政治传统成了关键问题。董仲舒"大一统"成为必然的焦点。"《春秋》大一统者，天地之常经，古今之通谊也。今师异道，人异论，百家殊方，指意不同，是以上亡以持一统；法制数变，下不知所守。臣愚以为诸不在六艺之科孔子之术者，皆绝其道，勿使并进。邪辟之说灭息，然后统纪可一而法度可明，民知所从矣。"（《汉书·董仲舒传》）本节主要讨论：钱穆与牟宗三如何理解董仲舒的这段话？在同具"温情与敬意"的前提下，两人争执的关节点何在？以述为作，董仲舒"大一统"对于中国政治哲学究竟有何意义？

简言之，董仲舒"大一统"的理想被钱穆、牟宗三解读为"以学术指导政治，以政治指导经济"的境界而加以充分肯定。两人围绕"大一统"究竟属民主还是属专制的争执，背后有儒道之辨，即钱穆新道家"由天达人""由自然推论人生""由自然界以发挥天人合一"道路，与牟宗三新儒家"由人达天""由人生推论自然""由人文界以发挥天人合一"道路的不同。双方都可以指责对方专制、傲慢，因为两人毕竟都高度肯定了"大一统"，都认此"普遍性"是"天经地义"的，但此普遍性既可以被看作文化理想、社会理想，也很容易被联想为在污染纯学术，自觉为统治者张目。如此，董仲舒"大一统"对于中国政治哲学的意义，端赖今天的复古更化，以真正解决传统"重视普遍性但对个体性无法兼顾"的问题。

一 学术指导政治

关于中国传统政治，钱穆有一个"中国传统政治是民主政体"的总体判断：

> 中国传统政治，既非贵族政治，又非君主专制，则必为一种民主政体矣。……中国传统政制，虽有一王室，有一最高元首为全国所拥戴，然政府则本由民众组成，自宰相以下，大小百官，本皆来自田间，既非王室宗亲，亦非特殊之贵族或军人阶级。政府既许民众参加，并由民众组织，则政府与民众固已融为一体，政府之意见即为民众之意见，更不必别有一代表民意之监督机关，此之谓"政民一体"，以政府与民众，理论上早属一体。故知中国传统政治，未尝无民权，而此种民权，则可谓之"直接民权"，以其直接操行政之权。[①]（1945 年）

---

① 钱穆：《政学私言》，《钱宾四先生全集》第 40 册，台北：联经出版事业股份有限公司，1998 年，第 6—7 页。

在钱穆看来，这里有中国的"国情"①。它约之有二。一是由封建而跻广土众民的大一统政府。"中国文化演进，别有其自身之途辙，其政治组织乃受一种相应于中国之天然地理环境的学术思想之指导，而早走上和平的大一统之境界。此种和平的大一统，使中国民族得以继续为合理的文化生活之递嬗。"② 二是经考试和铨选产生的士人政府、文治政府。"'考试'与'铨选'，遂为维持中国历代政府纲纪之两大骨干。全国政事付之官吏，而官吏之选拔与任用，则一惟礼部之考试与吏部之铨选是问。此二者，皆有客观之法规，为公开的准绳，有皇帝（王室代表）所不能摇，宰相（政府首领）所不能动者。若于此等政制后而推寻其意义，此即《礼运》所谓'天下为公，选贤与能'之旨。"③（1939年）

为什么会有这种"国情"？

约略虚说，是因为"秦、汉大一统政府之创建"这一开辟国史的"奇迹"④。钱穆在此区分了武力的大一统政府与和平的大一统政府："秦始皇雄才大略，长驾远驭，开始混一寰宇，为中国开创大一统的新局面。其在中国史上不朽之伟业，既已历古不磨。……为中国首创一统之局者为秦始皇，为中国确立文治政府之制度者为汉武帝。"⑤

具体实说，则不能不特别言及董仲舒：

> 及汉武听董仲舒议，罢黜百家，专立《五经》博士，于是博士性质，大见澄清；乃始于方技神怪旁门杂流中解放，而纯化为专治历史与政治之学者，（所谓"通经致用"，即是会通古代历史知识，在现实政治下应用）又同时兼负国家教育之责。而博士弟子，遂为入仕惟一正途。于是学术不仅从"宗教"势力下脱离，并复于"政

① 钱穆：《国史大纲》（上），《钱宾四先生全集》第27册，台北：联经出版事业股份有限公司，1998年，引论第38页。
② 钱穆：《国史大纲》（上），《钱宾四先生全集》第27册，台北：联经出版事业股份有限公司，1998年，引论第43页。
③ 钱穆：《国史大纲》（上），《钱宾四先生全集》第27册，台北：联经出版事业股份有限公司，1998年，引论第37页。
④ 钱穆：《国史大纲》（上），《钱宾四先生全集》第27册，台北：联经出版事业股份有限公司，1998年，引论第36页。
⑤ 钱穆：《政学私言》，《钱宾四先生全集》第40册，台北：联经出版事业股份有限公司，1998年，第263-264页。

治"势力下独立。自此以往，学术地位，常超然于政治势力之外，而享有其自由，亦复常尽其指导政治之责任。①

钱穆强调："此时最重要的人物是董仲舒。"②"此下两千年中国之为中国，仲舒当时之对策有大影响大作用。"③ 钱穆甚至把这种学术自由命名为"孔子、董仲舒一脉相传之文治思想"④。此外，钱穆还就汉武一代的盐铁官卖等制度，强调这种学术自由必然经政治一直下贯到经济。这种意义的"学术指导政治"成为钱穆理解董仲舒和国史的通义：

> 此等处可见学术指导政治，政治转移社会。当时中国史，实自向一种理想而演进。⑤（1939 年）
>
> "学治"之精义，在能以学术指导政治，运用政治，以达学术之所薪向。为求跻此，故学术必先独立于政治之外，不受政治之干预与支配。学术有自由，而后政治有向导。学术者，乃政治之灵魂而非其工具，惟其如此，乃有当于学治之精义。⑥（1945 年）
>
> 中国传统的士人政府，乃使政府成为一士人集团，学术与政治并无严格划分，而政治常受学术领导。⑦（1974 年）
>
> 中国文化一大特色，即学术必求能领导政治，而政治必求能追随学术。⑧（1977 年）

---

① 钱穆：《国史大纲》（上），《钱宾四先生全集》第 27 册，台北：联经出版事业股份有限公司，1998 年，引论第 40 页。
② 钱穆：《国史大纲》（上），《钱宾四先生全集》第 27 册，台北：联经出版事业股份有限公司，1998 年，第 161 页。
③ 钱穆：《国史新论》，《钱宾四先生全集》第 30 册，台北：联经出版事业股份有限公司，1998 年，第 206 页。
④ 钱穆：《国史大纲》（上），《钱宾四先生全集》第 27 册，台北：联经出版事业股份有限公司，1998 年，引论第 41 页。
⑤ 钱穆：《国史大纲》（上），《钱宾四先生全集》第 27 册，台北：联经出版事业股份有限公司，1998 年，第 164 页。
⑥ 钱穆：《政学私言》，《钱宾四先生全集》第 40 册，台北：联经出版事业股份有限公司，1998 年，第 88 页。
⑦ 钱穆：《国史新论》，《钱宾四先生全集》第 30 册，台北：联经出版事业股份有限公司，1998 年，第 143 页。
⑧ 钱穆：《中国学术思想史论丛》（9），《钱宾四先生全集》第 23 册，台北：联经出版事业股份有限公司，1998 年，第 60 页。

钱穆当然知道自己的这种"学术指导政治"的国史观必"召笑而招骂"。但他自信自负,用心所在,不出"周虽旧邦,其命维新",而欲在对历史事实的理解中确立新的历史方向。"当知古今中外,绝无一种十全十美有利无病之政制,惟其如此,故任何一种政制,皆有赖于当时人之努力改进。亦惟其如此,故任何一国家,苟非万不获已,亦绝无将其已往传统政制,一笔抹杀,一刀斩割,而专向外邦他国模拟抄袭,而谓可使其新政制得以达于深根宁极长治久安之理。为此想者,盖非愚即惰。"① 钱穆所特重者,一在自本自根的历史发展观的发现,即所谓"治国史之第一任务,在能于国家民族之内部自身,求得其独特精神之所在"②,一在以一元、大一统来理解学术特别是国家元首,即所谓"一国之政制,贵能不断改进,尤贵能长治久安,抑且长治久安者,亦即求能不断改进之先决条件。一国之有元首,乃为一国政治组织之中心,乃全国民众拥戴之最高象征,乃为各方向心凝结之萃集点。故一国之元首,必使极其尊崇,而又厝之安稳不摇之地位,此又为要求政局安定之惟一先决条件"③。

钱穆对牟宗三的影响是直接而持续的。1955 年,牟宗三出版了《历史哲学》一书。在其"自序"中,牟宗三强调自己的目标是"述"华族历史的"大事"而"窥"华族历史的"大体","即此大事之叙述,多本于钱穆先生之《国史大纲》"④。其第四部第二章"仲舒对策,汉武更化",几乎引用了《国史大纲》第八章"统一政府文治之演进"第五节"汉武一朝之复古更化"的全部,并承之强调两点。

一是说董仲舒"学术指导政治,政治转移社会"的这种"一元""大一统"彻底以"理性"为本,"此理性必彻上彻下,上通于天,而为超越之理性,方能充其极,透得出,而为政教之本。其贯而下之,成为

---

① 钱穆:《政学私言》,《钱宾四先生全集》第 40 册,台北:联经出版事业股份有限公司,1998 年,第 12 页。

② 钱穆:《国史大纲》(上),《钱宾四先生全集》第 27 册,台北:联经出版事业股份有限公司,1998 年,引论第 32 页。

③ 钱穆:《政学私言》,《钱宾四先生全集》第 40 册,台北:联经出版事业股份有限公司,1998 年,第 37 页。

④ 牟宗三:《历史哲学》,《牟宗三先生全集》第 9 册,台北:联经出版事业股份有限公司,2003 年,自序第 19 页。

政、教合一"①。二是辨董仲舒推明孔氏抑黜百家，与李斯倡议焚书以法
为教以吏为师的专制愚民不同，亦不悖于思想自由，而乃是"吾华族之
民族生命、文化生命之贯通的发展之结晶"，"乃国家居于综和立场公共
观点而为民族立一自肯也"。② 牟宗三强调，这种"学术指导政治，政治
转移社会"的"一元"和"大一统"是国教，是常道，是文统，是最高
的普遍性，不惟不碍于自由的实现，反而是维持自由的条件，有凝聚中
华民族而防其坠失的意义和作用。"汉后，二千年之历史，有形无形间，
无不以儒家所承接之文化系统为国教，其为国教也，亦非有若何明文之
规定，此乃自然为经世之常道，不可移也。此决无碍于思想之自由。而
在此文统下之社会亦无所谓自由不自由。此文化系统之束缚性与教条性
盖甚少。"③

这种观念一旦形成，便成为牟宗三的不易之论、晚年定论，与其其
他理论，如儒学的三期说、三统说、内圣开出新外王说、返本开新说、
良知坎陷说、两层存有论、智的直觉说、圆善论等，直接嵌套在一起。
牟宗三后来也曾反复提及此义：

儒家学术的第一阶段，是由先秦儒家开始的，发展到东汉末年。
两汉的经学是继承先秦儒家的学术而往前进的表现，而且在两汉四
百年中，经学尽了它的责任，尽了它那个时代的使命。从汉武帝复古
更化说起，建造汉代大帝国的一般趋势，大体是"以学术指导政治，
以政治指导经济"，经学处于其中，发挥了它的作用。④（1979 年）

汉武帝的"复古更化"在当时那个时代中是尽了他的时代使
命。以后，汉朝大帝国大体上就是照着他所开的这个道路、方向往
前进。这个道路大体就是以学术支配政治，以政治支配经济。所以

① 牟宗三：《历史哲学》，《牟宗三先生全集》第 9 册，台北：联经出版事业股份有限公
　　司，2003 年，第 308 页。
② 牟宗三：《历史哲学》，《牟宗三先生全集》第 9 册，台北：联经出版事业股份有限公
　　司，2003 年，第 311 页。
③ 牟宗三：《历史哲学》，《牟宗三先生全集》第 9 册，台北：联经出版事业股份有限公
　　司，2003 年，第 312 页。
④ 牟宗三：《时代与感受》，《牟宗三先生全集》第 23 册，台北：联经出版事业股份有限
　　公司，2003 年，第 326 页。

它这个大帝国能够维持四百年，那并不是偶然的。以学术支配政治，就是他的政治措施背后有一个理想在指引，再拿政治的措施支配经济。依现代的名词来说就是国家社会主义，不是纯粹的放任自由经济，也不是凡事皆由政府控制的计划经济。这就是汉武帝、董仲舒当时所谓的文化运动，从文化运动开一个决定那个时代前进的方向。① （1981 年）

二　专制与民主

钱牟两人都高度肯定了董仲舒"大一统"的意义，把"大一统"的"复古更化"理解为儒学经世致用、引导现实社会发展的显著标志，儒学与社会的融通被视为自然和必然。进而，儒学的"大一统"与社会的"大一统"相互激荡，儒学领导社会，被认为是儒学的使命，也是社会实现自由和永久和平的条件。这是钱牟之同。但是，这种"大一统"是否也会有专制之弊？对于这个问题的不同回答，是钱牟之异的首要表现。

前文已经提及，钱穆态度坚决，一反时论，有中国传统政治是民主政体的总体判断。在他看来，"谈者好以专制政体为中国政治诟病，不知中国自秦以来，立国规模，广土众民，乃非一姓一家之力所能专制"②。"谈者又疑中国政制无民权，无宪法。然民权亦各自有其所以表达之方式与机构，能遵循此种方法而保全其机构，此即立国之大宪大法，不必泥以求也。"③ 钱先生强调，必须先"对其本国已往历史有一种温情与敬意"④。从这种"温情与敬意"出发，由广土众民、皇帝及其功臣多系出身于平民、有许多士人加入政府里面、表达权利的国情等，钱穆判定中国传统就是"士人政府""学人政府""文治政府"等，而为"民主政体"。

牟宗三同样不缺乏"温情与敬意"。从历史的合理性出发，钱穆大一

---

① 牟宗三：《时代与感受》，《牟宗三先生全集》第 23 册，台北：联经出版事业股份有限公司，2003 年，第 364 页。
② 钱穆：《国史大纲》（上），《钱宾四先生全集》第 27 册，台北：联经出版事业股份有限公司，1998 年，引论第 36 页。
③ 钱穆：《国史大纲》（上），《钱宾四先生全集》第 27 册，台北：联经出版事业股份有限公司，1998 年，引论第 37-38 页。
④ 钱穆：《国史大纲》（上），《钱宾四先生全集》第 27 册，台北：联经出版事业股份有限公司，1998 年，引论第 19 页。

统的和平民主政体，被牟宗三确定为道家的"天民"境界。广土众民，皇权有所不逮，老百姓"永远是个天民或是羲皇上人。羲皇上人就是最原始最好的，老子欣赏他们'日出而作，日入而息，帝力何有于我哉！'"①"中国人一向认为老百姓自由得很，天高皇帝远，没有谁能给予束缚。国家的统一、政府的构造、政治的运用、法律的订定，老百姓从来也不参与，都是由大皇帝颁布下来。……在这个意义上，我就能了解钱宾四先生反对别人讲中国人以前是君主专制的意思了。君主专制政治，中国在汉唐时代，固然表现不错；就是宋朝，虽然国势很弱，可是他们的文治吏治方面，也都有值得称赞之处。"②

牟宗三理解钱穆的用心。但是，牟宗三却不能同意钱穆的判断。其理由约略有二。

首先，钱穆"和平的大一统之境界"③ 说无法解释历史上屡见不鲜的"打天下"的革命事件。特别是，就如同历史上著名的"食肉毋食马肝，未为不知味也；言学者毋言汤武受命，不为愚"（《汉书·儒林传·辕固》）的辩说一样，钱穆的永久和平将直接否定当下革命的合法性。钱穆抱怨道："辛亥前后，由于革命宣传，把秦以后政治传统，用'专制黑暗'四字一笔抹杀。因于对传统政治之忽视，而加深了对传统文化之误解。"④（1952 年）牟宗三则指出："钱宾四先生一直主张中国以前不是君主专制，但若是如此，辛亥革命就没有意义了。"⑤ "钱宾四先生最不喜欢听人家说'中国以前是君主专制'的话，他一向是反'反君主专制'。其实，不仅新文化运动要'反君主专制'，辛亥革命也是'反君主专制'。对于'中国以前是君主专制'的话，我们不必有忌讳。"⑥

① 牟宗三：《四因说演讲录》，《牟宗三先生全集》第 31 册，台北：联经出版事业股份有限公司，2003 年，第 69 页。
② 牟宗三：《"五四"与现代化》，《牟宗三先生全集》第 24 册，台北：联经出版事业股份有限公司，2003 年，第 271 页。
③ 钱穆：《国史大纲》（上），《钱宾四先生全集》第 27 册，台北：联经出版事业股份有限公司，1998 年，引论第 43 页。
④ 钱穆：《中国历代政治得失》，《钱宾四先生全集》第 31 册，台北：联经出版事业股份有限公司，1998 年，序第 7 页。
⑤ 牟宗三：《中国哲学十九讲》，《牟宗三先生全集》第 29 册，台北：联经出版事业股份有限公司，2003 年，第 186 页。
⑥ 牟宗三：《"五四"与现代化》，《牟宗三先生全集》第 24 册，台北：联经出版事业股份有限公司，2003 年，第 269 页。

（1979年）

当然，钱穆似乎也可以承认辛亥革命的意义：辛亥革命是起来反对清朝君主专制的。即是说，钱穆似乎可以承认局部的专制政制。"细按中国历代政制，惟满清君主，始为彻底之专制，其所以得尔者，盖为满洲王室有其部族武力之拥护。"[1] 但如此说来，却又带来新的难通之处。清朝专制政体这个独特的变种，怎么能够摆脱中国持久的民主政体传统而激变以生呢？钱穆坚持中国传统政治制度的"自根自生"[2]，由此不能不有一传承不息的士人政府传统。在这种民主政体传统下，"中国传统政制下之王室，其理论与习惯上之地位，亦与近代英国王室，约略相等似"[3]。相应这种"自根自生"，钱穆在判定清朝为君主专制后，紧接着又称"其专制之淫威，虽甚惨毒，而亦尚不至于黑暗之甚"[4]。这样，为了既承认辛亥革命反君主专制的意义，又坚持"和平的大一统之境界"说，钱穆不能不绕着圈子。

其次，更重要的是，假如据广土众民、皇帝及其功臣多系出身于平民、有许多士人加入政府里面、表达权利的国情等就可以断定是平民政府、士人政府等的话，那么，中国历史上哪一个政府不是平民政府、士人政府呢？单就平民通过考试铨选进入政府而言，"君主能任贤人的事实只证明专制天下可以有英明的君主，并不能证明专制君主的意志受用人制度的限制。我们更要注意，大臣出身于民间的制度也不影响专制，使之趋于民主。……其实我们如果再进一步加以探究，更可发现布衣卿相的制度不但不打消君主专制的力量，而且帮助它的发展"[5]。钱先生反对用封建社会、政府专制黑暗这类"空洞不着边际的想像话"[6]，钱先生自己的平民政

---

[1] 钱穆：《政学私言》，《钱宾四先生全集》第40册，台北：联经出版事业股份有限公司，1998年，第42页。

[2] 钱穆：《中国历代政治得失》，《钱宾四先生全集》第31册，台北：联经出版事业股份有限公司，1998年，序第7页。

[3] 钱穆：《政学私言》，《钱宾四先生全集》第40册，台北：联经出版事业股份有限公司，1998年，第42页。

[4] 钱穆：《政学私言》，《钱宾四先生全集》第40册，台北：联经出版事业股份有限公司，1998年，第42页。

[5] 萧公权：《宪政与民主》，北京：清华大学出版社，2006年，第77页。

[6] 钱穆：《中国历代政治得失》，《钱宾四先生全集》第31册，台北：联经出版事业股份有限公司，1998年，第151页。

府、士人政府等，本身是否也即是"空洞不着边际的想像话"呢？

由此，牟宗三与钱穆拉开了距离。关键问题，在于"治权"与"政权"两概念的区分。秦汉之后，政权在私家，一姓而已，别人不敢觊觎；但治权则在天下，宰相可以出自州郡。这个时候，如果君王无为而治还好，本身无能也行，若他励精图治，立志要有一番惊天动地、震古烁今的大作为，则往往坏事，政权、治权遂合而为一，不专制透顶几不可能。遂有了无法摆脱的打天下的历史周期率之梦魇。钱穆无疑看到了相关主张，却将其轻轻放过："中山先生主张'治权'与'政权'划分，又主张以'考试'限制人民之被选举权；此两理论，必将透切发挥，以为中国新政治之基石。尤其是后一理论，乃中国传统政治精义所在，中国人将大胆提出，以确然完成将来新中国的新政治。"① 牟宗三则坦言，自己随孙中山的"政权"与"治权"两名②、张君劢中国以前只有"吏治"而无"政治"说③，并结合黑格尔的"合理的自由"④ 等，提出了"政道"与"治道"两概念，以为讨论中国政治问题的核心概念，以解释民主政治为什么可以古无而今有。

这其实是把"大一统"的"学术指导政治，政治转移社会"当成了一"天下"观念、文化理想（政道、教、普遍性），而要求在历史过程中经由具体的国家政治（治道、政、个体性）来实现它，政治神话遂可能转化为政治理性，中国传统的内圣与时代的科学民主之新外王遂可并行而不悖。换言之，"学术指导政治，政治转移社会"这种"政教合一"只能"松说"，而不可"紧说"。紧说，经由打天下的历史实情，圣人为王、君师合一的政治神话必转为王者为圣的专制政治，"学术指导政治，政治转移社会"的理想即不存在。"松说，则为保持相当之距离，视政治为理想之实现，而'保任理想'之教化可以推之于社会，政治与教化保持一外在之关系，一方限制政治，指导政治，一方整个社会上保持一

① 钱穆：《政学私言》，《钱宾四先生全集》第40册，台北：联经出版事业股份有限公司，1998年，第285页。
② 牟宗三：《历史哲学》，《牟宗三先生全集》第9册，台北：联经出版事业股份有限公司，2003年，第213-214页。
③ 牟宗三：《生命的学问》，桂林：广西师范大学出版社，2005年，第39页。
④ 牟宗三：《历史哲学》，《牟宗三先生全集》第9册，台北：联经出版事业股份有限公司，2003年，第458-459页。

谐和之统一，此亦可谓政教合一。此为'外在之合一'，此为可取者。此种合一，必赖政治格局之充分客观化。此为中国以往历史所未实现者。由此可知，此纯为政治形态问题。非关政教合一本身也。"① 换言之，董仲舒"大一统"的文化理想本身超越了它的时代，值得今天用客观的政治格局来真正肯定它。

这样，牟宗三回应了钱穆的用心。一方面，我们不能借口中国历史传统是君主专制，则自根自生，要求今天也实行专制统治；另一方面，我们批评中国传统的君主专制，却不用担心会因此"一笔抹杀"了中国传统文化。由此出发，牟宗三批评钱穆的"温情与敬意"让君、相担负过重，等同天地，而让人民担负过轻，甚至一无担负，被动如赤子，始终不能涉及政权何由来的问题：

> 对于君、相这个超越无限体（君是位上无限体，相是德上无限体），期望以圣、贤（君而圣，则德位俱是无限体）。如是，中国文化精神在政治方面就只有治道，而无政道。此两名词系随孙中山先生所说的政权与治权两名而来。君主制，政权在皇帝，治权在士，然而对于君无政治法律的内在形态之回应，则皇帝既代表政权，亦是治权之核心。如是，中国以往知识分子（文化生命所由以寄托者）只向治道用心，而始终不向政道处用心。②

牟宗三后来的《政道与治道》一书即详细发挥此义。简言之，在以往打天下的历史条件下，秀才遇见兵有理说不清，政权何由来是靠打的，是不讲道理的，知识分子无可置喙，因此只好无所用心，虚提出些"学术指导政治，政治转移社会"的文化理想，然后大家都是天民，都仿佛是羲皇上人，过着"君子之德风，小人之德草"也即自上而下一风而化的神治生活，而不究其实。牟宗三指出，这不纯是思想问题，而有其历史的条件，因此不能够过分苛责古人。牟宗三可奇怪的是，当历史进展

---

① 牟宗三：《历史哲学》，《牟宗三先生全集》第9册，台北：联经出版事业股份有限公司，2003年，第309页。
② 牟宗三：《历史哲学》，《牟宗三先生全集》第9册，台北：联经出版事业股份有限公司，2003年，第213-214页。

至政权可不靠打而与治权分离、永久和平可真正实现之时，钱穆仍然对
之讳莫如深。

三　自然与道德

董仲舒"大一统"的理想，被钱穆和牟宗三解读为"以学术指导政
治，以政治指导经济"的境界，而受到充分肯定。其后，两人关于这种
理想或境界究竟属民主还是属专制的争执虽然激烈而引人注目，却是表
层的。双方都可以自居良知一方，而指责对方缺乏良知。因此，当徐复
观批评钱穆"不是做学问的态度"[①]，其历史叙述总被"一片紫褐色的浓
雾"[②] 所包裹时，或许有些操之过急。同样，当余英时批评熊十力学派
总是想做"教主"来"君临天下"的"心态"[③] 时，也或许有些门户或
宗派的意识。主要问题可能并不在"态度"或"心态"上，而在于他们
各自拳拳服膺而弗失的"学问"本身上。究竟是何种学问让钱穆只看到
"和平的大一统之境界"，而认定即便专制、惨毒如清朝统治者，亦尚不
至于黑暗之甚呢？这里可以显出儒道互补。

首先，钱穆"学术指导政治，政治转移社会"的"和平的大一统之
境界"顺董仲舒而来，最终必须追溯至庄子的"天人合一"才能尽其
全部。

1959 年 4 月 21 日晚新亚研究所月会，有学生报告"董仲舒的思
想"，钱穆加以点评。点评虽短，但内涵却深刻，有多层意指。1. 董仲
舒是否受到尊崇，受时代限制，与今古文学派的升降有关，近代董仲舒
成为焦点人物，始于主张变法而不看重革命的康有为。2. 董仲舒的伟大
之处在于能够超越历史、利害、人事等，从最高原理"道"来讲政治，
并把"道"上"原于天"，这样就能够配上汉代大一统的政府，在政治
上为后世垂法。3. 但这种讲法不太好，皇帝"从上到下"受命以进行
"礼乐教化"，最终便要讲成"神权政治"，非存心要讲"专制"但无法

---

① 徐复观：《良知的迷惘——钱穆先生的史学》，《论智识分子》，北京：九州出版社，
　　2013 年，第 398 页。

② 徐复观：《良知的迷惘——钱穆先生的史学》，《论智识分子》，北京：九州出版社，
　　2013 年，第 395 页。

③ 余英时：《钱穆与新儒家》，《余英时文集》第 5 卷，桂林：广西师范大学出版社，
　　2006 年，第 40 页。

避免"专制"。4. 孟子的"性善论"及以后的宋儒的"理"在思想上能够去掉董仲舒的缺点，但同样也有毛病，仍然是"从上到下"的，若拿"理"杀人，还是无法避免"专制"。①

值得注意的是，钱穆承认大一统的政府有专制之嫌，却把这种毛病归源于儒家。这里的逻辑是，天人合一观念实是整个中国传统文化思想的归宿处，虽然董仲舒的"道原于天"也可以说是一种天人合一，而能够穷究到最高原理或思想归宿，但因为这种儒家的天人合一合错了地方，是以人合天，而非以天合人，所以才会生出神权政治的病痛。即是说，天人合一"是中国传统文化中一最高理论，亦可说是一最大信仰"②（1959 年），是"中国文化中的最高信仰与终极理想"③（1967 年），但有儒家"由人生推论自然"的天人合一与道家"由自然推论人生"的天人合一的不同④（1955 年）。钱穆甚至认为，"《中庸》有两端，一端由人达天，一端由天达人，似不可并归一路"，从而在儒家内部也找到了这种"由人文界以发挥天人合一"与"由自然界以发挥天人合一"的不同。⑤ 总之，这里有钱穆的朱陆之辨、儒道之辨等，他是以庄周为背景来讲董仲舒的。

其次，钱穆认为，绾合着庄周"天人合一"的"和平的大一统之境界"有"以道观之"的味道，处处皆平，当然没有专制、民主等之别。钱穆说：

> 当知天体乃真实有此天体，群星真实有此群星，太阳真实有此太阳，地球真实有此地球。凡此皆真实不妄。……若就宇宙一切事象而论其意义，则真实无妄即为一切事象最大之意义。若论价值，

①　钱穆：《新亚遗铎》，《钱宾四先生全集》第 50 册，台北：联经出版事业股份有限公司，1998 年，第 194-198 页。

②　钱穆：《民族与文化》，《钱宾四先生全集》第 37 册，台北：联经出版事业股份有限公司，1998 年，第 47 页。

③　钱穆：《中国文化十二讲》，《钱宾四先生全集》第 38 册，台北：联经出版事业股份有限公司，1998 年，第 107 页。

④　钱穆：《致徐复观书三十一通》，《钱宾四先生全集》第 53 册，台北：联经出版事业股份有限公司，1998 年，第 349 页。

⑤　钱穆：《致徐复观书三十一通》，《钱宾四先生全集》第 53 册，台北：联经出版事业股份有限公司，1998 年，第 355 页。

则真实无妄即一切事象最高之价值。换言之，凡属存在皆是"天"，即是"诚"，即是"真实无妄"。既属真实无妄，则莫不有其各自之意义与价值。此一义，乃中国思想史中一最扼要、最中心义。①

凡其一切变化，亦是一存在、一表现，则亦无一而非中和。因天地间，苟非中和，则无可存在，无可表现也。②

以道观之，"存在即价值"，无种种分别相，亦无种种因分别而生的价值高下相，而统归为最高意义的真实无妄的"和平的大一统之境界"。此意甚明，不需多说。

最后，钱穆强调，这并非自然主义的无道德，唯有如此，"学术指导政治，政治转移社会"的"和平的大一统之境界"方能保住真道德，而为儒家的道德奠基。钱穆的问题是：

> 人固不能逃于天，而奈何可以指此天之真实无妄之诚而谥之曰恶，而凭人之小智小慧，私见私识，以别立一善于此真实无妄之诚之存在与表现之外；或欲排拒此真实无妄之诚之一切存在、一切表现，而妄设一不真实、未存在者而私奉之为善，私定以某种之意义与价值乎？③
>
> 夫此宇宙整全体之真实无妄，至博厚，至高明，至悠久。人类之生育成长于其间，则卑微之至，狭陋之至，短暂之至。……何得以人类之私智小慧，妄加分别，而谓孰者是道，孰者非道？孰者当育，孰者不当育？④

在钱穆看来，只要是由人出发，尽管可以大讲特讲道德、良知等，但这种道德、良知仅仅是一曲之明，而恰恰成其妄、私、恶，因为它

① 钱穆：《中庸新义》，《中国学术思想史论丛》（二），《钱宾四先生全集》第18册，台北：联经出版事业股份有限公司，1998年，第90页。
② 钱穆：《中庸新义》，《中国学术思想史论丛》（二），《钱宾四先生全集》第18册，台北：联经出版事业股份有限公司，1998年，第107-108页。
③ 钱穆：《中庸新义》，《中国学术思想史论丛》（二），《钱宾四先生全集》第18册，台北：联经出版事业股份有限公司，1998年，第95-96页。
④ 钱穆：《中庸新义》，《中国学术思想史论丛》（二），《钱宾四先生全集》第18册，台北：联经出版事业股份有限公司，1998年，第100-101页。

"非天、不诚"。换言之，若只是由人出发，则越是努力追求善，结果越是恶。"讲自由的讲到极端时，天下之罪即皆假之以行。"① 钱穆强调，自己平素不喜欢宋儒的天理人欲之辨，因为那压抑了天地间活泼泼的生命喜悦之情，而这里的讲法恰恰揭示了宋儒"本自有意"的"解放作用"②，已经有追问道德、为道德奠基的意思在里面，对儒家有界限、警觉义。钱穆的衡断是：

> 至谓中外人文思想，无不自"人禽之辨"，"君子小人之辨"开始，此论实是门面语。③（1955 年）
> 《中庸》接受庄周观念，而重新奠定了人的尊严，此为《中庸》思想之大贡献。④（1956 年）

所谓一切人禽之辨、君子小人之辨等全都是"门面语"，是指那全都是说给别人听的，算不了数的。钱穆强调，这是本欲尊崇人，却反倒侮辱了人，而导致人类必然不成为人类，即人类终将绝迹。因此，人类不能"止"于道德与伦理的"可能性"，而必须获得其"必然性"。⑤ 只有获得了道德伦理的必然性，方有真正的人的尊严，这就必须"从自然界发挥天人合一"。钱穆的道路是：

> 弟断非一本自然主义而不承认道德，只认道德亦在此自然中。⑥
> 理性、道德、善恶、人格高下等项目，只要自然界有此人类，人类中自然会生出圣人，圣人自然会对于全人类着想，而修道立教。

---

① 钱穆：《新亚遗铎》，《钱宾四先生全集》第 50 册，台北：联经出版事业股份有限公司，1998 年，第 198 页。
② 钱穆：《致徐复观书三十一通》，《钱宾四先生全集》第 53 册，台北：联经出版事业股份有限公司，1998 年，第 338 页。
③ 钱穆：《致徐复观书三十一通》，《钱宾四先生全集》第 53 册，台北：联经出版事业股份有限公司，1998 年，第 348-349 页。
④ 钱穆：《中庸新义申释》，《中国学术思想史论丛》（二），《钱宾四先生全集》第 18 册，台北：联经出版事业股份有限公司，1998 年，第 128 页。
⑤ 钱穆：《致徐复观书三十一通》，《钱宾四先生全集》第 53 册，台北：联经出版事业股份有限公司，1998 年，第 350 页。
⑥ 钱穆：《致徐复观书三十一通》，《钱宾四先生全集》第 53 册，台北：联经出版事业股份有限公司，1998 年，第 349 页。

在于圣教中，自然会替人类指点出理性、道德、善恶、人格高下等项目，教人自尽其性。① （1956 年）

在钱穆看来，这条道路把人禽之辨冲淡了，但真正实现了人禽之辨；把天理人欲合一了，却是最究竟的理欲之辨；看似抹杀了道德良知，却才是最高的道德良知。这样，"养得此心安恬"②，则一切平平，一切如如，自然即名教，天下和平一统。钱穆说：

> 吾国自古政治，即抱有一超阶级超民族的理想，即抱有一对人类全体大群尽教导督率之责任。故政府、人心、天道，往往合一言之，政治在能"上本天道，下符人心"。而所谓人心者，不以小己个我之乐利为心，而以大群全体文化进向之大道为心。此即所谓天道。非本天道，即不符人心。故王者为众心所归往，而又曰"内圣外王"。盖吾国自古政治，即已兼尽宗教教育之任。故西国政教两剖，有政治不可无宗教。中国则政教一治，政治即已尽宗教之职能。③

四　教主与共和国的强制力

钱穆为什么不愿意接受"新儒家"的头衔？钱穆究竟属于儒家还是道家？

按余英时的讲法，"钱先生的学问宗主在儒家，终极信仰也归宿于儒家，这是不成问题的"④。余先生判法甚是截绝，自有其道理。但若按照"天人合一"的"思想归宿"来看，钱穆自不能归属于狭义的新儒家

① 钱穆：《关于中庸新义之再申辩》，《中国学术思想史论丛》（二），《钱宾四先生全集》（第18册），台北：联经出版事业股份有限公司，1998年，第163页。
② 钱穆：《致徐复观书三十一通》，《钱宾四先生全集》第53册，台北：联经出版事业股份有限公司，1998年，第316页。
③ 钱穆：《政学私言》，《钱宾四先生全集》第40册，台北：联经出版事业股份有限公司，1998年，第133页。
④ 余英时：《钱穆与新儒家》，《余英时文集》第5卷，桂林：广西师范大学出版社，2006年，第18页。

（"熊十力学派"），但也不是最宽广意义的新儒家（"对儒学不存偏见，并认真加以研究者"），我们或许可以称钱先生为"新道家"。余英时对新儒家的道统论、开出说、心理结构（"良知的傲慢"）等的批评，与钱穆新道家的立场若合符节。而牟宗三以"母道"说道家、对道家"道化的治道"的分析和批评等，也有了对应和落实处。

正是钱穆首先从庄周道枢的立场出发，批评熊十力学派自任太高，仅凭一曲之明而欲得窥天意、呈现良知，因而傲慢僭越，既不科学，也不民主：

> 弟所不满于宗三者，惟觉其总多少带有宋儒教主气。弟前所不喜十力先生者，亦正在此。① （1955 年）

> 今天的学问已是千门万户，一个人的聪明力量，管不了这么多。因此我们再不能抱野心要当教主，要在人文界作导师。所谓领导群伦，固是有此一境界。但一学者，普通也只能在某一方面作贡献。学问不可能有一条路，一方面，也不可能由一人一手来包办。今天岂不说是民主时代了吗？其实学问也是如此，也得民主，不可能再希望产生一位大教主，高出侪辈，来领导一切。② （1962 年）

在钱穆看来，儒家由人文界以发挥天人合一，"由一个人慎独的独便能转出天命来"，"是万分危险的"，因为那便代表着这个人"即圣人而天了"，而可对其他任何人之性或物之性为所欲为、指手画脚。③ 余英时同样是从这个角度，引徐复观 1980 年 11 月 16 日日记批评熊十力"彼虽提倡民主，而其性格实非常独裁"④。

不过，钱穆同样不能逃避教主或专制的指责。当钱穆不取"由人文界以发挥天人合一"，转而"由自然界以发挥天人合一"的时候，"发

---

① 钱穆：《致徐复观书三十一通》，《钱宾四先生全集》第 53 册，台北：联经出版事业股份有限公司，1998 年，第 339-340 页。

② 钱穆：《中国学术通义》，《钱宾四先生全集》第 25 册，台北：联经出版事业股份有限公司，1998 年，第 356 页。

③ 钱穆：《关于中庸新义之再申辩》，《中国学术思想史论丛》（二），《钱宾四先生全集》第 18 册，台北：联经出版事业股份有限公司，1998 年，第 172 页。

④ 余英时：《钱穆与新儒家》，《余英时文集》第 5 卷，桂林：广西师范大学出版社，2006 年，第 22 页。

挥"者依然是一曲之明的人，因此必陷于双重困境之中。一是既然人皆为小智小慧、私见私识，则何以别真实与虚妄？于是无论如何学问思辨，必然此亦一是非彼亦一是非，而陷于相对主义泥淖，无是无非，一切自然。如此说来，似有解放的作用，但即便不至群龙无首的原子式个人，至少也无法论证"和平的大一统之境界"了。二是真若要论证大一统，称此群龙无首的原子式个人所组成的群体本身就是"和平的大一统之境界"，那么至少得有人识得此方是真实无妄，则此人必高出侪辈，与天为一，而为一高高在上的神秘存在，而为一秘窟，而为一无对，此所谓"人类中自然会生出圣人，圣人自然会对于全人类着想，而修道立教"①，这样的"圣人"不是更加"万分危险"吗？抑或易之失贼，此之谓乎？因此徐复观就批评说："钱先生所发掘的是两千年的专制并不是专制，因而我们应当安住于历史传统政制中，不必妄想什么民主。"②

而且，如果说新儒家以人自任的私智小慧是"良知的傲慢"的话，那么新道家以天自任的私智小慧更是"良知的傲慢"——因为新道家以为唯其如此方是真良知，而新儒家的良知不过是无源之水，算不了数的。若区别言之，新道家"良知的傲慢"可以称为"自然的傲慢"。在牟宗三看来，拥有"自然的傲慢"者即是"贫弱之辈"，其"视国家政治为俗物，视礼义法度为糟粕，而自退于山林以鸣风雅，自谓与天地精神相往来，而不知已奄奄待毙也"③。牟宗三强调，当今是一个"构造之时代"，"士人高蹈以抱孤明，或处草野以抒发理想，或遁隐山林以娱情性"④，自有其价值，却不足以解决现代政治问题，政治必须有知性精神，能够争斗、算账等以开出对列之局，而不能只停留在古代的天人合一境界中自以为满足。

应该看到，双方都批评对方专制、傲慢、不民主等，有其必然性。

---

① 钱穆：《关于中庸新义之再申辩》，《中国学术思想史论丛》（二），《钱宾四先生全集》第 18 册，台北：联经出版事业股份有限公司，1998 年，第 163 页。
② 徐复观：《良知的迷惘——钱穆先生的史学》，《论智识分子》，北京：九州出版社，2013 年，第 400 页。
③ 牟宗三：《名家与荀子》，《牟宗三先生全集》第 2 册，台北：联经出版事业股份有限公司，2003 年，第 189 页。
④ 牟宗三：《历史哲学》，《牟宗三先生全集》第 9 册，台北：联经出版事业股份有限公司，2003 年，第 393 页。

当钱穆和牟宗三从董仲舒的复古更化中提炼出"以学术支配政治，以政治支配经济"的"和平的大一统之境界"时，他们两人就已经无法避免专制、傲慢等指责了。无论是"由人文界以发挥天人合一"，还是"由自然界以发挥天人合一"，两人毕竟都高度肯定了"大一统"，都认为人的"普遍性"是"天经地义"的，而这种普遍性可以被看作文化理想、社会理想，也很容易被联想为在污染纯学术，自觉为统治者张目，或为统治者所利用。扩大言之，凡对自由进行形而上学思考以肯定普遍性者，无不有此命运。例如，康德、黑格尔等人就被诠释为"主张王权"或"最高权力不受限制"，"主张先下手为强""讴歌战争""推行军国主义路线和战争政策"等的反人类文明者和不可理喻的形而上学自大狂，并因此强调，"德国唯理论的思路与中国传统的'内圣开出外王'是同构的，怪不得中国人对此心领神会、情有独钟"，"中国人长时间吃德国哲学的亏，却不太为人们所认识。在这方面作一点反思，可能是没有害处的"①。

且不论黑格尔。康德之所以受到上述严重指控，正是因为他把普遍的强制力与个体的自由视为一枚铜板的正反面。康德赋予了自由无与伦比的基础地位，认定个体的存在不是为了永久和平，实现自由才是永久和平的目的。但是，恰恰因为自由，就必须让你的准则成为普遍法则，因此共和国的强制力又必须被康德设为先验的前提了。康德甚至强调，人们即便通过契约也无法来反抗它，甚至当人民觉得最高权力的滥用已经令人发指、不能忍受的时候，也有义务去忍受、遵守它②。

当康德认定拥有革命的法权就是对共和国的自我否定时，共和国不可抗拒的强制力就已经是一种文化理想、社会理想了。不过，我们不能满足德国思路与中国传统的内圣外王的"同构"式双向互释。从消除误解、避免无端指责的角度，这里应该追问，钱穆的新道家，与牟宗三的新儒家，究竟哪一个更容易成为"专制教主"？

---

① 徐友渔：《政治哲学与形而上学——略论政治思想中的德国传统》，《云南大学学报》（社会科学版）2008 年第 1 期。

② 参阅康德《实用人类学》，李秋零译，《康德著作全集》第 7 卷，北京：中国人民大学出版社，2008 年，第 326 页；康德《关于一种世界公民观点的普遍历史的理念》，李秋零译，《康德著作全集》第 8 卷，北京：中国人民大学出版社，2010 年，第 29 页；康德《道德形而上学》，张荣、李秋零译，《康德著作全集》第 6 卷，北京：中国人民大学出版社，2007 年，第 331 页。

　　如果说，"教主"都是强调普遍性者，那么，"专制教主"就是只有普遍性而缺乏特殊性，不能很好地把个体自由设为自己的本质规定者。如此，上述问题就变为：钱穆的新道家，与牟宗三的新儒家，究竟哪一个"更重视普遍性但对个体性无法兼顾"？

　　对于道家，牟宗三以"共法""母道"等说之：

　　　　儒家是太阳教的自由，道家是太阴教的自由。这是中国文化生命中所固有的两轮。太阳教的自由解决自由与矛盾的冲突，有一超越的分解，它能使"自由主体性"实体地挺立其自己，客观化其自己。而太阴教的自由则既不想克服此矛盾，亦无超越的分解，自亦不能使其"非道德而超道德的自然无为之主体"实体地挺立自己，客观化自己，而是永远停在偏面的主观之用中。它只能凝敛退处而起清凉冲淡之作用。如果它如其自性而凝敛退处，不泛滥而为文人生命之感性主体，它亦可不觉与任何存在有矛盾，道德礼法自然亦可无碍。它只如其自性而起清凉冲淡之作用，如是它亦可以辅助消导太阳教之自由系统而顺适调畅之。它的无为无执彻底散开之相忘的虚灵精神（此即所谓冲淡自在），亦正可以说是太阳教之自由系统之保护神（说保母更恰）。太阴不只是清凉，亦是母道。道家以及后来之佛教，在中国历史中，说毛病流弊，尽可说出很多，但如其自性，亦尽有许多好处。它们皆曾尽了其好处的作用。其好处之本质的了解当依此处所说者去进行。①

　　分别言之，从这段话中可以分析出牟宗三如下四层意思：1. 所谓"母道"，正是钱穆所讲的"解放作用"，也即儒家的道德良知并不只是某个人的主观证悟或独断论的判语，而必须能够退一步，能够追问自身，奠基于社会历史和社会存在之中，成其道德的普遍性。2. 追问道德、为道德奠基的问题其实是现代的，知识论的地位上升、民主政治的实践等是其条件，就此而言，儒家仍然可以传统地讲，只要它保持儒家传统的

①　牟宗三：《才性与玄理》，《牟宗三先生全集》第2册，台北：联经出版事业股份有限公司，2003年，第435-436页。

普遍性即可。3. 道家同样可以传统地讲，如果道家的普遍性并不进至道德的普遍性而只保持自己的自然无为，本身没有问题，不但是中国文化生命丰富性的表现，而且可以在现代条件下以其冲淡自在以为个体自由的先声。4. 无论是儒家还是道家，若要在今天发挥其"以学术支配政治，以政治支配经济"的"和平的大一统之境界"，都不能不注意到时代问题，也即所谓"客观化自己"。

当然，因为学术个性之不同，新道家与新儒家"客观化自己"的要求并不相同。对于牟宗三来说，他的"客观化自己"必须能够"开出"科学与民主。对于钱穆来说，他的"客观化自己"只要"承认"科学与民主等时代现象也就行了。我们很难说钱先生完全不承认科学与民主，但对其肯定不够，却似乎是可以说的。这里有钱先生的特色。顾颉刚曾经指出：

张其昀有政治野心，依倚总裁及陈布雷之力，得三十万金办《思想与时代》刊物于贵阳，又垄断《大公报》社论。宾四、贺麟、荫麟等均为其羽翼。宾四屡在《大公报》发表议论文字，由此而来。其文甚美，其气甚壮，而内容经不起分析。树帜读之，其为宾四惜，谓其如此发表文字，实自落其声价也。[1]（1941 年 11 月 10 日）

徐复观也曾指出：

钱先生天资太高，个性太强，成见太深，而又喜新好异，随便使用新名词，所以他对史料，很少由分析性的关连性的把握，以追求历史中的因果关系，解释历史现象的所以然；而常作直感的、片断的、望文生义的判定，更附益以略不相干的新名词，济之以流畅清新的文笔，这是很容易给后学以误导的。[2]

---

[1] 顾颉刚：《顾颉刚日记》第 4 卷，台北：联经出版事业股份有限公司，2007 年，第 602 页。

[2] 徐复观：《良知的迷惘——钱穆先生的史学》，《论智识分子》，北京：九州出版社，2013 年，第 391 页。

我们不能说，"其文甚美，其气甚壮，而内容经不起分析"就是因为钱先生天资太高而又不承认科学、民主等时代问题，但有一点是可以肯定的，那就是在庄周式的"天下太平，世界大同"中，钱先生总能保持"忘政治而不离政治，在现实而又不滞于现实"①的特色——这本来是用来形容他人的，但用在钱先生身上竟然也不觉得有丝毫突兀。

反观牟宗三。牟宗三虽然也有魏晋名士的风范，而"被戏称为'宋明学理，魏晋人物'，即其为人并不是循规蹈矩、中和温厚的理学先生，而毋宁更近于任性独行的魏晋人物"②，但在时代问题判法上却丝毫也不含糊。这里无法详细展开牟宗三新儒家的"客观化自己"，仅以余英时的批评为例稍加说明。余英时分析了牟宗三"开出"说的三个"可能性"，并据之批评牟宗三自居"教主"而恰恰是反"现代化"的。③这是对牟宗三的严重误读。关于"开出"，牟宗三在从普遍性立场"自上而下"地肯定"以学术支配政治，以政治支配经济"理想的同时，也从个体性角度"自下而上"地要求"客观化"实现"以学术支配政治，以政治支配经济"理想：

> 近代之所以为近代的地方，就是因为现代化，这是很重要的一个发展。假定要充分发展现代化的意义，我们第一步要做的是，经济的现代化。经济的现代化，是非常重要的。……不管历史上出了多少圣人，讲文化讲得如何高妙，都是没有用的。这是个非常现实的问题，也可由此看出经济现代化的重要性。经济现代化，就能够迫使我们必然地走上政治现代化的道路。……经济的政治的现代化固然很难达到，一旦达到，也就很自然的有文化建设的要求。文化建设就是要配合这政治、经济现代化而使我们在生活中、在意识中头脑现代化，而这现代化再反过来稳固（justify, confirm）我们的政

---

① 徐复观：《良知的迷惘——钱穆先生的史学》，《论智识分子》，北京：九州出版社，2013年，第164页。

② 李泽厚：《己卯五说》，北京：中国电影出版社，1999年，第11页。

③ 余英时：《钱穆与新儒家》，《余英时文集》第5卷，桂林：广西师范大学出版社，2006年，第33–36页。

治的、经济的现代化。①（1981 年）

这里反倒有了"群龙无首"的味道，而近乎道家的"自然无为"。所不同者，体用不二，财产权、人格权等现代法权等"形而下"的东西被视为了本质性的一环。就此而言，牟宗三新儒家的"开出"并不是一二"教主"的事情，亦非"永远落后着"。相对比而言，钱穆新道家的"天人合一"却因为无法"客观化自己"而更容易产生一位高出侪辈来领导一切的"大教主"。这说明，今天的政治哲学研究中，"教主"问题依然是一个无法绕开的具有警示意义的问题。

第二节　牟宗三与熊十力争张横渠

就传统而言，"气"是牟宗三哲学的一个重大问题，牟宗三政治哲学更是绕不开"气"。牟宗三政治哲学可以一言以蔽之，是"以理生气"与"以气尽理"的相资相补、谐和统一。虽然牟宗三并没有选择从此入手，但这种理气关系同样可以作为牟宗三政治哲学的"本体论"或"形上学"。"以理生气"，现实面的"国家"即是理想面的"心性"的"结果"；"以气尽理"，则只有通过在现实生活中创建合理性的"国家"，那理想面的"心性"才是可实际"触摸"的。本节借牟宗三与熊十力在对张横渠气论现代诠释上的争论而展开。

张岱年注意到了横渠"气中有性"的问题，但还是认为"中国古典哲学中所谓气，就是客观实体，也就是今日所谓物质"，而横渠的特点和功绩就是纳虚、神、性等入气，在中国思想史上"重新确定了气的观念的意义"，"第一次提出了关于中国唯物论基本范畴'气'的比较详细的理论"，建立了"卓越的唯物论哲学体系"。② 对此，日本学者大岛晃认为，"把张载只作为一个气的思想家是不完全的"，横渠实际上是"想把

---

① 牟宗三：《时代与感受》，《牟宗三先生全集》第 23 册，台北：联经出版事业股份有限公司，2003 年，第 377-384 页。
② 张岱年：《张横渠的哲学》，《哲学研究》1955 年第 1 期；张岱年：《中国古典哲学中若干基本概念的起源与演变》，《哲学研究》1957 年第 2 期。

气的存在论和心性论统一起来",其"在气论中包摄性论大致是成功了"。① 大陆学者刘学智也认为,横渠"不是唯气论者",其"主要是来自易学系统"的"气论"与"心性论"不可分割。② 应该说,21 世纪的横渠研究在这一点上是有共识的。

但问题在于,学者们对于横渠的这种"统一"本身有不同的评价,有的甚至针锋相对。如丁为祥认为,横渠的太虚是从本体论上立论,气或气化则是说宇宙论,体用不二,本体论与宇宙论合一便是"虚气相即"。③ 而冯耀明则强调,宇宙论(宇宙生化论或宇宙本根论)与本体论(存有论或形上学)混而为一是一个"共同毛病"和"病痛",横渠"把有时空性的宇宙气化论与超越时空的形上本体论混而为一,可谓格格不入","张载明显的思想混漫与其他宋明理学家隐晦的思想混漫其实是建基在同一错误的思考模式之上的",因而其"本体或实体"都与"形而下者"相混杂,无法"超越"。④

于是问题又绕回来了:横渠怎么能够让形而上的"虚体"与形而下的"气化"同时"相即"呢?横渠的"气",究竟是体用不二的"实体",还是滞于现象的"质力"?其气论与性论的"统一"究竟是如何证成的,这种证成是一种"错误"的"混漫",抑或有其伟大而卓越的贡献?

这里的讨论从"譬喻"的理解入手。简言之,同海沤喻、水冰喻一样,横渠的"虚气"也是一种譬喻。在对横渠的解读中,存在着"执喻失义"现象,争执即起。熊十力将横渠定位为与道家合流的"气一元论",牟宗三则视之为儒家的"体用不二",随之而有更多的争执,这些争执相互融摄,让"乾坤互含"与"乾统御坤"之间张力凸显,儒家的"善"的"来源"问题被追问。争论表明,"心性"虽然是超越者,可以之为超时空的常道,却也是人的作品,也自然、经验地确立。自然与自由,在横渠这里完成了合一。

---

① 小野泽精一、福永光司、山井涌编著《气的思想——中国自然观和人的观念的发展》,上海:上海人民出版社,1999 年,第 397、400、402 页。
② 刘学智:《关于张载哲学研究的几点思考》,《哲学研究》1991 年第 12 期。
③ 丁为祥:《虚气相即——张载哲学体系及其定位》,北京:人民出版社,2000 年,第 68、70 页。
④ 冯耀明:《张载是气一元论者还是理气二元论者》,《思想与文化》2016 年第 19 辑。

一　海沤水冰喻

谈及横渠，便不能不注意到如下譬喻：

> 气之聚散于太虚，犹冰凝释于水，知太虚即气，则无无。故圣人语性与天道之极，尽于参伍之神变易而已。诸子浅妄，有有无之分，非穷理之学也。（《正蒙·太和》《横渠易说·系辞上》）

> 海水凝则冰，浮则沤，然冰之才，沤之性，其存其亡，海不得而与焉。推是足以究死生之说。（《正蒙·动物》）

> 天性在人，正犹水性之在冰，凝释虽异，为物一也；受光有小大、昏明，其照纳不二也。（《正蒙·诚明》）

第一条由水冰喻"太虚即气"。牟宗三解释说："水体遍、常、一，冰之凝固与融化只是其客形尔。由水之遍常一见虚体，由冰之凝释见气化。此喻乃常用，有其恰当处；然亦只是一喻耳，不可执喻失义。"[1] 所谓"执喻失义"，有两指。一是儒释道判教，指佛教滞于散而沦于虚（冰释为水，气散为虚）及道家滞于聚而执于实（水凝为冰，气聚为实），也即横渠所谓"彼语寂灭者往而不返，徇生执有者物而不化"（《正蒙·太和》）。二是儒家内部判教，指伊川朱子以实在论的心态，一方面离冰言水，把虚体收缩提纯而为只是理，只是静态的存有而不活动，然后心静理明，心横截地去认知理；另一方面离水言冰，既让自己的心神俱旁落而属之气，又批评横渠的太虚神体是以器（气）言，而为形而下者。在此，牟宗三强调水冰喻的儒家"体用不二"义："此义必须有以善会而确认之，既不可离，亦不可滞。离则为一独立物，体用不圆矣。滞则成为气之质性，则成唯气论（唯物论）矣。"[2]

第二条海沤喻兼水冰喻，强调虚体常在。无独有偶，以"体用不二"为纲要的熊十力，也反复宣说大海水与众沤喻："余在本论与《原

---

[1]　牟宗三：《心体与性体》（一），《牟宗三先生全集》第5册，台北：联经出版事业股份有限公司，2003年，第495页。

[2]　牟宗三：《心体与性体》（一），《牟宗三先生全集》第5册，台北：联经出版事业股份有限公司，2003年，第495页。

儒》中，谈体用常举大海水与众沤喻。实体变成生生不息的无量功用，譬如大海水变成腾跃不住的众沤。无量功用，皆以实体为其自身。譬如众沤，各各以大海水为其自身。故体用不二义，惟大海水与众沤之喻较为切近，可以引人悟入正理，庶几改正从来谈宇宙论或本体论者之种种迷谬。余每不惮辞费，而重复言之，诚有以也。"[1] 熊十力以大海水喻本体论之"实体"超时空的永恒遍在性，以众沤喻宇宙论之"气化"在时空中的流行性。这与横渠同。而且，熊十力海沤喻由"体用"以"明心"，横渠也"推是足以究死生之说"，由"太和"以"大心"，即所谓"聚亦吾体，散亦吾体，知死之不亡者，可与言性矣"（《正蒙·太和》），亦所谓"气之性本虚而神，则神与性乃气所固有"（《正蒙·乾称》）。

　　如果说第一条讲气论，强调太虚神体的参伍变易即无即有、即虚即实、即静即动、即清即浊、即隐即显、即体即用等，自有其道，仿佛一种与人无涉的纯粹客观，第二条仍旧讲气论，但指出推气论而有性论，神与性亦仿佛纯粹天然自在，那么第三条就正式把气论与性论联系了起来，由水冰凝释喻天人不二。这里的"天性"，就是天道、太极、诚体、易体、神化、太和、太虚乃至寂感神体、天德、天理等，而为天地宇宙实体，即所谓"性者万物之一源，非有我之得私也"（《正蒙·诚明》）的遍在常在。"天性在人"，而有"人性"。谈"人性"，则不能不有主观，气之偏、欲之私、智愚之分等程度和状态，都会因人而异。于是，同一"性"字，横渠竟然"分天人"而又"兼天人"，天人"不一不异"。这便有了横渠的主题，天道性命相贯通，学以复性尽性成性："天所性者通极于道，气之昏明不足以蔽之；天所命者通极于性，遇之吉凶不足以戕之；不免乎蔽之戕之者，未之学也。性通乎气之外，命行乎气之内，气无内外，假有形而言尔。故思知人不可不知天，尽其性然后能至于命。"（《正蒙·诚明》）

　　众所周知，水冰喻、海沤喻并非横渠独创。后来熊十力重点说海沤喻，但也不排斥水冰喻。其"譬如，于冰而不取冰相，即已于冰而识其

---

　　① 熊十力：《体用论》，北京：中华书局，1996 年，第 119 页。

本是水"①，"譬如水可化汽或凝冰，而其湿性无改易"②，"譬如水遇冷缘，可成坚冰，是水有凝冰之性也。当坚冰未现时，不可谓水无凝冰之性在"③ 等，与横渠"海不得而与焉"同一意思，都是强调本体为真为常。若就熊十力也承袭前人譬喻而造"体用论""明心篇"及牟宗三以"体用不二"说横渠等言，熊十力与牟宗三对横渠的定位应当是高度一致的，"执喻失义"的问题似乎也就解决了。其实不然。

牟宗三高度评价了横渠，称"《正蒙》沉雄宏伟，思参造化"④，赞"横渠持论成篇，自铸伟辞。诚关河之雄杰、儒家之法匠"⑤，对于体用不二义"言之极为沉雄刚拔，确是大手笔。其对于道体之体悟亦与濂溪、明道为近，不失实体之'即活动即存有'义"⑥。牟宗三断言，横渠实为儒家正宗，论者不善会而"执喻失义"，便生出了众多误解：

> 横渠以天道性命相贯通为其思参造化之重点，此实正宗之儒家思理，决不可视之为唯气论者。⑦
>
> 体用不二、充实圆盈之教，乃中国既超越亦内在、最具体、最深远、最圆融、最真实之智慧之所在，乃自古而已然，此儒家所本有。明道喜说此义，横渠亦发此义。⑧
>
> 当时有二程之误解，稍后有朱子之起误解，而近人误解为唯气论。然细会其意，并衡诸儒家天道性命之至论，横渠决非唯气论，

---

① 熊十力：《体用论》，北京：中华书局，1996年，第9页。
② 熊十力：《体用论》，北京：中华书局，1996年，第101页。
③ 熊十力：《体用论》，北京：中华书局，1996年，第166页。
④ 牟宗三：《心体与性体》（一），《牟宗三先生全集》第5册，台北：联经出版事业股份有限公司，2003年，第437页。
⑤ 牟宗三：《心体与性体》（一），《牟宗三先生全集》第5册，台北：联经出版事业股份有限公司，2003年，第438页。
⑥ 牟宗三：《心体与性体》（一），《牟宗三先生全集》第5册，台北：联经出版事业股份有限公司，2003年，第452页。
⑦ 牟宗三：《心体与性体》（一），《牟宗三先生全集》第5册，台北：联经出版事业股份有限公司，2003年，第459-460页。
⑧ 牟宗三：《心体与性体》（一），《牟宗三先生全集》第5册，台北：联经出版事业股份有限公司，2003年，第489页。

亦非误以形而下为形而上者。误解自是误解，故须善会以定之。①

横渠所言之虚或太虚（儒家义）是气之超越体，虚所妙运之气是其用，因虚之妙运始能有气化之用，此是创生的"意志因果"之体用。②

质言之，牟宗三断言论者执喻失义，方才对横渠体用不二、体用圆融的形而上学生出许多误解。这里的关键，是牟宗三在现象、形而下等意义上使用"唯气论""唯物论""气一元论"等概念。姑不论中国哲学唯物唯心之争的"大公案"③本身，需要指出的是，熊十力也在同样意义上使用"唯气论""唯物论""气一元论"这些概念，但使用的方向却恰成对反：牟宗三所谓"失义"，正是熊十力的"正义"。

熊十力对横渠的评价也不算低：中国自两汉以来二千余年，孔子大易体用不二思想被层层遮挡、扭曲，间或"有哲学天才者，莫如横渠、船山"④。但熊十力同时却又断言横渠去孔子仍远，执"现象"以为本体，正是不明体用圆融义的"气一元论"：

横渠立气为一元。……以气为元，则是滞于现象，而昧于物之实相也。故气元之论，实非儒学本宗，当别出为惟物一派。⑤

独惜其虚与气未尝融而为一。（如横渠之说，太虚是天，气化是道，虚与气不得合一，天与道不得合一。）即体非用之体，而用亦非体之用，是其体用互相离异无可救也。⑥

古人用气之一名，其意义极模糊，不可不董正。余故以元气为

---

① 牟宗三：《心体与性体》（一），《牟宗三先生全集》第 5 册，台北：联经出版事业股份有限公司，2003 年，第 493 页。
② 牟宗三：《心体与性体》（一），《牟宗三先生全集》第 5 册，台北：联经出版事业股份有限公司，2003 年，第 599 页。
③ 熊十力：《体用论》，北京：中华书局，1996 年，第 28 页。同时可参阅林乐昌《20 世纪张载哲学研究的主要趋向反思》，《哲学研究》2004 年第 12 期。
④ 熊十力：《原儒》，北京：中国人民大学出版社，2006 年，第 230 页。
⑤ 熊十力：《体用论》，北京：中华书局，1996 年，第 26-30 页。至于熊十力区分"殊特义"与"唯独义"的"唯"之不同等，正如中国哲学唯物唯心之争的"大公案"，在此无法细论。
⑥ 熊十力：《原儒》，北京：中国人民大学出版社，2006 年，第 230 页。

质力之别一名称，庶几不背《大传》。古代阴阳家推论宇宙泰始，元气未分，蒙鸿而已。未分者，星云及诸天体，俱未凝成，故曰蒙鸿。尔时，惟质力混然，轻微流动，布濩太空。此元气之名所由立也。①

对比熊牟师徒对于横渠的定位，真可谓针锋相对。熊十力说，横渠自己"执喻失义"，滞于现象，是气一元论、唯物论、唯气论，体用殊绝，实非儒学本宗；牟宗三却断言，论者"执喻失义"，方才认横渠是形而下的气一元论、唯物论、唯气论，横渠实际上体用圆融而为儒家正宗。同一横渠，何至一"正"一"失"？

二　执喻失义

究竟是伊川、朱子、熊十力等"执喻失义"，还是牟宗三、张横渠自己"执喻失义"？

伊川、朱子等所论，兹不暇辨。即就熊牟师徒而言，至少需要说明两人起争执的原因，然后分析两人争执的内容，探究得其争执的实质，方才可能下一判断。

毋庸讳言，牟宗三与熊十力写作的时代环境不同。熊十力造论，自有英雄豪杰气势，但也不能不与社会大环境相呼应。其儒学绝于秦汉、大道小康之学等说，是个性使然，也有浓重的时代色彩。牟宗三随乃师体用不二、内圣外王步伐前行，立志于学，遂有道德的形上学。两人对于横渠的定位，是其儒学事业中的一个浪花，当然会随着各自造论的侧重而有所不同。就此而言，时代环境不容忽视。但也必须看到，时代环境等只是牟熊争执的"助缘"。学问有其内在性和客观性，两人因横渠而起争执的"正因"，当就"喻"本身来讨论。

这里的喻，狭义来看，就是海沤喻、水冰喻。但若广义地说，横渠的虚气也是喻②。如果再考虑到中国哲学的特点及其严格概念表达的历史，喻的范围还可以再扩大，如阴阳翕辟等也可以视为喻。熊十力曾指

---

① 熊十力：《体用论》，北京：中华书局，1996年，第132页。
② 熊十力：《体用论》，北京：中华书局，1996年，第428页。熊十力在此说汉宋群儒执孔子譬喻而失其义。

出："凡哲学界伟大著作，发表其广大深远的义蕴，遇难以直达之义，往往借譬喻以达意。譬喻，固必与意中所欲说明之义有少分相似。凡用语言文字等工具以表达理道，有时遇到困难，则取譬喻，以便达其难达之旨趣。"① 这是常有的事情，但其中也隐藏着危险。"凡喻只取少分相似，不可求其全似"②，其功用"期人易晓，却不可缘譬喻而生执着"③，"执着"就是"执喻失义"。盖"全似"与"少分相似"之间的"弹性"，也即喻的丰富性、复杂性、灵动性或隐晦曲折性等，似乎也就意味着"执喻失义"是一种必然。这样，"执喻失义"当然是因为论者不善会，不能通其义，但也可以溯源至义理分际复杂，煞费照顾。换言之，当人们不再只满足于沉默，而是要去说那不可说之神秘的时候，喻的局限就彻底暴露无遗了。因此，康德才要求人们放弃"直观"，使用"纯粹抽象的概念"来考察哲学，并且毫不客气地说：谁如果还觉得我"晦涩"的话，那就请他考虑一下自己是不是研究"形而上学"的那块材料。④也因此，反过来，牟宗三既批评了论者的不善会，但也承认横渠"思深理微，表之为难，亦不能无滞辞"⑤，承认其"以太虚神体形上学地展示"体用不二，"则人不能无眼生之感"⑥。换言之，当纯粹抽象的概念尚不发达，直观感悟、体验式言辞尚属流行之时，表达体用不二义就显得十分艰难了。牟宗三辩护说，横渠"言多窒，固有关于个人语言文字之不善巧，而亦有关于语言文字本身之局限，此孟子所以有'不以辞害意'之戒也"⑦。

因此，牟宗三才不得不煞费苦心地指出，在这里横渠"显然是描写之指点语""是譬解语，亦是指点之描述语"，在那里横渠"严格言之，

① 熊十力：《体用论》，北京：中华书局，1996年，第438页。
② 熊十力：《体用论》，北京：中华书局，1996年，第119页。
③ 熊十力：《读经示要》，《熊十力全集》第3卷，武汉：湖北教育出版社，2001年，第572页。
④ 康德：《未来形而上学导论》，李秋零译，《康德著作全集》第4卷，北京：中国人民大学出版社，2005年，第265页。
⑤ 牟宗三：《心体与性体》（一），《牟宗三先生全集》第5册，台北：联经出版事业股份有限公司，2003年，第438页。
⑥ 牟宗三：《心体与性体》（一），《牟宗三先生全集》第5册，台北：联经出版事业股份有限公司，2003年，第444页。
⑦ 牟宗三：《心体与性体》（一），《牟宗三先生全集》第5册，台北：联经出版事业股份有限公司，2003年，第448页。

皆非指事之界定语，乃是显体之指点语"；在这里横渠"是道德理想主义的圆融辞语，不是自然主义唯气论之实然的陈述"，在那里横渠只能算是"领悟""体悟"道体的"引路"，而不能质实；等等。① 这里的关键，是横渠是否既能够把本体之气（大海水）与流行之气（沤、冰）自觉地划开［有独立的意义（an independent meaning）］，又不可令形而上者（太虚、虚空）与形而下者（气、野马絪缊）彼此殊绝［非隔离的独立物（independent entity）］？

当然，在冯耀明看来，要把超越时空而不生不灭的形上本体或实体与在时空中有生有灭的流行或变化"不二"起来的努力，本身就是混漫宇宙论与本体论界限的"毛病"和"病痛"。不过，先不论"长短优劣"，学者一般认为它恰恰反映了中国哲学的特色。牟宗三、李泽厚都曾指出：

> 天道高高在上，有超越的意义。天道贯注于人身之时，又内在于人而为人的性，这时天道又是内在的（immanent）。因此，我们可以康德喜用的字眼，说天道一方面是超越的（transcendent），另一方面又是内在的（immanent 与 transcendent 是相反字）。天道既超越又内在，此时可谓兼具宗教与道德的意味，宗教重超越义，而道德重内在义。②

> 理固是超越的、普遍的、先天的，但这理不只是抽象地普遍的，而且即在具体的心与情中见，故为具体地普遍的；而心与情亦因其即为理之具体而真实的表现，故亦上提而为超越的、普遍的、亦主亦客的，不是实然层上的纯主观，其为具体是超越而普遍的具体，其为特殊亦是超越而普遍的特殊，不是实然层上的纯具体、纯特殊。③

> 超感性的先验本体混同在感性心理中。从而普遍的道德理性不

---

① 牟宗三：《心体与性体》（一），《牟宗三先生全集》第5册，台北：联经出版事业股份有限公司，2003年，第461-462、472、481、499-506页。

② 牟宗三：《中国哲学的特质》，《牟宗三先生全集》第28册，台北：联经出版事业股份有限公司，2003年，第22页。

③ 牟宗三：《心体与性体》（一），《牟宗三先生全集》第5册，台北：联经出版事业股份有限公司，2003年，第131-132页。

离开感性而又超越于感性，它既是先验本体同时又是经验现象。……先验道德本体竟然可以与感觉、生理、身体、生命相直接沟通联系，从而它似乎本身也是感性的或具有感性的成份、性质了。这便是中国哲学"体用不二"、"天人合一"特征在伦理学上的早期表现。①

"竟然"一词颇能反映李泽厚的态度。"它似乎本身也是感性的或具有感性的成份、性质""即在具体的心与情中见"，但又似乎"超越于感性""不是实然层上的纯具体、纯特殊"等，恰恰可以用来说横渠的"太虚"或"气"。而李泽厚"中国哲学"与"伦理学"的关联，又恰好可以与牟宗三"宗教"（自然主义、唯气论）与"道德"（道德主义、泛神论）的关联，形成对照。

如此"混同"的义理，遭遇到如此灵动丰富的"譬喻"，将会产生什么样的结果呢？不过一般而论，能够确定的是，对于语言文字本身的局限性有了自觉的意识，然后才能够进一步讨论牟熊之争的具体内容与实质。横渠是否把握到了中国哲学的体用不二义？今天如何表达这种体用不二义，它有什么意义？若用今天的语言文字来说，横渠的窍门又究竟何在呢？

三　气化与乾知

以上明确了牟宗三与熊十力师徒对横渠的不同定位，分析了两人起争执的"正因"和"助缘"。以下分四个问题，来分析两人争执的具体内容。大体言之，师熊十力总想着把横渠往下压，徒牟宗三则执着于把横渠往上提。两人都看到了横渠的全部，却侧重不同。这种同异，有助于我们理解横渠内部的丰富性及其张力，乃至洞见儒学现代化过程中的困难。

1. 熊十力言："哲学家谈本体，戏论纷然，皆由各人意想构画，适成法我相，用以自蔽，无从证真。"② 第一个问题，横渠是否得证体用不

---

① 李泽厚：《中国古代思想史论》，合肥：安徽文艺出版社，1994年，第49页。
② 熊十力：《体用论》，北京：中华书局，1996年，第9页。

二之真？横渠谈本体，如下几条首先需要注意：

> 太虚无形，气之本体，其聚其散，变化之客形尔。（《正蒙·太和》）

> 太虚不能无气，气不能不聚而为万物，万物不能不散而为太虚。循是出入，是皆不得已而然也。（《正蒙·太和》）

> 知虚空即气，则有无、隐显、神化、性命通一无二，顾聚散、出入、形不形，能推本所从来，则深于《易》者也。（《正蒙·太和》）

> 气块然太虚，升降飞扬，未尝止息，《易》所谓"细缊"，庄生所谓"生物以息相吹"、"野马"者与！此虚实、动静之机，阴阳、刚柔之始。（《正蒙·太和》）

> 气本之虚则湛一无形，感而生则聚而有象。有象斯有对，对必反其为；有反斯有仇，仇必和而解。（《正蒙·太和》）

> 一物两体，气也。（《正蒙·参两》）

> 阴性凝聚，阳性发散；阴聚之，阳必散之，其势均散。（《正蒙·参两》）

> 体不偏滞，乃可谓无方无体。偏滞于昼夜阴阳者物也，若道则兼体而无累也。以其兼体，故曰"一阴一阳"，又曰"阴阳不测"，又曰"一阖一辟"，又曰"通乎昼夜"。（《正蒙·乾称》）

> 阴阳之气，散则万殊，人莫知其一也；合则混然，人不见其殊也。形聚为物，形溃反原，反原者，其游魂为变与！（《正蒙·乾称》）

熊十力判横渠滞落于现象，是形而下的气一元论，当与这里的"细缊""生物以息相吹""野马""阴阳之气""游魂"等用语有关。在熊十力看来，横渠虽然与汉代易学的术数家不同而为哲学家，但犹未能脱去汉学阴阳二气的桎梏，此等用语便可以作为证据。不过，若根据熊十力的实体说，把此类用语视为横渠即用显体的"喻"，那么情况似乎也可有改变，阴阳"二气"并非不能表喻乾坤"二性"。

究熊十力的实体概念辨析，可以"一体二用"概括。一体，谓实体必一元，一元实体是万物自身本有的内在根源，非于现象万物之外或之上别有一物。二用，谓实体自身本有复杂性，乾坤心物阴阳翕辟等皆实体所固有，正表示其内部有矛盾两性，相反但适所以起变动而成现象功用。一体二用，二用一体，因此体用不二，不生不灭的实体法与生灭的现象法不可离而为二界，截然分作两重世界。唯体用不二，熊十力一方面说"心物相望，都无因果关系，是义决定"①，强调乾坤心物阴阳翕辟等都不过表示实体自身繁杂矛盾的性质，其中的任何一方都没有资格谓之"实体"或"元"，另一方面又强调"《易》明乾元，分化为乾坤"②，"乾元即实体之名"③，直接把实体命名为乾元。这样，实体一名二说，是乾坤的一元实体，又可直接谓之乾元。简言之，乾既是乾坤的一方，又是统乾坤的一元。

坤元等问题留待下节再说。这里需要指出的是，作为乾坤之一方的乾，当为功用、现象。既然熊十力可依现象的、形而下的"乾"而指说"乾元""实体"，那么若善会，横渠的"气"当然可指实体的、形而上的"元"。这样，横渠的气一元"实体"兼阴阳乾坤矛盾"两体"，既区分了本体与流行、形上与形下等"二"，又能将它们统合为"一"。若然，牟宗三的判法似更为确当，横渠对本体的表达虽或有生硬、滞辞，但以气为"虚实动静之机，阴阳刚柔之始"，中含种种矛盾对反相，而又能够统合一元的指归，总不太差。

2. 第二个问题，横渠所谓神，是一种自然主义的泛神论，抑或也有乾的刚健觉动义？先看如下几条：

> 起知于易者乾乎！效法于简者坤乎！散殊而可象为气，清通而不可象为神。（《正蒙·太和》）
>
> 太虚为清，清则无碍，无碍故神；反清为浊，浊则碍，碍则形。（《正蒙·太和》）
>
> 两体者，虚实也，动静也，聚散也，清浊也，其究一而已。（《正蒙·太和》）
>
> 一故神，（两在故不测。）两故化，（推行于一。）此天之所以参

①　熊十力：《体用论》，北京：中华书局，1996年，第168页。
②　熊十力：《体用论》，北京：中华书局，1996年，第131页。
③　熊十力：《体用论》，北京：中华书局，1996年，第150页。

也。（《正蒙·参两》）

　　神，天德，化，天道。德，其体，道，其用，一于气而已。（《正蒙·神化》）

　　凡可状，皆有也；凡有，皆象也；凡象，皆气也。气之性本虚而神，则神与性乃气所固有，此鬼神所以体物而不可遗也。（《正蒙·乾称》）

　　太虚者，气之体。气有阴阳，屈伸相感之无穷，故神之应也无穷；其散无数，故神之应当也无数。虽无穷，其实湛然；虽无数，其实一而已。（《正蒙·乾称》）

　　从上列几条看，横渠的神同样既可以指示实体，又可以指示实体矛盾复杂性中的一方。一方面，"一故神"，"神与性乃气所固有"，神是整个气化本身固有的特征，与实体在同一层次，兼乾坤"两体"；另一方面，"清通而不可象为神"，神又非实体的全体，而只是与浊气、静气、聚气、实气相对待的清气、动气、散气、虚气，是气的"良能"。这样，横渠的神就正如熊十力的乾元，有刚健觉动义。

　　但是，这样解释，似乎不合熊十力对横渠的气一元论的定位。滞于现象的唯气论，也能够讲出神来吗？按熊十力的讲法，横渠的唯气论含有泛神论的意义，只能讲出自然主义的神，而无法安立刚健觉动义的神。熊十力解释说，中国的唯物论与西方的唯物论毕竟在根源处有差别，未尝以为唯独有物而无心。"以气为元，而皆有泛神论之意义也。气之为物，灵妙而有理则，变化不屈。故自汉《易》家以来，常用气化一词。余谓此词甚妙，非深于观物者难与言。"[1] "灵妙而有理则"便是"心"，也即"神"，也即"气化本身的光彩"。这当然纯是从现象层面说神，或者说纯是就坤以言神，是自然主义的神，也即熊十力常言的质必有能、质力不许杂而为二。熊十力对此气化的光彩赞叹不已："自万物既成，于是质的方面急趋于凝固，现似对碍；力的方面，有一切物体为其集中之处所，故其遇机缘而发动，则威势猛极，不止排山倒海。奇哉！质力之为用也，凝敛与发散，以反而相成，万变、万化、万物、万事，繁然生

---

　　① 熊十力：《体用论》，北京：中华书局，1996年，第28页。

生，无穷无尽，可谓谲怪极矣！"①

把横渠的神理解为气化的光彩意义上的神，仿佛世界本身自带着"意志和表象"。这似乎为牟宗三所反对。在牟宗三看来，这里有横渠表达上的窒塞在，"着于气之意味太重，因而自然主义之意味亦太重，此所以易被人误解为唯气论也"②，"遂谓其客观面重，主观面轻，或甚至谓其空头言宇宙论，更甚至谓其为唯气论矣"③。但误解毕竟是误解，若善会，横渠的神固不离气，但毕竟神是神，气是气，神须分别地建立，即从"乾知"说，方能"提得住"④。

不过若细究之，气化本身的光彩意义上的神，牟宗三似乎也不能反对。其能反对的，是以此作为横渠神的全部意义。牟宗三曾指出："'神与性乃气所固有'句尤其窒碍不顺，尤易使人想成气之质性。"⑤但实际上，横渠这里可能并无"窒碍不顺"。这是因为，宇宙论地言之，气之质性便是气质之性，气质之性是形体以后事，当无可反对，有独立的意义，也是一种限制。牟宗三可以区分"实然的质性"的神与"超越的体性"的神，可以认定"气自身曲曲折折之质性是气之凝聚或结聚之性，是现象的性"，不同于"形而上"的"本体的性"，但无法否定横渠的神有气化本身的光彩这一层意义。牟宗三不能否定气化的光彩之神，但可以要求化之而从本，而突出超越的性体之神。因此牟宗三强调，"神与性乃气所固有"的"固有""乃是超越地固有"，而"不是现象地固有"⑥。

3. 第三个问题，横渠的"虚空即气"，究竟只是老子意义的"有生于无"，还是儒家义的"天人不二"？横渠辨佛老曰：

① 熊十力：《体用论》，北京：中华书局，1996年，第138-139页。
② 牟宗三：《心体与性体》（一），《牟宗三先生全集》第5册，台北：联经出版事业股份有限公司，2003年，第459页。
③ 牟宗三：《心体与性体》（一），《牟宗三先生全集》第5册，台北：联经出版事业股份有限公司，2003年，第586页。
④ 牟宗三：《心体与性体》（一），《牟宗三先生全集》第5册，台北：联经出版事业股份有限公司，2003年，第464页。
⑤ 牟宗三：《心体与性体》（一），《牟宗三先生全集》第5册，台北：联经出版事业股份有限公司，2003年，第502页。
⑥ 牟宗三：《心体与性体》（一），《牟宗三先生全集》第5册，台北：联经出版事业股份有限公司，2003年，第465页。

若谓虚能生气，则虚无穷，气有限，体用殊绝，入老氏"有生于无"自然之论，不识所谓有无混一之常；若谓万象为太虚中所见之物，则物与虚不相资，形自形，性自性，形性、天人不相待而有，陷于浮屠以山河大地为见病之说。（《正蒙·太和》）

针对道家说"无"、佛教说"空"，横渠提出"虚"以区别之。不过，按照熊十力的判法，横渠并未成功。"张横渠以太虚名天，气化依之起，亦有生于无之论。"① 其逻辑是：一般意义上的天人不二，也即个人的生命与宇宙大生命不可分而为二，是儒释道三家都认同的，横渠也不能例外；但依照其现象意义的气一元论，及气化光彩意义上的神，横渠无法真正建立乾元，即儒家自我作主、与天地参以裁成万物义的天人不二，因而其天人不二虽不同于佛家毁绝生命的性相不二，但究其实仍不过同于道家的有生于无。其中的关键，仍在于熊十力认定横渠对实体、本体体认不真。在他看来，哲人谈实体大概有三种倒见或邪见，其中"第三种见，计执实体是空洞寂寥，包含宇宙万象。如老子以太虚为神与气之所从生，即是无能生有。有从无而生，遂为虚无之所包含。此种见恐是道家所独有，宋儒亦颇袭其说，张横渠《正蒙》有明文可证"②。熊十力批评说："横渠之学本于老子，而所窥于老子者殊少。老子言神、言气，皆以太虚为本。横渠粗识于老子者只此耳。"③

熊十力此说，并不完全否定横渠的意义。即是说，儒释道天人不二虽有异，但既然同是一般意义上的天人不二，那么二氏之道当然也有可观者。这便是三家同有老子特别以"为道日损"四字标示出来的"智慧之学"，或者说，三家都深观群变，深会古《易》对"天行自然之妙"的体察，"其精神所注，唯在人生之修养与改造，故专致力于内心之自缘与克治杂染"④。熊十力赞曰："惟二氏静定工夫极深，吾人亦宜体会其大旨，而于日常生活中恒保持精神专一，毋懈怠纷散，此乃培养智慧之

① 熊十力：《体用论》，北京：中华书局，1996 年，第 50 页。
② 熊十力：《体用论》，北京：中华书局，1996 年，第 290 页。
③ 熊十力：《体用论》，北京：中华书局，1996 年，第 461 页。
④ 熊十力：《体用论》，北京：中华书局，1996 年，第 180、277、461 页。

所必需。"①

　　熊十力所标出的道家"有生于无"的这种"浮明"义,被牟宗三表达为让开一步、不生之生、不着之生、境界形态之生的"道家体用义"②,并以"共法""母道"等语特别表彰之③。这种体用义自与儒家的体用义不同,但也天人不二,而绝非"体用殊绝"。在此牟宗三说横渠把"虚能生气"与"虚空即气"对立起来以批评道家,是不谛的。当然,这并不意味着牟宗三认同熊十力,判横渠的"虚"与道家的"无"无以别。牟宗三既然认定横渠立儒家义的体用不二,则必然同时强调"虚空即气"不同于道家的"有生于无",是儒家义的天人不二。"乾知"与"气化本身的光彩"或"浮明"的异同问题,再次被突出了。

　　4. 第四个问题,横渠以"阴阳"说乾坤,是否可通于以"心物"说乾坤?横渠常常乾坤、阴阳、心物并用:

　　　　心能尽性,"人能弘道"也;性不知检其心,"非道弘人"也。(《正蒙·诚明》)

　　　　性于人无不善,系其善反不善反而已,过天地之化,不善反者也;命于人无不正,系其顺与不顺而已,行险以侥幸,不顺命者也。(《正蒙·诚明》)

　　　　性未成则善恶混。(《正蒙·诚明》)

　　　　形而后有气质之性,善反之则天地之性存焉。故气质之性,君子有弗性者焉。(《正蒙·诚明》)

　　　　由象识心,徇象丧心。知象者心,存象之心,亦象而已,谓之心可乎?(《正蒙·大心》)

　　　　天性,乾坤、阴阳也,二端故有感,本一故能合。(《正蒙·乾称》)

　　　　天惟运动一气,鼓万物而生,无心以恤物。圣人则有忧患,不

①　熊十力:《体用论》,北京:中华书局,1996年,第231页。

②　牟宗三:《心体与性体》(一),《牟宗三先生全集》第5册,台北:联经出版事业股份有限公司,2003年,第486页。

③　牟宗三:《才性与玄理》,《牟宗三先生全集》第2册,台北:联经出版事业股份有限公司,2003年,第435–436页;同时参阅陈迎年《牟宗三先生"分别说与非分别说"再议》,《人文杂志》2005年第4期。

得似天。(《横渠易说·系辞上》)

这涉及横渠气论("太和")与心性论("大心")是否能成功地联通一体。在《心体与性体》一书中,关于横渠的心性论有更多的内容,牟宗三用了两倍于气论的篇幅讨论之。按牟宗三的理解,横渠的气论是客观地、形式地言之,好像只是空头的本体论、宇宙论("善恶混""惟运动一气"等)而与心性毫无关涉;但究其实际,横渠对于主观的实践面也很重视,气化之道亦必由心性之道来贞定和呈现("圣人善反""心能尽性"等),这便是"心的著性义"。这样,代表客观性原则的气论(性,乾坤阴阳)与代表主观性原则、形著原则、具体化原则的心性论(心,乾阳)在横渠那里便是合一的,此所谓即存在即活动、天道性命相贯通。按这种理解,横渠的阴阳即是乾坤,即是心物,都能够代表实体的两种功用。

但是,据熊十力气一元论的定位,横渠虽然也可讲心说神,但其心神俱是泛神论的,只是气化本身的光彩,是自然主义的浮明,而非真正的人心(乾知)。在这里,熊十力区分了两种传统。一是古术数家的易说传统,观四时变异,联想春夏和暖万物生长现象说乾是天的阳气,联想秋冬寒冷万物肃杀现象说坤是天的阴气,万物化成,莫非阴阳二气变化之所为,且把阴阳二气的来源归诸天帝;二是孔子周易的传统,扫除尽净先民的迷谬,言阴阳别有新义,说乾为生命、心灵,说坤为物质、能力,心物相参,人代天工而裁成万物。孔子传统是孔子自觉有别于古帝王事业而作六经始成学,虽不绝如缕,但可惜自秦汉以来即因小儒媚世主而遭窜乱伪毁废隐。古术数家的易说传统本近先民的迷信传统,以乾坤为阴阳二气,经秦汉小儒提倡,且与黄老道家气化之论不约而自然合流,遂把古术数家与古阴阳家合流,做成一种风气和定论。[①] 照这种划分,横渠被确定无疑地划归阴阳二气传统,而与心物传统拉开了距离。

熊十力此说并非没有可讨论的地方,如为什么横渠一定就是取阴阳二气之"象",而孔子就是以阴阳二气为"喻",且喻与象"根本不同",

---

① 　熊十力:《体用论》,北京:中华书局,1996年,第425—430页。

"互相隔绝，不可混作一谈"？① 但熊十力的意思却是明确的，即横渠气一元论无法确立真正的道德主体以起真正的道德实践，最多只是"易之失贼"。

四　善的来源

　　牟宗三与熊十力就横渠所起的争执大体有四方面的内容。一是横渠哲学究竟是与道家合流的"气一元论"还是儒家的"体用不二"，其"气"到底是"形上实体"还是"形下流行"。二是横渠哲学究竟是自然主义还是人文主义，其"神"到底是唯气论与泛神论合一所带出的光彩、质力不二还是超然遍、常、一的神体。三是横渠哲学究竟是人道空虚、唯任造化玩弄的境界论还是参赞神化、天人不二的实有论，其"虚空即气"到底是道家的"无能生有"还是儒家的"人代天工"。四是横渠哲学究竟是"阴阳不二"还是"心物不二"，其"心"到底是"浮明"还是"乾知"。透过牟宗三与熊十力就横渠所起的重重争执，隐隐约约地看到一个问题：儒家超越的道德本心究竟如何挺立？康德说，必须否定知识，以便为信仰留下地盘。儒家的善是信仰的对象，不可究诘，只能独断论地确立和传承下来，抑或也是知识的对象，自可论证，亦有其来源？

　　这个问题的所由起，是因为熊十力在讨论横渠的时候，常常把横渠与道家相系，一是说人道空虚，其自然主义的心，实不过是唯任造化玩弄、超脱现实世界以养神的"浮明"罢了，与儒家的"乾知"根本不同；二是说贼天害义，其泛神论的心常常借天立说，贵阳贱阴、尊阳卑阴，取象君、父为乾且定于一尊，而为中国宗法社会时期的教条。两相结合，正是"易之失贼"，偷窃天道以济私。第一点前文多有谈及，第二点考之《西铭》"大君者，吾父母宗子"云云，似乎也很明显。而且横渠更有明文："阳遍体众阴，众阴共事一阳，理也。是故二君共一民，一民事二君，上与下皆小人之道也；一君而体二民，二民而宗一君，上与下皆君子之道也。"（《正蒙·大易》）于是似成铁案，无须再谈。

　　不过，假设熊十力对横渠的批评完全正当，熊十力自己却也无法逃避以下追问：儒家自己是否也是"易之失贼"呢？其体用不二究竟只是

――――――――――
　　①　熊十力：《体用论》，北京：中华书局，1996 年，第 435-440 页。

一种纯粹的"应该"呢，抑或有其所"是"？

这是因为，首先，熊十力自己承认，中国历史上的儒家常常宣扬"奴隶的道德"，"反人民、反革命、反科学"，盖"中国古帝王乃利用孝弟之教，以拥护统治，人性始被穿凿，失其自然。而宗法社会思想，亦与皇帝专制之局，互相依而延长数千年，岂不惜哉！"① 当然，熊十力可以辩解说，这是小康派小儒、奴儒的窜乱与伪托，与专制皇权的荼毒与戕害，两相联手所致，而有失大道派儒学之正。考虑到学术思想自身的逻辑，这是一种弱辩解，无法完全消除人们的疑问。

其次，更为重要的是，即便大道派儒学的体用不二，也会遇到与横渠类似的问题。如果说，"圣人不曰一元生乾、生坤，而曰乾元、坤元，此其根本不同于宗教之天帝与哲学家之一性论者也"②，"孔子不许建元以统万物，并非不承认万物有元，但当以一元归藏于万物自身，此其真知正见所决定也"③，那么，人们就会追问，既然乾坤互含而为实体内在的相反平权的两性，"尊论翕辟犹承乾坤，殆有善恶二元之意与？"④ 如果说，天人一心，乾元即本体，而为宇宙大心，故乾统御坤、阳明统御阴暗、心灵统御物质、善统治恶，而不肯妄执矛盾以观测人生，那么，人们就会追问，乾元为主，来自自然主义的生命体验，仍是古代迷信天帝的遗教，抑或是专从好的方面看人生的单纯愿望或信仰？坤元如何同时得到保障？

且不论道家是否也是"从好的方面看人生"的问题，在儒家内部，熊十力仍然需要回答，大道派儒学的"乾元"与小康派儒学的"建元"，区别真有如此之大吗？乾坤互含而有男女平等、众人平等义，也有明暗平等、优劣平等、善恶平等、公私平等、性形平等、净染平等义否？乾统坤、乾主坤而有自强不息、生生不息义，也有尊心卑身、贵知贱欲义否？反过来，如果说体用不二既有乾坤两性的平权意味，又能够保证实体的一元统一，从而在整个社会上塑造一种积极刚健、向上乐观的生生状态，因而其乾坤互含与乾统坤、乾主坤并无矛盾，那么，熊十力的重点就是究竟如何能够既平权又统一、既特殊又普遍的问题，而非执着于

---

① 熊十力：《体用论》，北京：中华书局，1996 年，第 352、32、353 页。

② 熊十力：《体用论》，北京：中华书局，1996 年，第 498 页。

③ 熊十力：《体用论》，北京：中华书局，1996 年，第 503 页。

④ 熊十力：《体用论》，北京：中华书局，1996 年，第 261 页。

普遍性、统一性的表达问题，执着于其究竟应该喻之以"天"还是喻之
以"公"等。换言之，对于"天帝""君"等亦可不必耿耿于怀，只要
它譬喻的是真正的普遍性、统一性；对于"公""善"等亦可不必念念
不忘，因为它很容易就能蜕变为吞噬众人的"天帝"或"君"。

　　不过，熊十力的立意是清晰的，那便是提倡积极的人生观，"不起空
见，不作虚无想，不生厌离欲"①，而立天下为公、天下一家、万物各得
其所、群龙无首等义。换言之，恰恰是天下为公、天下一家、万物各得
其所、群龙无首诸义成就了善，而非善成就了诸义。善并非如天帝那样
现成在手。善是人的作品。对儒家具有实质意义的问题便是，怎样成就
真正的善呢？观熊十力所思，要点有二。

　　一是肯定精神、肯定自由。乾统坤、乾主坤，究其实，便是个体对
于自己生命的独立掌控能力，肯定人皆有自由意志，人皆自主。"夫精神
非上帝，非幽灵，乃吾人本有之灵性也。人皆有自由意志，有宏深精密
的思想，有丰富的情感，此皆精神现象也。"② 由此出发，熊十力反对专
制，反对别立一元，而强调群龙无首、各得其所等。再进一步，熊十力
强调政治不过是众人的事情，皆当尊重人的这种自主，而为民主政治。
"除美国贪毒之当权者最少数人而外，决无有顽抗民主之新运者。"③

　　二是肯定欲望、肯定知识。精神、自由并非浮明，光秃秃地单独在
那里存在。乾坤互含，坤为质力，则人是有形气的独立体，欲望自有人
的自我保存、自我提高义，而不能视其为绝对的恶。因此熊十力一方面
批评道家绝欲黜智、反知而訾文明、绝欲而思朴素，批评佛家反人生、
毁宇宙、抗拒造化生生，强调人类皆有欲望需要满足；另一方面要求儒
家在"悟道"的同时"明几"，以"乾知"的智慧融"良知"与"知
识"为一体。"知识既成，即是权力。权力自然要向外发展。今后改善
人类实际生活，当更集中力量开辟物质宇宙，向外发展之要求方兴未艾
也。"④ 若再就物质利益的分配对欲望的满足同样有重要意义而言，则知
识不光是向物的权力，也是向人的权力，是治道中绝不可缺少的因素。

---

① 熊十力：《体用论》，北京：中华书局，1996年，第406页。
② 熊十力：《体用论》，北京：中华书局，1996年，第146页。
③ 熊十力：《体用论》，北京：中华书局，1996年，第32页。
④ 熊十力：《体用论》，北京：中华书局，1996年，第281页。

横渠当然并没有如许言说，但究其实际却也无法肯定地说，横渠对于身心、群己的区分（乾坤互含）和统一（乾统御坤）等了无意识。如果说，熊十力批评横渠气一元论是要防范对于人生的自然主义的理解，防止把对自然的知识变成谋私的工具，那么，牟宗三肯定横渠气一元论则是要融合自然与自由，成就对于人生的人文主义的理解。若纯从欲望的满足、利益的分配、权利的保障等人的"自然生存"（乾坤互含）方面来理解人生，当然有助于建立契约、形成统一，但这种契约或统一必然只是暂时的，今天可以为了欲望的满足而达成契约，明天同样可以为了欲望的满足而撕毁契约，于是真正的统一性、普遍性根本无法建立。若纯从无私奉献、助人为乐、舍小成大等人的"道德存在"（乾统御坤）方面来理解人生，统一性、普遍性等作为"常道"当然千古不变，但容易忘其所"是"，现实的人的欲望、利益、权利等均遭无视，以奉普遍性的虚或统一性的伪，此所谓"礼教吃人"。熊牟两人的争执表明，横渠自身本已兼自然与自由，此亦"兼体无累"。横渠说：

徇物丧心，人化物而灭天理者乎！存神过化，忘物累而顺性命者乎！（《正蒙·神化》）

世人知道之自然，未始识自然之为体尔。（《正蒙·天道》）

尽性然后知生无所得则死无所丧。（《正蒙·诚明》）

大其心则能体天下之物，物有未体，则心为有外。（《正蒙·大心》）

有无虚实通为一物者，性也；不能为一，非尽性也。饮食男女皆性也，是乌可灭？然则有无皆性也，是岂无对？庄、老、浮屠为此说久矣，果畅真理乎？（《正蒙·乾称》）

"徇物"故"丧心"，人陷于自然主义的纯物化之中，等同于一物。但"徇心"亦必"丧心"，"存神过化"不是要"忘物"，而是说唯有不为"物累"，成就物、实现物、完成物，方才能够顺性命、一天人，心物两成真。横渠这是从"道之自然"中，跳跃一下，肯定"自然之体"，不违反自然，而又能高于自然。不违反自然，万物皆需体，饮食男女皆性；高于自然，其中有对，生无所得死无所丧，存没顺宁，而有天地之性，自由得存焉。

　　这意味着，儒家的善虽不能不有跳跃，但其基本意义仍不能不来源于饮食男女等生民故事。换言之，"心性"虽然是超越者，是超时空的常道，但也必须能够自然、经验地确立。人们一般目熊十力为形而上学家，仿佛其只究心绝对、先在、不变的"本体"。但是，熊十力在殊特义的"唯气论"处肯认一"泛神论"，强调质力不二等，已经对"心性"的经验主义来源无法否定了，从而跟被其批评为气一元论者的横渠有了共同的基础。后来，牟宗三表彰道家境界形态的形而上学的"母道""共法"义，便是对这一基础的继承和光大。至于牟宗三著名的"良知坎陷"则不过是说，超时空而不生不灭的道德本体，不能不来源于在时空中生灭变化的经验生活，或者简单来说，是经验生活自下而上地自然创造了良知，而非良知本体自上而下地故意创造了生活，这是"坎陷"的决定义。

第三节　牟宗三政治哲学的心学传统

　　传统政治哲学，比如在王阳明那里，究竟有没有意识到必须讲清楚"心性"的来源问题呢？如果说，"自由及公开的检讨"只是"批判时代"的特殊要求，那么答案就是否定的。但如果我们从"批判时代"反观时，又有什么样的答案呢？这里还是借熊十力而为言。

　　熊十力不但开创了学宗阳明的"熊十力学派"①，而且还可以借其指近代中国受王阳明影响的"哲学家群体"②。对于自己学宗阳明，熊十力并不讳言："儒家之学，唯阳明善承孔孟。阳明以天也、命也、性也、心也、理也、知也、物也打成一片，此宜深究。"③ 甚至王阳明被推举为孔

---

① 余英时 1991 年使用了"熊十力学派"一词。李泽厚 1995 年也使用了"熊十力学派"这一称谓，并将其与"牟宗三学派"区别。

② 这应该已经成为学界的一个共识了。相关证据颇多，这里不能尽举，仅列五例：杨国荣《熊十力与王学》，《天津社会科学》1989 年第 2 期；杨国荣《王学通论——从王阳明到熊十力》，上海：华东师范大学出版社，2003 年；余英时《犹记风吹水上鳞——钱穆与现代中国学术》，台北：三民书局股份有限公司，1991 年；刘梁剑《本体的开显和哲学话语的创生：熊十力阳明学的一个面相》，《贵阳学院学报》（社会科学版）2016 年第 5 期；张庆熊《见证本体后不可废量智——论熊十力对王阳明及其后学的批评》，《阳明学刊》2016 年。

③ 熊十力：《十力语要》，《熊十力全集》第 4 卷，武汉：湖北教育出版社，2001 年，第 296 页。

子之后几千年中的第一人："晚周六国以后，二三千年间贤儒求仁而不背于孔子者，唯王阳明一人耳。"熊十力曾以阳明自比："王阳明自谓发见良知，为千古之一快。余发见体用、天人，亦可引阳明之一快以自慰。"① 其体用论、天人论等，便是其所揭示的王阳明"良知"的当代价值。②

不过，熊十力又不断强调自己归宗于《易》。"中国一切学术思想，其根源都在《大易》。此是智慧大宝藏。"③"吾儒以《大易》为宗。""中国哲学思想，归于《易》所云穷理尽性至命。……《新论》所谈本体，即此理也，性也，命也……《新论》确是儒家骨骼。"④ 这样，《易》与阳明心学的关系，或者说阳明的"良知"如何继承发挥了"大易"，"良知"究竟是否即是"易体"或"本体"的问题，便不能不成为考察的焦点。

本节围绕这个焦点，通过对"良知在什么意义上是本体，在什么意义上又不是本体"这一中心问题的讨论，表明熊十力承继传统而又放眼世界，"证会"本心而又不遗"知识"，以"玄学"的形式会通了中西，既指出了阳明学的"量智"的不足，又强调其"性智"的现代意义。"量智"不足，则"良知"只表示"乾统御坤"的"性智"；有"知识""法权"等以实之，则"良知"即是"乾坤互含"的"本体"。前者"心性"首出庶物；后者群龙无首，"存在"或"生活"为第一要务。在人类存在状态还未发生根本性改变的前提下，熊十力"乾坤互含"及"乾统御坤"的本体论立场、量论以通玄的方法、自由的大方向等，都仍然是建构当代儒学时的不易之论。通过这个角度，我们再次观察牟宗

① 熊十力：《体用论》，《熊十力全集》第7卷，武汉：湖北教育出版社，2001年，第277、299页。

② 把熊十力的体用论、天人论当成王阳明心学的当代诠释，来说明阳明心学的当代价值，似乎会遭遇些许尴尬：对于熊十力的体用论、天人论，论者也是众说纷纭，莫衷一是。换言之，我们本来想以A来说明B，但现在A并不比B更好理解，那么A是否选错了的问题便生起了。不过，众说纷纭、莫衷一是也可以不是一种缺乏，而恰恰表明熊十力搔到了王阳明的某个痒处，因此才能吸引众人的讨论，指示出阳明心学当代价值的某种可能性。从可能性出发，这里追问的重点是，对熊十力的"玄学"的众说纷纭，揭示了王阳明的"心学"的现代转化过程中的何种困境？

③ 熊十力：《新唯识论》（删定本），《熊十力全集》第6卷，武汉：湖北教育出版社，2001年，第13页。

④ 熊十力：《十力语要》，《熊十力全集》第4卷，武汉：湖北教育出版社，2001年，第433、353页。

三政治哲学中"超出"和"未超出"传统的部分，观察其一定要把"国家"与"心性"联结起来的原因等，会有别样的收获。不过，本节重在分析熊十力的良知学，至于这种心学传统对于牟宗三政治哲学的意义则引而不发，留待下节再具体讨论。

一　良知即是本体

一般来说，无论孔子是否实作《易》，只孔子赞《易》一条已经表明两者可以是一致的。因此，阳明心学是儒学，也是易学。阳明曰："良知即是《易》。"（《传习录》下）熊十力亦曰："阳明以身作则，继述孔子《大易》之道也。"[①] 两人都把良知与《易》牵系一处。不过，与王阳明不同的是，熊十力的整个体系却是建基于此的。

《易》方面，且不论阳明玩易，仅熊十力《读经示要》"略说六经大义"，首讲《易经》，却是洋洋洒洒，比重大过其他五经的总和。按熊十力的理解，《易》为五经之原，五经根本大义，皆在于《易》，于是理解了《易》，便等于理解了孔子，理解了儒家文化。但易道广大，如此重要的《易》之"要"又何在呢？熊十力指出："乾坤为《易》之纲宗。纲宗得，而全《易》可识矣。"纲者纲领，宗者宗主，《易》的纲领和宗主被熊十力确定为"乾坤皆用""乾坤合德""乾坤互含"等。[②] 由此出发，熊十力在乾与坤、心与物、阴与阳、翕与辟、天与人、质与力、理与气、理与欲、形与神、形与性、能与所、善与恶、治与乱、君子与小人等的"相反相成"[③] 中，盛言天人不二、体用不二、翕辟成变、生生

---

①　熊十力：《体用论》，《熊十力全集》第 7 卷，武汉：湖北教育出版社，2001 年，第 583 页。

②　熊十力：《读经示要》，《熊十力全集》第 3 卷，武汉：湖北教育出版社，2001 年，第 927、959、966 页；《体用论》，《熊十力全集》第 7 卷，武汉：湖北教育出版社，2001 年，第 643 页。

③　"阴阳二名，本无处不可应用。如以乾坤言，乾阳而坤阴也，以翕辟言，则辟阳而翕阴也。以心物言，则心阳而物阴也。此皆就哲学上言之。若就科学上所谓质力言，则不妨说力阳而质阴。然就哲学言之，科学所谓能力，实亦属阴，而不得属阳。唯心或神说为阳耳。就人生论言之，如理为阳，而欲为阴也。善为阳，而恶为阴也。君子为阳，而小人为阴也。治为阳，而乱为阴也。如上所举，已示方隅。阴阳二名，皆最大之公名。唯视所表，而定其义。义备有据，不可混淆。此治《易》者所不可不知。"熊十力：《读经示要》，《熊十力全集》第 3 卷，武汉：湖北教育出版社，2001 年，第 945 页。

不息诸"相反相成的法则",把本体、实体、道体、仁体、心体等理解为"相反相成的整体"。

良知方面,阳明学以致良知立宗。在王阳明那里,良知者,"本心之良知"也,"吾心之良知"也,即是天理,即是心之本体,即是性,即是《易》。这真可谓"打成一片"。总的来说,"打成一片"也就是心即理、心即性、知行合一、天人合一、有无不二、体用不二等。但是,既然已经"打成一片"了,那么除了证会默契之外,又如何能够分而言之呢?难道每一次言说本身,不也就存在着对"打成一片"的破坏与背离吗?《传习录》下有一条。侃问:"先儒以心之静为体,心之动为用,如何?"先生曰:"心不可以动静为体用。动静时也,即体而言用在体,即用而言体在用,是谓'体用一源'。若说静可以见其体,动可以见其用,却不妨。"熊十力赞其为"证真之谈",并接着强调:"所以,体用可分而实不可分。此意只可向解人道得,难为不知者言也。"① "实不可分"即"打成一片","可分"显然只能是"证真"之后的方便事情,即阳明所谓"横说竖说皆是"之乐矣。② 两方面结合,熊十力说良知即本体有如下四个环节。

1. 即用显体,认为阳明的"良知""本心"即是"本体""实体",即是乾坤"相反相成的整体"

熊十力盛赞王阳明的良知说。"至阳明子超然神悟,始发明心体,即是良知。""阳明之良知,即本心,亦即明德。"而熊十力的重点,便是以乾坤相反相成的"实体"来解说"良知"。熊十力自谓,少时读阳明"无声无臭独知时,此是乾坤万有基。抛却自家无尽藏,沿门持钵效贫儿"诗,觉得很难理解:我的心并不是先在之物,根本无法超脱天地万物,反倒是随我的身生生后方有,那么如何可以说"良知"即是"乾坤万有基"呢?后读《列子·天瑞篇》而有"脱然神悟":"向以缘虑纷驰,物化而不神者为心。而岂知兀然运化,无定在而靡不在,遍万有而

---

① 熊十力:《体用论》,《熊十力全集》第7卷,武汉:湖北教育出版社,2001年,第53页;《读经示要》,《熊十力全集》第3卷,武汉:湖北教育出版社,2001年,第659页。

② 熊十力:《新唯识论》,《熊十力全集》第3卷,武汉:湖北教育出版社,2001年,第499页。

为之宰，周吾身而为之君者，此乃吾之本心耶？"①

本体、实体的心也就是"宇宙的心"，或者说"宇宙精神"。不过，既然说"我"的本心、良知即是实体的心、宇宙的心，那么小大、人天之间显然还是有别的，如何"脱然神悟"的问题似乎还是未明的。从方法论上，熊十力解释说，"脱然神悟"就是"即用显体"："道体不即是阴阳，然不可离一阴一阳而觅道体。故曰一阴一阳之谓道。犹之大海水，不即是各各沤波，而不可离各各沤波，以觅大海水。乃即于各各沤波，而名大海水。《新论》云：'即用显体者'，即此义。大用流行，即是真体呈现。是故变易即不易，而体用不二。《新论》全部，不外发挥此旨。由体成用，说不易即是变易。从用见体，说变易即是不易。又变易以流行言，不易谓流行中有主宰。哲学家或计本体是变易的，而不知变易即不易。或计本体是恒常不易的，而不知不易即变易。此皆以臆想测至道，故堕偏执也。子贡叹性与天道不可得而闻，则既闻之矣。然《论语》所记，特详人伦日用，则天道之谈，在《大易》可知。"②

2. 实体是一，强调阳明心学即心物一体的玄学

"本心即万化实体，而随义差别，则有多名。"③ 当熊十力把阳明的本心特别理解为乾坤相反相成的整体时，"心"便同时包括了"心"与"物"。"《新论》故指出实体即是吾之本心，此非外在，更不容向外穷索，要在反求自证，此《新论》之旨也。本心即是实体，而又曰有实体乎？是头上安头也，是妄执也，《新论》何曾如是乎？"④ 心既是用，又是体；既是乾心，又是乾坤互含的心物整体，这当然很玄学。"穷究宇宙本体之学，谓之玄学。阳明则直指本心，盖以宇宙本体，不待向外求索。反诸吾之本心，当下即是，岂远乎哉？吾心之本体，即是万物之本体。非

① 熊十力：《读经示要》，《熊十力全集》第3卷，武汉：湖北教育出版社，2001年，第656、630页。
② 熊十力：《读经示要》，《熊十力全集》第3卷，武汉：湖北教育出版社，2001年，第571页。
③ 熊十力：《读经示要》，《熊十力全集》第3卷，武汉：湖北教育出版社，2001年，第636页。
④ 熊十力：《新唯识论》，《熊十力全集》第3卷，武汉：湖北教育出版社，2001年，第535页。

有二本也。故阳明派下，又立心学之名。其实阳明派之心学，仍是玄学。"熊十力赞曰："阳明以致知之知为本心，亦即是本体。不独深得《大学》之旨，而实六经宗要所在。中国学术本原，确在乎是。中国哲学，由道德实践，而证得真体，异乎西洋学者之搏量构画，而无实得。"①

"乾心，坤物，所以合德，而成变化。"熊十力强调，证得真体是理实如此，而非妄臆之谈。换言之，不是我的觉心"主观"地觉识到乾坤实体，而是乾坤实体把其实事实理"客观"地安放入了我的觉心。即所谓"本心者，依万化之实体而得名，此吾人与天地万物所共有"。从此，本心、良知等远离了一切颠倒私欲，而得其绝对精神、宇宙精神之正，即是本体、实体。这便是"理即心"："实体是一，而其成变化，即现为万物，乃于一一物中，随在皆为其宰。《新唯识论》无非发挥此义。是故克就吾人而言，则说实体为吾人所以生之理。是理也，乃周运乎吾身之中而为之主者，故名以本心。"②

3. 心外无物，指出阳明建立完成了唯心论体系

心是乾坤相反相成的整体，是本体心、实体心，则心外必然无物。熊十力表彰说："阳明语录中，明天下无心外之物，其语屡见不一见。盖完成唯心论之体系，宏廓而谨严。"这个"唯心论体系"，若简言之，就是由心或知出发来说明和规定万事万物。"识得本心，则万化万变，万事万物，万理，万德，皆反己体认而得其源。《大易》所谓大生广生之蕴，不疾而速不行而至之神，富有日新之盛，一求诸己而已足矣。"③

不过，心外无物既可以就传统的道德实践来说，强调生命实践中"理即心"与"心即理"的一滚和循环往复，而为玄学的，也可以特别强调知识因素，而为科学的和现代政治学的。熊十力念念不忘"量论"，原因正在此。牟宗三的良知坎陷，也可溯源至此，而特别粘连"由体成用"还是"从用见体"的路径分别。对良知坎陷的赞叹与挖苦等，同样能够在熊十力这里找寻到线索。

---

① 熊十力：《读经示要》，《熊十力全集》第3卷，武汉：湖北教育出版社，2001年，第635、666页。

② 熊十力：《读经示要》，《熊十力全集》第3卷，武汉：湖北教育出版社，2001年，第966、632、631页。

③ 熊十力：《读经示要》，《熊十力全集》第3卷，武汉：湖北教育出版社，2001年，第665、632页。

4. 过墙抽梯，承认觉感心并非就是本心、实体

"即用显体"以言本心、良知，则乾心不即是本体、实体，这是其题中必含的一义。熊十力明言："天地万物本吾一体，须向天地万物同体处，即万化大源处，认识本心。现前虚灵不昧者，只是本心之发用，而未即是本心。虚灵者，动相也，动则可以违其本也。唯动而恒寂，乃是本心通体呈现。"①

这里的麻烦是，乾心与乾心坤物实体"不一不异"，虚灵觉感心不即是本心，但本心又无法离虚灵觉感心而显。因此，本心必兼两相，吾人必须有觉感（明觉心），而同时又没有觉感（虚寂心）。没有觉感，是说这种觉感并非"思维中所构画的一种境界"，或者其他任何一种意必固我；有觉感，是说吾人"亲证实在而实与之为一"；虚、灵合而言之，"《新论》则直指本心，通物我内外，浑然为一，正以孟氏所谓'反身而诚'者得之，非是思惟之境"。② 这是觉而无觉、思而无思、我而无我的，不是我在觉感，而是实体通过我觉感；不是我在说话，而是本心命我说话。此所谓"良知本然之明，不由议拟，不容增损"③。

综上所述，熊十力对王阳明"良知"的第一层理解，是良知、本心的一滚说，把乾坤、心物、阴阳等都收摄为一，说良知就是本体、实体。相应地，这里的本体、实体，也是体用的一滚说，虽标举"体"之名，但实说"法尔道理"，是指天地宇宙间"阴阳相待而变化成，万物繁然并生，至赜而不可恶，至动而不可乱"的"自然"。④

二　良知不即是本体

熊十力阳明学的第一层要义，便是把王阳明的良知说为本体。但是，熊十力又批评说，阳明以良知为本体"乃大谬"：

---

① 熊十力：《读经示要》，《熊十力全集》第 3 卷，武汉：湖北教育出版社，2001 年，第 633 页。
② 熊十力：《新唯识论》，《熊十力全集》第 3 卷，武汉：湖北教育出版社，2001 年，第 18、532 页。
③ 熊十力：《读经示要》，《熊十力全集》第 3 卷，武汉：湖北教育出版社，2001 年，第 646 页。
④ 熊十力：《读经示要》，《熊十力全集》第 3 卷，武汉：湖北教育出版社，2001 年，第 949 页。

王阳明倡致良知之学，与余今所提出之智，其义旨本相近。（先圣早以崇智之道教人，而废绝已久，余故重提。阳明言"良知"，本承孔门所说之智而开演之。但阳明有时将良知说为本体，此乃大谬，盖为禅宗所误耳。若去其夹杂禅学之谬处，则良知即是智，亦不背圣学。）余最喜阳明为求智者指示用力之要在一"致"字。致者，推扩之谓。吾人于所本有之智必尽力推动与扩大之。推动之道无他，损除其害智者而已。[①]

这段话虽出自《体用论》，却是熊十力一贯的想法，《新唯识论》《读经示要》等同样也不能违背。其中意思，分说如下。

1. 良知非即是本体（本心），而只是智（知）

以良知为本体，是即用显体；以良知为智，则是举体成用。即用显体，熊十力把良知理解为乾坤互含、体用不二的整体，现成具在。举体成用，则良知即便属乾心，但仍然只是心用或者说心的觉感之能，也即"人类特有之最高级心灵作用，所谓智"[②]。熊十力的这种区分，不但不违"即用显体"，而且可以说是"即用显体"题中必含之义，毕竟"体用不二"的思维前提是体与用各有其义规定，即所谓"体用不一"。不过两者的差别也是明显的：以良知为本体，重乾坤互含、体用不二整体的"客观义"与"现成义"；以良知为智，则偏于以心著性的"主观义"与"主动义"。

2. 智非即是本心，而为本心之明，是为性智

熊十力承认，人类在生活中觉感到了问题，必思维以求解决，此间必有心力的运用；但熊接着便强调，不是所有的觉感都可以称为智，"本心天然之明才是智"[③]。换言之，不是心的所有的"主观义"都可以称为智，智（知、良知）只指本心之明，而不包括习心之用。因此熊十力又特别称此智为"性智"。"夫性者，生生之本然，其存乎吾人者，即《大易》所谓'乾以易知'之知也。阳明子所谓'良知'，吾《新论》所云

① 熊十力：《体用论》，《熊十力全集》第 7 卷，武汉：湖北教育出版社，2001 年，第237 页。

② 熊十力：《体用论》，《熊十力全集》第 7 卷，武汉：湖北教育出版社，2001 年，第235-236 页。

③ 熊十力：《体用论》，《熊十力全集》第 7 卷，武汉：湖北教育出版社，2001 年，第 240 页。

'性智'也。""性智"者，"即用而言体在用"，或者说"举体成用"，强调其智"皆本心之目"，照体而独立。"照体者，言本心自体，元是明觉的，无有迷暗。独立者，绝对义，主宰义。"熊十力又称之为纯净、清净无杂染的大明。"阳明说良知为精灵者，精即清净义，灵即大明义。"①这样的智就是"自明之慧"②，也即本心的自我震动。

由此出发，熊十力将一切离开本心自我震动的"主观心能"都视为"习染"，约略二指。一是"知见方面之习染"，指人们在实际生活为了应对生存需要而对物质世界有"种种追求、种种分别"，而形成的"一切知识或见解"；二是"情意方面之习染"，指贪财、贪名、贪利等"私欲"。而本心的自我震动，就是对于第二类习心"必克去而务尽"，对于第一类习心"则需防治而不可克去"。③

3. 智非孤明，而必推扩

这点颇难解。先看熊十力的三段话：

> 船山抨击阳明之良知说，以为良知只是孤明，不足靠。读者每不解孤明之义。余曰：船山意谓良知只是一个空洞的知，没有情、意的力用，所以说为孤明。实则船山此意，若以之言知识，当无不可；而以之言良知，便大谬。……船山以智为孤明，不独诬阳明，其于孔子所宗之仁恐犹未彻在。阳明言致良知，而坚主知行合一，则智、仁、勇三德皆备，可知已。④

> 阳明反对格物，即排斥知识，则由其学杂老与禅，遂成大错。后来王船山、顾亭林抨击阳明，虽不必妥当，然其救弊之意可取也。⑤

> 阳明言良知，则以为良知无所不知，而改变《大学》格物之本

---

① 熊十力：《读经示要》，《熊十力全集》第3卷，武汉：湖北教育出版社，2001年，第917-918、636、657页。
② 熊十力：《体用论》，《熊十力全集》第7卷，武汉：湖北教育出版社，2001年，第459页。
③ 熊十力：《体用论》，《熊十力全集》第7卷，武汉：湖北教育出版社，2001年，第241-242页。
④ 熊十力：《体用论》，《熊十力全集》第7卷，武汉：湖北教育出版社，2001年，第258-259页。
⑤ 熊十力：《体用论》，《熊十力全集》第7卷，武汉：湖北教育出版社，2001年，第254页。

义。殊不知，民智未进时，即缺乏格物之知，其所谓道德者常是大不道。①

　　这三段可以归为两条。第一段独自为一条，指船山"良知只是孤明"说为"大谬"，认定阳明的良知定非"孤明"。但第二、三段合为一条，与本章开头所引"阳明有时将良知说为本体，此乃大谬"云云相呼应，似乎是说阳明的良知有孤明之弊。察熊十力意思，"孤明"似就"认识心"或"知识"而言，有两指：一是说"认识心""为知识而知识"，没有道德情意的兴发力，不能"知行合一"，只是一个"空洞的知"；二是说若谓"良知"对于一切"知识"均"无所不知"，则有封闭僵化之弊，以为"本来现成""本来具足"、无须他求，是为"现成良知"。② 简言之，"孤明"或指认识心"只有知识"，或批评阳明的良知"排斥知识"而又自认"无所不知"。

　　这里似乎有个两难：若有情意的力用，有习染心，那么智虽然为开放的智、接物的智，但不是纯净、清净的性智呈现，不是本心之明的自我震动；若没有情意的力用，那么智虽然是性智、本心之明，却有孤明之弊，有封闭僵化之虞。问题出于人这种存在物本身。无论是大明心，还是习染心，都是人心的觉感之动，或者说心同时兼具习心、本心这两种可能性。"人既禀性而生，则成为形气的独立体，便自有权能，可以率性而为善，亦可以违背本性，而顺从躯体的盲动，用纵其恶。"但是，熊十力又认定习染心虽也是心，却不得名心，而将其推原至坤物。"盖物来感而心应之，即通过物质而于其表里无不洞彻。心与物化，故成习染，故成经验。心通过物时，本与物同时迁谢，未尝暂停。然在那时心经历于物所成之习染，却有一种余势，并未与那时的心和物同灭。"③ 这样，本心之明的自我震动既离不开习染，必须即坤物以显，是开放接物的智，又必须防治、克服习染，而保任本心的大明，是远离一切迷暗的智。

---

① 熊十力：《体用论》，《熊十力全集》第 7 卷，武汉：湖北教育出版社，2001 年，第 274 页。

② 熊十力：《十力语要》，《熊十力全集》第 4 卷，武汉：湖北教育出版社，2001 年，第 402–403 页。

③ 熊十力：《体用论》，《熊十力全集》第 7 卷，武汉：湖北教育出版社，2001 年，第 229、243 页。

于是，也就有了《读经示要》中颇近矛盾的判法。一方面认为阳明见地较朱子为深，"心即理"中已经包含、承认了心能了别"在物"之理；另一方面又批评阳明"不免遗物"，"过于忽视知识"，失《大学》格物本义。一方面强调阳明致知之说"无可易"，另一方面又认为格物之义"宜酌采朱子"。① 也因此有了牟宗三与熊十力关于格物致知的反复辩难。不过熊十力的意思是明确的，以智必"推扩"说，一方面保持智的开放性，吸纳知识、民主等，自下而上地破除孤明、拘持；另一方面又保持智的纯净性，称"推扩"以"保任"为前提，因而"格物实非外向"，所谓"推扩"只是自上而下的"本立而后发用"，正如"红炉点雪"，也如"太阳常出，魍魉全消"。②

4. 心在君位，唯心论成，智还是本体

"红炉点雪""太阳常出，魍魉全消"等虽是譬喻，而譬喻只有少分相似，不可执喻失义，但熊十力此喻的所指却是无异指的，那就是"发明心体"，使"心在君位"③。心在君位，则智能照物复不滞于物，此时熊十力不再坚持"本心"（本体）与"本心之明"（智）的区分，反复宣说此"智"即为"本体"。"性智者，即是真实的自己底觉悟。此中真的自己一词，即谓本体。""本体是要反求自得的，本体就是吾人固有的性智。""性智，即是本体。"④

当"本心的自知自识"或"本心自己知道自己"⑤ 成为"智"的决定义，当"本心之自明自了，是谓见性"或"本心者，内在固有之权度也"⑥ 成为"体"的决定义，则熊十力的唯心论也就建成了。这个建体立极的唯心论虽由觉悟而来，但熊十力却强调它不能不有两步。第一步，

---

① 熊十力：《读经示要》，《熊十力全集》第 3 卷，武汉：湖北教育出版社，2001 年，第667 页。

② 熊十力：《十力语要》，《熊十力全集》第 4 卷，武汉：湖北教育出版社，2001 年，第403-404 页。

③ 熊十力：《读经示要》，《熊十力全集》第 3 卷，武汉：湖北教育出版社，2001 年，第654 页。

④ 熊十力：《新唯识论》，《熊十力全集》第 3 卷，武汉：湖北教育出版社，2001 年，第15、23、56 页。

⑤ 熊十力：《新唯识论》，《熊十力全集》第 3 卷，武汉：湖北教育出版社，2001 年，第21 页。

⑥ 熊十力：《读经示要》，《熊十力全集》第 3 卷，武汉：湖北教育出版社，2001 年，第586-587 页。

"唯保任固有性智"。熊十力强调，"夫哲学所穷究的，即是本体"，而"玄学见体，唯是性智，不兼量智，是义决定，不应狐疑"。"见体云者，非别以一心来见此本心，乃即本心之自觉自证，说名'见体'，此义确定，不可倾摇，玄学究极在此。如何说不纯恃性智或体认耶？此处容着得丝毫疑情耶？此非量智安足处所，宁待深言。顿超直悟入，当下亲体承当，不由推求，不循阶级，宗门大德，皆此境界，颜子、蒙庄、僧肇、辅嗣、明道、象山、阳明诸先生，虽所造有浅深，要同一路向也。"第二步，"玄学要不可遮拨量智者，见体以后大有事在。"这是说保任本体、直透本原固然是究极决定义，但不能不有推扩义。熊十力强调："须知：量智云者，一切行乎日用，辨物析理，极思察推征之能事，而不容废绝者也。""若谓见体便游乎绝待，可以废绝量智；抑或看轻量智，以格物致知之学为俗学，无与于大道，此则前贤所常蹈其弊，而吾侪不可复以之自误而误人也。"①

这里的"自误而误人"，是说因为特重"现成良知"，阳明及阳明后学有"沦空滞寂，隳废大用"之病。一方面，熊十力认为王阳明本身无病，此病源于"王学末流""安享现成"的懒惰和情识。"孰谓一旦悟入自性，便可安享现成，无所事事哉！明季王学末流之弊，甚可戒也。（一旦有悟，便安享现成，流入猖狂一路。晚明王学，全失阳明本旨，为世诟病。夫阳明自龙场悟后，用功日益严密。……后学空谈本体，非阳明之罪人哉！）"② 另一方面，熊十力又将其归于王阳明本身的未善。"阳明非不知本末、体用，乃至一身与民物皆不相离，然其全副精神，毕竟偏注在立本，乃至偏注在修身。这里稍偏之处，便生出极大的差异。有人说，喜马拉雅山一点雨，稍偏东一点，落在太平洋，稍偏西一点，可以落在大西洋去了。《易》所谓'差之毫厘，谬之千里'，亦是此意。此乃至微至微之辨，非具通微之识者，何足以知之？"③

但是，若站在哲学唯在见体，而见体唯在保任固有性智的立场上看，

---

① 熊十力：《新唯识论》，《熊十力全集》第3卷，武汉：湖北教育出版社，2001年，第15、528-530页。
② 熊十力：《新唯识论》，《熊十力全集》第3卷，武汉：湖北教育出版社，2001年，第420页。
③ 熊十力：《十力语要》，《熊十力全集》第4卷，武汉：湖北教育出版社，2001年，第267页。

现成良知正是见道悟体，何来"自误而误人"之说？熊十力自己就曾表彰说："阳明良知，即天理之心也，即先立大本也。"① 大本即既立，觉必生照，保任中自然有推扩。"'致知'之知字，阳明训为'良知'，甚是。良知必推致之于万物，博征物理。良知，乾道也。乾称'大明'，即良知也。良知博征物理，则明于万物之轨则，乃能统物而不失其道。"② 那么，何来废绝量智之说？这里的关节在于，如何理解第一步性智与第二步量智的不同？它是一种自相矛盾、一种思维不清，抑或其中有熊十力的侧重，而标示出一种判教、一种古今之辨？

三 间隙或至微

"阳明以身作则，继述孔子《大易》之道也。独惜其杂染禅法，丧失孔子提倡格物之宏大规模，王学终无好影响。此阳明之巨谬也。"③ 这里看似在批评阳明，而实把阳明"现成良知"的"孤明"之病推原于释道，其中有儒释道判教。在熊十力看来，"佛氏日损之学，以断尽一切惑为极则"，"起厌求离"，而有"抗拒造化生生"的"反人生""毁宇宙"之论；"老氏日损之学，以去知去欲为不可易之规"，"全性保真"，而有"反智而訾文明，绝欲而思朴素"的怀古之想。④ 熊十力反问道："欲可禁乎？欲能禁而绝乎？人心者，非顽然一物，其间前念方灭，后念即起，迁流不息，亦如河海之流而无穷也。今欲人欲之不起，惟务抑之遏之，不知欲之起也无已，抑之遏之亦无已，是非如治水之壅塞其流，终将使之决于一旦，滔天而不可挽乎？……儒者亦有把欲看做是天理之敌人而必欲克去之者，此亦大错。夫欲曰人欲，则亦是人之欲也。人之欲，其可尽去乎？使人之欲而可尽去，除非人不生也。人既有生，便不能无人

---

① 熊十力：《新唯识论》，《熊十力全集》第3卷，武汉：湖北教育出版社，2001年，第416页。
② 熊十力：《体用论》，《熊十力全集》第7卷，武汉：湖北教育出版社，2001年，第624-625页。
③ 熊十力：《体用论》，《熊十力全集》第7卷，武汉：湖北教育出版社，2001年，第583页。
④ 熊十力：《体用论》，《熊十力全集》第7卷，武汉：湖北教育出版社，2001年，第191-197页。

欲，如何尽去得？"① 即就佛教自体贪、后有贪、嗣续贪、男女贪、资具贪等"五贪"为说，熊十力指出："凡有生命之物莫不有此五贪。倘五贪灭尽，则生物将绝其类，而宇宙大生命，所谓大生广生者，自当随生物俱绝。"②

把欲望当成生命的本己现象，思以成全之，当是儒学正德、利用、厚生说题中应有之义。不过，在传统的困乏经济条件下，儒家也多是从节欲的角度，而不是从扩大生产、提高生产力水平等角度解决之。这并不是因为古人的目光短浅，或者思维有缺憾等，而只是因为人不能超越他的历史阶段。至资本文明，随着知识爆炸、科技昌明，生产力水平方才有显著提高。因此，对阳明之巨谬、佛老之孤明等批评，实又含有古今之辨，一方面承认其对知识、科学等问题的讨论非如今天之盛、之重，没有把它们从玄学、修身的框架中剥离出来而获致一种独立、专门之学，另一方面却并不强古人所难，而要求今天的中国人切实承当起自己的职责，应运以成量论。

不过，在古今之辨中，还有熊十力的中西判教。熊十力并不认为只要生产力高度发达了，社会产品极大丰富了，法律制度健全了，人类的问题便可以解决了。熊十力认为，自下而上通过发展生产、建立契约等以满足人类欲望的道路是有其限度的，人类必须同时有自上而下的道路，从对自己本性的体证中获得一种绝对统一性或必然强制力，以统摄群生。是以熊十力指出："夫西人言治者，大抵因人之欲，而为之法纪度制以调节之，将使人各得遂所欲而已。然欲，则向外追逐无厌，非可自外调节者也。故其驰逐，卒成滔天之势。资本家之专利，帝国主义者之横暴，皆欲壑难填，而罔恤其他。甚至颠狂之独裁，束其国人如机械，而用之以狼奔虎逐于天下，恣其凶噬。遂使坤舆之内，鸟毙于空，鱼烂于泽，腥闻于天，帝阍难诉，则人道至此而穷矣。吾六经之言治，未尝主绝欲也。然要在反识性真。性真者，谓吾人与万物所同具之本体也。亲其一本，则群生并育而不害。游于无待，则聪明睿虑，虽行于色声香味等物

---

① 熊十力：《十力语要》，《熊十力全集》第4卷，武汉：湖北教育出版社，2001年，第469-470页。

② 熊十力：《体用论》，《熊十力全集》第7卷，武汉：湖北教育出版社，2001年，第192页。

尘之中，要自随缘作主，无所迷乱，而性分之乐，恒超然自得矣。"①

在此很容易就可以批评熊十力西学无体认而唯中学"果亲证实在而直与之为一"的看法为武断，但这样却最多只是一种外部讨论，并可能因此错失对熊十力的真正批评。西学是熊十力的"酒杯"，熊十力心中的"块垒"更值得关注。熊十力"良知是本体"与"良知是智"两个判断之间的"至微"处，究竟如何理解？

1. 熊十力对此"间隙"是有自觉意识的

或问："心不即是本体。而《新论》却又说心即本体，其义云何？"②熊十力答曰，"即用显体"，则"心即本体"；"举体成用"，则"心即是智"。不过，若就"体用不二"言，熊十力的解答并不能令人满意。下面接着便有问题：既然"即用显体"，为什么不说"物即本体"？既然"举体成用"，为什么不说"物即是寂"？

2. 为此熊十力分别"法尔道理"与"继成道理"

熊十力解释说，"法尔道理"系"借用佛典名词。法尔犹言自然，儒者言天，亦自然义。自然者，无所待而然，物皆有待而生，如种子待水土、空气、人工、岁时始生芽发茎等。今言万有本体，则无所待而然。然者，如此义。他自己是如此的，没有谁何使之如此的，不可更诘其所由然的，故无可名称而强名之曰自然，或法尔道理"。"继成道理"则据《易》之"继善成性"，"言吾人必继续其性分中本有之善，以完成吾之性分。盖本体在吾人分上，即名为性。而人之既生，为具有形气之个体，便易流于维护小己之种种私欲或恶习而失其本性，易言之，即物化而失其本体。故人须有继成之功，以实现其本体。《论语》曰：'人能弘道，非道弘人。'道即本体之名，弘即推扩之义。吾人能弘大其道，继成义也。道不能弘大其人，人不用继成之功，则人乃物化而失其所本有之真体故也"。③

如此说来，良知即是"乾坤互含"的"本体"的说法，是在显"法

---

① 熊十力：《读经示要》，《熊十力全集》第 3 卷，武汉：湖北教育出版社，2001 年，第585—586 页。

② 熊十力：《新唯识论》，《熊十力全集》第 3 卷，武汉：湖北教育出版社，2001 年，第377 页。

③ 熊十力：《十力语要》，《熊十力全集》第 4 卷，武汉：湖北教育出版社，2001 年，第399 页。

尔道理";良知是"乾统御坤"的"性智"的说法,则是在明"继成道理"。法尔道理,本体不即是物,亦不即是心,但心物俱在,乾坤平权,而不妨说心即本体,物亦本体。继成道理,心即是智,物即是寂,心处君位,乾统御坤。以此观之,"法尔道理"不能说"唯识"。"一、会物归己,得人无待故"与"二、摄所归能,得人实智故"这两则"唯识的道理"①,只是在说"继成道理"。

法尔道理,乾坤平权。"本体不能只有阳明的性质,而无阴暗的性质,故本体法尔有内在的矛盾,否则无可变动成用。"② "阳不孤行,必资于阴。故阴者,阳之类也。阳之战阴,但伏其侵逼之势已耳,非灭之也。若灭之,则将离其类,而为孤阳矣。宇宙岂如是。阳战胜阴,要非离阴而独在也。故曰未离其类。"③ 孤阳,也即是孤明。这样,欲望、习心等有了本体论的依据,顺躯壳起念不即是恶。在此不能说唯物论,也不能说唯心论,而只有乾坤、心物、阴阳等"相反相成的法则"。熊十力在此强调"不起空见,不作虚无相,不生厌离欲"④,而立天下为公、天下一家、万物各得其所、群龙无首等义。"无首者,至治之隆,无种界,无国界,人各自由,人皆平等,无有操政柄以临于众庶之上者,故云无首。"⑤

继成道理,心在君位,乾统御坤,阳明统御阴暗,心灵统御物质,善统治恶。这是传统的人生论、工夫论、心性论、修养论等所常言的,强调"唯识的道理,是要从自家生活里去实践的,不实践的人也无法信解这个道理"⑥。这个时候,"人生万恶,只是顺躯壳起念一语道破",而人生自强自立,唯在存养乾道以健统坤,以"趣求超越躯壳之灵性生活"。⑦

---

① 熊十力:《新唯识论》,《熊十力全集》第3卷,武汉:湖北教育出版社,2001年,第47页。
② 熊十力:《体用论》,《熊十力全集》第7卷,武汉:湖北教育出版社,2001年,第279页。
③ 熊十力:《读经示要》,《熊十力全集》第3卷,武汉:湖北教育出版社,2001年,第973页。
④ 熊十力:《体用论》,《熊十力全集》第7卷,武汉:湖北教育出版社,2001年,第453页。
⑤ 熊十力:《读经示要》,《熊十力全集》第3卷,武汉:湖北教育出版社,2001年,第618页。
⑥ 熊十力:《新唯识论》,《熊十力全集》第3卷,武汉:湖北教育出版社,2001年,第47页。
⑦ 熊十力:《读经示要》,《熊十力全集》第3卷,武汉:湖北教育出版社,2001年,第655、961页。

"证真"成为第一义。

3. 问题是，法尔道理是否善恶二元，继成道理是否独断论？

法尔道理，以相反相成为法则，因此便生疑问："尊论翕辟犹承乾坤，殆有善恶二元之意与？"继成道理，"必不肯妄执矛盾以观测人生"，那么人们又会追问：乾智为主，来自自然主义的生命体验，仍是"古代迷信天帝之遗教"，抑或是"专从好的方面看人生"的单纯愿望或信仰？①

熊十力解释说，"乾坤互含"不同于"乾坤并建"。"《易》家谈阴阳二气，有近二元论者，如王船山《易》内外传极多精义，然其言'乾坤并建'，颇近二元，根本处却未透。《新论》说翕辟，虽云两种势用，而实只是一个势用。"② 所谓两种势用实只是一个势用，是指圣人不说一元生乾、生坤，不许建元以统万物，但并非不承认万物有元，这个元不同于宗教的天帝或哲学家的一性论者，而是归藏于乾元、坤元互含的自身。因此熊十力强调自己的唯心论不同于其他一元唯心论："唯者，殊特义，非唯独义。心能了境，能改造境，力用殊胜。故说唯心，不言唯境。非谓唯心，便无有物。余平生之学，始终一贯也。"③

这回答了上述问题。不过，以一元归藏于万物自身，由实体内部的矛盾而卒至化除矛盾而归合一，则无论"法尔道理"还是"继成道理"，似乎都是纯善无恶的。换言之，体用不二，则"继成道理"的清净也就是"法尔道理"的清净，"法尔道理"中的坤物也就无力成为乾心的真正"矛盾"。最终，世界一片明丽，无有习染。熊十力尝言："《新论》要义有三：一、克就法相而谈，心物俱在。二、摄相归体，则一真绝待，物相本空，心相亦泯。三、即相而显体，则说本心是体，虽复谈心未始遗物，然心御物故，即物从心，融为一体，岂有与心对峙之物耶？"④ 细究这三点，都是在说"法尔道理"，纯白而无染，似乎无须"继成道理"而人间已经是天国了。

---

① 熊十力：《体用论》，《熊十力全集》第 7 卷，武汉：湖北教育出版社，2001 年，第 271、654、574、578 页。

② 熊十力：《新唯识论》，《熊十力全集》第 3 卷，武汉：湖北教育出版社，2001 年，第 495 页。

③ 熊十力：《原儒》，《熊十力全集》第 6 卷，武汉：湖北教育出版社，2001 年，第 640 页。

④ 熊十力：《新唯识论》，《熊十力全集》第 3 卷，武汉：湖北教育出版社，2001 年，第 499 页。

4. "图摹的理型世界"问题

若仅就传统而言，熊十力的阳明学已经是通玄入微，而无以复加了。但熊十力阳明学的现代意义正在于引入了中西判教，而要求有新的内容。因此，在"法尔道理"与"继成道理"之间，熊十力加入了"图摹的理型世界"这个第三层。这个世界与"法尔道理"的关系有如山水画与山水本身的关系："吾学归本证量，乃中土历圣相传心髓也。理型世界则由思维中构画而成。……彼未得证会此真实流，而只依生生化化之流的迹象强为构画，以图摹之而已。"① 至于它与"继成道理"的关系，则有些复杂。一方面，就其构画图摹而言，它尽管非性智而为量智，但究竟还是人之弘道，因此也还是"继成道理"。但另一方面，理型世界为一铸型，虽然空洞，却足以成为宰制吾人生活的外在形式，并非传统修养工夫意义上的拨除习染障蔽所能容纳，因此它又不属"继成道理"。

如果说"法尔道理"与"继成道理"的区分就是要明了天人不二、天生人成的生生大化真机而与之同一，那么"理型世界"的加入则是要讨论，"人成"的"方式"和"限度"究竟何在？

四　知识与反知

熊十力对阳明学的"现成良知"提出了批评，认为"不可说天性具足，只壹意拨除障蔽就够了"②。在他看来，现成良知偏重天事，安享现成，不显人能，因此无所事事，最终导致体用皆丧，而自己的"新唯识论""体用论"则天人不二，特重"天待人而成"③，因而便能避免"沦空滞寂，隳废大用"之病。不过也必须看到，既然王阳明的"致良知"是熊十力学问的重要来源，则熊十力自己也很难摆脱"现成良知"的责难。熊十力曾强调：

---

① 熊十力：《十力语要》，《熊十力全集》第4卷，武汉：湖北教育出版社，2001年，第360页。
② 熊十力：《十力语要》，《熊十力全集》第4卷，武汉：湖北教育出版社，2001年，第491页。
③ 熊十力：《体用论》，《熊十力全集》第7卷，武汉：湖北教育出版社，2001年，第278页。

　　本来性净为天，后起净习为人。故曰人不天不因，（性者天也，人若不有其天然具足之性，则将何所因而为善乎？）天不人不成。（后起净习，则人力也。虽有天性，而不尽人力，则天性不得显发，而何以成其为天耶？）①

　　"人不天不因""天不人不成"两义合而观之，便是"天人合德，性修不二"。表面看来，这里生生不息、大化流行，而与现成良知不同："性之显乎人者具足与否，就看其人成能之小大强弱。成能小而弱者，其性分便亏损；成能大而强者，其性分便充实……成能才是成性，这成的意义就是创。而所谓天性者，恰是由人创出来。"② 但实究其意，仍是无所事事。这是因为，天是天然具足之净性，人是后起之净习，天人都是纯白而无染，所谓"成"与"创"等只是封闭循环，并无增加丝毫新内容。"造化之大德曰仁，矛盾要非其本然。"③ 这里已经没有了相反相成的法则。熊十力这里所谓"修学"，根本无须外求，不过是"复性"罢了。而"复性"，就是《新唯识论》一开篇"明宗"所反复强调的"唯是反求实证相应""性智""觉悟"等，也即对于现成良知的"保任"。

　　也正因为本性具足、良知现成，熊十力一方面反复声明，"玄学也要超过知识而趣归证会""《新论》根本意思，在遮遣法相而证会实体"等；另一方面则毫不含混地指出，"夫冥极实体，廓然无物，此盖明智之极诣，决非知识所臻。于此言之，反知可也"，"反知"是复性之学的题中应有之义，"主心即理者，直从心上着工夫而不得不趋于反知矣"。④

　　一会儿强调反知保任，一会儿强调推扩成知，这便引人疑惑：如果熊十力不是昨是而今非、自相矛盾的话，那么如何理解这一"有间"？

① 熊十力：《新唯识论》，《熊十力全集》第 3 卷，武汉：湖北教育出版社，2001 年，第 465 页。
② 熊十力：《十力语要》，《熊十力全集》第 4 卷，武汉：湖北教育出版社，2001 年，第 492 页。
③ 熊十力：《新唯识论》，《熊十力全集》第 3 卷，武汉：湖北教育出版社，2001 年，第 372 页。
④ 熊十力：《新唯识论》，《熊十力全集》第 3 卷，武汉：湖北教育出版社，2001 年，第 244、498 页；《十力语要》，《熊十力全集》第 4 卷，武汉：湖北教育出版社，2001 年，第 485、489 页。

1. 划界

表面看起来，熊十力比阳明心学更进一步，在科学知识昌明的时代，贬低格物、轻视量智，力主体用不二的"唯心论"，似乎已经让哲学吞并了科学，而不容知识有独立的地位，表现出很强的侵略性。但究其实，熊十力不过是防守的一方，不过是强调在科学知识昌明的时代同样也不能"否定本体"。熊十力之所以强调哲学必须高谈本体，穷究万化根源，修学复性，以保任固有性智为要，正是因为这是他为哲学所划定的最后活动范围，一个退无可退的范围。熊十力十分清楚："哲学自从科学发展以后，他底范围日益缩小。究极言之，只有本体论是哲学的范围，除此以外，几乎皆是科学的领域。"① 因此，问题并不在于性智要取代量智、哲学要吞并科学，而在于量智要取代性智、科学要吞并哲学，在于哲学要失去它的容身之所，成了那个遭人遗弃的年老色衰的老妇。这是理解熊十力"体用不二"的前提，也是后来牟宗三"良知坎陷"的前提。

与此相应，就如同康德剥离出知性，熊十力同样并不认为性智即可取代量智、道德修养即可成就科学知识，而是承认知识独立的地位和范围。在这里，不但不可以心外无物、摄所归能，反而是"能随所转，直是有所无能"："知识是从经验而发，并随经验扩张而滋长，若乃理性的活动力，固埋没于经验的所有的模型之中，不曾超脱于其外，所以说经验是知识底唯一来源。"②

这样，熊十力实际上是为"知识"和"道德"划定了界限，前者是"现象"的，后者是"本体"的。不可以视这种"现象"与"本体"的分界为"现象"与"物自身"的两重世界，正如康德划定了"感性"与"知性"的界限，但同时证明了两者的通力合作一样。换言之，熊十力的"乾坤互含"不但保证了人的欲望的本体论合法性，同时也给予了知识的本体论必然性。

2. 自下而上的联合

必须为体用划界，但又体用一源显微无间，则两者联合就成了焦点，

---

① 熊十力：《新唯识论》，《熊十力全集》第 3 卷，武汉：湖北教育出版社，2001 年，第 14 页。

② 熊十力：《十力语要》，《熊十力全集》第 4 卷，武汉：湖北教育出版社，2001 年，第 490—491 页。

康德"为信仰留有余地，则必须否定（aufheben）知识"的问题生起。熊十力指出：

> 哲学之事，基实测以游玄，从观象而知化。
>
> 玄学之名哲学，是固始于思，极于证或觉，证而仍不废思。①

这里的"基""始"已经表明，熊十力本身有即用见体、从经验以通玄的自下而上的联合之路。唯因其特重见体，所以跟"划界"思想一样，这一自下而上的联合之路往往被论者所忽视。这两条分居《新唯识论》的首尾，虽然"分量"似有不足，却事关"成色"。正是因为有这么一条自下而上的联合之路，熊十力才一直念念不忘"量论"。基于同样的原因，《读经示要》首讲"经为常道不可不读"，以义理、经济、考据、辞章四科说经，看似传统而了无新意，但其实都有中西会通，熔学术、政治、经济、科学等入于一炉的想法。而且，其论程朱、阳明《大学》格物之说，特别强调"有可注意者"二："一、朱子以致知之知为知识，虽不合《大学》本义，却极重视知识。而于魏、晋谈玄者扬老、庄反知之说，及佛家偏重宗教精神，皆力矫其弊。且下启近世注重科学知识之风。二、程、朱说理在物，故不能不向外寻理。由其道，将有产生科学方法之可能。"② 如此等等，这些都是强调哲学不能封闭僵化，道德也并非天赋万古不易的神物。

如果安于享受现成的"证"或"觉"，不愿正视人类实践的发展和社会历史的进步，不能随时损益，特别是不能学习人类政治实践所已经取得的优秀成果以为"形式条件"，而是坚持用这种现成的"证"或"觉"来自上而下地"联合"生命，那么其所谓本体常是"情识"，其所谓道德者常是"大不道"。对于这种由缺乏格物之学而导致的民智不开与道德不德的惨境，熊十力深有体会："余少时读《后汉书》，觉其皇帝真非人类，帝制已穷则当变。范史悲悯见乎辞，而犹赞扬忠义，莫正其

---

① 熊十力：《新唯识论》，《熊十力全集》第 3 卷，武汉：湖北教育出版社，2001 年，第 7、548 页。

② 熊十力：《读经示要》，《熊十力全集》第 3 卷，武汉：湖北教育出版社，2001 年，第 666 页。

迷谬，民主之大义不彰，岂不惜哉！"① 就此而言，不能把熊十力的"心书"仅仅视为无关经验与世事的高头讲章。

3. 自上而下的联合

既然经验、知识是基、始，熊十力为什么又要说"不可仅以驰求知识为能事也"② "见体以后大有事在"③，仿佛"国家"等必须依经验、知识以成的"俗事"只是见证本体之后的"余事"？熊十力为什么在承认"自下而上的联合"的同时，还要有"自上而下的联合"？

这是因为，经验、知识是基、始，却不是生命的全部。从知识论上讲，正如康德的知性为自然立法，经验必须获致某种统一性（统觉、时空、范畴等）方能生成知识，它们却是心的自发性的产物。从社会契约论上讲，若无高一层的统一性（正义、至善、共和国的强制力等），则今日立约而明日可解约，反复无常，只因一时利益的转变，而永久和平绝无法实现。④ 因此，康德需要不可知的物自身这一前提，以及灵魂不朽、上帝存在及意志自由三大设准。也唯因此，熊十力才需要有统御坤物的乾心本心。熊十力赞叹说："康德所谓神与灵魂、自由意志三观念太支离，彼若取消神与灵魂而善谈自由意志，岂不妙哉！叔本华之意志，无明也，吾所谓习气也。康德之自由意志，若善发挥，可以融会吾《大易》生生不息真机，（此就宇宙论上言。）可以讲成内在的主宰，（此可名以本心。）通天人而一之，岂不妙哉！"⑤

照此说来，熊十力的见体证本只是指示了一种虚的却是最高的统一性和同一性。虚以控实，正是这样的"心性"开辟了自由之门，让人可

---

① 熊十力：《体用论》，《熊十力全集》第7卷，武汉：湖北教育出版社，2001年，第274页。

② 熊十力：《十力语要》，《熊十力全集》第4卷，武汉：湖北教育出版社，2001年，第407页。

③ 熊十力：《新唯识论》，《熊十力全集》第3卷，武汉：湖北教育出版社，2001年，第529页。

④ 在熊十力看来，"功利论太浅薄，对于宇宙人生全不穷究，浮妄立说，不可据也。人生如本无仁心，即人与人之间无有精神相流通，无有道义相联系，纯靠利害来结合，人类早已互相吞噬，绝种矣。夫利害，随时可变易者也，朝以利相结，暮亦可以利相食矣。且人若本无仁心，唯利是图，而贪利则恒无厌足。人皆如此，又何由结合得来？"参见氏著《体用论》，《熊十力全集》第7卷，武汉：湖北教育出版社，2001年，第216页。

⑤ 熊十力：《十力语要》，《熊十力全集》第4卷，武汉：湖北教育出版社，2001年，第325页。

以各正性命，去实实在在地从事各自想要从事的事业。人们可以称它为"形式原则"，也可以叫它"范导原则"，当它存在的时候人们或许并不能立即意识到它的不可或缺性，而一旦失去它则会造成致命的伤害，正如空气之于人的生命。

4. 人的有限性

"自上而下的联合"与"自下而上的联合"构成了一种循环往复，为人开辟出了一种"本源时间"或"圆顿时间"，体用、天人、质力等因此不一不异，获致了它们的"辩证"性。熊十力在此说生生不息，而不能不有"信仰"的因素。

这是因为，纯粹从逻辑上讲，"乾坤互含"的"法尔道理"一方面固然意味着乾心统御坤物的可能性，但另一方面却也不能排除坤物压倒乾心的可能性，这样的例子比比皆是。如果说所有的"质"都有其"力"，那么乾心统御坤物的"继成道理"不过只强调了第一种可能性，说"乾力"战胜"坤力"。从整个宇宙来看，坤物统御乾心也可以是一种"继成道理"，只不过它不是"人"的，而是"物"的"继成道理"。凡质皆有力，则有物而无人，亦可曰"生生不息"。

这是一种道家义的"天人合一"，而熊十力有"人"的"生生不息"则是儒家义的"天人合一"。熊十力认为，循环论与进化论可以统一，"人类中心观念本不可摇夺，只是旧的解释错误"①。换言之，人之有本心，是自然界长期进化的产物，而人一旦有了本心，则本心为常道而不可摇夺。在这个意义上，熊十力强调："心非即本体，而可以本体言之。"②

当然，熊十力非常清楚，所谓本心即常道也是在"虚以控实"的意义上讲的，是在强调人类追求真善美的发展这一仁心不可缺少，而并非意味着"先王之道"亘古不易。若是后者，则奴隶制的真善美便是永恒法则，人的自由、平等等只能是笑话。就此而言，"心性"不能不有其来源，而必须通过"国家"等来证明或呈现自己。熊十力说："凡人以圣贤自命，其有不为禽兽者乎？凡人不志于圣贤，其有得免于禽

---

① 熊十力：《十力语要》，《熊十力全集》第 4 卷，武汉：湖北教育出版社，2001 年，第 517 页。
② 熊十力：《新唯识论》，《熊十力全集》第 2 卷，武汉：湖北教育出版社，2001 年，第 86 页。

兽者乎?"① 此诚可叹也!

第四节 牟宗三政治哲学的存在论境域

本节顺上节所揭示的问题域,就海德格尔的"存在论"境域,简要回顾全书,总结检讨牟宗三研究中的一些重大问题,以进一步"确知"牟宗三政治哲学的"周围世界"。

一 生命的学问与辩示的任务

牟宗三有《生命的学问》一书,强调中国文化的核心是生命的学问,一要上达天德,涵盖乾坤,而能肯定理想,定向生命,让生命成为立体的、纵贯的生命,二则浑一无对,法体自尔,不是把理想仅仅当作一个与主体分离的客体来言辩、认知,而是体道无言、不言而信,是体之、怀之、存之、实行之,是理想与存在、主观性与客观性的统一,或者至少必须包含生命中能否实现理想(做到或做不到)的问题。简言之,生命的学问是做出来的,而不是说出来、写出来的。应该看到,这并非只是牟宗三"外王三书"时期的特殊观点。当牟宗三究心于心性之学、致力于儒家道德的形上学的建构的时候,也是如此。

不过如此说来似乎无法摆脱一个悖论。《庄子·齐物论》有云:"圣人怀之,众人辩之以相示也。"牟宗三絮絮叨叨地说了那么多话,拖沓缴绕地写了那么多书和文章,最多不过是"辩以相示",难道不是离"生命的学问"越来越远了吗?对于"生命的学问"而言,一切思辨名言最多不过是"业余爱好"(列文森),成为"职业哲学家"难道不是对心学传统的一种背离吗?难道不正是顾亭林所谓"昔之清淡淡老庄,今之清淡淡孔孟"吗?或许,"生命的学问"至少应该采取经学的方式,在历史性和典范性的经典诠释中"以教万世"?

---

① 熊十力:《十力语要》,《熊十力全集》第 4 卷,武汉:湖北教育出版社,2001 年,第 324 页。牟宗三曾转引这两句,称:"此语最见人生严肃与人生艰难之意。人不志于圣贤,固见人之堕落丧志,无异于禽兽;然人即以圣贤自居,是又表现一自我之限隔与自我之圈住或封闭。人不能奋进不已,健行不息,也终必沦为禽兽。"牟宗三:《人文讲习录》,《牟宗三先生全集》第 28 册,台北:联经出版事业股份有限公司,2003 年,第 217 页。

对于这种"悖论"，牟宗三有清醒的意识。在《心体与性体》的序言中，牟宗三一唱三叹，先引王龙溪强调"悟道"的意义，接着称自己"未及言悟道"而只是"客观了解"，但目的却还是"全之尽之"的"悟道"。在这里，牟宗三明显认定"各人之默成"才是第一义，知性的"客观了解"只能是第二义，要进至理性而"融纳入生命中方为真实"。对此牟宗三的解释是："前贤对于人物之品题辄有高致，而对于义理系统之确解与评鉴，则稍感不足。此固非前贤之所重视，然处于今日，则将为初学之要务，未可忽也。"① 也就是说，"生命的学问"固然有其一以贯之之处，但一个时代毕竟有一个时代的学问，今天恐怕已经无法避免辩示，甚至需要把辩示当作首要任务了。

因此，牟宗三将"辩示"与"悟道"等而论之。在稍早出版的《才性与玄理》一书中，牟宗三区分了"教下名理"道成肉身的"圣证"与"哲学名理"或"玄学名理"对塔说相轮的"辩示"的不同，而以两者为相互补充："哲学以名理为准。名理凌空，不为生命所限。圣证以生命为资，不能不为其所限。无生命之圣证，则道不实。无名理之凌空，则道不开。哲学辩而开之，显无幽不独之朗照。圣证浑而一之，示一体平铺之实理。然哲学家智及而不能仁守，此是哲学家之悲剧。圣证仁守而封之，此是圣人之悲剧。两者永远在开阖相成中，而各有其独立之本质，藉以观人之所以为人，精神之所以为精神。"② 在这里，悟道、行道明显不再是"生命的学问"的全部了，知性层面的客观了解、辩示等获得了独立性，成为"实践的智慧学"的本质一环。

我们可以指责牟宗三的这种"自相矛盾"，可以批评牟宗三缺少了"传统工夫"，而把中国文化生命的学问葬送掉了。但是，我们只能照着传统生活，而不能有丝毫逾越或发展吗？我们只能照着传统言说，而无论生活世界改变与否吗？我们还可以把"经"当作我们生活的不言自明的超越性真理而予以直接接纳吗？当康德在《纯粹理性批判》中宣布"现代尤为批判之时代，一切事物皆须受批判"的时候，我们是否认同

---

① 牟宗三：《心体与性体》（一），《牟宗三先生全集》第5册，台北：联经出版事业股份有限公司，2003年，序第5-6页。
② 牟宗三：《才性与玄理》，《牟宗三先生全集》第2册，台北：联经出版事业股份有限公司，2003年，第327-328页。

呢？我们是否需要新时代的说理方式，是否需要以知性的条分缕析对我们的传统进行批判，澄清前提并划定界限，以便能够重新返回传统呢？

如果说康德的"纯粹理性批判"是要澄清人类知识的前提并通过为知识划界而给信仰留下余地，那么牟宗三的"道德的形上学"则可以说是要澄清传统道德的前提并通过为道德划界而给知识留下余地。双方在"辩以相示"处找到了交汇点。如果再考虑到孔门仁学、宋明理学等的建立过程，同时承认当下中国人的生活世界遭遇到了全面和深入的现代化洗礼的那种汹涌澎湃，那么牟宗三"生命的学问"中的这种"辩以相示"的要务就能够得到理解和肯定了。牟宗三强调，这是"阴局的运会"，需要有"从'阳柔'的方式来接引群众"的理论自觉。换言之，我们现在需要有一个与我们的时代相应的"讲道理的过程"①。今日的学问必须有其策略：怎样把儒学讲给大众，尤其是那些已经不生活在儒家传统里的人呢？

接引不相信传统的群众重新回家，这是牟宗三面对的难题，一个现代性难题。或许，它已经成为后发国家的人文学者所不能不背负起来的沉重十字架。就此而言，如下断语极具警示意义："当传统的言说方式已经几乎把话说尽的时候，当中国哲学再也不能无视西方的存在、封闭起来自说自话的时候，新儒家的道路几乎是 20 世纪中叶唯一的一个取得了实质性进展的探索。"② 在文明与现代化的前进道路上，可以旧瓶装新酒，可以复古为解放，而旧邦也必有新命，但不可自说自话、抱残守缺。

二　道德的理想主义与形而上学建构

牟宗三辩以相示的工作，是接着熊十力进行的。从一方面来看，牟宗三写成了《认识心之批判》《现象与物自身》等，建立了儒家的知识论，从而弥补了熊十力"量论"方面的不足。但从另一方面看，牟宗三整个道德的形上学却并没有越出熊十力"境论"半步，乾元性海、体用不二两语亦可涵盖牟宗三哲学的全部内容。牟宗三的问题意识，仍是建

---

①　盛珂：《道德与存在：心学传统的存在论阐释》，北京：社会科学文献出版社，2019年，第 6 页。

②　盛珂：《道德与存在：心学传统的存在论阐释》，北京：社会科学文献出版社，2019年，第 28 页。

立心学传统的现代形态，这是从熊十力开始的。牟宗三彻底的唯心论，就是熊十力殊特义而非唯独义的唯心论。人们对牟宗三哲学的肯定和批评，在熊十力那里都能够找寻到相应的线索；熊十力哲学的成就和问题，经牟宗三辩以相示的工作也就被放大而变得清晰起来。

　　这里的第一个问题是，人为什么要有理想？人为什么要成圣成贤，成为一个君子？在熊十力那里，它表现为一个哲学问题，一个形而上学问题，也即"乾坤衍"与"明心篇"的一而二二而一："乾坤衍"所揭示的"物之本然"（乾坤互含、存在、实体）决定了"明心篇"所呈现的"物之应然"（乾统御坤、理想、本心），反过来后者又贞定了前者。两者合一，便是"体用论"，熊十力既把"外在世界"的存在建立在"内在"的心体之上，心体成为一切存在的本体，又从存在出发来证明人必须拥有理想的道理，强调"外在世界"的存在状态和存在秩序对于真实理想的意义，传统的良知、心体等被赋予了现代意义。熊十力对道德与存在的这种相互奠基，被牟宗三直接继承了下来，而辩示为"智的直觉"对"本心"与"物自身"双方的同时确证。

　　所不同的是，熊十力借助的理论资源更加"传统"而牟宗三的则更为"现代"。无论是归宗大易也罢，还是由佛学唯识论立论也罢，熊十力既把儒学的现代化问题突出地彰显为怎样传统地建构儒家形而上学的问题，并将其核心定位为如何说清楚存在、万法都须建立在内在心体之上的道理，同时却又以乾坤互含、体用不二等方式承认和强调了物气的存在及其不可或缺性。后者特别表现为熊十力对欲望、知识和民主等的肯定。不过，由于这种肯定太过传统了，跟王阳明的似乎并没有什么量的或质的区别，因此熊十力的"量论"毕竟无法写出。正如康德把无人能够为我们之外的物的存在提供令人满意的证明这件事称为"哲学上及人类理性上之污点"一样，在牟宗三看来，没有独立的"量论"也已经成了儒家的"污点"，是儒家仍处于前现代的一种标志。牟宗三强调，自己的老师毕竟有真性情、真智慧、真志气，只乾元性海、体用不二这一点，就抓住了儒家的本源、核心和关键，就有狮子吼的强力，就了不起、不可及，就足以"立于斯世而无愧，俯视群伦而开学风"。但是牟宗三也指出，时代毕竟提出了新的要求，今天若仍然只是深陷在传统的语句里同语重复，那便不能尽自己的责任。在这个地方，牟宗三承认自己的老师学力不够，只有体用不二的大体样子却无学以实之，因此系统不够丰满圆熟，不能实际地十字打开心体以容纳物气。

在此，生命的学问的践履、工夫之事，境界上无对浑一的圣证之体之怀之，存在上的超言意境，转变成了辩示的形而上学系统是否圆熟、丰满的问题，原来人与人的"人伦"关系被特别放在了人与物的"存在"关系中来加以规定和理解，"国家"显著地成了问题。欲望问题发展为财产问题，财产成为人格独立与价格尊严的一道防线，处理欲望问题、财产问题的科学、法权与民主等条件因此也就成了儒家道德的形而上学的题中应有之义，而被反复强调和论及。这也是牟宗三特别重视"量论"、视《现象与物自身》为"知识论"著作、要求"良知坎陷"等的形而上学的原因。最终，新外王的"材质条件"与"形式条件"都汇集于"国家"，"国家"成为牟宗三道德的形上学的基座。牟宗三政治哲学也就远远超出了一般所谓"外王三书"的范畴。

简言之，牟宗三认定熊十力的形而上学有开学风之功，规模已备，却毕竟粗些。今天的道德的理想主义必须能够以形而上学的、本体论的方式，一方面树立生命的立体纲维，肯定和保有理想之源、价值之源、光明之源，另一方面正式成立生命的水平维度，承认每一个人的欲望并通过知识、法权、民主等方法和途径肯定和维护其对欲望的追求。在牟宗三看来，通过这种十字打开的形而上学，对传统的心物感应、成己成物等作出新的辩示，正是时代所提出的要求。不能满足此一要求，则"心性"和"国家"就都还是前现代的，便有缺欠而不够圆满，无法成就圆善。

毋庸讳言，谈及这种因"阴局的运会"而来的时代要求，离不开世界历史意义的遭遇西方及现代性的洗礼等，但现代新儒家们却不约而同地视之为我们自己"内部"的事情。换言之，唯有在传统依然保持"生生不息"特质的前提下，借鉴其他的思想资源才是可能的，其他的思想资源也唯有在能够帮助呈现此"生生不息"特质的前提下，才是可资借鉴的。这是一个"同声相应，同气相求"与"以他平他，丰长物归"相统一的创造过程。因此牟宗三才能够强调："道统在儒家，科学传统在羲、和之官，而哲学传统则在道家与名家。科学传统式微而不彰，道统由宋明儒而彰著，哲学传统则因魏晋名理而推进。此皆有永恒之价值，而将永远不断者。"① 要之，牟宗三是想通过对儒圣性命天道相贯通的生命的"最普遍之形式陈述"（所谓泛言体用不二），来唤醒和引生当下的人去切实成就自己的圣贤人生（所谓真实体用不二）。

三　海德格尔存在论与"共法""母道"

从内容上讲，牟宗三选择以康德为桥梁来会通中西、重建儒家道德的形而上学的道路是熊十力开辟的学风的必然延伸，确为不易之论。康德的知识论，有助于牟宗三唯心论证明我们之外的物的存在，以满足儒家新外王的"材质条件"。康德的法权学说和永久和平论，有助于牟宗三阐明儒家新外王的"形式条件"。康德的自由意志和道德法则，有助于牟宗三辩明心性之学的良知、本心。康德的智的直觉和物自身概念，则有助于牟宗三开辟出中国哲学的"形上学"或"存在论"。在这里，康德哲学的"实有形态"恰恰对于中国传统哲学的"境界形态"有对治之效，而能收"相反相成"之功，此所谓"和实生物，同则不继"。

但是若从形式上讲，反倒是道家境界形态的形而上学最有助于牟宗三完成"辩示"工作。首先，道家的道也有客观义、实体义及现实义，也讲体道、悟道、与道合一，仿佛也是"生命的学问"。其次，这只是道家的"姿态"，是把道完全内在化而收敛到人的逍遥无待的"主观境界"上，是通过观照、玄览而"说出来"的"话"，是使道"浮现"在我们的"眼前"的"清谈""玄谈"。因此，这不是由道德实践透露出来的，不能对理想有自上而下的存在论的肯定，因而并不具备道德实践创生上的必然。最后，道家虽然并不能当下直接肯认圣知仁义，并无儒家积极意义的"生生不息"，但其清谈、玄谈却恰恰表现出"无的智慧""曲线的智慧"，而可以"无心为道"的方式自下而上地对圣知仁义有"作用上的保存"，正可助力儒家的"成己成物"。照此三点来看，似乎道家境界形态的形而上学本身就是对"生命的学问"最好的"辩示"。李泽厚指牟宗三为"宋明学理，魏晋人物"，似乎也在这里得到了某种印证。

---

① 牟宗三：《才性与玄理》，《牟宗三先生全集》第 2 册，台北：联经出版事业股份有限公司，2003 年，第 329 页。

其中的关键，是认知、讲道理、辩示等对于"行道"的意义。牟宗三强调，"万物静观皆自得"，当道心玄览时，万物皆在逍遥无待的浑化之一中自尔独化，此即物如、物自身。物自身呈现，那就是"成己成物"了。但道家的"清谈""玄谈"怎么能够与儒家的"成己成物"拉上关系呢？

熊十力强调学须见体，而有体用不二之论。不过，熊十力却也强调，把实体当成超脱乎存在之"上"的独在，或者计执实体是潜隐于存在之"后"等，都是"倒见"，是受上古先民迷信天帝及汉人拥护人主统治提倡忠君思想等的消极影响，而终不能不生出希望高人天才"持天下之大柄而独制之，改造世界，澄清大宇，经纬万端，振起万类"[①] 的狂热。由此也引起了儒家是不是独断论的争论，牟宗三哲学是否只是一个"理想"，而只停留在"应该"或"要"的层次，甚至是独断论的戏论呢？这种提问极其必要和有意义。不过，牟宗三的"辩示"就是在讲道理，就是要给出道德的理由。或者说，牟宗三强调"生命的学问"之信之、体之、怀之、存之、实行之，要求自上而下、截断众流、存在论地"直接肯认"道德心体，同时也还自下而上、随波逐浪、知识论地"辨识"道德心体。道家的"清谈""玄谈"所标示出来的那种逍遥无待的"自由"在此便具有了特殊的意义。

牟宗三强调，道德并不是外在的条文，不是拘束自己的桎梏或藩篱，而是内在的真实生命，是成全自己的东西，是足以安顿我们心身性命的秉彝懿德。这样的道德，是我们自己生命的开朗坦白，是群龙无首、各正性命，而绝不承认我们的生命之"外"或之"上"的某种东西可以安排、左右、把持、操纵我们的生命。正是因为道德与自由的这种内在统一，道家逍遥无待的观照玄览便有了更加积极的意义。牟宗三把道家的这种"玄谈"所表现的"无的智慧"理解为"不生之生"。"这即化掉意念造作所显之无，而不可客观化而视为客观实体，故亦不可以道为客观实体。'不禁其性，不塞其源'，便是生，不是有一实体在后面创生之，而是一切活动都是物自己在生、在成、在化。物自己生，与道有什么关系呢？这便是道家的智慧。我们都喜欢动手动脚去为，而不了解这智

---

①　熊十力：《体用论》，《熊十力全集》第 7 卷，武汉：湖北教育出版社，2001 年，第 679 页。

慧。'不禁其性',即不禁止压抑其本性;'不塞其源',即不需把它自生自
在自成自化之源堵住,它自己便会生长。为什么说这是道呢? 这便是所谓
让开一步,这便是道家智慧所在。你不要把持天下,操纵天下。"①

儒家提倡圣知仁义,却不是用道德把持天下,不是用天道操纵天下,
而是如何才能完全地呈现道德、天道的问题。在这个地方,牟宗三强调
虽然道家以之为胜场以之成家,但这让开一步、曲以成事的"无的智
慧"却是"共法",是"共通的东西"。这是无时间相的"体性学"之
"体"与有时间相的"辩证法"之"用"的"体用不二",不讲道德礼
法的道家(无)甚至包括后来的佛教(般若),成为讲道德礼法的儒家
(有)的"保母"。这里没有了儒道之争、儒佛之争甚至中西之争,"自
由"成为"母道",成为儒家的"心性"的"保护神"。

在这个意义上,要求转换基本视角,从康德的认识论的进入方式转
而为海德格尔的存在论的进入方式,以充分阐明牟宗三道德的形上学,
重新看待心学传统,是有深刻洞见的。首先,在牟宗三的系统里,海德
格尔"大概颇受中国道家之影响",不了解仁,没有道德意识,无体有
用,同道家所显的"母道""共法"一样,正可以借之"即用显体"。其
次,心学传统本来的重点就不是人与物的相处,康德认识论的主客分离
对待视角在理解人与人之间的道德关系时会出现一定的间隔,现在从海
德格尔的"在世界之中存在"这一"共在"的角度去理解牟宗三的"天
道性命中相贯通",似乎更加顺适。再进一步,要讲清楚道理的那种诱
惑,让人们可以把儒家的良知本体理解为海德格尔的 Dasein,借用海德
格尔的 Dasein 来阐释牟宗三哲学中的知体明觉。②

这一步伐大胆而有力,儒家的"天道""本体"等被理解为海德格

① 牟宗三:《道家的"无"底智慧与境界形态的形上学》,《牟宗三先生全集》第 27 册,
　台北:联经出版事业股份有限公司,2003 年,第 227 页。

② 殷小勇、袁保新、陈荣灼等人对牟宗三哲学与海德格尔哲学之间的复杂关系都有专题
　的讨论,但观点差别却比较大。而盛珂的相关讨论则显得有些特别,他把牟宗三放在
　了由熊十力开启的儒学现代转化的形而上学建构过程中来加以考察,强调其哲学是宋
　明理学特别是其中的心学传统在当代的新发展,并意欲在海德格尔的基础存在论与牟
　宗三道德的形上学的互释中,更好地重返这一传统。从其全书来看,海德格尔在
　"量"上似乎并不多,但在"质"上却可谓无处不在,是全书的"总背景"。参阅盛
　珂《道德与存在:心学传统的存在论阐释》,北京:社会科学文献出版社,2019 年,
　第 174 页。

尔的"存在"了。这当然是顺牟宗三的"母道""共法"说来进一步为儒家的道德奠定基础。牟宗三政治哲学的意义于是就更为突出了，因为"国家"中的"共在"已经是"原始的伦理学"了。

四　天人合一的儒道形态

以海德格尔的存在论会通牟宗三道德的形上学，从正面说，是要沿着现代新儒家开辟的阳明心学的现代阐释步伐继续前行，进一步讲清楚儒家道德的道理，指明道德是存在的本体，却只能即存在而显，从存在中获得力量，无法离存在而有。从反面说，则是要辩示儒家道德并非一个独断论的概念，与"父权压迫"或"反理性主义"等没有必然关系。两者在牟宗三本人那里可以被认为是背离的："海德格尔基础存有论一无所有和空无内容的勇敢'站出来'，才让人成为了'赤子'般本真的存在，而牟宗三在让人'掏空自己，全体剥落净尽'的同时还要求作为'实体'的智的直觉，反倒是为王前驱，极成了封建礼教的合理性，而让赤子难葆。"① 但也可以是一致的，也即虽然有隐显的不同，但牟宗三哲学本身就足以容纳海德格尔哲学，并因此为儒家"心性"奠定了"存在"的基础。

在《存在与时间》中，海德格尔反复说这句话：人的"实体"就是"生存"。在他看来，人的"实体"绝不是什么"精神"，不能从任何现成性的存在，比如理性、道德出发来理解具有此在的存在方式的存在者。那些都是主观主义的粗制滥造品，是对人的本质的一种偷懒的理解。人的"实体"总比现成的理性、道德等"更多一些"，因此只可以在人的"去存在"中领会理性、道德等，而不是相反。这种存在之思究竟是毫无道德意识的"无本之论"抑或是一种"原始的伦理学"呢？在《关于人道主义的书信》中，海德格尔的回答是，它既不是伦理学也不是存在论，既不是理论也不是实践，既不肯定也不否定，人是存在的邻居，人的本质就是那样原原本本地基于人的在世界之中存在而已。

照此看来，似乎牟宗三哲学仍然是"乞灵于形而上学的语言"，是一种主观主义的主体性哲学，特别是当他强调人可以"自由"为"性"

---

① 参阅陈迎年《牟宗三与海德格尔》，《孔子研究》2013 年第 1 期。

而让道德实体与道德心体合一，或依中国传统强调人虽有限而可无限、人有智的直觉而可以呈现物自身的时候。但是，海德格尔毕竟在其"既不……也不……"的模棱两可中承认了"循环论证"的不可避免，否则也就无须怕、烦、畏、良知等现身情态或决断了。如果说牟宗三也有"循环论证"，同样是由人的"去存在"（用）来理解人的"实体"（体），复由人的实体来规定人的生存，则情况有何不同呢？一般认为，海德格尔强调和重视"循环论证"的前一个阶段，牟宗三则把后一个阶段高高抬起。于是海德格尔与牟宗三便有了一种"双重关系"。第一重关系，相反关系。站在双方彼此的立场上看，海德格尔的在世存在基本上缺乏儒家的伦理维度，只是勇敢空无地绽放出去存在，根本无法建立道德的观念；牟宗三虽然辩以示之地建立了道德实体，并独断地宣布人可以之为性，且将之安置于人的内部以为人的心体（但辩示毕竟不是实行，因此有体而无用，道德成为高头讲章，或者说体用之间存在一条无法逾越的鸿沟）。第二重关系，相成关系。海德格尔现象学存在而不道德，牟宗三形上学道德而不存在，唯有两者联合，循环往复，方得实情。这个时候，"循环论证"表现为海德格尔跟牟宗三之间的事情。

因此，以天道性命相贯通为枢纽来勾连海德格尔与牟宗三，是抓住了问题的牛鼻子。"循环论证"用中国哲学的语言来说就是"天人合一"。再进一步约略言之，海德格尔是道家的天人合一，牟宗三是儒家的天人合一。

按钱穆的理解，天人合一是中国传统文化中的最高理论、最高信仰与终极理想，但有儒家的"以天合人"与道家的"以人合天"的不同。当然，这只是对比而言。钱穆认为在儒家内部也可以找到类似的不同，这便是《中庸》"由人达天"与"由天达人"的两端，两端无法彼此吞并而只能往复回环以互成。这在牟宗三那里被表达为"既超越又内在"的天道实体，它同时容纳自上而下的"自《易》《庸》回归于《论》《孟》"与自下而上的"自《论》《孟》渗透至《易》《庸》"这两条不同的进路，而成"同一圆圈的两来往"。牟宗三此义，不出乃师大纲。熊十力强调，《易》道广大悉备，其纲要在天人，天人之义真切至极，微乎微乎，其总则却在"群龙无首"的"天待人而成"与"大一统"的"人得天而立"的矛盾与合一。

古今中外这种"循环论证"的关键和苦衷在于，我们所讲的道德、良知、常道等是真的实体吗，抑或不过是逢恶之具，以便在行恶之后还可以披上善的华丽外衣，或者说天下之罪皆假之而行？人类的历史似乎并不缺乏这种考问的事例。《后汉书·范滂传》记载，滂受诛前顾谓其子曰："吾欲使汝为恶，则恶不可为；使汝为善，则我不为恶。"千载之下读之，仍令人心痛欲绝。是以熊十力慨然长问："凡人以圣贤自命，其有不为禽兽者乎？凡人不志于圣贤，其有得免于禽兽者乎？"[1]

那么，人类的解决之道何在呢？由此也就有了道家的"弃智"与儒家的"用智"的不同。钱穆曾指出：

> 夫此宇宙整全体之真实无妄，至博厚，至高明，至悠久。人类之生育成长于其间，则卑微之至，狭陋之至，短暂之至。……何得以人类之私智小慧，妄加分别，而谓孰者是道，孰者非道？孰者当育，孰者不当育？[2]

严格讲来，人类所有的智，无论想"主客二分"还是想"天人合一"，要"自然"还是要"人为"，只要是想了知了明了，都是"私智小慧"。因此"自然"就是"无思"，"无思"才有"自然"，钱穆实际上是放弃了儒家的立场，而一任自然万化，也即一任众人群龙无首地去存在、去战斗，胜败乃天命而皆无索于心。是以钱穆与现代新儒家之争，也可以说是门户之争，也即儒道之争。

当然人们可以争辩说，钱穆的"无思"并非真的放弃一切智，而只不过是"大智若愚""思而无思"罢了。但问题依然是，怎样防止所谓的"大智"仍然不过是"私智小慧""妄加分别"呢？甚至道家的天人合一更加强横，因为它有"易之失贼"那样的"大智"？不过从儒道互补而非儒道互争的角度看，只要承认通过"智"而"若愚"或通过"思"而"无思"，那么也便进入了牟宗三所谓的境界形态的形而上学之"共法""母道"中了。就此而言，无论是以人合天还是以天合人，只要

---

[1]　熊十力：《十力语要》，《熊十力全集》第 4 卷，武汉：湖北教育出版社，2001 年，第 324 页。

[2]　钱穆：《中庸新义》，《中国学术思想史论丛》（二），《钱宾四先生全集》第 18 册，台北：联经出版事业股份有限公司，1998 年，第 100-101 页。

有"合"，也便只有程度的差别，而无本质的不同。质言之，我们尽可以分别说，以道观之，无思无智，处处皆平，存在即价值；以人观之，平地起土堆，有情有义，价值即存在。但儒道互补却是必然的。在这种互补中，儒家讲清楚了自己的道理，为"心性"奠定了"存在"的根基。

五　人禽之辨与人的有限性

当人们谈论一棵树究竟是不是"好树"的时候，人们可以根据"好树"的概念进行思考和判断。关于"好树"的概念虽然也可以有争论，但也可以大体不差，有其确定性。如果人们把"自然的树"定义为"好树"，那么无须任何人为，放任其生长也就好了。但当人们谈论"好人"的时候，情况就显得复杂了。人们没有办法将"人"当成"树"一样的存在，如同"自然的树"那般"好"的"自然的人"根本没有，因为人是自己的创造品，人因自己的存在而有。如此说来，究竟道德在自然之中，抑或自然在道德之中，是道德以自然为基，还是自然以道德为基，如此等等，这些对于人而言便是无法说清楚的事情。或许唯一能做的，便是承认二者的同时存在。因此，前引熊十力"凡人以圣贤自命，其有不为禽兽者乎？凡人不志于圣贤，其有得免于禽兽者乎？"的反问，即具有存在论的意义。自然与道德，国家与心性，缺乏其中的任何一方，人便都落入禽兽行列。

按常人的想法，缺乏道德则人不免于禽兽，这好理解，以圣贤自命怎么也不免为禽兽呢？钱穆与牟宗三分别曾经感叹说：

> 至谓中外人文思想，无不自"人禽之辨"，"君子小人之辨"开始，此论实是门面语。[1]
> 中国人讲的道德最高，然而其行为最不道德。原来最不道德的人最善于讲道德呵！[2]

---

[1]　钱穆：《致徐复观书三十一通》，《钱宾四先生全集》第 53 册，台北：联经出版事业股份有限公司，1998 年，第 348–349 页。
[2]　牟宗三：《中国政治家之两种典型》，《牟宗三先生全集》第 26 册，台北：联经出版事业股份有限公司，2003 年，第 855 页。

　　凡人以圣贤自命而为禽兽者，首先便是因为自命的圣贤、辨识的圣贤等都还不是实行的圣贤，自命圣贤而不期乎默成，那便是钱穆所谓的"门面语"。牟宗三则在这里说，没有"how 的问题"，不考虑如何默成，那只是空言圣贤。在他看来，阳明"无心俱是实，有心俱是幻；有心俱是实，无心俱是幻"之说，后一句是讲"what 的问题"，前一句是说"how 的问题"，若没有"how 的问题"，自命圣贤"俱是幻"，当然只能当"门面语"看了。①

　　凡人以圣贤自命而为禽兽者，更是在于恶恶丧德。以道德为门面者，势必不得道德之实之正，操持太甚，则至丧德。在牟宗三看来，恶恶丧德或是把"道德"当成"虚幻的普遍性"来抹杀个性，造成人的物化和奴役，如所谓的以理杀人等；或是受阳明所谓的"浮意气"的鼓动，"事不辞难，罪不逃刑"，而造成激荡杀戮，如范滂等气节之士然。当然，牟宗三更重视"虚幻的普遍性"造成的恶恶丧德，而把后者看成因"虚幻的普遍性"而造成的特定历史状态（"封闭社会"）之下的变态。在这个地方，牟宗三"政治哲学"的重要性也就特别地凸显出来了，人们因此得以确定，如果缺乏了"国家"之为"国家"的"形式条件"等，牟宗三"道德的形上学"将彻底是另外的样子。

　　人不是纯粹的精神性存在，有理有气，有精神有肉体，有理想有欲望。无理、无体、无力固然不免于禽兽。有之，也可能为禽兽，一种比禽兽更加禽兽的禽兽。有无之间，微乎微乎。如果我们把理（道德）理解为人的物自身，把气（自然）理解为人的现象，那么牟宗三的"恶恶丧德"跟海德格尔的《康德书》一样，都强调指出了人的"有限性"这一实情。海德格尔说：

　　　　现象与物自身的概念只有被更明晰地建立在人的有限性基础问题之上，才是可以理解的和更为广泛的。②

① 牟宗三：《道家的"无"底智慧与境界形态的形上学》，《牟宗三先生全集》第 27 册，台北：联经出版事业股份有限公司，2003 年，第 231-234 页。
② Martin Heidegger, *Kant and the Problem of Metaphysics*, 4th ed. enlarged, translated by Richard Taft, Indiana University Press, 1990, p. 23. "These concepts of appearance and thing-in-itself, can only be made understandable and part of the wider problem by basing them more explicitly on the problematic of the finitude of the human creature."

牟宗三因现象与物自身而有"两层存有论"——"执的存有论与无执的存有论"。海德格尔因现象与物自身而有"存在论差异"——"存在者与存在之间的不"。执的存有论是存在者的存有论，无执的存有论是存在的存有论，"不"就是"坎陷"，两者若合符节。这里不在乎究竟是认识论的路径还是存在论的路径，不在乎究竟是心性本体的层面还是国家政治的层面，不在乎究竟是古是今是中是西，这里在乎的是究竟如何成人，如何就其有限性以成圣成贤。就此而言，基于海德格尔的存在论重新阐释牟宗三哲学，是可以有深切意指的：越能体谅海德格尔，就越能体会儒家思想的珍贵，反之亦然。"道德化"与"去道德化"，竟然可以如此贴心地相互支撑起对方的天地。

六　实体的分叉与天理人欲的现代确立

因为人的有限性，人成为介于草木瓦石与神之间的一种存在：人有精神，却无法成就全知全能的绝对主体；人有肉体，却无法成为无知无识的绝对客体。康德把它理解为自然与自由、知识与信仰之间的"否定"，海德格尔把它理解为存在者与存在之间的"不"，牟宗三把它理解为现象的人（国家公民）与物自身的人（心性主体）之间的"坎陷"，超时间的主体（圣人）与时间性的主体（常人）在生命存在的种种"辩证"中相遇了。

这种"主体的分叉"，在王阳明那里表现为"良知"与"躯壳"的分别，在熊十力那里表现为"乾统御坤"与"乾坤互含"的"实体的分叉"。人们对牟宗三的表彰和批评，就形而上学而言，都可以在熊十力的这种分别中找寻到根源。

熊十力以大海水与众沤立喻，以体用不二立宗，而有现象物自身不二、真实变易不二、绝对相对不二、心物不二、质力不二、天人不二等种种《大易》的辩证法。但就主体而言，熊十力或强调实体是具有物质、生命、心灵等复杂性，非单纯性，从而把实体定义为乾坤互含；或摄所归能摄物归心，强调实体的觉健性，而让心在君位，有乾统御坤、阳明统御阴暗、心灵统御物质、善统治恶诸义，从而把实体定义为乾元。乾元实体对应的是圣人主体，是在讲继成道理，强调人生自强自立，唯在存养乾道以健统坤，从而证真求善，获得超越躯壳的灵性生活，这是传统的人生论、工夫论、心性论、修养论等所常言者。乾坤互含实体对应的是常人主体，显法尔道理，强调心物感应，乾坤互资，若坤物灭则乾心离其类而成孤阳浮明，从而让欲望、习心等有了形上学的依据，物欲不即是恶，常人可以有自己的世俗生活。

在海德格尔那里，常人是"不真"的，平均状态是其生存论性质，因此过着千篇一律的生活。这种千篇一律可以是"心灵"的，也可以是"物质"的，即常人处于一种顺俗而为的无决断状态。此在似乎是"真"的，而能够绽放和站出来，但是此在又首先是常人而且通常一直是常人啊。

无须过多地讨论海德格尔与熊十力的这种"辩证法"，既有的线索已经表明，熊十力显然具有现代意识，他并不是一般地反对去知去欲之说，而是在本体论、形上学层面上肯定了知、欲，且认为其今后的发展将越来越强。这是熊十力可以与海德格尔对话的地方，也是熊十力超越王阳明的地方。沿之而下，才有牟宗三对科学与民主之新外王的重视。因此牟宗三常说，科学与民主"卑之无甚高论"，只不过是一般民众争取自己的权利，维护自己的生命财产与分内的自由等。这种"卑"，正让牟宗三道德的形上学远离了任何"高头讲章"或"反理性主义"等类似的标签。可以说，正是因为"牟宗三政治哲学"足够"卑"，"牟宗三道德的形上学"也才能够足够"高"，反之亦然。或者说，"牟宗三政治哲学"与"牟宗三道德的形上学"不能不完全合一。

照此说来，基于海德格尔的基础存在论重新阐释牟宗三哲学的锋芒所指，或者说其落脚点，恰恰当该是存在论意义上的"明分使群"，而非传统意义上的成圣成贤。"存天理，灭人欲"的现代前提，是对天理、人欲的某种类似"数学般精确"的确立。换言之，现代的成圣成贤必须更加重视 How 的问题，唯有"政治哲学"确立了常人生活的水平线，"道德的形上学"向圣贤生活伸展的纵贯线也才是无限向上贯通的。

结语　奚其为为政

矢人唯恐不伤人，函人唯恐伤人。巫匠亦然，故术不可不慎也。

——《孟子·公孙丑上》

天下之言性也，则故而已矣。故者以利为本。

——《孟子·离娄下》

　　本书对牟宗三政治哲学的具体解读，与个人阅读感受的细节有关，但也无法避免宏大叙事。它的目标，就是证明牟宗三政治哲学有"从下面说上去"与"从上面说下来"之往复循环的自觉，视它们为同一个辩说之环的必不可少的、不可化约的组成部分；证明牟宗三"自上而下"的路以"自下而上"的路为基础，"自下而上"的路以"自上而下"的路为根据，两条道路的闭合与浑无罅隙，揭示了唯一的现实的生活之路。"上"为精神-道德，"下"为经济-技术，于是牟宗三政治哲学便具有了复调结构，而需要实现双重历史使命。

　　这样的牟宗三仍然是"彻底的唯心论"。但显然，这是一种熊十力"殊特义"而非"唯独义"的"唯"，而可与马克思主义的"唯物论"相互发明。牟宗三所谓"自下而上"的工夫历程，可以是马克思所强调的"把经济的社会形态的发展理解为一种自然史的过程"，在这里人类的客观的进步依据工业化、科学技术水平、经济状况等"物质的力量"的发展壮大。马克思在此强调非个人的历史力量。不过，坊间流俗化的马克思主义因此声称，马克思没有道德目标，"经济、技术的历史"无法与"精神、伦理的历史"兼容，这显然又是极其错误的。马克思主义对于"异化"的愤慨，对于"每一个个人的全面而自由发展"的执着，对于物质进步之后的文化自觉的确信，对于随人性的复归和人的本质的真正占有而来的"美"的感受等，都让马克思主义的"唯物论"同样是"殊特义"而非"唯独义"，而强烈要求和表现着"道德的力量"，为了共产主义理想信念而奋斗终身的马克思主义者也就已经犹如圣人，"自上而下"义无反顾地带领着无产阶级成为"新人",并在此工夫历程中把历史显现为人的自由的呈现史。于是,儒学与马克思主义融通了。

这个目标要"立"得起来,就牟宗三政治哲学研究本身而言,则不能不有所"破"。一破,消除牟宗三只是"从上面说下来"的成见。二破,摆脱牟宗三缺乏"自下而上"工夫和工夫论的偏见。三破,抵制单凭"从下面说上去"就能为道德实践奠基的诱惑。四破,走出儒学"自上而下"照临生活的迷思。

一

当牟宗三说"宇宙秩序即是道德秩序,道德秩序即是宇宙秩序"时,他谈论的是天国,还是人间?

无论牟宗三"流行"而"反哺"大陆,还是牟宗三被大陆新儒家"超越"而"过气",牟宗三给人的印象似乎都是形而上学家,高踞智的直觉与物自身的云端,"居如大神,动如天帝",让好、恶双方的感受都只能用形容词的最高级来形容。"物自身"与"良知呈现"的绝伦超群,"一心开二门"与"良知坎陷"的纵横自在,"圆教"、"圆善"与"彻底唯心论"的优入圣域,以及牟宗三自己"从上面说下来"的明确表态等,无一不令人印象深刻,无一不在印证和加强着这个印象:牟宗三只是"从上面说下来",牟宗三谈论的只能是天国。天国降临了,一切现成自足,牟宗三便无须做工夫,或者严格说只做"开朗"二字之"自上而下"的工夫外,别无"自下而上"的工夫。

这种看似有坚强依据的牟宗三印象,却恰恰可能是成问题的。当牟宗三坚持"从上面说下来"的时候,当牟宗三要求道德与宗教为一、道德与形上学为一的"道德的形上学"的时候,当牟宗三谈论仁体、心体、性体等高妙的概念的时候,他所强调的只是在人间的"吾人之自觉的道德实践所以可能之超越的根据"①。既然是"超越的根据",是那作为最后依据的"普遍性"、"总体性"、"统一性"或"同一性"等,那它当然必须足够高、足够圆,而不能有任何遗漏或缝隙。这个根据,当

① 牟宗三:《心体与性体》(一),《牟宗三先生全集》第5册,台北:联经出版事业股份有限公司,2003年,第40页。

然是道德理性的根据，或者说理想主义的根据，而不是经验主义的根据，正如经验中的任何"圆"都不够"圆"那样。

道德实践是人间的艰苦事业，"超越的根据"是"最后的根据"，是"信仰的根据"，除此之外，还可能需要"经验的根据"。"超越的根据"是海底涌红轮，先呈现一个圆满自足的现成良知、心体性体摆放在前面引导着人们，"经验的根据"则是王八下陡坡，在争取各自财产、权利、自由、尊严等的自然战争中连滚带爬地孳乳出道德文化来。前者可称为道德宗教的根据，后者则是经济政治的根据。

牟宗三强调了"吾人之自觉的道德实践所以可能之超越的根据"，有没有因此否定"经验的根据"，或者同时强调"经验的根据"？这个"强调"当然跟前一个"强调"是同一层次的，表明"经验的根据"并非某种细枝末节或临时性的补充，而是说它构成了牟宗三之所以能够"从上面说下来"的基础？牟宗三究竟有没有追问过"超越的根据"的根据？

"超越的根据"已经是最高和最圆满的了，因此对它的追问肯定无法再沿着原来的路走。百尺竿头更进一步，那就只能是某种转折了。若有此追问，为心性奠了基，"超越的根据"便不等于独断论、神秘主义、不食人间烟火的根据。牟宗三缺乏这种为儒家的心性奠基的自觉与行动吗？

难道牟宗三不是从道德心性说下来，以"坎陷"出学统与政统吗？难道牟宗三彻底的唯心论，不就唯是一心之沛然、一心之不容已，也即只是从一现成如如的心开始，一心之朗现、一心之伸展、一心之涵盖、一心之遍润，而及于一切存在吗？难道牟宗三不是先独断论地确立，或者说神秘主义地逆觉体证一道德心性，然后再由此"开出"一切，包括"国家"吗？

这种牟宗三印象因"不全"而"不对"。牟宗三有自己的"精神现象学"，强调国家、自由等均须表现仁的精神、以心性为根据，否则便是一种堕落。这自有它的道理，是从牟宗三那里轻松就可以看出的东西。但是，如果认定这就是牟宗三的全部，那便让牟宗三走向了荒谬，美德的统治必然滑转为恐怖的统治。因为天国可以那样，人间的国家却不能不是件技术活，承认并强调欲望、计算、知识、法权等是处理国家治理问题的必要工具。这是说，超越的心性同样也需要奠基，在"超越的根据"之外，人间的道德实践还需要"经验的根据"。然而可惜的是，牟宗三为心性奠基的工作至今还不曾被人们发现。为心性奠基工作的不明，制约了人们的观察和研究，才有了今天如此这般的牟宗三印象。

如何"证明"牟宗三对"国家"与"心性"的这种双重奠基呢？或者严格说来，如何"证明"牟宗三对"心性"的奠基呢？这当然需要回归文本，但首发破甲弹，却是消除牟宗三只是"从上面说下来"的成见。这是要求一种先行的视域，以便能够看见牟宗三"自下而上"的经验主义路线与"自上而下"的理性主义路线的纠缠，把牟宗三"从下面说上去"与"从上面说下来"的循环往复当作一种方法论的自觉。第一章的"路线问题"，就是说在牟宗三研究中有路线之争，而要求破除牟宗三只是从上面说下来的"成见"，树立牟宗三政治哲学上下往复循环致思的"新见"。

既然是首发破甲弹，那就意味着只有先行的视域还远远不够。消除牟宗三只是"从上面说下来"的成见，还必须摆脱牟宗三缺乏"自下而上"工夫论的偏见。指其为偏见，是说牟宗三"自下而上"的工夫论并不是细枝末节或临时性的补充，而是牟宗三之所以能够"从上面说下来"的基础，否则牟宗三只是"从上面说下来"的成见便是一种不疑之论的定见，断断无法消除。因此，证明个人财产权、自由经济等在牟宗三那里拥有同"超越的根据"一样的地位，便是重中之重了。也唯因此，第二章、第三章才冒着章节分布不均衡、畸轻畸重的风险，仍旧花费了很长的篇幅。

众所周知，传统心性概念虽然并不一定反对个人财产权、自由经济，但一定视某种秩序为圆心，个人必须纳入这种秩序才有意义。这个秩序可大，至大无外，大到宇宙秩序，万物一体。可小，却非至小无内，而是把人与人的那种由血缘而来的情感、直觉或感应做成了圆点。即如王阳明所言："至亲与路人同是爱的，如箪食豆羹，得则生，不得则死，不能两全，宁救至亲，不救路人，心又忍得。这是道理合该如此。及至吾身与至亲，更不得分别彼此厚薄。"（《传习录·下》）有人可能会争辩说：宁救至亲，不救路人，照这种彼此厚薄合逻辑地推演下去，应该是宁救吾身，不救至亲。人类社会并不缺乏这种经验。人类历史一再重演这种经验。就如同电影《楢山节考》所表演的那样。但是，这种逻辑在儒家传统观念中是不被承认的。就传统而言，以下追问绝不受到鼓励：在"自然的条理"中，为什么独独吾身与至亲不得分别彼此厚薄，变成了亲密无间的圆点圆心？

如果这个问题在今天仍然是无法追问的，那么个人财产权、自由经济等就是旋生旋灭的事情，儒学就与现实生活脱节了。但如果在今天追问这个问题，儒学是否还是儒学呢？牟宗三明白问题的严重性。第二、三章的"财产问题"是说，个人财产权对于牟宗三政治哲学而言是非本质的，还是本质性的？第四章的"自由问题"是说，自由经济等等在牟宗三政治哲学那里是可有可无、细枝末节或临时性的东西，还是基础性的东西？现代儒家政治哲学究竟如何处理国家秩序与个人自由的关系？通过回答这两个问题，已经能够证明牟宗三政治哲学自觉走在一条一往一返的"双的路"上。后面章节的三个问题，进一步强化了这个论证。第五章的"生命问题"是说，牟宗三自己的生命是对个人财产、经济自由的追逐呢，还是旁观别人的追逐过程？如何看待牟宗三"生命的学问"所引发的有普遍性要求的知行合一问题，特别是牟宗三自己的工夫问题等？反过来这又与其政治哲学有怎样的关联？第六章的"讲法问题"是说，突出仁体、心体、性体等道德实践的"超越的根据"，这是牟宗三政治哲学的论说目标呢，还是其论说策略？如果是目标，这种儒学之于现代生活而言是否便是高头讲章？如果是策略，究竟何种原因逼迫牟宗三采取这种与真实的目标迥异的策略呢？第七章的"文化问题"是说，牟宗三究竟怎样看待儒家文化？同上帝创造万物一样，牟宗三政治哲学要以"超越的根据"为范型来铸造万物？抑或是说，"超越的根据"不过是配合"经验的根据"，以稳固我们政治、经济现代化的过程，令其更加健康美好？这样，通过这五个问题，于古今之变中，于分叉的实体中，牟宗三对于道统是有所反思的，他可以从传统心性开始说起，但结果却不再依然只是传统心性，现代心性已经被逐步建造出来了。最后一章表明，牟宗三不是在孤军奋战，但他尽了他那个时代的使命。

"心性"如何建造？难道"心性"不是现成自足的吗？它怎么能够被建造出来呢？仅仅把"心性"这种超越的根据视为现成的，仿佛无须人的参加，它就如如地在那里，这是常有的一种幻觉。想象一下吧，茹

毛饮血的原始先民，如何拥有王阳明所说的"良知"，或者孔子宣告的
"仁"呢？难道人类自降生始，就拥有了一种与"自然本能"相区别的
"道德本能"？且不论"道德本能"在概念上已经排除了选择的可能性，
因而是自相矛盾的，即就人类降生而言，它是一个长期而缓慢的过程，
因而无法同一个孩子的降生那样，能够给出确定的时刻，这样人类何时
因降生而自然拥有道德本能的问题注定就是无解的。如此说来，连"传
统心性"也都是被建造出来的，更遑论"现代心性"！牟宗三政治哲学
面临的难题是，如何既增添了时代的新内容，又能保证儒家心性仍旧是
儒家心性，而没有变成另外的一物。历史在这里出现了："一艘船虽然由
于屡经修缮，大部分已经改变了，可是仍然被认为是同一艘的船；造船
材料的差异，也并不妨碍我们以同一性归于那艘船。"①

　　总结反思牟宗三政治哲学处理这一难题时的经验和教训，不但对于
儒学，而且对于国家，包括共和国之中的个人，都有其意义。

二

　　我们生活在物的时代。在一个消费社会、权力社会里，牟宗三政治
哲学中"心性"只能是知识人的乡间别墅，而无法成为一种真正的生活
批判？

　　严格来说，如果回答了上节的问题，明了牟宗三政治哲学为心性奠
定现代根基的努力，那么这里就已经可以回答说：并非如此。但具体来
说，则需要进一步追问，究竟怎样成为一种真正的生活批判。它突出了
世俗社会中的法权问题，要求抵制单凭"从下面说上去"就能为道德实
践奠基的诱惑。

　　我们已经明了，牟宗三有"从下面说上去"与"从上面说下来"的
方法论自觉，其政治哲学表现为一条一往一返"双的路"：一方面要求
"心性"对"国家"的范导，是"文化→政治→经济"的下贯之路；另一
方面通过经济现代化、政治现代化的"国家"来构建"心性"，是"经
济→政治→文化"的上升之路。当然，这一自觉也有前后侧重的不同。

　　之所以是"双的路"的深层根源，在于人们四无依傍，无中生有，

---

　　①　休谟：《人性论》，关文运译，北京：商务印书馆，1997年，第287页。

冒险前行，处处是陷阱，时时要防范，而只好不断通过"回声定位"来标明自己的位置。具体来说，在一个消费社会里，任何一种对于消费的范导，都会被消费社会自身所吸收。消费社会的神话，不仅包括了对幸福生活、丰盛物质的歌颂性话语，也能够涵盖对唯利是图、人为物役的批判性话语。知识分子对于消费社会的弊端及消费社会所引发的人类文明无法持续发展的悲剧性前景的批判等，都仍旧可以只是一种"生意"。就是说，对消费的"范导"，也已经成了一种"消费"。在这种情况下，"文化搭台，经济唱戏"也罢，"经济搭台，文化唱戏"也罢，已经没有什么区别了，牟宗三"道德的心"只能是知识分子的乡间别墅，或者说是让知识分子之所以能够消费乡间别墅的货币罢了。这个时候，人们说，物的问题要用物性手段来解决，消费社会本身的秩序，特别是世俗社会中的法权秩序，相对于儒家道德的心而言，反可能具有更加可靠的"范导"作用。

重视法权在现代社会中的意义和作用，是牟宗三政治哲学中的题中应有之义。这也是第三章第一节花费五万字笔墨讨论"你的与我的"的重要原因。同样的原因，甚至还让笔者很多时候在同等意义上使用"法哲学"与"政治哲学"这两个概念。应该看到，法权必然紧扣着知性。牟宗三强调认识和建立经济、政治本身的"知性法则"，承认知性的存有论性格，就必然引发一个结果：知性所提供的法则、合规律的东西，必然加入合目的性的建构过程中，因而"国家"甚至"心性"等，都离不开被"技术地"建立。① 这意味着儒家的"心学"与马克思主义对象化了的"物质"其实是可以融通的。因此可以说，牟宗三政治哲学的意义和价值，就在于"顺应"并"配合"历史发展的顺序，讲清楚了必须学习人类政治实践所已经取得的优秀成果以为"形式条件"的道理。这一点，在牟宗三只是"从上面说下来"的成见还没有被正视之前，或者在中国社会尚无法完全经验地拥有此"形式条件"之前，无论再怎么强

---

① 可参阅白馥兰《技术·性别·历史——重新审视帝制中国的大转型》，吴秀杰、白岚玲译，南京：江苏人民出版社，2016年。如果仅从书名上看，我们无法把它跟这里的讨论拉上关系。但实际上，此书具体而微的研究，可以作为牟宗三"道德秩序即是宇宙秩序"断语的一个注脚，以穿透浓雾，见出牟宗三对其物质基础的揭示和重视。该书第一部分"道德秩序的物质基础"的命名，已经透露了一些消息。

调，都不为过。

但是，如果因此进一步认为，只有法权才能够引导社会向上，单凭"自下而上"就能为道德实践奠基，那就又陷入了另一种偏见。如果说，道德的心可以是货币，法权又何尝不可以是货币呢！两者唯有通力合作，才有可能争取到胜利的一线之机。毕竟，凡是需要实现的东西，都是极其脆弱的。①

抵制单凭"自下而上"就能为道德实践奠基的诱惑，实际上是说，共和国的强制力、道德实践超越的根据等，都已经不是经验性概念，都需要既"高"又"圆"，而能截断众流，涵盖乾坤，了无遗漏。经验性的步伐无论如何矫健和持续向前，都不能达到此种境地。正如通过争斗而订立的契约，也可因彼此力量的改变而随时被打破，若无力量之外的其他根据，任何契约都不过是某种无奈的权宜之计罢了，而无法实现永久和平。

要实现永久和平，离不开"自上而下"的路。这个"上"，可以是法权方面的，如康德所强调的共和国的强制力，或者某位国家元首、领袖等，但不能停留于法权。元首只能有一个。领袖是唯一的。思想中的"上"也必须被肯定，而且是被首先肯定。这是因为，达成人类欢聚一堂的心理条件要远比达成某种可能统一的政治条件更加为"上"。思想者一定是少数。高处不胜寒。但因此思想才能荡漾出去。就此而言，应该肯定特定直觉的存在。这种直觉的存在，命名为感应、智的直觉、情感等，都是可以的。

或许正是因为讲得太高了吧，牟宗三并非独断论者，但其良知、国家、形上学等却往往被目为父权、专制、耍魔术等。这可以被理解为一种防范或担心。不过，误解总归是误解。若有正解，则误解可除，正行得行。正如冯友兰的旧瓶装新酒，牟宗三不过是在尝试着借助"超越的根据"与"经验的根据"的联合来重建秩序。"上"与"下"、"经"与"纬"、"厚"与"薄"、"合"与"开"、"高"与"卑"、"攻"与"守"等的"辩证法"及其"再来一个辩证"，表明牟宗三清楚自己的困境，知道"上"而成"魔"的凶险，明了"心性"在消费社会、权力社

---

① 参阅玛莎·纳斯鲍姆《善的脆弱性》，徐向东、陆萌译，南京：译林出版社，2007年。

会的无力，但却仍然敢于通过它来突出和维护人格的同一性、国家的统
一性、道德实践的普遍性。当然，在牟宗三看来，当下尚没有达成这种
"一"的共同根基，这种"一"已经不再是传统社会中只有普遍性而没
有特殊性的那种统一性了，它要求容纳人类在建国创制等方面的经验性
成果，同时高扬了个人的自由和道德感兴力，是两者在历史长河中的
合流。

三

当"物"随"神感神应"的"无限智心"而"转"时，牟宗三政
治哲学证成的是个人的自由，还是国家的良序？个人还是秩序，究竟哪
一个才有资格成为不可化约的最后价值？

就"吾身与至亲，更不得分别彼此厚薄"而言，提出这个问题本身
已经是一个错误了。但是，如果勉强分别，那么答案会是什么呢？

当牟宗三把科学与民主绾合于"上冲之知性"时，强调"从下面说
上去"的知识论（"外物的存在"的证明）必然对应着"自下而上"的
工夫逼进（"万民的存在"的证明），"良知坎陷"的真义只能是通过
"自下而上"地建立政治良序来保障知识上"从下面说上去"的权利，
并最终形成两者相互激荡叠加的局面，以保任道德实践，拱卫人生。这
个时候，唯有个人的自由才有资格成为最后的价值，政治的良序不过是
实现个人自由的条件而已。这正如马克思的目标只能是实现每个人自由
而全面的发展，实现人的"自由个性"的发展，共产主义社会就是实现
这一目标所需要的全部条件的总称。

不过，当牟宗三把道德实践的超越根据系属于无限智心，强调"从
上面说下来"的知识论必然对应着"自上而下"的工夫呈现，则无论是
良知坎陷，还是内圣开出新外王、两层存有论等，其真义就是自上而下
的本体下贯，就是道德心性向经验知识和现实政治的流注。这个时候，
本体是第一位的，智的直觉是第一位的，心物感应是第一位的，秩序本
身是第一位的，个人的自由以及个人的被奴役等，都已经被包含在内了。
在这里，"天地不仁，以万物为刍狗"也罢，"善恶是不可分割的"也
罢，个人的自由因其与任性的本质性关联显然已经无法成为第一价值了。

且不论牟宗三"坎陷"的歧义性，即就"最后价值"而言，每一种

坎陷也都充满了反转。毫无道德含义的知性，却可能以"自由个性"终。道德实践的超越根据，反包含了"恶"或"魔"的可能性。这不能不是一种"吊诡"。这样的"吊诡"还有很多。比如，无论牟宗三怎样强调知行合一、良知呈现、生命的学问，无论牟宗三怎样突出儒学的实践品格等，但他终不过是"辩之以相示"，过此以往，则只能"期乎各人之默成"；而为传统的道德心性奠基，用现代知识、法权等把传统道德心性撑开来，让其更加真实、可靠和美好，恰恰只能是经验主义地、自下而上地、在历史长河中慢慢地做出来的，是众人的事情。再比如，就"研究的顺序"说，牟宗三不能不强调盈科而后进，自下而上地"通过""知识"来建立"信仰"；但就"叙述的顺序"而言，牟宗三则侧重原泉混混，自上而下地"否定""知识"以保任"信仰"。

凡此等等"吊诡"都在提醒我们，儒家的"道德秩序"至好至美，但因此却必须对它随时保持警惕。牟宗三之所以上下往返，在"穷智见德"与"仁以统智"的"双的路"上走钢丝，就是洞见了其中的凶险，要以纯粹独立的智与德慧兼具的仁的相互限制发明，来防范"道德理性之窒死"。如果无视儒家"道德秩序"的这种凶险，受其至好至美的诱惑和鼓舞，老子天下第一，既不愿充实近代化的国家、政治、法律那一环，又不屑逻辑、数学、科学那一环，自以为儒学"自上而下"照临人间即足以驱散生活中的所有黑暗，那么"道德理性之窒死"便不可避免。"它受到赞扬并饥寒而死。"

走出儒学"自上而下"照临生活的迷思，首先是思的事情。过去的读书人，在"打天下"的政治形式中，不论如何自觉，也不论是否在朝，都无法抗衡那种"打天下"的力量，因而表现出一种政治依附性。长此以往，或者说等而下之，读书人就失去了思的能力，学问就以权力为导向，是否得到权力的承认、得到什么层级的权力的承认，就成了有无学问、学问大或小的标准。如此这般，儒学之思还真具有了真真切切的实践品格，但以无思为代价，反成了文化的否定者。假若在共和国的前提下，思的志业就是探寻真理，给人类知识的海洋中增加新的水滴，就是坚持真理，用真理的光芒照亮人类正义的事业。一句话，无论是对宇宙秩序的探寻还是对道德秩序的建立，如果思恰恰因为它是理论的、纯粹的思，是不论其用的思，它才可能尽了自己的责，而成为一种客观的力量。

因此，并不能因为牟宗三政治哲学是"心性的"而传统儒学是"政治的"就指责它是高头讲章，与大众生活和现实社会完全脱节。问题的关键在于，思究竟是一种什么样的思？是一味玄谈呓语，还是客观地了解和建构？是稻粱无心之作，抑或全尽之学呢？

这里完全是我们自己的事业，不可迁怒他者，找寻替罪羊也只会让我们自己成为替罪羊。徐复观曾经指出："州举里选的士大夫与政治的关系是由下向上生长，而科举考试下的士大夫与政治的关系则全靠天朝的黄榜向下吊了下来。"① 这是说，我们的社会也曾出人才，我们的读书人也曾满足了社会的需要而服务了社会，只是后来才进入由政治来决定生死命运的大悲剧时代，也即"入彀"。这意味着，随着时代的进步，其实也应该有信心，其实问题也很容易解决。"只今培养大家的人格，尊重中西的文化，每一人只对自己的良心负责，对自己的知识负责，对客观问题的是非得失负责，使人人两脚站稳地下，从下向上伸长，而不要两脚倒悬，从空吊下，则人心自转，局势自变。"②

就本书所设定的目标而言，当揭示了道德秩序与自由个性、世俗生活与道德生活、国家与心性等等之间的"虚实相生"关系时，思的任务也就完结了。至于行之而成的问题，留给历史吧。

---

① 徐复观：《中国知识分子的历史性格及其历史的命运》，《学术与政治之间》，北京：九州出版社，2013年，第159页。

② 徐复观：《中国知识分子的历史性格及其历史的命运》，《学术与政治之间》，北京：九州出版社，2013年，第170页。

主要参考书目

一　基本文献

牟宗三：《生命的学问》，桂林：广西师范大学出版社，2005 年。

牟宗三：《牟宗三先生全集》，台北：联经出版事业股份有限公司，2003 年。

牟宗三：《牟宗三先生讲演录》，新北：东方人文基金会，2019 年。

《马克思恩格斯文集》，北京：人民出版社，2009 年。

休谟：《人性论》，关文运译，北京：商务印书馆，1997 年。

康德：《康德著作全集》，李秋零主编，北京：中国人民大学出版社，2005 年。

康德：《纯粹理性批判》，蓝公武译，北京：商务印书馆，1960 年。

康德：《历史理性批判文集》，何兆武译，北京：商务印书馆，1997 年。

康德：《法的形而上学原理——权利的科学》，沈叔平译，林荣远校，北京：商务印书馆，1997 年。

黑格尔：《法哲学原理》，范扬、张企泰译，北京：商务印书馆，1961 年。

海德格尔：《海德格尔选集》，孙周兴选编，上海：上海三联书店，1996 年。

海德格尔：《康德与形而上学疑难》，王庆节译，上海：上海译文出版社，2011 年。

Martin Heidegger, *Kant and the Problem of Metaphysics*, translated by Richard Taft, Indiana University Press, 1990.

梁漱溟：《梁漱溟全集》，济南：山东人民出版社，1989 年。

熊十力：《熊十力全集》，武汉：湖北教育出版社，2001 年。

钱穆：《钱宾四先生全集》，台北：联经出版事业股份有限公司，1998 年。

冯友兰:《三松堂全集》,郑州:河南人民出版社,2001年。

徐复观:《徐复观全集》,北京:九州出版社,2013年。

李泽厚:《李泽厚十年集》,合肥:安徽文艺出版社,1994年。

二 研究专书

杨泽波:《贡献与终结——牟宗三儒学思想研究》,上海:上海人民出版社,2014年。

彭国翔:《智者的现世关怀:牟宗三的政治与社会思想》,台北:联经出版事业股份有限公司,2016年。

颜炳罡:《整合与重铸——当代大儒牟宗三先生思想研究》,台北:台湾学生书局,1995年。

李明辉主编《牟宗三先生与中国哲学之重建》,台北:文津出版社,1996年。

蔡仁厚、杨祖汉主编《牟宗三先生纪念集》,台北:东方人文学术基金会印行,1996年。

郑家栋:《牟宗三》,台北:东大图书股份有限公司,2000年。

李山:《牟宗三传》,北京:中央民族大学出版社,2002年。

闵仕君:《牟宗三"道德的形而上学"研究》,成都:巴蜀书社,2005年。

陈迎年:《感应与心物——牟宗三哲学批判》,上海:上海三联书店,2005年。

王兴国:《契接中西哲学之主流——牟宗三哲学思想渊源探要》,北京:光明日报出版社,2006年。

王兴国:《牟宗三哲学思想研究——从逻辑思辨到哲学架构》,北京:人民出版社,2007年。

殷小勇:《道德思想之根——牟宗三对康德智性直观的中国化阐释研究》,上海:复旦大学出版社,2007年。

汤忠钢:《德性与政治:牟宗三新儒家政治哲学研究》,北京:中国言实出版社,2008年。

刘爱军:《"识知"与"智知"——牟宗三知识论思想研究》,北京:人民出版社,2008年。

林瑞生：《牟宗三评传》，济南：齐鲁书社，2009 年。

程志华：《牟宗三哲学研究——道德的形上学之可能》，北京：人民出版社，2009 年。

盛志德：《牟宗三与康德关于智的直觉问题的比较研究》，桂林：广西师范大学出版社，2010 年。

陶悦：《道德形而上学：牟宗三与康德之间》，北京：中国社会科学出版社，2011 年。

樊志辉主编《牟宗三思想研究》，哈尔滨：黑龙江大学出版社，2012 年。

唐文明：《隐秘的颠覆：牟宗三、康德与原始儒家》，北京：生活·读书·新知三联书店，2012 年。

陈迎年：《智的直觉与审美直觉——牟宗三美学批判》，上海：上海人民出版社，2012 年。

张晚林：《"道德的形上学"的开显历程——牟宗三精神哲学研究》，北京：中国社会科学出版社，2014 年。

严家风：《牟宗三"圆善论"思想研究》，桂林：漓江出版社，2014 年。

杜保瑞：《牟宗三儒学平议》，北京：新星出版社，2017 年。

周恩荣：《牟宗三的政治哲学思想与治理智慧》，北京：社会科学文献出版社，2018 年。

卢兴：《牟宗三哲学与中国现代性建构》，北京：社会科学文献出版社，2019 年。

盛珂：《道德与存在：心学传统的存在论阐释》，北京：社会科学文献出版社，2019 年。

王政燃：《牟宗三本体论研究》，北京：社会科学文献出版社，2021 年。

卢雪崑：《牟宗三哲学：二十一世纪启蒙哲学之先河》，台北：万卷楼图书股份有限公司，2021 年。

张海燕：《牟宗三美学思想研究》，北京：人民出版社，2021 年。

毕游塞：《通过儒家现代性而思：牟宗三道德形上学研究》，白欲晓译，南京：江苏人民出版社，2022 年。

索　引

后　记

在老黑格尔看来，"追求真理的勇气，相信精神的力量，乃是哲学研究的第一条件"。而什么是哲学的真理呢？老黑格尔说，哲学的真理就是透过现象看本质，获得概念，"概念就是存在与本质的真理"。

这本书写了八年多，是迄今为止我花时间最长的一本书。之所以会如此，是因为不想重复旧的东西，而希望有新的东西。当然，新本身并不是目的，它只是外在的现象，本质却是它能"持之有故，言之成理"，而知"是非治乱之所存"。因此若要用一句话总结这本书写了些什么，我想那应该是："证明""国家不排除有着神圣的面相，但不能不是世俗的，它绝不能反过来"。这便是这本书意欲表达的"概念"。

这"概念"就是"存在与本质的真理"吗？不知道。是否"证明"了呢？也不知道。我只知道，"追求真理的勇气，相信精神的力量"这"条件"不容易满足。否则牟宗三也不会谈到"哲学的气质"，认为若非预备三种"心境"，一个人就不要"做哲学活动"。第一种也是"勇"，"现实的照顾必须忘记，名利的牵挂必须不在意"，牟宗三称之为"汉子气"。"天下熙熙，皆为利来；天下攘攘，皆为利往。"那是很热闹的事情。但如果你太忙碌于这现实，总想着要照顾到方方面面，要对对你好的人好，也要对对你不好的人好，如此等等，你便无法看到本质了。第二种，"要有不为成规成矩乃至一切成套的东西所粘缚的'逸气'"。这是在说相信精神的力量，是那种有个性的精神，而绝不是千篇一律的所谓精神。第三种，"对于现象常有不稳之感与陌生之感"，牟宗三称之为"原始的宇宙悲怀"。这已经不是"透过现象"了，而是"现象"的"虚化"。不过牟宗三似乎相信唯有如此，哲学才能"与物为春"，助长世界的生气。换言之，哲学要"冷"到极致，才可能"热"到极致。

为什么要"冷"到极致？为什么要"热"到极致？正常一点，不好吗？这些问题颇不好回答。

《庄子·齐物论》说："知止其所不知。"又说："庸讵知吾所谓知之非不知邪？庸讵知吾所谓不知之非知邪？"为什么会如此？在《德充符》中，庄子描写了一些"畸人"，包括"兀者"王骀、申徒嘉、叔山无趾，"恶人"哀骀它，"亏人"阇跂支离无脤、瓮𬋬大瘿等。庄子的问题是，谁是"真人"，谁是"假人"？

在《呐喊》的"自序"中，鲁迅意识到自己是面对"绝无窗户而万难破毁"的"铁屋子"的"病人"。"凡有一人的主张，得了赞和，是促其前进的，得了反对，是促其奋斗的，独有叫喊于生人中，而生人并无反应，既非赞同，也无反对，如置身毫无边际的荒原，无可措手的了，这是怎样的悲哀呵，我于是以我所感到者为寂寞。""所以有时候仍不免呐喊几声，聊以慰藉那在寂寞里奔驰的猛士，使他不惮于前驱。至于我的喊声是勇猛或是悲哀，是可憎或是可笑，那倒是不暇顾及的。"鲁迅的问题是，什么是"对得起"，什么是"对不起"？

在《资本论》的"跋"中，马克思充满了战斗的精神："辩证法不崇拜任何东西，按其本质来说，它是批判的和革命的。"马克思的问题是，什么是"无私的研究"，什么是"不偏不倚的科学探讨"？

回到前面那句话，"概念就是存在与本质的真理"，但什么是"真理"呢？

"真理"若是一种"观念"，那么"世界"的观念、"政治"的观念、"心性"的观念等，都是怎样的"观念"？"人上人"的观念究竟错在哪里？"宅兹中国"，"中国"是什么？

"真理"若是"讲道理"，那么拳头不也是一种讲道理吗？欺骗不也是一种讲道理吗？"永久和平"，所为何事？当后人回看这个时代的时候，会认为哲学已经尽了它的责任吗？

"有真人而后有真知"，这是一切诚恳求真理之人无法摆脱的"梦魇"。哲学要让自己安然入睡，就不能不经过这一关口，"从明天起，做一个幸福的人"。换言之，哲学非极冷极热不得入，而生活还是正常的好。哲学的极冷极热不过是为了建设众人正常的生活而竭尽自己的全力罢了。

本书的连带目标是建立新的"牟宗三印象"。因此本书虽然自觉选择远离大而无当的空疏议论，自愿眭说，却也不能不有"见林"的打算。新的印象是否已经建立起来，我说了不算，恳请批评指正。但我想，至少今后人们会注意到"伦理的牟宗三"的旁边，有位"历史的牟宗三"。至于在"伦理中国"之外发现"历史中国"的任务，还是留给以后再说吧。

　　本书得以面世，需要感谢学院、上海市和国家基金的支持。感谢本书编辑的细心、耐心和精心。同时，衷心感谢师友同道的指点和帮助，他们有的从未谋面，却也传递出浓浓的善意，让世界平添了些许暖色。

　　最后，感谢家人。特别是，就要一年了，端起杯中酒，敬我的老父亲。

陈迎年

于上海

2024 年 10 月 18 日